婺城年鉴

2023

金华市婺城区地方志编纂委员会 编

方志出版社
Publishing House of Local Records

图书在版编目(CIP)数据

婺城年鉴. 2023 / 金华市婺城区地方志编纂委员会编. — 北京 : 方志出版社，2023.12. — ISBN 978-7-5144-5997-5

Ⅰ. Z525.54

中国国家版本馆 CIP 数据核字第 2024Z8F692 号

责任编辑：丛　珺
责任校对：张玉霞
责任印制：梅中英
出 版 者：方志出版社
地　　址：北京市朝阳区潘家园东里 9 号(国家方志馆 4 层)
邮　　编：100021
网　　址：http://www.zgfzcb.cn
发　　行：方志出版社图书营销中心(010-67110500)
印　　刷：浙江远大印刷有限公司
开　　本：889 毫米×1194 毫米　1/16
印　　张：20.75
字　　数：673 千字
版　　次：2023 年 12 月第 1 版
印　　次：2023 年 12 月第 1 次印刷
定　　价：200.00 元

金华市婺城区地方志编纂委员会

《婺城年鉴(2023)》编纂室

主　　编：刘寿松

副 主 编：朱德勤

编　　辑：朱艳萍　范升元　方素佳

编辑说明

一、《婺城年鉴》是由中国共产党金华市婺城区委员会、婺城区人民政府主办，金华市婺城区地方志编纂委员会承编的地方综合性年鉴。

二、《婺城年鉴(2023)》以马克思列宁主义、毛泽东思想、邓小平理论、“三个代表”重要思想、科学发展观、习近平新时代中国特色社会主义思想为指导，坚持辩证唯物主义和历史唯物主义的立场、观点和方法，全面、客观、真实地记述2022年度婺城区政治、经济、文化、社会、生态文明建设的基本情况。

三、《婺城年鉴(2023)》记述时限为2022年1月1日至2022年12月31日(作为背景资料，部分条目内容和数据适当上溯或下延)，收录范围为婺城区(含金华经济技术开发区)的机关部门、园区、乡镇、街道和企事业单位。建置沿革类目内容记述时间起自事物发端。特载中有3个报告的时间为2023年。

四、《婺城年鉴(2023)》采用分类编辑法。框架结构分类目、分目、条目3个层次，部分分目下设次分目，以条目为主要载体。本书特设特载、专文、大事记、区情概览、中国共产党金华市婺城区委员会、婺城区人民代表大会、婺城区人民政府、中国人民政治协商会议婺城区委员会、中共婺城区纪委 婺城区监委、民主党派 工商联、群众团体、法治 军事、经济管理、农业农村、水利、工业、园区、投资集团、城乡建设与管理、商贸服务业、信息产业、财政 税务、金融、教育、科学技术、文化 旅游 体育、卫生与健康、社会事务、街道镇乡、人物 荣誉、附录31个类目。为方便阅读和检索，卷末设名词解释和索引。

五、《婺城年鉴(2023)》采用的资料由区各单位指定专人负责撰写，并经各单位主要领导和相关专业部门审核。照片由各单位、各部门提供。撰稿人姓名加括号列在类目、分目或条目后面。

六、《婺城年鉴(2023)》中的数字用法、标点符号用法分别采用国家标准《出版物上数字用法》(GB/T 15835—2011)、《标点符号用法》(GB/T 15834—2011)，计量单位采用国家技术监督局1993年12月发布的《量和单位》系列国家标准，年鉴中的数据均经有关部门核实，综合性数据以统计局提供的统计年鉴为准。部分数据合计数或相对数由于四舍五入等因素而产生的计算误差，均未做机械调整。

七、组织机构及负责人名录由区委组织部提供。

八、《婺城年鉴(2023)》中除标注(含金华经济技术开发区)段落外，其余内容均不含金华经济技术开发区。

年度聚焦

3 月 11 日，“未来乡村　共富花乡”——金华市第十三届茶花节·第 30 届茶花花朵展启动仪式在竹马乡举行

（竹马乡人民政府供稿）

4 月 9 日，金华市八届人大一次会议婺城区代表团审议会议现场

（区新闻传媒中心供稿）

6 月 10 日,“箬阳龙珍”品牌标准正式发布

（箬阳乡人民政府供稿）

7 月 6 日,“匠心筑城 婺安有我”夏季治安打击整治百日行动誓师大会在万泰广场召开

（区新闻传媒中心供稿）

7 月 10 日,新狮街道勤俭城改二期集中签约启动仪式举行

(区新闻传媒中心供稿)

7 月 22 日,金华市婺城区人民政府和中国农业银行金华分行战略合作签约仪式举行

(区新闻传媒中心供稿)

7 月 27 日，在金华万固广场举行“婺城万固拥军商城”成立仪式

（区退役军人事务局供稿）

8 月 5 日，婺城区召开“请你来协商”高品质定位长湖湾　打造品质之韵样板区专题协商会

（区新闻传媒中心供稿）

9 月 13 日,婺城区平安护航党的“二十大”除险保安百日攻坚行动推进会召开

(区新闻传媒中心供稿)

9 月 21 日,婺城区与浙师大合作交流对接座谈会召开

(区新闻传媒中心供稿)

11月8日，浙江师范大学金华科创园项目开工仪式举行

（区新闻传媒中心供稿）

11月16日，婺城区举行学习贯彻党的二十大精神省委宣讲团报告会

（区新闻传媒中心供稿）

11月24—25日，四川甘孜道孚县党政代表团到婺城区考察并召开婺城区·道孚县对口支援工作座谈会 （区新闻传媒中心供稿）

部门风采

1 月 28 日，区红十字会开展“博爱送万家”活动

（朱前　摄）

3 月 2 日，区红十字会应急救护师在乾西乡中心小学开展急救知识培训

（许艳红　摄）

3 月 8 日，“凝心汇聚巾帼力　奋楫笃行启新程”婺城区妇联纪念“三八”国际劳动妇女节 112 周年大会举行

（区妇联供稿）

3 月 23 日，区总工会服务外省留在婺城区过春节的职工

（区总工会供稿）

4 月 8 日，婺城区第四届茶文化节采茶大比拼活动举行

（箬阳乡人民政府供稿）

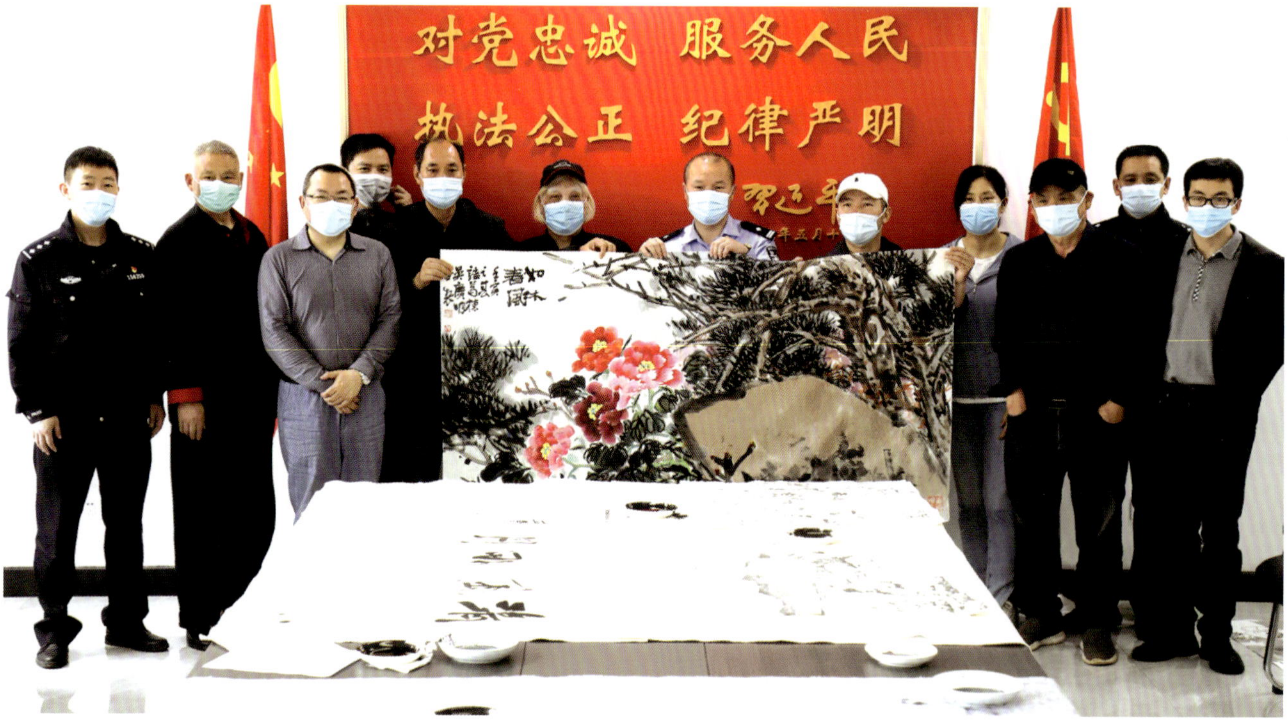

4 月 14 日，婺城公安分局、区文联在蒋堂镇派出所共同举办“书画进警营”笔会交流活动

（区文联供稿）

4 月 29 日，区税务局第一税务所（办税服务厅）成功争创“青年文明号”

（区税务局供稿）

5 月 14 日，婺城区领导干部到义乌市考察学习并重温入党誓词

（区新闻传媒中心供稿）

5 月 25 日，金华市公安局婺城分局城中派出所四级高级警长吕昭华(左一)被评为全国公安机关爱民模范

(区新闻传媒中心供稿)

6 月 29 日，区司法局联合区教育局开展 2022 年婺城区小学生“学宪法 讲宪法”演讲比赛

(区司法局供稿)

8 月 26 日，金华市婺城区工商业联合会第五次代表大会召开

（区新闻传媒中心供稿）

8 月 29 日，市本级省级及以上文明村镇创建工作现场会与会人员考察蒋堂镇开化村

（蒋堂镇人民政府供稿）

9月5日,“携手做慈善·传播真善美”“救在身边·博爱家园”婺城区“慈善一日捐”启动仪式举行

(区新闻传媒中心供稿)

9月9日,区领导带队走访蒋堂镇中心小学并送上节日问候

(区新闻传媒中心供稿)

9 月 14 日，蒋堂镇天然富硒地块入选全国第二批天然富硒土地

（区资源规划分局供稿）

9 月 26 日，蒋堂镇举办沙畈水库移民三十周年暨蒋堂镇首届移民文化节

（蒋堂镇人民政府供稿）

9 月 30 日,民革婺城区基层委“博爱·牵手”促共富活动在高塘畲族村举行

(民革婺城区基层委供稿)

10 月 29 日,“金台携手　同心铸梦”婺台非遗文化交流活动在安地镇岩头村举行

(婺城区摄影家协会供稿)

11 月 9 日，金华市婺城区残疾人联合会第六次代表大会召开

（区新闻传媒中心供稿）

12 月 14 日，2022 首届蒋堂柑橘节暨婺城区第四届农民网络文化节举行

（蒋堂镇政府供稿）

浙江省第十七届运动会

4月7日，婺城区亚运省运工作领导小组会议召开

（区新闻传媒中心供稿）

6月30日，2022年金华市暨婺城区亚运省运场馆应急救援演练举行

（区应急管理局供稿）

7 月 2 日，浙江省青少年轮滑锦标赛暨第十七届省运会轮滑测试赛在婺城区水上运动中心开赛

（区新闻传媒中心供稿）

8 月 3 日，红十字会应急救援队在金华水上运动中心为浙江省第十七届运动会激流回旋比赛开展保障工作

（区红十字会供稿）

9 月 23 日,浙江省第十七届运动会“核金建设杯”足球(男子甲组)比赛颁奖仪式举行,金华队获得银牌

(区民政局供稿)

11 月 21 日,浙江省第十七届运动会“浙江建投杯”皮划艇(静水)、赛艇比赛在婺城区开赛

(区民政局供稿)

联合国人类非遗代表作——婺州举岩茶

采摘婺州举岩茶

婺州举岩茶园

婺州举岩干茶

婺州举岩茶汤

特　载

专　文

大事记

区情概览

中国共产党金华市婺城区委员会

婺城区人民代表大会

婺城区人民政府

中国人民政治协商会议婺城区委员会

中共婺城区纪委　婺城区监委

民主党派　工商联

群众团体

法治　军事

经济管理

农业农村

水　利

工　业

园　区

投资集团

城乡建设与管理

商贸服务业

信息产业

财政　税务

金　融

教　育

科学技术

文化 旅游 体育

卫生与健康

社会事务

街道镇乡

人物　荣誉

附　录

全面学习贯彻中共二十大精神
竞跑国际枢纽城　奋进都市核心区
在中国式现代化金华实践中扛起主城担当

——在区委八届三次全体(扩大)会议上的报告

婺城区委书记　高　峰

(2022 年 12 月 29 日)

一、关于区委八届一次全会以来的工作

区委八届一次全会以来,区委常委会团结带领全区上下深学笃行习近平新时代中国特色社会主义思想,把迎接中共二十大胜利召开、学习宣传贯彻中共二十大精神作为首要政治任务,认真落实“疫情要防住、经济要稳住、发展要安全”要求,以超常力度和举措打好稳进提质、除险保安、塑造变革组合拳,推动婺城工作取得新进展。经济发展承压复苏、稳中向好,预计全年地区生产总值 353 亿元。

重点抓了十个方面:

(一)兴起了学习贯彻中共二十大精神热潮。深入贯彻落实《中共中央关于认真学习宣传贯彻二十大精神的决定》和省委、市委《关于认真学习贯彻中共二十大精神的通知》精神,第一时间召开全区领导干部会议、区委常委会会议、区委理论学习中心组专题学习会,推动全区领导干部先学一步、学深一层。开展“六学六进六争先”学习实践活动,通过全领域大学习、全覆盖大宣讲、全媒体大宣传、全维度大评价,引导全区广大党员干部完整、准确、全面领会中共二十大精神。区四套班子领导带头赴基层联系点宣讲,组建中共二十大精神区委宣讲团,用好“润婺有声”、“8090”宣讲团等特色品牌,开展“六进”宣讲千余场。发挥主流媒体扛旗引导作用,开设“新时代新征程新伟业”等专栏,省级以上主流媒体发稿量同比增长 31.5%,全景展示中共二十大精神在婺城的生动实践。

(二)迭代了新阶段婺城发展的思路举措。区第八次党代会提出了实施“1483”发展战略,凝心聚力建设高能级现代化都市核心区的目标任务,为婺城发展架起了“四梁八柱”。及时召开区委八届二次全会,紧扣省党代会“两个先行”奋斗目标,围绕金华高水平建设内陆开放枢纽中心城市战略定位和“三中心、三高地”重点任务,综合考量婺城现状和前景、优势和不足、战略机遇和风险挑战,对“1483”战略进行渐次展开、创新发展和深度推进,以城市和产业为核心,平台和项目为支撑,中心带动和全域提能为导向,创造性做出高质量打造“一带七心”的决定,立足八大平台发展定位,集聚重点产业、布局重大项目、实施重要工程,形成了以点带面、联动全域的发展格局,婺城发展的思路举措更加清晰具体,科学可为。

(三)突出了平台项目的具体抓手。坚持逢会必讲项目、逢事必提项目、逢人必谈项目,持续释放大抓项目的鲜明信号。吹响"产业项目攻坚年"行动号角,开展经济稳进提质培训,构建项目"五色晾晒"机制,全年实施项目209个、完成投资95亿元,1—10月制造业投资增速31.5%,完成工业用地出让28宗、总面积97.47公顷、面积超前两年总和,省"4+1"、省"六个千亿"、省重点、市重点项目投资完成率均超100%,省集中开工项目、省县市长工程落地率、开工率均达100%。全年累计争取中央预算内资金超1.1亿元,全市第1;完成低效用地再开257.07公顷,完成率214%,全市第1;完成闲置土地处置6公顷,完成率500%,全市第1;完成盘活存量115.53公顷,完成率102%,全市第2。

(四)实现了招大引强的历史突破。项目数量实现新突破,全年招引3亿元以上产业项目21个,总投资244亿元,项目数是过去五年平均的2倍,引进10亿元以上制造业项目10个,项目数是过去五年平均的3.8倍,落地8个,是过去两年总和的1.6倍,50亿元以上项目取得零的突破。项目落地速度实现新突破,8个3亿元以上项目实现当年签约、当年落地和当年入统,投资10亿元的广东云达物流智能分拣项目从落地到入库仅用3个月,较平均用时缩短一半以上。全员招商实现新突破,全年区领导带队外出招商超80次,各单位外出招商330次,形成了"人人争当招商高手"的全员招商工作格局。

(五)推动了城市更新的跨越进展。启动建区史上面积最大的12.2平方千米城市更新,更新面积是前三年面积总和的4倍。长湖湾等5个1平方千米以上片区开发项目全速推进,1—11月完成总投资113亿元,投资额是过去三年年均投资额的6倍,完成核定拆除量40万平方米,超额完成市定年度任务,城市更新综合完成率144%。新建成鲍杨、五星田里、西郊一期等城中村改造安置房47万平方米、2732套,分配安置房3260套。"水韵古婺·燕舞三江"婺州古城传统风貌样板区获评全省首批传统风貌样板区。建成柳湖未来社区,北苑小区、金奥花园、浙师大老生活区成功获评第六批省级未来社区创建试点。

(六)激发了变革重塑的前进动能。坚持改革引领,创新驱动,新增数字化改革省级应用场景试点21个、全面深化改革省级以上试点5个,数字化改革考核从去年全市考核第8到今年全省综合评价中2次获评五星,实现争先进位。深入推进"大综合一体化"行政执法改革试点,在全省推进会上作典型发言,获省委主要领导肯定。2022年全省"大综合一体化"行政执法改革效能指数全省第1,改革指数全省第4。"大综合一体化"行政执法大数据监督应用获评数字政府建设实践领航案例,"大综合一体化"行政执法协同指挥应用等5个项目入选省市"最系列"成果。创新动能不断增强,规上工业企业研发投入占主营收入比重全市第2,在职高层次人才扩容至26人,同比增幅73%。师大创新城等高能级科创平台落地建设,新增市级院士专家工作站4家,新增数全市第1,省海外引才计划入选数、省级博士后工作站建站数、博士后招收数、高技能人才新增数均创历史新高。

(七)夯实了共同富裕的民生基础。完善"1+1+5+N"共富体系,实施党建联建行动85个,其中"熊猫猪猪"共创共富行动带动周边3镇9村共富,为村民增收2000余万元,获省委主要领导调研肯定。特色农业发展势头兴旺,荣获特色产业农业"机器换人"高质量发展先行县称号。开展"同心共建·幸福婺里"结对行动,8对乡镇(街道)结对共建,100个"助村帮帮团"助力乡村共富,全区总收入30万元且经营性收入15万元以上建制村实现全覆盖,成功创建3个省级未来乡村。聚焦"金华有爱·幸福婺里"现代社区品牌建设,成功争取7个省市试点。深入实施"下山安居创富"工程,蒋堂移民新村二期建成分房,新搬迁山区群众1300余人,白龙桥安置小区一期开工建设。积极助力浙江中西部文化、教育、医疗中心建设,婺州举岩茶入选联合国人类非物质文化遗产代表作名录,浙中文化创意中心开工建设,区图书馆、区文化馆、区青少年宫实质性启动,建成"15分钟品质文化生活圈"61个。圆满承办省运会7个项目比赛，金牌数、奖牌数均列全市第1，获浙江省竞技体育突出贡献奖。学前教育获省政府正向激励，8所公办幼儿园建成投用，新增学位3600个，婺城校园足球获评“2022全国民生示范工程”。大力实施区妇幼保健院、区中医院等12个医疗强基项目。成功创建5个国家卫生乡镇、118个省级健康村。美丽婺城建设持续深化，建成省级新时代美丽乡村示范乡镇1个，特色精品村4个，成功创建美丽城镇省级样板3个，四夺“五水共治”大禹鼎，连续3年获评全省“千万工程”建设新时代美丽乡村工作优胜县。

（八）拼出了除险保安的高分报表。全域打响除险保安百日攻坚大会战，化解涉稳风险119项，圆满完成中共二十大、省运会等安保任务。国家、省市交办的225件积案全部按期“清零”，诉求类走访总量较近三年平均值下降53.2%。全面开展平安建设“十大专项行动”，累计排查安全生产隐患1.2万余处，各类安全生产事故数、亡人数较前三年均值分别下降41.6%、40%，交通事故数同比下降14%，火警数同比下降60%，火灾实现“零亡人”，电诈案件发案量同比下降2成，平安指数全年保持全省前10，1—11月除险保安指数全市第1。

（九）狠刹了作风建设的顽疾病灶。协同推进巡视巡察，全力配合省委巡视，制定八届区委五年巡察工作规划，启动三轮区委巡察工作。深入开展“正风2022”系列行动，实施亲清政商关系、享乐奢靡、立规守法等五大主题11个专项监督，累计查处“四风”问题60起83人。实施清廉婺城深化工程，推进清廉单元建设“十百千”五年行动，获评全省清廉浙江建设成绩突出单位等省市荣誉21次。坚持“三不腐”一体推进，累计党纪政务立案308件，处分347人次。

（十）锻造了实干争先的铁军队伍。把变革重塑提能干部队伍作为重中之重，出台《变革重塑干部队伍聚力锻造实干争先婺城铁军的决定》。聚力“双优”提质，常态建立“212”干部梯队资源库，年轻干部8项指标5项全市前3，新招录5名“双一流”高校选调生，数量全市第1。深入实施“赋能提质”行动，举办年轻干部成长训练营、稳进提质经济能力提升、共富善治等培训班，持续推动干部能力提升。聚合干部资源，点兵选将216名干部参加“三大战役”，深化“万名干部助万企”精准服务活动，“三服务”考核全市第1。聚焦状态崛起，“五度四步”应用在全市推广，选树区级“扛旗先锋”20名，对69名在一线表现突出的干部予以提拔转重。为9名领导干部澄清正名、12名干部容错纠错，全面激活实干争先精气神。

今年以来，区委常委会充分发挥总揽全局、协调各方作用，全力支持和保证人大及其常委会依法履职，支持政协发挥专门协商机构作用，支持法检“两院”积极作为，切实做好统战、群团、党管武装等各项工作，全区上下汇聚起实干争先、奋楫奋进的强大合力。

这些成绩的取得来之不易，根本在于有习近平总书记作为党中央的核心、全党的核心领航掌舵，在于有习近平新时代中国特色社会主义思想科学指引，在于省委省政府和市委、市政府的坚强领导，也是全区各级党组织和广大党员干部群众踔厉奋发、感恩奋进、团结奋斗的结果。借此机会，我代表区委常委会，向同志们表示衷心感谢！

在肯定成绩的同时，我们也要清醒认识到，对照“两个先行”的更高标准和“打造国际枢纽城、奋进现代都市区”的更高要求，还存在一些薄弱环节和短板差距：产业结构性短板依然突出，三大新兴产业贡献占比低，主导产业核心竞争力不强，规上企业拉动力不足，三次产业结构不优，高质量发展基础还不巩固。现代化都市核心区起势不足，经济总量不大、质量不高，占全市比重低，城市建设还未达到与核心区相匹配的能级。创新驱动作用发挥不够，科技创新能力不强，高端人才吸引力不够，缺乏有科研转化能力的高能级现代化创新创业平台。共同富裕亟待破题快进，城乡二元结构突出，缩小“三大差距”任重道远，优质公共服务供给不够均衡。实干争先、敢拼敢闯的氛围还不够浓厚，“油腻”“躺平”现象依然存在，干部队伍中事不避难的攻坚担当意识、只争朝夕的勤勉奋斗精神还未形成主流。全面从严治党仍有薄弱环节，“四风”问题仍有反复，党员干部违纪违法时有发生，风清气正的政治生态还需久久为功。

二、入脑入心、笃信笃行,切实增强学习贯彻中共二十大精神的思想自觉政治自觉行动自觉

中共二十大吹响了奋进新征程的时代号角,学习宣传贯彻中共二十大精神是当前和今后一个时期的首要政治任务,要在全面学习、全面把握、全面宣传、全面落实上下足功夫,牢牢把握中国式现代化战略部署,切实将二十大精神学习成果转化为奋楫奋进高能级现代化都市核心区的实干实效。

(一)必须深刻领会“两个确立”的重大意义。“两个确立” 是二十大所取得的所有成果中最重要最根本的意义内核,是战胜一切艰难险阻、应对一切不确定性的最大确定性、最大底气、最大保证。我们必须把对“两个确立”决定性意义的深刻领悟,切实转化为坚决做到“两个维护”的高度自觉,更加坚定地忠诚核心、拥戴核心、紧跟核心、维护核心,不断提高政治判断力、政治领悟力、政治执行力,始终在思想上政治上行动上同以习近平同志为核心的党中央保持高度一致,确保总书记重要指示和党中央决策部署在婺城得到有力有效的贯彻落实。

(二)必须深刻把握习近平新时代中国特色社会主义思想的世界观和方法论。习近平新时代中国特色社会主义思想是马克思主义在21世纪目前阶段发展的最新成果、思想高峰,实现了马克思主义中国化时代化新的飞跃。我们要始终把学习领会习近平新时代中国特色社会主义思想作为首修课、必修课、终身课,坚持学思用贯通、知信行统一,把握好习近平新时代中国特色社会主义思想的世界观和方法论,深刻领会“三个为什么”“两个结合”和“六个必须坚持”的精神实质,使之成为武装头脑、指导实践、推动工作的强大思想武器。

(三)必须坚定扛起建设高能级现代化都市核心区的使命担当。高水平建设内陆开放枢纽中心城市、高质量建设共同富裕现代化都市区是金华未来发展最重要的底色。作为金华主城区的核心区,我们不仅要有扛起中国式现代化金华实践主城担当的底气志气,更要有建设高能级现代化都市核心区的锐气豪气。要全面对标中共二十大作出的全方位工作部署,紧扣省委“八个高地”建设和市委“打造国际枢纽城、奋进现代都市区”的发展定位,完善工作思路、迭代政策举措、强化工作措施、解决具体问题,奋力展现中国式现代化婺城图景。要主动融入市委八届三次全会实施高质量赶超发展 “八大行动”部署,在辩证分析形势、抢抓政策机遇、精准攻坚突破中增强“拼”的勇气、积蓄“争”的势能、开拓“胜”的明天。

(四)必须以党的自我革命引领社会革命。中共二十大作出坚定不移全面从严治党、深入推进新时代党的建设新的伟大工程重大部署,为党在长期执政条件下践行初心使命、始终赢得人民拥护,带领人民为实现第二个百年奋斗目标而团结奋斗提供了重要遵循。我们要把思想和行动统一到中共二十大精神上来,始终坚持党要管党、全面从严治党不放松, 在推动社会革命的同时进行彻底的自我革命,将制度优势更好地转化为治理效能,把婺城的党组织锻造得更加坚强有力。

(五)必须发扬强大的斗争精神迎战历史大考。中共二十大注重激发实现中华民族伟大复兴的精神力量,强调弘扬以伟大建党精神为源头的中国共产党人精神谱系,发扬斗争精神、增强斗争本领、坚持团结奋斗,是从新时代伟大斗争实践中总结出来的重要经验。当前,婺城正处于高质量赶超发展的吃劲阶段,比以往任何时候都更加需要保持斗争的精神、团结的状态、奋进的姿态。我们要时刻保持昂扬状态,摒弃“躺平”心态,在新征程上敢于斗争、善于斗争、勇于斗争,才能跑好“接力赛”、打赢“擂台赛”、夺魁“锦标赛”、称雄“拉力赛”,不断创造经得起历史、实践和人民检验的崭新婺城业绩。

三、精准谋划、迭代跃升,在中国式现代化金华新实践中扛起主城担当

新时代开启新征程,新使命引领新未来。我们要深刻把握中共二十大和省委十五届二次全会、市委八届三次全会的新部署新要求,深刻把握中国式现代化的中国特色和本质要求, 认清新的战略环境,保持清醒头脑,精准识变、科学应变、主动求变,真正把婺城各项工作放到谱写中国式现代化浙江篇章的宏大场景中谋划推进,以正确的方法,做正确的事情,下最大的功夫,求最好的效果。

（一）放眼全局，中共二十大，国家以及省、市战略叠加带来机遇与挑战。当前世界之变、时代之变、历史之变正以前所未有的方式展开，今日之中国，中华民族伟大复兴已经进入不可逆转的历史阶段；今日之浙江正处于全球经济企稳回升的战略机遇期、使命任务协同推进的红利叠加期、发展动能层次变革的瓶颈突破期、共同富裕新题难题的破题深化期和人民美好生活向往的加快实现期；今日之金华，吹响了“打造国际枢纽城奋进现代都市区”的号角，浙中崛起大幕已开，大时代大变革蕴含着大机遇大风口，我们必须抢抓机遇、乘势而上，才能切实把机遇红利优势转化为改革发展胜势。

（二）环视周边，千帆竞发、百舸争流的态势更加明显。当前我们正身处一个竞争激烈的时代，区域发展如逆水行舟，稍有不慎、稍一分神，就会停滞不前甚至节节败退。特别是近年来，兄弟县市区都在铆足干劲、奋起赶超，婺城“标兵渐远、追兵渐近、强兵更多”的形势愈发严峻。从发展速度上看，与兄弟县市区的发展差距逐渐拉大，一些领先指标也相继被赶超，一些传统优势正在削弱；从发展质量看，市区首位度低，综合竞争力弱的问题依然突出；从发展氛围看，“不赶超就会被赶超、不主动就会更被动”的争先意识不强，要破解历史之困、实现赶超进位，重塑发展新格局，依然任重道远。因此，我们不仅要锤炼直线“加速跑”的能力，更要练就在弯道上“竞速跑”的胆识和本领，勇于“换道超车”“换车超车”“换人超车”，只有这样才能不断逼近“前方标兵”、甩开“后方追兵”、超越“左右强兵”，本质上、整体上、系统性改变婺城发展被动的局面。

（三）立足自身，拓展发展新空间、塑造发展新优势、开辟发展新境界的使命艰巨繁重。当前，婺城正处在滚石上坡、蓄势赶超的关键点，借船出海、借势登高的发力点，变革破题、逆势突围的转折点，“1483”发展战略实施全面起势，“一带七心”蓝图全面铺开，大手笔规划、大规模开发、大项目建设都离不开干部的大担当、大格局、大境界、大作为。我们要营造大干项目的火热氛围，凝聚大抓落实的强大合力，坚定大转作风的信心决心，推动各项工作提标提速提质提效，按下快进键、跑出加速度、抢占新赛道。

全区当前和今后一个时期工作的指导思想是：坚持以习近平新时代中国特色社会主义思想为指导，深入学习贯彻中共二十大精神，认真落实省委十五届二次全会暨省委经济工作会议、市委八届三次全会暨市委经济工作会议的决策部署，忠实践行“八八战略”、坚决做到“两个维护”、奋力推进“两个先行”，以建设高能级现代化都市核心区为总目标，以竞跑国际枢纽城、奋进都市核心区为主要任务，以迭代跃升“1483”战略为基本路径，以“一带七心”为战略布局，以“大干项目大抓落实大转作风”为鲜明导向，以全面从严治党和锻造实干争先的婺城铁军为根本保障，在全力谱写中国式现代化生动实践的金华篇章中扛起主城担当、贡献主城力量。

主要是四个方面：

一是迭代跃升目标体系。根据党中央“两步走”战略安排，对标习近平总书记对浙江提出的“干在实处、走在前列、勇立潮头”要求，我区现代化建设总的目标安排是：从2020年到2035年，在“两个先行”中与全省同步高水平完成基本实现社会主义现代化的目标，基本实现共同富裕；从2035年到本世纪中叶，全面建成社会主义现代化强区，全面建设共同富裕美好社会。

锚定市委干好“一三五”、实现新跨越的递进愿景，对标对表、分步推进未来五年的目标任务：一年大破题，全力以赴抓好2023年工作，“一带七心”破题见效，主要经济指标增速普遍高于全市平均水平，确保开好局、起好步。三年大突围，到2025年，全面完成“十四五”规划和共同富裕示范区建设方案的目标任务，建设高能级现代化都市核心区取得突破性进展，形成标志性成果。全区GDP超过500亿元，规上工业增加值达到80亿元，常住人口城镇化率达到80%，城乡居民收入倍差缩小至1.98以内，主城区能级显著提升，确保快突围、快见效。五年大赶超，到2027年全面完成中共二十大和省第十五次党代会、市第八次党代会各项决策部署，与现代化都市核心区定位相匹配的集聚力、承载力、吸附力、辐射力大幅提升，主城区首位度明显提升，确保走前列、作示范。

二是迭代跃升主要任务。“八个能级”提升和“八个高地”建设是区第八次党代会对标“五位一体”总体布局和“四个全面”战略布局,对未来五年婺城高质量发展作出的体系化、全方位部署安排。区委对标中共二十大精神和省委、市委各项决策部署,对“八个能级”提升、“八个高地”建设进行了充实完善,作出了本次《中共金华市婺城区委关于全面学习贯彻中共二十大精神,竞跑国际枢纽城、奋进都市核心区,在中国式现代化金华实践中扛起主城担当的决定》并提交区委全会审议,旨在把全区上下的思想和行动统一到中央、省委、市委和区委的决策部署上来,实现工作部署的与时俱进、迭代升级。全区上下要按照“八个能级”“八个高地”的体系架构,立足本地特色优势,谋划实施一系列“一子落、满盘活”的战略性举措,推进“1483”战略取得突破性进展、形成标志性成果、实现整体性跃升。

三是迭代跃升平台布局。区委八届二次全会上,我们围绕省党代会赋予金华高水平建设内陆开放枢纽中心城市定位和市委打造“三中心、三高地”目标任务,立足城市和产业这两个关键,谋划了“一带七心”八个发展平台,精准确定各平台发展定位,针对性集聚一批重点产业、布局一批重大项目,以重点平台的起势带动城市综合竞争力全面提升。明年重点是要落细落实“一带七心”指挥体系、项目体系、要素保障体系,有力推进“中心带动、全域提能”的格局全面形成。

四是迭代跃升战术打法。明年是全面贯彻中共二十大精神的开局之年,是深入实施“1483”战略的关键之年,也是我们“大干项目大抓落实大转作风”之年。要牢固树立“项目为王”理念,聚焦“一带七心”,全盘谋项目、全面管项目、全速推项目、全力争项目,大干实干苦干快干,以大项目引领大投资,以大投资带动大发展。要牢固树立抓落实的意识,各级领导干部要当好主攻手和战斗员,在项目建设的主战场上冲锋陷阵。完善推进机制,坚持“高位调度、集成作战、扁平协调、一体办理”工作机制,形成“一切围绕项目转、一切聚焦项目干”的强大合力。要持之以恒强化作风建设,做到“脚上有土、心中有谱”,努力打造“讲政治、葆初心,会思考、有活力,重团结、善冲锋,守规矩、保清廉”实干争先的干部队伍,让婺城人“实干争先、奋楫赶超”的精神面貌深入骨髓、成为城市发展的内生动力。

四、全速竞跑、奋楫奋进,在“打造国际枢纽城、奋进现代都市区”中干出主城作为

今后五年,全区上下要紧盯目标、紧扣部署、紧抓不放,以奋楫争先的拼劲、奋发进取的闯劲、奋斗不懈的干劲,干出主城作为、拼出主城地位。

(一)开放兴城,在打造国际枢纽城中实干争先。对标中共二十大“推进高水平对外开放”和省委“做强以‘四港联动’为核心的现代化流通体系”、市委“建设金华国际陆港枢纽新样板”的新部署新要求,坚持城市建设与对外开放齐头并进,拓展开放通道、培育开放产业、增强开放力度。一是增强主城承载力吸附力。坚持产城人融合发展为导向,对标国际化大都市区标准,加快建设未来活力中心、未来宜居中心,更高质量更高水平打造城市有机更新样板,以城市的更高承载力,提升人口吸附力,增强城市发展力。未来5年完成5个1平方千米片区改造项目,完成投资超400亿元,建成未来社区20个、城乡风貌样板区10个。明年,重点谋划实施方井头、十里牌楼、马海地等4个区块的城中村改造,加快长湖湾工贸区块24.5万平方米房屋拆除,同步启动城改安置房建设,完成北苑、浙师大、金奥、八咏楼4个未来社区创建。二是放大主城区位优势。立足“水通南国三千里”的地理优势,推动交通运输空间重构、功能重塑,加快建设建德至武义高速(婺城段)、甬金衢上高速(婺城段)、华龙南街北延、沪昆铁路外绕线(婺城段)、330国道改建等项目,巩固提升陆路交通优势,加速婺城港乾西作业区、金华江航道改造等项目,重塑传统水运优势,推动交通区位优势向主城经济优势转变,形成高质量发展新动能。到2027年,建成“一港二铁三轨三高四干五联”综合交通体系。明年,新启动重点交通项目15个、总投资162.06亿元。三是融入内陆开放新格局。加快发展现代物流业,以物流高质量发展助推“浙中腹地”变“开放高地”。进一步调整完善物流产业规划,加快构建“物流运输网络+物流服务平台+国际物流通道”一体化发展模式,加速打造未来物流中心，建成服务浙中、对接衢州、辐射江西的区域物流枢纽，成为“义甬舟”大通道西延的桥头堡、国家物流枢纽的重要节点。到2027年，义新欧班列年开行100列，货运总量突破2500万吨，完成投资600亿元。明年，重点推进中宇公铁水综合物流园项目一期、浙中综合交通枢纽、金华现代物流中心“新零售云仓”等项目建设。

（二）产业强城，在先进制造业崛起中实干争先。对标中共二十大“实施产业基础再造工程”和省委“加快建设制造强省”、市委“打造先进制造新引擎”的新部署新要求，大力实施数字经济“一号发展工程”和营商环境“一号改革工程”，坚定“2+3”产业导向，奋力打造新能源汽车零配件、现代五金、数字经济、生命健康、新材料等五大产业集群，以先进制造业崛起引领婺城赶超发展。一是制造业加速超车。加快打造未来智造中心，扎实推进“尖峰”“雄鹰”“雏鹰”行动，每年培育10亿元以上企业2家以上，“小升规”25家以上，专精特新“小巨人”企业2家以上。深化新一轮“腾笼换鸟、凤凰涅槃”攻坚“双1”行动，每年整治低效工业用地66.67公顷以上、出让工业用地66.67公顷以上，明年新整治提升亩均税收8万元以下低效企业150家以上，完成临江园区、洞溪园区、金华水泥厂低效工业用地集中连片整治66.67公顷以上。持续推进招大引强“1021”行动，力争每年落地10亿元以上制造业项目10个以上，其中50亿元以上项目2个、100亿元以上项目有新突破。明年，加快盯引凯卓立全国总部及智能尾板产研基地、正凯集团年产40万吨PET结构材料项目、上海银基汽车数字钥匙等项目落地。二是新兴产业弯道超车。高标准规划建设生命健康科学城，加快未来产业中心建设，未来5年，力争三大新兴产值年均增长20%以上。明年，新升规数字经济企业5家以上，加快三联区块安置房、春风十里等健康社区项目建设。三是服务业变道超车。聚焦服务业多样化升级，重塑商圈新格局，打造浙中未来时尚中心，全面打通西市街、古子城、三江里“三大商圈”，加快铁路文化公园商业街建设，有机衔接长湖湾活力新城板块，打造与主城区商圈相融合的拥江活力商业街区，重燃商圈烟火气，争创省级高能级服务业创新发展区。到2027年，改造10万立方米商业空间，新增商家2000家，日客流量超6万人，到2027年带动全区社零总额超500亿元。明年重点推进文庙复建、古城游客服务中心等项目建设，启动将军路、石榴巷等8条特色街区改造、打造1个红色文化研学街区和3个以上“一街一品”餐饮文化街区。四是营商环境全面提升。全方位深化“放管服”改革，加快项目落地开工速度，确保新落地项目拿地1个月内开工，探索“拿地即开工”模式。不断放大改革效应，未来5年新增省级以上改革试点20个。明年，持续推进农产品产地冷藏保鲜整县推进实施县、农业标准地改革、深化国土空间治理改革、优化营商环境改革、义务教育“双减”集成改革等重大领域改革。

（三）科创立城，在塑造科技人才新优势中实干争先。对标中共二十大“实施科教兴国战略，强化现代化建设人才支撑”和省委“超常规力度一体推进教育强省、科技强省、人才强省建设”、市委“塑造科教人才新优势”的新部署新要求，坚持教育优先发展、科技自立自强、人才引领驱动，持续放大核心区资源集聚优势、牢牢把握创新制胜主动权，打造青年发展型和创新创业型城市。一是加快建设教育强区。全面开展教育强基、提质、培优行动，深化推动“五育”并举，深入实施“初中强校”“优师引育”工程和职业教育“三名工程”。到2027年，提升改造中小学12所、幼儿园15所，普惠性幼儿园占比达到98%，名师团队数量保持全省前列，城乡义务教育共同体建设取得显著成效。明年，重点加快长湖湾实验学校、青春小学改扩建等项目建设，创建全省学前教育普及普惠区。二是加快建设科技强区。全方位融入长三角G60科创走廊，持续深化校地合作，高标准建设师大创新城，支持浙师大争创国家大学科技园，全面提升科研转化能力、释放未来科创中心发展动能，着力构建高能级现代化创新创业平台。每年新增国家高新技术企业20家以上，财政科技投入年均增长20%以上，规上工业企业研发费用年均增长35%以上，高新技术产业投资年均增长17%以上，到2027年，建成1个以上国家级孵化器、5个以上省级研发机构，新增100家以上科技型企业、集聚10000名创新创业人才,R&D经费支出占GDP比重达到3.35%,科技创新进步指数进入全省前30。明年,重点加快浙师大金华科创园(一期)、浙江光电子研究院、浙师大数理医学院建设,提档改造城北跨境电商产业园,每千家企业中国家高新技术企业数达到18.72家,支持婺城经济开发区争创省级高新区。三是加快建设人才强区。以系统性思维构建人才谱系,大力实施"智汇婺城"工程,强力推进高层次人才队伍建设、海外引才计划攻坚、人才生态优化升级、人才服务数字化赋能等行动,聚天下英才而用之,全力打造人才生态最优区。每年新引进省级以上领军人才15名以上,新增技术技能人才5000名以上、大学生1万名以上,到2027年,实现在婺省级以上领军人才破百人,在金高校毕业生留婺率达到15%。明年,迭代出台人才新政3.0,常态化开展"人才沙龙"活动,确保人才引得进留得住,新建省级博士后工作站3家以上,引进青年博士30人,招收博士后5人以上,启动浙师大青年人才公寓建设。

(四)以文润城,在打造婺文化新标识中实干争先。对标中共二十大"推进文化自信自强,铸就社会主义文化新辉煌"和省委"加快打造新时代文化高地"、市委"打造与现代化都市区相匹配的文化标识"的新部署新要求,进一步加强对婺文化的挖掘、阐释、研究和保护,不断增强文化自信、扩大文化影响力,打造与高能级现代化都市核心区相匹配的浙中文化新高地。一是推动婺文化历久弥新。深入实施文化基因解码工程和"千年古城"复兴计划,加大白沙文化、北山文化等研究力度,开展婺学、婺窑、婺剧、婺建、婺风共创行动,扎实做好以婺州举岩茶制作技艺为代表的特色非遗文化系统性保护,做好雅畈、安地等古镇保护开发,擦亮"婺风宋韵"文化标识,塑造标志性婺文化城市IP,全面提升古婺文脉生命力。到2027年,打造省级以上文化标识5个以上,宋韵文化生活节、婺风宋韵文创大赛等特色品牌知名度全面打响。明年,重点推进雅畈镇婺州窑文化产业园等项目建设,争创省级非遗工坊2家以上。二是推动文化服务守正创新。深入实施文化惠民工程,高标准建设区文化艺术中心,实现"区有三馆",以省运亚运承办为契机加快打造体育强区,高质量构建以人为核心,覆盖城乡、结构合理、功能健全、实用高效的公共文化服务现代化体系。到2027年,实现基本公共服务均等化,每万人拥有公共文化设施建筑面积达到4500平方米以上,人均体育场地面积达到3平方米以上,高标准建成"15分钟品质文化生活圈"。明年,重点实施浙中文化创意中心、区青少年活动中心等项目建设,加快推进郭力垅休闲区建设,全力争创体育现代化区、积极创建国家水上国民休闲中心。三是推动文旅产业推陈出新。深入实施文化赋能工程和文旅融合"五百五千"工程,以"婺城制造+婺派文创"加快推动传统文化市场化转型,着力构建现代文化产业体系,全力支持白沙溪·三十六堰创建国家级水利风景区,熊猫猪猪·两头乌国际牧场创建国家AAAA级旅游景区,不断提升文产融合综合竞争力。加快仙源湖旅游度假区开发,打造集旅游观光、康养运动、休闲度假等为一体的城市庭院型综合度假区。到2027年,游客突破500万人次,旅游收入突破50亿元,新增重点文化产业项目10个以上,培育省级重点文化产业园区、街区3家以上,规上文化企业5家以上,文化及相关产业增加值突破8亿元,年均增长6%左右。明年,重点推进望山隐庐、白沙文化创意交流中心、燕语湖国际垂钓中心二期等项目建设,启动金AAA景区村庄创建,生态共富产业带上景区村庄达到70%以上。

(五)山水秀城,在建设美丽婺城中实干争先。对标中共二十大"推动绿色发展,促进人与自然和谐共生"和省委"打造生态文明高地"、市委"树立生态发展新标杆"的新部署新要求,深入实施浙中大花园建设行动,协同推进降碳、减污、扩绿、增长,加快打通生态价值转化通道,打造绿色发展新高地。一是坚决打赢三大保卫战。深化实施"五水共治"碧水行动、清新空气行动、净土行动,持续推进"美丽河湖"创建、$PM_{2.5}$和臭氧"双控双减"、治土治废治塑,深化"垃圾革命",严格"污水零直排区"建管,擦亮美丽婺城生态底色。到2027年,地表水Ⅲ类以上水体比例达到100%,$PM_{2.5}$控制在28微克/米^{3}以下,城市空气质量优良天数达到94%以上,建成清新空气示范区。明年，全面完成土壤“源解析”工作，争创省级“无废城市”示范区，再夺“大禹鼎”。二是坚定拓宽生态“转换路”。全面提升生态系统多样性、稳定性、持续性，大力推动南山自然保护区创建国家级自然保护区，生态文明指数逐年提高，全域打造山水田湖草生命共同体。加快推进北山水系“三库三溪”综合整治工程、“千塘百库”整治工程，基本形成城市和重点城镇防洪闭合圈。深入实施“千万工程”，深化开展美丽庭院等“全域美十大行动”，精细化推进农村垃圾、厕所、污水“三大革命”，全力打造美丽乡村新标杆。到2027年，森林覆盖率达到66.7%以上，建成共同富裕新时代美丽乡村示范带1条，全域创建省级美丽乡村建设示范镇，争创国家级生态文明示范区、南山国家级自然保护区。明年，加快实施南山漫道美丽风景线提升改造工程，推动中国苗木智慧博览园二期项目落地，启动5个未来乡村建设，创建水系连通及水美乡村试点县。三是坚持提升发展“含绿量”。深入实施“6+1”重点领域碳达峰行动、新增百万亩国土绿化行动、大型活动碳中和行动，加快构建清洁能源供应体系，增加生态系统碳汇，实现碳排放全链式闭环管理，统筹实现全面绿色低碳转型。到2027年，全区非化石能源消费比重提高到24%，创建绿色低碳工业园区2家以上、绿色低碳工厂10家以上，单位GDP能耗下降16%，单位GDP二氧化碳排放下降20%。明年，“零碳”社区、政府机关、公共机构试点示范建设取得突破进展，环境违法行为案件数同比提升50%，争创省级低碳示范区。

（六）共富暖城，在城乡融合发展中实干争先。对标中共二十大关于共同富裕和省委“打造促进全体人民全面发展高地”、市委“探索共同富裕新成果”的新部署新要求，以解决地区差距、城乡差距、收入差距为主攻方向，推进就业、医疗、养老等基本公共服务均等化，织密“全覆盖、保基本、多层次、可持续”社会保障网，以高水平城乡融合书写婺城共富新篇章。一是千方百计缩小三大差距。深入实施“五大方案”，加快推进下山安居创富工程，打好强村富民集成改革、农业转移人口市民化集成改革组合拳，不断提高居民收入。加快打造生态共富产业带，释放发展平台动能，辐射带动西南山区乡镇共创共富。放大农业特色优势，做大做强以“一只猪、一朵花、一杯茶、一粒米、一枚蛋”为代表的婺城特色农业品牌。大力推进跨乡镇土地综合整治工程，逐步实现乡村资源重组重构，持续提升乡村资源利用效能。到2027年，下山安居1万人以上、建成1条10亿元以上农业全产业链、村级集体经济总收入达到6亿元以上、居民人均可支配收入提高到83000元，城乡居民收入倍差缩小到1.95以内。明年村级集体经济总收入达到4.5亿元以上、居民人均可支配收入提高到63200元，城乡居民收入倍差缩小到2.12。二是尽心竭力优化公共服务。高质量办好十方面民生实事，抓好就业这一最大民生工程，推动优质医疗资源扩容和区域均衡布局，聚焦“一老一小”，着力培育更优质普惠的养老机构、托幼机构，大力推进儿童友好城市建设，未来每年新增城镇就业人数1万人以上，到2027年每万名老年人拥有持证养老护理员28人，培育省级以上托育服务机构2家以上，建成“15分钟公共服务圈”。明年，重点加快建设市第五医院（浙江医院金华分院）迁建、区卫生应急物资储备中心及疾控中心改扩建等项目，区中医院建成投入使用，谋划建设5个乡镇（街道）养老服务中心，力争实现区级高质量就业社区（村）占比达30%以上。三是多措并举建强社保体系。积极推动大社保体系建设，健全养老保障制度，推进发展第三支柱养老保险，提高企业年金覆盖率，推广企业人才集合年金计划。到2027年，企业职工基本养老保险参保人数达17万人，户籍人口基本养老参保率达99.5%以上。

（七）为民护城，在重塑基层治理体系中实干争先。对标中共二十大“推进国家安全体系和能力现代化”和省委“打造全过程人民民主实践高地”、市委“重塑社会治理新体系”的新部署新要求，着力打造共建共治共享的社会治理格局，争创全国法治政府建设示范区、平安中国建设示范区。一是守好平安婺城防线。全面落实总体国家安全观，统筹安全与发展，完善风险闭环管控大平安机制，打好风险防范化解的整体仗、主动仗，防范化解政治安全、社会稳定、社会治安、经济领域、网络安全、公共安全领域重大风险。强化隐患综合治理,严厉打击各类违法犯罪活动,防范重特大事故发生,确保全区各类事故起数、伤亡人数逐年下降,平安指数始终排名全省前列。明年,重点推进区级危险化学品集配中心、浙中综合应急保障基地建设,乡镇(街道)综合性应急救援队伍建设覆盖率达到100%,圆满完成亚运会维稳安保,实现省级平安区十八连创,力夺全省首批二星平安金鼎。二是打造法治婺城样板。广泛开展“八五”普法,全面推进乡镇(街道)法治化综合改革,夯实法治政府建设基础。持续推进公共法律服务站示范点建设,深化“三师助企”行动,实现市场主体法律顾问全覆盖,建成普惠均等、便捷高效、职能精准的现代公共法律服务体系。到2027年,争创2个国家级民主法治示范村(社区)、40个省级民主法治村(社区),实现“后陈式”法治村、市级法治乡镇全覆盖,律师万人比达到6以上,党政机关公职律师配备率达到100%。明年,重点落实《关于深学笃行习近平法治思想推动法治婺城建设体现一流水平的意见》,完成21个方面70项具体任务。三是迭代基层治理体系。持续深化“基层党建+社会治理”创新,完善党委领导、政府负责、民主协商、社会协同、公众参与、法治保障、科技支撑的“大治理”体系。全面推进“县乡一体、条抓块统”县域整体智治改革,深化“微网格”建设,提升基层网格员队伍专业化、职业化水平。构建矛盾纠纷化解“136”体系,形成上下联动、层层发力、多方参与工作格局。扎实推进现代社区建设,建强城乡社区治理“最小单元”,不断夯实社会治理根基。到2027年,力争信访总量年均下降10%以上,实现省级善治(示范)村全覆盖,万人成讼率完成省定目标。明年,确保高分通过全国市域社会治理现代化迎检。

五、大抓落实、大转作风,为推进高能级现代化都市核心区建设凝聚强大合力

习近平总书记强调:“抓落实,是党的政治路线、思想路线、群众路线的根本要求,也是衡量领导干部党性和政绩观的重要标志”。干好工作,抓落实是关键、转作风是根本。要在大抓落实、大转作风上持续发力、不断加力,为竞跑国际枢纽城、奋进都市核心区提供坚强保障。

(一)树立“大抓落实、大转作风”的鲜明导向。思想是行动的先导。抓落实转作风,必须更新思想观念,进一步提振“精气神”。全区上下要牢固树立“大抓落实、大转作风”的鲜明导向,坚持政治引领抓落实转作风,学思践悟习近平新时代中国特色社会主义思想,扎实开展中共二十大精神主题教育,引导广大党员干部忠诚拥护“两个确立”,示范引领“两个维护”,确保党中央和省委市委各项决策部署在婺城一以贯之执行到底。坚持改革创新抓落实转作风,打破常规、破旧立新,用改革的办法破除制约发展的体制机制障碍。坚持攻坚克难抓落实转作风,不为困难找借口、多为成功想办法,善于把不可能变成可能。坚持敢为人先抓落实转作风,勇于领跑、事必争先,干就干成一流,做就做到极致。坚持海纳百川抓落实转作风,立足大局、把握全局,整合各类资源、汇聚各方力量,共同推动工作落实

(二)严肃“大抓落实、大转作风”的规矩纪律。始终保持“严”的主基调,部署开展“大抓作风年”活动,严格落实中央八项规定精神,认真执行区“十严禁”“十不准”规定,坚决打破条条框框、陈规陋习、传统模式,驰而不息纠“四风”树新风,坚决整治“不作为、慢作为、乱作为”等典型问题。加大追责问责力度,将作风作为监督检查、审查调查的重点,完善挂牌销号、专班推进、常态督办等机制,从快从严处置,定期通报曝光,进一步巩固“大抓落实、大转作风”的良好氛围。开展护航营商环境提升“选题挂单”专项整治行动,完善政商交往的正面清单、负面清单、倡导清单,打造亲清政商关系正循环。坚持“三不腐”一体推进,起底查纠重点行业、重大建设、重要投资中的腐败问题,健全完善廉洁风险防控机制,持续开展“同级同类”警示教育,推动做到同向发力、综合发力。巩固深化“五整治五提升”专项行动,部署开展“群众点单、我来治理”专项行动,系统施治基层突出问题,切实回应群众新期待。全面推进清廉建设提质扩面,深入实施清廉婺城建设“五大工程”,大力推广“清满婺城”廉洁文化品牌,打造新时代清廉建设婺城高地。

(三)锻造“大抓落实、大转作风”的干部队伍。抓落实转作风,核心在干事,关键在干部。要对标省

委选贤任能“四个坚持、八个不”的具体要求，树立“以实绩论英雄”的导向，健全“两端三色五机制”，加快形成能者上、优者奖、庸者下、劣者汰的良好局面，让“人人挑担子、个个钉钉子、事事勇争先”成为新时代婺城干部的鲜明标识。突出政治标准强引领，加强干部思想政治教育，深化政治素质甄别评价，常态开展政治体检，引导干部争做“绝对忠诚”的标兵。突出变革重塑强本领，深入开展“六查六破”思想破冰大讨论，深化专业干部“专育专评专配”和“千名年轻干部一线优培”行动，引导干部争做“能谋善创”的标兵。突出压担扛旗强担当，深入开展积压难题大攻坚，深化实干争先大晒拼工作机制，分层分类推进工作榜单晾晒，引导干部争做“担当作为”的标兵。突出严管厚爱强激励。健全容错纠错和澄清正名机制，出台干部及时奖励办法，实施“婺爱向阳·五个一”心理关爱行动。大力推进新时代机关效能革命，落实离任“五责交接”实施办法，细化干部“下”的具体情形和评价标准，切实提振干部精气神。

（四）筑牢“大抓落实、大转作风”的战斗堡垒。基层看行动、末端看效果。抓基层组织基础是抓落实转作风的重要任务。要以全力夺取省级“红色根脉强基鼎”为目标，坚持大抓基层，深入实施以红色根脉强基工程为主轴的“一轴五心”工程。“筑基凝心”抓基础，深化“乡镇共建强基”行动，深入实施“百千万”工程，持续整顿软弱涣散农村党组织，选派新一轮“第一书记”联村指导，深化“书记话图强、五力大比拼”和红领新青年蹲苗培养，全面提升共富争先新能力。“婺里暖心”抓品牌，深化党建统领现代社区建设，持续深化“六大改革”，动态调优“十大行动”，继续紧盯“一老一小”重点群体，健全党建联建、协同共治机制，集成打造现代社区建设标志性成果。“两新同心”抓跃升，全力推进“小哥加油站”“共富工坊”等建设，抓好新生代企业家、两新党组织书记培养，实现新业态领域抓监管和抓党建有机契合。“双建倾心”抓争先，持续推进清廉机关模范机关建设，推行党建项目化管理和“晾晒比拼”，探索在职党员网格服务力指数评价，全面提高机关党建质量。“守正初心”抓队伍，高压整治党员违纪违法问题，全面加强流动党员管理，科学规划党员发展计划，更好发挥党员在遵章守纪、大转作风中的先锋模范作用。

（五）激发“大抓落实、大转作风”的磅礴力量。要大力弘扬伟大建党精神和红船精神、浙江精神，秉持“三个务必”，坚定历史自信，增强历史主动，建设具有强大凝聚力、引领力的社会主义意识形态，引导全区干部群众心往一处想、劲往一处使，在高质量发展的大道上乘风破浪、行稳致远。要全面落实意识形态工作责任制，坚持正确舆论导向，营造清朗的网络空间和风清气正的舆论环境。要团结一切可以团结的力量，加强思想政治引领，广泛凝聚共识，广聚天下英才，促进政党关系、民族关系、宗教关系、海内外同胞关系和谐，努力寻求最大公约数、画出最大同心圆。要以朴实的初心情怀感染群众，“零偏差”站稳群众立场、“零距离”密切联系群众、“零懈怠”解决民生问题，让人民群众的笑容绽放为最美的风景。要发扬斗争精神，提高斗争本领，以共同的奋斗目标鼓舞干部群众，将无数奋斗者的涓涓细流融汇为“一座城、一群人、一条心、一起干、一定赢”的中国式现代化美好图景。

金华市婺城区人民代表大会常务委员会工作报告

——在金华市婺城区第十届人民代表大会第二次会议上

婺城区人大常委会主任 朱利群

(2023年2月3日)

2022年主要工作

2022年是中共二十大胜利召开之年,是省第十五次、市第八次党代会擘画发展蓝图之年,是区委提出"一带七心"战略布局之年,也是区十届人大常委会履职开局之年。这一年,区人大常委会在区委的坚强领导下,以习近平新时代中国特色社会主义思想为指导,全面贯彻落实中共二十大和省、市、区党代会精神,深入学习贯彻习近平总书记关于坚持和完善人民代表大会制度的重要思想和中央人大工作会议精神,坚持党的领导、人民当家作主、依法治国有机统一,依法履职尽责,主动担当作为,不断丰富拓展全过程人民民主的婺城实践,为推动全区经济社会高质量发展做出了积极贡献。一年来,共召开常委会会议11次、主任会议15次,听取审议专项工作报告39个,作出审议意见30项,开展视察31次、专题询问2次、专项评议1项,圆满完成了区十届人大一次会议确定的各项目标任务。

一、坚持党的领导、筑牢忠诚信仰,在推进人大事业中把牢政治方向

常委会始终把党的领导作为人大坚定不移的政治坐标,坚持把人大工作放在区委整体工作布局中去谋划,确保人大工作与区委同心、人民同声、大局同向。

坚持党的全面领导不动摇。深入学习贯彻习近平新时代中国特色社会主义思想和中共二十大精神,始终把思想和行动统一到党中央、省市区委决策部署上来,牢牢把握人大工作正确政治方向。强化理论武装,严格落实"第一议题"制度,坚持第一时间传达学习习近平总书记重要讲话、重要指示批示精神,在学思践悟中不断增强"四个意识"、坚定"四个自信"、拥护"两个确立"、做到"两个维护",切实以理论清醒保证政治坚定,以思想自觉引领行动自觉,把党的创新理论转化为推动工作的强大动力和履职尽责的现实成效。落实请示报告制度,对人大工作中的重大问题、重要事项,常委会党组及时向区委请示报告,在围绕区委中心工作中找准新定位,在服务大局中彰显新担当。每月向区委报告工作,全年向区委报告重大事项共27项。制定了区委对乡镇(街道)"党领导人大工作"绩效考核评价细则,完善了党领导人大工作的评价指标体系,进一步把加强党的全面领导贯穿人大工作的全过程、各方面。

贯彻执行区委决策不走样。认真学习贯彻区委第八次党代会和八届一、二、三次全会精神,围绕区委《关于争当高水平建设内陆开放枢纽中心城市中坚力量,高质量打造"一带七心"的决定》,选准"切入口",开展视察、调研,助推"一带七心"布局落地成景。组织代表开展"大综合一体化"行政执法改革、低效工业用地整治、提升婺城区基础教育质量、师大创新城专题调研,听取群众意见建议,分析存在问题原因,提出解决对策措施,四篇调研报告得到了区委主要领导的批示肯定。开展省运会赛事安排和场馆建设专项视察,对风貌提升、安全保障、赛事服务、疫情防控等工作提出意见建议,助推我区高质量办好省运会。"4·15"疫情暴发后,常委会坚决执行区委决定,常委会领导第一时间奔赴一线,协调指挥抗"疫";区乡人大干部闻令而动,冲在最前沿,守护百姓平安;各级代表迅速响应,主动参加战"疫",并捐资捐物共300余万元。开展"助企开门红"服务活动,常委会领导走访

企业73家，收集问题95个，交办职能部门研究解决，助推经济稳进提质。

依法履职规范行权不越位。紧扣人民当家作主这一主线，认真履行宪法和法律赋予的职能，做到依法履职、规范行权，尽职尽责。依法行使监督权。准确把握职责定位，严格按法定程序办事，做到既不失职、又不越权。严格按照监督法规定，把事关经济社会发展和老百姓关注的热点、难点、痛点、堵点作为人大监督的重点，开展针对性监督。对综合性强、涉及面广、破解难度大且具有全局性、长远性、根本性的重大问题，开展跟踪监督，力争问题得到根本解决。依法决定重大事项。认真贯彻落实中央和省市区委关于健全人大讨论决定重大事项制度、各级政府重大决策出台前向本级人大报告的意见，坚持抓大事、议大事，加强调查研究、广泛凝聚共识，依法有序决定重大事项。一年来，对财政预决算、政府重大投资、专项债使用等作出决议决定11项。依法进行人事任免。坚持党管干部原则与人大依法任免相统一，任免地方国家机关工作人员179人次，规范开展宪法宣誓活动，为地方国家政权机关的正常运转提供有力组织保证。

二、坚持主动作为、凝聚监督合力，在依法开展监督中彰显责任担当

常委会始终坚持正确监督、有效监督、依法监督，不断创新监督方式，打好监督“组合拳”，增强监督工作实效，积极推动经济社会发展和民生改善。

强化经济监督，助推稳进提质。围绕“疫情要防住、经济要稳住、发展要安全”要求，紧盯重点开展监督，审查批准计划、预算等报告，开展低效工业用地整治及亿元以上制造业项目落地情况专题询问、经济稳进提质攻坚行动暨产业项目建设专项视察，听取区政府关于惠企扶企政策落实情况及产业项目建设情况报告，助推经济高质量发展。听取审议区政府关于财政及政府部门审计查出问题整改情况、国有资产管理情况、国民经济和社会发展计划执行情况、财政预算执行情况等报告，开展重点财政支出绩效评价，督促政府及职能部门管好“钱袋子”、算好“经济账”。听取审议政府债务管理和专项债使用情况报告，建议政府加强债务风险管控，牢牢守住安全底线。运用“国资预算”系统实行财政运行联网监督，运用“金指云”对“十四五”规划指标完成情况实施动态监督。规范乡镇人大对政府财政预决算执行情况监督。通过科学有效监督，较好地解决了制约经济发展的突出矛盾和问题，为促进经济发展贡献人大智慧和力量。

强化联动监督，助推法规实施。开展《中华人民共和国环境保护法》《浙江省生态环境保护条例》执法检查，不断提升我区生态环境保护和绿色发展水平。开展《中华人民共和国节约能源法》《浙江省实施〈中华人民共和国节约能源法〉办法》执法检查，推动政府做好节能降耗工作，补齐节能减排短板。开展《中华人民共和国乡村振兴促进法》《浙江省乡村振兴促进条例》执法检查，推动法律法规实施和纾困解难政策举措落地，释放乡村振兴活力。开展《中华人民共和国就业促进法》执法检查，推动政府积极落实就业优先政策，切实解决群众就业难问题，得到了省人大常委会的充分肯定。开展《浙江省综合行政执法条例》执法检查，着力破除在执法协同、执法规范、执法监督等方面的难点痛点，全面推动行政执法改革任务落地落实。开展《浙江省宗教事务条例》执法检查，纵深推进依法管理宗教事务，提升宗教工作法治化水平。发挥白龙桥镇人大主席团省级基层立法联系点作用，积极参与立法征询活动及建议收集，及时反馈人民群众意见和诉求，获得了省人大常委会表扬及赵光君副主任的批示肯定。

强化司法监督，助推公平正义。听取审议法治政府建设情况报告，跟踪监督“八五”普法决议执行，推动政府和职能部门依法行政。首次听取审议区监委关于整治群众身边不正之风和腐败问题工作报告，推进清廉婺城建设，坚决维护群众合法权益。听取审议婺城、江南公安分局关于打击电信网络诈骗违法犯罪工作报告，推动防范诈骗各项措施落实，保护人民群众财产安全。听取审议检察院关于刑事检察工作报告，开展非诉讼纠纷解决机制建设调研，助推检察院提升法律监督能力。开展法院派出法庭建设情况视察，助推法院加强基层基础建设，切实维护人民群众合法权益。继续开展法官检察官履职评议,助推“两官”队伍建设,提升履职能力和水平,确保人民群众在每一个司法案件中都能感受到公平正义。高质量做好规范性文件备案审查,对“一府两院”报送的39件规范性文件和公检法359件司法文书、重要文件进行备案审查,从源头上预防和纠正行政机关的不当行为,避免和减少损害群众利益现象的发生,主要经验做法在全省会议上作交流发言,省人大常委会副主任赵光君给予批示肯定。通过“金法督”对市人大制定的法规条例实施情况全程跟踪监督,推动“低效监督、泛化监督”向“高效监督、精准监督”转变。

三、坚持主体地位,激发内生动力,在强化履职为民中发挥代表作用

常委会坚持把尊重代表主体地位、更好发挥代表作用作为人大工作的重要基础和关键环节,全力支持和保障代表依法履职,不断丰富全过程人民民主在婺城的生动实践。

加强学习培训,提升履职能力。常委会制定了《婺城区人大代表培训实施意见》,围绕提升人大代表政治素质、拓宽知识层次、强化议政能力等内容,通过专家授课、实地观摩、外出学习、专题研讨、编印发放学习资料等多种方式,全方位、多角度为代表充电蓄能,着力提升人大代表履职能力和积极性。区十届人大一次会议前,通过网络对新一届区人大代表进行培训,7月份举办为期3天的基层人大代表集中培训班,围绕人民代表大会制度、践行全过程人民民主、高质量撰写建议、数字化改革系统应用等业务知识,对180余名来自基层的人大代表开展专题辅导,让基层人大代表及时、准确地了解新时代人大工作的新特点、新要求,熟悉掌握开展代表履职必备的基本知识和法律法规,不断增强代表的履职能力。为每名代表订阅《浙江人大》杂志,提供日常学习材料。各乡镇街道人大结合代表进站活动,定期组织代表学习,切实增强了代表的责任意识,不断提升代表的履职能力。

丰富代表活动,激发代表活力。制定“双联系四联动”实施方案,常态化开展代表进站接待选民活动,倾听民声反映民意。根据省市人大“六访六促”推动高质量发展建设共同富裕示范区主题活动要求,制定了“八大行动”活动方案,组织代表深入基层一线,围绕缩小“三大差距”、强村富民、乡村振兴、生态环境治理等问题,开展调研视察,提出意见建议,助力高质量发展建设共同富裕示范区。积极响应省人大开展“四级人大八万代表助力八大攻坚行动”号召,各级人大代表走进企业,解读相关稳经济政策举措,了解疫情影响下企业生产经营存在的共性困难和问题,为党委政府优化政策供给,帮助企业纾困解难提供依据,有力助推经济企稳回升、健康发展。组织市、区两级人大代表走进市“12345”(8890)便民服务中心接听服务热线活动2次,共受理市民诉求67件。邀请基层代表列席常委会会议和参加重大活动,全年共邀请30名代表列席常委会会议、170人次参加重大活动。区乡两级代表浙政钉注册率100%、激活率100%。

强化建议办理,增强履职效力。加强代表建议办理是增强代表履职质效、激发代表履职热情的有力措施。常委会始终把建议办理质量放在首位,要求承办单位进代表联络站与代表面商,了解代表提出建议的缘由、目的和要求,增强办理工作的针对性;在办理过程中,把切实解决问题作为建议办理的落脚点;办理结束后,将办理结果及时向代表本人反馈,认真倾听代表意见。主任会议、常委会会议听取审议了区政府和金华开发区管委会关于代表建议办理情况的报告,并提出意见和建议,要求承办单位必须把建议办理从“书面答复”向“解决问题”转变,不断提升建议办理质效,做到办理一个建议、解决一批问题,以建议办理推动职能部门改进作风、提高工作效率。全面落实常委会领导领衔和专工委对重点建议办理跟踪督办制度,对重点建议办理进行专题询问和满意度测评,推动重点建议办理取得成效。区十届人大一次会议期间收到代表建议298件(其中10件为重点建议),现已全部办结,已经解决或基本解决的占96%。

四、坚持迭代升级、推进系统重塑,在聚焦五大功能中打造基层单元

常委会认真贯彻落实省、市人大部署要求,聚焦“联、商、督、促、智”五大功能,找准“全过程人民民主”这一坐标方位,全力推进代表联络站迭代升级，高质量建设基层单元。

统筹谋划，高站位推进全面部署。根据省市人大部署，常委会高度重视，快速落实，第一时间召开全区人大工作会议，传达学习省、市人大相关会议精神，把基层单元建设作为全区人大工作的重点内容，建立健全常委会主任牵头抓总，副主任齐抓共管，分片包干的工作机制，细化任务分工，明确责任落实，指导乡镇街道基层单元建设，及时协调解决难点问题。发挥专工委力量，组建工作专班，制定工作方案，列出工作清单，明确时间节点、任务内容、标准要求。每周分析督促，逐月研判提升，与乡镇(街道)人大密切协同，纵深推进基层单元建设，形成工作合力。谋划“1+1+25”建设思路，即以区代表联络总站为引领，白龙桥镇代表联络站为试点，25个乡镇街道分批次推进。白龙桥镇作为全市数字化改革和基层单元建设现场会的观摩点，在会上作交流发言，提供了可复制、可推广、可借鉴的婺城经验，得到市人大领导肯定和参会人员点赞。全面完成区人大代表联络总站建设，打造了婺城人大工作新的“金名片”。

严格标准，高质量推进迭代升级。严格落实市人大提出的“123456”基层单元建设标准，全面迭代升级联络站的硬件和软件，同时各乡镇(街道)结合本地实际，坚持问题导向、需求导向，着力打造个性化、差异化特色品牌，力求基层单元呈现“一站一品”，更加精准对接发展所需、基层所需、民生所需。为提高建设质量，专班多次组织乡镇(街道)人大负责人到杭州、温州、义乌等地考察学习，借鉴先进经验，拓展思路、补齐短板。突出“联、商、督、促、智”五大功能，构建“线上+线下”“固定+移动”“接待+活动”的工作格局，基层单元实现上下贯通、左右协同，成为反映社情民意、维护群众利益的重要渠道。持续开展区级领导干部代表和“一府一委两院”负责人走进人大代表联络站主题活动，解决群众关心关切的问题。开展常委会组成人员会前带着审议议题进站听取代表和群众意见建议活动，提高审议质量。开展“局长进站”活动，着力推动民生问题有效解决。一年来，区级领导干部进站41人次，解决问题79件；“局长进站”65人次，解决问题85件。

数字引领，高要求推进系统应用。全面贯通省市人大数字化改革应用系统，通过“浙里人大代表”履职综合应用及“金代通”应用场景，实现热点民情“一屏展示”、群众呼声“一键通达”、民生期盼“一督到底”，有效提高人大工作的精准度和实效性。推进代表联络站和人大代表挂牌亮码，方便选民群众通过微信扫码等方式随时随地联系代表，实现代表服务群众24小时“不打烊”，社情民意“全天候”收集，诉求难题“全流程”处理，“二维码”架起代表和选民的数字桥梁，缩短党委政府和群众的时空距离。全面完成基层单元数字系统与政府基层治理“四平台”、区“三服务”平台互联互通，实现群众意见建议收集整理、分办处理、督办回访等闭环管理。每周晾晒各基层单元数字系统使用和数据归集上传情况，提升使用效率。一年来，通过基层单元数字系统发布区级人大立法监督议题14项，征集意见2万余条，各级人大代表参与主题活动提交意见建议8790条，收集民情民意1万余条，归集本年度代表议案建议298条，真正把基层单元打造成为践行全过程人民民主的实践高地。

五、坚持人民至上、牢记为民初心，在增进民生福祉中厚植为民情怀

常委会坚持以人民为中心的发展思想，把“为民”履职贯穿人大工作始终，问计于民、问政于民、问需于民、问效于民，不断提升群众获得感、幸福感、安全感。

助力农业农村全面振兴。听取审议区政府关于《金华市传统村落保护条例》实施情况报告，开展古村落保护情况视察，推动政府保护好、利用好、传承好传统村落，有序推进古旧建筑保育活化工作。听取审议区政府关于耕地“非粮化”目标任务完成情况报告，开展春耕备耕及“非粮化”整治后粮食种植情况视察，推动政府加强对水利设施的修复和治理，出台提升农民种粮积极性政策，扎实做好耕地“非粮化”整治“后半篇文章”，坚决遏制整治后耕地出现抛荒现象，确保粮食生产安全。听取审议区政府关于山塘水库除险加固建设情况报告，督促政府在坚持高标准、严要求、加速度、保质量基础上加快整治，确保群众生命财产安全。听取审议区政府关于农村生活污水治理情况报告，建议政府要坚持长远规划、因村施策、分类治理，避免重复建设、短期效应，不断提升治理成效，促进农村环境改善。开展“助推共同富裕，共创未来乡村”、下山安居创富工程、村集体经济发展情况、茶产业发展等调研，摸准现状、找准问题、提准建议，推动乡村振兴有效实施。

助力公共服务提质增效。听取审议区政府关于交通项目建设工作情况报告，督促政府从金华高水平建设内陆开放枢纽中心城市的大局出发，加快推进交通规划和建设，持续优化群众交通出行环境。听取区政府关于长湖湾活力新城项目实施片区开发情况报告，建议政府要做好总体规划，在城市更新中注重工业遗存的保护利用，实现留住城市记忆和推进有机更新的协调统一。开展社会保障性住房建设项目专项监督，助推政府下大力气解决低收入群体住房问题。听取审议区政府关于《金华市养犬管理规定》实施情况报告，推动执法部门用足用好法律法规赋予的惩戒手段，提升居民文明养犬意识。听取审议区政府关于推行退役军人全生命周期管理保障新模式工作报告，推动政府提升退役军人的服务保障水平。听取审议区政府关于智慧医疗建设情况和提升基层医疗服务水平情况报告，推动政府为人民群众提供安全有效、方便优质的医疗服务。开展疫情防控保障情况视察，着力推动疫情防控各项政策落细落实，全力守护人民群众生命安全和身体健康。

助力民生事业稳步发展。听取审议区政府关于教育“双减”工作开展情况报告，并与上级人大联动开展监督，助推我区“双减”各项工作扎实有序推进，确保“双减”政策发挥最大效力。开展居家养老服务体系建设专项视察，探索社区养老、居家养老新型运营模式。听取审议区政府关于完善“1+8+X”大救助体系情况报告，提高社会救助能力。听取审议区政府关于节地生态安葬情况报告，促进生态文明建设和环境保护。加大对2022年政府民生实事项目实施情况监督，听取审议区政府关于民生实事项目完成情况报告，由全体代表对实施情况进行满意度测评，进一步完善群众提、代表定、政府办、公众评的工作体系，推动政府把实事办好、好事办实。与市人大联动开展金华市2022年民生实事项目人大代表督政活动，按照市人大指定的“实施治安防控体系建设和消防隐患整治、改善老年人照护条件、提升水安全保障能力、缓解低收入群体住房困难、提升基层医疗服务水平”五个方面，组织代表对婺城区的任务完成情况进行现场督查，对项目实施的六个单位开展电视督政，进一步推动民生实事项目落地。

六、坚持强基固本、提升履职能力，在“四个机关”建设中持续转变作风

常委会坚持以政治建设为统领，对标对表“四个机关”定位，深入推进常委会自身建设，坚决担负起把方向、管大局、保落实的政治责任，保证区委决策部署在人大贯彻落实。

坚定立场，不断强化政治建设。定期召开常委会党组理论学习中心组学习会、机关干部专题学习会，采取集中学、辅导学、交流学、个人自学等形式，认真学习《习近平谈治国理政》第四卷，深刻感悟真理力量、实践伟力，坚持用党的创新理论武装头脑、指导实践。广泛开展“六学六进六争先”学习实践活动，推动中共二十大精神入脑入心、走深走实。贯彻落实省、市党代会和各次全会精神，在推动“两个先行”“三中心三高地”的落实上贡献人大智慧和力量。学习贯彻全国、省、市人代会和相关会议精神，全面了解掌握上级人大工作部署要求，自觉做好工作对接。贯彻落实全区清廉婺城建设推进会精神，以清廉人大建设为抓手，常态化抓好常委会党组党风廉政建设。坚决落实“第一责任人”和“一岗双责”制度，把党风廉政建设同依法履职、发挥职能、推动发展有机结合起来，把稳扛牢全面从严治党主体责任。

自我革命，不断强化作风建设。坚决贯彻落实中央八项规定精神、省市区委各项规定，始终保持“作风建设永远在路上”的执着清醒，自问自省、变革重塑，严格对照党章规定和纪律要求，深入开展“四风”问题专项整治，以“钉钉子”的精神、锲而不舍的毅力和“咬定青山不放松”的韧劲抓好作风建设，常抓不懈、一抓到底、抓出成效。保持警钟长鸣，做到防微杜渐，让各类隐形变异“四风”问题无处遁形。抓好常委会党组、机关党组民主生活会、支部组织生活会、"三会一课"、主题党日等制度落实，加强对党员的教育管理。落实党组意识形态工作主体责任，定期分析研判，切实把牢意识形态工作主动权。加强人大宣传工作，充分彰显新时代人大工作的新经验新作为新气象。一年来，在省市区级媒体发表理论文章和新闻稿件63篇，其中11篇获主要领导批示肯定。

拉高标杆，不断强化队伍建设。人大干部是人大工作的具体实施者，人大干部能力水平直接影响人大工作质量和效果。常委会始终抓好干部队伍建设，着力提升履职能力和水平。当好政治上的明白人。旗帜鲜明讲政治，在政治立场、政治方向、政治原则、政治道路上始终同以习近平同志为核心的党中央保持高度一致，自觉遵守党的政治纪律，牢牢把握人大政治机关属性。当好实干争先领头人。树立实干争先导向，强化人大也是一线意识，激励人大干部担当作为，不以事小而不为，不以事杂而乱为，不以事急而盲为，不以事难而怕为，在实践中增强干事创业能力。深入推进人大数字化改革。增强数字化意识、数字化思维、数字化能力，以数字化赋能人大干部履职，促进人大工作质量变革、效率变革、动力变革。当好生活上的干净人。引导人大机关干部守住道德"底线"、不踩纪律"红线"、远离法律"高压线"，做到清清白白做人、干干净净干事。

各位代表，岁序更替，华章日新。过去一年，人大工作在接续奋斗中与时俱进，新一届人大代表政治坚定、担当有为，服务群众、奉献社会，为婺城经济社会发展做出了积极贡献，新一届常委会也较好地完成了全年各项工作任务。这些成绩的取得，是在习近平新时代中国特色社会主义思想指引下，在市人大指导和区委坚强领导下，全体人大代表和常委会组成人员履职尽责、团结奋斗的结果，是"一府一委两院"积极配合，区政协、金华经济技术开发区、金华双龙风景旅游区大力支持的结果，是各乡镇(街道)人大同心协力、积极作为的结果，更是全区人民和社会各界共同参与的结果。在此，我谨代表区人大常委会向大家表示崇高的敬意和衷心的感谢！

在看到成绩的同时，我们也清醒地认识到，对照中央和省市区委的新部署新要求，对照人大工作的新目标新任务，对照人民群众的新需求新期待，常委会工作还存在一些不足。主要是：监督工作的切入点还需更加精准，监督质效有待进一步提高；代表工作方法机制还需不断创新，密切联系群众的广度深度有待进一步拓展；数字化改革还需深入推进，数据归集质量还需要提高；干部队伍的能力素质有待进一步提升。对这些问题和不足，常委会将高度重视，切实加以改进。

2023年主要目标任务

2023年是全面贯彻落实中共二十大精神开局之年，是深入实施"1483"战略的关键之年，是落实"全面学习贯彻中共二十大精神，竞跑国际枢纽城、奋进都市核心区，在中国式现代化金华实践中扛起主城担当决定"的第一年，是区委"大干项目大抓落实大转作风"之年，2023年区人大常委会工作的总体要求是：坚持以习近平新时代中国特色社会主义思想为指导，深入学习贯彻中共二十大精神和中央人大工作会议精神，深入贯彻习近平法治思想、习近平总书记关于坚持和完善人民代表大会制度的重要思想，认真落实省委十五届二次全会暨省委经济工作会议、市委八届三次全会暨市委经济工作会议的决策部署，忠实践行"八八战略"、坚决做到"两个维护"、奋力推进"两个先行"，以建设高能级现代化都市核心区为总目标，以竞跑国际枢纽城、奋进都市核心区为主要任务，以迭代跃升"1483"战略为基本路径，以"一带七心"为战略布局，以"大干项目大抓落实大转作风"为鲜明导向，以全面从严治党和锻造实干争先的婺城铁军为根本保障，认真履行宪法和法律赋予的各项职权，发挥人大制度优势，凝聚人民群众的智慧，在全力谱写中国式现代化生动实践的金华篇章中贡献婺城人大力量。

一、加强思想政治建设，始终做到旗帜鲜明、立场坚定

坚持党的全面领导是实行人民代表大会制度、做好人大工作的根本政治原则，必须时刻把讲政治放在首位，把准政治方向、夯实政治根基、永葆政治本色、提高政治能力。

学思践悟细照笃行。深入学习贯彻中共二十大和习近平总书记的重要指示精神，深刻领悟“两个确立”的决定性意义，进一步增强“四个意识”、坚定“四个自信”、做到“两个维护”，铸就最坚定的忠诚、守牢最坚实的忠诚、诠释最坚决的忠诚。自觉在思想上政治上行动上同党中央保持高度一致。落实“第一议题”制度，在学思践悟中牢记初心使命，在细照笃行中不断提升自我，在知行合一中主动担当作为，不断提高政治判断力、政治领悟力、政治执行力，切实以理论清醒保证政治坚定，以思想自觉引领行动自觉。

持续强化理论武装。加强理论学习，以本职工作为立足点、以着力解决实际问题为落脚点，把提出问题、研究问题、解决问题贯穿于学习的全过程，实现理论上和行动上的高度自觉和高度一致，真正用习近平新时代中国特色社会主义思想武装头脑、指导实践、推动工作。把学习贯彻好习近平总书记关于坚持和完善人民代表大会制度的重要思想作为首要任务，进一步筑牢做好新时代人大工作的思想根基。加大理想信念教育，筑牢信仰之基、补足精神之钙、把稳思想之舵，做到政治信仰不变、政治立场不移、政治方向不偏。

同频共振同心同行。自觉坚持区委的领导，严格执行向区委请示报告制度，确保人大工作正确政治方向。在贯彻中央、省、市、区委和全国、省、市人大常委会有关文件精神的重要意见、方案和措施，常委会党组自身建设及党组主要工作情况，常委会重要工作制度和机构设置、人员编制、干部管理使用中的重要问题，代表议案、建议、批评、意见的办理情况等各项工作中，及时向区委请示报告或提交区委研究决定，做到与区委在思想上同心、目标上同向、工作上同步，保证区委决策部署在人大工作中得到全面贯彻和有效执行。

二、践行全过程人民民主，始终做到心中有民、倾力为民

人大工作的根基在人民，发挥作用的力量在人民，依法履职的归宿在人民。践行全过程人民民主，就是要倾听民声、汇聚民智、解决民忧、维护民利，真正实现人民当家作主。

把基层单元活起来。按照基层单元建设“一站、两员、三码、四场所、五大功能、六项基本制度”的体系标准，查找问题短板，借鉴兄弟县市区的先进经验，全面迭代升级乡镇街道基层单元建设。落实“两员、三码”要求，发挥基层单元“联、商、督、促、智”五大功能作用，组织代表围绕联系群众、参与立法、意见征集、民生实事等事项开展履职活动，把基层单元建设成为接待群众、督政议事、学习交流、宣传展示的场所，让基层单元真正用起来、活起来、强起来，全力打造践行全过程人民民主实践高地。

把群众意见收上来。代表联络站每月确定一个活动主题，常态化组织代表走进联络站，走进选区、走近群众开展调研、视察，发现问题、听取民意、提出意见建议。全面落实代表亮身份制度，在联络站门口和选区张贴有代表照片和联系电话的“二维码”，群众“码”上找代表，全面构建“线上+线下”联系网，实现代表履职“全天候”、联系群众“全方位”。扎实践行民有所呼、我有所应，把群众的意见收上来，为政府科学决策、有效施策提供参考，保障人民群众有序参与民主决策、民主管理、民主监督。

把人大业务沉下去。推进人大工作触角向基层延伸，在深化“察民情、聚民智、惠民生”上下功夫，把人大各项工作建立在坚实的民意基础之上。推动人大核心业务下沉，各办委在开展调研、视察、执法检查等重要活动前，告知相关基层联络站，由联络站安排代表和群众参与。深化常委会组成人员会前进代表联络站听取民意活动，扩大代表履职参与面和群众议政渠道，在人大决策事项上更好地反映群众意愿，让群众真正成为最广参与者、最大受益者、最终评判者。

三、发挥人大职能优势，始终做到依法监督、有效监督

人大工作必须围绕中心才能找准“坐标”，只有把党委的工作重点、经济社会发展的难点、人民群众关切的热点作为人大工作的切入点和着力点，才能在服务大局中有所作为。

聚焦发展精准监督。贯彻落实省人大常委会《关于加强经济工作监督的决定》，围绕区委“1483”

战略部署,对招大引强、低效工业用地整治、招商引资签约项目落地、优化营商环境、惠企政策落实等开展监督,助力实施经济能级提升行动,助推经济高质量发展。在提升城市品质、交通枢纽建设、物流业建设等方面开展专题调研,为政府决策提出意见建议,助力实施城市能级提升行动,助推项目加快建设。加强对政府投资项目、国有资产和政府债务管理、专项债使用情况监督,确保有限资金发挥最大效益。加强对"十四五"规划中期指标完成情况监督,助推规划目标实现。

聚焦司法专项监督。专题听取法治政府建设情况报告,宣传实施市人大制定的法规条例,督促职能部门出台配套实施办法, 上下联动开展执法检查,助推法律法规在基层实施。听取公、检、法专项工作报告,加强对司法工作监督,维护司法公正。听取监委专项报告, 不断提高监察工作法治化规范化水平,助力实施治理能级提升行动。继续开展"两官"评议,提升法官和检察官的履职水平。加强对"一府两院"制定的规范性文件实施备案审查,维护法制统一,确保依法行政和公正司法。发挥白龙桥镇人大主席团省级基层立法联系点作用,广泛开展立法宣传、调研、征集意见建议,助推地方立法更接地气。

聚焦民生跟踪监督。聚焦打造生态共富产业带,围绕特色农业产业、缩小"三大差距"、强村富民、未来乡村建设等开展调研,助力实施乡村能级提升行动。开展生态环境保护、农村生活污水治理、城市"污水零直排"改造等视察,听取审议政府生态环境建设情况报告, 助力实施生态能级提升行动。开展文旅产业、休闲养老、观光研学、婺文化资源等视察, 助力实施文化能级提升行动。围绕教育、科技、人才等开展视察调研,助力实施创新能级提升行动。开展就业、就医、就学、安居等调研视察,助力实施公共服务能级提升行动。对民生实事项目实施情况跟踪监督,督促政府高质量办好民生实事。

四、强化代表履职意识,始终做到情系群众、为民代言

人大代表不仅是一种荣誉, 更是一种职务,一种责任,不断强化代表强履职意识,积极建言献策,充分反映群众意愿,真正体现"人民选我当代表,我当代表为人民"。

提升代表履职能力。加强代表培训,按照代表需求,不断创新学习培训手段,丰富拓展学习渠道。突出法律法规和人大业务知识的学习,尤其是加大对如何撰写代表建议、如何审议工作报告等方面的培训力度。坚持课堂学习与实践活动相结合,邀请代表参加常委会组织的视察调研、执法检查、专题询问、工作评议等监督活动,让代表在履职行权实践中检验所学、丰富所学,使理论学习和履职实践无缝衔接,不断提高代表调查研究能力、联系群众能力、建言献策能力和依法监督能力,让代表"想履职""能履职""履好职"。

增强代表履职动力。加强代表建议办理,区政府和承办单位要以"3+3"为主线,即开好"三会"、强化"三沟通"、加强"三结合",全面落实建议办理进联络站面商和重点建议政府领导领办制度,始终把解决实际问题作为建议办理的出发点和落脚点,不断增强办理针对性和实效性。进一步加大建议办理监督力度,成立建议办理监督小组,跟踪督办,对重点建议办理情况开展专题询问、满意度测评,全面提高代表建议办理质量,着力解决好人民群众的急难愁盼问题,真正体现执政为民理念,确保代表建议办理结果"人民满意、代表满意"。

汇聚代表履职合力。深化拓展 "双联系四联动",以基层单元为平台,按照每月主题开展活动,组织代表深入基层、深入选区、深入群众,开展"大联系、大走访、大调研",把党委、政府的决策部署带下去,架起为民服务的"连心桥"。"面对面""零距离"听民意、纳民谏、集民智,"原汁原味"把基层群众的诉求和意愿反映上来,当好为民服务的"代言人"。持续开展领导干部代表和"一府一委两院"负责人走进代表联络站主题活动,常态化开展"局长进站"活动,了解社情民意,解决群众关切问题,打造为民服务的"直通车"。

五、紧扣"四个机关"定位,始终做到内强素质、外树形象

"四个机关"新定位,丰富和拓展了人民代表大会制度的科学内涵,为长期坚持、不断完善人民代表大会制度指明了方向,为推动新时代人大工作不断向前发展提供了有力支撑。

提高站位依法履职。把牢政治机关属性,全面加强党的建设,依法履行职责,不断凝聚发展共识,汇聚发展力量,全心全意当好人民的“勤务员”。依照法定职责、遵守法定程序,围绕民生“七有”和“一老一小”,综合运用多种监督手段,实施正确监督、精准监督、有效监督,让“民生”跟着“民声”走,确保党的路线方针政策和区委的决策部署落地生根,确保法律法规有效实施。密切联系群众,广泛开展调研,确保在依法讨论决定重大事项以及决策、执行、监督、落实等各环节工作中都能听到来自人民的声音,保障人民知情权、参与权、表达权、监督权。

守正创新提升能力。全面提升常委会审议、决策能力,加强常委会组成人员培训,增强理论水平和履职能力,组织开展视察、调研、执法检查等活动,增强审议的精准度。加强人大干部的业务知识培训,全面提升写作、监督、创新、调研、实践等能力,克服本领恐慌,展示人大干部的良好风貌和形象。全面提高塑造变革能力,着力推进“金法督”“金代通”“金指云”“国资预算”等人大数字化改革应用场景线上使用,以数字化改革促进人大履职提质增效。提升人大宣传能力,传播代表声音,讲好人大故事,在全社会形成关心支持和参与人大工作的良好氛围。

强化作风建强队伍。坚持以政治建设为统领,加强思想政治、组织制度、纪律作风建设,严格遵守中央八项规定精神、省委“新 36 条”精神、市区相关规定。对照《关于变革重塑干部队伍,聚力锻造实干争先婺城铁军的决定》,坚决纠正“五个做派”现象,认真执行区“十严禁”规定,牢固树立“大抓落实、大转作风”的鲜明导向,把干事劲头鼓起来、把责任担当扛起来、把质量效率提起来、把自身的形象树起来,做用心想事、用心谋事、用心干事的践行者。努力打造政治坚定、服务人民、尊崇法治、发扬民主、勤勉尽责的人大干部队伍,推动新时代人大工作高质量发展。

婺城区人民政府工作报告

——在金华市婺城区第十届人民代表大会第二次会议上

婺城区人民政府区长 胡余仙

（2023 年 2 月 2 日）

一、2022 年工作回顾

2022 年是中共二十大胜利召开之年，是迈上全面建设社会主义现代化国家新征程、向第二个百年奋斗目标进军的重要一年，也是新一届政府履职开局之年。一年来，我们坚持以习近平新时代中国特色社会主义思想为指导，深入学习贯彻中共二十大和省、市、区党代会精神，全面落实“1483”发展战略，布局打造“一带七心”，统筹抓好稳进提质、除险保安、塑造变革，推动经济企稳回升，较好完成了区十届人大一次会议确定的目标任务。实现地区生产总值 353.7 亿元，区级一般公共预算收入增长 19.1%，城乡居民人均可支配收入分别增长 1.1%、1.8%，省、市、区三级民生实事全面完成，高能级现代化都市核心区建设实现良好开局。

（一）经济运行企稳向好。稳进提质克难攻坚。先后开展“早准备、抢开局、稳增长”、“战疫情抢发展双月攻坚”、稳进提质八大攻坚等系列行动，6 项主要经济指标增幅居全市前 3。全面承接上级政策，顶格配套“工业经济稳进提质十条”“商贸经济稳进提质十条”等 7 轮集成政策，减税降费超 15 亿元，兑现涉企奖补 4.9 亿元。工业经济提质增效。实现规上工业增加值 43.4 亿元，制造业投资增长 38.4%、全市第 3。紧盯增量培育，新增“小升规”25 家、小微企业园 3 个、入园企业 60 余家。赋能转型发展，新增智能工厂、数字化车间 12 家，捷特包装、双宏化工获评国家级专精特新“小巨人”企业，万里扬获评国家知识产权示范企业，全市唯一。深挖品牌效应，新增“品字标”企业 14 家，创历年之最，正方交通、润华机电分获市政府质量奖、创新奖企业；佳怡包装首获浙江制造国际互认证书。现代农业亮点纷呈。有力开展“非农化”“非粮化”整治，处置存量“非农化”362.6 公顷，实现粮食产量 2.45 万吨、增长 18%，生猪存栏 11.7 万头，切实保障粮食安全。获评省渔业健康养殖示范县，新增国家级生态农场 2 家，蒋堂镇获全国天然富硒土地认证。“双强”行动质效更优，“好乐耕”农事服务中心入选首批省农业“双强”创建名单；获评特色产业农业“机器换人”高质量发展示范县。特色农业活力迸发，婺城鸭蛋获评全国名特优新农产品；熊猫猪猪、“花木之窗”入选省农村产业融合发展示范园，实现零的突破；成功列入全国奶业生产能力提升整区推进项目试点区，全省唯一。第三产业势头强劲。出台“服务业发展八条举措”，入选首批省现代服务业创新发展区，规上服务业营业收入增长 8%。消费回暖向好，组织促消费活动 300 余场，发放消费券超 5000 万元，带动消费超 10.65 亿元，实现零售业销售额增长 11.8%。全域旅游提速发展，获评 AAA 级景区城，全年接待游客 288.5 万人次，旅游收入 40.1 亿元，婺州古城获评省示范级文化和旅游 IP。

（二）产业升级破势而发。低效整治全面打响。深化实施新一轮制造业“腾笼换鸟 凤凰涅槃”攻坚行动，整治低效工业用地 215.93 公顷，供而未用等专项整治均超额完成市定任务。启动临江、洞溪园区低效工业用地集中连片整治，拆除 137.53 公顷，形成 13.33 公顷以上单宗地块 4 块。完成低效用地再开发 257.07 公顷，完成率 214%，全市第 1。工业企业亩均税收增长 5.2%，产业发展效能显著增强。招大引强全面突破。“全员招商”持续发力，区领导带队外出招商超 100 批次。50 亿元以上项目首落婺城，10 亿元以上制造业项目招引 10 个、落地 8 个，分别增长 233%、300%。全年签约 3 亿元以上产业项目 21 个，总投资 244 亿元，签约项目数、总投资均创历年新高。项目落地速度实现新突破,建立重大项目区领导联系制,正向增材等6个新签约10亿元以上项目开工入统。科技创新全面跃升。新增国家高新技术企业41家、省科技领军级企业、省科技小巨人企业各1家,实施浙师大金华科创园等10个师大创新城重点项目,完成投资14.8亿元。连续两年获评全省市县党政领导科技进步目标责任制考核优秀单位,新增发明专利产业化项目36个,完成高新技术产业投资14亿元、增长47.5%,R&D占GDP比重2.49%。

(三)发展活力日益增强。项目为王激发牵引力。开展"产业项目攻坚年"六大行动,实施政府及国有企业投资项目209个,实现固定资产投资138.1亿元,增长14.3%。省"4+1"、省"六个千亿"等重大项目均完成年度任务。17个专项债券项目争取额度10.93亿元,实现开工支付百分百。争取中央预算内资金超1.1亿元,全市第1。锦凯智塑等5个10亿元以上制造业项目开工建设。深化改革增强推动力。迭代数字化改革,实现"七张问题清单"等4个省级试点应用贯通,新增"全国市场监管数字化试验区建设"国家试点。农业标准地改革列入省级试点,新增农业标准地项目30个。深化"大综合一体化"行政执法改革,改革效能指数全省第1,改革指数全省第4,相关经验在全省介绍推广。开放交流提升创新力。全球招才持续深化,招引省领军型创新团队1个、海外工程师1人;新一轮"百博入企"下派35人,新增省特级技师1人。外贸外资提质增效,组织100余家企业参加境内外展会,赴阿联酋、东南亚等地开拓市场;实际利用外资2127万美元,全市第2。对口合作全面深化,安排对口协作资金4469万元。做优环境强化服务力。跨部门组建助企服务团,实现重点企业副科级助企服务员全覆盖,代办事项300余件。打造品牌化制度化政银企座谈会,创新"三个一"工作机制,解决企业难题1540余个,全力提升服务效能。全面深化"放管服"改革,全市首创金融服务超市,上线16项金融产品,盘活周转资金7.5亿元。

(四)城乡面貌向美而生。城市更新谱写新篇。城市更新实施总面积12.2平方千米,拆除房屋52.9万平方米,完成投资127.2亿元,均创历年新高。实施长湖湾等1平方千米以上片区开发项目5个,改造勤俭、上天师等城中村7个,完成城中环城村等部分征迁户安置,分配安置房3260套。改造老旧小区69个,面积40.5万平方米。成功创建柳湖未来社区,婺州古城获评省城乡风貌样板区和"新时代富春山居图城市样板区","安地—雅畈"获评省城乡风貌样板区。美丽乡村落地成景。深化"千万工程",建设新时代美丽乡村,获评省美丽乡村示范县、省美丽乡村工作优胜区、农村生活垃圾分类处理优胜区。创建特色精品村4个、未来乡村5个,建成农村生活污水设施691个、受益7.3万户,落堂移民新村"下山安居创富"554户、1368人。莘畈乡获评省级美丽乡村示范乡镇,罗店镇获评美丽城镇建设省级样板,城西街道获评省生活垃圾示范片区。基础设施优化提升。金建高铁、建武高速、通园溪治理等项目按期推进,45省道连接线、紫金南街北延、"乌引工程"等项目竣工完成,新城区四纵四横框架全面联通。总投资3.4亿元的迎省运风貌提升项目顺利完成,实现"办好一个会、提升一座城"目标。建设农村物流网点391个,改造建制村供水管网16个,建成"四好农村路" 576.7千米,获评"四好农村路"省级示范区,农村基础设施全面提升。绿水青山如画绘就。扎实推进省美丽河湖创建,四夺"大禹鼎",首夺"大禹鼎"银鼎。全域推行林长制,新增国土绿化132.2公顷,实现省级森林城镇全覆盖。空气质量稳定达到国家二级标准。全面完成生物多样性调查,龙宝动物园获评省首批生物多样性特色体验地,"两头乌"保护经验亮相联合国生物多样性大会。

(五)社会事业协同发展。全域文化焕发新活力。深化非遗传承,婺剧、三十六堰等8个项目获评省文化基因"优秀解码项目";婺州窑、金华火腿入选省非遗工坊创建名单,举岩制茶入选人类非遗。优化公共文化空间,浙中文化创意中心开工建设,建成"15分钟品质文化生活圈"61个。成功承办7个省运会项目,金牌、奖牌数均列全市第1,获省竞技体育突出贡献奖。教育强区迈开新步伐。学前教育获省政府正向激励,为全区首个,建成投用公办幼儿园8所,新增学位3600个。"双减"工作走深走实，获评省小学生综合评价改革整体试点区和全国青少年校园足球试点区，校园足球普及工程列入“2022年全国民生示范工程”，“两书一信”家校共育做法向全省推广。民办义务教育规范发展，浙师大婺州外国语学校转为公办。教师素质稳步提升，新增省特级教师4人、省“春蚕奖”3人。健康婺城迈上新台阶。夯实基层医疗保障，投资21.8亿元、实施12个医疗强基项目，建成投用8家基层急救站，县域就诊率达90%以上，群众就医满意率达95%。深化“3211”婴幼儿照护服务模式，拥有托位1852个。深入推进“健康促进区”建设，通过慢性病综合防控示范区省级复审。创建国家卫生乡镇5个。出台关心关爱医务人员激励保障政策，进一步调动医务人员积极性。共富增收实现新发展。坚持稳就业保民生，全省首创“共富招聘长廊”，打造高质量就业社区(村)45家，新增城镇就业1.02万人，16个省定相对薄弱村全面消除。“熊猫猪猪共创共富联盟”带动村民共富增收做法，获省委主要领导调研肯定。加大兜底保障力度，新建公办智慧养老院1家、康养联合体3家，发放各类救助福利资金5000余万元。首设婺城慈善奖，万里扬获省机构捐赠奖，区慈善文化基地连续三次获评省示范性慈善基地。

(六)除险保安巩固提升。疫情防控慎终如始。有力处置多轮突发疫情，因时因势调整政策，做好人员物资储备，优化建设诊疗体系，推动疫情防控从“防传染”向“保健康、防重症 ”平稳转段。安全防线守好筑牢。开展除险保安百日攻坚行动，圆满完成护航中共二十大、省运会等安保任务。排查整治安全生产隐患1.2万余处，实现C、D级危旧房管控全覆盖，基层防汛防台体系标准化通过省级验收，山塘水库全面除险加固，有效应对汛期七轮强降雨、极端高温干旱天气等不利影响。安全生产事故数、死亡人数较前三年均值分别下降25%、40%，交通事故数、火警数分别下降14%、60%，火灾实现“零亡人”，除险保安指数全市第1，平安指数保持全省前10。社会治理善作善成。常态化开展扫黑除恶，全市先行先试“预警中心”，电诈案件发案量下降20%，刑事、治安案件警情分别下降20.9%、13.7%。枫丹丽舍等一批重点问题妥善处置，累计化解涉稳风险119项，国家、省、市交办225件积案全部按期“清零”。提升社区治理能力，增配专职网格员325名，蒋堂镇沙畈村成功创建国家级民主法治村。

(七)履职效能全面增强。把学习贯彻中共二十大精神作为首要任务，以“七张问题清单”为主抓手，全力推进各领域工作难题破解，推动中央和省市决策部署落地落实。深入抓好政务公开，发布政府信息4.9万条，依法申请公开及时答复率100%。自觉接受人大依法监督、政协民主监督，办结建议218件、提案276件，满意率100%。政务服务效率全面提速，55项部门协同“一件事”落地生效，454项便民服务事项下放乡镇(街道)。认真履行全面从严治党主体责任，全域深化清廉单元建设，加强府院联动、审计监督和省委巡视问题整改，权力运行制约和监督体系不断完善。

同时，双拥活动深入开展，国防动员和后备力量建设持续加强，民族宗教、审计、统计、外事、侨务、对台、史志档案、气象、退役军人事务、机关事务服务、援川和东西部协作等工作取得新成效，工会、妇女儿童、青少年、老龄、慈善、残疾人、红十字会、关心下一代工作、供销社等事业取得新进步。

各位代表！回首过去一年，既有栉风沐雨的拼搏，更有春华秋实的收获。一年来，我们实干争先、坚定笃行，强化政策集成、专班攻坚、一线调度，以稳进提质的确定性，实现经济平稳运行。一年来，我们精准发力、谋定成行，面对发展最突出最紧迫问题，拉开“三大战役”全局框架，以攻坚成效的突破性，实现高质量发展整体起势。一年来，我们同心同向、携手同行，完善“1+1+5+N”共富体系，打造下山安居创富等七大标志性成果，以产业联盟的带动性，实现共同富裕蹄疾步稳。一年来，我们惟民惟实、立说立行，聚焦百姓急难愁盼，坚持公共财政支出75%以上用于民生事业，以人民满意的宗旨性，实现民生福祉全面增进。一年来，我们义无反顾、雷厉风行，拿出最强硬举措统筹好发展与安全，以主动出击的有效性，实现除险保安决战决胜。

幸福都是奋斗出来的！一年来最让我们深切体会的是：唯有一心为民，才能同舟共济。面对疫情和各方挑战，人民的支持就是最强大的力量，只要我们始终把人民利益放在首位、把人民幸福装在心中,始终和群众想在一起、干在一处,就一定能战胜一切困难,勇立发展潮头。唯有发展有为,才能争先有位。发展是执政兴国的第一要务,没有发展,就谈不上婺城的主城区担当、核心区地位。中流击水,正当其时,只要我们始终把抓发展当做头等大事,找准发展道路、做优发展环境、提升发展能级,就一定能在高质量发展道路上实现全面全程争先进位。唯有抢抓机遇,才能乘势而上。危机中育先机,变局中开新局。未来挑战与机遇也将始终并存,只要我们继续保持饿虎扑食的冲劲、虎口夺食的拼劲,一刻不停抢要素、一招不让争资源、一抓到底拼进度,就一定能牢牢抓住每一次弯道超车的政策机遇、战略机遇、市场机遇,实现乘势而上、聚势而强。唯有大抓落实,才能破局开路。落实是一切工作的生命线,实干是实现美好愿景的唯一途径。面对新征程上的“娄山关”“腊子口”,只要我们立定脚跟、苦干实干、狠抓落实,就一定能从逆境中破局、从困境中突围,在新的“赶考路”上破风前行、再谱华章。唯有锤炼能力,才能敢为人先。宽肩膀才能扛起硬担子,“两个先行”更需干部能力先行、作风先行。干在当下、着眼长远,只要我们每一位干部都强化争先的意识、练就争先的本领,就一定能在本领提升中加快战略破题、变革破局、难题破解,实现以人人争先推动事事争先、全面领先。

成绩来之不易,这是习近平新时代中国特色社会主义思想科学指引的结果,是市委、市政府和区委正确领导的结果,是区人大、区政协和社会各界监督支持的结果,是全区广大干部群众奋勇拼搏的结果。在此,我代表区人民政府向全区人民和广大建设者,向人大代表、政协委员、老领导、老同志,向各民主党派、工商联、无党派人士和社会各界人士,表示衷心的感谢!向在婺省市直属单位、驻金部队、武警官兵、公安干警、消防救援队伍,表示衷心的感谢!向金华经济开发区、金华双龙风景旅游区,表示衷心的感谢!

与此同时,我们也时刻保持头脑清醒,直面存在的困难和挑战:高质量发展的基础还不实,经济总量偏低、规模偏小,优化产业结构还需进一步加速;创新发展能力还不强,缺乏高能级现代化创新创业平台,招引高端人才还需进一步加力;共同富裕成色还不足,缩小“三大差距”、满足人民对高品质生活的需求还需进一步发力;公共服务供给还不优,民生领域仍有短板,统筹城乡公共资源分配还需进一步优化;除险保安各领域短板还不少,建设平安婺城的基础还需进一步夯实;干部队伍实干争先的意识还不强,改革创新能力和推进现代化建设本领还需进一步提高。对此,我们一定高度重视,采取更有力措施,认真加以解决。

二、2023 年工作总体要求和目标任务

2023 年是全面贯彻落实中共二十大精神的开局之年,是“八八战略”实施 20 周年,也是婺城纵深推进“1483”发展战略,全面加快“一带七心”建设的关键一年。迈进新征程、开启新使命,我们要深刻把握“两个确立”的决定性意义,自觉增强“四个意识”、坚定“四个自信”、做到“两个维护”,坚决做到“总书记有号令,党中央有部署,婺城见行动”。要深刻把握中国式现代化的本质要求,立足新发展阶段、贯彻新发展理念、把握新发展格局,以更高起点谋划推进中国式现代化在婺城的县域新实践。要深刻把握竞跑国际枢纽城、奋进都市核心区的重大机遇,主动策应、积极融入“一带一路”、长三角一体化发展、自贸试验区等叠加战略,以更大魄力加快建设“一带七心”,加速打造创新型开放型引领型的现代产业新高地。要深刻把握都市核心区的要素优势,综合分析婺城自身资源　禀赋、特色优势、发展前景,加快理念创新、制度创新、模式创新、方式创新,大胆破局、主动造势,以更高水平推动婺城首位度、竞争力和辐射力的整体大跃升。百舸争流,奋楫者先。面对新时代新征程的使命任务,我们更应踔厉奋发、勇毅前行,全力拓展发展新空间、塑造发展新优势、开辟发展新境界,以更高质量提升综合发展实力、共同富裕水平、人民生活品质、社会治理效能,奋力谱写现代化建设的婺城新篇章。

2023 年政府工作的总体要求是:坚持以习近平新时代中国特色社会主义思想为指导,深入学习贯彻中共二十大精神,认真落实省委十五届二次全会暨省委经济工作会议、市委八届三次全会暨市委经济工作会议、区委八届三次全会暨区委经济工作会议的决策部署，忠实践行“八八战略”、坚决做到“两个维护”、奋力推进“两个先行”，以稳中求进为总基调，以建设高能级现代化都市核心区为总目标，以竞跑国际枢纽城、奋进都市核心区为主要任务，以迭代跃升“1483”战略为基本路径，以“一带七心”为战略布局，以“大干项目大抓落实大转作风”为鲜明导向，强力推进创新深化、改革攻坚、开放提升，加快打造创新、创业、创造、创富的发展新格局，在全力谱写中国式现代化生动实践的金华篇章中扛起主城担当、贡献主城力量。

综合考虑内外部各种因素，建议2023年国民经济和社会发展的主要预期目标为：地区生产总值增长8%左右，一般公共预算收入增长与经济增长同步；城乡居民收入增长高于经济增长速度，农村快于城镇；固定资产投资增长20%左右；其余各项主要经济指标增幅力争高于全市平均水平。

为实现上述目标，我们将加快推进“七个建设”，加压干出“七个新作为”：

（一）加快枢纽核心区建设，在开放兴城中干出主城担当新作为

全力提升中心板块能级。聚焦打造未来活力中心，加快长湖湾片区城市更新，完成乾西单元控规编制，推进长湖湾公园、河盘翠舞公园、区中医院等项目建设，加速金华交投集团、中石化（金华）总部中心项目落地。聚焦打造未来宜居中心，加快区妇幼保健院、三联农贸冷链物流中心、黄金苑邻里中心等项目建设，启动浙江医院金华分院等项目建设，激发万泰奥特莱斯广场、浙中婚庆广场商业活力。聚焦打造未来时尚中心，推进文庙复建、古城游客服务中心等项目建设，启动将军路、石榴巷等8条特色街区改造项目，打造1个红色文化研学街区和3个以上“一街一品”餐饮文化街区，带动商贸消费大跃升。

奋力打造陆港枢纽核心区。紧扣“一港二铁三轨三高四干五联”综合交通体系建设目标，全年计划实施项目23个，年度投资52.5亿元。全力打造未来物流中心，加快推进金建高铁、建武高速、婺江西路西延、婺州街北延、上华至琅琊公路、乾西作业区、普洛斯物流园等项目建设。开工建设甬金衢上高速、华龙北街北延、金华江三级航道改造等项目，加快推动330国道外迁、沪昆铁路外绕线早日开工，着力构建公、铁、水联动一体货运枢纽。持续建设“四好农村路”，完善农村公路“路长制”，深化重点道路路灯亮化工程，覆盖里程19千米以上，积极争创国家级“四好农村路”示范县，提升婺城交通枢纽“新高度”。

聚力建设高品质现代社区。完成八咏楼、北苑、浙师大、金奥未来社区创建，谋划实施方井头、十里牌楼等城中村改造，全年建设安置房8000套、保障性租赁住房1400套，持续擦亮城市底色。常态化开展路域环境专项整治，为亚运会召开营造良好环境。加快新城区产城融合，启动文渊街、马海路等断头路建设，完成白沙溪文化公园、飞扬平台路网框架、临江园区道路绿化景观和路灯亮化建设，不断完善城市配套。

（二）加快现代产业体系建设，在产业强城中干出稳进提质新作为

加快产业能级跃升。大力实施数字经济创新提质“一号发展工程”，做大做强“2+3”现代产业集群，实现规上工业增加值增长10%以上，制造业、工业投资均增长35%以上，新增商贸企业20家、规上工业企业30家以上。聚力打造未来智造中心，围绕临江、飞扬两大制造平台，完成14平方千米规划修编。加快推进万里扬混合动力、锦凯智塑等一批总投资10亿元以上项目投产，全力推进传统产业转型升级。聚力打造未来产业中心，围绕高桥区块，完成7平方公里城市设计，高标准全域规划建设生命健康科学城，加快建设三联、高桥健康社区项目；新招引10亿元以上生命健康产业项目1个，引进生物工程领域高端人才10人，培育浙中生命健康产业新高地。

加快外经外贸升级。大力实施“地瓜经济”提能升级“一号开放工程”，实现高水平“走出去”和高质量“引进来”有机统一。持续推动出境拓市场活动，以“政府团+企业团”形式，组织2个以上商务团参加境外重要展会和商务洽谈，组织企业“走出去”50家次以上。持续强化外贸政策支撑和服务支撑，稳住一般贸易出口，继续扩大进口。建立外贸企业政企常态化联系机制，开展“外贸服务月”活动，服务重点外贸企业200家次以上。加快外贸主体培育，

新增外贸实绩企业 20 家。扩大跨境电商发展势能，推进跨境电商高质量发展，培育 40 家以上企业开展跨境电商业务。

加快项目集成推进。实施政府及国有投资项目 178 个、年度计划投资 211.6 亿元，重点推进非物质文化遗产（婺州窑）文化产业园及历史文化街区保护、桐溪水库等十大标志性项目建设。全力盯引凯卓立等项目落地，确保 10 亿元以上制造业项目落地 10 个，其中 50 亿元以上 2 个、100 亿元以上实现零的突破，推动招大引强再上新台阶。继续深化“腾笼换鸟 凤凰涅槃”攻坚行动，持续推行工业用地全生命周期管理，整治提升低效工业企业 150 家以上，完成临江、洞溪园区等工业用地集中连片整治 66.67 公顷以上，为新项目落地提供空间保障。

加快营商环境优化。大力实施营商环境优化提升“一号改革工程”，做到“企业办事无忧、政府无事不扰”。力争改革环境最优，持续推进“标准地+承诺制+代办制”改革和一般企业投资项目审批“最多 80 天”改革，全面推行低风险小型项目“最多 15 天”改革，实现项目审批时长再压缩 20%以上。力争服务环境最优，深入开展“四大双百三全”活动，健全政银企座谈会、助企服务团等机制，畅通服务沟通渠道。力争政策环境最优，全面精准高效承接“8+4”经济政策体系，用好扩大有效投资、科技创新、“415X”先进制造业集群培育等 8 大政策包，最大限度争取政策支持，争取我区在总盘子和各条线安排资金不低于全市份额的 10%。力争法治环境最优，加强涉企法律服务，优化完善企业信用修复等机制，不断规范提升依法服务能力水平。

（三）加快科教人才高地建设，在科创立城中干出创新深化新作为

全面培育创新载体。全力打造未来科创中心，深度融入 G60 浙中科创大走廊，完成师大创新城规划，加快浙师大金华科创园、浙江光电子研究院、浙师大数理医学院等标志性项目建设。推动创新载体提质扩面，力争新认定省级以上科技孵化器、众创空间 2 家以上，婺城经济开发区争取申报省级高新区。推进研发机构建设，力争新认定市级及以上企业研发机构 37 家以上，省级新型研发机构实现新突破。深化实施科技企业双倍增行动，新认定国家高新技术企业 40 家以上、省科技型中小企业 120 家以上，新增市级以上数字化车间、智能工厂、未来工厂 20 个以上，工业机器人 240 台以上，实现汽摩配行业、规上工业企业数字化改造全覆盖，加快补齐创新驱动短板。

全域打造教育高地。继续加大教育投入，优化教育布局规划，加快推进城乡义务教育共同体建设，推进民办义务教育规范发展，争创全国义务教育优质均衡发展区、全省学前教育普及普惠区。加快长湖湾实验学校建设，完成雅畈小学、青春小学等学校扩建。全面落实立德树人根本任务，推进五育并举，深化家校协同，大力推进“全国青少年校园足球试点区”和“浙江省小学生综合评价改革整体试点区”建设。强化教师能力素养提升，完善教师“选、培、管、用”体系，力争新增 2 名正高级教师。

全力激活人才引擎。深入实施“双龙计划”“揭榜挂帅”等引才机制，引进高层次人才 9 人、高层次人才创新创业项目 5 个，新增高技能人才 2200 人、“浙江工匠”等项目人才 60 人次以上；新建省级博士后工作站 2 家以上，引进青年博士 20 人，招收博士后 3 人以上，启动浙师大青年人才公寓建设。开展新一轮科技特派员助企服务，开展项目合作、科技攻关 10 个以上。大力促进科技成果转化，开展“请进来”“走出去”系列活动，鼓励企业和高校参与产学研合作，组织企业赴高校、园区和科研院所等进行科技成果对接活动 2 场以上，完成技术交易总额 9 亿元。

（四）加快现代文旅体系建设，在以文润城中干出文化传承新作为

打造高质量公共文化空间。高标准推进浙中文化创意中心、区青少年活动中心、文化艺术中心建设，实现区有“三馆”。打造城市书房 3 个、文化驿站 1 个、乡村博物馆 2 个，打造“15 分钟品质文化生活圈”30 个，深化全民艺术普及。以承办亚运会为契机，加快打造体育强区，争创体育现代化区、国家水上国民休闲中心，推进村级全民健身广场、社区多功能运动场、百姓健身房等体育设施建设，不断增加人均体育场地面积，助力婺城文体生活品

质跃升。

加快文旅融合发展。积极打造“仙源梅溪”“白沙古堰”等文旅线路，争创省级全域旅游示范区。积极培育打造一批生态旅游、科普研学旅游、亲子研学旅游产品，建成市级生物多样性特色体验地1个以上。继续举办中国茶花文化节、莘畈毅行、琅琊山水四项公开赛等活动。打造国家级农村产业融合发展示范园1个，争创AAAA级景区1个以上，启动金AAA景区村庄创建，实现景区镇创建全覆盖，景区村达70%以上，不断提高婺城文化旅游的美誉度和影响力。

擦亮婺文化金名片。深挖婺文化、宋韵文化内涵，争创省级非遗工坊2家以上，推进雅畈镇婺州窑文化产业园等项目建设。做好婺城元素基因解码，整理挖掘婺城地方文化资料，转化和利用好解码成果，全方位、全媒体、全链条展示婺文化影响力和传播力。聚焦打造“浙风十礼”的婺品牌，持续巩固深化提升文明城市创建成果，加大文明单元创建力度，争取入围省级以上文明校园、文明单位各3家，争创省级以上文明村5家。

（五）加快生态文明示范区建设，在山水秀城中干出绿色发展新作为

“三大行动”提升环境质量。深化实施“五水共治”碧水行动、清新空气行动、净土行动“三大行动”，全力推进国家生态文明建设示范区创建。深化“美丽河湖”创建，开展金华江主要支流沿线污水管网大排查大整治，全面完成工业园区“污水零直排区”建设。推动建设水质在线自动监测体系，再夺“大禹鼎”。持续做好环境空气质量改善工作，开展砖瓦行业专项整治，推动汽修行业钣喷中心建设，持续推进重点行业低效设施治理和源头替代。积极开展治土治废治塑行动，全面完成土壤“源解析”工作，深化危废专项整治和“无废细胞”建设，积极创建“无废城市”。

绿色低碳助推高质量发展。深入实施“6+1”重点领域碳达峰和大型活动碳中和，探索生态系统碳汇，实现碳排放全链式闭环管理。“零碳”社区、政府机关、公共机构试点示范建设取得突破，加快安地镇低（零）碳乡镇试点建设，争创省级低碳示范区。深入实施新增百亩国土绿化行动，积极培育发掘生态富民、生态惠民最佳实践，努力探索“EOD+片区开发”模式，推动实现生态环保投资新增长。

山水共治打造美丽婺乡。充分发挥山水林田湖生态优势，加快推进“千塘百库”“三库三溪”综合整治工程，大力推动南山自然保护区创建国家级自然保护区，打造山水田湖生命共同体，创建水系连通及水美乡村试点县。深化实施“千万工程”，加快“茶花争妍”美丽乡村示范带建设，创建1个省级美丽乡村建设示范乡镇，启动5个未来乡村建设，开展美丽庭院等“全域美十大行动”，推动中国苗木智慧博览园二期项目落地，加快实施南山漫道美丽风景线提升改造。

（六）加快“共富型”城乡一体化建设，在共富暖城中干出先行示范新作为

打造生态共富产业带。以南山漫道为主轴，打造“安地—雅畈”康养度假体验和“琅琊—长山—白龙桥”休闲观光研学两大板块，实施白沙片跨乡镇土地综合整治，推进永农和粮功区集中连片建设，改造提升高标农274.33公顷，扩展高质量发展新空间。继续推进白沙溪水利风景区、白沙文化创意交流中心、“梦幻白沙·水墨婺南”县域风貌区、十二杉房、望山隐庐等项目建设，加快启动熊猫猪猪二期、长山安脚民宿、燕语湖二期、郭力垅休闲区等项目建设，辐射带动西南山区乡镇共创共富。

推进缩小“三大差距”集中改革。深化“扩中”“提低”行动，加快收入分配制度改革，加快推进城乡一体融合。深化“下山安居创富”工程，完成蒋堂移民新村二期后续工作，继续推进白龙桥安置区建设，有效推进山区百姓增收、村集体经济发展。推进16家“强村公司”、40个“飞地”抱团项目、“乡镇共建强基”、“百团联百村”4大专项行动，深化强村富民乡村集成改革、农业转移人口市民化集成改革，持续增强村集体“造血”能力，不断提高农民收入，实现村集体收入增长10%以上，确保农村居民收入增速快于城镇居民，城乡居民收入倍差缩小到2.12以内。

构建全民共享社会保障体系。统筹推进“1+8+X”大救助体系建设，加快建设5个乡镇（街道）养老服务中心，推进发展第三支柱养老保险，健全养老保障制度。大力推进婚俗文化改革,全面完成15个生态安葬点建设,规范提升社会事务管理服务。推进农村饮用水改造提升工程,开展引水管网、村内管道及配套工程建设,覆盖受益群众3万人以上,进一步提升农村供水保障水平。

提升公共服务水平。提速建设中医院等10个续建项目,建成投用区康复医院、区妇幼保健院等5个项目。扎实开展山区"移动药房"等便民助民医疗活动,为慢性病患者提供快捷的医疗诊断。加快提升乡镇卫生院医养、居家护理服务能力,实现健康服务"就近跑"。做好退役军人保障工作,争创省级双拥模范城。多渠道推进"零工市场"规范化建设,建立零工"即时快招"服务模式,力争实现区级高质量就业社区(村)占比30%以上,全力创建就业创业服务示范城。

(七)加快现代治理体系建设,在为民护城中干出平安建设新作为

精准优化抗疫措施。全面提升医疗救治能力,以更加主动的态度和更加精准的举措,全力做好医护力量、医疗物资、定点医院、发热门诊等储备和建设,确保必备药品2周以上用量,口罩、抗原等物资不低于1个月用量,不断提升医疗服务保障能力。积极稳妥实施"乙类乙管"各项措施,强化重点人群管理服务和健康监测,优化接种服务,确保实现"保健康、防重症"目标。

守好守牢安全底线。迭代优化除险保安工作机制,以"遏较大"为目标,完善重大安全生产问题清单,常态化推动各行业领域隐患排查整治,确保隐患整改率达100%。持续聚焦防汛防台抗旱、森林防火等工作,完成"千塘百库"除险清零任务,建设森林防火巡护道5千米以上,夯实应急保障基础。推进区级危险化学品集配中心、浙中综合应急保障基地建设,实现乡镇(街道)综合性应急救援队伍全覆盖。圆满完成亚运会维稳安保,实现省级平安区十八连创,力争全省首批二星平安金鼎。

高效推进社会治理。加强立体化信息化治安防控体系建设,建强"公安大脑""预警中心",加密治安监控、人脸识别等前端感知网,提高预测预警预防能力。坚持和发展新时代枫桥经验,依托区社会治理中心,推进自治、法治、德治、智治"四治融合"。全面深化"大综合一体化"行政执法改革,打造市区乡三级上下贯通的"N+1+17"联动模式,提升基层治理能力。聚焦"精准打击",常态扫黑除恶,依法严厉打击电信网络诈骗和盗抢骗、黄赌毒、食药环等领域违法犯罪,全力防范化解经济金融风险,高水平建设平安婺城、法治婺城。

三、切实加强政府自身建设

目标在前,重任在肩。区政府必须持之以恒转作风、提效能、优服务,为实现更高质量发展彰显更强政府担当。

高举旗帜,建设绝对忠诚的政府。自觉以习近平新时代中国特色社会主义思想武装头脑,深入学习贯彻中共二十大精神,坚定捍卫"两个确立",坚决做到"两个维护",确保党中央、国务院和省、市决策部署真正落实到政府工作各方面,不断提高政治判断力、政治领悟力、政治执行力。

以民为本,建设为民服务的政府。始终坚持问需于民,紧抓调查研究,努力把实事好事办到百姓心坎上、急需处。始终坚持问策于民,确保政府决策、政策制定、项目安排让最广大人民群众受益。始终坚持问效于民,畅通群众反馈渠道,完善政府满意度测评机制,切实提升政府服务质效。

奋发有为,建设实干争先的政府。立足当下,着眼长远,多做打基础、利长远的实事。狠抓工作闭环落实,狠抓工作过程管控,确保工作一贯到底、一盯到底、一抓到底。聚焦创新深化、改革攻坚、开放提升,全面激发"逢一必争、逢冠必夺"的争先精神,下好先手棋、打好主动仗、争当排头兵,全力锻造想干事、会干事、干成事的政府铁军。

依法履职,建设阳光法治的政府。牢固树立法治观念,尊崇宪法权威,推进科学决策、民主决策、依法决策。依法接受人大监督,自觉接受政协民主监督,主动接受监察监督、法律监督、社会监督、舆论监督,加强审计监督和统计监督,提高法治政府建设水平。

干净干事,建设清正廉洁的政府。严格履行全面从严治党主体责任,严格执行中央八项规定精神,坚决纠正"四风"问题,持续深化党风廉政建设,让廉洁用权、清正做人、干净干事在政府系统蔚然成风。

中国人民政治协商会议第五届金华市婺城区委员会常务委员会工作报告

——在政协第五届金华市婺城区委员会第二次会议上

婺城区政协主席 杜建明

（2023年1月23日）

2022年工作回顾

一年来，区政协及其常委会在中共金华市婺城区委的坚强领导下，坚持以习近平新时代中国特色社会主义思想为指导，认真学习贯彻中共二十大精神，紧紧围绕区委“1483”发展战略和“一带七心”战略布局，积极发挥政治协商、民主监督、参政议政职能作用，履职有为、实干争先，在全市政协系统争先创优中走在前列，以实际行动展现了政协组织和政协委员的责任担当，为推动婺城“一带七心”战略布局落地成景，奋力建设高能级现代化都市核心区作出了积极贡献。

一、加强政治建设，共同思想政治基础更加牢固

始终把坚持党的全面领导作为最高政治原则，坚持理论先导，注重引领，把好方向，确保党的领导在政协系统一贯到底。

以理论学习铸魂。始终坚持“第一议题”制度，建立落实习近平新时代中国特色社会主义思想学习座谈会制度，把学习宣传贯彻中共二十大精神作为首要政治任务，组织党组、理论学习中心组、常委会、委员培训等学习48次，举办读书沙龙23场，参与委员1300余人次，“两个确立”“两个维护” 的思想政治根基进一步夯实；开展“崇学书院”委员读书活动49场，累计发言发帖近6万条，崇学善读成为政协的鲜明特色。举办“喜迎二十大 建功新时代”系列座谈，开展大学习大宣讲大调研活动，主席会议成员带队到党派、界别、企业、乡镇、村社宣讲中共二十大精神、省第十五次党代会和市、区第八次党代会精神43场次，筑牢意识形态主流阵地，使政协成为用党的创新理论团结教育引导各族各界代表人士的重要平台。

以政治引领强基。坚定不移走中国特色社会主义政治发展道路，保持政治定力，把准政治方向，将政协之“政”擦得更加鲜亮。自觉接受区委领导。坚持重大事项、重要问题、重点工作向区委请示报告，主动向区委汇报工作21次，党政领导应邀参加政协活动43人次，做到一切重要工作在区委领导下开展，一切重要活动围绕党政中心任务进行。出台党领导政协工作考核细则，推动乡镇（街道）党（工）委对政协工作更加重视，基层履职更加有效。扎实抓好政协党建工作。加强政协党组、机关党组、机关党支部建设，发挥政协党组把方向、管大局、保落实的作用。出台“信仰之源·同心向党”政协党建工作实施意见，制订完善党建“三联系”等制度12项。开展党建理论工作调研，形成《党建引领县级政协履职增效》系列调研成果。实现政协系统党建“两个全覆盖”，设立党员委员履职临时党支部27个，委员履职期间的党建工作进一步加强。积极讲好政协故事。构建“网微屏刊”宣传矩阵，在《人民日报》、“学习强国”学习平台、《人民政协报》、浙江新闻、《联谊报》、《金华日报》等市级以上媒体刊稿167篇，多形式、多角度展示新时代婺城政协的亮丽风采。

二、服务发展大局，建言资政成果更加丰硕

始终围绕党政中心，聚焦政协主业，融协商议政、民主监督、调查研究于一体，用好政协话语权，助力党政决策科学、施政有效。

紧扣大局议政建言。围绕一府两院报告、经济社会发展大事、民生关键小事建言献策，8名委员的大会发言，均得到区委区政府主要领导批示肯定，政协全会协商议政主平台作用充分发挥。召开专题议政性协商会,听取区政府关于经济运行、长湖湾建设、提案办理等情况通报,提出真知灼见,一批协商成果被采纳和落实。五届一次全会共收到以提案形式提出的意见建议296件,立案的276件提案全部办复。紧盯提案办理,3次开展重点提案、"即提即商即办"回头看,办理成效进一步提升。其中,委员以提案形式提出的25条意见建议,被吸纳到《加快千塘百库除险清零实施方案》等相关政策中,助推区委区政府决策部署更加顺应民意、更好落地见效。

聚焦经济持续助力。围绕推动制造业高质量发展开展"请你来协商",提出5方面38条意见建议,为我区出台《工业经济稳进提质十条意见》等系列惠企新政提供有益参考。开展"打造工匠名片,推进劳动者职业技能提升"微协商,就如何解锁新时代工匠精神活力密码,提出意见建议13条。紧扣低效工业用地整治、力稳经济大盘、现代服务业发展等开展重点课题调研,提出了一系列有见地、有价值的意见建议,努力以高质量建言助推高质量发展。围绕现代物流业、洞溪工业园区、跨境电商等开展视察监督,助推工业经济发展。区政协领导带头调研复工复产情况,及时召开复工复产座谈会,传达最新政策、畅通企业需求、协调解决企业困难。指导新生代双创政协委员会客厅举办赋能经济发展等活动8场,为新生代群体更好服务婺城高质量发展创造条件。开展"政协大家访",走访联系企业546家(次),收集企业需求168条,协调解决企业资金周转难、用工荒、燃气断供等问题143个,在持续助力经济稳进提质方面发挥了政协的积极作用。

关注城乡献智出力。聚焦共同富裕示范区未来乡村样板协商献智,在数字赋能、人才引进、以产兴村、以业富民等6方面达成共识。紧扣城市更新主题,开展专题调研、重点督办"加快实施长湖湾基础设施建设"的建议、线上线下同步"请你来协商"、与市政协共同开展专项民主监督,累计提出意见建议29条,合力助推打好城市更新战役。紧盯"无废城市"聚共识出实招,为破题垃圾分类"关键小事"献计献策23条。开展茶产业调研,推动茶产业转型升级,助力婺州举岩成功入选联合国人类非物质文化遗产代表作名录。持续做好"非粮化"整治后半篇文章,通过大会发言、微协商,为"良田"回归"粮田"把脉开方。紧盯群众所需,围绕农村道路亮化工程建设、低收入农户增收、山塘水库除险加固、抗旱保供水等视察监督,为增收致富、农业产业发展集聚智慧和力量。

围绕治理群策群力。致力惠民安民,通过"请你来协商"集思广益,为系统化构建基层治理新格局补短板、强弱项寻求金点子,推动构建具有婺城特色的现代化社会基层治理体系。围绕加强源头治理等开展健全扫黑除恶常态长效机制微协商,为平安婺城建设广聚共识。市、区两级政协联动,紧扣常态化疫情防控、城市民族工作、宗教工作等课题深入调研,形成6篇调研报告报送市政协。开展纵深推进"大综合一体化行政执法"改革专题视察,提出意见建议11条,助推"大综合一体化"行政执法协同指挥应用入选省"最系列"成果,为打造全省、全国改革样板贡献政协智慧与力量。指导婺商司法服务政协委员会客厅持续助力优化法治营商环境,推动发布首个化工行业合规指引,并在全市会客厅工作推进会上作典型发言。组织委员参加法院集中执法、检察院企业合规建设公开听证会,开展数字法治、智慧检务等视察,推动政协制度优势转化为治理效能。

三、践行为民宗旨,助推民生改善更加高效

始终坚守为民初心,把重民情、解民困、惠民生贯穿履职各领域、各环节,架起党群"连心桥",当好百姓"贴心人",让群众感受到政协离自己很近、委员与自己很亲。

构建服务基层履职矩阵。充分发挥专门协商机构优势,系统化搭建区、乡、村三级协商平台,组织开展各类活动389次,推动解决了一批民生实事,政协履职触角进一步向基层延伸。民生议事堂活动有质有效。推进民生议事堂乡镇(街道)全覆盖,在全市工作推进会上作经验介绍,得到省、市政协领导肯定。26个民生议事堂共开展协商106场(次)、提出建议548条。琅琊民生议事堂"助奶农增收、促共同富裕"活动获评省政协"典型案例";莘畈民生议事堂“唱响山区创富渔游二重奏”活动，被《人民政协报》报道；西关联络组聚焦“停车难”问题，错时开放党政机关停车场建议得到落实。民生议事堂成为“有事好商量、众人的事情由众人商量”的重要平台。委员工作室工作有声有色。创建集体型、界别型线上线下委员工作室34家，推进委员工作室特色化、标准化建设，使其成为党委政府“好帮手”、人民群众“连心桥”、委员履职“新平台”。协商驿站建设有力有序。按照全要素调研、全链条议事、全过程指导、全闭环追溯“四全机制”，建成协商驿站434个。制定出台协商驿站议事规范，广泛组织“上接党政、下联群众”的协商活动，开展活动247场，协助党委政府宣传政策、维护稳定、促进和谐，成为化解矛盾和凝聚共识的重要渠道。

厚植政协为民履职情怀。紧扣民生实事集成化履职，做到言为民所建、策为民所谋、力为民所尽。围绕让医疗服务更有温度开展“请你来协商”，提出建议26条，助力守护全民健康。发挥协商式监督优势，就文化建设和文化产业发展、“双减”政策落地、文物保护工作、水上运动中心建设、文化礼堂作用发挥等，开展调研协商、视察监督13场，提出建议108条。带领300余名委员、机关干部深入贯彻落实区委区政府疫情防控总体部署，全员上阵、全体下沉、全线出击、全力抗疫并积极捐赠物资300余万元，充分体现为国履职、为民尽责的情怀，得到区委高度肯定和社会各界赞誉。强化社情民意工作，设立《人民政协报》、人民政协网驻婺城“民情联系点”，收集上报社情民意102条，在全市政协信息工作会议上作经验介绍。其中，《新农村建设莫忘记“田野”田园公共基础设施建设亟待强化》《建议加强“金华两头乌”猪地方种质资源的保护与利用》获常务副省长批示，被全国政协采用；《话好婺城花木产业发展》被《浙江政协信息》采用。组织委员参加农民网络文化节，帮助销售农产品，促进农户增收；通过乡村振兴、强村富民结对工作，为莘畈等南部山区捐资引企，助力当地经济发展，促进共同富裕；开展“六送六服务”、重阳节慰问，先后为经济薄弱村、困难群众捐赠物资215万元，助力提升老百姓获得感幸福感安全感。

四、广泛凝心聚力，团结联谊局面更加生动

突出团结和民主两大主题，认真落实政协统战责任，坚持一致性和多样性统一，广泛凝聚人心、汇聚合力。

深化合作共事。完善政协领导联系走访制度，进一步拓展与各民主党派、工商联和无党派人士联系渠道，定期走访交流、开展联合履职、增进合作共事等成为常态。组织各民主党派、人民团体成员和无党派人士代表报送的《推进“三茶”融合发展助力共同富裕》《关于西南山区发展的建议》等10件“直通车”建议得到区委书记批示，部分研究成果在区委决策和工作部署中得到体现。带领各党派赴莘畈、塔石、沙畈、琅琊、苏孟等地开展“同心共富”活动，推动各民主党派与党委政府同唱一台戏、同念一本经。

扩大联谊交流。全力配合省、市政协来婺开展全国文明城市创建、“安全小区”建设等16批次课题调研活动，认真做好27个兄弟县(市、区)政协来婺考察交流工作。注重大婺城政协工作一盘棋，统筹推进市开发区各乡镇(街道)政协委组工作走深走实。加强与少数民族界、宗教界委员交流，增进感情和共识，引导各族各界人士坚定“听党话、跟党走”的信心决心。密切与新的社会阶层人士的联系与沟通，不断扩大“朋友圈”。以乡情为纽带，加强与在外乡贤的联系，增强乡贤对家乡的归属感和自豪感，积极推介我区投资环境，鼓励在外婺商回乡投资创业。

加强存史资政。积极发挥政协文史工作“存史资政、团结育人”的作用，配合省、市政协完成《浙江城市名片》《金华城市名片》征编工作，为打造婺城城市名片、建设高能级现代化都市核心区服务。围绕宋韵文化传世工程建设、打造“婺风宋韵”文化标识凝心聚力，协同市政协编撰《金华古桥》《金华书院考略》，征编《婺城书院》，为加快建设婺城宋韵文化高地、金华浙江中西部文化中心服务助力。

五、坚持守正创新，新时代政协形象更加鲜明

始终坚持把加强“两支队伍”建设作为首要任务、长期工程，全面夯实履职基础，推动政协工作进一步紧起来、动起来、活起来。

做优“数字政协”。围绕数字政协“1162”总体构架,认真贯彻落实应用场景推广。贯通市政协“协商一件事”“民情一点通”“提案一键达” 等数字化应用,形成“一起上跑道、共同跑起来”的生动局面,政协工作开放度活跃度融合度得到进一步增强。召开数字化改革专题研究会 17 次,上线点亮“党政机关整体智治综合应用”平台区政协专题门户,开设区政协门户网站,“协商一件事”协商指数 93.6,“民情一点通”交办事项 474 条,均居全市前列。开发上线“民生我建言”小程序,收集农村建房、疫情防控等群众意见建议 347 条,成为乡村治理、共同富裕的小帮手。

建强“两支队伍”。发挥委员主体作用。完善委员履职考评办法,实行委员履职登记制度,引导委员知责于心、担责于身、履责于行。先后组织委员全员轮训和分类培训 6 期,委员履职水平得到有效提升。提升机关服务水平。深入推进“五型机关”建设,落实机关工作人员作风“十严禁”等规定,建立健全财务管理等 5 项制度,以学习宣讲、晒拼创等形式争先创优,打造实干争先铁军,机关作风不断改进,综合协调和服务保障水平进一步提高。在区委重视下,有效解决“两个薄弱”问题,实现机关专职常委不占编、26 个乡镇(街道)党(工)委分管领导政协委员全覆盖。抓好清廉政协建设,全力支持配合完成省委巡视工作,支持区纪委监委派驻纪检组开展工作。深入推进党风廉政建设,坚定不移实现全面从严治党在政协纵深推进, 持之以恒推动中央和省、市、区委管党治党部署在政协落地生根,为服务和保障政协工作扎实有序开展奠定了坚实基础。

各位委员、同志们,一年来,区政协所取得的工作成绩,根本在于习近平新时代中国特色社会主义思想的科学指引;是中共金华市婺城区委坚强领导和市政协关心指导的结果,是区人大常委会、区政府、金华经济技术开发区、金华双龙风景旅游区和社会各方面大力支持的结果,是各位老领导、老同志热情关心的结果,是区政协各参加单位、广大政协委员和政协工作者共同努力的结果。在此,我代表区政协常委会向所有关心支持政协工作的各级领导、各界人士和为政协事业发展做出贡献的各党派团体、广大委员致以崇高的敬意和衷心的感谢!

在肯定成绩的同时, 我们也清醒认识到工作中还存在一些需要加强和改进的方面, 主要是:履职小组临时党支部作用发挥有待加强;提案、协商等建议闭环机制有待完善; 委员学习调研能力、协商议政水平及提案质量还需提高;数字化应用还需进一步普及贯通。这些都需要认真研究,切实加以解决。

2023 年工作建议

2023 年是全面贯彻落实中共二十大精神的开局之年,是迭代跃升“1483”发展战略的关键之年,是“大干项目大抓落实大转作风”之年,全区政协组织、区政协各参加单位和政协委员要紧跟区委部署,务实笃行、担当尽责,努力展现新作为、焕发新气象、作出新贡献。新的一年,区政协工作的总体要求是:坚持以习近平新时代中国特色社会主义思想为指导,深入学习贯彻中共二十大精神,全面贯彻落实习近平总书记关于加强和改进人民政协工作的重要思想,认真落实省、市、区委全会决策部署,坚决做到“两个维护”、忠实践行“八八战略”、奋力推进“两个先行”,以建设高能级现代化都市核心区为总目标,以竞跑国际枢纽城、奋进都市核心区为主要任务,紧扣迭代跃升“1483”发展战略和“一带七心”战略布局,深入践行全过程人民民主,充分发挥专门协商机构作用,推动建言资政更精准、凝聚共识更广泛、增进团结更有力,奋力当好新时代加强和改进人民政协工作排头兵,为婺城谱写中国式现代化生动实践新篇章贡献政协智慧和力量。

一、坚持高站位,思想引领站上新高度

坚定不移高举旗帜, 进一步筑牢思想政治根基,在强化思想引领上站上新高度,以高度的政治自觉坚定跟党走、奋进新征程。始终坚持把习近平新时代中国特色社会主义思想作为政协工作的根本遵循,落实到政协工作全过程各方面。持续深化学习贯彻中共二十大精神,深入开展“同心跟党走、奋进新征程、建功新时代”系列活动,推动学习贯彻习近平总书记关于加强和改进人民政协工作的重要思想走深走实。丰富完善党组理论学习中心组引领学、常委会会议集体学、主席会议交流学、崇学书院专题学、委员沙龙深入学、网络平台在线学、委员培训研讨学的学习制度体系，不断提高学习实效。始终坚持党对政协工作的全面领导，切实将“两个确立”转化为不断增强“同心向党”的政治共识，坚定不移做“两个确立”的忠诚拥护者、“两个维护”的示范引领者。始终坚持把加强政协党的建设作为基础工程，以政治建设为统领，一体推进政协党的建设。强化政协党组领导核心作用，落细落实全面从严治党主体责任，深化清廉政协建设。充分发挥履职小组临时党支部战斗堡垒作用，不断增强党员委员先锋模范作用。持续深化“同心向党”品牌建设，全面提升新时代政协党建质量，更好担负起把中共中央和省、市、区委的决策部署落实下去、把各方面智慧力量凝聚起来的政治责任。

二、坚持高质量，服务中心做出新贡献

始终锚定区委迭代跃升“1483”发展战略、全面铺开“一带七心”战略布局，积极开展前瞻研究、深度协商、有效监督，以优质的政协履职聚焦现代化、助推新发展。紧扣产业强城，聚焦五大产业集群打造，开展挺起婺城制造业脊梁、营造法治化营商环境“请你来协商”；就小微企业园区发展、数字产业园建设、工业园区转型升级等开展调研视察，助推先进制造业崛起，助力打造未来智造中心。围绕开放兴城，紧盯长湖湾有机更新开展“请你来协商”，着重提高建言靶向性和含金量；着眼未来物流中心建设，开展完善物流产业和交通基础设施协商视察，助力打造“义甬舟”大通道西延的桥头堡、国家物流枢纽的重要节点。聚焦科创立城，围绕师大创新城建设、区域人文经济增长、婺城新城区开发建设、学前教育普及普惠区创建开展调研监督，助力打造青年发展友好型和创新创业型城市。聚力以文润城，紧盯宋韵文化项目建设开展协商，促进婺风文旅产业高质量发展；围绕宋韵文化传世工程（非遗）项目建设、文旅融合“五百五千”工程建设等视察监督，不断挖掘、研究和保护婺文化，助力打造浙中文化新高地。锚定山水秀城，开展南山自然保护区创建国家级自然保护区工作民主监督，助推提高生态文明指数，助力建设美丽婺城，打造绿色发展新高地。立足共富暖城，围绕以项目推进新城老镇融合开展“请你来协商”，就农文旅深度融合、非粮化整治后农田水利灌溉设施建设和管护、卫健医疗强基项目建设等调研监督，助力书写婺城共富新篇章。紧盯为民护城，开展社会治理中心运行情况、法院行政诉讼案件工作、现代社区建设情况视察，助力打造共建共治共享的社会治理格局，助推全国法治政府建设示范区、平安中国建设示范区创建。

三、坚持高标准，构建协商议政新格局

充分发挥制度之能，完善机制程序，扎实推动专门协商机构建设向纵深发展，在把牢工作方向上下足功夫，在发挥功能作用上做足文章，在打造践行全过程人民民主县域典范中发挥政协独特优势。迭代深化“数字政协”建设，紧扣实战实用关键环节，深入推进“六大在线”综合应用的使用和推广，推动数字赋能政协工作效能，在融入数字化改革浪潮中展现政协新气象。推动提案提质增效，处理好提案的量质关系，把提高提案质量作为突破口和着力点，鼓励委员撰写提案求精求实求真，进一步提高立案标准、规范审查程序，对同类型的提案进行并案，从源头上把好提案质量关，实现数量和质量的有机统一，推动提案从数量型向质量型转变。完善“履职闭环”工作机制，健全“精选议题、深入研究、协商议政、视察监督、综合报告”履职闭环，实现履职流程全环节覆盖、履职链条全过程控制、履职载体全员参与，提升建言资政质效，充分发挥专门协商机构的独特作用，形成更多具有鲜明辨识度、广泛影响力的标志性成果。持续放大协商民主制度优势，恪守为民之心，自觉践行人民政协为人民的价值追求，完善委员联系界别群众制度机制，发挥民生议事堂、协商驿站基层协商机构作用，形成“一堂一品、一站一韵”靓丽风景线。探索民生议事堂与政协协商、提案办理、监督视察等日常履职相融合的新模式，形成优势互补、能量互赋、成果互促的协商履职体系，拓宽基层各类群体有序参与基层治理渠道，促进政协协商与基层协商相衔接、与社会治理相结合，以真绩实效赢得群众点赞。

四、坚持高水平,搭建凝心聚力新矩阵

牢牢把握新时代巩固和加强团结的核心要求,聚万众之心、集各方之智、汇各界之力,在把握大团结大联合的主题中画出最大同心圆,广泛凝聚新时代同心筑梦的磅礴力量。健全完善联动调研、联合监督、联络联谊等工作机制,积极为区级各民主党派、工商联和无党派人士在政协更好履职创造条件。继续与各党派团体开展调研视察,积极支持以党派团体名义提出提案、进行大会发言。继续密切与非公经济人士、新的社会阶层人士、归国留学人员等的联络联谊,着力推动构建亲清政商关系。继续加强同港澳台侨各界人士的联系,以乡情、亲情、友情为纽带,推动地区间的交流与合作。继续加强同少数民族、宗教界代表人士的联系,努力促进民族团结和宗教和睦。加强与在外婺商、乡贤联系,讲好婺城故事。丰富凝心聚力平台载体,深入开展“政协大家访”,持续推进政协委员会客厅、委员工作室、民生议事堂、协商驿站提质增效。注重政协文化培育,完善社情民意信息报送机制,加强信息宣传工作,最广泛地反映民意、最充分地集思广益、最大限度地凝聚共识,努力“协”出团结,“商”出合力。

五、坚持高要求,展现两支队伍新气象

牢固树立争先理念和创新意识,积极推进现代化履职能力建设,不断提升履职本领,始终以排头兵姿态推动政协工作呈现全员给力新气象、全程竞奔新气势、全面提升新气派。更好发挥委员主体作用,创新制订“一委双岗”制度,实施委员专工委、民生议事堂双岗履职,进一步保障委员权利、优化委员服务、完善委员管理,展示委员时代风采。举办骨干委员素质能力提升培训班,着力提高委员政治素养和履职能力。不断深化委员读书活动,扩大外溢效应,带动和影响更多界别群众,以“书香政协”助力“书香社会”。更好发挥专委会基础性作用,依托专委会“专”的优势、“联”的特点,多形式构建联系对口单位的桥梁、服务界别委员的纽带。开展“一委一精品”活动,提高专委会议政建言的专业化和品质化。更好发挥政协机关服务保障作用,深入推进“五型机关”建设,不断增强服务意识,完善运行机制,提高工作标准,以排头兵姿态担负起强基固本的职责使命,始终以一流标准一流业绩一流作风推进自身建设,展现新风采。

2022 年婺城区重点建设项目

2022 年婺城区政府投资续建类项目一览表

表 1

序号	项目名称	建设规模及主要内容	总投资(万元)
合计(42 个)			1017591.82
教育局(6 个)			27250
1	北苑小学附属幼儿园新建工程	征地 0.53 公顷,新建建筑面积 10000 平方米	5500
2	乾西乡中心幼儿园新建工程	征地 1 公顷,新建建筑面积 9800 平方米	5500
3	金华实验中学学前教育专业实训基地(附属幼儿园)新建工程	建筑面积 16000 平方米,18 个班级	9000
4	安地中小学校扩建工程	征地 0.8 公顷,新建建筑面积 7400 平方米	3700
5	雅畈小学综合体艺楼新建工程	新建建筑面积 5500 平方米	2750
6	红湖路幼儿园装修工程	建筑面积 4400 平方米,18 个班级	800
民政局(2 个)			29240
1	婺城区生态安葬点建设项目	在罗店、竹马、白龙桥等 12 个乡镇建设 15 个节地生态安葬点	26000
2	婺城区生态安葬点建设项目配套设施工程	区生态安葬点配套设施工程包括各具体安葬点连接的道路、桥梁、电线、水管、绿化等配套设施建设。(涉及罗店镇、竹马乡、乾西乡、安地镇、蒋堂镇、琅琊镇、沙畈乡、塔石乡等乡镇生态安葬点配套设施建设)	3240

续表 1

序号	项目名称	建设规模及主要内容	总投资(万元)
卫健局(6个)			140762.17
1	婺城区卫生应急物资储备中心及疾控中心改扩建项目	项目新建一幢符合区疾控中心标准化实验室要求的实验楼,对原疾控大楼、综合楼进行装修改造,满足卫生应急物资储备功能。新建建筑面积 4787.31 平方米,其中地上建筑面积 3625.66 平方米,地下建筑面积 1161.65 平方米;改造建筑面积 4465.33 平方米	6000
2	金华市婺城区罗店镇中心卫生院医养综合楼建设项目	综合楼为框混结构。地上 6 层,建筑面积 7108.8 平方米;地下 1 层,建筑面积 1296.11 平方米	4999.98
3	婺城区塔石乡卫生院维修改造工程	南侧辅楼(老门诊楼)改造加固,大修建筑面积 332.04 平方米,并进行外立面及内部装饰、水电、消防等设施改造;三层主门诊楼进行外立面及内部装饰、水电、消防等设施改造,对超声、检验等科室进行数字化提升,建设远程会诊室及智慧医疗数字化卫生院,提升改造建筑面积 1320.9 平方米	500
4	金华市婺城区中医院建设项目	项目用地面积 29731.59 平方米,总建筑面积 50927.94 平方米。其中地上建筑面积 32985.79 平方米,包括一栋 3 层医疗综合楼和一栋 10 层住院楼。地下 2 层建筑面积 18000 平方米,建筑高度为 42.3 米	49667
5	金华市婺城区康复医院改扩建工程	项目总用地面积约 1.93 公顷,建 9 层医疗楼和康养楼各一栋,设计床位 500 张(医疗 200 张,养老 300 张)。总建筑面积 36996.34 平方米,其中地上建筑面积 28775.44 平方米,地下建筑面积 8220.90 平方米,机动车车位 165 个,项目总投资 2.8 亿元	27995.19
6	婺城区妇幼保健院整体迁建项目	项目新建妇幼保健功能用房、院内生活、保障用房和行政管理、室外配套工程、地下车库(含人防)。项目建设用地面积 72315 平方米,新建建筑面积 57692 平方米,其中地上面积约 47335 平方米,地下面积 10357 平方米。项目规划设置床位 400 张	51600
交通局(4个)			246989.46
1	金华新兴产业集聚区兰溪上华至婺城琅琊公路工程(婺城段)	婺城段总长 12 千米,主线长 10.182 千米,连接线 2.295 千米。一级公路,设计时速 80 千米/小时	83917
2	G60 沪昆高速公路金华互通至浙赣界段改扩建工程(20163300004801002062000)	婺城段总长约 11.412 千米。(其中婺城互通收费站外广场以内部分工程以及 K329+800 处增加桥梁通道、K326+119 处桥梁改造)	141313
3	婺城区"四好农村路"二期工程	实施里程共计 11.093 千米,主要包括:(1)金兰北线—大舍塘—三甲山:K0+000~K2+510,长 2.510 千米;(2)G60 沪昆高速—金竹路:K0+000~K0+480,长 0.480 千米;(3)向家源—李经堂:K0+000~K1+100,长 1.100 千米;(4)马泉线老线(马海地至铁路桥洞):K0+000~K1+426,长 1.426 千米;(5)马泉线(金龙路至良种场):K0+000~K5618,长 5.577 千米(主线设短链一处 K1+819.274~K1+860,短链长 40.726 米)。包括路基工程、路面工程、排水工程、交安工程、绿化及环境工程等内容的提升改造	9859.46

续表 1

序号	项目名称	建设规模及主要内容	总投资(万元)
4	婺城区南山漫道美丽风景线提升改造工程	共有古长线、姜新线、石道畈—思村、东屏—上溪、上溪—山下、上溪—乌石屏、雅畈—南郭、潭背—文明合计 8 条路线。总计里程 28.434 千米。主要工程内容为新建、改扩建、白改黑等	11900
水务局(4 个)			23469.41
1	乌溪江引水工程灌区 (金华片)“十四五”续建配套与现代化改造工程	(1)改造干支渠 5 条,19.559 千米。其中乌引总干渠 10.405 千米,峙垅水库进水渠 1.0 千米,梓溪干渠 2.8 千米,黄碧垅干渠 1.0 千米,改造排水沟溪横路溪 4.354 千米;(2)配套改造(新建)建筑物 42 座,其中水闸 4 座,渡槽 7 座,改造调蓄灌溉水源工程 1 处,农桥 27 座,提水机埠 3 座;(3)新建管护设施 1 处 200 平方米,改造管护便道 3.603 千米,新建下渠坡 21 处;(4)建设智慧水管理体系(数字化工程)1 项(与衢州片合并实施)	12769.41
2	婺城区武义江石楠塘段治理工程	武义江石楠塘段 4 千米河道综合整治	3800
3	金华江右岸婺城大桥至兰溪交界段治理工程	金华江右岸婺城大桥—兰溪交界段 6.65 千米堤防治理	6300
4	农村水系连通工程	村内渠道、池塘清淤景观提升	600
住建局(1 个)			304.9
1	城北景观公园主要出入口、节点小品改造工程	主入口工程包括铺装、花坛壁、次入口条石台阶、非机动车停车场、坡道、侧石修复、绿化修复、配套设施、现状植物修剪、现状景观及设施修复等工程	304.9
建管中心(2 个)			163116
1	婺城区安居工程城中村改造项目(城西西郊一期)	城中村改造安置房建设、基础配套等费用。用地面积 21773 平方米,总建筑面积 6.7 万平方米	35926
2	金华市婺城区安居工程城中村改造项目(鲍杨)	城中村改造安置房建设、基础配套等费用。用地面积 97139 平方米,总建筑面积 28.9 万平方米	127190
法院(1 个)			2000
1	金华市婺城区人民法院扩建及装修工程	大楼西北地块扩建审判综合业务用房 2240 平方米,在原诉讼服务中心基础上加建 1 层执行服务专区,扩建面积 245 平方米及装修	2000
公安分局(2 个)			3535
1	金华市公安局婺城分局雅畈派出所业务用房建设项目	总用地面积 3673 平方米,总建筑面积 4985 平方米	1735

续表 1

序号	项目名称	建设规模及主要内容	总投资(万元)
2	金华市公安局婺城分局安地派出所业务用房建设项目	总用地面积 2400 平方米,总建筑面积 4775.27 平方米	1800
雅畈镇(1 个)			620
1	雅畈镇商住地区块配套设施建设工程	沿后陈商住地区块配套建设污水管道，新建污水管道起点从敬甫桥出发，沿后溪、二环南路接入东阳街现状污水管网，管径 D600,总长 970 米	620
蒋堂镇(1 个)			699.9
1	蒋堂镇消防救援队业务用房	占地面积 618.83 平方米,5 层,建筑总面积 3113.2 平方米	699.9
城中街道(2 个)			1079.73
1	城中街道杨思岭社区党建综合体及街道综合文化站建设项目	项目总用地面积约 1257.65 平方米，改造总建筑面积约 1708.49 平方米	399.99
2	杨思岭社区青春 86 号零直排改造工程	零直排改造 1492 平方米，道路恢复 10112 平方米，绿化恢复 1300 米	679.74
安地镇(1 个)			5710.07
1	金华市婺城区安地镇 L-2 地块道路配套工程	电力迁改、市政管网配套建设、三座箱涵路径 6 米、宽 7 米,规划道路建设 2.2 千米、施工便道、泄洪渠 1.5 千米、两处高边坡治理	5710.07
新狮街道(3 个)			7599.18
1	万固商贸体周边市政配套设施工程	万固商贸体与环二小交界中间一条长 500 米、宽 16 米的新建道路工程及配套设施(包含绿化、人行道、雨污分流、自来水、电力、消防、路灯等)	1900
2	金华市婺城区柳湖未来社区创建项目	邻里中心立面提升、邻里中心室内装修、住宅楼里面修补、智慧门禁、居家养老、智慧交通以及教育、服务、治理、低碳场景的数字化建设等	4999.26
3	婺城区新狮街道康村社区污水零直排改造工程	新狮街道康村社区污水零直排改造，排水工程官网约 5468 米，道路恢复约 6191 平方米	699.92
竹马乡(1 个)			500
1	竹马乡集镇安置区电力改迁	集镇安置区电力迁改,原电线杆架空线路改为地下管网	500
交投公司(2 个)			33800
1	婺城区全域土地综合整治项目(蒋堂镇许里村、安地镇岩头村)	蒋堂镇许里村垦造耕地项目为 4.51 公顷,“旱地改水田”项目为 6 公顷，建设用地复垦项目为 9.4 公顷，耕地质量提升项目为 70.61 公顷	23000

续表 1

序号	项目名称	建设规模及主要内容	总投资(万元)
2	婺城区洞溪工业园区基础设施工程	现状园区内部断头路较多，未形成区块路网系统，且路面情况较差，局部路段损坏严重，缺少景观节点，内部绿化杂乱。结合现场实际情况打通断头路，园区道路成环闭合，完善路网系统，使整个园区交通更加有序、均质、顺畅。计划实施新建纵四路、改造横五路、梳理花台路、增设垃圾中转站、提升入园景观节点等	10800
城投公司(2个)			**80916**
1	仙源湖省级旅游度假区提升改造工程	该项目建设内容包括上干口地质灾害点景观提升及十里桂花长廊连接，智慧城镇、数字管理系统升级，公共空间、建制村出入口视频监控完善，绿化景观提升、旅游交通服务设施完善，配套设施提升	17200
2	婺城区全域土地综合整治项目(竹马青梅里村、琅琊镇泉口村区块)	包括耕地和永久基本农田保护、村庄建设、基础设施和公共服务设施建设、生态保护及环境整治	63716
省市项目(1个)			**250000**
1	新建金华至建德高速铁路项目婺城区段	金建铁路等级为高速铁路，正线数目双线、电力牵引。正线数目为双线，速度目标值250千米/小时，正线长64.508千米，正线线间距4.6米，其中婺城段全长9.381千米	250000

2022年婺城区政府投资新建类项目一览表

表2

序号	项目名称	建设规模及主要内容	总投资(万元)
合计(73个)			1930630.39
经济开发区(1个)			21000
1	临江产业园区基础设施建设提升项目	包含路灯新建工程、污水管网铺设工程、道路建设工程。道路包含:临江园区外环北路新建工程、临江路延伸工程、临江园区规划横一路新建工程、临江园区规划横二路新建工程、临江园区规划纵一路新建工程。道路工程 包含:道路、给排水、交通、绿化、电力、路灯、专业管线及其他市政附属设施等	21000
教育局(6个)			48800
1	2022年暑期维修项目	各中小学校	2500
2	金华四中教育集团高铁新城校区新建工程	征地5.55公顷,建筑面积75000平方米,初中24个班级、小学36个班级规模	36000
3	婺城区学前教育提质工程	含保利天汇苑配套园装修工程及站前幼儿园洪源园区装修工程	4200
4	青春小学改建工程	拆除1336平方米危旧房,新建建筑面积9200平方米	5500
5	青春中学提档改造工程	校园整体提档改造	300
6	金华九中提档改造工程	校园整体提档改造	300
农业农村局(1个)			2019.54
1	金华市国家山茶种质资源库建设项目	种质资源库建设总面积23.71公顷	2019.54
民政局(2个)			980.25
1	婺城区生态安葬点建设项目配套设施工程(二期)	区生态安葬点配套设施工程。包括各具体安葬点连接的道路、停车场等配套设施建设	790.25
2	区社会福利院整体环境改造工程	福利院整体景观改造	190
卫健局(8个)			75507
1	金华市婺城区人民医院改扩建工程	总建筑面积约37700平方米,其中包括地上面积约31000平方米(5层传染病房楼约7600平方米、12层医疗综合楼约22700平方米、高压氧舱700平方米),地下一层面积6700平方米	28000

续表 2

序号	项目名称	建设规模及主要内容	总投资(万元)
2	罗店镇中心卫生院门诊楼改造工程	门诊楼 2 至 3 楼科室布局调整;全科门诊、中医门诊楼加高 1 层设为规培生宿舍;候诊区改造,全科门诊增加两慢病一体化门诊,一楼所有科室做布局调整	300
3	金华市婺城区长山乡卫生院维修改造工程	门诊楼 1 至 3 层强弱电改造,消防设计改造,病房及楼层卫生间维修改造;门诊楼外立面等墙面翻新、走廊及科室等装修,院内诊室呼叫系统及智慧化设备改造等	500
4	金华市婺城区雅畈镇中心卫生院迁建工程	总用地面积 0.91 公顷,总建筑面积 12000 平方米,其中地上面积 10600 平方米,地下面积 1400 平方米	12500
5	金华市婺城区竹马乡中心卫生院迁建工程	总用地面积约 1.17 公顷,总建筑面积 6000 平方米,其中地下 1000 平方米	7227
6	金华市婺城区蒋堂镇中心卫生院迁建工程	总用地面积 1.52 公顷,总建筑面积 7100 平方米,其中地上面积 6500 平方米,地下面积 600 平方米	8580
7	金华市婺城区安地镇中心卫生院迁建工程	安地镇卫生院整体迁建,按标准建设公卫应急大楼,医疗综合楼,行政后勤楼,单独设立发热门诊,中医馆。总用地面积 1.33 公顷,总建筑面积 6000 平方米,设置床位 20 张	8000
8	金华市婺城区乾西乡中心卫生院迁建工程	总用地面积约 16653 平方米,拟建设医疗综合楼一栋,行政后勤楼一栋。总建筑面积约 6000 平方米	10400
交通局(9 个)			29207
1	婺城区 2022 年农村公交停靠站建设工程	计划建设农村公交停靠站 27 个	216
2	2022 年婺城区公路交安设施完善工程	对婺城区公路存在标牌、标线等交安设施进行完善	500
3	2022 年婺城区重点路段路灯亮化工程	对婺城区二环路、古长线、金九线等重要路段进行路灯布置	1650
4	婺城区 2022 年农村公路大中修工程	农村公路大中修工程婺城区范围实施 66 千米	9600
5	婺城区 2022 年张六线局部拓宽改造工程	张六线 0+000~12+400 路段局部拓宽工程	1200
6	2022 年二环路(迎宾大道至金东段、八达路至益塘段)路面大中修工程	路面大中修 6.64 千米	8500
7	望山新村路网完善工程	下溪村—油塘水库、上溪村—荷花芯水库、乌石屏—荷花芯水库、下溪村—乌石屏村、下溪村—上溪村	3100
8	婺城区狮毛坪–罗坪乡道山体塌方应急处治工程	对乡道狮毛坪—罗坪山体塌方进行应急处置,同时对原状路进行适当加宽,道路左侧护栏拆除重做,新增道路标线、自发光路面标识和轮廓标	241
9	2022 年二环路婺城段风貌提升工程(交通实施部分)	二环北路迎宾大道至金东段(X998 县道 K10+540~K13+040)长度 2.5 千米;二环南路八达路至金龙路段(G330 洞合线 K325+820~K329+210)长度 3.39 千米;二环南路汀杨线—梅溪桥段(G330 洞合线 K315+730~K317+200)长度 1.47 千米	4200

续表 2

序号	项目名称	建设规模及主要内容	总投资(万元)
水务局(8个)			46806.47
1	婺城区朱里、五升殿垅、里坞垅水库除险加固工程	朱里、五升殿垅、里坞垅水库除险加固	4000
2	婺城区小青垅等16座山塘整治工程	小青垅等16座山塘整治	2000
3	婺城区上干溪综合整治工程	婺城区上干溪至梅溪出口段约10千米河道综合治理	4800
4	婺城区雅店溪小下店至寿溪出口段治理工程	雅店溪小下店村下游至寿溪出口段约800米河道整治	1000
5	婺城区通园溪整治二期工程	通园溪山下吴水库至G60高速段综合整治5.4千米	8000
6	婺城区郭塘溪G60高速上游段治理工程	G330国道至沪昆高速段约3.4千米河道综合整治	4000
7	婺城区2022年农村饮用水提升改造工程	农村饮水水管网及“一户一表”改造	6444.47
8	婺城区长湖出口段河道生态治理及排涝泵闸工程	对长湖G60高速下游段约2.5千米河道进行综合治理；长湖出口新建排涝泵闸、节制闸及上下游连接段河道治理	16562
住建局(5个)			65649.49
1	2022年婺城区农村生活污水提升改造工程	建设污水零直排村2个、污水终端改造100个、管网改造2个村	5000
2	污水处理设施水质智能化在线	生活污水终端监测、水质在线检测设备安装及智慧管网系统安装	300
3	婺城区2022年城乡风貌提升项目	安地、雅畈、琅琊、长山风貌提升样板区	18000
4	2022年婺城区污水零直排区建设项目	排水立管、室外管网的雨污分流改造 项目改造占地面积约245公顷	38000
5	城镇污水管网工程(金华监狱至临江污水处理厂二期)	新建D800~D1000污水管道约6.4千米	4349.49
公安分局(3个)			7800
1	金华市公安局婺城分局城西派出所业务用房建设项目	总用地面积0.53公顷，总建筑面积9500平方米，其中计容面积6000平方米，不计容面积3500平方米	3800
2	金华市公安局婺城分局乾西派出所业务用房建设项目	总用地面积0.53公顷，总建筑面积9500平方米，其中计容面积6000平方米，不计容面积3500平方米	3500
3	城中社会智治体系示范基地	城中派出所一楼二楼装修工程及数字化建设，构建立体化社会治安防控体系	500

续表 2

序号	项目名称	建设规模及主要内容	总投资(万元)
五改指挥部(2个)			31547.22
1	婺城区 2022 年老旧小区配套基础设施工程(城中、城东区块)	改造婺城区城中、城东街道 69 个老旧小区的外立面改造、屋面檐沟防水处理、雨污水管网分流改造、小区道路改造、绿化提档改造、增设停车位、环卫设施改善、文体健身设施改善、强弱电管廊预埋、小区内亮化及安全设施改造等配套基础设施工程和 42 个新小区的污水零直排建设，并对部分老旧住宅进行房屋安全鉴定及改后所有雨污水管网检测	28450
2	婺城区 2022 年江北居住小区污水零直排建设工程	完成婺城区剩余居住小区及部分婺城区政府机关单位的雨污水管网改造、道路改造、小区停车位增设、绿化提档改造,并对改后所有雨污水管网检测	3097.22
残联(1个)			2800
1	婺城区残疾人托养中心项目	项目规划将坐落在罗店镇西吴村的敬老院进行改扩建，总占地面积 0.63 公顷。拟新建残疾人托养中心 1 幢，占地面积约 690 平方米,建筑面积 4350 平方米;拟新建技能培训中心及食堂 1 幢,占地面积约 350 平方米,建筑面积 1250 平方米(总建筑面积 5600 平方米);改造提升原有房屋 1 幢,建筑面积 732 平方米	2800
琅琊镇(3个)			5800
1	琅琊镇美丽城镇建设项目	旅游集散中心,琅琊老街提升工程,旅游、环卫、景观节点提升等美丽城镇项目	1500
2	通南路、横四路道路提升工程	横四路道路硬化提升工程 30×480 米、通南路断头路打通工程约 28×320 米,主要建设内容为道路、市政管线、景观绿化、照明及其他附属设施	2800
3	琅琊镇白沙文化园	打造白沙文化创意园综合体,总建筑面积 8618 平方米,内容包括新时代文明实践所、琅琊镇非遗体验官、文台雅筑综合广场、临水观堰水岸民宿等	1500
新狮街道(1个)			259.91
1	高村村引水工程	从长岭水库引水到狗大塘至村高速路北边老村全村	259.91
白龙桥镇(2个)			3500
1	白龙桥镇美丽城镇建设项目	白龙桥镇美丽城镇建设景观节点改造,集镇及周边村环境整治,集镇绿化提档,小镇客厅、邻里中心建设及提档等	1500
2	实验中学北侧道路连接二环西路工程	将实验中学北侧道路(环镇南路)连接二环西路道路进行提升改造,路线全长约 1.5 千米,路面宽度 6 米,路面结构采用沥青砼路面	2000

续表 2

序号	项目名称	建设规模及主要内容	总投资(万元)
沙畈乡(1个)			**600**
1	沙畈乡美丽城镇建设	环境整治、景观提升、基础设施建设、特色产业发展、数字化平台建设	600
竹马乡(4个)			**2750**
1	联民至竹马馆(金泉路)道路建设	联民至竹马馆(金泉路)道路建设,宽5米,长1000米	100
2	竹马乡集镇横四路道路建设	金竹路口至邵湖头村口路段长410米、宽18米,道路面积7400平方米。土地征用费、农转用报批成本合计约200万元,设计路基、路面、排水、强电、弱电、绿化等概算1400万元,总投资1600万元	1600
3	竹马乡集镇安置区电力改迁(二期)	集镇安置区电力迁改,原电线杆架空线路改为地下管网,建设内容包括邵湖头村、工业区部分地区电力迁改	550
4	婺城区竹马乡工业园区永达路(太和路—天裕路)道路新建	新建道路长201.85米。路面为沥青道路,道路红线宽度为21米	500
罗店镇(2个)			**3440**
1	张家、十里铺工业园区改造提升工程	推进工业园区整园改造提升,重点进行园区基础设施建设,园区标识(标牌)、道路交通、雨污管网、路灯、绿化等	1940
2	美丽城镇创建工程	创建美丽城镇,补足各方面短板,提升沿线景观、外立面建设、景观厕所等细节项目	1500
长山乡(2个)			**1488.51**
1	望山隐庐项目电力配套工程	新建线路总长度约1.5千米,新建标准开闭所2座、140平方米	1289.31
2	长山乡乌石屏村道路两侧景观提升项目	项目总绿化面积7953平方米。其中,乌石屏进村主路总长1003米,绿化面积5192平方米;望山隐庐项目两侧入口道路总长700米,绿化面积2761平方米	199.2
交投公司(2个)			**155000**
1	婺城港区乾西作业区	本项目共布置12个500吨级泊位 (水工结构按靠泊1000吨级船舶设计和建设),年吞吐量为600万吨	95000
2	浙中文化创意中心	项目位于婺城区临江东路以南,紫金南街以西,文津路以北地块,建设内容包含浙中文化创意产业孵化园、婺城区图书馆和非遗馆及地下室等单体建筑,项目总用地面积约28184平方米,总建筑面积71840平方米,其中地上建筑面积52000平方米,包括浙中文化创意产业孵化园面积40000平方米、婺城区图书馆和非遗馆12000平方米、地下建筑面积19840平方米,项目估算总投资6亿元	60000

续表 2

序号	项目名称	建设规模及主要内容	总投资(万元)
城投公司(8个)			342175
1	接力塘水库生态环境综合整治工程	以规划分局设计方案为准(建设内容:增加丽泽书堂内容)	13018
2	浙师科创产业园二期及基础设施配套工程项目	项目用地红线面积 16 公顷。建设小微产业园	72095
3	婺城新区农贸冷链物流中心	冷链物流中心,用地 0.67 公顷,建筑面积 12000 平方米	10206
4	婺城新区核心区块停车场项目	停车场用地面积 29700 平方米,共设有 1300 个停车位	30392
5	水上运动中心停车场及附属工程	停车场位于水上运动中心南广场,桐溪街北起漪溪路,南至双溪西路,是水上运动中心对外交通的通道	20563
6	生命健康科学城总部客厅及基础设施配套工程	总建筑面积 183100 平方米,其中地上建筑面积 141800 平方米(包括总部经济区面积 45700 平方米,科创区面积 55100 平方米,健康服务区面积 41000 平方米,地下建筑面积 41300 平方米)	134905
7	飞扬小镇客厅及基础配套设施	新建飞扬小镇客厅及基础配套设施,项目总建筑面积 18720 平方米,其中地上建筑面积 15000 平方米,地下建筑面积 3720 平方米	10049
8	建筑材料产业园	包括建设生产区和生活配套区。生产区包含厂房、创新中心、仓储物流中心,总建筑面积 11900 平方米;生活区包含综合楼、宿舍用房、物业用房和附房,总建筑面积 12800 平方米	50947
省市项目(2个)			1083500
1	甬金衢上高速公路金华城区段工程	婺城段长 22 千米	748500
2	建德至武义高速公路婺城段工程	婺城区长约 11 千米	335000

2022年婺城区十项重点惠民实事

一、下山安居创富工程

完成蒋堂移民新村二期建设,实施下山移民安置分房。

二、社会保障性住房建设项目

计划开工建设保障性租赁住房2900套(间),新建安置性住房3000余套(间),主要解决新市民、青年人、搬迁居民等群体住房困难问题。

三、城市服务能力提升工程

1. 完成12个城市社区党群服务中心的标准化提升改造和13个城市社区党群服务中心的提档升级,全面提升城市社区服务承载功能,满足城市19万居民群众多样化需求;

2.三联新村邻里中心项目开工建设,争取年底前完成主体结顶;黄金苑邻里中心项目完成方案设计和项目挂牌出让;

3.完成柳湖花园未来社区提升改造工程,启动八咏楼、北苑小区未来社区建设。

四、全民防疫提升工程

1.完成区疾控中心"五万管"核酸检测基地建设;

2.改造完成PCR大型 移动检测车1辆(日均检测8000管);

3.实施"医智慧"二期工程,完成7家(长山乡杨里、城中街道西市街小码头、竹马乡下张家、莘畈乡井下、沙畈乡山脚、箬阳乡里片、塔石乡山坑)等社区卫生服务站配备医智慧快速检验设备。

五、山塘水库除险加固工程

1.加固改造水库3座(朱里水库、五升殿垅水库、里坞垅水库),实施大坝除险加固,溢洪道改造等,消除安全隐患,保障水库下游村庄安全;

2.完成山塘整治15座,消除山塘安全隐患;保障山塘下游村庄安全及农田灌溉。

六、落实农村道路亮化

涉及二环南路(婺城段)、古长线、金九线等公路的重要路段或路口安装路灯,为行人和行车提供视线,提高通行安全,降低事故发生率,长度约19千米。

七、"幼有所教 老有所学"助学工程

1.2022年年初完成高铁新城九年一贯制公园式学校设计施工方案,完成政策处理,力争开工建设;

2. 依托雏鹰教育培训学校场地开办老年大学,以缓解离退休老干部入学难状况。

八、居家养老服务体系建设

1.实施居家养老服务(照料)中心建设提升工程,完善乡镇街道居家养老服务中心运行考核标准和激励政策,加大乡镇街道居家养老服务中心运行考核和扶持力度,充分发挥服务(照料)中心为老服务功能;

2.以城西街道、城北街道等为试点、建设专业化养老服务中心,探索社区养老、居家养老新型运营模式。

九、城市公园和绿道建设

1.完成接力塘征迁扫尾工作,完善吕祖谦公园设计方案,计划2022年9月项目开工建设;

2.推进长湖湾公园区块建设;

3.完成续建绿道项目5条,郭力垅周边绿道、莘畈乡莘兰绿道、塔石乡绿道、竹马乡绿道方下店至下张家段、竹马乡绿道金泉路至下张家段,总长度约50千米。

十、公共交通配套设施提升

1.新建完成2个公交车首末站;

2.新建公共自行车投放点5个;

3.新建港湾式公交车站10座。

1月

4日 浙江省文化和旅游厅、浙江省商务厅公布16个“诗画浙江·百县千碗”美食街区(镇)名单,婺城区古子城熙春巷特色饼一条街入选。

5日 婺州古城景区成功入选2021年度浙江省智慧景区。

同日 城中街道银辉大党委和银辉党支部正式组建。这是金华市首批成立的银辉党委之一,也是婺城区首个银辉党委。

7日 金华之光景区被评为国家AAAA级旅游景区,是国内综合文化场馆中首个AAAA级景区。

10日 婺城区工商联被评为2021年度全省工商联服务“两个健康”工作成绩突出集体。《关于2021年度全省工商联服务“两个健康”最佳工作实践创新成果的通报》中,婺城区工商联《法律护航为民营企业健康发展营造良好法治环境》被评为2021年度全省工商联服务“两个健康”最佳工作实践创新成果。

12日 婺城区组织采购的2022年度工会福利礼包第一批3300份运至婺城区。全区163家企事业单位采购道孚县消费帮扶礼包用于工会福利发放,共计8700余份,总金额近440万元。

18日 婺城鸭蛋被农业农村部农产品质量安全中心评定为全国名特优新农产品。这是婺城区继婺禾富硒米获评后的第二个全国名特优新农产品。

20日 区生态环境分局办理了2022年全市第一起生态环境损害赔偿案件,成功挽回国家损失38160元。这是婺城区按照生态环境损害赔偿磋商程序办理的第一起案件。

23—26日 政协第五届金华市婺城区委员会第一次会议召开。会议选举杜建明为政协第五届金华市婺城区委员会主席,应跃成、舒理成、陈丽萍、龚卸平、郑艳球、滕惠芳为政协第五届金华市婺城区委员会副主席,王会星为政协第五届金华市婺城区委员会秘书长,于迎春等47名委员为政协第五届金华市婺城区委员会常务委员。

25日 蒋堂—琅琊、蒋堂—金西客运站、蒋堂—许里3条新增公交线路正式开通。3条公交线路日均运营3个固定班次,为沿线百姓改善出行条件,增加幸福指数。

25—27日 金华市婺城区十届人大一次会议第二次全体会议召开。大会选举朱利群为区第十届人大常委会主任,盛奇兵、范锋鑫、章旭升、胡霞亮、徐建陆、吴旭涌为区第十届人大常委会副主任;丁美国、王志勇等28名委员为区第十届人民代表大会常务委员会委员。大会选举胡余仙为金华市婺城区人民政府区长,吕良勇、王兴国、严卫星、江少华、徐镜跃、胡广辉、洪一政、李可春为副区长;选举魏然为区监察委员会主任;选举丁胜为区人民法院院长;选举李良才为区人民检察院检察长。

27日 婺城区人民政府与金茂华东企业管理有限公司举行战略合作签约仪式。

29日 农业农村部、国家乡村振兴局印发《关于通报表扬2021年全国村庄清洁行动先进县的通知》,婺城区作为措施有力、成效突出、群众满意的村庄清洁行动先进县被通报表扬。

2月

8日 教育部认定并命名婺城区为2021年度全国青少年校园足球试点县(区)。

11日 婺城区首辆VOCs环境监测走航车正式投入使用。

14日 举行金华职业技术学院附属九峰职校挂牌仪式。

16日 省委书记袁家军到婺城区熊猫猪猪·两头乌国际牧场调研高质量发展建设共同富裕示范区和数字化改革工作。

同日 金华市人民政府发布30个共同富裕最佳典型案例,婺城区"熊猫猪猪·共创共富发展联盟探索'共富型'发展新路子""创建全国绿色小水电示范区 助推共同富裕"2个案例上榜"缩小城乡差距"领域。

17日 2022年婺城区产业项目攻坚年誓师大会暨百亿重大项目启动仪式举行。

22日 婺城区与国网金华供电公司在婺城供电分公司召开联席会议,双方围绕重点项目用电、电力设施迁改、优化营商环境等事项展开交流。

23日 金华经济技术开发区首家乡镇级"医防护"儿童健康管理中心、婴幼儿照护服务指导中心在苏孟乡正式启用,首场趣味益智公益性家庭养育小组活动也同时开展,标志着开发区"金有善育"体系建设迈上新台阶。

28日 甘肃省陇南市武都区委副书记、区长张立平率党政代表团到婺城区考察交流,武都区委常委、区纪委书记、区监委主任张靖邦参加考察。

是月 金华首个水文化主题公园——金华开发区玉溪水文化主题公园开建。

3月

1日 全省"大综合一体化"行政执法改革推进大会在杭州召开。婺城区委书记高峰以《奋力争先 变革重塑 勇当"大综合一体化"行政执法改革开路先锋》为题,在主会场作交流发言。

2日 区委书记高峰主持召开全区迎亚运省运环境整治和城市风貌提升工作汇报会。

8日 区妇联召开"凝心汇聚巾帼力 奋楫笃行启新程""三八"国际劳动妇女节周年主题活动,展示全区妇女良好精神风貌,激发"扛旗争先、崛起浙中"的奋进之情。同时举行婺城区巾帼助力共同富裕五项行动领受仪式。

9日 金华市第十三届茶花节暨婺城区第三十届茶花花朵展在婺城区竹马乡下张家村举行。

11日 全市深化"五水共治"碧水行动暨"污水零直排区"连片建设工作推进会在婺城区召开。

同日 婺城区首个社区侨联——中山路社区侨联成立,并召开中山路社区第一次归侨侨眷代表大会,选举产生中山路社区侨联第一届委员会。

23日 金华市委农村工作会议暨全市深化"千万工程"建设新时代和美乡村会议召开。婺城区委书记高峰以《深化"千万工程"系统迭代升维 绘就共同富裕和美乡村婺城新图景》为题,在主会场作交流发言。

24日 婺城区城市有机更新暨迎亚运省运城市风貌提升誓师大会在长湖湾区块举行。

27日 婺城区举行燕语湖二期项目开工暨"燕语湖片区"共富党建联盟创建活动启动仪式。

是月 浙江金华恒大百货有限公司恒大网红直播创业园入选2022年度浙江省数字生活新服务高质量发展项目。

4月

1日 婺城区人大常委会组织辖区市代表开展

市八届人大一次会议会前活动。代表们先后到金华市水上运动中心、竹马乡下张家村视察,实地了解建设规模、场馆功能、赛事安排、未来乡村建设、茶花产业发展、共同富裕工作推进等情况。随后开展市人大代表履职培训,通报婺城区经济社会发展情况。

8日 2021年度金华市人民政府质量奖揭晓,婺城辖区内的浙江开创电气股份有限公司获得2021年度金华市人民政府质量奖,浙江正方交通建设有限公司获得2021年度金华市人民政府质量管理创新奖,获奖企业数量位居全市第1。

18日 浙江金华熊猫猪猪两头乌产业发展有限公司被认定为第八批浙江省科普教育基地。

19日 浙江召开全省制造业高质量发展大会。浙江今飞智造摩轮有限公司荣列2021年浙江省“未来工厂”名单。

29日 全区86家规模以上企业、55个重点项目陆续复工复产。

5月

4日 召开婺城区“4·15”疫情防控工作复盘会议。

5日 浙江智能交通产业园首家入园企业浙江卓玥智能科技有限公司正式进驻。

10日 婺城区委举行婺城论坛报告会,浙江大学博士、浙江浙中经济发展规划设计院执行院长肖忠湘围绕“‘碳达峰’‘碳中和’政策解读及应对建议”作专题报告。

11日 “匠心筑城·婺安有我”党建联盟成立仪式暨水上运动中心应急救援演练在金华水上运动中心举行。

12日 浙江中医药大学第二附属医院新华医院院长张威一行到婺城区中医院项目现场调研。

13日,婺城区蒋堂镇与义乌市义亭镇签署共建共富结对协议,标志着两个乡镇共建之旅正式开启。

17日 婺城区委召开婺城青年学习贯彻庆祝中国共产主义青年团成立100周年大会精神座谈会。

18日 金华市婺城区街舞协会成立大会召开。

19日 金华市八婺同心·共建共富“十百千万”结对行动启动仪式在婺城区举行。

20日 2022年金华市中小学防溺水专项教育启动仪式在金华市荣光学校举行。

同日 婺城区人民检察院、婺城区综合行政执法局举行“检执联动”办公室揭牌仪式。

26日 婺城区召开省运会筹办攻坚誓师动员大会暨全国文明城市巩固提升推进会。

27日 浙江省首批共同富裕现代化基本单元名单公布,婺城“水韵古婺·燕舞三江”传统风貌样板区上榜传统风貌区类。

同日 婺城区举行2022年第一次扛旗争先大晒拼活动。会议现场通报了红旗、蓝旗、黄旗单位及1—4月全区“七张问题清单”情况,并通过媒体图文直播方式接受全区人民监督评议。

31日 婺城区城投集团与金华八达新能源汽车有限公司签署全省首个《“街电便利充”路边充电站建设合作协议》。

6月

2日 婺城区召开低效工业用地专项整治暨城市更新工作推进会。

同日 区委农村工作会议暨全区深化“千万工程”高质量建设共富乡村会议召开。

同日 全区建设平安婺城工作会议暨全国市域社会治理现代化试点迎检工作动员会召开。

8日 省人大常委会副主任赵光君到婺城区开展反不正当竞争条例立法调研。

9日 区教育局联合区关工委、计生协与道孚县教体局开展“共同富裕‘婺道’一家亲系列活动,并启动青春健康幸福“家”学堂活动第一场“生命起源:如何对孩进行性教育”线上直播课程。

10日 区委书记、区现代社区建设领导小组组长高峰主持召开婺城区现代社区建设领导小组第一次会议。

14日 区政协举行“请你来协商·推动制造业高质量发展 力稳婺城经济大盘”专题协商会议。

14—15日 金华市举行2022年初中学业水平考试(简称“中考”),婺城区共设8个考点,5398名考生参加考试。

15日 四川省遂宁市大英县委副书记、县长唐紫薇率党政代表团到婺城区考察。

15—16日 宁洱哈尼族彝族自治县县委书记罗东保率党政代表团到婺城区考察。

24日 2022年省青少年(男子甲组)锦标赛在金华举行。比赛由省体育局、省教育厅主办,婺城区文化和旅游体育局、婺城区教育局承办,婺城区足协协办。

29日 婺城区召开高质量发展建设共同富裕示范区推进会暨领航共富“奋斗在共富路上”大比武活动。

同日 CCTV-10《探索·发现》栏目播出了金华南宋双穴砖室墓发掘纪实。节目详细记录了婺城区罗店镇一座南宋双穴砖室墓发掘的全过程。

7月

1—6日 婺城区第四届小学生夏季校园足球联赛在婺城小学举行。

2日 2021年浙江省青少年轮滑锦标赛暨第十七届省运会轮滑测试赛在婺城区水上运动中心正式开赛并举办开赛式。

6日 在婺城新城区万泰广场举行“匠心筑城·婺安有我”夏季治安打击整治“百日行动”誓师大会。

7日 婺城区人民政府与浙江中医药大学附属第二医院签署合作协议。

11—12日 浙江省青少年BMX自行车冠军赛在婺城区水上运动中心小轮车场举行。共有来自杭州、宁波、嘉兴、绍兴等6个地市参赛队伍,领队、教练员及运动员共计79人参赛。

14日 铁西区党政代表团到婺城区考察交流。

19日 婺城区召开“上统下分、强街优社”改革试点工作推进会。

21日 江苏卓进半导体科技有限公司到婺城区考察座谈。

22日 婺城区人民政府与中国农业银行金华分行举行战略合作协议签约仪式。

23日 婺城区召开“一支队伍管执法”工作第三次现场会。

26日 婺城区举行“三大战役”推进会暨百亿项目集中签约集中开工仪式。

26—29日 浙江省第十七届运动会轮滑比赛在金华水上运动中心轮滑馆举行。来自9个地市的代表队210名运动员参赛,婺城区在该项目获得1枚金牌。

28—29日 区委副书记、区长胡余仙带队到长沙考察中国金茂梅溪湖国际新城项目。

是月 桐溪街新建工程实现全线贯通，具备通车条件。作为婺城区迎亚运省运风貌提升项目之一的桐溪街北起漪溪路南至双溪西路,是金华水上运动中心对外交通的重要通道。

8月

2—6日 浙江省第十七届运动会皮划艇（激流回旋）比赛在金华水上运动中心皮划艇赛艇馆举行。来自嘉兴、温州、杭州、金华等7支队伍共38名运动员参加比赛。

14—19日 浙江省第十七届运动会篮球(女子甲组)比赛在金华市体育馆和金华市炜达篮球馆举行。

15日 婺城区召开“婺城论坛·局长课堂”“七张问题清单”业务培训会。

22日 区委举行婺城论坛报告会。城市运营专家张石钰和城市规划高级工程师陈黎明围绕“片区开发和城市运营”以及“长湖湾区块城市规划”作专题报告。

25日 金华市婺城区工商业联合会第五次代表大会召开。

26日 金华市婺州窑博物馆、熊猫猪猪·金华两头乌猪博物馆、白沙溪三十六堰展陈馆、开化村莲廉文化馆4家博物馆入选浙江省第二批乡村博物馆名单。

31日 国务院第六督查组组长、教育部副部长郑富芝带队到今飞集团调研。

是月 由婺城区城投集团建设实施的婺城区健康驿站(琅琊)项目完成相关建设任务,达到交付使用标准。健康驿站位于婺城区琅琊镇琅峰奶牛场以南、蒋农线以东,项目共建成房间数961间。其中,健康管理用房648间,管理人员用房216间,配套用房97间。

是月 婺城区郭力垅水库周边绿道全线完工并交付使用。郭力垅水库周边绿道是一条郊野型绿道,集“运动、亲子、休闲”为一体,起点位于白沙溪和马海大桥交叉口,全长约24.6千米。

9月

2日 浙江省第十七届运动会乒乓球比赛在金华市体育中心体育馆开赛。全省各地共11支代表队参加比赛。

4日 婺城区领导干部“精准赋能、稳进提质”经济能力提升系列培训班开班。

5日 婺城区召开平安护航中共二十大除险保安百日攻坚行动推进会。

8日 浙江省教育厅公布第十三批浙江省特级教师名单,婺城区4位教师获此殊荣。

9日 浙江省委办公厅通报表扬全省清廉建设成绩突出单位,金华市婺城区东市街小学为全市教育系统唯一被表扬单位。

15—23日 浙江省第十七届运动会足球(男子甲组)比赛在金华市体育中心体育场、金华市体育运动学校足球场举行,来自全省11支队伍参赛。婺城区在该项目获得3枚金牌。

21日 婺城区与浙江师范大学举行合作交流对接会议。

22日 婺城区老年大学落成典礼暨启用仪式举行。

24—26日 区委书记高峰率婺城区党政代表团赴四川省甘孜藏族自治州道孚县对接对口支援工作。

28—29日 浙江省第十七届运动会BMX小轮车比赛在金华水上运动中心小轮车赛场举行。来自全省各地区7个代表队共计65人(其中运动员35人)参加比赛。

10月

1日 婺城区万泰奥特莱斯开业。作为浙中首个奥特莱斯,万泰奥特莱斯商业综合体共有11万平方米商业体量,以国际名品、儿童娱教、青年运动、美食餐饮四大主题业态打造具有文旅基因的一站式家庭消费目的地,进一步优化婺城新城区的营商环境,加快核心商业圈的人气和商气集聚。

9日 省生态环境厅党组书记、厅长郎文荣一行到婺城区调研生态环境保护工作。

同日 区委书记高峰主持召开制造业稳进提质暨“腾笼换鸟 凤凰涅槃”攻坚行动大会筹备会。

同日 区委书记高峰主持召开“一带七心”调研成果汇报会。

11日 安徽省淮北市人大常委会主任方宗泽一行、绍兴市人大常委会副主任朱建和一行分别到婺城区考察。

同日 区委八届二次全体(扩大)会议举行。会议审议通过了《中共金华市婺城区委关于争当高水平建设内陆开放枢纽中心城市中坚力量 高质量打造“一带七心”的决定》《中共金华市婺城区委关于变革重塑干部队伍 聚力锻造实干争先婺城铁军的决定》。

12日 中共金华市婺城区委教育工作委员会成立并举行揭牌仪式。

同日 婺城区举行现代社区“党群联建 助残同心共富”活动暨智慧助残“连心e站”启用仪式。

13日 区委书记高峰以“四不两直”的方式先后前往婺城区安居工程城改项目(黄金苑)北区、浙江浙能石油新能源有限公司金华油库、农耕文化园等地暗访督导除险保安等工作。

14日 省政府副秘书长、机关党委书记施清宏带领省政府办公厅调研组到婺城区沙畈乡银坑村开展结对共建活动。

17日 婺城区召开工业经济稳进提质暨新一轮制造业“腾笼换鸟凤凰涅槃”攻坚行动大会。会议以视频形式召开，各乡镇(街道)、婺城经济开发区设分会场。

18日 省人大常委会副主任李学忠到婺城区调研基层单元建设工作。

同日 省纪委副书记、省监委副主任傅祖民一行到婺城区实地调研督导除险保安、清廉建设等工作。

20日 省农业农村厅副厅长、农业“双强”专班综合组组长沈素芹带队到婺城区调研农业“双强”工作。

21日 市政协“请你来协商”活动首次走进居民小区，围绕“高质量‘安全小区’建设”开展面对面专题协商。

同日 浙江省教育系统全面从严治党暨清廉学校建设推进会上，东市街小学校长作为金华市唯一学校代表作交流发言。

24日 婺城区人民检察院、市公安局江南分局在三路口社区网格联勤警务站举行“未成年人‘一站式’保护治理检警联合工作站”揭牌仪式。

11月

7日 婺城区举行2022年区管领导干部进修班、中青年干部培训班开班仪式暨区机关部门班子集体谈话会。

7—18日 在婺城小学举行婺城区第十二届中小学生校园足球联赛。

8日 浙江师范大学金华科创园项目开工仪式在原金华市第二水泥厂地块举行。

同日 “庆祝二十大 省运伴我行”婺城区2022“百家礼堂迎省运”暨第二届群众舞蹈大赛在婺城区万泰奥特莱斯广场举行。

9日 婺城区残疾人联合会第六次代表大会召开。会议听取并审议了区残联第五届主席团工作报告，选举产生了区残联第六届主席团委员和出席市残联第八次代表大会代表，区残联第六届主席团主席、副主席，区残联第六届执行理事会理事长、副理事长。李可春当选区残联第六届主席团主席，钱红伟当选区残联第六届执行理事会理事长。

11日 浙江第二批最佳实践案例专家评审会在婺城区召开。

15日 全国人大常委会副委员长吉炳轩率全国人大调研组到熊猫猪猪·两头乌国际牧场考察调研。

16日 根据省委统一部署，学习贯彻中共二十大精神省委宣讲团来婺城宣讲中共二十大精神。省委宣讲团成员、省委宣传部常务副部长来颖杰作宣讲报告。会后，来颖杰带队前往金奥社区调研新时代文明实践活动开展情况。

同日 “金华职业技术学院思想政治教育基地”在金华实验中学挂牌签约。

19日 长三角地区2022阅读马拉松大赛(婺城站)开赛。

同日 在金华永生工具有限公司举行长湖湾片区乾西乡工贸区块城中村改造征收集中签约仪式。

21—26日 浙江省第十七届运动会皮划艇(静水)、赛艇比赛在金华水上运动中心举行。比赛有来自全省各地区的10支代表队共计481人参加。婺城区在该项目获得2枚金牌。

24日 婺城区召开婺城区、道孚县对口支援工作座谈会。

28日 婺城区被评为第二批浙江省数字生活新服务样板县，白龙桥镇被评为浙江省数字生活新服务特色镇。

11月28日—12月2日 婺城区第十七届初中生校园篮球联赛举行。

29日 “中国传统制茶技艺及其相关习俗”入选联合国教科文组织人类非物质文化遗产代表作名录。婺城区国家级非遗项目——绿茶制作技艺(婺州举岩)名列其中。

12月

2—3日 婺城区连续召开全区疫情防控工作会议。

7日 全市服务业高质量发展大会召开。会议以视频形式召开，区委书记高峰在婺城区分会场作题为《重塑都市商圈整体能级 打造浙中未来时尚中心》的发言。

同日 浙江省家庭教育推进会在杭州召开，全省各地6家单位做交流发言，婺城区教育局以《办好家长学校 创新协同育人机制》为题作“两书一信”典型经验介绍。

9日 婺州中医文化馆被评为2022年浙江省中医药文化养生旅游示范基地。

14日 婺城区人民政府与中信银行金华分行举行战略合作签约仪式并组织专题讲座。

16日 区委书记高峰主持召开全区领导干部大会、非定向民主推荐会。

18日 婺城区被评为2022年浙江省农村生活垃圾分类处理工作优胜县(市、区)。

同日 婺城区上榜“第二批长三角高铁旅游小城”。

24日 由浙江省教育厅、浙江省体育局主办，婺城区教育局、婺城区文化和旅游体育局承办的浙江省第四届中小学生跳绳锦标赛正式开赛。大赛分为2022年12月(线上)、2023年4月(线下)两个阶段进行，线上比赛采用直播形式。全省63个代表队参赛，有包括小学组、中学组(含初、高中)的451名运动员参加。

28日 婺城区获评浙江省第十七届运动会竞技体育突出贡献奖。

29日 区委八届三次全体(扩大)会议暨区委经济工作会议举行。

同日 金华市银坑工农红军挺进师活动旧址被省文旅厅命名为第六批浙江省级红色旅游教育基地。

30日 省委第一巡视组向金华市婺城区委反馈巡视情况。

地理环境

【位置面积】 婺城区地处浙江省中部,金华市中西部。东连金东区,南接武义县,西南与丽水市遂昌县接壤,西与衢州市龙游县毗邻,北与兰溪市交界。位于北纬28°44′~29°15′、东经119°18′~119°46′。东西长45千米,南北宽55千米。距省会杭州市135千米(径距)。土地面积1391.24平方千米,约占浙江省总面积的1.36%。婺城区是金华市辖区,金华市人民政府驻地,浙中城市群中心城市的核心区块。区人民政府驻宾虹西路2666号。

【地质地貌】 婺城区地处金衢盆地中段,地跨浙西大复向斜与浙南变质地体两个二级构造单元。由于两个构造单元地质历史演化截然不同,因而地层、岩性也不尽相同,大致以江山—绍兴深断裂为界,以北为江南地层区,以南为华南地层区。地势西南与东北高,中部低,南北两山对峙,中部平原丘陵相间,形成两山夹一川的走廊式地形。

【水资源】 婺城区江河属钱塘水系,有钱塘江一级支流衢江、二级支流金华江及其上游义乌江和支流武义江。流入以上四江的溪河,10千米以上的有18条。诸溪下游和四江沿岸,水网交织,水利称便,唯受地形和气候影响,溪河之水暴涨暴落,山丘易旱,水土流失比较严重,河床淤积,沙洲迭见。

根据金华市水文及水文地质条件,婺城区地下水类型属于一般山丘区,河床切割较深,河床基流量已汇集了地下水排泄量的绝大部分。因此山丘河川基流量即作为地下水资源量。

【矿产资源】 婺城区主要金属矿产有锡、多金属、辉钼矿、铅锌矿和金等。非金属矿产有石灰岩、建筑石料、建筑沙砾、沸石、珍珠岩、萤石、砖瓦用页岩和花岗岩。

【土地资源】 婺城区山地丘陵地质构造复杂,地层岩性多样,岩石种类繁多。主要成土母质有白垩纪方岩组的暗紫砂页岩、紫红砂页岩、砾岩、砂岩、石灰岩、第四纪的红色黏土、侏罗纪的凝灰岩、流纹岩及燕山运动晚期的花岗岩、花岗斑岩等。山地土壤分成红壤、黄壤、石灰岩土、紫色土4个土类、9个亚类、18个土属、43个土种。四大土壤种类中红壤占63%,黄壤占20%,紫色土占15%,石灰岩土占2%。红壤黄壤具有黏、酸、瘦等主要肥力特征,旱季保水性差,不适于作物高产,主要适于种植茶、竹、果等经济特产及玉米、甘薯等旱粮作物。

2022年,婺城区获新增建设用地指标218.07公顷,保障建武高速公路、金华港婺城港区乾西作业区、公安四所、省运会项目水上运动中心配套停车场和周边道路、“长湖湾”片区住宅用地、接力塘公园、飞扬小镇平台用地、燕语湖十二杉房配套设施、琅琊上马地地块、乾西工贸区安置房等重点项目。

【水文水情】 2022年,全区累计降雨量1134.6毫米,较上年同期偏少18.4%,较常年同期偏少16.4%,降水主要集中在3月(184.1毫米)、5月(180.7毫米)、6月(347.1毫米)。6月10日入梅,6月26日出梅,梅雨期16天,较常年少14天。梅雨期全区梅雨量 177.6 毫米，较常年梅雨量偏少 38.5%。台汛期，第 11 号台风“轩岚诺”、第 12 号台风“梅花”对婺城区有影响。9 月 3—5 日，受第 11 号台风“轩岚诺”影响，全区平均面雨量 16.6 毫米，其中降雨量较大的分别为箬阳乡罗坪测站 79 毫米、塔石乡岱上测站 72.5 毫米、塔石乡大茗测站 69 毫米。9 月 13—15 日，受第 12 号台风“梅花”影响，全区平均面雨量 15.1 毫米，其中降雨量较大的分别为箬阳乡罗坪测站 57.5 毫米、塔石乡岱上测站 42.5 毫米、塔石乡大茗测站 41.5 毫米。10 月 15 日(汛期结束时)，婺城区中型水库蓄水量 1.43 亿立方米，比上年同期(1.69 亿立方米)偏少 15.4%，其中莘畈水库蓄水量 1580 万立方米，比上年同期(2405 万立方米)偏少 34.3%；小(2)型及以上水库蓄水量 1485 万立方米，比上年同期(2210 万立方米)偏少 32.8%。出梅后受持续高温热浪天气影响，全区出现不同程度的气象干旱。解决因旱饮水困难人口 540 人，投入抗旱资金 1236 万元，其中中央资金 341 万元。主要采取打井、启用备用水源、限时供水及送水等措施，缓解群众用水紧张情况。沙畈乡石宫村、李兰村、罗店镇建新村、王包地村，共打井 4 口，解决 703 人供水问题；启用应急备用水源解决 5 个村(安地镇南畈村、长山乡思村、琅琊镇岳村、莘畈乡外东坑村、塔石乡上阳村)共计 1577 人的供水紧张问题；箬阳乡茶园村毛岭脚村、黄阳村，安地镇小同村合计 340 人出现供水困难，区水务局联合消防、应急等部门送水解决供水问题。11 月，婺城区持续降雨，有效缓解全区旱情，群众饮水困难问题得到解决。

【气候】 2022 年，婺城区总体气候特点是：气温偏高，雨量、雨日偏少，日照接近常年。婺城城区年平均气温 19.5℃，比常年偏高 1.1℃，历史排名第二。2 月 26 日入春，5 月 29 日入夏，10 月 5 日入秋，11 月 30 日入冬。6 月 10 日入梅，6 月 26 日出梅，入梅、出梅均较常年偏早，梅期 16 天，梅雨量 177.6 毫米，梅雨形势不典型。婺城城区年总降水量 1300.3 毫米，比常年偏少 14%。年日照时数 1701.2 小时，比常年偏少 3.3%。年初低温阴雨、盛夏高温酷热、夏秋持续干旱等对生产、生活造成较大影响。

2022 年度婺城城区气候情况表

表 3

平均气温(℃)	气温距平(℃)	雨量(毫米)	雨量距平(毫米)	雨日(天)	雨日距平(天)	日照时数(小时)	日照距平(小时)	最高温度(℃)	最高温出现日期(月/日)	最低温度(℃)	最低温出现日期(月/日)
19.5	1.1	1300.3	−212.3	144	−12.0	1701.2	−58.4	42.0	8/14	−1.9	12/19

说明：距平指某气候要素值当年数值与多年平均值的偏差

【气温】 2022 年，婺城城区年平均气温19.5℃，比常年偏高 1.1℃，连续 10 年偏高，历史排名第二。从各月分布来看，2 月、5 月、12 月平均气温偏低，10 月接近常年，其他各月平均气温均为偏高，其中 8 月偏高最为显著。年极端最高气温 42.0℃(8 月 14 日)，年极端最低气温−1.9℃(12 月 19 日)。

单位：℃

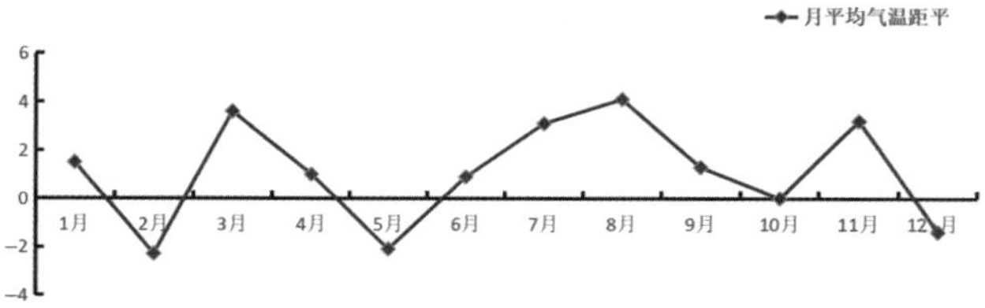

图 1 2022 年婺城城区月平均气温变化图

【降水】 2022 年，婺城城区年降水量 1300.3 毫米，比常年偏少 14%。从各月降水量分布来看，2 月、3 月、6 月、11 月雨量均偏多，4 月、7—10 月雨量偏少，其他月份雨量接近常年。

全年总雨日 144 天，偏少 12 天。其中 4 月、7—10 月雨日均偏少，1 月、2 月、6 月、11 月雨日偏多，其他月份接近常年。

单位:毫米

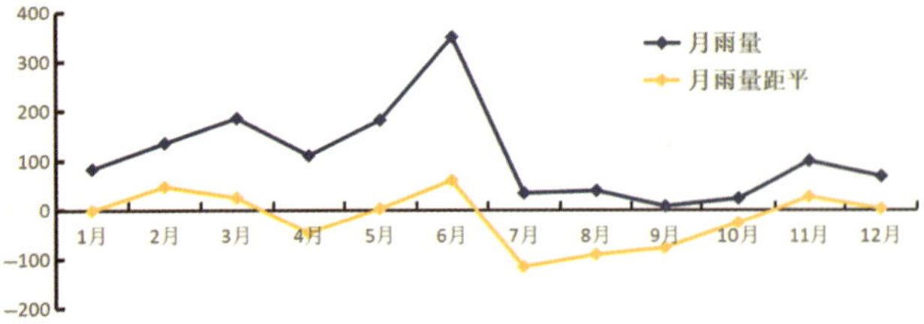

图 2 2022 年婺城城区各月雨量与月雨量距平图

【日照】 2022 年，婺城城区总日照时数 1701.2 小时,比常年偏少 3.3%。从各月分布来看,7—9 月为偏多,1 月、2 月、5 月、6 月、11 月、12 月均为偏少,其他月份接近常年。

单位:小时

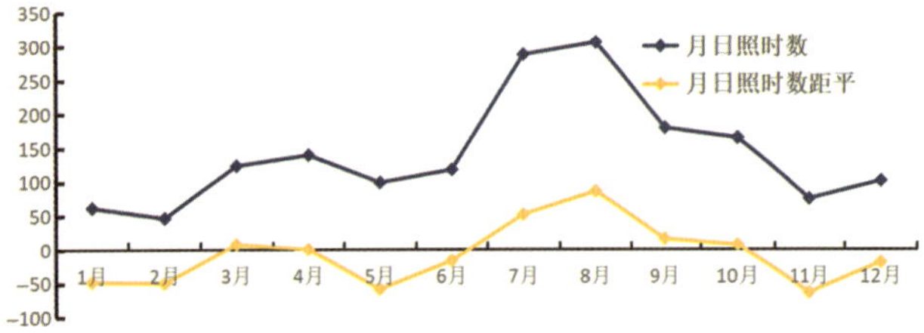

图 3 2022 年婺城城区各月日照时数与月日照时数距平图

【气象与灾害】 2022 年，婺城城区年平均气温 19.5℃,位居历史第二位(仅次于 2021 年),连续 10 年偏高。其中 3 月、7 月、8 月、11 月平均气温分别异常偏高 3.6℃、3.1℃、4.1℃、3.2℃，均破历史同期最高纪录。气候变暖趋势明显。

婺城城区年累计高温日数 66 天,其中 6—8 月 38℃以上高温日数 47 天（历年最多为 2003 年,24 天)、40℃以上极端高温日数 23 天（历年最多为 2013 年,8 天),均破历史纪录;极端最高气温 42.0℃(历年最高 41.5℃,2013 年 8 月 9 日),破历史纪录。夏季高温范围之广、持续时间之长、极端性之强,历史罕见。全区共发布高温预警 48 期;最高级别的高温红色预警 32 期,属历史之最。

7 月至 11 月上旬降水持续偏少,全区平均面雨量 168.5 毫米，其中婺城城区累计降水量 102.1 毫米,比常年同期偏少超六成。长时间少雨和高温酷热共同影响下,出现伏旱连秋旱,大部分地区出现中度以上甚至重度气象干旱,大中型水库最低蓄水率仅为 26.8%,生产生活受影响,水稻、果蔬、茶叶等受旱严重。

白龙桥镇粮田 7 月高温干旱情况

1 月 21 日—2 月 23 日，全区出现长达 34 天连续阴雨(雪)天气,其间有 6 次较明显的雨雪天气过程。婺城城区平均温度较常年同期偏低 1.1℃,雨量较常年同期偏多 82%，雨日 27 天，日照时数仅 8.8 小时,雨日之多、日照之少均破历史同期纪录。

春季强对流天气活动频繁,影响范围广,致灾性强。其中 4 月 25 日,全区出现大范围雷雨大风、短时强降水、强雷电等强对流天气,全区普降中到大雨、局部暴雨,并伴有 7~8 级大风。11 月 28 日全区出现阵雨或雷雨天气，局地伴有短时强降水和 6~7 级雷雨大风,深秋出现大范围强对流天气实属少见。

4 月 25 日傍晚,婺城城区出现强对流天气

5 月,婺城城区平均气温 20.8℃,较常年同期偏低 2.1℃,为 1990 年以来最低纪录,其中 5 月 15 日白天最高气温城区温度仅有 17.3℃,创历史同期日

最高气温新低。5 月,气温偏低对早稻分蘖进程和分蘖数产生一定影响。

6 月 10 日入梅,6 月 26 日出梅,入梅、出梅均比常年偏早,梅期 16 天,比常年少 5 天,梅雨量 177.6 毫米,比常年偏少 4 成。梅雨形势不典型,以过程性降水为主,局地降雨具有极端性。

2022 年 6 月 20 日,安地镇暴雨后山塘水库水位骤增

9 月上中旬“轩岚诺”和“梅花”2 个台风影响全区,台风影响时间偏晚。台风主要给南部地区带来较明显降水,一定程度上缓和了南部地区干涸状况,但其它地区雨量不大,气象干旱持续。

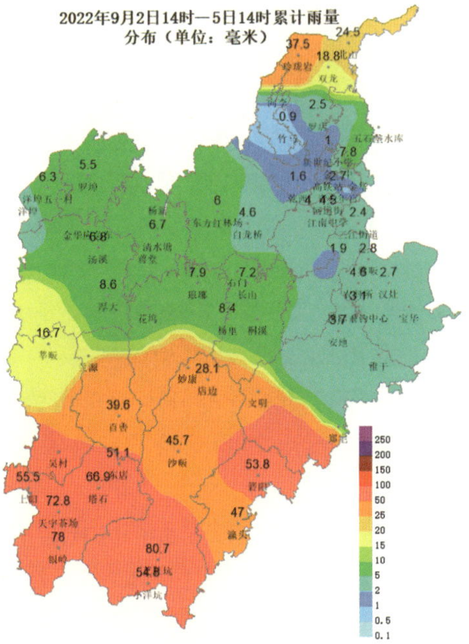

图 4 台风“轩岚诺”影响期间雨量分布图

11 月中旬到 12 月上旬,婺城城区降水 145.5 毫米,较常年同期偏多 1 倍,位列历史同期第 4,超过前期干旱时期的降水累计总量。气象部门抓住有利时机开展人工增雨作业 8 次,受自然降水和人工增雨作业共同影响,旱情得到明显缓解。

11 月 22 日,在沙畈乡开展人工增雨作业

秋末受寒潮影响,全区出现剧烈降温,日平均气温从 11 月 29 日的 15.7℃降到 12 月 1 日的2.1℃,日平均气温过程降温幅度 13.6℃,11 月 30 日全区正式入冬。

【生物资源】 婺城区生物资源丰富,气候温暖,适宜各种动植物生存。

植物资源 婺城区境属亚热带常绿阔叶林植被地带,按海拔可划分四类:海拔 400 米以下,以马尾松和常绿阔叶林为主,主要由松、杉、茶、果等人工栽培树种和次生灌丛组成;海拔 400~800 米,以常绿阔叶林和杉木林、竹林为主,主要树种有松、杉、青冈、木荷、白砾、苦槠、石砾、枫香、浙江楠、大叶榆、牛筋树等;海拔 800~1000 米,以常绿落叶混交林和落叶阔叶林为主,主要树种有黄山松、柳杉、白砾、茅栗、化香、冬青、石楠、三尖杉、红花油茶等;海拔 1000 米以上,以灌丛、草丛为主。

全区植被类型分阔叶林、针叶林、灌丛、草丛 4

个植被型组;常绿阔叶林、竹林、暖性针叶林、温性针叶林、常绿混交林、落叶混交林、落叶阔叶林、灌木林、草丛9个植被型和18个群系。植物种类有161科、1500多种,其中,森林树种83科、439种,毛竹8属、34种、2个变种、2个变型,草本植物70科、300余种,农作物品种资源800余种。

全区植物资源丰富,不计常年栽培的粮、棉、油、茶、果和野生的藻、菌、蕨、苔藓、地衣等种类在内的主要植物有148科、971种。其中,裸子植物门9科、44种,被子植物门139科、927种。被子植物门中双子叶植物纲113科、761种,单子叶植物纲26科、166种。有常见野生蔬菜39科、68种。列为国家和省级重点保护的,有南方红豆杉、银杏、金钱松、竹柏、福建柏、鹅掌楸、香果树、浙江楠、半枫落、榉树、花榈木、半枫荷、天竺桂、杜仲、凹叶厚朴、青檀、珙桐、短穗竹等近20种。东方红林场被列为浙江省“油桐育种程序系列研究”项目试验基地。

动物资源 区境内陆生野生动物资源有两栖类6科、25种,爬行类6科、25种,鸟类43科、126种,兽类21科、49种。国家一级野生保护动物有白颈长尾雉(鸟类)、黄腹角雉(鸟类)、黑麂、穿山甲4种。国家二级野生保护动物有猕猴、中华鬣羚、白鹇、勺鸡、小天鹅、林雕、松雀鹰、凤头鹰、赤腹鹰、日本松雀鹰、鹰雕、蛇雕、普通鵟、游隼、领鸺鹠、斑头鸺鹠、领角鸮17种。浙江省一般保护动物在区境内普遍分布,其中,两栖类13种,爬行类17种,兽类22种,国家及省级重点保护以外的所有鸟类均作为一般保护动物。婺城区畜牧业历史悠久,主要养殖种类有猪、牛、羊、兔、鸡、鸭、鹅等。金华两头乌为地方优质品种。主要经济水产品种有青鱼、草鱼、鲢鱼、鳙鱼、鲤鱼、鲫鱼、三角鲂、大口黑鲈、罗氏沼虾、青虾、甲鱼、泥鳅、棘胸蛙等。

建置 区划 人口

【建置沿革】 据《尚书·禹贡》记载金华市婺城区地域属扬州之地。春秋时属越国,其中原汤溪县地域属姑蔑国。战国楚威王七年(前333)灭越为楚地。婺城先后为长山、吴宁、东阳、金山、金华县治,也是历朝郡、州、路、府、道、专区和地区的治所。

1985年5月15日,国务院批准撤销金华地区,金华市升为地级市,原县级金华市地域分设婺城区和郊区。7月26日,中共金华市委宣布将金华市城区和近郊13个乡划给婺城区。12月23日,撤销郊区复置金华县。

1994年4月6日,中共金华市委、市政府作出婺城区机关部分部门与市机关合署办公的决定,除区人大和公安局、检察院、法院、人武部外,其余机构均纳入市、区合署办公体制。

2000年12月30日,国务院批准撤销金华县,设立金华市金东区,将原金华县雅畈等14个乡镇划归婺城区,原婺城区的仙桥、多湖、东孝3个乡镇划归金东区管辖。婺城区与市机关合署办公体制也随之结束,重新按照区一级党政机构的规范工作。

2013年10月,根据市委、市政府《关于完善金华经济技术开发区和金西经济开发区管理体制的意见》,两个开发区成建制整合,管理机构实行“一块牌子、统一对外,一套班子、统筹管理”。同时,保留金华高新技术产业园区和金西经济开发区牌子。原由金华经济技术开发区、金西经济开发区托管的乡镇(街道)由整合后的金华经济技术开发区托管,包括三江街道、江南街道、西关街道、秋滨街道、苏孟乡、汤溪镇、罗埠镇、洋埠镇,面积253.86平方千米。

2015年7月6日,金华市正式推出“大金华山”概念,设立金华山旅游经济区管理委员会。婺城区罗店镇、金东区赤松镇和新狮街道中的7个建制村,由金华山旅游经济区全面托管。金华山旅游经济区管理委员会是金华市政府直属单位,与金华双龙风景旅游区管理委员会、金华双龙风景名胜区管理委员会合署办公。实行“三块牌子、一套班子”管理体制,是一个以经济旅游开发为重点的新区,区域面积150平方千米,其中涵盖了双龙景区79.7平方千米的规划区。

2019年1月,金华山旅游经济区托管的婺城区罗店镇范围的教育、文化、卫生、体育、基层党建、信访维稳、社会综治、“三农”工作、“三改一拆”、“五水共治”、征地拆迁、人武统战、社会保障等有关工作交还婺城区负责组织实施。

【行政区划】 2022年，婺城区(含金华经济技术开发区)辖9个镇、8个乡、9个街道（其中，3个镇、1个乡、4个街道由金华经济技术开发区托管)，117个社区居民委员会、317个村民委员会，区域内有国家级金华经济技术开发区、浙江婺城经济开发区、双龙风景旅游区、仙源湖旅游度假区。全区总面积1391.24平方千米。

【人口】 2022年，全区(含金华经济技术开发区)户籍总人口65.81万人。

据婺城区公安人口年报统计，区属(不含金华经济技术开发区) 户籍管理人口为38.64万人，其中，男性19.18万人，占总人口的49.64%；女性19.46万人；占总人口的50.36%。全年出生人口2458人，人口出生率为5.94‰；死亡人口2913人，死亡率为7.54‰；人口自然增长率下降1.6‰。截至 2022年11月30日，60周岁以上老年人100664人。

截至2022年年底，全区(含金华经济技术开发区)百岁以上老人28人，年龄最大者107周岁。

经济社会发展

【概况】 2022年，全区(含金华经济技术开发区)实现生产总值746.04亿元，比上年增长2.1%。其中，第一产业增加值19.19亿元，与上年持平；第二产业增加值251.15亿元，比上年增长4.1%；第三产业增加值475.70亿元，比上年增长1.3%。在第三产业中，交通运输、仓储和邮政业下降4.6%，批发零售业增长0.5%，住宿餐饮业下降2.0%，金融业增长9.6%，房地产业下降2.1%，其他营利性服务业下降2.0%，非营利性服务业增长1.3%。人均生产总值(常住人口)76793元，比上年增长1.4%。三次产业比例为2.6:33.6:63.8。

2022年，婺城区财政总收入58.45亿元，比上年增长1.9%；其中一般公共预算收入15.04亿元，比上年增长19.1%；一般预算支出44.67亿元，比上年增长18.3%。城镇居民人均可支配收入64921元，比上年增长1.1%；农村居民人均可支配收入30054元，比上年增长1.8%。

【农业】 2022年，婺城区农林牧渔业增加值14.11亿元，增长2.4%。粮食播种面积4366.67公顷，增长15.53%；粮食总产量2.45万吨，增长 17.78%。年底花卉苗木种植面积8920公顷，下降18.31%。油菜籽产量2323.53吨，上升19.16%；蔬菜及食用菌产量4.48万吨，下降0.7%；瓜果类总产量0.78万吨，下降17.33%。生猪出栏12.21万头，下降4.2%，年末生猪存栏12.31万头，上升17.32%；家禽出栏29.51万只，上升6.31%；牛存栏数9583头，上升30.29%，牛奶产量24840.8吨，下降2.33%；淡水产品产量10547吨，增长0.61%。造林面积126公顷，森林抚育面积267公顷。

【固定资产投资和社会生活】 固定资产投资138.1亿元，增长14.3%。其中，项目投资65.8亿元，增长32.1%；房地产开发投资72.3亿元，增长1.8%。项目投资中工业投资19.4亿元，增长11.7%。建筑业总产值61.3亿元。资质以上建筑企业房屋建筑施工面积261.1万平方米。限额以上固定资产投资按产业分：第一产业完成投资0.02亿元，下降96.7%；第二产业完成投资19.4亿元，增长11.6%；第三产业完成投资118.7亿元，增长15.4%。

社会消费品零售总额339.5亿元，增长0.8%。批发业销售额增长1.1%；零售业销售额增长11.8%；住宿业营业额下降7.1%；餐饮业营业额增长3.2%。

规模以上服务业营业收入增长8%，组织促消费活动300余场，发放消费券超5000万元，带动消费超10.65亿元，实现零售业销售额增长11.8%。全域旅游提速发展，获评AAA级景区城，全年接待游客288.5万人次，旅游收入40.1亿元，婺州古城获评省示范级文化和旅游IP。

【工业与外贸】 工业增加值60.9亿元，下降7.0%。规模以上工业总产值236.6亿元，下降9.2%；完成销售产值234.8亿元，下降8.55%，工业品产销率为99.2%。规模以上工业企业完成出口交货值33亿元，下降12.7%，占销售产值比重为14.1%。全年规模以上工业企业实现营业收入253.4亿元，下降7.9%；实现利税总额14.8亿元，下降28.1%；其中利润总额9.2亿元，下降38.8%。

进出口总额 63.79 亿元，下降 1.11%，其中外贸出口额 60.79 亿元，下降 3.55%。实际利用外资 2127 万美元，增长 417.52%。

【科技与教育】 各类科技立项 106 项，其中省级新产品项目 43 项，市级科技计划项目 30 项、区级科技计划项目 33 项。国家高新技术企业新认定数 41 家，重新认定国家高新技术企业 25 家；全区新增省科技型中小企业 107 家。专利申请量 1288 件，其中发明专利申请量 427 件，发明专利申请占比 33.15%；全区专利授权量 1761 件，其中发明专利授权量 342 件，发明专利授权占比 19.42%。

职业高中 1 所，专任教师 269 人，在校学生 3544 人；初中 20 所，专任教师 1259 人，在校学生 16025 人；小学 25 所，专任教师 2082 人，在校学生 34526 人；幼儿园 90 所，专任教师 1422 人，在园儿童 17375 人。小学入学率、小学毕业升初中比例均为 100%。

【文化与医疗卫生】 建设完成 61 个 “15 分钟品质文化生活圈”、1 个城市书房、1 个文化驿站、4 家浙江省乡村博物馆。新建图书分馆 13 个、图书流通站 6 个。完成 e 家书房进社区、文化礼堂 140 家，乡镇街道图书分馆通借通还工作实现全覆盖。开展读者活动 700 余场，服务群众 15 万多人次。开展喜闻乐见的群众文化活动。以“水墨婺城”建设为统领，喜迎二十大 省运会伴我行”为主题，送文化下乡演出活动 120 场、送展览下乡 438 场，讲座培训 425 场，文化走亲 20 场，文化志愿服务演出 321 场。推出国画花鸟创作、婺剧花旦唱腔、金华道情等二期 25 个培训项目，324 场次惠民培训课程，直接培训学员 9720 人次，通过视频教学，抖音直播，视频号宣传等新媒体方式，参与学习人数 2 万人次。

加强体育场地设施建设，打造城市社区“10 分钟健身圈”，有百姓健身房 25 个、社区多功能运动场 13 个、笼式足球场 6 个、村级全民健身广场 4 个，1 个体育公园，1 个婺城区老年人体育活动中心，人均体育场地面积 2.8 平方米。

医疗卫生机构 379 家，其中政府举办医疗卫生计生单位 25 家，包括综合性公立医院 2 家，监狱医院 2 家，基层医疗机构 18 家，社区卫生服务站 3 家。民营医疗机构 40 家，其中，医院 13 家，门诊部 27 家。核定医疗床位 1118 张，其中，政府举办的 597 张，社会力量举办的 521 张。

新增认知障碍照护专区床位 50 张，完成省级民生实事任务 111%；居家养老服务中心完成智能服务终端配备，智慧养老终端实现互联互通；发放低保金 2274.51 万元，特困供养经费及照料护理补贴 1165.87 万元，困难残疾人生活补贴和重度残疾人护理补贴 2105.69 万元；发放孤儿及困境儿童生活补助 122.50 万元。开展慈善温暖助学、东西部协作等慈善金额 1332.91 万元，捐赠款物价值 1340.24 万元，其中定向捐赠 1043.04 万元。新增就业岗位 10213 人，失业人员实现再就业 8608 人，其中就业困难人员再就业 1308 人。

中国共产党金华市婺城区委员会

综述

【基本情况】 2022年，婺城区委团结带领全区上下深学笃行习近平新时代中国特色社会主义思想，把迎接中共二十大胜利召开、学习宣传贯彻中共二十大精神作为首要政治任务，认真落实“疫情要防住、经济要稳住、发展要安全”要求。坚决贯彻关于“必须完整、准确、全面贯彻新发展理念”的重要论述，立足新发展格局，全力奋进“两个先行”，积极投身“三中心三高地”建设，大力实施“1483”发展战略，高质量布局打造“一带七心”，以超常力度和举措打好稳进提质、除险保安、塑造变革组合拳，推动婺城工作取得新进展。经济发展承压复苏、稳中向好，实现生产总值353.73亿元，与上年持平。全区财政总收入58.45亿元，比上年增长1.9%；区级一般公共预算收入15.04亿元，比上年增长19.1%；全区一般预算支出44.67亿元，比上年增长18.3%；全区完成工业增加值60.9亿元，比上年下降7.0%；全年完成限额以上固定资产投资138.1亿元，比上年增长14.3%。2022年，婺城区城镇居民人均可支配收入64921元，比上年增长1.1%；农村居民人均可支配收入30054元，比上年增长1.8%。

【政治建设】 2022年，区委常委会把学习宣传贯彻中共二十大精神作为首要政治任务，开展“六学六进六争先”学习实践活动，组建中共二十大精神区委宣讲团，开展主题宣讲1200余场。全年召开区委常委会38次，区委理论学习中心组专题学习会9场，举办“婺城论坛”报告会9场，创新开展“局长课堂”，13名局长走上讲台；推动党史学习教育常态化、长效化，打造红色文化长廊5条；深化新时代“润‘婺’有声”理论宣讲品牌建设，推出宣讲微视频32个；理论在线学习指数保持全市第一方阵。以政治监督推进中央、省、市决策部署闭环落实，紧盯经济稳进提质、城市更新、共同富裕示范区建设等中心工作落实情况，严肃查处贯彻落实中的温差、偏差、落差问题；开展除险保安专项监督，累计发现问题隐患558个，下发督查通报9期，问题风险提醒督办46次。严格执行新形势下党内政治生活的若干准则，开展重大事项请示报告制度执行情况自查自纠。高度重视巡视巡察，第一时间召开专题部署会，区委常委会对巡视整改落实工作负总责，区委主要领导任区委巡视整改工作领导小组组长，每周专题听取巡视整改工作情况汇报，专项督查组全程跟踪督办，以最高政治站位、最强责任担当谋划推进省委巡视整改落实工作。

【项目建设】 2022年，婺城区吹响“产业项目攻坚年”行动号角，开展经济稳进提质培训，构建项目“五色晾晒”机制，全年实施项目209个、完成投资95亿元。全年累计争取中央预算内资金超1.1亿元，位列全市第1；完成低效用地再开发257.07公顷，任务完成率214%，位列全市第1；完成闲置土地处置6公顷，任务完成率500%，位列全市第1；完成盘活存量地块115.53公顷，任务完成率102%，位列全市第2。2022年，婺城区项目数量实现新突破，全年招引3亿元以上产业项目21个，总投资244亿元，项目数是2017—2021年5年平均数的2倍;引进10亿元以上制造业项目10个，项目数是过去2017—2021年5年平均的3.8倍；落地8个，是2020—2021年2年总和的1.6倍;50亿元以上项目取得零的突破。项目落地速度实现新突破,8个3亿元以上项目实现年内签约、年内落地和年内入统，投资10亿元的广东云达物流智能分拣项目从落地到入库仅用3个月，较平均用时缩短一半以上。全员招商实现新突破,全年区领导带队外出招商超80次,各单位外出招商330次,形成“人人争当招商高手”的全员招商工作格局。

【改革创新】 2022年,婺城区坚决贯彻落实党中央改革决策部署及省委工作要求,高度重视深化改革工作,进一步发挥数字化改革的引领性、整体性、撬动性作用,以“改革之为”更好服务发展大局。全年新增数字化改革省级应用场景试点21个，数字化改革考核从2021年的全市考核排名第8到2022年在全省综合评价中2次获评五星，实现了争先进位。加力贯通“1612”与“141”体系,实现“七张问题”清单、社区矫正协同应用、防汛防台在线、浙江E行在线等4个省级试点应用贯通。推进数字政府系统重大改革，贯通23个主场景148个子场景，新增“全国市场监管数字化试验区建设”国家试点。深化政务服务改革,55项部门协同“一件事”落地生效,454项便民服务事项下放镇街道。建设一体化智能化公共数据平台,完成50个业务部门系统普查,归集数据4727万余条,实现政务服务事项全面提速。2022年,婺城区深入推进“大综合一体化”行政执法改革试点,不断优化“一支队伍管执法”运行模式,统筹基层执法资源,执法队伍精简率达61.5%,月均处理案件效率提升3倍以上,在全省推进会上作典型发言,获省委主要领导肯定。2022年,婺城区全省“大综合一体化”行政执法改革效能指数位列全省第1,改革指数排名位列全省第4。“大综合一体化”行政执法大数据监督应用获评数字政府建设实践领航案例,“大综合一体化”行政执法协同指挥应用等5个项目入选省市“最系列”成果。婺城区坚持改革引领、创新驱动,新增全面深化改革省级以上试点5个,创新动能不断增强,规模以上工业企业研发投入占主营收入比例位列全市第2。在职高层次人才扩容至26人,同上年相比增幅73%。浙江师范大学创新城等高能级科创平台落地建设,新增市级院士专家工作站4家、新增数位列全市第1,省海外引才计划入选数、省级博士后工作站建站数、博士后招收数、高技能人才新增数均创历史新高。2022年,婺城区坚持把科技创新摆在重要位置,坚定不移把实施创新驱动发展战略作为根本途径,全面提升科技创新能力和水平,推动科技创新工作迈上新台阶。深化培育创新主体,新申报国家高新技术企业41家、省科技型中小企业107家;持续加大科研投入力度,实施浙江师范大学数理医学院等10个浙江师范大学创新城重点项目,完成投资14.8亿元,实现高新技术产业投资额11.7亿元，增长49%,R&D占地区生产总值比重达2.49%；科技成果有力转化,申报省市级科技项目180余项，实现发明专利产业化项目36个，全区企业达成技术交易额11.4亿元,增长43.5%,高新技术产业增加值20.7亿元,占规模以上工业增加值比重52%；连续两年获评全省市县党政领导科技进步目标责任制考核优秀单位。

【共同富裕】 2022年,婺城区完善“1+1+5+N”共富体系,实施党建联建行动85个,其中“熊猫猪猪”共创共富行动带动周边3镇9村共富,为村民增收2000余万元,获省委主要领导调研肯定。特色农业发展势头兴旺,荣获特色产业农业“机器换人”高质量发展先行县称号。开展“同心共建·幸福婺里”结对行动,8对乡镇(街道)结对共建,100个“助村帮帮团”助力乡村共富,全区总收入30万元且经营性收入15万元以上建制村实现全覆盖，成功创建3个省级未来乡村。聚焦“金华有爱·幸福婺里”现代社区品牌建设,成功争取7个省、市试点。2022年,婺城区启动建区史上面积最大的12.2平方千米城市更新,更新面积是前三年面积总和的4倍。长湖湾等5个1平方千米以上片区开发项目全速推进,截至11月底已完成总投资113亿元，投资额是2019—2021年年平均投资额的6倍,完成核定拆除量40万平方米,超额完成市定年度任务,城市更新综合完成率144%。新建成鲍杨、五星田里、西郊一期等城中村改造安置房47万平方米、2732套，分配安置房3260套。“水韵古婺·燕舞三江”婺州古城传统风貌样板区获评全省首批传统风貌样板区。建成柳湖未来社区，北苑小区、金奥花园、浙师大老生活区成功获评第六批省级未来社区创建试点。深入实施“下山安居创富”工程，蒋堂移民新村二期建成分房，新搬迁山区群众1300余人，白龙桥安置小区一期开工建设。积极助力浙江中西部文化、教育、医疗中心建设，婺州举岩茶入选联合国人类非物质文化遗产代表作名录，浙中文化创意中心开工建设，区图书馆、区文化馆、区青少年宫实质性启动，建成“15分钟品质文化生活圈”61个。大力实施区妇幼保健院、区中医院等12个医疗强基项目。

【助企惠企】 2022年，婺城区全面承接、顶格落实国家和省市系列政策，配套出台工业经济、商业“稳进提质十条”等7轮区级集成政策，全区减税降费、退税缓税超15亿元，兑现涉企奖补4.26亿元，带动消费超10亿元。全域开展助企提质专项活动，跨部门组建助企服务团，实现重点企业副科级助企服务员全覆盖，全年组织政策宣讲培训70多场，代办事项300余件。以共推企业发展为目的，打造品牌化制度化政企银座谈会，创新“三个一”工作机制，打造助企纾困闭环，解决企业难题1540余个，全力提升政府服务企业效能。全面深化“放管服”改革，全市首创金融服务超市，运用“互联网+公共资源交易+金融”模式，有效缓解企业资金周转压力，上线16项金融产品，服务企业1762次，盘活周转资金7.5亿元。

【党的建设】 2022年，婺城区纵深推进全面从严治党，锻造实干铁军，答好风清气正的“廉政卷”。全面加强党的领导，坚持把政治建设摆在首位，持续推动习近平新时代中国特色社会主义思想入脑走心、走深走实，引领广大党员干部不断增强“四个意识”、坚定“四个自信”、做到“两个维护”。全面压实意识形态工作责任，高质量通过省委意识形态工作责任制综合试点测评，位列全省试点第一方阵；建设“金意安”意识形态数改婺城专区，设置乡镇（街道）工作指标104条、机关部门工作指标76条；坚持以“七张问题清单”作为抓党建带全局的重要手段，重大信访、重大督查两张清单连续三个月站稳全省第一方阵，重大督查相关整改案例获得省领导批示肯定，2个示范案例入选省级分清单驾驶舱、3个示范案例入选市级总驾驶舱，管控力指数先后获得全省第6、第10的好成绩，始终走在全市前列；坚持大抓基层、重抓党建，争取“上统下分、强街优社”改革等7项省市试点、总量列全市第一方阵，承办全市现代社区建设“争先大晒拼”现场会、获全市现代社区建设路演活动第1名，微网格全周期管理做法在省现代社区简报刊发，获市委主要领导肯定；开展基层站所（含学校、卫生院）“四检视四整治四提升”专项行动，累计纠治问题455个，追责问责135人，立案查处12起14人。全面重塑干部队伍。坚持把变革重塑提能干部队伍作为重中之重，出台《变革重塑干部队伍聚力锻造实干争先婺城铁军的决定》。聚力“双优”提质，常态建立“212”干部梯队资源库，年轻干部8项指标5项列全市前3，新招录5名“双一流”高校选调生，数量位居全市第1。深入实施“赋能提质”行动，举办年轻干部成长训练营、稳进提质经济能力提升、共富善治等培训班，持续推动干部能力提升。聚合干部资源，点兵选将216名干部参加“三大战役”，深化“万名干部助万企”精准服务活动，“三服务”考核排名全市第1。聚焦状态崛起，“五度四步”应用在全市推广，选树区级“扛旗先锋”20名，对69名在一线表现突出的干部予以提拔转重。为9名领导干部澄清正名、12名干部容错纠错，全面激活实干争先精气神。全面推进从严治党。坚持“严”的主基调，认真学习贯彻《中共中央关于加强对“一把手”和领导班子监督的意见》，在落实全面从严治党主体责任中走在前、做表率，强化政治监督，严格贯彻执行中央八项规定精神。深入开展“正风2022”系列行动，实施亲清政商关系、享乐奢靡、立规守法等五大主题11个专项监督，累计查处“四风”问题60起、83人。实施清廉婺城深化工程，推进清廉单元建设“十百千”五年行动，获评全省清廉浙江建设成绩突出单位等省、市荣誉21次。坚持“三不腐”一体推进，累计党纪政务立案308件，处分347人次。

区委办公室工作

【秘书工作】 2022年,区委办秘书科严把公文起草关、审核关、发文关、收文关四个关口,坚持急件急办、特件特办、密件专办的要求,做到文件不积压、不丢失、不泄密,切实提升公文办理效率和质量,使文件收发工作始终保持畅通、高效的运行状态,实现全年办文工作"零失误、零差错、零延误"。全年共处理上级来文1768件,运转处理请示件、报告件等各类批办件520件,及时处置省、市、区各级领导批示2459件。高水平完成区委和区委办组织召开的744次会议、38次区委常委会会议、25次书记专题会议的筹备及服务保障工作。强化与市委办对接,做好区领导外出报备工作;强化与各职能部门沟通,对接副厅级以上重要来宾110人;保障区领导及办公室公务用车340余次;处理全区各单位主要负责人外出审批1300余人次。

【值班工作】 2022年,区委、区政府值班室围绕区委中心工作,牢固树立"值班室工作无小事"的责任意识,创新值班工作方法、工作理念,按照值班制度工作要求,做到24小时在岗在位,严格人员值班交接,做到各种信息的上传下达,确保信息往来畅通无阻。针对婺城区发生的重大或突发事件,值班人员协助领导处置紧急、突发事件,及时掌握事件发生的时间、地点、事由、经过、事件发生的情况或损害程度的状况等相关信息,严格按照值班工作程序做好紧急事件的上报、传达等各项工作。做好区委重要会议的通知和文件寄发工作,使各项信息往来畅通无阻、上传下达无误快捷。

(洪志生)

【外事工作】 2022年,区外事办做好外国人服务管理工作,发挥"六方协作"优势,为浙江师范大学留学生提供咨询、文明创建、平安巡逻、签证、翻译、法律援助、矛盾纠纷调解等一站式服务,配合市外办开展国际友人品金华——体验非遗活动。围绕中心工作履行外事职能,办理2批、2人次因公出国事项,开展APEC商务卡的上门走访宣传活动。做好完善涉外协调机制、海外领事保护、外媒来婺城区采访等有关工作。

【对台工作】 2022年,婺城区台办做好台资企业的招大引强工作,不断推动鹰鹏集团与普洛斯公司的普鹏供应链项目,其中第一期项目普鹏金华智慧物流园于10月1日进场施工。努力为台胞台属排忧解难,到浙江师范大学开展"宗情粽谊·同创美好生活"台胞端午节慰问座谈活动,会同区台联会开展春节、中秋节生活困难台胞台属走访慰问活动。不断深入基层交流,在安地镇岩头村举办"金台携手·同心筑梦"金台非遗文化交流活动暨婺城区对台交流点揭牌仪式。与区法院联合创新工作机制,保障台商台胞的合法权益,维护涉台领域和谐稳定。加强区台联会工作指导,推荐4名区台联界政协委员,制作以"家"为主题的视频《团圆》,定期召开工作例会并组织乐走公益活动。

(程　蕾)

【督考工作】 2022年,婺城区委督查考评科围绕考核体系抓督考。立足建立健全上下联动、督促有力、严考细核、奖罚分明的督查考核体系,强化动态督考,确保年终综合考核结果准确客观。年初,广泛征求各单位意见建议后制定下发全年的考核办法和考核细则。开展半年模拟考核,做好相关材料的审核和汇总,撰写考核分析报告,为各单位找差距、补短板提供依据和方向,为年终考核提供经验和借鉴。围绕中心工作抓督查。为全面把握工作重点,对区第八次党代会等重要会议进行任务分解并下发任务清单,明确牵头部门、责任部门和办结时限,周期性进行跟踪督办,掌握各项工作进展运行情况。根据市对区半年考核、三季度考核情况,做好全区各指标情况分析,持续跟进各指标牵头单位与市级单位对接情况。专班统筹推进"七张问题清单"工作,全力争取该项工作在全省、全市排名中争先进位。在工作中注重发挥参谋助手的作用,每月收集各乡镇(街道)、机关部门当月特色亮点工作、短板工作和对区委改进工作的意见建议,汇总常委会工作要点完成情况。根据市级通报每月开展稳进提质跟踪督查,联合区投促中心对各单位每月招大引强工作开展督查并形成"一月一通报"的工作机制。围绕阶段重点抓督查，每月完成净鉴系统数据上传，每季度完成主体责任系统上传和“十个一”汇报收集工作。在中共二十大召开、全国文明城市复查、疫情防控等重要节点和重要工作中，联合区纪委、区委政法委等部门开展除险保安大督查、会风会纪督查、节能减排检查、值班值守检查等一系列督查检查行动，确保全区干部保持良好的精气神，确保各项工作顺利推进。全年下发《督查通报》56 期、提醒函 35 张、督办单 39 张。

【深化改革工作】 2022 年，婺城区建立“一体化”谋划机制，迭代形成“1612”体系构架，谋划推出“20+8+6”牵一发动全身重大改革(重大应用)，推进全面深化改革、数字化改革、共同富裕示范区重大改革三套工作体系融合。完善工作例会、“区领导领衔+专班推进”等统筹推进机制，迭代完善 16 个区领导领衔重点应用，优化《婺城区 2022 年区领导领衔重点应用“一本账”》。谋划“未成年人‘一站式’保护救助应用”等 44 个部门应用，梳理“三张清单”，形成“应用储备库”。推进各部门“一把手”深度参与数字化改革，扑下身子亲自谋划、研究、指导、督办数字化改革工作。全区 54 个机关部门和 18 个乡镇(街道)一把手常态化开展数字化改革体验活动，“一把手”以上率下抓改革氛围逐渐浓厚。

高质量落实省、市数字化改革推进会各项部署。党建统领整体智治方面，“大综合一体化”行政执法智慧监督平台模型数量和质量均位居全省前列，得到省纪委的肯定和好评，相关经验做法被《民生周刊》、“学习强国”等平台报道；践行全过程人民民主基层单元建设工作 2 次获省人大常委会肯定并在全省做书面交流；“人大代表履职”应用、“数智群团” 应用工作获省人大常委会副主任赵光君、史济锡批示肯定。数字政府方面，新增“特种设备安全监管”“粮补直达应用”两个省级试点；应急资源动态管理应用经验做法在人民论坛发表；全面承接重大应用贯通，已贯通 140 个子场景应用；报送一把手研究数字政府工作信息，被市数字政府和市委改革办采用 9 篇。数字经济方面，积极拆解上架能力组件，能力组件已拆解 33 个，排名全市第 2；加快培育现代化新型组织，智能工厂(数字化车间)已认定 14 家；推动重大应用建设，新增“婺农优牛”省级试点，“科企融”市级试点。数字社会方面，加快推进养老、教育、文化等智慧化场景落地未来社区，已完成 45 个，排名居全市前列；重点推进未来社区(乡村)上架应用的点击量，婺城区上架的柳湖未来社区和下张家未来乡村双月点击量分别排名全省第 1 和第 2；授信 e 快办——律师信息调取协同办理应用入选省数字社会最佳案例集。数字文化方面，推动省建应用落地，浙里印刷应用入选市数字文化系统优秀应用，民情在线应用综合评价排名全市第 3；加快建设婺里融、创享礼堂等应用，尽快实现浙里办、浙政钉平台上线。数字法治方面，婺安智治协同应用获评市优秀公共数据分享案例，未成年一站式保护应用获评市级数字法治好应用；推进“公安大脑”建设，“智控矩阵”预警 649 条异常线索，计算分析出 8 类 41 项风险隐患清单，推送 12 个职能部门落地化解 32 件，预警及时率同比提升 23%。基层智治系统，基层智治综合应用投入使用，迭代完善“一中心四平台”组织架构体系，逐渐形成平战一体、实战实效的指挥体系。加强成果提炼，“法治婺城”公众号连续 9 个月跻身全省司法行政系统微信影响力排行榜前十，原创文章 4 次被“中国普法”转载，5 次被“浙江普法”全文转载。一体化智能化公共数据平台，入选市级优秀数据产品案例列全市第 2，入选省级数据产品案例 1 个，综合执法局、纪委 2 个婺城特色数据标准获市级认可；公共数据开放显著提升，谋划数据开放大赛作品 13 个，入围市级大赛复赛 3 个，其中“充电魔方”入围 2022 年省开放大赛复赛。在抓督考比拼方面，整治低效应用，优化完善上线应用评估和动态调整机制，会同大数据局对全区已上线应用进行摸排，对“浙里办”日均访问未达到 200 人次、浙政钉月总访问未达到 300 人次，进行督办提醒，迭代应用 5 个、整合 2 个、下架 1 个。开展重点攻坚，编制“6+1”领域和省级试点双月攻坚任务图，改革办对标双月节点任务，定期刊发工作动态，在全区营造“你追我赶”的浓厚氛围。刊发《赛跑者》32 期，其中工作动态 11 期、场景介绍 3 期、经验交流 3 期。针对数字化改革重点指标落后领域、“浙里办”“浙政钉”场景应用访问量等情况，及时进行督办提醒，下发督查通报15期、提醒函6期、督办单9期，常态化督促数字化改革落细落实。

【信息工作】 2022年，区委办信息科谋划党委信息调研工作，守牢紧急信息底线，高质量做好信息参谋服务工作，不断提高政治思想水平和工作能力，努力在提高信息服务领导决策的本领上取得新突破。全年编发《婺城信息》80期，包括专报信息9篇、工作要讯63期，获区委主要领导批示35次；向省、市信息处上报各类信息493条，其中2条信息被中央办公厅录用，省委办公厅录用65条、市委办公室录用40余条，《婺城区打造"大综合一体化"行政执法改革实践样板》获市委书记朱重烈批示肯定，信息报送量、采用量均位居全市前列。

加强同省委办、市委办信息处对接交流工作，了解近期省委、市委聚焦的重点工作重点工程，紧跟省委、市委用稿方向、采编热点，加强稿件沟通学习，提升信息编发质量、提高信息采用概率。创新升级本级刊物《工作要讯》，新增《问题建议》《区情动态》《经验交流》等栏目，每周刊发2期，便于区领导快速掌握全区动态，有效提升信息工作决策参阅水平。全面分析中办、省办采编要点，深入挖掘本地高校各类学术资源，加大学术成果的信息转化力度，现已与浙江师范大学、金华职业技术学院建立信息合作交流模式，特别是浙江师范大学非洲研究院党总支书记、教授王珩等多位专家每月定期与全区开展信息稿件合作，先后有10余篇信息被省委办信息处采用。深化"顶岗""上挂""传帮带"等信息工作的好做法、好机制，全年安排6人在区委办信息科顶岗学习，常态化开展业务对接交流。同时，每季召开重点单位信息工作例会，以"头脑风暴"形式谋划选题、交流业务、分享体会，做到集思广益、群策群力。

组织工作

【概况】 2022年，婺城区共有基层组织1279个，其中党委71个、总支41个、支部1167个。共有党员27298人，其中女党员8266人，占党员总数的30.28%。从年龄上看，35岁及以下党员4663人，占17.08%；61岁及以上党员9964人，占36.5%。从学历上看，大专以上学历党员共11472人，占42.03%。其中，研究生学历397人，占1.45%；大学本科学历6858人，占25.12%；大学专科学历4217人，占15.45%。从领域上看，全区共有乡镇、建制村党员11762人，占43.09%；城市街道、社区(居委会)党员6302人，占23.09%。

全区行政机关干部1507人。其中，女干部538人，占35.70%；党员干部1183人，占78.50%；35岁以下干部528人，占35.04%；36~45岁384人，占25.48%；大专以上学历1507人，占100%。

【"三服务"工作】 2022年，区委组织部聚焦企业、群众、基层急难愁盼问题，统筹全区上下开展系列服务活动，以最优、最快、最全的顶格服务，打造"迭+"三服务品牌，赋能全区经济社会高质量发展，在市对区"三服务"工作考核中，位列全市第1，实现三连冠。服务企业有深度。开展"助企开门红""战疫情优服务""大走访大宣讲大解难""稳进提质现场办公"等系列助企服务活动，面对面宣讲惠企政策1000余次，解决企业诉求问题1500余个，现场办公相关特色做法获得市政协主席宋志恒的批示肯定，"金融服务超市"做法成功入选全市优秀"三服务"案例。开展亮诺践诺行动，全年完成服务事项200余个。坚持一线导向、实绩导向，评选产生"扛旗先锋"60人、"双十佳"60人、"优秀助企服务团"12个，对在区"4·15"疫情大战大考中表现突出的10个团队和51个个人先进事迹进行全区通报表扬，有效激发全区干部"见红旗就扛、见第一就争"的干事创业精气神。深入总结提炼"三服务"工作特色亮点做法，评选产生"三服务"工作优秀案例品牌30个，先后在中央、省、市各级主流媒体及省市重点工作简报刊用稿件200余篇。

【人才队伍建设】 2022年，围绕婺城区优势主导产业，外引内育不断壮大人才队伍，通过以赛引才、市场引才、乡贤引才等方式，建立全域多渠道的引才体系，全年累计引进国、省级领军人才11人，在职高层次人才扩容至27人，较上年增幅80%。新引进青年大学生8767名，人才新增数创历史新高。立足婺城优势主导产业、优势项目开展智企匹配，为企业转型升级提供人才智力支撑。组建省级海外引才工作专班，通过挂图作战、专班化运作，省级海外引才计划入选3人，入选数列全市第4。4名省特教师成功入选引才计划，入选数列全市第2。培育浙江杰出工匠和省教学名师各1人、高技能人才3263名，超额完成全年任务数，海外工程师入围1人。

【人才发展环境优化】 2022年，聚焦"2+3"产业集群，加速推进高能级科创平台建设、高质量搭建产学研一体平台、持续培育企业创新主体壮大，以超常规举措打造高能级创新平台体系，加速集聚各类创新要素，不断提升人才吸附力。成功争取浙江光电子研究院落户婺城区，数理医学院项目、浙江师大国家大学科技园项目、合工大智能制造创新中心等重点项目顺利推进。围绕人才发展生命周期，做精人才住房、子女入学等基础类服务，做优知识产权、金融保障等发展类服务，营造安身安心安业的人才创新创业环境。抓实重点人才工作推进例会制度，落细落实"金八条"服务举措、创新创优人才服务载体，不断增强人才对婺城区的认同感、获得感。

【工资福利工作】 2022年，婺城区稳步规范公务员津补贴。严格落实省清理规范公务员工资津贴补贴工作要求，做好津补贴专项调研、各项津补清理规范及相关表格统计上报。逐步完成全区公务员基础绩效奖、年度考核奖的发放标准，制定《2022年度婺城区年度考核奖金实施方案》，完成全区公务员津补贴发放工作。持续深化数字化管理，规范日常管理，系统完成公务员工资调标、正常晋升、职务职级待遇兑现等业务2750条，办理审核退休待遇、介绍信等业务300余条。

【干部队伍建设】 2022年，婺城区委组织部落实"一体系三机制"和"5520"工作体系，出台《关于变革重塑干部队伍聚力锻造实干争先婺城铁军的决定》，推动干部队伍结构、能力、作风持续提升。坚持选贤任能，高质量完成部门集中人事调整，提拔或转重要岗位干部69名，机关35岁以下班子成员占比提升到9.6%，12个专业部门专业领导干部配备达到79.69%。推动双优提质，加大选调生和公务员招录力度，新招录的6名选调生中"双一流"高校毕业生占5名，占比居全市第1名。严格中层干部提任预审，常态建立"212"干部梯队库，年轻干部10项指标中6项位列全市前三。注重变革提能，深入实施年轻干部"赋能提质"行动，做优"三五"导师帮带，推行"三个百人"计划，举办"周末学堂专题学习""白沙夜话沙龙研讨"活动，相关做法被《浙江信息》《组工情况》等采用。开办稳进提质经济系列培训班，常态推进专业辅导、实地教学、交流互动，助力经济社会发展。

【干部教育培养】 2022年，以提升党员干部现代化新能力为目标，围绕习近平新时代中国特色社会主义思想、政治能力提升、县域治理、乡村振兴、共同富裕等重点，坚持赋能培育，强化教育培训，全面系统提升党员干部理论水平和履职能力。围绕"守护红色根脉、夯实主阵地作用"，积极整合本土教学资源，利用毛泽东视察双龙电站纪念馆、沙畈粟裕将军纪念馆、安地蒋宝贤故居等本地红色资源深入开展学习教育，教育引导党员干部坚定理想信念。按照"缺什么、补什么"原则，采用"周末学堂""婺城讲堂"集中培训等方式，先后提出"百课赋能""年轻干部成长训练营"等工作载体与抓手，举办领导干部"精准赋能、稳进提质"经济能力提升系列培训班等专业性较强的培训班，储备培养一批专业型干部，提升应对复杂问题的能力。整合网络教学资源手段，依托"学习强国""浙里学习"等线上网络学习平台，用活婺城组工、婺城普法等微信公众号，打造"指尖课堂"，推动"智慧教育"，带动全区党员干部在线学法律、在线学业务、在线学能力。坚持把干部到基层一线加强实践锻炼作为培养和提高干部工作能力的重要渠道，围绕推动各项重点及中心工作，先后选派150余名干部到亚运、省运、低效用地整治等重点工作专班攻坚克难，选派200余名干部到乡村振兴、调解纠纷等"吃劲"岗位"摔打历练"，通过交任务、压担子，提高干部做群众工作、应对复杂局面的综合能力。

【干部激励管理】 2022年，围绕"两个担当"，构建双向激励管理机制。聚焦公务员平时考核，迭代"五度四步"日常考核，形成绩由事考、人以绩论的闭环链条,选树扛旗先锋及团队百余个。开展容错澄清激励担当专项行动,细化“6+3+1”清单,容错澄清9人。出台“八个暖心”干部荣休制度,每年组织举办荣誉退休仪式,赠送初心相册,区老年大学建成投用,首期吸引708位老年人报名入学,社会反响热烈。深入推进“两个担当”良性互动,结合“6+3+1”日常容错纠错清单,围绕“1483”发展战略和“稳进提质”攻坚行动,聚焦招大引强、低效工业用地整治、城市更新“三大战役”,推动容错纠错与经济“稳进提质”紧密结合,对17名干部进行容错澄清,真正做到为敢于担当作为的党员干部撑腰鼓劲,有效调动和保护干部干事创业的积极性。

【干部监督管理】 2022年,婺城区开展领导干部企业和社团兼职专项整治,规范领导干部有关亲属从业及从事经营活动填报工作,全年完成全区722名副科以上干部(四级调研员及相当层次职级)有关亲属从业及从事经营活动的排摸,涉及亲属10919人。聚焦年度填报工作难点堵点,探索实行“一图五书四责双承诺”工作法,编制辅导资料,严肃规范填报程序,压紧压实各方工作责任,全区整体查核一致率达98.35%。推动日常重大事项报告工作减负提效,真正实现“零跑即报”,全年收到区管领导干部个人重大事项报告变动信息371条,开展谈心谈话150余人次。坚持系统思维、数字赋能,依托“浙里好干部”立体监督应用系统,整合各类监督信息,加强对领导干部全方位、立体式、动态化的管理监督,全力筑牢干部监督“防火墙”,完成18个监督模块、4397条数据的维护更新。推动容错纠错与经济“稳进提质”紧密结合,起草形成《深化容错纠错机制进一步激励干部担当赶超奋楫争先的实施办法(试行)》,对9名干部进行容错澄清。制定完善中层干部选拔任用“三审五严”预审工作实施细则,建立健全巡察选人用人检查问题整改“三单两责一提升”工作机制。强化选人用人检查与巡视巡察深度融合,在八届区委第一、第二轮巡察中组建选人用人专项检查组,对8家单位开展选人用人专项检查,共排查各类问题24个,指导被巡察单位做好各类问题的及时整改,开好专题民主生活会。

【基层组织建设】 2022年,婺城区委组织部以“红动婺城、扛旗强基”行动为主线,深入推进基层组织体系的变革重塑,为“奋楫赶超争先 奋进共同富裕”提供坚强组织保障。聚焦共富快跑,深化党建联建机制,打造南山漫道等2条共富示范带,“熊猫猪猪”农旅融合品牌入选全省首批党建联建实践案例,获省委主要领导调研肯定。深入实施“乡镇共建强基”行动,承办全市八婺同心·共建共富“十百千万”结对行动启动仪式,匹配8对乡镇(街道)结对共建,落实共建资金330万元,开展“书记助农直销”“惠农直通车”等系列活动,撬动物业经济、共富灶等一批项目落地,打造50个“共富工坊”。2022年,全区经营性收入50万元村占比51.64%,较上年增幅61.7%;100万元村占比21.13%,较上年增幅87.5%。聚焦组织阵地提档升级,由区委书记领办“强街优社、城市提能”项目,将城市党群服务中心提档升级列入区十大民生实事,统筹项目资金4000万元,新增面积1.5万平方米,相关做法获省委组织部领导批示肯定。聚力村(社区)头雁队伍提能,深入实施“红色根脉强基工程”,开展村级党组织书记共富能力提升班、“书记话图强”、“提级比、提级拼”激发村(社区)干部活力。选派14名村党组织书记到结对乡镇跟班锻炼、历练成长。聚力基层党员队伍创优,推进党员干部整治立规创优行动,出台《婺城区党员干部整治立规行动指导意见10条》,建立健全24小时预警上报机制,党员违纪违法数量较上年下降39.84%。农村违规发展党员排查整顿考核位列全市第1,严格落实发展党员指导计划,采取“小班化”教学模式,举办5期党员发展对象培训班,新发展党员200人,结构比例进一步优化,35岁以下占66%、大专以上占79.5%。优化党员教育培训资源,完成15个乡镇(街道)、60个村(社)的远教站点提升,电教片《一把军号》获第十六届全国党员教育电视片二等奖,《回家》获2022年浙江省党员教育电视片优秀奖。

【现代社区建设】 2022年,婺城区坚持党建统领,聚焦打造“金华有爱·幸福婺里”现代社区品牌,一体推进现代社区“六大改革”“十大行动”,现代社区建设考核评价排名位列全市第2。在全市率先成立由区委书记担任组长的现代社区建设领导小组,高质量承办市现代社区建设“争先大晒拼”暨基层党建工作例会，在全市现代社区路演活动中获得第1名，重要指标列前3名的数量处于全市第一方阵。承接省级试点3项，市级试点4项，数量居全市第1。推进“上统下分、强街优社”省级改革，以“1+4+X”队伍架构、差异化赋权全省率先破题“一支队伍管执法”，推动事权、人员“双下沉”走前列，改革效能指位数列全省第1。完成7个争先社区建设，数量位列全市第2。培育“小巷助理”等12支“小巷队伍”，“小巷助理”“小巷卫士” 建设指引在全市推广。选树省级社会组织领军人物2名、省级社会工作领军人才1名，实现全市零的突破。全方位推进无物业管理住宅小区清零，打造10个省、市级红色物业项目。

【文明城市巩固提升工作】 2022年，区委组织部积极配合共建社区开展文明城市巩固提升工作，按照社区点位分布，对部机关30余名干部科学组网、定点分组，不定期安排随机人员进行全社区点位隐患排查。在部机关夜学安排文明点位规范业务学习7次，确保每位干部对点位情况了如指掌，保障检查工作圆满完成。全年参加社区文化服务、城市环境美化、公益宣传活动等共建志愿服务800余人次，参与文明劝导170余人次，社区服务总时长超700小时。

【机关自身建设】 2022年，婺城区委组织部组织部务会“第一议题”31次，中心组专题会8次，部委班子上党课10次，常态开展组工课堂、三色学堂等领学和交流30余次，全面贯彻新时代党的建设总要求和新时代党的组织路线，统筹推进基层党组织、干部队伍、人才队伍建设，各项工作取得新成绩、新成效。推行组工干部“持证上岗”评星晋级制，打造“活力向未来”组工文化，获评全市“创建清廉机关、建设模范机关”工作先进集体。在中央《组工信息》刊发信息1篇，省《组工信息》刊发2篇，省级以上主流媒体刊发60余篇，网评刊发110余篇，其中5篇获省组优秀网评，有力提升婺城组工辨识度。全力抓实“浙里好干部”“浙里干部之家”“浙里红色根脉强基工程”等省级重大应用贯通，全区列入“浙里干部之家”应用贯通省级试点；“五度四步”积分制管理考核应用由市组迭代推广，入选省组“一地创新、全省共享”清单。制定组织工作10类、58条重点防范举措、组工干部负面言行清单，中组、省组交办的2件信访件全部化解到位，信访总量比上年下降56%。

（楼红霞）

宣传工作

【概况】 2022年，婺城区高分通过省委高质量全面落实意识形态工作责任制综合试点测评，位列全省试点第一方阵。组建“学习领婺”代表队参加省、市“学习强国”学习达人挑战赛，分别获得省级季军和市级亚军。中国传统制茶技艺及其相关习俗(婺州举岩) 入选联合国人类非物质文化遗产代表作名录。高标准推进国家一级文化馆、图书馆、非遗馆建设，建设青少年宫、老年大学、妇女活动中心、浙中文化创意中心。“扫黄打非”工作列全市第2,2起案件被全国“扫黄打非”办挂牌督办，其中“2·12”杜某某侵犯著作权案被评为2022年全国 “扫黄打非”“净网”典型案件。“婺里融”“创享礼堂”成功入选省级试点应用。蒋堂镇在省第十届“浙江孝贤”评比中获评“慈孝之乡”，为全市唯一。

【守牢意识形态阵地】 建设“金意安”意识形态数改婺城专区，设置乡镇(街道)工作指标104条、机关部门工作指标76条。围绕护航中共二十大，开展意识形态领域除险保安专项督查、宣传文化领域除险保安拉网式专项大检查。

【强化理论武装】 制定《推动党史学习教育常态化长效化实施方案》，打造红色文化长廊5条。开展区委理论学习中心组专题学习会9场，婺城论坛报告会9场，理论在线学习指数保持全市第一方阵。拓展婺城论坛学习形式，创新开展“局长课堂”，有13名局长走上讲台。组织开展“践行‘八八战略’ 投身‘两个先行’”“六学六进六争先” 等主题宣讲1200余场。深化新时代“润‘婺’有声”理论宣讲品牌建设，开展全区青年宣讲员培训班，通过以赛代训，遴选优秀宣讲员，推出宣讲微视频32个。

2月16日,区委常委、宣传部部长赵燕华(中)主持召开数字化改革专题会议 (区委宣传部供稿)

【推进媒体融合】 升级"婺城融媒"客户端,开通"民呼我为"婺城融媒客户端端口,提升融媒体服务民生效能。在省级及以上主流媒体报道965篇,比上年增长27.5%,《银坑木偶戏》《村民自发为滞留司机送饭》等作品先后获评金华新闻奖一等奖、金华广播电视新闻奖一等奖、浙江政务新媒体新闻作品一等奖,新闻创优工作实现全面突破提升。婺城融媒抖音号排名始终位居全省前10。婺城官方推特机构账号成为今年全市唯一进入全省影响力前20的县区级账号。策划拍摄《第三只眼看婺城》系列短视频,海外传播反响强烈。利用本土企业海外渠道,制作婺城城市形象年历,创新城市形象传播。微视频《书香蒋堂》《乡村阅读 农民共富》均获得浙里"山乡·书香"第三届农民故事微视频大赛全市二等奖、全省优胜奖。

【弘扬时代新风】 印发《关于推进"浙江有礼·婺城争先"区域文明新实践的实施方案》,开展文明十大专项行动,聘请文明使者8人,多维度探索有礼"校园版本",完成网有礼——网络文明实践公园与"礼"敬青春春晖路有礼示范圈带建设。设置"浙江有礼"公益广告1520处,《"两书一信"推进家校共建》《"好人力量" 助推文明建设》2个案例初选入全省首批浙江有礼品牌。打造"婺礼有爱,文明有约"志愿服务品牌,丰富文明实践点单派单、文明实践指数、志愿服务评价等应用场景,"志愿八婺"应用入驻队伍1832支,注册志愿者17.22万人,常住人口在册志愿者注册率位居全市第1。完成55家新时代文明实践所站提升建设,打造移风易俗特色村2个,入选浙江好人3人。

【强化文化供给】 高标准推进国家一级文化馆、图书馆、非遗馆建设,建设青少年宫、老年大学、妇女活动中心、浙中文化创意中心。高质量举办"婺风宋韵"文创大赛,收到423件作品,较上一届增长135%,举办"婺风宋韵"文化论坛会,完成历史文化丛书《婺学正源》的撰写。承办浙江省"讴歌新时代 双星耀金华"网络文学征文大赛。"文化乡创"活动经验做法被省委宣传部《宣传信息》和《浙江省文联简报》刊发。《白沙文创》《婺风宋韵书法作品集》《云雾有荣光》入选省文化艺术发展基金初审项目。开展线上线下阅读推广活动35场,全区居民综合阅读率达到92.1%,列全市第3。市文化产业重点企业、项目和平台入选数量与2022年度金华市文化产业发展专项资金资助申报数量居全市第3。

【筑牢网络安全屏障】 承办中央网信办"强国有我 青春力量"青春思政主题网络互动传播活动启动仪式,相关做法在《中央网信》刊发。开展"清朗"、"之江净网"等20余个专项行动。策划创推《婺城村民自发为滞留货车司机送餐》《异常特殊的艺考!小伙在隔离酒店参加"导演"专业三试》等"千万+"作品10余个,创作"三栖青苹"抗疫漫画30余幅,其中"#金华绿码保卫战#致敬逆行者"视频进入微博全国热搜榜前五。完成全市"和美金华"App提质扩面前期摸排工作,总户数同比增长132%。

【干部队伍建设】 实施新时代宣传文化干部"赋能成长工程",科学合理设置宣传文化系统教育培训内容和形式,分层次、分类别、多渠道开展各类教育培训。加强对宣传委员、宣传干事队伍日常管理,优化宣传委员履职量化考核办法,推动履职情况纳入年度考核,实行"月提醒季晾晒年考核"三色赛马机制,实行负面清单退出制度。通过公开招考录用2名干部充实网信力量。优化基层工作力量,18个乡镇(街道)宣传委员平均年龄由45岁下降至40岁。其中,80后占比38.9%,提升11个百分点;大学以上学历占比88.9%,提升24个百分点。动态文化管理员,开展阵地管理效能评价,及时更换调整不合格或不胜任的管理员。探索建立“揭榜挂帅”机制常态化开展文化精品、文化人才和文艺名家工作室评审奖励工作,逐步形成引进、激励、培育、保障为一体的人才政策链闭环链。

统战工作

【概况】 2022 年,在婺城区委的坚强领导下,紧扣“大团结、大联合”工作主题,坚持守正创新,强化思想引领,聚焦服务大局,全力推动全区统一战线各领域工作提质增效。加强多党合作政治协商制度,抓好民族宗教工作,做好归侨侨眷服务工作,强化自身建设,做好疫情防控工作,巩固发展全区统一战线同心同行、团结和谐、开拓奋进的良好局面。

【夯实思想政治基础】 以中共二十大胜利召开、中国共产党提出统一战线政策 100 周年为契机,组织全区统一战线喜迎宣传贯彻中共二十大“百年风雨路、奋进新征程”等系列活动;指导全区民主党派开展“矢志不渝跟党走,携手奋进新时代”主题教育;举办全区统一战线“同心共建‘一带七心’”主题演讲比赛等系列活动等 30 余场,凝聚思想共识。

【提升多党合作效能】 动员党外人士围绕经济建设、民生改善等内容报送“直通车”24 件,其中 18 件获区委主要领导批示。聚力抓好组织换届工作,完成民盟婺城区基层委、民建婺城区基层委以及区工商联换届,全力推动基层侨联组织换届和奥地利金华同乡会等海外侨团建设。定期开展党外干部“双走访” 常态化发现机制,2022 年来开展年度 “双走访”13 次,党外代表人士培养对象比率达 66.8%。开展 6 个民主党派、10 个统战团体结对 4 个少数民族村组团式结对共建行动。共同梳理民族村发展规划,形成帮扶举措 36 条。引入项目 15 个,统筹资金 255 万元,打造共富实践基地 2 个,其中安地镇杨垅村作为民建全省共富实践基地正在打造。

【新的社会阶层人士统战】 通过 “抓思想促合力”“抓制度促规范”“抓队伍促优化”“抓服务促发展”积极推进新联会组织建设,探索形成新的社会阶层人士骨干会员评优、会长轮值等十大规范化制度,发挥“诗画岩头同心知联双创空间”“熊猫猪猪知联驿站” 等新的社会阶层人士实践创新基地辐射作用,2022 年,举办宣讲读书会 10 期,开展法律服务进乡村等公益活动计 10 场,服务人次 300 余人。

【凝聚乡贤力量】 以“千名乡贤助共富”行动为抓手,构建“1+5+9+N”工作体系,细化 18 项具体任务,推动“九大品牌工程”落地。建立“乡村振兴和乡贤回归投资重大项目库”, 招引由乡贤投资或推介亿元以上项目 8 个, 总投资额超 70 亿元。全区 18 个乡镇(街道)均已实现新乡贤爱心基金全覆盖。动员新乡贤参与基层治理,创新“1+3+N”乡贤调解新模式,打造“竹马帮帮团”“宋大姐工作室”等一批“贤调品牌”。婺城乡贤陈立平、盛建喜被浙江统战“擘画共富·浙里有我”好故事栏目报道。

【服务企业】 2022 年, 组织召开 4 场政企恳谈会,牵头开展“规上企业家体检”“年度惠企政策兑现清零”“青蓝接力”等行动。积极探索企业合规建设,创建首批企业合规第三方专家库, 建立区工商联、区检察院等部门的联动监督评估机制。大力推动浙江新德集团企业合规整改,案例获评全省工商联服务“两个健康”最佳实践案例。

【加强自身建设】 2022 年,召开区委常委会专题研究统战工作 8 次,开展区委理论学习中心组专题学习统一战线政策理论 4 次。召开区委统一战线工作领导小组会议审议通过《统一战线工作领导小组成员单位职责分工》等文件。把统战工作纳入八届区委第二轮巡察重点事项,巡察民政局等 4 个单位统战工作主体责任履行情况。切实加强统一战线干部队伍建设。全区 18 个乡镇(街道)均配备统战委员、统战干事。在民宗工作任务重的 6 个乡镇(街道)新建立基层民宗所, 新增民宗工作人员 12 人。2022 年,以“七张问题清单”为牵引,排查统战领域风险隐患 31 处,均已整改完成。

区直机关党建

【概况】 2022 年,区委直属机关工委坚持以习近平新时代中国特色社会主义思想为指导，深入实施“红动婺城、扛旗强基”行动，推进“双建争先”工程，突出精准服务“1483”发展战略，推动机关党建质量整体跃迁。

【政治维护力提升】 严格落实“第一议题”学习制度，对26家单位开展理论中心组学习巡听旁听，举办“学习强国”达人挑战赛、青年研习小组等活动，抓实中共二十大精神和省第十五次党代会精神学习贯彻，深入开展学习贯彻中共二十大“十个一”活动，开展“每天5道题，二十大精神记心中”线上学习问答活动，点击量高达11万次，把机关党员干部的思想和行动统一到中共二十大精神和省第十五次党代会精神上来。

【机关服务力提升】 服务保障“大战大考”，成立50余支“机关党员疫线突击队”，在多轮疫情歼灭战中，机关党组织闻令而动、尽锐出战，10个团队、52人因抗疫突出被通报表扬。服务保障“共富先行”，47名党组(党委)书记领办“共富先行”项目；抓实“贴心服务”，落实“万名干部助万企”精准服务活动，56名副科级干部、211名涉企部门业务骨干驻点重点企业，帮助企业解决实际难题2000余个，评选产生2批各20名“十佳助企服务员”“十佳联企干部”。开展“万名党员干部走亲结对”行动，538名机关干部结对重点帮扶对象，圆梦“微心愿”600余个。深化在职党员进社区服务活动，3599名在职党员到社区报到、亮明身份、编入网格。

【基层组织力提升】 开展“五基大提升”行动，突出标准化、特色化、精品化，明确“六有六亮”阵地建设标准，评选出首批机关党建示范阵地10个，推动基本阵地大提升；开展制度清单大梳理，制度规范大学习、制度落实大督查等三项活动，汇编40个机关党建常用党内法规和规范性文件，坚持每月一学，推动基本制度大提升。建立党务干部传帮带制度，开展党务干部“扛旗争先·持证上岗”活动，推动基本能力大提升。开展最佳主题党日案例征集活动，建立55支党员志愿者队伍，深化“红动社区、共建家园”党员志愿服务活动，举办“共同富裕·青年说”微党课比赛，推动基本活动大提升；聚焦建强“领头雁”队伍，举办机关基层党组织书记学习贯彻省第十五次党代会精神专题培训，评选优秀书记领办党建项目14个；聚焦建强党员干部队伍，积极选树“闪光婺星”、扛旗先锋个人和团队，提振机关党员干部扛旗争先的精气神。

【清廉守护力提升】 抓实清廉机关建设主体责任，落实召开一次清廉机关建设工作专题会、建立一张重点任务工作清单、发出一次清廉机关建设动员令、开展一次问题短板大查摆大梳理，打造一个有辨识度的清廉机关品牌的“五个一”任务要求，推动党组(党委)书记落实清廉机关建设第一责任人职责；开展“同级同类”警示教育活动，组织集中观看《零容忍》等警示教育片，持续深化党员整治立规创优行动，把酒驾、赌博典型问题、党员干部违纪问题等通报情况纳入“主题党日”学习，用好反面典型的警示震慑。举办“廉书共读”活动，通过学廉、思廉，教育引导党员干部坚定理想信念、筑牢防线。

(项移娟)

“两新”工委工作

【概况】 2022年，婺城区委“两新”工委坚持以习近平新时代中国特色社会主义思想为指导，全面贯彻落实中共十九大和十九届历次全会精神，按照省第十五次党代会和市第八次党代会决策部署，以党的政治建设为统领，以“三年创优、整体跃升”工程为抓手，推动全区“两新”党建系统重塑、整体建强。

【“两新”党组织换届】 2022年，全面摸清全区“两新”组织党组织运行情况，编撰《婺城区“两新”党组织换届选举工作汇编》，下发《关于在全区“两新”组织党组织中集中开展换届选举工作的通知》，明确换届原则、目标任务和方法步骤等，全面完成全区128家“两新”组织党组织换届工作。

【“两新”领域思想教育】 学习宣传贯彻中共二十大、省第十五次党代会和市第八次党代会精神，开展全区“两新”党组织书记培训班，并依托乡镇(街道)对全体“两新”党员开展轮训。全面部署开展庆祝中国共产党成立101周年系列活动，区、乡、企业三级，举办合唱大赛、党史知识竞赛、红色观影、参观红色景点、重温入党誓词等活动80余场次。全面组织收看中共二十大开幕会，通过“书记讲党课”“车间广播”等载体举措，推进全区“两新”领域深入学习贯彻中共二十大精神。开展“三题”主题党日活动2000余次，解决2400个难题。

【货车司机群体党建】 2022年，区“两新”工委联合交通运输局和属地单位，开展物流运输企业党员职工“两查一核”工作，通过实地调查、信息比对等方式，建立货运企业、货运司机、党员货车司机信息“三本台账”，累计摸排货运企业超150家，货运领域从业人员1700余名、党员36名。成立索尔物流党支部，完成50辆车以上重点货运企业党组织应建尽建；组建货车司机流动党员党支部，对流动党员实现全面纳管，召开全区交通运输行业党委成立大会，正式成立行业党委，建立有效的党建工作领导体制。制定下发《2022年婺城区货车司机群体党建工作要点(征求意见稿)》，明确下半年工作目标，明晰各成员单位工作职责。推进“一企两员”(党建指导员、助企服务员)工作制度，实现全区9家重点货运企业联系指导全覆盖。强化党建带群团建设，组建大展物流园联合工会，包含25家物流公司分工会、32家维修公司分工会。行业党委牵头，在全区开展货运司机集聚度较高的区域开展货车“司机之家”建设，提供政策宣传、阅读休闲、健身锻炼、工情代办、医疗救助等多样化服务，完成建设培育3个。在高速路口设立“货车司机防疫服务站”，为货车司机提供停车吃饭、监控看护、过夜休息等暖心服务。行业党委牵头，全面开展货车司机暖心关爱系列专场活动，向货车司机科普反诈知识，开展免费体检、免费理发等服务，送上口罩、消毒液等防疫物资，惠及司机超320人。相关工作多次被“学习强国”学习平台、《浙江日报》等省级以上媒体关注报道。

【推进“共富工坊”建设】 2022年，区“两新”工委以党建为纽带，以村企抱团为抓手，集合企业、农村、银行等各方资源力量，探索“党建联建、支部发力、农户参与”模式，合力推动“共富工坊”高效化运转、规范化管理、常态化运营。每个工坊通过配备1名党员红色管家、健全有“三个一”联系[1名乡镇(街道)领导、1名驻村干部、1名村“两委”委员联系]机制，协调解决工坊建设具体问题。要素整合，推动部门、乡镇(街道)、村(社)、企业多方联动，整理辖区农旅资源、本地用工需求、剩余劳动力、政策支持等“四张清单”，建立区、乡镇、村(社)三级“共富工坊”服务平台，统筹推进土地集中流转、产业发展上下游联动、基层治理区域联合、公共服务联动开展，以政府“有形之手”服务好市场“无形之手”，推动形成“以大带小、以强扶弱、村企协作、多方共赢”的良好局面。因地制宜，充分挖掘各地优势资源和本地切实需求，积极建设6种不同形式“共富工坊”，累计建设完成“共富工坊”50个，吸纳就业超2300人(其中低收入农户32人)，人均月增收超2200元。“共富工坊”建设相关工作受到农民日报客户端等国家级媒体关注报道。

(程俊杰)

关心下一代工作

【概况】 2022年，婺城区各级关工委和广大“五老”在区委、区政府的正确领导下，在市关工委的精心指导下，认真贯彻中共二十大精神，深入贯彻落实中办、国办和省委办公厅、省政府办公厅关于加强新时代关心下一代工作委员会工作等意见精神，着力探索实践，在立德树人、组织建设、关爱帮扶等方面持续发力，彰显新时代关工新作为。2022年，全区获评全市“五好”基层关工委6家，获全市“最美五老”荣誉称号5个。在全市率先召开关工委成员单位联席会议，报送的相关信息获市关工委金中梁主任批示肯定。联席会议经验材料在全省关工委会议上作书面交流。承办全市关工委“孝老敬贤月”暨“五老”宣讲推进会，全年新增市级以上关心下一代教育基地4家。

【提质赋能强基工作】 2022年，婺城区各级关工委调整完善组织架构，各镇(街)关工委主任由党(工)委副书记担任，班子全面完成相对固定的常务副主任以及至少1名“五老”骨干带头人配备，配备情况纳入年度考核。拓展关工组织触角，成立区城投、交投2家国企关工委，有效拓展关工组织覆盖面。创新制度带动。7月，在全市率先召开关工委成员单位联席会议，共21家单位参会，推动构建“大关工格局”联建机制。出台《婺城区关心下一代工作委员会成员单位联席会议议事规则》，制订成员单位职责清单、关工委年度重点任务清单，推动关工委成员单位职责清、任务明。横向协调联动，针对共同的服务对象，区关工委积极统筹，与相关部门协调互动、共享资源、形成共建共创合力。

【传承红色基因工程】 2022年，区关工委坚持用习近平新时代中国特色社会主义思想铸魂育人，引导青少年把握丰富内涵、精神实质，筑牢信仰信念的思想力量基础，引导青少年学党史、听党话、跟党走。围绕迎接、学习、宣传、贯彻中共二十大，以“青少年党史学习月”为契机，开展“学党史、颂党恩、听党话、跟党走”系列活动，征集200幅青少年书画作品，厚植爱党爱国爱社会主义情怀。举办“喜迎二十大 童心永向党”公益夏令营活动，包括留守儿童、新婺城人子女代表等50余名青少年参加；启动“红船领航成长 强国复兴有我”青少年主题教育实践活动，省红船精神“五老”宣讲员许纪雁走进基地开展现场红色宣讲，为学生讲述将军粟裕革命故事，现场反响热烈。全年举办青少年主题教育活动50余场，覆盖青少年5万人次。相关活动获“学习强国”学习平台报道2次，市级以上媒体报道30余次。

【品牌培育工作】 2022年，区关工委联合区教育局、区妇联开展青春健康幸福“家”学堂线上活动，“云”端共享青春健康教育，共5万多人通过线上、线下参与学习，反响良好。举办家庭教育讲座225场，覆盖家长13438人次，育人成效不断增强。开展“‘五老’弘扬好家教好家风”活动，培育一批家风家教讲师，打造“五老”讲师团、专家队伍、社会志愿者相融合的关工委家庭工作队伍，讲好家风故事，助力构建学校、家庭、社会三方协同育人网络。在重阳节来临之际，专题部署“孝老敬贤月”主题教育，对从事关心下一代工作的“五老”给予关怀帮助，慰问关怀老干部80人，帮助他们解决实际困难。普法金名片持续擦亮。深化法治教育，筑牢思想防线。持续深入开展青少年法治宣传教育活动，巩固区“全国青少年普法教育示范区”成果。累计开展青少年法治宣讲35场，受教育青少年达1.9万人。积极探索青少年法治教育“云”模式。开展线上检察院、法院开放日活动，通过青少年更易接受的方式讲授法律知识，公安分局派驻各校的法治副校长，在开学典礼、学期结业典礼上开展维护社会治安宣讲，让法治精神滋养青少年成长，维护青少年合法权益。参与青少年达3000余人。区法院关工委联合区教育局关工委开展“青春向党，奋斗强国”为主题的法治宣传活动，依托共享法庭为21所学校1.3万余名师生作了法治宣讲直播。精准关爱增添动能。联合教育、民政(慈善总会)开展帮困助学活动，圆满完成2022年爱心圆梦 保亿萤火虫助学40万助学金的发放，有200名困难青少年得到每人2000元的资助。擦亮“以爱为家 留婺过年”关爱品牌。面向全区535名留婺青少年开展关爱行动，送上关爱大礼包。常态化开展困难学生、留守儿童“六一”走访慰问、关心下一代暖冬行动，惠及青少年100余人。联合团区委开展“医心守护”关爱医护人员子女寒假公益托管班，覆盖青少年80余人。

【“五老”队伍建设】 加强“五老”队伍建设是提升关心下一代工作活力的根本。打好平台发动、骨干发力、激励发光“组合拳”，着力抓实“五老”队伍建设。持续做好“五老”力量的发动和组织，经常性地倾听“五老”心声，积极发展壮大“五老”骨干队伍。在党群服务中心、新时代文明实践中心等场地中共建“五老工作室”，借资源建平台；完成38位“五老”校外辅导员配备，持续激发“五老”正能量。在婺城区“4·15”疫情中，“五老”积极参与疫情防控志愿服务等活动，主动担当作为。许纪雁虽已年过八旬，仍参与疫情防控志愿服务活动10余次，展现最美的桑榆风采。退休教师朱有权发挥自身特长，用快板唱响战“疫”歌，鼓舞士气。“五老”志愿者在“喜迎二十大 同心护未来”防溺水安全宣传活动中，对留守儿童及重点人群实行“包保制”，切实增强家长和学生的防溺水安全意识。组建“银领润婺”宣讲团，选树“五老”代表、环城小学退休教师董烈佳参加全市关工委“婺老颂党恩”主题宣讲比赛，获二等奖。

（沈家盈）

老干部工作

【概况】 2022年，婺城区委老干部局坚持以习近平新时代中国特色社会主义思想和关于老干部工作的重要论述为指导，迎接中共二十大胜利召开、学习宣传贯彻中共二十大精神作为工作主线，强化党建引领，奋进“两个先行”，谱写“乐龄乐活”“银发生辉”乐章，奋力推动老干部工作展现新作为，为加快推进婺城区“一带七心”战略实景落实贡献银辉力量。婺城区老年大学正式启用，吸引超1000人次老年人就读，成功打造“宋大姐暖心工作室”“何金如调解工作室”等一批作用发挥明显、示范带动突出、党员群众公认的老干部品牌工作室，26名老干部获省、市荣誉。

【党建引领张力逐步提升】 2022年，婺城区深化“红色婺语·银辉先锋”党建品牌，全方位、多角度提升离退休党建水平。提升离退休干部思想建设。组织离退休干部深入学习新思想，认真学习党章党规及中央、省、市重要会议精神，在离退休党支部中开展中共二十大报告精神及中办《关于加强新时代离退休干部党的建设工作意见》精神大学习大讨论500余次，为离退休干部送上政治理论学习书籍200余册，引导离退休干部在常学常新中坚定理想信念。提升离退休党建覆盖面。主动融入“上统下分，强街优社”改革专项省级试点工作，通过建立功能型“银辉”党支部，引导离退休干部进社区报到，就近参与志愿服务活动等方式，探索离退休党建与城市党建深度融合新路径。成立“小巷银星”治理团，为老干部累计提供各类服务4130次，收集意见建议2245条，化解各类矛盾纠纷532起，相关做法被《光明日报》刊发。提升党支部建设规范化。坚持以示范强支部，新增标准化离退休干部党支部35个，“三强六好”示范党支部2个，最美银辉党支部1个；以扩面强阵地，新打造老党员驿站2家，离退休干部党建共享基地2家，红色磁场吸引力、服务力进一步增强。

【银耀婺城活力激发】 婺城区老年大学建设作为2022年区十大重点民生实事项目已落成启用，吸引全区708位老年人、936人次报名，丰富全区老年教育资源，开启婺城区老年教育新篇章。区老干部活动中心重新开放，为丰富老干部精神文化生活提供了阵地保障。2022年，区老干部局开展县(处)级退休老干部“走看促”活动，深入一线感受全区经济社会发展新成就，组织老干部参加摄影采风、红歌赛等活动，宣传活力婺城。“银耀”共富持续助力。推进“老干部、‘新乡贤’结对帮带行动”，通过“老带新”导师帮带激发“青蓝活力”；组织退休党员、“五老”宣讲员等开展各类宣讲乡村振兴内容30余场次，营造浓厚宣讲氛围；开展“翰墨光影颂发展·同心聚力助共富”银辉志愿服务，宣传展示婺城新农村建设成果。

【各项待遇精准落实】 2022年，区老干部局深化《加强县处级退休领导干部服务管理工作的实施办法》文件精神，将副处级退休干部体检工作纳入统一管理，扩大精准服务范围。按照就近就便原则，优化健康体检服务方式，为退休人员体检提供便利。深化家庭医生一对一签约制度，提供更优质更便捷的医疗服务。精细应对疫情。为73位老干部提供“一对一”上门服务，发放健康防疫礼包。常态化开展智能手机使用培训，发布“银辉微课堂”党史学习教育线上答题活动21期，提升老干部数智生活能力。用心用情慰问。区委高度重视老干部工作，2次召开专题会议听取汇报并研究部署相关工作，制定《婺城区离退休干部慰问工作实施办法（试行）》制度，提高慰问标准，规范慰问工作，完善离退休干部慰问机制。春节、重阳节等重要节日前夕，区主要领导通过上门走访、召开座谈会等方式，及时送上组织关怀，累计慰问老干部287人次，获老干部一致好评。

（周冉澜）

新闻传媒

【概况】 2022年，婺城区新闻传媒中心紧跟区委、区政府中心工作和全区发展大局，按照区委宣传部对新闻宣传工作提出的要求，锚定“扛旗争先、崛起浙中”总目标，以“1483”发展战略，“奋楫赶超争先，奋进共同富裕,凝心聚力建设高能级现代化都市核心区”为宣传主线,主动策划、科学调度、精心部署,为婺城建设高能级现代化都市核心区凝心聚力、鼓劲加油。

【中心工作】 2022年,中心深入学习贯彻落实中共二十大精神、省第十五次党代会和市委八届二次全会精神,区委、区政府决策部署,将镜头和笔墨重点聚焦于做好“中共二十大精神”、“共同富裕新征程”、“重要窗口”、数字化改革等重大主题策划报道工作。在报、网、端、微、电视各平台开设“喜迎二十大 奋进新征程”“二十大精神在基层”“奋进‘两个先行’打造‘一带七心’”“建设高能级现代化都市核心区系列报道”“婺城共富”“奋楫赶超 奋进有我”“打好三大战役 奋楫赶超争先”“稳进提质在行动”多个专栏专题。

【主题宣传】 围绕中共二十大,策划推出新闻综述、典型故事、创意选题等200多篇原创报道;转载中央权威媒体发布,开设“学习贯彻”专栏,展示各地、各部门学习实践的生动场景;开设共同富裕融媒访谈,策划共同富裕新闻发布会,通过茶花节、桂花节、农民丰收节等节庆活动,邀请中央、省、市媒体记者亲临现场,集中宣推,营造浓厚氛围;围绕数字化改革在便民惠民、经济发展、基层治理、疫情防控等领域的运用,创新报道视角,丰富呈现形式,让广大人民群众感受到“智慧生活”带来的便利。

【对外宣传】 2022年,在国家、省、市级主流党报党台、网站、新媒体见稿9490篇,同上年相比增长28.7%。其中,省级及以上主流媒体报道婺城843篇,同上年相比增长31.5%;省级以上传统主流媒体342篇,同上年相比增长近20%;《好拍家·美拍雪后金华山》等5篇稿件被“学习强国”学习平台选用,总浏览量超过190万次;婺城融媒抖音号积极对接美丽浙江、天目等短视频平台,推出新闻爆款,抖音融媒指数连续10个月进入全省前10名;婺城短视频联盟工作得到省委宣传部常务副部长来颖杰批示;2022年,婺城区通过舆论引导在线上报并审核通过29条正能量爆款;婺城区快递员推着脑瘫儿子跑过54场马拉松的新闻被新华社、《人民日报》等多家新媒体平台刊发,浏览量均超10万次。

【融合成效】 2022年9月,围绕打造婺城区第一掌上新闻移动平台和外界了解婺城区第一窗口的目标要求,升级改版“婺城融媒”客户端,中心加大各乡镇(街道)、机关部门的推广力度,对接教育、民政等重点民生部门,利用好流量资源,媒体融合指数跻身全省中上水平;中心通过强队伍、增才干、重业务、细考核,探索婺城融媒人才培养发展新途径,1人获2022年度金华市优秀新闻工作者荣誉称号,12人作品获2021年度省记协县(市、区)域报新闻奖,6人作品获2021年度金华新闻奖,3人作品获2021年度金华市广播电视节目短视频奖,2人作品获2021年度金华市第七届人才工作好新闻奖;涌现一批区级拔尖人才、全能型、融媒型专业人才,中心27名采编人员首批获颁新闻记者证。 (戴　翔)

侨务工作

【概况】 2022年,婺城区侨务办公室在区委、区政府的领导下,在上级侨办的指导下,认真执行国家、省、市侨务工作条例法规,紧扣全市“活力侨商·开放金华”活动要求,把为侨服务与为经济建设服务紧密结合,坚持凝侨心、引侨资、汇侨智、聚侨力,侨务工作取得新成效。成功承办“活力侨商·开放金华”活动仪式暨金融助侨合作协议签约仪式。区联心侨暖心工作室被认定为2021年度浙江省“四星级侨胞之家”。熊猫猪猪·两头乌国际牧场被确认为第四批“浙江省华侨国际文化交流基地”。

【强化思想引领】 2022年,组织侨务干部认真传达学习贯彻中共二十大精神和省第十五次党代会精神,省侨联党组书记、主席庄莉萍到婺城区调研并开展省第十五次党代会精神宣讲。举办“侨心向党 翰墨抒怀”侨界书法笔会、“侨心向党·跟着总书记读好书”系列活动等,引导侨界人士听党话、感党恩、跟党走。汇聚优质资源,打造“侨盟同心 侨童健康成长”爱心品牌,婺城区首个“侨童成长学堂”开班。

【侨助共富】 2022年,婺城区“4·15”疫情发生,侨界代表人士积极为婺城区抗疫工作加油鼓劲,捐款捐物折合现金共计22.5万元。继续推行“1+1+1”“侨小二”服务侨企婺城模式,助力侨企安全有序复工复产,2022年,走访侨资企业35家,开展活动23次,收集问题20个,解决问题18个。助力招才引智,为浙江斯玛特信息科技有限公司与广东省科学院半导体研究所牵线搭桥,努力促成人才回归,项目落地。实施“侨共富”专项行动,形成侨界共富项目清单6个,总投资额292.5万元。举办“婺城优选·品牌出海”跨境电商培训、直播推广专题沙龙活动。联合浙江师范大学围绕“同心共富 公益助农”开展校地合作,邀请侨胞开展现场直播助农活动。

【维护侨益】 做好困难侨界群众、侨界重点人士家属和回国探亲的海外高层次人才走访慰问工作,热情接待回乡探亲的海外人士。发挥“联心侨暖心工作室”品牌效应,积极推行“123456”工作法,用优质服务践行以侨为本,受理并调解58起矛盾纠纷,开展涉侨法律政策宣传800余人次,走访慰问侨胞侨属150余人。2022年,办理“三侨生”身份认定4人,华侨子女入学就读4人。

【夯实基础】 2022年,完成全区侨情调查和11个基层侨联换届工作,换届率和赋码率均达100%。成立中山路社区侨联1家,新建印尼金华商会1个。全区出台“侨胞之家”创建活动奖补政策,设置评定标准、工作要求及三年建设任务清单,为全区基层侨联组织规范化、标准化、科学化建设提供了指导性意见。年内完成“侨胞之家”示范点创建2家,下拨奖补经费4万元。

民族宗教

【概况】 2022年,婺城区有4个宗教团体,分别为区佛教协会、区基督教协会、区基督教三自爱国运动委员会、区天主教协会。全区有4个少数民族建制村,分别为安地镇杨垅村、琅琊镇水竹蓬村、塔石乡大坑村和高塘村。全区常住少数民族人口4210人,流动少数民族人口6561人。2022年,为贯彻落实中央、省委和市委关于新时代民族宗教工作会议精神,在罗店、城东、城北、雅畈、乾西、白龙桥6个重点乡镇(街道)成立了基层民宗所,明确民宗所负责人由统战干事兼任,新增12名民宗工作人员。

6月8日,金华市委常委、统战部部长王志强(前排右一)一行到智者寺、黄大仙祖宫等宗教活动场所,实地调研宗教中国化等相关工作

(罗店镇人民政府供稿)

【民族工作】 2022年,婺城区开创了民族乡村振兴新局面。在持续开展省民宗委“双百村结对”和市委统战部“同心·聚力”民族乡村结对行动的基础上,结合婺城实际,组织各党派、统战团体16家单位结对4个少数民族村,通过产业提升、项目帮扶、文化传承等方式,落实帮扶举措20余条,统筹资金255万元。开展石榴红品牌创建。以铸牢中华民族共同体意识为核心,根据省、市有关文件精神,结合婺城区实际,推进社区民族工作标准化建设,努力培育省级民族团结进步示范单位和省级民族团结进步教育基地各2个,开展“之江同心·婺里石榴红”家园、驿站、工作室、宣讲团、志愿服务队等优秀品牌创建工作。

【健全完善宗教活动场所制度】 2022年,区民宗局不断强化“三级管理两级责任”工作机制,层层落实宗教场所管理责任,在各宗教场所建立完善“三人驻场所小组”,发挥全区宗教工作协调小组作用,明确成员单位职责,形成齐抓共管宗教工作合力。继续深入实施“十百千万”普法工程,将法治宣传与社会主义核心价值体系相结合,制定宗教领域《2022年度婺城区法治宣传教育责任清单》。规范宗教团体管理,开展宗教团体财务专项检查活动,引导宗

教团体日常工作规范有序,督促区4个宗教团体按时完成团体年检工作。 (邵玲奕)

机构编制

【概况】 2022年,区委编办突出变革重塑,基层治理体系建设持续深化。完成"一中心四平台一网格"基层治理体系建设。迭代升级区矛调中心组建区社会治理中心,规范设置乡镇(街道)综合信息指挥室。建立乡镇(街道)差异化管理体制,全面构建党建统领、经济生态、平安法治、公共服务"基层治理四平台",推进乡镇(街道)职能平台化运行管理。推行乡镇(街道)编制统筹使用、人员岗位管理,编制涵盖全部核心业务的岗位职责指导目录,将岗位赋分纳入干部"五度四步"积分考核,推动人员从身份管理向岗位管理转变,干部考核更科学更精准。设立乡镇(街道)编制"周转池",探索实行编制周转管理,保障专职执法员等乡镇(街道)重点岗位需求,编制使用效益有效提高。贯通区级重大应用4个、事项42项,县域整体智治水平进一步提升。

【行政执法改革】 2022年,根据改革试点运行情况,优化综合行政执法部门内设机构设置,行政执法综合协调和业务指导职能得到加强;调整派驻机构人员编制和辅助执法人员数量,执法力量分配更加科学。完成应急管理领域行政执法改革,应急执法下沉人员实现从零到总量60%的突破。完成农业农村等4部门执法机构撤销、编制划转和人员转隶工作。实行派驻编制"区属乡用",派驻执法机构与乡镇内设执法机构合并设置,有效推动执法力量融合。下沉66.9%执法编制共253名,基层统筹能力进一步提升。乡镇(街道)执法办案成效显著,办理案件551件,其中普通程序案件292件,事项执法覆盖25.6%,领域执法覆盖100%,乡镇(街道)"一支队伍管执法"取得实效。执法改革相关做法在全省推进会上交流发言,获省政府领导和市委主要领导批示肯定。

【数字化改革】 2022年,重新梳理事业单位核心业务,全区217家事业单位,划分为行政管理辅助、信息咨询等行政服务类35家,农业技术服务、计量和质量检测等产业服务类30家,教育、卫生、文化、社会福利等民生服务类152家。拟定事业单位数字化改革实施方案,以打造多跨协同、实战实效的事业单位应用场景为目标,确定智慧路长等首批事业单位数字化改革试点应用。

【机构编制服务】 围绕区委"一带七心"战略布局,聚焦平台拓展、低效出清、招大引强、产业转型,强化机构编制对经济发展的服务保障。聚焦产业发展重点,系统梳理部门履职难点堵点,全面理顺工业经济、商贸流通、招商引资管理体制,强化对实体经济、商贸服务、园区开发建设等力量保障,做强经济总量提升经济整体实力奠定组织基础。全面加强深化改革、大数据管理、城市更新、科技创新、低效用地整治、综合交通物流、度假区建设管理等机构编制服务,激发高质量发展和基层治理新动能,助力奋楫赶超争先。协同组织部门规范工作专班设置运作及人员流动管理,全面梳理工作专班并实行动态调整,专班和人员数量均精减50%以上,集中优势力量有效保障区委、区政府重点工作加快推进。出台部门职责管理办法,对党政部门职责配置调整、分工协调、履职监督等作出规定,规范部门(单位)履职行为,加强部门履职管理,初步构建职责分工明确、优化协同高效的职能运行体系。对应急与地震、农村宅基地管理等多个职责不清问题进行协调,消除履职盲点,协调处理"8890"服务热线疑难交办问题3起。加强乡镇(街道)应急和消防力量配备,提高基层应急管理能力。加强干部职业生涯全周期"一件事"服务管理,办理人员出入编审核1268件次。其中,行政出入编334件,事业出入编934件。加强事业单位登记管理,新设立登记6家,变更登记146家,注销1家,证书补换领3家。在线全流程办理用编审核172批次。依托全市编外聘用人员智慧管理平台,编外用工审批、招聘、备案全周期"一件事"线上办理353件。依托浙里机构编制数字化监管平台,完成实名制系统预警清单问题整改30个,做准做实全区机构编制实名制数据库。结合区委巡察开展机构编制监督检查,发现并整改问题36个。

【民生事业】 健全教育领域党建领导体制,设立区委教育工委,加强党对教育工作的全面领导。完善教职工编制管理,盘活总量内编制资源,保障义务教育高质量均衡发展。全市首家完成浙江师大婺州外国语学校"民转公"审批设立登记。协同教育部门实施学前教育提升行动计划成效显著获省政府正向激励。加强社会治理、医疗卫生等重点民生领域机构编制服务保障,及时核准医疗卫生服务用编需求,调整设立3家医疗机构,为区中医院等3家新建扩建公立医院新增报备员额586名。（陈欣欣）

档案管理

【概况】 2022年,婺城区开展区级综合档案馆建设。为解决档案保存保管难题和档案工作力量薄弱的现状,提升全区档案公共服务能力和公共文化设施水平,2022年,将建设区级综合档案馆作为重点工作开展。3月,区级综合档案馆建设项目在第八届区委财经委员会第2次会议上通过,历经三轮设计稿修改于2022年9月正式开工建设。在抓好档案馆"硬件"工作的同时,向市级争取"软件"帮助,在市档案馆的关心支持下4月婺城区档案局第一批人员加入市档案馆人才培优计划,进行挂职学习。

【档案管理规范化】 2022年,婺城区大力推进《乡镇档案工作办法》宣贯落实。深化完善村档镇管机制,以竹马乡、莘畈乡两个省级试点为典型,实现村档镇管提质扩面。全区18个乡镇(街道)归集档案1.1万卷、4.3万件,完成数字化扫描0.5万卷、1.2万件。积极推进电子档案资源建设。围绕市档案局要求的"十四五"末电子档案占新增档案60%总目标,全区要求机关部门、乡镇(街道)实现OA系统电子文件归档全覆盖。2022年,全区OA系统归档模块的部署已完成49家,完成率为85%。其中,区属机关单位33家,完成率为66%;乡镇(街道)16家,完成率为89%。另有5家单位已有意向部署。进一步深化执法监管。联合保密局、区综合执法局开展"互联网+监管"双随机联合执法工作,对全区12家机关单位和10个乡镇(街道)开展抽查,对档案室建设不达标的进行整顿,提升全区的档案工作规范化程度。

史志编研

【概况】 2022年,区委党史研究室积极拓展史志联动,提升融合发展格局。创建"婺城史志"微信公众号,以新的精神状态,发挥党史和地方志工作连接"现在"和"未来"的独特功能,增强史志队伍合力,加快人员和业务的统筹融合,形成精诚团结、和衷共济的强大工作合力。联动部门,弘扬红色基因。联合区文旅体局、区退役军人事务局进行全区范围的红色资源普查工作,对婺城现有的红色资源作一次整体的除旧更新,统计整理婺城红色资源29处,并为数字化建设提供相关的文字和图片素材。联动社会资源,开展并参与活动。3月,加入金华市档案学会团体会员。5月,积极参与"红船杯"2022年全省共青团党团知识竞赛,并参与拍摄以熊猫猪猪乐园带动共富为主题的宣教视频。6月24日,参加在金华市美术馆开展的"不朽的丰碑——画说中国共产党精神谱系"画展启动仪式。7月,"画说精神谱系"主创团队实地调研沙畈银坑。9月,在区行政中心1号楼大厅举办"画说中国共产党人精神谱系"美术作品展。10月,参与由市室统一筹备拍摄的婺江潮声"四史"宣讲团中共二十大精神宣讲视频,确定宣讲人员及宣讲稿。联动红色基地,讲好红色故事。持续推进婺城红色基地红色讲解员宣讲活动,6月,金华市红色基地联盟成立暨婺江潮声"四史"宣讲团,结合中共十九届六中全会精神宣讲活动及中共二十大精神宣讲活动,广泛宣讲学习,累计宣讲300余场,场馆接待参观学习5.8万人次。

【党史编研成果】 2022年,婺城区党史研究室加快推进婺城党史二卷进度,采取编写人员互审、征求专家意见、集中统稿等方法,经过4轮修稿补充,于9月完成30万字送审稿,11月提交中共金华市委党史研究室审稿通过,根据市室审读意见作进一步统稿修改后,12月形成4编、19章、60节、122目28万字征求意见稿。征求意见稿印发给包括金华开发区管委会在内的26个乡镇（街道)、50个区属单位以及72位婺城的老领导、老同志广泛征求意见,并根据反馈意见进行梳理、补充和修改，提请常委会同意后进行下一步出版发行工作。3月，全面启动党史三卷编撰工作。持续完善原始资料的收集与整理，下发《〈中国共产党婺城历史(1978—2012)〉相关图片和资料的通知》《关于切实做好2022年度史志资料征集工作的通知》，收集各部门以及各乡镇(街道)三卷编写相关的原始资料及书籍、老照片等。倒排完成时间计划表，实时与市委党史研究室征研处保持沟通，完成第一篇初稿及部分资料长编，共计20余万字。结合区委中心工作，做好历史研究文章，提升资政服务能力。做好全省党史和文献系统开展的中华版本普查工作，整理统计共13本符合要求的版本类型，其中全区出版书籍5本、党和国家领导人著作6本、革命文献1本以及马克思主义经典著作1本。重新梳理《婺城党史成果目录(1980—2021)》错误及遗漏部分，其中出版书籍及内部印刷书籍6本、专题文章53篇、人物文章22篇、影视类1部。修改定稿《金华脱贫攻坚口述》中涉及婺城的2篇文稿。完成撰写资政文章《关于城市发展有机更新的经验探索与启示——以婺城二七区块旧城改造为例》。9月，启动省、市“八八战略”全纪录课题中涉及婺城部分的文章撰写，组建编写课题组；10月，明确提纲及任务分工；11月，完成资料征集，已形成约1万字初稿。

【地方志工作】 2022年，区地方志工作坚持以习近平新时代中国特色社会主义思想为指导，全面贯彻落实中共二十大精神，扎实做好地方志各项工作，充分发挥地方志存史、资政、育人作用。3月，婺城区委、区政府联合下发《关于切实做好〈婺城年鉴(2022)〉编纂工作的通知》，开始新一轮年鉴编纂基础资料收集工作，10月基本完成初稿组稿，12月出版社完成初审。相继完成《中国地方志年鉴(2022)》婺城区资料稿、《浙江年鉴(2022)》婺城区部分的组稿报送；落实全省数字方志资源归集工作；完成本辖区内首批1949年10月1日后大事记信息的归集；参与“影像方志：方志里的故事”系列电视节目选题及相关素材征集等活动；完成婺城区自然村居情况调查表填写，组织编纂工作人员全程收看第七期全国年鉴主编培训班课程(网络直播)，认真品读中国精品年鉴，参与“精品年鉴品读季”活动。

(邹　洋)

信访

【概况】 2022年，全区信访总量97476件。其中，群众走访227批、651人次，比上年下降46.8%，人次下降55.65%；群众来信115件，比上年下降71.67%；网上投诉97134件(意见建议类94503件)，比上年增长14.7倍。群众通过12345热线投诉举报咨询来电19731件，比上年下降10%。信访事项按期受理率100%，按期办结率100%，群众满意率98.6%。

【领导坐班接访】 升级迭代领导下访接访机制。深化“区领导和部门‘一把手’每日在区社会治理中心轮值接访、区领导每月带头到联系乡镇（街道)下访、乡镇(街道)领导随时接访、村(社)干部常态上门走访”机制，做到信访事项处置快、安全隐患发现快、矛盾纠纷调解快、专项工作落实快。区领导全年接访149批、636人次。

【积案化解有力】 实施信访积案“一把手”坐堂会审、亮晒排名、分片督导等工作机制，每月逐一过堂分析研判，每月“晒拼创”，形成人人身上有担子、人人身上有责任，全区“一盘棋”的信访工作新格局。依据区领导分工、联系乡镇(街道)、任职履历和擅长领域，逐一将上级交办积案精准交办到22名区级领导，逐案建立化解专班，挂图作战、清单销号。坚持帮帮团促解，牵头退“二线”领导、律师、调解专家组建3个“帮帮团”开展信访积案化解，常态化对全区18个乡镇(街道)开展督查指导，强化情绪疏导、心理矫正、困难帮扶、教育引导等措施，促进矛盾化解、息诉罢访。2022年，上级交办的225件积案实现动态清零。

【民情民访代办】 构建由“区领导、乡镇(街道)干部、两代表一委员、特聘人民调解员、网格员”组成的“五员代办制”责任体系，形成“群众点单、干部代跑”的新型信访格局，推出民情民访夜班车、助企代办直通车、重点工程驻点代办站等特色代办服务，涌现出城西“和姐”、新狮“新丝路”、莘畈“莘e家”、罗店"北高峰"等多个代办品牌。全区有代办员 1771 人，代办各类事项 21742 件。

【主官办信优化】 完善"主官领办"制度，年初印发《婺城区领导干部阅批群众来信网信工作机制》，区、乡党政主要领导带头阅批群众来信、网上信访。严格落实疑难案件"四个一"化解机制，难度最大的事项由区委书记、区长亲自阅信、亲自研究、亲自部署、亲自推动，确保兜底有人、化解有力，2022 年，区委书记、区长批示初信初访 205 件次。主要领导对初次信访事项 100%批示交办等经验做法被省局刊物刊登肯定。

【信访工作举措】 创新推行"无信访村（社区）党支部"创建。建立每周矛盾纠纷排查以及定期分析研判预警机制，从源头上减少群众信访问题的发生，全区 276 个建制村（社区）信访总量明显下降。深入贯彻落实《信访工作条例》，全区 18 个乡镇（街道）信访联席会议机制实现全覆盖。常态化开展信访件办理"回头看"、业务培训和督查指导，信件办理质量不断好转。在各个重要节点前，全面开展信访矛盾纠纷大排查、大起底、大化解，完成中共二十大、省运会等信访保障工作。（黄琰馨）

社会治理

【概况】 2022 年 8 月，金华市婺城区社会治理中心在原婺城区社会矛盾纠纷调处化解中心的基础上迭代升级组建，承接党建统领、经济生态、平安法治、公共服务 4 条跑道任务，承担运行监测、矛盾调处、协同流转、应急指挥、督查考核等综合职能。

【组织架构】 区社会治理中心按照"应入尽入、能入尽入"的原则，整合人民来访接待中心、诉讼服务中心、公共法律服务中心、行政争议调解中心、劳动人事争议仲裁院、"12309"检查服务中心、社会治理综合指挥中心、民情民防代办中心、"民呼我为"统一平台、应急指挥中心、指挥城管中心、疫情防控指挥部、心理咨询中心、社会帮扶中心、家庭婚姻调解中心、矛盾纠纷多元化解中心 16 个中心。纪委监委、信访、法院、检察院、公安、司法、大数据服务中心、人力社保、建设、综合执法、交通、自然资源、农村农业 13 个重点部门单位派驻人员常驻，其他单位随驻。

【工作成果】 2022 年，区社会治理中心全面推进"人民调解、行政调解、司法调解"联调机制建设，通过组建化解疑难问题团队，开展专家巡诊和说事评理等举措，提高人民调解成功率、民事诉讼案件调解率、信访案件结案率、调解公信力，受理各类群众来访事项 3734 件，结案 3586 件，结案率 96.07%，其中，受理诉前调解案件 237 件，调解成功 198 件，诉前调解成功率达 83.54%；人民调解案件受理 275 件，调解成功 267 件，调解成功率达 97.09%；受理法律援助案件 1509 件，其中刑事 1162 件、民事 347 件，为群众挽回经济损失 692 万元。在群众中树立良好口碑的同时，维护法律尊严，发挥矛盾纠纷化解"终点站"的作用。

【工作举措】 创新模式，强化矛盾纠纷源头治理。推进"基层公权力大数据监督""人大代表履职"等应用贯通到乡镇（街道）、村（社区），接受人大代表、群众的监督，有效遏制农村强权势力、特权阶层干预村务管理，有效解决基层领导干部对工作精神懈怠，弥补基层领导干部处理问题能力不足，防止领导干部脱离群众的风险，克服消极腐败滋生。创新场景，拓宽群众法律帮助渠道。矛调中心与区司法局合作，在"浙里办"和微信平台上设立"婺城普法"模块，主要包括"法律咨询意见书""法律法规库""专业律师预约"等功能，让群众遇事首先可以求助法律，在群众中树立"依靠法律维护自己合法权益"意识，使之成为群众自觉行为，有力推进法治社会建设。以法律为底线，依法调处社会矛盾纠纷。在化解社会矛盾纠纷和信访问题过程中，始终把法律作为化解矛盾纠纷的底线，正确处理"情理法"和"法理情"关系，对每个疑难案件邀请律师参与，并提出处理意见，对调处结果邀请法官进行合法审查和司法确认，确保每个处理案件合法合规。严守纪律，维护社会治理公平公正。严格执行领导干部不得干预司法活动、插手具体案件处理相关制度。首先自己做到不打听、不说情，维护司法公平公正。对中心工作人员为案件说情者进行批评教育；对法治建设重要工作亲自部署、重大问题亲自过问、重点环节亲自协调、重要任务亲自督办。（王圣引）

综述

【基本情况】 2022 年,婺城区人大常委会坚持党的领导、人民当家作主、依法治国有机统一,履职尽责、担当作为,共召开常委会会议 11 次、主任会议 15 次,听取审议专项工作报告 39 个,作出审议意见 30 项,开展视察 31 次、专题询问 2 次、专项评议 1 项。2022 年,婺城区人大各项工作走在全市前列,特别是市委首次开展的对县(市、区)委“党领导人大工作”的考核,婺城区位居全市第 2。

【依法履职】 2022 年,婺城区人大常委会坚持党的领导、筑牢忠诚信仰,在推进人大事业中把牢政治方向。深入学习贯彻中共二十大精神,严格落实“第一议题”制度,在学思践悟中不断增强“四个意识”、坚定“四个自信”、拥护“两个确立”、做到“两个维护”。严格落实请示报告制度,全年向区委报告重大事项共 27 项。制定乡镇(街道)“党领导人大工作”绩效考核评价细则。贯彻执行区委决策不走样。围绕区委决定,选准“切入口”,开展视察调研,助推“一带七心”布局落地成景。开展“大综合一体化”行政执法改革等四个专题调研,四篇调研报告得到了区委主要领导批示肯定。开展省运会赛事安排和场馆建设专项视察,助推婺城区高质量办好省运会。积极投身区“4·15”疫情防控阻击战,发动代表捐资捐物共 300 余万元。开展“助企开门红”服务活动,常委会领导走访企业 73 家,收集问题 95 个,助推经济稳进提质。依法履职规范行权不越位。认真贯彻落实中央和省市区委关于健全人大讨论决定重大事项制度、各级政府重大决策出台前向本级人大报告的意见,坚持抓大事、议大事,依法有序决定重大事项。坚持党管干部原则与人大依法任免相统一,任免地方国家机关工作人员 179 人次,规范开展宪法宣誓活动,为地方国家政权机关的正常运转提供有力组织保证。

【依法行权】 2022 年,婺城区人民代表大会常务委员会依法开展监督中彰显责任担当。强化经济监督,助推稳进提质。开展低效工业用地整治及亿元以上制造业项目落地情况专题询问、经济稳进提质攻坚行动暨产业项目建设专项视察,助推经济高质量发展。听取审议区政府关于财政及政府部门审计查出问题整改情况、国有资产管理情况、债务管理和专项债使用情况等报告,开展重点财政支出绩效评价。规范乡镇人大对政府财政预决算执行情况监督。强化联动监督,助推法规实施。开展环境保护法“一法一条例”、节约能源法“一法一办法”、乡村振兴促进法 “一法一条例”、《中华人民共和国就业促进法》、《浙江省综合行政执法条例》、《浙江省宗教事务条例》执法检查,推动法律法规实施和纾困解难政策举措落地。发挥白龙桥镇人大主席团省级基层立法联系点作用, 参与立法征询活动及建议收集。强化司法监督,助推公平正义。听取审议法治政府建设情况报告,跟踪监督“八五”普法决议执行。首次听取审议区监委关于整治群众身边不正之风和腐败问题工作报告,助推清廉婺城建设。听取审议打击电信网络诈骗违法犯罪工作报告，推动防范诈骗各项措施落实。听取审议检察院关于刑事检察工作报告，开展非诉讼纠纷解决机制建设调研，助推检察院提升法律监督能力。开展法院派出法庭建设情况视察，对法院践行司法为民提供有力支持。开展"两官"评议，提升"两官"履职能力和水平。对"一府两院"报送的39件规范性文件和公检法359件司法文书、重要文件进行备案审查。通过"金法督"对市人大制定的法规条例实施情况全程跟踪监督。

【提升履职能力】 2022年，婺城区人民代表大会常务委员会制定"双联系四联动"实施方案，常态化开展代表进站接待选民活动。根据省市人大"六访六促"主题活动要求，制定"八大行动"活动方案，组织代表深入基层一线开展调研视察，提出意见建议，助力高质量发展建设共同富裕示范区。组织市、区两级人大代表走进市"8890"便民服务中心接听服务热线活动2次，受理市民诉求67件。邀请基层代表列席常委会会议和参加重大活动，全年邀请30名代表列席常委会会议、170人次参加重大活动。强化建议办理，增强履职效力。主任会议、常委会会议听取审议代表建议办理情况报告，要求承办单位把建议办理从"书面答复"向"解决问题"转变，不断提升建议办理质效。全面落实常委会领导领衔和专工委对重点建议办理跟踪督办制度，开展专题询问和满意度测评，推动重点建议办理取得成效。区十届人大一次会议期间收到代表建议298件，现已全部办结，解决或基本解决的占96%。

【基层建设】 2022年，婺城区人民代表大会常务委员会组建工作专班，制定工作方案，以区代表联络总站为引领，白龙桥镇代表联络站为试点，25个乡镇街道分批推进的"1+1+25"建设思路为指导，纵深推进基层单元建设。完成区代表联络总站建设，打造了婺城人大工作新的"金名片"。严格标准，高质量推进迭代升级。严格落实"123456"基层单元建设标准，指导各乡镇（街道）结合本地实际，打造个性化、差异化特色品牌。常委会组成人员会前带着审议议题进站听取代表和群众意见建议，提高审议质量。持续开展区级领导干部代表和"一府一委两院"负责人走进人大代表联络站主题活动，解决群众关心关切的问题。开展"局长进站"活动，着力推动民生问题有效解决。区级领导干部共进站41人次，解决问题79件；"局长进站"65人次，解决问题85件。数字引领，高要求推进系统应用。通过"浙里人大代表"履职综合应用及"金代通"应用场景，有效提高人大工作的精准度和实效性。推进代表联络站和人大代表挂牌亮码，方便选民群众通过微信扫码等方式随时随地联系代表。通过基层单元数字系统发布区级人大立法监督议题14项，征集意见2万余条，各级人大代表参与主题活动提交意见建议8790条，收集民情民意1万余条，归集本年度代表议案建议298条。

【乡村振兴】 2022年，婺城区人民代表大会常务委员会在增进民生福祉中厚植为民情怀。助力农业农村全面振兴。听取审议区政府关于《金华市传统村落保护条例》实施情况、耕地"非粮化"目标任务完成情况报告、山塘水库除险加固建设情况、农村生活污水治理情况等报告，进一步助推乡村振兴。开展"助推共同富裕，共创未来乡村"、下山安居创富工程、茶产业发展等调研，摸准现状、找准问题、提准建议，推动乡村振兴有效实施。助力公共服务提质增效。听取审议区政府关于交通项目建设工作情况、长湖湾活力新城项目实施片区开发情况、《金华市养犬管理规定》实施情况、推行退役军人全生命周期管理保障新模式工作、智慧医疗建设和提升基层医疗服务水平情况等报告，助推城市能级提升。开展社会保障性住房建设项目专项监督，助推政府下大力气解决低收入群体住房问题。开展疫情防控保障情况视察，着力推动疫情防控各项政策落细落实，全力守护人民群众生命安全和身体健康。助力民生事业稳步发展。听取审议区政府关于"双减"政策工作开展情况、完善"1+8+X"大救助体系情况、节地生态安葬情况、民生实事项目完成情况等报告，与市人大联动开展金华市2022年民生实事项目人大代表督政活动，组织代表对婺城区的任务完成情况进行督查并开展电视督政，进一步推动民生实事项目全面完成。开展居家养老服务体系建设专项视察，探索社区养老、居家养老新型运营模式。

【党风廉政建设】 2022年，婺城区人民代表大会常务委员会不断强化政治建设。定期召开学习会,广泛开展“六学六进六争先”活动,贯彻落实省、市党代会和各次全会精神,在推动“两个先行”“三中心三高地”的落实上贡献人大智慧和力量。贯彻落实全区清廉婺城建设推进会精神,常态化抓好常委会党组党风廉政建设。坚决落实“第一责任人”和“一岗双责”制度,把稳扛牢全面从严治党主体责任。深入开展“四风”问题专项整治,让各类隐形变异“四风”问题无处遁形。抓好常委会党组、机关党组民主生活会、支部组织生活会、“三会一课”、主题党日等制度落实,加强对党员的教育管理。落实党组意识形态工作主体责任,把牢意识形态工作主动权。加强人大宣传工作,共在省市区级媒体发表理论文章和新闻稿件63篇,其中11篇获主要领导批示肯定。拉高标杆,不断强化队伍建设。始终抓好干部队伍建设,着力提升干部履职能力和水平。树立实干争先导向,强化人大也是一线意识。深入推进人大数字化改革,以数字化赋能人大干部履职。引导人大机关干部守住道德“底线”、不踩纪律“红线”、远离法律“高压线”,做到清清白白做人、干干净净干事。

重要会议

【区十届人大一次会议】 1月23—27日,区十届人大一次会议召开。出席会议的区人大代表291人,列席人员33人,参加区政协五届一次会议的全体委员列席会议。会议听取和审查区政府区长胡余仙所作的政府工作报告,审议金华经济技术开发区管委会工作报告,审查、批准金华市婺城区2021年国民经济和社会发展计划执行情况及2022年国民经济和社会发展计划、金华市婺城区2021年财政预算执行情况和2022年财政预算,听取和审查区人大常委会主任朱利群所作的金华市婺城区人民代表大会常务委员会工作报告、区人民法院代院长丁胜所作的金华市婺城区人民法院工作报告、区人民检察院检察长李良才所作的金华市婺城区人民检察院工作报告。会议通过关于批准上述六个报告的相应决议。会议选举朱利群为区十届人大常委会主任,盛奇兵、范锋鑫、章旭升、胡霞亮、徐建陆、吴旭涌为副主任,丁美国等28人为委员;选举胡余仙为区政府区长,吕良勇、王兴国、严卫星、江少华、徐镜跃、胡广辉、洪一政、李可春为副区长;选举魏然为区监察委员会主任,丁胜为区人民法院院长,李良才为区人民检察院检察长。选举出席金华市第八届人民代表大会代表,通过区十届人民代表大会各专门委员会组成人员名单。会议对区人民政府2022年度民生实事项目进行票决,表彰2021年度区人大工作各项先进。

2022年婺城区人大常委会会议情况表

表4

时间	会次	主要议题
3月1日	区人大常委会第一次会议	会议传达学习习近平总书记重要讲话精神、省市领导讲话及相关会议精神;传达学习金华市第八次党代会精神;表决通过有关人事任免事项;审议通过区十届人大常委会代表资格审查委员会名单;审议通过2022年度区人大常委会交办街道工委工作
3月30日	区人大常委会第二次会议	会议表决通过有关人事任免事项,为新任命的国家机关工作人员颁发任命书,并举行宪法宣誓仪式。随后,常委会组成人员及部分代表视察省第十七届运动会场馆建设及赛事准备情况,先后来到皮划艇(赛艇)场馆、小轮车场馆、滑轮场馆,了解项目建设情况、下一步工作计划及存在的困难

续表 4

时间	会次	主要议题
5 月 27 日	区人大常委第三次会议	会议听取和审议江南公安分局有关报告；听取和审议区政府关于 2021 年政府投资计划完成情况和 2022 年政府投资计划编制情况的报告；听取和审议区政府关于劳动就业保障情况的报告；听取和审议区政府关于完善“1+8+X”大救助体系情况的报告；邀请陈璐律师作《中华人民共和国家庭教育促进法》专题辅导报告
6 月 28 日	区人大常委会第四次会议	会议传达了省第十五次党代会精神，并结合人大实际提出“八个聚焦”的具体措施，安排部署相关工作。会议听取和审议区检察院关于刑事检察工作的报告；听取和审议区政府关于 2021 年婺城区国有资产管理情况的综合报告；听取和审议关于《中华人民共和国节约能源法》和《浙江省实施〈中华人民共和国节约能源法〉办法》贯彻实施情况和执法检查情况的报告；听取和审议区政府关于婺城区“双减”政策工作开展情况的报告。会议听取区政府常态化疫情防控工作情况汇报。会议要求，要保持定力，坚决守住思想上的抗疫阵地；要持续用力，毫不松懈抓好常态化疫情防控工作；要精准发力，围绕战时要求做好万全准备；要齐心协力，高效统筹疫情防控和经济社会发展
8 月 30 日	区人大常委会第五次会议	会议传达学习全省各级人大常委会主任学习会精神。会议听取和审议区政府关于婺城区 2022 年上半年国民经济和社会发展计划执行情况的报告；听取和审议区政府关于婺城区 2021 年财政决算草案和 2022 年 6 月止预算执行情况的报告；听取和审议区政府关于婺城区 2021 年度财政预算执行和其他财政收支情况的审计工作报告；审查批准 2021 年度区财政决算。会议听取和审议了区人大常委会关于《浙江省综合行政执法条例》执法检查情况的报告、区政府关于《浙江省综合行政执法条例》贯彻实施情况的报告。会议听取和审议区政府、金华经济开发区管委会关于打击治理电信网络诈骗违法犯罪工作的报告。会议作出了关于调整区法院人民陪审员名额的决定；表决通过了一批人事任免事项；会议还研究了其他事项
8 月 31 日	区人大常委会第六次会议	区十届人大常委会第六次会议开展法官检察官履职评议。会议听取 10 名被评议的法官检察官(以下简称“两官”)的履职情况报告和区人大常委会法官检察官履职评议工作领导小组关于履职评议工作情况的调研报告。随后，区人大常委会组成人员和列席会议人大代表发表评议意见，区人大常委会组成人员对被评议“两官”进行履职测评。最终，法官王娜、罗华和检察官黄张弩、赵明被评为优秀等次，其他 6 人被评为合格等次
9 月 28 日	区人大常委会第七次会议	听取 2022 年以来全区经济社会发展情况报告。听取汇报后，10 名区人大代表结合自己的工作作了交流发言，一致认为，区政府经济社会发展情况报告总结工作实事求是，分析问题客观务实，部署任务思路清晰、重点突出、措施具体，符合发展实际，符合人民群众意愿，有力地鼓舞了人心、提振了信心、坚定了决心，并提出 25 条意见建议

续表 4

时间	会次	主要议题
10 月 27 日	区人大常委会第八次会议	会议传达学习了中共二十大精神，听取审议了区监委关于整治群众身边不正之风和腐败问题工作情况的报告。会议还听取审议了区政府关于交通项目建设工作情况和 2022 年耕地“非粮化”整治目标任务完成情况的报告；审议通过了区政府关于 2022 年财政预算调整情况的报告；书面审议了各人大街道工委关于 2022 年交办工作任务完成情况的报告，通过了人事任免和其他事项
10 月 31 日	区人大常委会第九次会议	婺城区十届人大常委会召开第九次会议，开展十届人大一次会议代表重点建议办理情况专题询问。会上，代表们开门见山、直击要害，分别围绕助推茶产业发展、加强水利设施修缮、加强制造业引领和支持、做好“非粮化”整治后半篇文章、加强社区居家养老服务等十件重点建议，对区政府及金华开发区管委会重点建议主办单位负责人进行询问。被询问的单位就建议的办理思路和工作进度，向询问代表作了详尽的汇报，并就下一步的办理措施与到会代表进行交流，广泛征求代表们对办理工作的建议和意见。随后，区人大常委会组成人员和建议领衔代表对十件重点建议进行满意度测评，测评结果当场公布
12 月 9 日	区人大常委会第十次会议	会议听取和审议区政府关于 2022 年婺城区地方政府专项债券项目安排情况的报告。会议听取和审议法制和监察司法工委关于 2022 年度规范性文件备案审查工作的报告。会议表决通过一批人事任免事项，为新任命的国家机关工作人员颁发任命书，并举行宪法宣誓仪式；审议部分市、区人大代表辞去代表职务的报告并作出依法接受辞去代表职务的决议；补选了 1 名市人大代表；作出补选区人大代表的决定；作出召开区十届人大二次会议的决定

重要活动

【视察与调研】 3 月 23 日，组织新一届人大法监司委员会组成人员，就浙江省金华市人大常委会白龙桥镇基层立法联系点建设情况开展视察。视察组实地查看白龙桥镇基层立法联系点，详细了解联系点成立的背景、日常职责和软硬件建设情况，听取白龙桥镇人大主席团的介绍和汇报，举行立法联系点第二批信息员聘任仪式并开展座谈。

3 月 24 日，组织代表开展春耕备耕、“非粮化”整治后粮食种植情况调研。调研组先后来到婺城区长山乡、白龙桥镇和蒋堂镇，通过实地查看、听取工作报告等方式，详细了解春耕备耕、“非粮化”整治后粮食种植情况、存在问题及下步工作安排。

6 月 16 日，组织部分区人大代表，视察未来乡村建设工作。视察组先后实地走访了大岭村的游客服务中心、民宿、协会组织工作室等地，参观了竹马村的共同富裕馆等地，详细了解村庄产业、风貌、文化、治理等未来乡村建设情况。在随后召开的座谈会上，视察组听取了全区未来乡村建设情况及下步思路，并积极出谋划策。

10 月 13 日，组织开展城市服务能力提升工程民生实事项目视察，并召开座谈。视察组一行先后来到新狮街道柳湖花园社区和玉泉社区，详细了解未来社区提升改造工程、党群服务中心提档升级工程等项目实施情况。随后的座谈会上，相关部门分别介绍了项目实施进度、存在问题和下步计划，人大代表们纷纷畅所欲言、建言献策，共促城市服务能力提升工程落实落细。

9 月 21 日，组织部分区人大代表开展节地生态公墓建设视察活动，并召开座谈会。视察组先后到蒋堂镇立新村和琅琊镇徐村察看节地生态公墓建设情况，详细了解项目建设中存在的困难和下步打算。随后，听取区民政局、琅琊镇关于节地生态安葬公墓建设推进情况和建设情况的汇报。

10月20日，婺城区人大常委会组织部分人大代表开展全区交通项目建设情况视察。实地察看S315三门至龙游公路婺城330国道至龙游界改建工程（虹戴公路）、兰溪上华至婺城琅琊公路项目、华龙南街北延工程、G60沪昆高速公路金华互通至浙赣界段改扩建工程（婺城段）等重点交通项目建设情况。随后，召开座谈会听取全区重点交通项目建设情况的汇报，并提出意见建议。

9月23日，金华市八届人大代表婺城中心组第二小组到今飞智造摩轮有限公司，视察"未来工厂"建设情况，助力经济稳进提质。代表们深入公司智能制造车间、数字化管理平台、产品展厅等地，通过实地观看、听取介绍等方式了解产业平台建设、科技创新、经济稳进提质政策落实等情况。

11月3日，省十三届人大代表金华中心组第一小组到婺城区婺畔雅居考察区长湖湾"活力新城"规划建设情况，到铁路文化公园考察金华铁路发展历史变迁情况，到熊猫猪猪·两头乌国际牧场考察共同富裕示范区建设情况。

【重点建议督办】 全面落实常委会领导领衔和专工委对重点建议办理跟踪督办制度，对重点建议办理进行专题询问和满意度测评，推动重点建议办理取得成效。区十届人大一次会议期间收到代表建议298件（其中10件为重点建议），已全部办结，已经解决或基本解决的占96%。

【基层单元建设】 聚焦"联、商、督、促、智"五大功能，找准"全过程人民民主"坐标方位，全力推进代表联络站迭代升级，高质量建设基层单元。谋划"1+1+25"建设思路，以区代表联络总站为引领，白龙桥镇代表联络站为试点，25个乡镇街道分批次推进。全面完成区人大代表联络总站建设，打造婺城人大工作新的"金名片"。

【干部代表走进联络站】 持续开展区级领导干部代表和"一府一委两院"负责人走进人大代表联络站主题活动，解决群众关心关切的问题。开展常委会组成人员会前带着审议议题进站听取代表和群众意见建议活动，提高审议质量。开展"局长进站"活动，着力推动民生问题有效解决。2022年，区级领导干部进站41人次，解决问题79件；"局长进站"65人次，解决问题85件。

【听取区监察委员会工作报告】 首次听取和审议区监察委员会《关于整治群众身边腐败和不正之风工作情况的报告》，并建议区监委要坚持党的全面领导，推动监督保障更加精，坚守"监督的再监督"定位，把政治监督贯穿整治工作全过程。要加大宣传力度，营造良好氛围，更大范围宣传引导群众参与，让群众感受整治工作就在身边、整治成果就在眼前，激发群众参与热情。要深化专项治理和集中整治，推动基层治理更加深入，推动正风肃纪反腐与深化改革、完善制度、促进治理有序贯通，将实际实践和整治成果固化下来，最大限度转化为制度优势，实现政治效果、纪法效果、社会效果最大化。

【"两官"评议】 开展法官检察官履职评议，听取10名被评议的法官检察官的履职情况报告和区人大常委会法官检察官履职评议工作领导小组关于履职评议工作情况的调研报告。区人大常委会组成人员和列席会议人大代表发表评议意见，区人大常委会组成人员对被评议"两官"进行履职测评。

【专题询问】 开展低效工业用地整治及亿元以上制造业项目落地情况专题询问。4名区人大常委会组成人员、3名区人大代表就推进低效工业用地整治和招大引强助推制造业发展等相关热点难点，接连提出8个询问问题。面对提出的问题，区政府及有关部门一一应询，加强沟通，形成共识。开展区十届人大一次会议代表重点建议办理情况专题询问，代表们围绕助推茶产业发展、加强水利设施修缮、加强制造业引领和支持、做好"非粮化"整治后半篇文章、加强社区居家养老服务等十件重点建议，对区政府及金华经济技术开发区管委会重点建议主办单位负责人进行询问及满意度测评。　（李双双）

综述

【基本情况】 2022年,婺城区人民政府在区委的领导下,在区人大、区政协的监督支持下,团结依靠全区人民,坚持以习近平新时代中国特色社会主义思想为指导,以数字化改革为引领,大力实施“1483”发展战略,实现经济社会发展稳中有进,民生福祉保障有力,各项社会事业繁荣发展,群众获得感、幸福感、安全感不断提升,高能级现代化都市核心区建设实现良好开局。2022年,实现生产总值353.73亿元,与上年持平;区级一般公共预算收入比上年增长19.1%;限额以上固定资产投资比上年增长14.3%;城镇和农村居民人均可支配收入分别增长1.1%和1.8%。

【重大项目建设】 2月17日,婺城区产业项目攻坚年誓师大会暨百亿重大项目开工仪式在婺城经济开发区正凯项目现场举行,浙江锦凯智塑科技有限公司等5个10亿元以上制造业项目开工建设。2022年,婺城区开展“产业项目攻坚年”六大行动,实施政府及国有企业投资项目209个,实现固定资产投资138.1亿元,比上年增长14.3%。省“4+1”、省“六个千亿”等重大项目均完成年度任务。17个专项债券项目争取额度10.93亿元,实现开工支付百分百。争取中央预算内资金超1.1亿元,统筹谋划重大项目152个,总投资716亿元。年度计划投资近145.6亿元。共选取省市重点、标杆项目43个,总投资369亿元,涵盖产业园区、高端装备、智能制造、铁路交通、基础能源、医疗保障和民生安居等多个领域。

【婺州举岩茶入选联合国教科文组织人类非遗代表名录】 11月29日,中国申报的“中国传统制茶技艺及其相关习俗”在摩洛哥巴特召开的联合国教科文组织非物质文化遗产政府间委员会第17届常会上通过评审,列入联合国教科文组织人类非物质文化遗产代表作名录。婺城区国家级非遗项目婺州举岩制作技艺名列其中。婺州举岩,又称“碧乳”,产于浙江金华双龙洞附近的鹿田村一带,在婺城区罗店镇鹿田村有4公顷举岩老茶园。婺州举岩制作始于唐,兴于宋,盛于明清,是中国贡茶历史上最久远的茶品之一。婺州举岩制作技艺作为中国传统制茶技艺及相关习俗中具有代表性的一个子项目入选人类非遗为中国茶走向世界带来新的机遇,也为婺城文旅产业发展贡献了又一张金名片。区委书记高峰在“婺州举岩”的商标持有人——浙江者采云间茶叶有限公司开展“四大双四百三全”活动时强调,要以习近平总书记对非物质文化遗产保护工作作出的重要指示为引领,强化对茶花茶叶产业高质量发展的组织领导,进一步健全完善产业规划和政策体系,加大“婺州举岩”“婺城茶花”等品牌宣传力度,积极举办各类论坛活动,扩大品牌影响,带动产业发展。婺城区要做好茶产业、茶文化、茶旅游相互融合的大文章,通过实施“小茶叶大市场”“小产品大品牌”“小企业大集团”的合纵连横战略,建立新型农业发展联合体,分工协作,跨界协同,培育壮大特色产业,提高婺城茶产业整体竞争力,促进农业增效、农民增收，全力助推乡村振兴，实现共同富裕。奋力走出特色农业现代化实践新路径。

【下山安居创富】 2022 年，婺城区将实施下山移民安置分房”列为 2022 年婺城区民生实事项目。下山安居创富工程统筹南部山区保护与发展，带动山区群众共同富裕。2022 年，确定箬阳乡黄阳村等 8 个建制村、琅琊镇妙康里村下陈自然村等 7 个自然村为新一轮整村搬迁规划村。加速推进白龙桥安置小区建设前期工作，7 月底完成施工单位招标，8 月底进场施工，项目概算总投资 17.5 亿元，建设 34.06 万平方米 1872 套安置房，到 2022 年年底完成投资 4 亿元，基本完成土方开挖外运。8 月，蒋堂移民新村二期安置小区 14.3 万平方米、864 套安置房完成竣工验收，总投资 4.3 亿元。于 9 月 5—9 日、11 月 29 日两次进行安置分房，分房工作整体平稳有序，共 554 户、1368 人参加搬迁安置。为加快推进异地搬迁工作，缓解搬迁群众资金压力，拨付各级异地搬迁补助、生态移民补助资金共计 3602.36 万元。

【获评全省深化“千万工程”建设新时代美丽乡村(农村人居环境提升)工作优胜县】 2022 年，婺城区坚持“点上出精品、线上皆风景、面上可示范”发展思路，深化推进美丽乡村建设和乡村振兴工作，不断擘画美丽乡村新图景，筑梦共同富裕新征程。构建“区、镇、村”美丽乡村三级规划体系，实现乡村特色发展、建成省级共同富裕新时代美丽乡村示范带 1 条、省级示范乡镇 8 个、省级特色精品村 28 个、省级美丽宜居示范村 19 个，农村生活垃圾处理、农村生活污水处理设施建制村覆盖率分别达到 95%、96.1%，农村无害化卫生厕所普及率达 99.96%，提升全区农村整体品质，改善乡村环境。12 月 11 日，浙江省“千村示范、万村整治”工作协调小组办公室《关于公布 2022 年度全省深化“千万工程”建设新时代美丽乡村(农村人居环境提升)工作优胜县等名单的通知》，婺城区获评 2022 年度全省深化“千万工程”建设新时代美丽乡村(农村人居环境提升)工作优胜县。

【学前教育获省政府督察激励】 6 月 2 日，《浙江省人民政府办公厅发布关于对 2021 学年落实有关重大政策措施真抓实干成效明显地方予以督查激励的通报》，在实施学前教育提升行动计划成效明显的县(市、区)专栏中，婺城区榜上有名。2022 年，婺城区紧扣“建设高能级现代化都市核心区”，围绕创建“全国义务教育优质均衡区”“区域学前教育普及普惠区”两大目标，婺城区学前教育开启从“幼有所育”走向“幼有优育”的快车道，优质教育资源快速增长，教师队伍建设有力强化，幼小科学衔接理念不断革新。公办园招生覆盖面从 2017 年的 18.3%发展到 2022 年的 51.77%，普惠性幼儿园招生覆盖面 90.31%，二级及以上幼儿园招生覆盖面 62.54%。老百姓对优质学前教育的需求逐渐增大，优质幼儿园，特别是公办普惠性幼儿园较为紧缺，优质普惠公办园的建成不仅能弥补教育短板，也将进一步完善学前教育公共服务体系，婺城区坚持教育优先，落实“1353”工作体系，实现幼儿就近入园、方便入园、入优质园的目标，争创学前教育普及普惠区、全国义务教育优质均衡发展区，打造基础教育最强区。2022 年秋季，婺城区新增 8 所公办幼儿园，新增学位 3690 个。

【获省竞技体育突出贡献奖】 11 月 18 日，浙江省第十七届运动会在金华开幕。婺城区承办省运会女子篮球甲组、男子足球甲组、乒乓球、皮划艇(赛艇)、激流回旋、轮滑、小轮车七个项目比赛。其中皮划艇(赛艇)、轮滑、小轮车等项目的比赛在婺城区水上运动中心举办。婺城区对标省委“五精五高”要求和市委重点工作要求，以“办好一次会、提升一座城”的理念，举全区之力做细做实各项工作，立足长远推动城市面貌蝶变、公共服务优化、体育产业发展，让更多群众共享省运成果。婺城区运动健儿在省第十七届运动会中表现突出，获得赛前加计金牌 31 枚、现场金牌 48.5 枚，金牌总数位列全市第 1，并获得 2018—2021 年浙江省竞技体育突出贡献奖县(市、区级)，充分肯定了婺城为体育事业发展做出的贡献。

区政府办公室工作

【秘书工作】 2022 年，区政府办秘书科按照办文、办会、办事“零差错”“零失误”的标准和要求，压缩发文数量、规范发文流程，清单化、闭环式落实领导批示办理，按月度开展反馈滞后事项督办。全年收文收函4716件，发文594件，办理区政府领导批示3500余件，做到“件件有回音，事事有着落”。不断提升会议权威性和高效性，特别是对区政府常务会议、区长办公会、政府党组会等会议，严格审核把关议程、议题，全年高水平组织和保障会议2000余场。

（裘宇凯）

【金融工作】 2022年，区金融办围绕对接多层次资本市场，提供个性化金融服务，为企业解难题，打通企业融资渠道，发挥金融建设作用。2022年，婺城区兑付企业对接多层次资本市场奖励125.75万元；开展“助企开门红”走访活动，共400多人次参与走访活动，走访企业499家、个体工商户341户、农户1326户，为35家企业办理汇率避险产品；建立金融顾问制度，与120家中小企业达成服务意向，帮助企业对接资本市场，优化融资结构，促进中小企业高质量发展。指导工商银行婺城支行等6家银行深化“金融服务小分队”服务，助推“稳岗贷”“工资贷”等助企惠贷政策解决企业资金需求，全年累计为68家企业落实融资额2.19亿元。参与签约市区“金服·疫路保”项目，保费700万元（婺城区出资120.84万元），保额1400万元，以“保”稳“增”。区政府分别与农业银行金华分行、中信银行金华分行进行战略合作签约，汇聚金融资源。（陈　昆）

【督查工作】 2022年，区政府办督查科对“两稳一保”、重大产业项目、安置房项目建设等重点任务进行专项督查，对疫情防控、国务院大督查、“互联网+督查”中发现的问题实时跟进，累计下发督办单11期，交办单10期，有效督促整改。坚持高位推进“重大督查问题清单”应用工作，制定下发《关于建立重大督查问题清单定期报送机制的通知》等文件，建立长效督查管理工作机制，累计交办省、市、区重大督查问题83件，整改销号率100%，清单管控率指数位居全省前30名。对区十届人大一次会议代表建议和区政协五届一次会议提案办理，省、市、区民生实事完成情况等重要工作开展跟踪督办，办理代表建议218件、委员提案276件，解决率96.33%和97.83%，满意率均达100%。（刘徐薇）

【信息工作】 2022年，区政府办信息科围绕全区中心工作，增强信息工作的敏锐性，多角度挖掘信息，有效拓展信息源。抓住重点，关注热点，剖析难点，及时捕捉苗头性、倾向性问题，及时收集和上报信息，及时、准确、全面地为领导提供情况和决策依据。全年上报省、市政务信息600余篇，省级采用12篇、市级采用90余篇，《基层建议完善货车司机等物流从业人员疫情防控机制》《婺城区“三个强化”提升知识产权治理能力 赋能经济高质量发展》《婺城区创新迭代全流程管控举措确保燃气领域安全》《婺城区积极打造优质学前教育“婺城样板”成效显著》等信息获省、市领导批示肯定。全年编发区级《工作要讯》及专报60余期，较好地发挥参谋作用。

（李晓阳）

【政务公开】 2022年，区政务公开工作围绕区委、区政府决策部署，强化数字化引领，优化政务公开工作流程，加强机制协同，不断夯实政务公开工作基础。全区各级行政机关通过政府网站、微信订阅号、微博公众号等载体累计主动公开信息49367条。对区政府网站整体进行改版升级，更新后台监测系统，提高整体运营能力，发挥区政府网站主载体功能，确保公众及时知晓和获取主动公开的政府信息。全年收到133件政府信息公开依申请件，答复133件，答复率100%。（葛璇锟）

【住房委员会服务中心】 2022年，婺城区住房委员会服务中心主要执行国家、省、市、区住房制度改革的辅助工作；组织实施退休人员住房货币化补贴兑现的辅助工作；建立和完善退休人员住房货币化补贴资料的归档工作；为婺城区人民提供住房改革信息的查询服务工作；协助区政府办公室对公有住房售后维修基金进行管理。根据《关于调整区府办有所属事业单位机构编制的通知》，于2022年8月22日进行机构调整，在区住房委员会服务中心基础上设立区人民政府研究中心，将区住房委员会服务中心的人员编制和职能转至区人民政府研究中心，保留区住房委员会服务中心牌子，核定区人民政府研究中心事业编制7名，核定股级领导职数2名。

（肖秋贞）

【大数据服务中心】 2022年,婺城区围绕省、市数字化改革总体要求,统筹推进公共数据平台建设,推进公共数据资源共建共享和开发利用。依托IRS建设,完成全区50个业务部门系统普查,62个应用的数据目录编制,归集251个数据集,数据总量约3.61亿条,共享使用数据2.87亿条,汇聚公安、交警、水务等多个部门9600多路视频。“浙里办”App全区个人注册用户数18046人,活跃用户数1624458人,“一网通办”办件率99.39%。“浙政钉”App全区累计激活用户数11674人,平均活跃率87.14%。打造“浙政钉2.0”App工作台市级试点,供全市共享复用。制定《婺城区大数据发展管理局网络信息安全制度》《婺城区网络安全应急预案》等网络安全制度规范30多项,下发网络安全通知单7份、提醒函36份、月通报12份,确保中共二十大会议网络安全、政府网站无故障。 (胡旭霞)

【提案办理】 2022年,全区政府系统各有关单位高度重视建议、提案办理工作,按照区政府的安排部署,交办落实工作任务,强化措施要求,加大办理力度,提高答复效率,主动加强与人大代表和政协委员的沟通联系。把工作落到实处,解决存在问题。2022年,办理人大代表建议298件,满意率99.7%;办理政协委员提案276件,满意率100%;办理重点人大建议10件,重点政协提案10件,解决率和满意率都是100%。 (盛 达)

行政服务

【概况】 2022年,全区35个部门纳入办事事项1801项,实现网上办事项1722项,实现比例95.61%;实现掌上办事项1713项,实现比例95.11%;跑零次事项1740项,实现比例96.6%。受理政务服务事项293599件,其中区行政服务中心19578件、基层便民服务中心274021件,受理“网上办”事项289157件,“一网通办”率98.49%。

【全省首创第三方调取信息协同办理应用】 行政服务中心与市公安局婺城分局联合打造第三方调取信息协同办理应用“e快办”,列入全省数字化改革数字社会跑道重大应用。该应用从打破政务2.0只授权本人查询自己信息的机制缺失入手,创建授权第三方信息调取机制,重构第三方信息调取、使用、封存流程,推动跨部门事项联办,最大限度减免审批环节、减少所填表格、压缩办事时限,实现第三方信息查询“零次跑”。上线“浙里办”平台后,已注册律所46家、律师502名,受理申请100多人次。

【便民利企“一件事”迭代升级】 协同多部门迭代升级“一件事”主题式服务,推进关联事项整合集成。2022年,新增“交地一件事”“标准地一件事”等“一件事”集成服务,共梳理形成“一件事”部门协同事项55项。以“交地一件事”为例,利用土地出让成交公示的时间间隙,提前做好集中预审、现场踏勘、信息录入等工作,企业在一天内可领取“建设用地规划许可证”“建设工程规划许可证”“建设工程施工许可证”,实现交地与交证“零时差”。

6月9日,省政府政务公开处副处长邓三(左一)带队到区行政服务大厅督查政务服务
(区行政服务中心供稿)

【建立项目联审联批机制】 在政务服务大厅设置企业项目审批服务专区,通过绘制投资项目全流程事项树状图,明确企业投资项目审批流程,将建设、消防、人防审批按照“一次申请、一套材料、一个批件”的模式,实施“多合一”办理。明确专人盯引、专窗受理、一窗通办,建立“一企一档”服务机制,实现项目从注册、拿地、备案等行政许可环节和产业发展相关环节审批(备案)的全生命周期一站式服务,

推动项目审批时长压缩20%以上。

【全市首创金融服务超市】 聚焦招投标过程中“企业沉淀资金大,垫资周期长”的难题,运用“互联网+公共资源交易+金融”的模式,将金融机构的各种产品和服务进行有机整合,并向投标、中标企业提供涵盖众多金融产品的“一站式”服务,推动电子保函代替各类保证金,降低企业招投标成本。截至11月底,金融服务超市已上线16项金融产品,服务企业1762次,用314.2万元保函释放企业沉淀资金压力7.47亿元。

【建设公共资源交易“一张网”】 全市首推“区乡一体化不见面交易系统”及小额工程交易“网上超市”服务模式。通过统一发布平台、招标文件模板、交易规则、交易场所等方式,将乡镇(街道)建设工程类项目集中到区平台进行不见面交易,实现区乡一体区域共治。2022年,区公共资源交易“一张网”平台完成限额以下工程招投标363宗,成交金额18954.72万元,其中小额工程网上超市完成小额工程施工类项目138宗,成交金额3461.61万元。

【组建助企服务团“点对点”上门服务】 协同区发改局、市自然资源和规划局婺城分局、市生态环境局婺城分局、区建设局等部门组建助企服务团,业务骨干上门为企业答疑解难,通过问题全量收集、每周例会讨论、每月专题研究、跟踪督促催办,协同高效加快项目推进。2022年,为企业解决相关问题59个,代办项目事项300余件。

【乡镇(街道)综合窗口改革】 加强组织协调,建立中心与各乡镇(街道)统筹推进的工作机制,共同出台《婺城区乡镇(街道)综合窗口改革方案》,通过优化窗口人员配置,加强区行政服务中心对乡镇(街道)便民服务中心综合窗口人员调配,建立区、乡两级综合窗口人员轮岗培训制度,强化人力资源支撑,提升政务服务队伍综合素质。已派驻11名政务综合窗口人员代替23名专窗人员,将63个原有窗口整合优化为30个综合窗口。

8月1日,区行政服务中心组织窗口工作人员开展礼仪培训 (区行政服务中心供稿)

【政务服务“政银合作”】 借助农商银行基层网点多、群众基础好的优势,在不增加财力和人力基础上,新增20个政务服务营业网点,与原有18个乡镇(街道)便民服务中心叠加形成紧密覆盖全区的基层政务服务网络,构筑以“乡镇便民服务中心+农商行政务服务专窗为主,上门办、资助办、村代办为补充”的乡村基层政务服务体系。截至11月底,实现191项政务服务事项自助机上“自助办”、65项政务服务事项“上门办”、66项政务服务事项营业网点“就近办”。

【梳理下放政务服务事项】 向乡镇(街道)梳理下放事项清单,规范事项办理流程,加强职能归并,逐步将乡镇(街道)、基层站所涉及的政务服务事项整合到便民服务中心集中办理,实现政务服务2.0平台向基层延伸全面落地应用。下放乡镇(街道)便民服务事项从第一批的351项增加至454项,在村(社区)设立代办点275个,实现83项事项可办。

(钱馨怡)

机关事务服务

【概况】 2022年,婺城区机关事务服务中心以数字化改革为引领,以信息化标准化“双轮驱动”,保障优服务强管理为主攻方向,推进机关事务工作高质量发展。始终保持管党治党“严”的主基调,开展廉政风险点排查和防控,做实做细清廉单元建设,优化风清气正的政治生态,打造“清廉后勤”。

【公务接待】 2022年,中心发挥公务接待“窗口”作用,主要领导带队先后到义乌、兰溪、永康、东阳等地学习考察,交流汲取金华其他县市区的先进经验；到多家酒店学习借鉴餐桌主题设计，挖掘婺城文化、景观、饮食特色，打造白沙溪文化餐桌主题。截至10月底，接待来宾116批、1196人次，完成省财政厅扩中提低改革“提低突破口”调研组、吉林四平市铁西区党政代表团、四川甘孜州自治州道孚县党政代表团等接待保障任务，以及浙江省第十七届运动会、“在杭婺商家乡行”等全区性重大活动的后勤保障工作。

【后勤保障】 2022年，完成全区性大、小型会议保障2450余场。每月对物业服务、园林绿化工作进行检查考核，以常态化的监督管理完善工作记录，力争第一时间发现问题，立行立改。

【安全保卫】 推进安全教育培训常态化制度化，通过聘请安防专家现场授课，观摩安全演练等方式不断增强安保人员安全意识和应急处突能力。定期开展公共区域线路、水电、电源开关等设施设备安全检查，全年完成日常维修2000余次。登记外来访客39941人次，引导处理上访171人次。

【公车管理】 完成日常公务用车保障任务，累计派车4614台次，高效完成婺城区“4·15”疫情、义乌市“8·2”疫情、省委巡视组保障等重大公务活动用车，实现车辆保障“零失误、零投诉”，服务满意率100%。制定《金华市婺城区机关事务服务中心驾驶员工作月考核办法》，加强对驾驶员的统一管理，牢固树立“安全第一”的服务理念，明确“三个强化一个提升”的总要求，做到用制度管人、管车、管事。严格执行公务用车定点加油、定点维修、定点保险的规定，遵循“公开、公正、诚信”的原则，确定全区2022年度8家定点维修单位。

【公共机构节能】 组织召开公共机构节能暨党政机关垃圾分类推进会，发挥公共机构在落实“双碳”目标中的示范引领作用。落实碳达峰碳中和、节能降耗、能耗双控等重大决策部署，先后印发《关于做好节约型机关创建工作的通知》《金华市婺城区关于公共机构带头做好能源“双控”工作的通知》等文件，对照节约型机关创建评分标准，明确公共机构节能重点任务目标、细化分工，层层落实，确保工作责任到人。将节约型机关创建，垃圾分类示范单位创建等工作列入年度计划，定期开展党政机关垃圾分类及“能耗双控”检查，节约型机关创建工作从党政机关延伸至乡镇街道。截至11月底，全区实现党政机关节约型机关、节水型单位、垃圾分类示范单位创建率达100%，超额完成省、市下达的目标任务。启动区行政中心能源费用托管型合同能源管理项目，年底完成公开招标。公共机构生活垃圾分类工作二季度排名列全省22个县(市、区)第1。婺城区机关事务服务中心《向“剩宴”说不 为“光盘”叫好》获评国家机关事务管理局公共机构能源资源节约示范案例。

【数字后勤】 管好用好公务用车一张网平台。根据《浙江省党政机关公务用车管理实施办法》要求，以及省车改办，省机关事务管理局关于深化“全省一张网”建设精神，履行“四统一”管理职责，有序衔接乡镇(街道)应急保障用车管理，将消防用车以外的95辆党政机关公务用车统一纳入“全省一张网”管理平台，实现省、市、区贯通，公车管理合理化，规范化，标准化。抓实办公用房统一管理。根据省、市关于建设党政机关办公用房管理“一张网”要求，委托第三方机构协助完成全区42幢楼134060平方米的基础测绘与信息录入工作。定期对各单位办公用房使用情况进行线上巡检，结合每季度全区办公用房专项检查情况，时时调整更新基础数据，推进办公用房工作动态管理。落实落细能源资源消费统计。用好能源消耗统计管理平台，将全区294家公共机构统一纳入统计范围。公共机构能耗统计由半年报改为月报，统一填报口径和规范要求，对各单位提交的数据开展核查分析，确保数据更新及时准确，以大数据支撑实现精准节能。

【省运会接待服务】 7月23日起，女子篮球（甲组）、男子足球(甲组)、皮划艇(激流回旋)、赛艇和皮划艇(静水)、乒乓球、轮滑、小轮车7个省运项目在婺城区举行。中心对标“办好一个会，提升一座城”的目标，第一时间成立接待服务工作专班，制定《婺城区省运会接待服务工作实施方案》，确定驻点联络员，定期召开专班会议，对省运接待工作进行阶段性小结和部署。科学搭配膳食，提前核对每日菜单，确保各赛事期间每餐菜品的种类与数量均达到供餐要求。协调区图书馆精选适龄图书，搭建临时图书角,带领运动员在赛事之余修养身心。结合赛事主题与婺城特色资源,联合本地企业共同打造运动员之家,带领来宾在赛事之余体验婺城文化。省运赛事圆满结束,婺城区接待服务工作组共收获来自运动员的感谢信30余封,在三次"红黄榜"评选工作中,两次被评为红榜单位。 (催姝琦)

自然资源管理

【概况】 2022年,婺城区自然资源和规划推动各项工作全面提速、奋力突破,在服务保障"十四五"开局起势方面取得新突破,展现新作为。在2019—2022年年度考核中,获得婺城区委、区政府和全市资规系统"双优秀",获2022年度全市资规系统考核第1、婺城区垂直部门考核第1。

【土地开发整理】 2022年,完成187个耕地智保高空探头安装,完成率100%;乡镇田长制巡查机制进一步完善,全年平均巡查率92%,两非问题闭环处置91起,处置率100%;全域土地综合整治村庄搬迁集聚集约用地完成拆迁421户、970人,村庄集聚拆迁规模位于全市前列;新增的7个全域土地综合整治项目工程计划已完成市级审查。

【耕地保护】 2022年,婺城区2018—2020年度涉及全区历年挂账3个土地矿产督察问题通过省级验收;2021年涉及全区耕保督察问题19个,全部完成整改和举证;2022年上海督察局开展土地例行督察中,下发全区督察疑似问题237个,核查完成率100%。

【节约集约用地】 完成低效用地再开发257.07公顷,完成率214%;完成闲置土地处置6公顷,完成率500%;完成盘活存量141.4公顷,完成率125%;完成消化批而未供260.07公顷,完成率115%;完成消化2009—2018年批而未供64.93公顷,完成率117%,各项节约集约用地指标均提前超额完成年度任务。2月,婺城区再次获得市政府低效用地再开发专项奖励资金3338万元,获2021年度专项奖励6464万元,奖励总额市区最多;完成工业用地出让28宗,总面积97.47公顷,供应面积超前两年总和。

【土地出让】 2022年,婺城区共出让经营性用地58宗,面积176.8公顷,收取土地出让金52.08亿元。

【土地资源】 2022年,获新增建设用地指标218.07公顷,完成率327%,保障建武高速公路、金华港婺城港区乾西作业区、公安四所、省运会项目水上运动中心配套停车场和周边道路、"长湖湾"片区住宅用地、接力塘公园、飞扬小镇平台用地、燕语湖十二杉房配套设施、琅琊上马地地块、乾西工贸区安置房等重点项目,按时保质保量完成组件和用地报批工作。

【矿产资源开发利用现状】 2022年年初,全区拥有生产矿山5座,都为中小型建筑用石料矿,其中2座已注销关闭。全区有地热探矿权矿山1个,中小型石料矿山3座,大型石料矿山1座(基建期),地热矿1座(基建期)。2022年,辖区内矿山采出矿量81.9万吨,工业总产值2908万元。

3月16日,省自然资源厅副厅长陈远景(前排中)到婺城开展地矿工作调研

(区自然资源规划局供稿)

【矿产资源管理】 编制完成《金华市婺城区矿产资源规划(2021—2025年)》;2022年,完成工程性采矿公开出让27宗,矿产品处置款1.429亿元;完成浙江省金华市婺城区雅畈镇南干村矿地综合开发利用项目建筑用石料(凝灰岩)矿出让,出让金2.42亿元;完成婺城区矿产地清查工作。

12月8日，省自然资源厅副厅长盛乐山（前排右三）到婺城区调研九龙矿山治理情况

（区自然资源规划局供稿）

【地灾防治】 全区原有地质灾害隐患点7处，2022年新增4处，治理完成3处，剩余1处，其中滑坡1处、崩塌3处，威胁9户、139人，威胁财产约182万元。全区有290个地质灾害风险防范区。2022年，全区结合“下山安居创富”工程，实施婺城区地质灾害全域综合治理。地质灾害避让搬迁124户、320人；完成地质灾害危险区域避让转移175户、414人；对43处地质灾害风险防范区和5处切坡建房不稳定边坡编制治理设计方案。蒋堂镇富硒土地项目成功争创“国家富硒土地”品牌。

【农房确权登记】 2022年，全面开展农房确权登记工作，完成数据入库99497宗，入库率100.02%；完成单一农房及房地一体登记农户数23275户；完成农房“一宗一档”、历年因征地拆迁农户农房等注销档案扫描入库、移交工作，计14697宗。

【不动产登记】 2022年，开展送证下乡、农房确权政策咨询宣传服务活动5次，发放不动产权证942本；办理窗口日常不动产咨询服务3113人次，出具不动产查询证明2575份；开展林权类不动产登记业务，攻坚克难，受理完成林权类不动产登记发证8宗，涉林地面积95.55公顷。

【自然资源统一确权登记】 依据国家、省、市自然资源统一确权登记工作要求，制定出台《金华市婺城区自然资源统一确权登记工作方案》《金华市婺城区自然资源统一确权登记工作实施方案》，编制全区重要自然资源登记清单，制定三年工作计划，确定全区重点自然资源统一确权登记项目。2022年8月，婺城区组织相关专家对第一期自然资源统一确权项目进行验收。经材料审查及讨论质询，专家组一致同意通过验收，完成九峰省级湿地公园、莘畈溪、厚大溪、白沙溪、金兰水库和沙畈水库6个重点自然资源项目确权登簿各项工作。

【各地类变化情况】 2022年，全区土地总面积为1391.24平方千米，各地类数据成果分别为：耕地189.38平方千米、园地74.66平方千米、林地837.41平方千米、草地6.03平方千米、湿地0.5平方千米、城镇村及工矿用地152.93平方千米、交通运输用地43.61平方千米、水域及水利设施用地77.65平方千米，其他土地9.07平方千米。

【用地审批】 2022年，办理用地预审和选址意见及规划条件项目共35件，已选址面积124万平方米；办理建设用地许可证25件，建设用地规划许可面积72万平方米。办理规划审批127件，涉及建筑面积约273万平方米。全年先后入企200余家，为辖区内企业规划、土地审批相关业务提供指导。

【国土资源依法行政工作】 成立行政执法领域突出问题专项整治工作领导小组，制定印发《金华市自然资源和规划局婺城分局关于开展行政执法领域突出问题专项整治的工作方案》等文件；完成“大综合一体化”试点工作，划转出自然资源相关行政执法事项146项，形成一支队伍管理，一个部门受理的高效便捷模式；赋权乡镇（街道）高频执法事项22项，明确职责边界和线索移送方式；婺城区信访工作获评全省自然资源系统无信访积案县（市、区），完成省信访工作联席会议和省自然资源厅交办历史积案24件销号清零；“民呼我为”信访平台分类处置来电、来信、来访、咨询件303件；组织行政许可项目听证1次；完成行政复议案件答复10件；完成行政诉讼案件答辩7件。

【国土资源法律法规宣传】 广泛开展普法工作，通过组织开展“4·22”世界地球日、“6·25”全国土地日、“12·4”宪法宣传日等宣传活动，对外发放普法宣传资料5000余份，悬挂横幅21条；召开全区自然资源工作推进会,组织全区自然资源培训计26课时,培训960余人次。完善信息公开网络渠道,做好各项行政许可、行政执法的信息主动公开。2022年,作出依申请信息公开55件。 (胡 敏)

综合行政执法

【概况】 2022年,婺城区综合行政执法局全年办理行政处罚案件23316件,罚没款共计590.27万元,审批窗口办理行政许可数量2784件。全区重点领域行政执法工作开展执法检查13614次,发现隐患2552处,行政处罚2424次,处罚金额1129.55万元,行政处罚率52.28%,其中5万元以上案件53起,行刑衔接案件14起,重点领域行政执法量占全区行政处罚量的43.66%。区综合行政执法局获评2022年度婺城区"奋楫赶超争先 奋进共同富裕"先进集体、数字化改革突出贡献集体、统筹安全与发展工作突出贡献集体荣誉称号;城东中队、城中中队获评十佳科所站队;区综合行政执法局指挥中心获评市级青年文明号;西市街商圈、回溪街(中山路—人民西路)获评2022年度省级"高品质示范街区""街容示范街"。

【行政执法改革】 2022年,婺城区"大综合一体化"行政执法改革继续"领跑"全省,效能指数99.75分,位居全省第1名;改革指数95.10分,位居全省并列第4名、全市并列第2名,改革工作获市委书记朱重烈重要批示。区改革工作还获评全省有辨识度有影响力法治建设成果和全省县乡法治政府建设"最佳实践"特别项目。区"大综合一体化"行政执法协同指挥应用获评金华市"数字法治好应用"、金华市数字化改革第三批双月"最佳应用"、浙江省司法厅2022年第三批"数字司法好应用"、省委政法委2022年第三批"数字法治好应用"。"大综合一体化"行政执法大数据监督获评2022年度金华市改革突破奖。

【改革思路】 2022年,婺城区把改革作为"一把手"工程,区委常委会专题研究4次,区委书记专题听取汇报3次,批示改革工作4次。改变1班6组的专班制为综合执法办实体化运作,全省率先设立执法办专职副主任,增设综合指导科,增强统筹协调能力,召开"一支队伍管执法"现场推进会6场,发放"三书一函"18份,稳步推进改革落地见效。分别制定6方面60项具体任务和5方面35项具体任务,清单化推动全年改革工作。任务清单60项具体举措完成44项,持续推进13项,未完成3项,完成率95%。未完成的主要指标有规范化建设、"一队一品"创建、人大履职评议。

【改革内容】 2022年,全区贯通执法环节,全面推进监管、执法、监督一体化。制定《婺城区2022年度行政监管执法工作计划》,强化行业监管责任。2022年,全区开展监管检查499969次,其中"综合查一次"730户次,减少企业干扰数353次。全年办理行政处罚案件30011件,其中综合执法案件数23316件,占比77.69%,超过省定目标17.69%。制定下发《金华市婺城区行政执法监督五维体系建设方案》方案,建立"五维监督"体系。其中,区司法局开展行政执法监督10余次,发放监督书30份;区纪委通过行政执法智慧监督平台开展执纪监督11次,发现问题769次,约谈139人次。

【改革机制】 2022年,区综合行政执法事项覆盖28个部门30个领域,执法领域覆盖率达75%,超出省定标准15%;综合行政执法事项从488项增加到2433项,占全区行政执法事项的41.08%,超出省定标准21.08%;专业执法事项2266项,占全区行政执法事项的38.25%;乡镇(街道)执法事项中,试点乡镇(街道)执法事项489项,其他乡镇(街道)执法事项39项,占全区行政执法事项的8.25%。区级层面将全区13个部门14支执法队伍精简"1+5"(1支综合执法队伍+5支专业执法队伍)的全新架构,执法队伍精简率为61.5%。乡镇(街道)层面,按照"1+4+X"队伍架构模式,组建17支乡镇(街道)综合行政执法队,由乡镇(街道)统一管理使用。全区执法部门下沉乡镇(街道)实有人数190人,下沉比例66.05%,超出省定标准6.05%。

【行政执法】 2022年,乡镇(街道)执法队伍持证人数430人,持证率74%,办理案件551件(简易程序案件259件、普通程序案件292件),6—12月乡镇(街道)办理普通程序案件246件[试点乡镇(街道)

108件，其他乡镇(街道)138件]，月均普通程序办案数41件，相比1—5月的月均普通程序办案数的9.2件，提升4.5倍。

【改革成果】 2022年，全国第一部关于“大综合一体化”行政执法改革的书籍《“大综合一体化”行政执法改革的婺城样本与未来构建》出版。《“婺城实践”对推进“大综合一体化”行政执法改革国家试点的样板意义》得到副省长高兴夫批示肯定。“大综合一体化”行政执法智慧监督平台得到省纪委常务副书记陈擎苍批示肯定，婺城区被确定为省纪委“大综合一体化”行政执法大数据监督应用试点区县之一。区检察院“检执联动”机制做法获省检察院检察长贾宇批示肯定，并转发全省检察机关学习。“一支队伍进商圈”“一支队伍进社区”“一支队伍进景区”等一批基层实践成果不断涌现。

【党建提质增效】 2022年，区综合行政执法局以“双建争先”为统领，“城市红管家”党建品牌为基石，召开专题会议统筹谋划，细化50项工作任务。紧盯执法领域廉政风险，运用“第一种形态”有效干预180人次。推进执法办案流程、机动车专用泊位管理、罚没物品规范管理，“执法监管数字应用”建设成效在《浙江新闻联播》等主流栏目刊播。对标“一队一品”党建阵地建设要求，15个基层中队积极打造特色文化，先后建成“雷锋中队”“山水卫士”等多个特色品牌。健全干部培养体系，树立实干导向，营造风清气正、活力担当的政治生态，全局中层干部中90后占比近50%，95后占比20%；开展“3·5”学雷锋、结对帮扶等各类党员志愿服务40余次，在婺城区“4·15”疫情中彰显铁军担当。

【队伍建设】 2022年，区综合行政执法局办公及业务技术用房搬迁至人民西路501号，12个乡镇（街道）综合执法队技术用房完成规范化建设，罗店镇、乾西乡、白龙桥镇、安地镇、箬阳乡、城中街道6个乡镇(街道)综合执法队技术用房在改造提升中。完成18个乡镇(街道)综合行政执法队173名队员的制式执法服装配发，首批14辆特种执法车辆采购配备基层执法一线，台式计算机、多功能一体机、执法记录仪、PDA等执法设备及办公家具按照采购程序持续推进中。

【执法办案】 2022年，全局办理普通程序案件1310件，简易程序案件22006件，新领域案件立案564件，覆盖16个条线38个方面72个事项，及时开展办案情况复盘，对全局一季度、半年度、三季度、四季度行政执法案件评价分析报告进行通报；制作案件文书规范模板、定期开展案件评查，通过每季度开展执法案卷互评互查活动，发现和纠正执法案卷制作中存在的问题，促进各中队文书制作向规范化、案件质量向精良化方面发展。组织理论测试，每月在“执法蓝精灵”App上组织全局队员进行《浙江省综合执法条例》考试，有效提高队员执法办案水平。联合直属中队同公安进行案件交接，通过不断完善行刑衔接工作机制，明确行政责任与刑事责任的区分标准，提高行政案件办理质量，加快涉刑案件移送效率，确保依法行政工作落到实处，实现效率与公平正义的共同推进。建立“检执联动”协作配合机制，与检察院联合下发《关于在“大综合一体化”行政执法改革中加强数字化整体智治协作的实施意见》。通过“检执联动”，加强信息共享与协作配合，不断完善提前介入、行刑衔接等方面的工作机制，全面提升行政执法效能。

【实施三项制度】 2022年，全面实施行政执法公示制度、执法全过程记录制度、重大执法决定法制审核制度。建立投诉举报、立案查处、案件审核、结果公开、监督反馈全过程公开执法办案体系。强化事前公开，公布行政执法权责清单，明确综合行政执法事项，建立健全动态调整机制。规范事中公示，明确执法活动规范性要求，保证执法活动依法依规，做到依法行政。加强事后公开，加强行政处罚决定公示力度，保证行政处罚结果公开，确保执法信息实时有效。规范执法自由裁量权，建立标准化执法指引。推行“说理式执法”“教科书式执法”“轻微违法行为告知承诺制”，提升综合行政执法形象和效能。严格实施案件审查考核制度，实行一案一指导，一环节一审核。建立健全疑难案件法制审核、集体讨论制度。建立区级乡镇(街道)案件法制审核中心，组建法制员队伍，开展跨部门、跨区域、跨层级的行政执法线上协同法制审核。形成执法效益评估机制，定期开展执法编制使用效益评估，视评估结果动态调整派驻执法人员编制数和行政执法辅助人员控制数。

【联合执法】 2022年,区综合行政执法局与各监管部门开展联合执法行动,形成监管和处罚的合力,畅通部门间线索移送,提升检查转处罚率。开展常态化联合执法“综合查一次”,加大食品药品、公共卫生等关系企业和群众切身利益的重点领域执法力度,分领域梳理群众关心关切的突出问题,按照“随机+定期”模式开展集中专项整治。

【依法行政】 2022年,全局被申请行政复议2起。其中,1起行政复议终止,1起在审理中。区局被提起行政诉讼4起,其中因征迁保障行动被提起行政诉讼案件4起。

【普法宣传】 2022年,全局召开法制例会15次,邀请金华市综合行政执法局、婺城区农业农村局、金华中燃燃气有限公司专家进行相关领域的培训授课,提升各中队相关领域案件办理能力,提高办事效率,保证依法行政。编写以案释法,制作普法微篇。全年共发布普法信息111篇,其中省级2篇、市级14篇、区级8篇、微片87篇。常态化开展“以案释法”工作。每月至少以两个典型案例为基础制作“以案释法”简报,全年撰写12期“以案释法”简报。根据“一事项一指引”的形式制作“教科书式”执法指引共29个。全局自2019年推出的“城市红管家”服务品牌后,通过不断更新换代,打造出职能更清晰的服务名片和普法更专业执法队伍。2022年,发放“红管家服务名片”3260余张,通过在社区、居民小区设立的600余个红管家服务牌,共接到求助电话3800余个,解决市民问题2600余个,办理率和回复率均达到100%。利用公众号等新媒体平台,加强与《浙江新闻》、《金华日报》、《直通“8890”》、“婺城融媒”App、婺城普法公众号等多媒体的合作,通过局公众号,发布典型案例向广大市民阐明法律原理,做到推而广之、广而告之,扩大普法宣传的覆盖面。2022年,局公众号上发布微篇313篇,在《今日婺城》、婺城融媒、婺城发布、《金华日报》、《浙江日报》等新闻媒体上发布执法新闻182篇。

【环境整治】 2022年,加强巡查管控力度,规范人行道停车秩序。加大执法力度,查处人行道违停车辆34476辆。对不规范的泊位进行清除、整改人行道机动车泊位568个,非机动车泊位4324米,不断规范和优化婺城区停车环境;在城区开展“牛皮癣”清理工作,每天固定19人参加全区地毯式清理任务,同时各基层中队根据辖区实际,常态化推进整治工作。出动7000余人次参与各类检查与整治,清理“牛皮癣”办证印章类27070处,贷款、办卡类18060处,出租、促销类14000处,家政类6650处,其他类23740处;形成日常巡查、集中治理和突击整治相结合的养犬管理长效机制,使养犬管理工作逐步趋于精细化、制度化、规范化。年度收容流浪犬446只,处罚420起违规养犬行为,累计处罚金额34580元;开展户外广告攻坚行动,按照“减量、治乱、提质”思路,对各乡镇街道辖区内户外广告进行摸排,对发现问题的广告进行修补,对存在安全隐患的广告进行拆除,出动执法人员1500余人次,排查户外广告、招牌3000余处,整改户外广告、招牌1010.45平方米,拆除户外广告、招牌1031.41平方米,罚款17490元。

【违建整治】 2022年,全区获评浙江省“十佳存量违建处置示范典型”,获得1.33公顷结余性用地指标奖励。婺城区“罗店线”获评“省级绿化美化精品道路”及“省级特色精品道路”双荣誉。抓好迎亚运“两路两侧”违法建筑专项整治、安全隐患整治巩固工作、存量违建分类处置,并认真执行《浙江省违法建筑数据质量管控办法》,加紧省系统平台内存量违建销号,落实安全评估和主体安全责任。全年已拆除违建合计面积54.11万平方米,完成市级下达任务目标数的216.45%。全区“三改”任务完成79.92万平方米,完成市下达任务数的125.61%。其中,城中村改造23.48万平方米,完成率210.39%;旧住宅改造40.46万平方米,完成率100%;旧厂区改造15.98万平方米,完成率133.13%。

【垃圾分类】 按照“横向到边、纵向到底、方便投放”原则,2022年实现全区垃圾分类100%全覆盖。建成标准“两定四分”投放点620个、高标准示范小区9个、示范片区1个、示范村4个、3.0版砖混结构投放点18个,标准化分拣中心1座。总量控制实现新突破,近三年婺城生活垃圾总量首次实现负增长（−0.84%），完成全区生活垃圾资源化利用率100%、无害化处理率100%“双百”目标。同时以活动为载体，不断培育民众分类习惯养成，开展“赋能共富路，我们的分类生活”主题摄影大赛活动，收集560余幅（组）作品，评出获奖作品148个；开展“星级投放点”、“星级商铺”评选活动，由属地乡镇（街道）推选投放点和沿街店铺，通过专家评审，择优评选出30个星级投放点和60个星级商铺。以示范引领、典型带路，细化投放点管理，掀起拼争抢创的新高潮。

【数字执法】 2022年，依托一体化智能化公共数据平台，建设“基础信息”“投诉举报”“智能感知”等数据模块，连通行政许可库、机动车数据库、地理信息库等基础数据库，汇聚基层治理四平台、数字城管、“12345”热线、行政执法随手拍小程序等投诉举报信息，共享“雪亮”工程、无人机巡察、油烟监测等前端感知数据，形成多源头、多渠道、多手段的信息收集新格局。建设“事件总览”“AI执法”“智能派件”“限时办结”等模块，依托燃气监管、渣土车管理、危化品监管、烟道治理等特色场景应用，打通机动车监管、危化品运输监测等10个治理系统，运用大数据、AI算法等技术，建立主动感知、信息提醒、限时整改、检查督促的闭环，实现事事有处置、件件有结果。建设“一键指挥”“智能裁量”“案卷评审”等模块，实现行政执法标准化、规范化、可溯化。依托执法记录仪实时显示执法人员、执法车辆的行动轨迹和位置信息，实现执法资源就近调度，建立健全快速反应机制，群众满意度大幅提升。建立五维监督体系，创新数字监督，强化内部监督、联动监督。设立“电子监察室”，贯通区纪委“大综合一体化”行政执法智慧监督平台，在“AI巡兵”模块中接入全区执法人员信息，设立监督指标，确保执法行为公开透明“看得见”、全程留痕可追溯。（黄汇婕）

环境建设与管理

【概况】 2022年，婺城区生态环境保护和建设工作紧紧围绕区委“1483”战略部署，锚定“提升生态能级、打造钟灵毓秀的‘水墨婺城’”目标，积极推进美丽婺城建设，全区生态环境质量持续保持稳定。截至2022年年底，全区$PM_{2.5}$浓度为24微克/米^3，达到国家二级标准及市下达的年度目标任务；空气优良指数（AQI）为90.5%。全区64个乡镇支流交接断面中，Ⅰ～Ⅲ类水质断面63个占98.44%；Ⅳ类水质断面1个占1.56%，无Ⅴ类、劣Ⅴ类水质断面。沙金兰水库集中式饮用水源地水质平稳达到Ⅱ类以上。

【水污染防治】 2022年，婺城区推深做实美丽河湖建设、“污水零直排区”创建等工作，首次获浙江省“五水共治”工作“大禹奖”银鼎，全市“污水零直排区”连片建设工作现场会在婺城区召开，金华江（环城西路桥至兰溪交界）长度约11千米的水岸全面实施清淤疏浚和生态修复，120个城镇生活小区完成“污水零直排”建设，洞溪工业园区“污水零直排”项目加快实施。安地、沙金兰水库饮用水源保护区勘界定标工作全面完成。通园溪环城北路桥段实现疏浚畅通。金华江蓝藻水华治理有效助力省运会水上项目的顺利开展。

【大气污染防治】 常态开展VOCs走航巡查，完成金圆水泥、虎鹰水泥等4家企业水泥行业超低排放改造任务，启动印刷行业挥发性有机物污染整治。

【土壤污染防治】 2022年，全域开展受污染耕地土壤源解析调查工作，完成9个地块土壤污染状况场地调查，17家土壤重点单位完成自行监测、土壤及地下水检测情况报告。启动编制《婺城区畜禽养殖规模化养殖污染防治规划》。

【固废污染防治】 2022年，编制《“十四五”期间“无废城市”工作实施方案》，持续深化“无废城市”创建。完成“无废细胞”创建34个。非标电动自行车回收处置实现闭环管理，小微企业危险废物收运、处置持续规范，医疗废物监督检查实现常态长效。2022年，全区共处置危险废物45930吨，危废处置率达到100%。

【生态保护与创建】 2022年，《婺城区生态环境保护“十四五”规划》《新时代美丽婺城建设实施方案》编制落地，启动编制《国家级生态文明示范区创建实施方案（2022—2025）》。金华龙宝动物园获全市首批生物多样性特色体验地称号，蒋堂镇天然富硒地块获国家认定，熊猫猪猪·两头乌国际牧场获评全省首批“未来农场”,安地镇零碳乡镇试点建设稳步推进。全年完成生物多样性“家底”调查工作,共记录到物种 1034 种,涉及 4 大门类,包括高等植物 823 种、哺乳动物 11 种、鸟类 162 种以及两栖爬行类 38 种。

【项目审批】 2022 年,审批建设项目 66 个,其中省、市、区重大项目 5 个,环评登记表项目网上企业自行在线备案 138 个,备案项目 20 个。

【环境监管与执法】 2022 年,受理环境信访投诉举报 122 件,比上年下降 7.6%,调查处理率 100%,环境信访形势持续向好。持续保持执法高压态势,开展“绿剑 2022”、危废专项治理、空气质量整治、亚运会省运会环境执法、非法制砂大排查大整治等各类专项执法检查,全年出动生态环境执法人员 1810 人次,检查企业 880 家,发现环境问题 189 个,办理行政案件 22 个,行政处罚 93 万元,下达责令改正通知书 128 份,查封扣押 11 家,移送公安部门涉刑 1 件、行政处罚案件 1 件。成功办理全市 2022 年首起生态环境损害赔偿案件,全年办理生态赔偿损害案 7 件,挽回国家损失 11.6 万元。

【环境宣传教育】 2022 年,结合“六五”环境日开展“共建清洁美丽世界”主题宣传活动,组织中小学生走进德朗污水处理厂,举行环保设施公众开放活动,录制“生态婺城行”线上宣传片,启用网络云培训推动新《中华人民共和国固体废物污染环境防治法》《浙江省生态环境保护条例》等普法宣传。根据省美丽办公布的 2022 年度全省生态环境公众满意度调查结果,全区得分 89.56 分,在全省排名第 14。

(沈　丹)

应急管理

【概况】 2022 年,婺城区各类生产安全事故起数、死亡数同前三年平均数相比分别下降 25%和 40%,在浙江省年度安全生产(应急管理)和消防工作目标管理责任制考核中获评优秀,“重大安全生产问题清单”全市排名第 1,在全省除险保安工作评价指数共 11 期晾晒排名中均位于全省中上游,其中第 1 期、第 7 期和第 11 期分别位列全省第 4、第 5 和第1。2022 年,区应急管理局承担省级试点任务2 项,市级试点任务 2 项,承办市级演练 4 场。

【除险保安】 2022 年,成立除险保安领导小组及工作专班,实行区委书记、区长双领导“挂帅”制,以“8431”模式深入推进专班运行、机制运作、检查覆盖,出动检查人员 88743 人次,检查各类生产经营单位 104414 家次,发现问题隐患 39111 项,完成整改 37625 项,整改率 96.2%。下发除险保安指挥长令 15 份、督办单 6 份、安全生产事项交办单 22 份,交办问题隐患 599 个。

【安全生产】 2022 年,梳理上传全量问题库 600 项,全部完成整改;主动推送省、市清单问题 33 项,晋级省级清单问题 1 项,市级清单问题 12 项(已全部完成销号);纳管区级清单问题 120 项,实现“整改一个问题”到“治理一方领域”的跃迁。

【安全生产线上监管】 2022 年,区应急管理局推进危化品全生命周期安全在线系统、工业企业安全在线系统、重大危险源监管系统运行。完善日志管控、监测预警、协同管理、经营使用动态管理、危化品全生命周期管理等功能,通过系统抓牢企业风险研判、安全准入、监测预警、事故隐患、非法违法等情况。2022 年,全区工业企业安全在线平台企业数 1365 家,通过工业企业安全在线企业端自查发现隐患项数 21467 项,政府端检查发现隐患项数 15131 项,机构端检查发现隐患项数 34726 项,合计隐患 71324 项,隐患整改率为 99%;核查危化品全生命周期安全在线非法违法线索 153 条。

【安全生产执法】 2022 年,区应急管理局以“班子执法日”“全员执法”等工作机制为抓手,坚持刚性执法、精准执法,全年立案查处 238 起,处罚金额共计 311.36 万元,同上年相比分别增长 406.38%和 125.27%。移交公安机关追究刑事责任 3 起(非事故行刑衔接 2 起)。注重在执法中普法,在办案中宣教,发挥执法利刃的作用,以强有力的手段倒逼辖区企业积极落实安全生产主体责任。

【安全生产社会化服务】 2022 年,建立 20 个安全生产体检站,对全区 1363 家企业按照“分区域、分级别、网格化”原则,实施安全风险差异化动态管控,绘制“红橙黄蓝”四色图,建立“一企一档”。通过“每月一培训、年中一比武、年底一考核”打造安全生产体检站“婺城样板”,累计指导企业自查隐患总数15959条,机构检查隐患总数21521条,实现整改率98%。

【周末安全“加油站”】 2022年,针对企业当前安全生产法律法规、标准更新快,企业无法及时获取和了解以及安全管理人员专业能力不足等现实问题,打造周末安全“加油站”,坚持问题导向,根据企业需求“订单式”制定培训课程,邀请各级专家授课“送服务”,构建“开放式+公益性”培训,制定“点单式+补漏式”课程,打造“互动式+探讨式”课堂,共完成课程8次,参与企业400余家,引领企业凝聚安全意识,加固基层安全生产堡垒,提高监管水平。

【应急资源全生命周期管理】 2022年,融合婺城区城市大脑——应急指挥平台、可视化调度系统和应急资源动态管理应用,立足“事前管理、事中调度、事后复盘”,实现应急管理由“经验导向”向“数智管控”转变。2022年,统筹管理全区327个仓库、24.75万件应急物资,通过物资临期预警、任务超时预警、状态异常预警等方式,自动下发物资盘点、增补、维保、前置、实操演练等一系列任务计划,实现应急物资“管、养、维”的“一件事”管理。全年完成应急物资维养1367次,及时报修设备32台,发起重要装备异常预警19起,重要物资储备不足预警214起,指导线下补充采购卫星电话、发电机、抽水泵等重要防汛物资233件,价值64万余元。

【可视化指挥调度】 2022年,区应急管理局不断夯实可视化指挥调度能力,利用数字化技术,建立可视化指挥调度系统,并在实战中凸显其效用。5月30日,浙江卫视《新闻深一度》栏目播出《浙江:多地遇强降雨 “人防+技防”筑牢防汛安全线》,关注婺城区在2022年5月28日至5月30日的一轮强降雨中,利用可视化指挥调度系统,通过5G图传技术,实现防汛指挥中心与巡查现场信息实时传输,大幅提升防汛能力和应急处置能力。

【社区应急体系改革】 2022年,成立婺城区应急管理局现代社区建设工作领导小组,局党委书记、局长任组长,各班子成员任副组长。制定《社区应急体系改革专项工作方案》和改革作战图,推行“晾晒推进”机制,实行“无量化不工作”。系统推进应急管理业务工作与现代社区建设融合,提高工作推进效率。结合婺城实际,分山区、平原制定“多案合一”应急预案手册,指导乡、村两级精准履职,模板在全市推广。全面建立以网格为基本单元的社区应急管理组织架构,建立村(社区)应急突击队275支、3649人,组织培训14场次,宣传活动10余场,覆盖群众4万余人。

【压实防汛责任】 2022年,全区落实基层防汛责任人3143名,更新村级防汛形势图273张,录入地质灾害风险防范区受影响人员715人,小流域山洪受影响人员2758人,对84个小流域山洪重点村、7处地质灾害点、290处地质灾害风险防范区落实“一点一策”,确定“一对一”的转移责任人。组织区、乡、村三级责任人培训14场次、700余人。开展基层防汛防台体系标准化建设,系统梳理区、乡、村三级任务清单,印发乡级基层防汛知识读本450本,村级基层防汛知识读本2720本,12月初通过省级验收。

【打赢台风防御战】 2022年,汛期启动防汛Ⅳ级应急响应3次,启动防汛Ⅲ级应急响应2次。9月中旬,台风“梅花”直面浙江,13日19时,区防指启动防台风Ⅲ级应急响应,婺城区乡、村两级责任人全面进岗,按照“多案合一”应急预案手册精准履职。社区应急领导小组组长统筹,以“八张风险清单”为基础,组织乡、村防汛责任人和网格员按照全面开展隐患排查,按照防汛防台应急处置卡实现力量前置,确保第一时间开展抢险救灾。台风影响期间,全区累计发送提醒短信3万条,307个应急广播终端、524个应急大喇叭滚动播放防台风预警提示18条次,转移危险区域人员948人,发挥基层最小作战单元的实战作用,实现“不死人”的防汛工作总目标。

【保障群众用水】 2022年7月后,婺城区降水总体偏少,气温较常年同期异常偏高,8月14日,婺城城区(金华国家气象观测站)最高气温42℃,创历史新高。为做好抗旱保供水工作,全区加强监测预警预报,协调实施人工增雨作业,及时发布旱情预警,密切关注土壤墒情及发展趋势,科学调配水源,提前谋划建设应急水源和安排临时措施,细化完善

“一地一策、一库一策、一厂一策”抗旱应急预案，把保障居民生活用水放在第一位，科学安排用水。区应急管理局、住建局、消防救援大队根据旱情发展，制定运水工作方案，落实运水队伍，共同做好缺水地区的应急送水工作，共计送水 21 车次、送水 199 立方米。

【防范森林火灾】 2022 年，区应急管理局以专项行动领导小组为基础，联合公安、农业农村、消防等部门多次开展森林防灭火专项督查，对乡镇（街道）的部署落实情况、宣传氛围营造、火源管控巡护、装备保养补充、值班信息报送等情况开展全面检查。分别在 8 月中旬和 9 月底发布禁火令，严防森林火灾的发生，保障人民群众生命财产安全。全年组织区级森林防灭火拉练 2 次，参加市级比武 1 次并获得一等奖。10 月，派出两支区级义务森林消防队伍（罗店镇、蒋堂镇）支援永康市森林火灾扑救工作。

12 月 13 日，婺城区代表团在 2022 年“森林卫士杯”全市森林消防技能比武演练中获一等奖

（区应急管理局供稿）

【应急救援保障】 2022 年，探索综合应急救援队伍建设新模式，全区打造应急救援联盟队 10 支，村（社区）应急突击队 275 支，深入开展“每月一练”活动，组织开展区级应急拉（演）练 6 次，参练队伍 54 支次，参练人数 440 余人次，使用装备 510 件次，组织各乡镇（街道）因地制宜开展演练 15 场次，参演 1336 人，全面提升多兵种、多灾情抢险救援实战水平。

（胡小婷）

消防救援

【概况】 2022 年，婺城区消防救援大队（以下简称大队）接警出动 1002 次，出动车辆 2841 辆次，出动警力 16279 次，营救、疏散 300 余人，抢救保护财产价值 1634.38 万元。

【坚持党建引领】 2022 年，大队坚持党建引领核心不动摇，加强党对各项工作的全面领导，牢固树立“班子强，则队伍强；班子兴，则事业兴”的理念，规范和落实基层党组织“九议”制度，严格落实民主集中制，提高团结共事、干事创业的质量水平。深化党建与中心任务深度融合，推动消防救援工作和队伍建设取得新发展新成效。紧盯灭火救援、火灾防控、岗位练兵等主业的贡献率。持续深化“示范基层党组织”创建工作，不断提升党组织建设标准化、运行规范化、生活制度化水平，探索党建“契约化”模式，与地方先进党组织开展联创联建。2022 年，大队党委开展集中理论学习 12 次，主题教育研讨 15 次，外出实地参观见学 7 次，把理论水平提升作为转型升级的基础性工程，提升党委班子从政治上观察、思考和解决问题的统筹能力。大队获婺城区 2022 年度考核优秀单位、获市支队“火焰蓝”执勤岗位练兵比武竞赛团体第一名，大队党委被市支队评为先进大队党委。

【队伍建设】 2022 年，大队树牢“队伍安全稳定是做好一切工作的基础和前提”理念，严格落实好队伍末端管理若干措施要求，逐级落实饮酒报备流程和提示教育、跟踪管理等职责，将责任压实到岗、压实到人。针对“人车酒、网电密、训战勤、婚恋贷”等重点环节、“八小时外”重点时段，实行精准动态管控，做到关口前移、抓早抓小，确保全年不发生较大舆情事件与违纪案件。严格落实作战训练安全事故调查及责任追究制度，深入开展“九无”创建活动，定期分析研判队伍安全形势，查找潜在风险和薄弱环节，消除隐患，堵塞漏洞。持续深化作战训练伤亡专项整治，规范作战行动标准化管控，严格落实作战训练安全事故调查及责任追究制度，守牢作战训练安全底线。

【坚持正向激励】 大队双主官分别当选区党代表和区政协委员，勇于喊响“向主官看齐”口号，牢固树立靠成绩说话的鲜明导向，真正让“肯付出”的人“有收获”。2022 年，倪嘉悦获“消防救援局训练标兵”“浙江金蓝领”“总队优秀共产党员”“婺城区最美退役军人”等多项殊荣称号，吴新亮当选省运会火炬手，社会面宣传立体成势，反响广泛。积极参加市支队组织的各项评比竞赛，获市支队党支部工作法案例评比优秀等次，主题演讲比赛第 3 名，经常性思想教育教案及课件评比第 2 名。在消防员提干方面，1 人取得干部招录考试大学生消防员组全省第 1 名，1 人被中国消防救援学院录取，在新消防员群体内产生拼搏进取的积极感召作用。为表现优秀的消防员、专职队员免费进行厨艺、理发、驾驶、绳索救援等技能培训，累计组织摩托艇驾驶、绳索救援等各类专业培训 17 人次。鼓励优秀消防员参加在职教育，考取相应证书。

2 月 10 日，2022 年度金华市消防救援支队党委扩大会召开，婺城区消防救援大队获多项荣誉

（区消防救援大队供稿）

【提升能力素质】 2022 年，大队始终坚持战斗力唯一标准，坚定党委主抓统领的领导地位，经常性开展“思战、研战、谋战、备战”工作，把好练兵工作重点和方向。大队层级主动进入角色，找准定位，提升带队伍抓训练能力水平；队站层级全身心围绕队伍实际，不断加强理论学习和体技能训练，挖掘发挥自身潜能。严格落实“8:2”训练时间，抓实“3+1”组训模式，制定大队全年训练方案和岗位练兵奖惩方案，做好各类比武竞赛准备。立足辖区灾害特点，针对辖区“高低大化”“两房一店”等安全风险等级较高的单位，抓实六熟悉工作，强化重点场所和重点区域的灭火救援实战演练。

【维护安全稳定】 2022 年，大队在辖区推进“两房一店”消防安全整治，发动各基层力量，累计排查沿街店面 9134 户，清理违规住人 480 余人次，完成防火分隔 550 余户，停业整顿 42 家。以购买第三方服务方式，进行高层建筑大体检，完善基本信息采集，排查建筑 532 幢，完成 120 栋存在问题隐患高层的整改工作，挂牌高层建筑重大火灾隐患单位 2 家。开展“回头看”行动，采用专家团队示范检查、集中约谈等方式，督促单位落实消防安全主体责任，参照大型商业综合体构建“2+2+N”团队管理模式，建立“管理团队+商户”责任体系。强化部门协同，主动对接教育、文旅、公安、应急等多部门持续强化联合执法，结合婺城区产业结构特点和生产企业火灾特点，实施分类整治，挂牌督办整治 13 家工业企业。开展工业企业“危险作业罪”行刑衔接线索排摸，完成移送案件 1 起，检查单位 2163 家，发现隐患 1518 处，督促整改隐患 1514 处，下发处罚决定书 261 份，临时查封 19 家，责令“三停”36 家，罚款 249 万余元，拘留 13 人。

【消防安全落实】 2022 年，大队结合民生实事工作，争取财政保障，推动乡镇（街道）开展弱势群体“敲门行动”，在村民自建房连片区域、高层住宅小区累计安装电动车充电口 2 万余个，安装电梯轿厢阻止系统 700 余套，安装互联式火灾报警器 3000 余件。推广使用单位消防安全风险分析研判管控平台，发挥单位自主管理能力，落实日常消防安全制度。鼓励员工使用“浙里办”App 内的“隐患随手拍”

功能,完成隐患自主闭环整改,压实单位主体责任。同步开展"第三方服务机构"整治,重点整治服务乱象,压实第三方责任。推动"赋权执法",婺城区作为"大综合一体化"行政执法改革试点,大队将"对在疏散通道、安全出口、楼梯间停放电动车的行政处罚"等10项法律、法规、规章规定的全部或部分行政处罚权及与之相关的行政检查权、行政强制权划转至全区18个乡镇(街道),大队持续发力,常态化开展巡查排查,共移交乡镇街道相关线索311条,各乡镇(街道)接收成功,有效压实乡镇(街道)赋权后的监管处罚责任。推动基层消防力量建设。

【消防宣传】 2022年,针对中秋节、国庆节、中共二十大会议安保等重要时间节点,消防宣传工作全面加力,依托电视台、广播、报纸等媒体开展重大火灾隐患集中曝光行动,全年曝光20余家火灾隐患单位;大队官方微信、微博平台每日推送消防资讯;大队消防站、消防教育体验馆全天候接受预约参观;利用LED显示屏、楼宇电视等宣传媒介,循环播出消防安全提示和公益广告,营造浓厚的消防宣传氛围。结合"安全生产月"、"119"消防宣传月等重点时段,开展全方位宣传。全面推进消防体验式场馆建设,依托区青少宫建设契机,投入200余万元建设区级消防科普体验馆,项目处于招标阶段。依托行业部门,分批组织开展小微企业百万员工消防安全大培训活动,主动融入消防安全内容;紧盯关键少数,重点抓好"两人"培训,落实"敲门行动"、"开学第一课"、"119"消防宣传月等工作。依托"百万员工消防安全大培训"、消防"蓝码"平台等累计培训园区内企业员工3万人。全年开展300余场次培训,共完成5000余名行业部门人员、2万余名社会群众、8000余名学生的培训,发放宣传资料10万余份。

(泮济谊)

综述

【基本情况】 婺城区政协共有办公室（研究室）及提案委员会、委员工作委员会、经济科技委员会、资源环境与农业农村工作委员会、教育文化卫生体育与文史资料委员会、社会法制民族宗教与港澳台侨委员会6个专门委员会和罗店工作委员会、乾西工作委员会、竹马工作委员会、雅畈工作委员会、白龙桥工作委员会、琅琊工作委员会、蒋堂工作委员会、汤溪工作委员会、塔石工作委员会、罗埠工作委员会、洋埠工作委员会、苏孟工作委员会12个工作委员会及城东联络组、城中联络组、城西联络组、城北联络组、新狮联络组、江南联络组、西关联络组、三江联络组、秋滨联络组9个联络组。2022年，区政协召开全体会议1次、常委会会议4次、主席会议15次；组织调研视察16次，形成调研报告6篇；共收到以提案形式提出的意见建议296件，按照《中国人民政治协商会议金华市婺城区委员会提案工作规则》，经提案审查委员会审查，立案276件（集体提案12件）。

【党建引领】 坚定不移走中国特色社会主义政治发展道路，保持政治定力，把准政治方向。自觉接受区委领导，出台党领导政协工作考核细则，坚持重大事项、重要问题、重点工作向区委请示报告，主动向区委汇报工作21次，党政领导应邀参加政协活动43人次。扎实抓好政协党建工作，加强政协党组、机关党组、机关党支部建设，出台“信仰之源·同心向党”政协党建工作实施意见，制订完善党建“三联系”等制度12项。开展党建理论工作调研，形成《党建引领县级政协履职增效》系列调研成果。实现政协系统党建“两个全覆盖”，设立党员委员履职临时党支部27个，发挥政协党组把方向、管大局、保落实的作用。

重要会议

【区政协五届一次会议】 1月23—26日，区政协召开五届一次会议。政协委员297名，邀请人员33名，列席人员13名出席。区委书记高峰，区委副书记、代区长胡余仙等区委、区人大、区政府领导同志出席大会，参加联组、分组讨论，与委员们共商婺城改革发展大计。会议审议批准张茹先主席代表第四届区政协常务委员会所作的工作报告，审批批准楼存根副主席代表第四届区政协常务委员会所作的提案工作报告。选举产生政协第五届金华市婺城区委员会主席、副主席、秘书长、常务委员。听取并讨论《政府工作报告》、两院报告及其他报告。会议强调，新一届区政协及其常委会要高举中国特色社会主义伟大旗帜，以习近平新时代中国特色社会主义思想为指导，全面贯彻中共十九大和历次全会精神，深入学习贯彻习近平总书记考察浙江重要讲话和省、市、区党代会精神，忠实践行“八八战略”、奋力打造“重要窗口”，发挥专门协商机构和重要阵地、重要平台、重要渠道作用,不断提高政治协商、民主监督、参政议政水平,助力提升“八个能级”打造“八个高地”,为婺城奋楫赶超争先、奋进共同富裕,建设高能级现代都市核心区做出更大贡献。会议期间,共收到委员意见建议296件,按照《中国人民政治协商会议金华市婺城区委员会提案工作规则》,经提案审查委员会审查,立案276件。

【区政协常委会会议】 1月12日,区政协召开区政协四届二十三次常委会会议。区政协主席张茹先,副主席楼存根、吴月华、张琳鑫、应跃成、舒理成、陈丽萍,秘书长刘志明及政协常委参加会议。会议传达学习中央经济工作会议、中央农村工作会议、中共金华市婺城区第八次代表大会精神;审议通过五届区政协委员名单;审议通过区五届政协常委会组成建议名单(草案);审议通过召开区政协五届一次会议决定(草案),区政协五届一次会议议程、日程(草案),区政协五届一次会议秘书长、副秘书长名单(草案),区政协五届一次会议提案审查委员会名单(草案),区政协五届一次会议邀请和列席人员范围原则意见及名单(草案),区政协五届一次会议分组及召集人名单(草案),区政协四届常委会工作报告(审议稿)及报告人,区政协四届常委会提案工作情况报告(审议稿)及报告人,区政协五届一次会议主席团、主席团会议主持人名单(草案),区政协五届一次会议主席团常务主席、常务主席会议主持人名单(草案),区政协五届一次会议各次大会执行主席及主持人名单(草案),授权主席会议审议区政协四届第二十三次常委会会议未尽事宜的决定(草案);审议通过2021年度政协工作先进集体、优秀委员名单(草案);审议通过有关人事事项;审议通过《关于撤销吴方军政协第四届金华市婺城区委员会委员资格的建议》及其他事项。

2月22日,区政协召开五届一次常委会会议。区政协主席杜建明,副主席应跃成、舒理成、陈丽萍、龚卸平、郑艳球、滕惠芳,秘书长王会星及政协常委参加会议。会议传达学习习近平总书记重要讲话和指示精神、省委高质量发展建设共同富裕示范区推进大会精神;审议通过区政协关于设置专门委员会、工作委员会、联络组的决定;审议通过区政协各专门委员会、工作委员会、联络员组成人员名单;审议通过有关人事事项;审议通过区政协五届一次会议优秀大会发言;审议通过《婺城区政协常委会2022年工作要点》及其他事项。

5月17日,区政协五届二次常委会会议。区委书记高峰,区政协主席杜建明,副主席应跃成、舒理成、陈丽萍、龚卸平、郑艳球、滕惠芳,秘书长王会星及政协常委参加会议。会议传达学习习近平总书记重要讲话、重要会议精神,省政协主席黄莉新来金调研讲话精神,金华市八届人大一次会议和金华市政协八届一次会议精神;听取“民生议事堂”建设工作情况汇报;审议通过有关人事事项,高峰书记应邀出席作重要讲话。会议强调要坚持党的领导,聚焦中心大局,把牢政治引领“方向盘”,锚定靶心跑出“加速度”,用好问题导向“放大镜”,加强自身建设激发“正能量”,紧扣“1483”发展战略“双向发力”,推动政协工作扛旗争先,助力各项工作走在前列,为建设高能级现代化都市核心区贡献政协力量。

9月22日,区政协召开区政协五届三次常委会会议。区政协主席杜建明,副主席应跃成、舒理成、陈丽萍、龚卸平、郑艳球、滕惠芳,秘书长王会星及政协常委参加会议。会议传达学习习近平总书记在中央统战工作会议上的重要讲话精神、中共中央政局会议精神,重要讲话、重要会议精神,省政协主席黄莉新在全省政协主席暑期读书会上的讲话精神,市委八届二次全体(扩大)会议精神,市政协主席宋志恒在全市政协主席暑期读书会暨二季度工作例会上的讲话精神;听取区政协五届委员增补人选情况;审议通过有关人事事项及其他事项。

2022 年婺城区政治协商主席会议情况表

表 5

时间	会次	主要议题
1 月 12 日	区政协四届四十五次主席会议	会议传达学习习近平总书记在全国政协新年茶话会上的讲话精神，国家主席习近平二〇二二年新年贺词；会议审议通过区政协四届二十三次常委会会议日程、议程（草案）；审议通过区五届政协常委会组成建议名单（草案）；审议通过区政协五届一次会议秘书长、副秘书长名单（草案），区政协五届一次会议提案审查委员会名单（草案），区政协五届一次会议邀请和列席人员范围原则意见及名单（草案），区政协五届一次会议分组及召集人名单（草案），区政协五届一次主席团组成原则意见（草案），区政协五届一次会议主席团、主席团会议主持人名单（草案），区政协五届一次会议主席团常务主席、常务主席会议主持人名单（草案），区政协五届一次会议各次大会执行主席及主持人名单（草案），临时党支部分组名单（草案），授权主席会议审议区政协四届第二十三次常委会会议未尽事宜的决定（草案）；研究其他有关事项
1 月 20 日	区政协四届四十六次主席会议	会议审议通过区政协五届一次会议日程（草案）及有关注意事项，大会发言，选举大会有关事宜，致全区政协委员的倡议书，致四届委员政协委员的感谢信，五届一次会议临时党委组成人员名单；研究全体委员合影方案与其他有关事项
2 月 15 日	区政协五届一次主席会议	会议审议通过区政协五届一次常委会会议议程、日程；审议通过区政协关于设置专门委员会、工作委员会、联络组的决定；审议通过政协各专门委员会、工作委员会、联络组组成人员名单；审议通过区政协主席、副主席、秘书长工作分工安排；审议通过人事任务；审议通过《关于表彰区政协五届一次会议优秀大会发言的决定（草案）》；审议通过《2022 年度工作要点》；审议通过《2022 年度协商工作计划》；各专工委汇报 2022 年度工作思路；研究讨论其他事项
3 月 10 日	区政协五届二次主席会议	会议传达学习全国政协全会有关精神、全省数字化改革推进大会精神、金华市第八次党代会精神；审议通过《区政协贯彻落实市、区党代会精神深入开展争先创优实施方案（讨论稿）》；审议通过《浙江城市名片》征编方案；专项汇报“数字政协”建设情况；审议通过区政协《习近平新时代中国特色社会主义思想学习座谈会暨政协委员读书会方案》；审议通过《委员履职考评办法》；研究讨论其他事项
4 月 15 日	区政协五届三次主席会议	会议传达学习习近平总书记重要讲话、重要会议精神（中共中央政治局常务委员会、习近平总书记关于安全生产的重要指示精神、习近平总书记在北京冬奥会、冬残奥会总结表彰大会上的重要讲话精神、习近平总书记在海南调研时的重要讲话精神），省政协主席黄莉新到金华调研讲话精神，市两会精神；审议通过区政协五届二次常委会会议日程、议程（草案）；审议通过《主席会议工作规则（修订草案）》；各专工委汇报重点工作进展情况及下步工作计划；审议通过人事任免与其他事项
6 月 13 日	区政协五届四次主席会议	会议传达学习中共中央政治局会议精神、《中共浙江省委办公厅印发〈关于加强和改进新时代市县政协工作的意见〉的通知》、省政协主席黄莉新到金华调研讲话精神及《金华市政协系统贯彻落实市第八次党代会精神 扎实开展“务实有为、争先创优”活动方案》精神；审议通过区政协《“请你来协商·推动制造业高质量发展 力稳婺城经济大盘”专题协商会议方案》；听取“两个薄弱”乡镇（街道）副书记增补为区政协委员工作情况汇报；听取委员培训有关工作汇报；审议通过《金华市婺城区政协贯彻落实市、区党代会精神 深入开展争先创优实施方案》；研究部署其他事项

续表 5

时间	会次	主要议题
6 月 30 日	区政协五届五次主席会议	会议传达学习《中国共产党政治协商工作条例》精神，省第十五次党代会精神，全市政协系统党的建设工作会议精神；审议通过《中共政协金华市婺城区委员会党组关于建立党员委员履职临时党支部的工作办法》；审议通过《争当排头兵 干出新样子建设“五型”政协机关实施方案》；审议通过《婺城区政协网站建设方案》；审议通过《关于聘请金圆圆等同志为区政协特邀信息员的通知》；研究部署其他事项
7 月 14 日	区政协五届六次主席会议	会议传学习习近平总书记重要讲话、重要会议精神(中共中央政治局重要会议、习近平在中共中央政治局第四十次集体学习时的重要讲话、习近平在中央全面深化改革委员会第二十六次会议上的重要讲话、习近平对研究吸收网民对中共二十大相关工作意见建议的重要指示、习近平给种粮大户回信中的重要讲话、习近平在湖北武汉考察时的重要讲话、习近平在庆祝香港回归祖国 25 周年大户暨香港特别行政区第六届政府就职典礼上的重要讲话)；审议通过“请你来协商·高品质定位高铁新城，打造品质之韵样板区”专题协商会议方案；审议通过“请你来协商·打造共同富裕示范区未来乡村样板”专题协商会议方案；审议通过《关于建立委员履职档案的暂行办法》；审议通过《乡镇街道党领导政协工作考核细则》《2022 年度市对区考核党领导政协工作指标完成情况月度分析制度》；研究部署其他事项
8 月 1 日	区政协五届七次主席会议	会议传达学习习近平总书记重要讲话、重要会议精神(习近平在省部级主要领导干部专题研讨班上的重要讲话精神、习近平关于巡视巡察重要论述精神)，浙江召开巡视巡察工作会议暨十五届省委第一轮巡视动员部署会精神、省政协主席黄莉新在全省政协主席暑期读书会上的讲话精神；研究部署其他工作
8 月 16 日	区政协五届八次主席会议	会议传达学习习近平总书记重要讲话、重要会议精神(习近平在党外人士座谈会上的重要讲话、习近平在中共中央政治局第四十一次集体学习时的重要讲话、习近平在中央统战工作会议上的重要讲话)，市政协主席宋志恒在全市政协主席暑期读书会暨二季度工作例会上的讲话精神；审议通过区政协五届三次常委会会议议程、日程(草案)；审议通过党领导政协工作半年模拟考核情况；审议通过“婺城数字政协”建设总体方案 2.0；听取区政协派驻区社会治理中心有关工作汇报；审议通过有关人事事项；研究部署其他事项
9 月 2 日	区政协五届九次主席会议	会议传达学习习近平总书记重要讲话、重要会议精神(习近平总书记在辽宁考察时的重要讲话精神、中共中央政治局会议精神)，汪洋在全国政协十三届常委会第二十三次会议闭幕会上的重要讲话精神；审议通过区政协专题议政性协商发言材料；听取 2022 年度区政协委员活动经费发放事宜的汇报；听取民生议事堂和协商驿站建设经费等有关事项的汇报；审议通过“请你来协商·守护全民健康，让医疗服务更有温度”协商方案；审议通过“请你来协商·坚持惠民安民，系统化构建基层治理新格局”协商方案；提请委员增补事项；研究部署其他事项
10 月 26 日	区政协五届十次主席会议	传达学习中共二十大精神审议通过委员工作建设实施办法；审议通过“请你来协商·提升垃圾分类水平 推动‘无废城市’建设”协商方案；听取各委室关于 10 月工作总结、11 月工作计划及 2023 工作思路的汇报；研究部署其他事项
11 月 8 日	区政协五届十一次主席会议	传达学习习近平总书记重要讲话精神，全市政协主席三季度工作例会精神；研究近期相关工作；审议通过五届二次会议秘书处工作机构分组安排；研究审议 2022 年委员培训事宜；研究部署其他事项

续表 5

时间	会次	主要议题
12 月 8 日	区政协五届十二次主席会议	传达学习习近平总书记重要会议、重要讲话精神(习近平致 2022 年世界互联网大会乌镇峰会的重要贺信、习近平在二十国集团领导人第十七次峰会上的重要讲话、习近平在亚太经合组织第二十九次领导人非正式会议上的重要讲话精神、习近平对河南安阳市凯信达商贸有限公司火灾事故的重要指示精神);中共二十大精神学习;传达全省政协文史工作会议精神;听取区政协五届一次全会提案办理工作情况的通报;研究区政协五届二次会议有关事项;研究部署其他工作
12 月 19 日	区政协五届十三次主席会议	会议传达学习习近平总书记重要会议、讲话精神;审议通过区政协五届四次常委会会议日程、议程(草案);审议通过区政协五届二次会议邀请和列席人员范围原则意见及名单(草案);审议通过区政协五届二次会议分组及召集人名单(草案);审议通过委员调整名单;审议通过区政协五届二次会议有关事项;审议通过政协第五届婺城区委员会常务委员会工作报告(审议稿)及报告人;审议通过政协第五届婺城区委员会常务委员会关于五届一次会议后提案工作情况报告(审议稿)及报告人;审议通过区政协五届一次会议建议意见办理问询及 2023 年“即提即商即办”提案交办方案;审议通过 2022 年度优秀提案、承办提案先进单位名单(草案);审议通过临时党支部分组名单(草案);审议通过 2022 年度政协工作先进集体、优秀委员名单(草案);审议通过人事任免有关事项;审议通过区政协“六送六服务”活动方案及其他事项

主要工作

【政治协商】 全会期间委员围绕“一府两院”工作报告开展协商讨论,为科学民主决策及相关部门更好开展工作提供民意支撑和民智参考。8 名委员作大会发言,获区委区政府主要领导批示。聚焦奋力提升“八个能级”,全力打造“八个高地”,开展打造共同富裕示范区未来乡村样板、让医疗服务更有温度、系统化构建基层治理新格局等协商活动 6 场,委员参与 342 人次,群众参与 23346 人次,建言数量 2215 条。聚焦城乡经济社会发展、基层社会治理和群众生产生活中的“微困难、微问题、微诉求”,开展“非粮化”整治后半篇文章、“劳动者职业技能提升”等微协商 13 场。

【调研视察】 配合省、市政协开展全国文明城市创建、“安全小区”建设等调研活动 16 次,紧扣常态化疫情防控、城市民族工作、宗教工作等课题深入调研,形成 6 篇调研报告。紧盯“无废城市”聚共识出实招,为破题垃圾分类“关键小事”献计献策 23 条。开展茶产业调研,推动茶产业转型升级,助力婺州举岩成功入选联合国人类非物质文化遗产代表作名录。紧盯群众所需,围绕农村道路亮化工程建设、低收入农户增收、山塘水库除险加固、抗旱保供水等视察监督,为增收致富、农业产业发展集聚智慧和力量。开展纵深推进“大综合一体化行政执法”改革专题视察,提出意见建议 11 条,助推“大综合一体化”行政执法协同指挥应用入选省“最优应用”成果,为打造全省、全国改革样板贡献政协智慧与力量。指导婺商司法服务政协委员会客厅持续助力优化法治营商环境, 推动发布首个化工行业合规指引,并在全市会客厅工作推进会上作典型发言。组织委员参加法院集中执法、检察院企业合规建设公开听证会,开展数字法治、智慧检务等视察,推动政协制度优势转化治理效能。

【民主监督】 聚焦物流业发展开展专项视察,就 G60 高速婺城互通、金华港婺城港区乾西作业区发展汇智聚力。开展未来社区建设专项视察,助推城市微更新工作落地落实。就教育集团化办学工作开展视察,为婺城教育现代化发展添智助力。组织168名委员分别围绕跨境电商发展、省运会筹办工作、高铁新城建设、文物保护工作、无废城市创建、农村水环境治理、农村道路亮化工程建设、法院数字法治综合应用建设、移动5G信息化技术、基层卫生院建设及特色化发展等开展监督、视察,提出意见建议103条。

根据省、市、区政协三级联动工作要求,落实三级联动专项民主监督。开展生活垃圾分类处理、无废城市建设专项民主监督。组织委员到区垃圾分类办、生态环境局、住建局及部分乡镇、村监督调研,依托委员会客厅、民生议事堂等平台,深入了解当前生活垃圾分类、无废城市建设存在问题,广泛听取群众意见建议152条,及时报送材料5篇。

【提案和信息工作】 五届一次全会收集提案296件,正式立案交办276件,不予立案3件,作为社情民意参考17件。所有提案均已办复,提案所涉问题已经解决或基本解决的253件,占91.7%;计划解决的17件,因受条件限制暂时留作参考的6件,委员反馈满意率100%。开展提案"即提即商即办"活动以及政协提案"即提即商即办"活动"回头看"协商;落实提案办理举措,巩固"即提即商即办"活动成果,相关举措在人民政协网、《人民政协报》等媒体刊登。

制订社情民意信息工作实施意见和考核办法,组建区政协五届特邀信息员队伍,发动全体委员撰写报送社情民意信息80余篇次,其中《新农村建设莫忘记"田野"田园公共基础设施建设亟待强化》《建议加强"金华两头乌"猪地方种质资源的保护与利用》2篇获省委常委、常务副省长徐文光批示,《建议加强"金华两头乌"猪地方种质资源的保护与利用》获市长邢志宏批示,5篇社情民意被市政协采用;参与使用市政协统建"民情一点通"数字化应用,上报信息476条,总点击量6600余次,6篇优秀案例上报市政协;依托"婺城政协"微信公众号,定期发布履职工作动态、工作亮点、委员履职风采等100多篇。

【文史工作】 加强存史资政,积极发挥政协文史工作"存史资政、团结育人"的作用,配合省、市政协完成《浙江城市名片》《金华城市名片》征编工作,为打造婺城城市名片、建设高能级现代化都市核心区服务。围绕宋韵文化传世工程建设、打造"婺风宋韵"文化标识凝心聚力,协同市政协编撰《金华古桥》《金华书院考略》,征编《婺城书院》,为加快建设婺城宋韵文化高地、金华浙江中西部文化中心服务助力。

【委员管理】 坚持全员培训,举办政协委员集中业务培训、2022年度政协委员履职能力培训班、政协委员骨干素质能力提升培训班,落实习近平总书记对政协委员提出的"懂政协、会协商、善议政,守纪律、讲规矩、重品行"要求,提升委员的政治把握能力、调查研究能力、联系群众能力、合作共事能力。优化委组建设,加强政协6个专门委员会建设,精选充实一批高素质的政协委员进入专委会,提升整体履职能力;健全基层委组建设,新设安地、秋滨等10个基层委组,优化乡镇工作委员会、街道联络组工作流程,增强委员管理能力。加强党建引领,成立党员委员履职临时党支部,实现"党的组织对党员委员全覆盖,党的工作对政协委员全覆盖"。着力上好委员"思政课",找准政协"定盘星",增进政治认同,用实际行动拥护"两个确立"、做到"两个维护"。加强委员履职管理,出台《政协金华市婺城区委员会委员履职考评办法(试行)》、《政协金华市婺城区委员会关于建立委员履职档案的暂行办法》,提高委员服务与管理工作制度化、规范化、程序化、信息化水平,引导、激励委员积极履职。2022年,评出44位优秀委员,对4名委员发出履职提醒。

【履职为民】 强化社情民意收集工作,设立《人民政协报》、人民政协网驻婺城"民情联系点",收集上报社情民意102条。组织委员参加农民网络文化节,帮助销售农产品,促进农户增收;通过乡村振兴、强村富民结对工作,为莘畈等南部山区捐资引企,助力当地经济发展,促进共同富裕;开展"六送六服务"、重阳节慰问,先后为经济薄弱村、困难群众捐赠物资215万元,助力提升老百姓获得感幸福感安全感。开展"政协大家访",走访联系企业546

家次，收集企业需求168条，协调解决问题143个，助力经济稳进提质发挥政协作用。

【团结联谊工作】 完善政协领导联系走访制度，拓展与各民主党派、工商联和无党派人士联系渠道，加强与各民主党派、工商联、人民团体合作共事。组织各民主党派、人民团体成员和无党派人士代表报送的《推进"三茶"融合发展助力共同富裕》《关于西南山区发展的建议》等10件"直通车"建议得到区委书记批示，研究成果在区委决策和工作部署中得到体现。带领各党派到莘畈、塔石、沙畈、琅琊、苏孟等地开展"同心共富"活动，做好27个兄弟县(市、区)政协到婺城区考察交流工作。加强与少数民族界、宗教界委员交流，增进感情和共识，引导各族各界人士坚定"听党话、跟党走"的信心决心。密切与新的社会阶层人士的联系与沟通，不断扩大"朋友圈"，积极推介婺城区投资环境，鼓励在外婺商回乡投资创业。

【民生议事】 推进民生议事堂建设，印发民生议事堂平台建设实施方案，召开现场推进会、建设推进会、业务培训会，推进民生议事堂乡镇(街道)全覆盖，开展活动26场，参与委员297人次、群众218人次，提出意见建议112条，助推39个民生问题解决。民生议事堂工作在全市工作推进会上作经验介绍，琅琊民生议事堂获评省政协"典型案例"；莘畈"唱响山区创富渔游二重奏"民生议事堂活动，被《人民政协报》专版刊发。推进委员工作室建设。创建26家集体型、7家界别型线上委员工作室，3家界别型线下委员工作室。指导会客厅以会客访客结合、线上线下融合、联合联动聚合的形式开展活动，婺商司法服务委员会客厅在全市会客厅工作推进会上作典型发言，获《人民政协报》、人民政协网、《联谊报》报道。推进协商驿站建设。按照全要素调研、全链条议事、全过程指导、全闭环追溯"四全机制"，建成协商驿站247个。制定出台协商驿站议事规范，组织"上接党政、下联群众"的协商活动247场。

综述

【基本情况】 2022 年，婺城区委旗帜鲜明、立场坚定，坚决扛起管党治党主体责任，全域深化清廉婺城建设，全面从严治党不断向纵深推进，政治生态不断优化。在市纪委和区委的坚强领导下，全区纪检监察组织自觉增强“四个意识”、坚定“四个自信”、做到“两个维护”，围绕中心大局忠诚履责，各项工作稳中有进、稳中有升、稳中有新，纪检监察工作高质量发展不断深化。2022 年，全区党风廉政建设“两个责任”考核居全市前 3，全面从严治党成效持续彰显。

【区纪委八届二次全会】 2 月 15 日，中共金华市婺城区第八届纪律检查委员会第二次全体会议召开，会议听取和审议题为“全面实施清廉婺城深化工程为建设高能级现代化都市核心区提供坚强保障”的工作报告，回顾总结 2021 年纪检监察工作，研究部署 2022 年任务。

【巡视巡察】 2022 年，区纪委监委坚定扛起巡视整改巡察监督政治任务，协助区委高标准制定省委巡视整改举措 191 条，认领自身整改任务 55 项，逐一倒排时间、明确责任、压茬推进。全年安排开展 3 轮常规巡察，对 14 家单位 65 家村级党组织开展政治巡察，完成 2 轮 9 家单位的巡察任务，反馈问题 439 个，移交问题线索 16 条，追责问责 139 人，追缴资金 18.7 万元，完善制度 26 项。

党风政风监督检查

【概况】 2022 年，围绕中央和省委、市委、区委重大决策部署，区纪委区监委统筹抓好稳进提质、除险保安、共同富裕、粮食安全等政治监督 13 项，督促整改问题 346 个。创新开展“四度三省两提升”履责践诺行动，建立健全“三函两书一单”分类提醒等机制 4 项，处理履责不到位“一把手”12 人。

【监督执纪】 2022 年，全区党纪政务处分 347 人次，比上年上升 118.2%，特别是查处的同级管理干部数量和增幅均居全市第 1。严肃查处杨某某、何某等一批严重违纪违法案件，留置乡科级干部人数超前 2 年总和、列全市第 2。精准运用“四种形态”处置 621 人次，其中第一、二种形态占 84.6%，让红脸出汗、咬耳扯袖成为警醒干部的常态。做细做实“后半篇文章”，实现“查、剖、改”系统发力，制发纪检监察建议书 51 份，推动完善制度 63 项，均为近年新高。深化纪检监察监督数字化改革，打造“大综合一体化”行政执法智慧监督平台，建模总数、最佳模型数、查实率、挽回损失等核心指标均居全省前列，获 2022 年度全国数字政府优秀案例、全省“最系列”之最佳场景协同单位等国家和省、市级荣誉 6 项。稳步推进公权力大数据监督应用，发布红色预警 2021 条，处理人员 269 人，挽回经济损失 409.3 万元，推动主管部门开展专项治理 25 次，典型案例数等 4 项指标列全市第 1、全省前列，纪检监察数字化改革考核列全市第1。

【作风建设】　深入开展“正风2022”系列行动，纠治享乐主义、奢靡之风问题45个，党纪政务处分33人；处理形式主义、官僚主义问题20个，党纪政务处分16人。深入构建亲清政商关系，开展亲清政商关系突出问题专项治理，全区1609名中层以上干部开展对照自查，严查快处涉企突出问题，党纪政务处分7人，推动完善机制4项，坚决护航营商环境。健全作风建设长效机制，深化开展“同级同类”警示教育，协助区委出台干部作风“十严禁”“十不准”规定，印发廉洁过节提醒卡3万余份，有效推动强警示、严监督、“治未病”。坚持严管厚爱并重，认真落实“三个区分开来”，为党员干部澄清正名12人，开展受处分干部回访教育79人次，持续营造“干部为事业担当、组织为干部担当”的良好氛围。

【基层治理】　2022年，开展清廉单元建设“十百千”五年行动，东市街小学获评全省清廉建设基层成绩突出单位，竹马乡下张家村等10家单位获评省市级清廉单元建设示范单位，建成区级清廉单元示范单位54家。开展基层“五整治五提升”专项行动，整治重点村（社）63个，纠治相关问题200个，批评教育和处理205人，其中党纪政务处分22人，追回资金79.8万元，党员干部赌博、酒驾等违法案件比上年下降39.84%，降幅高于全市平均。开展基层站所“四检视四整治四提升”专项行动，将全区182个基层站所全覆盖纳入整治，共纠治问题455个，追责问责135人，党纪政务处分14人。开展漠视侵害群众利益问题专项治理，推动开展教育、医疗、住房等领域专项治理11项，追责问责14人，发现并督促整改问题260余个，挽回经济损失800余万元。开展基层办信“质效提升年”行动，积极回应群众诉求，“室组地”协作推进办信，11件上级挂牌的重复举报件全部化解清零，实现检举控告总量四年“四连降”，无检举控告村社占比提高至90.8%，办信质量列全市第1。打造“清满婺城”廉洁文化品牌，清廉婺剧《爱莲说》等3个作品分别获国家级、市级奖项。

队伍建设

【概况】　2022年，婺城区纪委区监委坚持“打铁必须自身硬”的要求，打造忠诚干净担当的纪检监察队伍。坚持政治统领，由区纪委常委会带头加强领导班子建设，引领带动全区纪检监察干部持之以恒学思践悟习近平新时代中国特色社会主义思想。聚焦学深悟透中共二十大精神，统筹开展精神宣讲、理论学习等活动，提升干部的政治判断力领悟力执行力。

【内部监督管理】　加强能力建设，将能力素质锤炼贯穿全职业周期，出台新进年轻干部锻炼培养等制度4项，打造“婺江廉风”大讲堂、专项实战练兵、“上挂锻炼”等练兵平台，调整优化联片协作机制，超半数业务条线工作考核列全市第1。自觉接受监督，围绕市委巡察反馈意见，逐条研究、细化制定整改举措115条，完善涉案财物管理等内控机制3项，做到立行立改、全面整改。完成区监委首次向区人大常委会报告专项工作，从严开展“以案为鉴严约束、护航‘窗口’铸铁军”警示教育活动，排查岗位风险点491个，制定整改措施504条，坚决防治“灯下黑”。

（方祺可）

中国国民党革命委员会婺城区基层委员会

【概况】 2022年,中国国民党革命委员会婺城区基层委员会(以下简称民革婺城区基层委)有党员70人,发展新党员4人,其中教育支部21人、机关支部24人、企事业支部25人。担任市人大代表2人、区人大代表4人,市政协委员3人(其中常委1人)、区政协委员14人(其中常委4人),有7名党员担任市、区特邀(约)监督员、检察员、听证员、陪审员、信息员。基层委与下属3个支部共组织活动34场。基层委人大代表、政协委员提交大会发言1件、建议提案29件,其中团体提案3件。有24名党员获得各级荣誉,其中戴爱红获得全国农牧渔业丰收奖农业技术推广成果奖三等奖,马钢锋获评民革浙江省2017—2021年度先进个人和美丽金华建设(城乡风貌提升)成绩突出个人、金华市建设系统“最美建设人”,邵红艳获评2022年第二次扛旗争先大晒拼“扛旗能手”,陈立平被评为2022年第四季度“金华好人”和婺城区优秀企业科技人才。民革婺城区基层委获评民革浙江省2017—2021年度先进集体、2022年度民革全省宣传思想工作先进集体和2022年度五好民革党员之家、民革金华市委会先进基层组织。

【参政议政】 紧扣中心,资政建言成效显著。立足民革界别特色优势,建立履职智库,培养参政议政骨干队伍,打造“中山议政会”参政议政新平台。党员马钢锋牵头成立市政服务委员工作室,党员戴爱红牵头成立婺城“三农”服务委员工作室。发挥自身的特色和优势,以“非粮化”整治后半篇文章、“三茶”融合发展、花木产业提升等主题深入开展调查研究,积极反映社情民意、积极为金华经济社会发展建言献策。在市、区两会期间,提交大会发言1件、建议提案29件,其中吴宇丛代表民革界别《让婺城“新农人”在乡村振兴中展现大作为》的大会发言获得区委书记现场点赞并获评优秀大会发言,3件提案被列为区政协五届一次会议重点提案,2件提案获评区优秀提案,马钢锋获评市政协履职优秀委员,马钢锋、戴爱红、叶莹莹获评区优秀政协委员。全年撰写5篇直通车建议和1篇调研报告,其中上报区委的5篇均得到区委书记的批示和肯定,1篇直通车建议被民革金华市委会采用并上报市委,6篇参政议政素材入选民革浙江省委会、民革金华市委会参政议政研讨会汇编。撰写上报社情民意信息17篇,全国政协采用1篇,省、市政协采用7篇,市委办采用1篇,其中《建议加强“金华两头乌”猪地方种质资源的保护与利用》被全国政协采用,转送有关部委办局,并获省委常委、省常务副省长徐文光,市长邢志宏批示,由省农业农村厅专题研究出台专项政策意见,相关工作得到大力推进。发挥委员工作室作用,与区政协资环农委、蒋堂镇联合开展“非粮化”整治后半篇文章等协商活动。突出民革界别特色优势,加强与对口联系部门的交流合作。对区司法局开展专项民主监督活动,助力婺城法治建设。5名特邀监督员、检察员参加低效用地整治、招投标行风、听证会等 11 次监督活动，有效发挥民主监督作用。

【社会服务】 关注民生，“博爱·牵手”服务品牌扩大影响。1 月 27 日、28 日赴长山乡桐思岭村和长山乡、罗店镇残疾人之家开展“有爱无碍·携手向未来”主题慰问活动，送上价值 4 万元的羽绒服和慰问金。开展“博爱·牵手”少数民族村结对帮扶活动，与塔石乡高塘村党支部结对共建，第一时间发出结对共富募捐倡议，募集“共富”基金 30.5 万元；3 次实地调研座谈，制定结对共建方案。9 月 30 日，开展重阳节敬老慰问、消防安全知识讲座、义诊等活动，送上 2.1 万元慰问品和慰问金。同时，积极支持民革金华市委会结对武义畲族锦源村活动，组织党员踊跃参与“博爱·牵手”献爱心购枇杷、购玉米等活动，党员楼伟为锦源村捐赠价值 2.4 万元、20 箱土蜂群。党员马钢锋捐赠援疆慰问款 2.6 万元、捐赠奖教助学基金 3 万元。马钢锋 7 次慰问一线防疫工作人员，党员们捐献款物 13.6 万元。积极鼓励党员发挥专业特长开展法律服务，洪晓燕、盛蓓蕾等党员走进金华电视台《金华普法》等多个栏目开展普法宣传，参加法律援助、法律咨询活动，参与编写疫情系列法律问题解答。

7 月 28 日，“民革心向党　携手促共富”民革婺城区基层委与中共婺城区塔石乡高塘村党支部结对仪式举行　（民革婺城区基层委供稿）

4 月 16 日，婺城民革“博爱·牵手”共抗疫情，民革婺城区基层委党员捐赠抗疫物资

（民革婺城区基层委供稿）

【祖国统一工作】 携手同心，祖国统一联谊工作凝心聚力。立足民革特色优势，充实政治过硬、知台情、爱台胞的民革党员到“连心”联谊团，组织参加台海形势报告会、祖国统一沙龙等活动，引导民革党员深刻认识当前对台工作形势，汇聚祖国统一向心力。与台办联合开展送温暖活动，走访慰问台胞台属台企，关切了解他们的工作、生活及台湾亲人情况，增进感情与了解，深化交流交往，稳步推进对台交流工作。

【自身建设】 勤学笃行，共同思想政治基础不断夯实。加强理论武装，始终把学懂弄通做实习近平新时代中国特色社会主义思想作为首要政治任务，重点专题学习中共二十大、习近平总书记在中央统战工作会议重要讲话、民革十四大等精神，2022 年以基层委扩大会议、支部会议等形式先后组织民革党员集体学习 14 次，引导民革党员增强“四个意识”、坚定“四个自信”、做到“两个维护”。1 月 14 日，基层委员会(扩大)会议学习贯彻中共中央党外人士座谈会精神、中央经济工作会议和农村工作会议精神；3 月 4 日，专题学习金华市第八次党代会精神；6 月 18 日，传达学习中共中央政治局会议精神、习近平总书记在中共中央政治局第三十九次集体学习时的重要讲话精神、在四川考察时的重要讲话精神；6 月 26 日，专题学习浙江省第十五次党代会精神；9 月 15 日，传达学习习近平总书记重要讲话精神和中共中央政治局重要会议精神；10 月 13 日，召开“喜迎二十大，书香润征程”读书会；10 月 16 日，集中收看中共二十大开幕会；10 月 28 日，专题学习中共二十大精神。持续深入开展“矢志不渝跟党走、携手奋进新时代”政治交接主题教育，7 月 28 日，开展“喜迎二十大　扛旗有我　共富有我”演说会。继续组织开展“观故居,走多党合作之路”活动,组织党员挖掘民革先贤黄绍竑事迹、收集相关史料,进一步引导激励民革党员坚定政治信念, 巩固政治共识。加强宣传引导,注重运用新媒体、新平台,及时发挥宣传阵地作用,讲好婺城民革故事,全年在“学习强国”、浙江新闻、浙江统战、浙江民革、金华新闻、金华民革等媒体平台上刊发宣传稿件 48 篇次,传播婺城民革履职尽责好声音,扩大婺城民革社会影响力。加强队伍建设,开展“履职能力建设年”活动,不断提升党员特别是班子成员“五种能力”;建立民革党员信息库,挖掘民革特色或重点领域优秀人才,发展 4 名新党员;加强干部的举荐、培养,积极激励党员们双岗建功,24 名党员获得全国、省、市、区等各级荣誉。优化制度建设,制定完善组织发展制度、内部监督委员会工作办法及学习制度。丰富活动载体,谋划打造“民革党员之家”2.0,抓住重大节假日及相关节点,开展新春和重阳节老党员走访慰问、看望慰问隔离党员和生病党员等,传递组织关怀温暖。开展毅行、花艺培训、读书会、体验非遗文化等学习培训 15 次,丰富组织生活,增强组织凝聚力和向心力。 (孔爱华)

10 月 13 日,民革婺城区基层委举行“喜迎二十大 书香润征程”读书会活动 (民革婺城区基层委供稿)

中国民主同盟婺城区基层委员会

【概况】 2022 年年末,中国民主同盟金华市婺城区基层委员会(以下简称民盟婺城区基层委)下辖 4 个支部,共有盟员 86 人,年内发展盟员 2 人,转出组织关系 1 人,去世盟员 1 人。有市政协委员 3 人、区政协委员 11 人,其中区政协常委 2 人。民盟婺城区基层委被民盟浙江省委会授予省十佳特色基层组织荣誉称号; 被民盟金华市委会授予 2022 年度思想政治建设和宣传工作先进集体、盟务工作先进集体荣誉称号。盟员吴慧群获 2022 年度浙江省青春助力乡村振兴带头人“青牛奖”十强;盟员罗良庆获浙江省春蚕奖;盟员郑艳球、姚晓飞、陈璐莹被民盟市委会评为 2022 年度反映社情民意信息工作先进个人;盟员吴慧群、罗良庆被民盟市委会授予双岗建功奖;盟员姚晓飞被聘为婺城区人民检察院首届特约检察员。

【参政议政】 民盟婺城区基层委围绕区委、区政府的中心工作, 组织动员所有盟员结合工作实际,开展工作调研,积极履行参政议政职能。1 月 23—27 日,11 位盟员委员参加区政协五届一次会议,会上,郑艳球当选区政协五届副主席,金圆圆、吴慧群当选区政协常委。4 月 7—11 日,担任市政协委员的 3 名盟员郑艳球、吴晓、郑小咪参加市政协八届一次会议,3 名委员提交个人提案 5 件,郑小咪代表市政协婺城联络组作大会发言《把社区真正建成百姓幸福家园》,被评为优秀大会发言,获市委书记批示。完成《关于西南山区发展的建议》《做强做大做优物流业,为我区经济社会全面发展提供有力支撑》,并以直通车形式报送区委,获区委书记高峰批示。4 月 7 日,民盟中央主席、全国人大常委会副委员长丁仲礼,民盟中央副主席、全国政协副秘书长张道宏,民盟浙江省委主委、副省长成岳冲一行到婺城区考察共同富裕发展模式,先后考察了熊猫猪猪共创共富发展联盟,市领导邢志宏、陈玲玲、胡锦全,区领导高峰、郑艳球陪同考察。11 月 4 日和 5 日,基层委组织部分盟员先后赴对口联系部门区民政局、交通运输局开展民主监督活动。

【社会服务】 在盟员中大力提倡无私奉献精神,组织和动员盟员以热心公益、奉献社会为己任,积极承担社会责任,深入基层、关注民生、服务群众,切实为基层群众做好事、办实事。3 月 30 日,盟员吴慧群与莘畈乡政府合作“莘 e 家”党建联盟“村企协作·助农共富”项目，将共同富裕的种子种进莘畈乡。4月15日至5月上旬，广大盟员投身疫情防控工作。盟员吴慧群、项建忠为白龙桥镇、区经济开发区、江南街道等捐赠物资达13.5万元。9月15日，民盟婺城区基层委为贵州省望谟县新屯中学捐赠5号足球30个，价值4500元；盟员吴慧群个人出资3000元，捐赠足球20个。9月26日，民盟婺城区基层委以党盟共建为抓手，联合区政协、莘畈乡人民政府，邀请蒋堂镇派出所、莘畈乡卫生院、金华市小星球公益协会、金华市孝行助老公益服务中心共同走进莘畈乡，开展“九九重阳节　浓浓敬老情”重阳节大型社会服务活动，盟员吴慧群为莘畈乡70岁以上的750名老人送上大米和棉被。10月26日，民盟婺城区基层委举行“情系侨童　同心聚力助成长”系列活动暨“侨童成长学堂”开班仪式，婺城区委常委、统战部部长陈旭辉出席此次活动，区侨联、区教育局、市侨商会、区属学校内的港澳台侨学生代表、民盟婺城区基层委班子成员及骨干盟员、侨界爱心人士代表参加此次活动。

【自身建设】 围绕“做合格盟员，创活力基层委”，积极开展学习、参观、联谊等组织活动，分支部开展习近平总书记重要讲话精神、中共二十大精神、全国两会精神和上级会议精神学习。3月7日，民盟婺城区基层委召开学习贯彻市第八次党代会精神专题学习会。3月13日，民盟婺城区基层委在市文化中心召开换届大会，大会选举产生民盟婺城区基层委员会第一届委员会委员9名。其中，郑艳球当选主委，吴晓、金圆圆、郑小咪当选副主委，叶银燕、陈凯瑜、范新娟、姚晓飞、项建忠当选为委员。6月1日，民盟婺城区基层委在金华九中召开学习贯彻民盟浙江省第十三次代表大会精神暨开展“矢志不渝跟党走　携手奋进新时代”政治交接主题教育部署会。7月1日，民盟婺城区基层委开展“七一”主题日活动并传达省第十五次党代会精神。10月16日，民盟婺城区基层委召开秋季读书会，组织盟员收看中共二十大开幕会直播，学习中共金华市婺城区委八届二次全体(扩大)会议报告，交流收看中共二十大开幕会的心得体会。10月16日，民盟婺城区基层委召开班子成员(扩大)会议，增补陈璐莹为基层委委员。12月9日，民盟婺城区民盟市委会副主委孔小明、秘书长雷永忠到婺城民盟宣讲中共二十大精神，并看望部分盟员。　(郑艳球)

中国民主建国会婺城区基层委员会

【概况】 2022年，中国民主建国会婺城区基层委员(以下简称民建婺城区基层委)现有8个支部、会员101人。其中，市委会委员1人，省民建参政议政委员1人，市人大代表2人、市政协委员3人、区人大代表2人、区政协委员7人。其中，区人大常委1人、区政协常委2人。民建婺城区基层委团结全体会员，围绕市委、市政府和区委、区政府的中心工作，创优争先，取得较好成绩。民建婺城区基层委被市委会评为社会服务工作先进集体、参政议政工作先进集体。杜剑、张洁心、范振翔、郑志平、俞小双、俞建花、施建国、蒋敏、谢迎春被评为市级优秀会员。副主委周卫中获评“正高级林业工程师”，企业捷特包装有限公司入选第四批国家级专精特新“小巨人”企业、副主委方璐被评为2022年浙江省规范民办义务教育发展专项工作先进个人，六支部主委曹建平被评为2022年浙江省药品安全治理与技术赋能成绩突出个人，一支部严跃平主委书画作品入选浙江民建“喜庆二十大　翰墨绘同心”书画作品邀请展。

【参政议政】 2022年，民建婺城区基层委认真履职，积极倾听民声、反映民意，精心选题，积极参政议政，努力为党委政府做好参谋助手。共撰写社情民意9篇，直通车4篇，向省、市民建报送信息2篇。其中《关于加大商品有机肥推广力度的建议》《关于支持建设华东公铁水多式联运枢纽中心的建议》《农村职业技能培训存在两方问题亟待引起重视》《野外露营旅游亟须予以规范》4篇直通车获区委书记高峰批示；《关于制止烂尾楼现象、加强房地产监管的建议》《农村职业技能培训三方问题应引起重视》被金华市政协、民建浙江省委采纳。范振翔在区政协会议上作《关于规范建筑领域盘扣租赁市场的建议》交流发言。

【自身建设】 始终把学习摆在重要位置,先后召开2次基层委班子会议和3次基层委(扩大)会议,学习民建中央、省、市民建有关会议精神和省、市、区党代会精神,通过积极主动自觉学、组织统筹集中学、结合实际讨论学、走村进户现场学等方式,深化对中共二十大精神的学习理解。如民建婺城区基层委通过参观熊猫猪猪乐园乡村振兴项目加深对中共二十大精神的学习,四、五、八支部到竹马乡下张家村考察新农村建设,通过了解“亿元村”的发展历程来强化中共二十大精神学习。会员们通过畅谈、交流等方式共提交学习体会30余篇。通过学习,加强基层委的思想政治建设,更加自觉地在思想上、政治上同党中央保持一致。6月24日,中国民主建国会金华市婺城区基层委员会第二次会员大会召开。大会选举产生民建婺城区第二届基层委员会领导班子,丰群飞当选民建婺城区基层委主任委员。

【社会服务】 2022年,民建婺城区基层委认真贯彻落实民建省委、市委和婺城区委统战部的统一部署,践行民建社会服务职能,充分发挥婺城民建资源优势,助推乡村振兴,推进共同富裕,助力共富基地建设。8月14日,民建婺城区基层委与安地镇杨垅村举行“助力乡村振兴、追梦共同富裕”暨“共同富裕实践基地”揭牌仪式。民建婺城区基层委将投资40万元,通过提供资金、技术支持等举措在杨垅村打造3.33公顷浙中水果采摘基地,实现村集体经济年增收10万元以上。项目已完成规划设计、土质改良、水电基础设施建设、管理用房建设等工作,完成投资30万元左右,其中民建婺城区基层委捐赠10万元。同时,积极协助杨垅村争取上级补助资金120万元。范振翔委员捐款3万元助力婺城区东西部协作结对玉科镇银克村。助力研学基地建设。8月、11月举行两次捐赠仪式,助力浙江师大附属中学研学基地建设。丰群飞主委捐赠价值2万余元的打稻机台、面粉机、米机等一批农机设备。会员吴刚捐赠现金10万元。周卫中副主委积极参与捐资助学活动,捐款5万元。助力部队练兵打仗。民建婺城区基层委继承发扬优良拥军传统,持之以恒为部队建设办实事、解难题。7月22日,民建婺城区基层委赴驻金华某部开展拥军慰问活动,向部队捐赠价值1.5万元的慰问品。开展帮扶解困。丰群飞主委为困难户送去价值3万元的慰问品;四支部会员蔡瑞捐款29000元用于老年人福利保障;五支部会员施建国为癫痫患者提供医疗救助5000余元。(张叶燕)

中国民主促进会婺城区基层委员会

【概况】 中国民主促进会婺城区基层委员会(以下简称民进婺城区基层委)原名民进婺城区总支。2022年,民进婺城区基层委共有会员98人,会员中有市人大代表1人,市政协委员1人,区政协委员7人(其中副主席1人、常委3人)。下设6个支部。

【思想建设】 民进婺城区基层委始终把加强思想建设放在自身建设的首位,加强学习,提升理论研究水平,拓宽宣传工作平台,引导广大会员增强坚持中国共产党领导、走中国特色社会主义政治发展道路的自觉性和坚定性。民进婺城区基层委召开支委、支部主任工作会议,各支部分别召开读书会,组织读原著、学原文、悟原理,开展大学习、深调研、真落实。组织会员参加省委会、市委会和市区两级政协、统战部门组织的各类专题培训,基层委的组织建设能力、骨干的参政议政能力、会员的综合素质得到显著提升。注重宣传工作,婺城民进各项活动的新闻在“金华民进”微信公众号上刊登20余次。

【组织建设】 2022年,民进婺城区基层委加强组织交流、拓展活动形式、丰富活动内容,活动质量、数量及会员参与度都有显著提升。民进婺城区基层委员会下属支部活动开展得有声有色,各支部以座谈学习、茶话交流、参观考察、读书恳谈、植树远足等形式开展各式活动40余次,会员参加组织活动的积极性持续高涨,出勤率持续保持高位。组织民进婺城基层委员会班子成员和各支部主委赴浦江进行学习交流,两地就组织建设、参政议政和社会服务等方面进行深入交流,取得丰硕成果;积极参与区委统战部组织的贯彻中共二十大精神“同心共建‘一带七心’新婺城”主题演讲比赛,金丽敏会员荣获比赛二等奖。优化队伍结构,彭璐会员被任命为婺城区教育局学前教育成职教育负责人。吸收张敏、方杰、邵付蕾3名新会员，其中1名“90后”、2名“80后”，均为大学学历，会员年龄结构日趋合理，知识结构日趋优化。

【参政议政】 民进婺城区基层委组织会员参政议政，唱响婺城民进好声音。在市、区两会上，提交《关于传承婺文化　擦亮地方特色的建议》《关于加大科技投入建设科技强区的提案》《关于深入开展未成年人法制教育的建议》《关于清除“空心村”进一步完善农村养老体制的建议》《关于要求二胎、三胎开放政策配套措施实施的建议的提案》等人大建议、政协提案24件，会员方楚楚代表民进婺城区基层委作《建邻里中心　推婺城新城区城市能级提升》的大会发言获得优秀奖。两会闭会后会员们反映社区民意，邵发明撰写的《关于推进委员读书活动的四点建议》，被省民进、民进中央、全国政协采用；撰写的《农田水利设施基本处于破损状态，建议强化田野公共设施建设，推进“田野现代化”》全国政协和省政协采用，常务副省长徐文光长篇批示；撰写的《学校课后托管服务逐渐成“集中看管”资源不足亟需社会力量介入》《建议重视下山安居创富，推动“扩中提低”重大改革落地见效》《建议重视下山安居创富，推动“扩中提低”重大改革落地见效》《整合“浙江三雕(木雕、石雕、根雕)”资源　打造浙江独特印记的“浙雕艺术”品牌推进文化大省建设》《建议借鉴我国“预备役”制度建立疫情防控“应急处置预备队”》《关于解决疫情下生鲜水果销售难的建议》《充电桩建设滞后成新能源汽车发展瓶颈　需安装、管理、服务三方面配套跟进》《关于进一步理顺物业管理体制机制　助力城乡社区现代化建设的建议》8篇调研报告被省委会采用。

【社会服务】 利用专业优势，做好社会服务工作一直是民进婺城区基层委的一项优良光荣传统。2022年，民进婺城区基层委继续组织开展多种形式的社会服务活动，打响民进服务品牌，助推和谐社会建设。深化送医下乡服务内涵，继续联合医卫支部定期不定期地开展送医下乡活动。丰富送文化下乡形式，陈政权、祝霞、周颖作为金华开明画院的成员，代表婺城基层委参与开明画院的各项活动10余次，创作作品无偿送给村民。强化送春联下乡服务品牌，由会员陈政权牵头，组织民进婺城区基层委的书法爱好者和婺城区书法家协会会员，为村民免费写春联，全年开展活动10余场，服务群众1500余人次，撰写春联1万余副。积极参与疫情防控，婺城区“4·15”疫情发生，50余名会员第一时间参与到抗疫工作当中，各位会员立足岗位，发挥优势，以不同形式参与疫情防控，用实际行动彰显民进担当。（范　晶）

中国农工民主党婺城区基层委员会

【概况】 中国农工民主党婺城区基层委员会(以下简称婺城农工)，郑池爱(女)任主任委员，李笑银、杜伟亮任副主任委员，龚琴丹、唐金寿、吴章秋、陆卫红、陈卫军任委员。下辖金华四中支部、金华五中支部、青春中学支部、婺城区综合支部、婺城区医卫支部5个支部委员会，有党员95人。党员以医药卫生、教育文化领域高中级知识分子为主，其中高级知识分子占55%。先后获得浙江省树立和践行社会主义核心价值体系先进基层组织、中国农工民主党先进基层组织等荣誉称号。

【思想组织建设】 婺城农工在中共婺城区委、区委统战部的领导下，按照农工党金华市委会的统一部署，始终把学习习近平新时代中国特色社会主义思想、重温中共党史、多党合作史与农工党党史，特别是学习宣传贯彻中共二十大精神及省、市党代会精神，农工党省十三次代表大会精神，增强政治认同感作为首要政治任务抓紧抓好，从中汲取前行力量，坚定初心如磐跟党走的信念，不断增强“四个意识”，不断坚定“四个自信”，忠诚拥护“两个确立”，坚决做到“两个维护”。婺城农工组织开展“三八节”摘草莓、湖海塘毅行、喜迎中共二十大演讲比赛等多项活动，组织凝聚力不断增强。有计划吸收新鲜血液，组织新党员到党校参加培训，扣好思想第一枚“扣子”。13名党员分别当选市政协委员、区政协常委、区人大代表。广大在职党员争先创优，朱挺获评省优秀青年律师，孙傲雪、郑红建书画作品多次入选省展，潘宇晓被聘为区检察院特约检察员，张昌文、张旭东成为公益检察志愿者。

【参政议政】 婺城农工以高度的政治责任感,以区委、区政府工作为中心,围绕百姓关心关注热点、难点、堵点,注重发挥自身智力优势和整体功能,提交提案、议案11件,涉及数字化改革、城市建设、乡村振兴、教育"双减"、文化发展、医疗卫生等多个热点领域。四个"直通车"《高标准建设城北跨境电商园 打造城市有机更新示范区》《关于深化全区营商环境建设的几点建议》《关于提升基层医疗卫生服务能力 完善老年人健康支撑服务体系的建议》《打造邵飘萍纪念馆 为婺州古城发展注入新动能》获区委主要领导批示;张敏代表婺城农工作《打造未来社区婺城样板 激发核心区发展新活力》大会发言。区政协半年经济社会发展情况议政协商会,郑池爱《关于深化营商环境建设的几点建议》"体现高站位:重视抓开放平台的提升与对接;体现新动力:重视抓营商环境的再造与优化;体现接地气:重视抓发展要素的整合与支撑",区政府领导给予积极回应。区政协提案"即提即商即办"活动,潘宇晓提出《关于"双减"背景下加强学生美育教育的建议》,区教育局相关负责人当场答复。张敏、伊胜娟、郑红建、李笑银、李沂轲、龚琴丹、池丹丽等分别就打造网红街区、深化数字医疗改革、加强文化人才队伍建设、发挥白沙流域的生态、智慧、文化优势等提出意见,婺城农工党员重视一线调研,关注社会诉求,上报涉及校园安全、企业劳动用工、动物防疫、动物产品无害化处理、便民服务等多条社情民意,其中《万元补漏仍还漏 消费者维权难亟待处理 建议利用数字化手段进行源头治理》《防范校园暴力应多方合力共管》《呼吁政府加强对人防工程如何正确使用的技术培训》等被农工党省、市委会采用。

【社会服务】 2022年,面对国际国内复杂多变经济形势,叠加疫情带来的冲击,5月31日,婺城农工邀请金华市跨境电商综合服务中心专家,组织开展"品牌出海"跨境电商系列活动,有20余家企业参加,助力稳外贸促发展。7月22日,婺城农工走进浙江亚峰药厂有限公司等企业开展深入调研,积极为企业发展出谋划策。10月29日,组织党员到雅畈镇汉灶村考察婺州窑和古民居,为乡村振兴建言献策。婺城农工广大党员发挥自己所长和优势,在组织开展送教下乡的同时,6月7日组织党员参加农工党金华市委会在武义县江下村举办的"共同富裕助力团"成立仪式暨"环境与健康宣传周"主题活动,为群众送义诊、送服务、送健康,积极打造"健康农工"社会服务品牌。金华五中支部、杜伟亮分获农工党浙江省社会服务工作先进基层组织和先进个人。

(郑池爱)

九三学社婺城区基层委员会

【概况】 2022年,九三学社婺城区基层委员会秉承"爱国、民主、科学"的优良传统,认真履行参政议政、民主监督职能,开展社会服务活动。围绕区委、区政府"1483"决策部署,立足岗位建功立业,为婺城金华核心区和共同富裕示范区建设贡献力量。

【参政议政】 2022年,以两会为平台,代表、委员们既关注全局性重大问题,又聚焦民生实事,在城建环保、科教文卫体、经济建设等方面提交集体提案2件,个人提案7件,建议意见1件。其中季美珍委员的提案《关于加快实施长湖湾基础设施建设的建议》和集体提案《关于加强乡村法治建设,助力乡村振兴的提案》被评为重点提案和优秀提案。成奕委员代表九三学社界别,作题为《让白沙文化品牌影响力更具显性》的发言,获大会优秀发言。2022年报送区直通车建议1篇,获区委书记高峰批示。以社情民意形式向九三市委会提交信息40余篇,被《联谊报》采用4篇,同心苑采用1篇。

【社会服务】 开展一年一度植树造林活动,在琅琊镇上盛村开展"同心助农促共富"活动进入第3年,带动蓝莓销售达10万元;借助"我有一棵树,种在阿克苏"平台支持东西部对口协作,累计爱心助农认购果树35棵,金额达33015元。对口联系少数民族村安地镇杨垅村,帮助该村解决农田水利设施修复补助5万元,联合市委会农业支社、城建支社的专家,到实地有针对性帮扶指导,助力乡村共同富裕。

扶贫帮困。社员李中天看望慰问残疾人、资助贫困学生、捐赠抗疫物资 6.6 万元。社员周立翔向驻守一线的医务人员及公安民警捐赠物资、慰问高龄老人 10 万元。社员潘淑芳、庄勇强也参与市委会组织的对巴中市的扶助捐款。

【主题教育】 传达学习省市党代会精神和婺城区两会政府工作报告，在融入大局、服务大局、保障大局中找准履职尽责的切入点和突破口。九三学社婺城区基层委组织全体社员专题学习中共二十大精神，2022 年 11 月 26 日，邀请金华市委党校章胜峰教授进行授课，凝聚初心，奋进全面建设社会主义现代化国家新征程。九三学社婺城区基层委要发挥自身优势，围绕实现中华民族伟大复兴中国梦凝聚人心、汇聚力量。

【自身建设】 坚持“人才强社”，加大后备力量梯队培养，2022 年，发展新社员 4 名。以“93 纪念日”活动为载体，开展学社史、温初心活动。全年组织各类活动 8 次，增强党派凝聚力。加强参政议政能力建设，出台信息报送及奖励相关制度。召集骨干社员开展大讨论大调研系列活动，从婺城实际出发，开展“制造业智能化转型升级”专题调研，赴沙畈乡银坑村开展“挖掘红色旅游资源助力山区村共同富裕”调研，参与开展师大创新城整体规划和建设进度专项民主监督调研，参与开展黄大仙文化调研等。

2022 年，社员叶丹获九三学社全国宣传思想工作先进个人荣誉称号，胡小婷获九三学社浙江省参政议政先进个人荣誉称号，王建盼获九三学社浙江省社会服务先进个人荣誉称号，方林军被评为金华市“抗疫之星”，章琳获得金华市思想政治工作优秀工作者称号，季美珍获金华市综合治理成绩突出个人称号。社员刘慧君出版诗集《婺语倾城》。九三学社婺城区基层委获“九三学社浙江省先进基层组织”“九三学社金华市五星级社组织”等荣誉。（季美珍）

婺城区工商联合会

【概况】 2022 年，婺城区工商联所属商会 24 个，其中基层商会 13 个、行业商会 3 个、异地商会 8 个。《企业合规，助力婺企再腾飞》获省工商联二季度服务“两个健康”最佳实践案例。竹马乡商会、白龙桥镇商会分别获评“全国四好商会”“市四好商会”。婺城区工商联获评全省工商联系统先进集体。

【重要会议】 2022 年，召开金华市婺城区工商业联合会第五次代表大会，换届选举产生第五届工商联（总商会）执行委员会领导班子。

【社会服务】 2022 年，区工商联会同区检察院出台《关于护航民营经济助推检助共富的协作意见》，合力护航民营经济健康发展，为推进共同富裕示范区建设夯实基础。与区检察院、区民政局成立“国家司法救助专项社会帮扶基金”，捐助 40 万元用以帮助困难当事人。引导民营经济队伍同心抗疫、共筑防线，区工商联系统开展 50 余次慰问活动，捐款捐物共计 500 余万元。

【考察交流服务】 为促进工作交流，提升对外交流层次，各商会积极组织对外考察活动。杭州市婺城商会组织会员先后 13 次外出考察学习；深圳市金华婺城商会组织商会会员先后 12 次到各企业考察学习。

【商会活动】 2022 年，区工商联组织商会集中收看中共二十大开幕会和浙商理想信念报告会。运用红色资源，组织干部到台湾义勇队旧址纪念馆、金华市博物馆等地开展庆祝中国共产党成立 101 周年活动。结合第三届“浙江商会周”，深入基层商会及会员企业开展中共二十大精神宣讲活动。深圳市婺城商会组织党员赴黄埔军校旧址纪念馆开展“革命

2 月 16 日，婺城区招商引才交流会在杭州市婺城商会召开　（区工商联供稿）

传统教育”主题党日活动。各商会积极开展学习培训活动。白龙桥镇商会开展“稳经济 助实体”政税银企政策宣讲会。新生代创业者商会先后开展“常见劳动争议纠纷解析”“共享新机遇、共谋新发展,激发新生代企业创新活力”等主题培训活动。杭州市婺城商会举行“强化知识产权保护 激发企业创新活力”等主题培训活动。

【对口支援】 2022年,引导广大会员企业和商会投身东西部协作和对口支援、万企兴万村、百团联百村等行动。先后2次到道孚考察交流,发动10家企业(商会)参与结对帮扶,捐助资金73万元。发动100家民营企业联系省定相对薄弱村、乡村振兴重点帮促村等,捐赠资金480余万元。挂牌3个“万企兴万村”行动实验项目,其中实施的“花卉之窗”项目带动村集体增收330余万元。

【经济服务】 联合区税务局、区经商局举办恳谈会,围绕全面落实减税降费优化税收营商环境,聚焦疫情背景下如何帮扶企业进一步抗击疫情,强化政企沟通,宣传减税降费优惠政策及优化税收营商环境举措,听取市场主体的意见和建议,指导帮助民营企业解决经营存在的困难和问题。出台《区工商联(总商会)兼职副主席、副会长轮值和联系执委制度》,发挥商会班子作用,紧密联系企业。

【法律服务】 联合区检察院成立“金华市婺城区涉企案件治理检察办公室”,联合区法院在12个商会搭建“共享法庭”,构建通力化解涉企问题新格局。建成首批30余人的企业合规第三方专家库,建立企业合规全链条工作程序,协同区检察院推进企业合规不起诉案件4件,保障5000余名员工就业。联合出台《化工企业消防安全主体责任合规指引(试行)》《快递行业规范健康经营指引》。先后4次开展企业合规培训、企业合规解读会。

【“清廉民企”建设】 2022年,编制《婺城区清廉民企制度汇编》,建成市级清廉民企示范点1家,区级清廉民企23家。以基层(行业)商会为载体,探索开展“民企廉盟”建设,建成试点1家。 (陈方婷)

婺城区总工会

【概况】 2022年,全区共有乡镇(街道)总工会14家、机关工委8家、产业工会2家;基层工会524家,其中机关事业单位工会225家(含国企、集体企业)、非公企业单建工会286家、联合工会13家,工会会员39731人。

【思想引领】 2022年,在总工会系统迅速掀起中共二十大精神“六学六进六争先”宣讲的热潮。举办“建功新时代 奋进新征程”婺城区劳模工匠学习贯彻中共二十大精神宣讲启动仪式暨走进万里扬企业宣讲活动,承办“献礼二十大 奋进新征程”金华市职工“文艺轻骑兵”宣传中共二十大精神进基层巡演启动仪式暨首场演出活动,举办大展智慧物流园、电子商务创业园学习中共二十大精神暨首届职工趣味运动会,寓教于乐学报告。以“守好红色根脉·班前十分钟”活动为主要载体,开展“学习中共二十大精神进车间”活动,开展劳模工匠“五进”宣讲活动。“守好红色根脉·班前十分钟活动”案例入选全省优秀案例并获三等奖。召开婺城区劳模工匠学习贯彻省第十五次党代会精神暨时代楷模钱海军先进事迹宣讲报告会。结合帮扶结对工作,班子成员先后走访慰问蒋堂镇开化村、沙畈乡李宫村困难户,用通俗易懂的语言,向他们宣讲党代会精神。联合金华电视台《金广对话》栏目推出25期“劳模工匠话共富”系列访谈节目,收听收看量破450万人次。9月1日,通过系列活动与直播授课,把劳模精神、劳动精神、工匠精神融入学校劳动教育、思政教育、德育教育,培养学生从小树立正确的劳动价值观。

【权益保障】 2022年,组织18名劳模成立全省首个“劳动模范说事评理工作室”,打造新时代工会“枫桥经验”。提供政策咨询解读520余次,惠及企业120余家次,职工5300余人次;接办各类矛盾纠纷300余起,涉及职工650余人,帮助职工挽回经济损失3700余万元。工作室先进事迹先后在《金华新闻》《浙江法制报》《浙江工人日报》等多家媒体报道刊出。开展在职职工医疗互助保障活动,完成参保单位451家、职工31540人,完成率达106.55%;报销4724人次,报销金额约86.18万元,减少职工医疗压力,提升职工生活品质。组织医务工作者、公安干警、基层干部、志愿者等400余名抗疫一线工作人员参加市、区疗休养。

【服务大局】 2022年,走访慰问抗疫一线职工5860多人次,发放慰问品价值73万余元。筹措防疫物资,向市总工会争取20万抗疫物资,动员全区劳模工匠捐款赠物合计27.8万元。组织全区劳模工匠成立技术服务队,深入企业开展技术指导、技术咨询、技术攻关等累计服务180余次,解决问题230余个,创造经济效益2亿余元,相关做法获“学习强国浙江学习平台”报道。开展“勤劳致富、技能创富”群众性劳动竞赛,共有230多家企业、2.4万余名职工参与。评选出“三重一新”立功竞赛示范工程(项目)5个,职工科学技术创新项目一等奖3个、二等奖7

个、三等奖10个、优秀奖38个,合理化建议一等奖20个、二等奖30个、三等奖50个、优秀奖330个,安全隐患“随手拍”一等奖3个、二等奖7个、三等奖10个、优秀奖150个,发放奖金28.19万元。下发《婺城区总工会关于开展职工疗休养等活动助力经济发展的若干意见》《婺城区总工会关于工会经费投入 助力经济稳进提质的举措》等文件,助力经济稳进提质,小微企业工会经费全额返还,减免工会经费307万余元,主动服务为企业纾困解难。

【职工帮扶】 2022年,服务留婺过年企业职工。第一时间发布《@婺城区职工,“娘家人”给您发来一封“抗疫”倡议书》,赠送杂志、书刊1000余份,倡导企业职工过年留婺不回乡,平安健康过新年。为企业留婺过年困难员工免费赠送400份价值500元的“春节大礼包”。为400名留婺过年员工免费邮寄包裹回家。开展关爱留婺企业职工“送万福送温暖进万家”公益活动,为一线职工特别是新就业形态劳动者送祝福。精心准备4000余份春联,送给平时忙于工作无暇选购春联年货的职工。开展困难职工帮扶救助工作。向困难职工家庭开展“两节”送温暖慰问、金秋助学、年底困难帮扶等活动,发放生活救助款3.74万元,帮扶8人次;发放医疗救助款4.55万元,帮扶5人次;发放助学救助款2.1万元,帮扶2人次;总计发放各级帮扶款项10.39万元。开展困难职工“两节”慰问15人次;警务人员送温暖7人次;新就业职工慰问累计161人次;疫情影响临时性困难职工慰问131人次;年底送温暖4人次;关怀慰问739人次,发放慰问金26.1万元、慰问实物价值12.24万元。

【对口帮扶】 2022年,走访慰问区派驻四川省甘孜藏族自治州道孚县援建干部21人,发放慰问金6.3万元,捐赠道孚县总工会帮扶资金11万元。发挥工会组织在助力乡村振兴中的积极作用,使用工会经费534.54万元采购对口支援地区产品,助力道孚地区乡村经济发展。

【改革创新】 2022年,工会数字化改革卓有成效,取得数智群团应用省级以上理论成果1篇,获省部级领导批示1次。区总工会组织党员到省级疗休养基地龙游红木小镇和龙游县总工会就数字工会、数智群团建设进行深入交流。区总工会谋划2023年改革项目,被市总工会列为2023年“五个一批”谋划推进项目。产业工人队伍建设有创新,创新“一四一一”工作机制推进企业工情代办站建设,累计建设企业工情代办站70余个,解决职工需求1250余件次,入选第二届全省工会改革创新项目、获全市深化非公企业产业工人队伍建设改革的十大样板、在全市工会系统特色创新工作晒拼创中获第一名。“浙江万里扬股份有限公司‘五个突出’助推产业工人队伍建设”获全市深化非公企业产业工人队伍建设改革十大案例。

【共富联盟】 2022年,以熊猫猪猪·两头乌国际牧场、悠悠鹿鸣·美程里酒店、仙源湖旅游度假区为中心,打造婺城区职工疗休养共富联盟,涵盖职工疗休养基地6个、职工疗休养推荐点16个和特色景点30余个,发挥职工疗休养基地辐射带动作用,促进乡村经济发展,助力共同富裕。

【试点成效】 婺城区开展能级工资集体协商企业120家,覆盖职工1.73万余人。以“技”提“薪”,推动师大人家创新实施“1513财富分配计划”,吸引更多的一线工人立足岗位,增素质强技能,推动企业和职工实现“双提升”“双富裕”,相关经验做法获省人大常委会副主任、省总工会主席史济锡批示。推荐浙江正方集团控股集团有限公司与浙江万里扬股份有限公司为市级提升职工生活品质塑造幸福生活环境“五满意”试点企业。正方集团在职工生活品质提升试点推进会上做经验交流。 (虞 姬)

中国共产主义青年团婺城区委员会

【概况】 2022年,婺城区共有基层团委36个,基层团工委9个,团总支3个,团支部625个,在志愿汇上注册志愿者总数78898人,志愿者队伍920支。中国共产主义青年团婺城区委员会(以下简称团区委)坚持贯彻习近平总书记关于青年工作系列讲话精神,动员全区广大团员、团干部和青年群众,扛旗争先,走在前列,为高能级建设现代化都市核心区贡献青春力量。

【组织建设】 2022年,完成全区乡镇团委集中换届和街道团工委集中调整,配优配强区、乡两级专兼挂团干部,以团改要求筹备区第九次团代会。召开团改动员部署会,出台《婺城区共青团基层组织改革实施方案》,明确20项具体改革任务。校地共建合作全面加强。借党政合作之势,加强校地共青团联系,推进"婺城区—浙师大"契约化共建,召开共建签约仪式,签订校地共青团共建协议书,深化在政务见习、思政研习、志愿服务、创新创业等领域开展"七彩桥"项目,截至2022年年底,累计选派兼职团干5名,联合举办青年活动8场。

【教育活动】 2022年,团区委系统部署共青团系统二十大精神学习。结合区委和团市委要求,召开"学习二十大 永远跟党走 奋进新征程"学习宣传贯彻二十大精神专题学习培训会,围绕"六学六进六争先"要求部署落实组织化学习,研习活动等"八个一"活动。重点推动婺江潮青年研习小组在婺城的实践,联合浙师大马克思主义学院共同举办区级青年研习活动3次,广泛成立27支青年研习小组,相关做法刊用婺江潮2次。

【共同富裕】 2022年,团区委在成立全市首个"新农飞地"的基础上,拓展空间,升级服务,通过举办青创大赛等活动,为青年搭建创业交流平台,孵化乡创企业7家。在上海虹桥、闵行等地举办"飞地味道"品鉴活动,助销婺城农产品超1000余万元。相关做法刊用《八婺共富》工作简报。12月,婺城向在团中央召开的案例分享会上向全团推介"新农飞地"做法。开展对口支援工作,发动区青企协力量募集5万元资金。创新两地交流模式,依托"情暖道孚·爱心书籍"捐赠活动开展两地学生书信结对,组织线上云队课活动,共募集绘本5000余册,总价值10万元。相关做法获区委书记高峰批示肯定。

【青少年权益维护】 2022年,团区委高标准落实实事项目,向区财政追加18万专项经费,完成2个市级公益托管示范点建设工作。联合人社局对接今飞集团等优秀企业,面向大学生发布就业岗位900个,援助就业困难大学生300余个。投资7000万元筹建区青少年宫,相关项目纳入区第八次党代会报告和政府工作报告重点任务。充分整合区级资源,深挖婺城特色,将红领巾学院(思政教育)、南山展陈馆(生态教育)、消防安全展示厅(安全教育)以及科普教育馆(科普教育)等与青少年宫深度融合,增强沉浸式学习体验效果,实现相互引流、相互补充。

【服务青少年健康成长】 2022年,团区委联合区城投举办"情暖童心 纯真年代"公益课堂,共推出800余节音乐、科技、体育等免费课程,惠及5000余名青少年。多渠道筹措资源,在玉龙社区、正方集团等9个点位开设暑期公益托管班,解决300余户"双职工"家庭子女看护难题。疫情政策调整后,为加强医护人员关系关爱,在明月楼社区、柳湖社区托育点等地,专门面向医护人员子女开设寒假托管班,协调市青少年宫,区老年大学等教师志愿者轮流送课上门,提供托位80余个,屡获群众好评。聚焦青年人才婚恋难题,举办6场相亲交友活动,为280余名单身青年搭建交友平台。深入开展青少年"三禁三防三自"教育活动,在暑期通过托管班、志愿服务等开展防溺水等自护教育,承办全市"反诈防骗,青春同行"开学第一课活动。

【青少年思想道德建设】 动员全区800余个团组织开展"青年大学习",下半年整体完成率87%,学习率较上半年提升明显。与区少工委组织"少年婺语"宣讲团以"学习二十大 童声传薪火"为主题开展中共二十大精神少先队宣讲,讲述红色故事,守护红色根脉。投入53万元为全区4.2万余名队员配齐《少先队活动》用书,邀请魏慈瑛、舒珂等少先队名师作队员用书的专题培训。将国防教育融入少先队工作,成立站前小学、金华市第四中学等7所少年军校,指导学校开展"一队四课"、"四千"工程、红色研学、"军体特色"等国防教育活动。站前小学被评为全国国防教育示范学校。

【青年志愿服务行动】 2022年,婺城区建立高校、社会、教师多级志愿力量储备体系,招募省运会志愿者380余名。多轮次开展志愿者通识、场馆培训,高标准举办志愿者出征仪式,协调区政府克服暑期志愿者住宿等问题,高质量完成轮滑、皮划艇、乒乓球等7项赛事及火炬接力等志愿服务任务,提供赛事志愿服务461人次。相关工作被各级媒体宣传刊用40余篇。

【统筹协调】 2022年,婺城区高站位谋划青年发展型城市总体布局。发挥青年工作联席会议统筹协调机制,通过举办联络员会议、主题座谈会等形式充分摸排部门资源和青年需求。召开区青年工作联席会议第三次会议,出台涵盖教育、健康、住房等十大领域的《青年发展型城市建设实施方案》和预期成果、政策举措、实事项目“三张清单”。12月,“打造青年发展型城市”写入区委八届三次全会报告。

婺城区妇女联合会

【概况】 2022年,婺城区有乡镇妇联13个,街道妇联5个,村(社区)妇联272个,区、乡镇(街道)专(兼)职妇联干部46人。

【“巾帼红”行动】 2022年,区妇联充分发挥三八红旗手、巾帼建功标兵等各级优秀女性力量,组建巾帼宣讲队,开展“百名巾帼百场大宣讲”活动105场;组建由妇联干部、先进女性及志愿者代表等组成的中共二十大精神巾帼宣讲队,推出“润婺她声音”“婺里巾帼说”宣讲品牌,多形式开展中共二十大精神“六学六进六争先”宣讲活动,全年开展线上线下宣讲230余场。发动妇女参与乡村振兴、文明创建、疫情防控、网格治理等志愿实践,不断壮大“婺里姐妹”巾帼志愿者队伍,已达10267人。培树出金茶花、红石榴、和雅芳姐、婺之源等一批优秀团队及宋园春、刘云妹等优秀个人,评选区级抗疫优

9月5日,省妇联党组副书记、副主席林丹军(前排左二)到婺城调研　　(区妇联供稿)

秀“格姐”100名,抗疫优秀“格姐”队伍20支,其中6人获评市抗疫优秀“格姐”、2支队伍获评市抗疫优秀“格姐”志愿战队。

【“巾帼创”行动】 2022年,开展巾帼文明岗申报创建活动,获评省级巾帼文明岗2家、省巾帼建功标兵1人。开展“巾帼助共富我先行”活动,建成女大学生创业实训基地2家、三八红旗手工作室5家,5人获评市优秀巾帼共富导师。开展“美丽庭院”创建活动,完成达标5457户、示范2440户,区级特色街巷2条、特色村2个,长山三村获评省级美丽庭院特色村。开展“百团联百村　巾帼助共富”活动,举办来料加工技能、巾帼共富工坊经纪人等培训班2期,举办“巧手展风采　巾帼助共富”来料加工技能

6月23—25日,“百团联百村　巾帼助共富”婺城区来料加工经纪人中国结技能培训班开班

(区妇联供稿)

大比武6场、参赛人数255人,全年发放来料加工费1.24亿元。举办“共创共富”农创客直播大赛1场、直播培训班3期。举办“妈妈的味道”技艺培训2期、桂花糕制作技能竞赛1场,组织婺城3个非遗项目参加全省现场展示。培育完成“巾帼共富工坊”30家,其中来料加工式23家、电商直播式2家、农旅融合式5家,带动女性就业4554人,人均月增收4633元。成立“格姐助女企帮帮团”,为30余家企业配备助企服务员,多形式开展“送服务进女企”活动,收集问题数量19个,帮助解决问题10个,帮助来料加工企业解决受困资金18万元。搭建“招聘集市”组织开展“春风送岗　筑巢引凤”女性及女大学生专场招聘会7场、网络招聘活动6场。

【“巾帼和”行动】 2022年，开展“法治新征程·平安进万家”平安家庭建设集中宣传月活动，发动各级妇联开展宪法宣传、禁毒防艾等活动81场次，参与人数3500人次。举办“共享法庭”普法课堂，邀请法官、律师为全区500多名妇联维权干部、山区乡妇女授课。支持维护被家暴妇女合法权益，联合法院发放人身保护令3人次。家事纠纷调解机制更健全。深化“红黄蓝三色”家庭排查，对已列入的75个家庭分类建立1个妇联组织牵头+3名专门人员+3项工作制度的“133”帮扶工作机制。成立婚姻家事调处专门团队，建立多元化解联动机制，升级改造区婚姻家庭调解工作室建设，2022年，接待涉家事矛盾纠纷300余人，调处70余件。各级妇联和姐工作室(站)积极参与排查化解婚姻家庭矛盾纠纷案件443余件，调解438件，成功率98.8%。开展“反诈平安行——抵御杀猪盘 共创美好家”主题活动，组建“反诈骗巾帼宣讲队”280多支，开展反诈宣传活动120余场次，受益群众3万余人次。评选巾帼反诈先锋团队16个，巾帼反诈标兵17名。

2月18日，区老年体协主席张菲菲(正面中)一行到区妇联走访座谈，探讨2022年老年体协与妇联联合开展活动等事宜 (区妇联供稿)

【“巾帼家”行动】 2022年，联合有关部门在9个重点乡镇推进农村区域化家长学校试点，推进45个城区社区家长学校规范化建设，组建区级家庭教育讲师团，聘请家风家教指导师40名，开展系列线上线下家庭教育、家风家教等送课进家庭活动150余场。举办“幸福家学堂”家长课堂，吸引家长1600多人次参与；举办“巾帼行 暖童心”暑期实践活动惠及200多个家庭；开设“与孩子共成长”主题课7期，受益近万人；开展“送法进万家 家教伴成长”主题活动。开展最美系列评比活动，评选区级最美家庭59户，最美婆婆19名，最美媳妇26名。开展“百户优秀家庭讲百家故事传百家家训”活动10余场。在各个传统节日开展“我们的节日”系列活动10余场。关注未婚男女青年群体，举办“婺里娘家人”交友联谊活动4场，培育公益红娘20名，其中1人入选省级公益红娘。全面开展“美家园 树新风 迎盛会”活动，组织格姐志愿者参与环境卫生、垃圾分类、反诈宣传等活动100余场。

【“巾帼爱”行动】 2022年，以党建+妇建为引领，组织40个机关部门与村社党组织、妇联双结对双共建开展妇儿驿站建设，协调家风家教指导师、共享法庭、巾帼文明岗等多方入驻妇儿驿站，完善“5+X”服务内容，创建完成省级三星驿站1个，市级二星驿站3个，区级一星驿站22个。面向新婺城人群体开展“把爱带回家”留婺亲子活动、“暖心候鸟”冬令营等活动11场次，555户新婺城家庭受益。暑期利用社区家长学校等阵地多形式组织夏令营、读书会等儿童关爱服务活动141场800人次参与。六一期间开展“与爱同行 情暖童心”活动，为塔石、莘畈籍87名山区儿童送上礼物。在区妇保院建设完成“蔷薇合护站”项目，与检察院等多部门联动建立受侵害未成年人保护机制，为52人次提供全过程身心健康关爱服务。实施“暖秋关爱”计划，走访慰问退职村妇代会主任、贫困家庭妇女儿童93人，发放慰问金、慰问品6万余元。携手公益组织发起“婺道一家亲”公益助学活动，为对口援助的道孚县城关第一完全小学、第二完全小学100名困境儿童筹集助学资金及物品15万余元。联合消防、公益组织走访慰问、消防员、援沪医护人员等特殊家庭23户。关爱帮扶低收入“两癌”妇女，为2名妇女申报获得全国妇联救助金2万元，为全区172名45至55岁低保女性参保“两癌”健康保险2.5万元。

1月22日，区妇联联合区科技局、山山家开展“把爱带回家·幸福留婺暖心活动” （区妇联供稿）

【“强基石”行动】 以乡镇(街道)妇联换届为契机选优配强妇联干部队伍，新一届妇联班子、执委队伍结构进一步优化，整体素质进一步提升，班子平均年龄较上届下降4.08岁、学历较上届提高15%，执委平均年龄较上届下降3.78岁、本科及以上学历占比41.54%。举办新任妇联干部培训班1期50人、农村基层“领雁”妇女工作能力提升培训班2期100人。在全区开展寻找“最美执委”活动，评选出100名区级“最美执委”。探索新领域妇联组织建设，逐步向快递物流、互联网、交通运输等行业及外来务工女性群体延伸，已建成新领域妇联组织44家，妇女微家15家。联合区直机关工委等8个部门成立“婺里巾帼”服务联盟，各联盟单位按职责领办项目、清单化服务，有效统筹资源力量。 （徐美珍）

婺城区科学技术协会

【概况】 2022年，区科协围绕“1483”发展战略，为高质量建设高能级现代化都市核心区贡献科协力量，打造一流示范。新增4家市级院士专家工作站，9月，提前完成市对区的人才攻坚考核，超额完成全年考核目标，2家市级专家工作站获得年度考评优秀。1家单位获批省级科普教育基地，1家单位获批金华市级科普教育基地，1家单位获批金华市级科普示范基地。

【服务创新驱动发展】 2022年，人才攻坚行动成效显著，新增金华市莫闲园艺工程有限公司、金华市润华机电有限公司、金华市暖田农业有限公司和浙江开创电气股份有限公司4家市级院士专家工作站。9月，完成市对区的人才攻坚考核，超额完成全年考核目标。金华望山投资管理有限公司和金华金婺农业发展有限公司获得2022年区考评优秀。组织开展“院士专家婺城行”和“全国学会智汇婺城”活动10余场。走访企业100余次，联系对接高层次专家30余人次。联合区纪委派驻纪检组对企业的市级院士专家工作站奖补经费进行监督，确保补助经费依规使用。

2月6日，婺城籍新晋院士藤皋军(右三)回乡祭祖，婺城区委书记高峰(右四)与其合影留念 （区科技协会供稿）

【科学普及活动】 开展科普业务工作培训，参训人员反响好。高质推进科普基地建设，熊猫猪猪·两头乌国际牧场获批“省级科普教育基地”，是全区第二家省级科普教育基地。金华铁路文化馆和浙江瀚峰农业开发有限公司银岭村百合种植基地成功申报市级科普教育基地和农村科普示范基地。做实全民科普，开展“留金欢乐多 科普过大年”系列活动10

余场,“冰雪冬奥”主题科普活动10余次,受益群众1万余人次。联合市科技馆到部分小学开展科学精神进校园活动,到莘畈乡、安地镇开展科技下乡活动。“科普婺城”微信公众号推送4期科学家精神展览有奖推文,阅读数突破3000余人次,有奖活动参与人数达500人次。

【学会学术交流活动】 2022年,组织开展“院士专家婺城行”“全国学会智汇婺城”活动,邀请滕皋军、俞孔坚、杨焕明、谢锦忠、陆桂华、李纪元、赵宇光、刘晓鸣等院士专家指点婺城科技创新,邀请乌克兰的院士专家开展海外院士婺城行活动。与金华望山投资管理有限公司联合承办的“艺术兴乡自然回归”主题论坛,北京大学教授、美国艺术与科学院院士俞孔坚为探索未来乡村振兴新路径作主旨讲座。协办“金华市第十三届茶花节暨婺城区第三十届茶花花朵展”。会同市科协、市农科院到湖南省农科院开展技术对接,促进湖南省农科院优秀科技成果在金华转化。会同中国林学会金华服务站,带领中油农业股份有限公司等企业到杭州富阳,走访对接中国林业科学研究院亚林所的专家学者,沟通省、市科协领导,助力企业创新发展,服务企业建立企业研究院。

【青少年科技活动】 品牌活动助力“双减”,第一次把青少年创新大赛放到学校一线,不断激发学生学习科学的兴趣。2022年,开展非遗科普系列活动3场、科普阅读读书会2场。开展“科普书籍进校园”活动10场,捐赠科普书籍折合资金10万元。邀请浙江师范大学教授在部分小学开设科普课堂。开展

3月10日,科普书籍进校园赠书仪式在白龙桥小学举行　　（区科技协会供稿）

第四届金华市“冲刺!科学+”科普比赛婺城区移动端海选,近4万人次中小学生参与答题闯关。

【科普融合】 2022年,党组书记领办“建立‘科学+’党建联盟,打造科协服务‘金’名片”的党建项目,“党建引领 争华争先”宣讲活动邀请省科协十一大代表和市党代表作会议精神宣讲,“科学+”党建联盟组织开展清明祭扫主题党日活动。在第六个“全国科技工作者日”,开展婺城区科技工作者话“创新”沙龙活动。组建婺城区科普宣讲团,已面向全区遴选专家60余人。单位“一把手”牵头每周定期开展数字化改革专题学习会,提前完成部门专题门户点亮建设工作,协同做好省科协“银龄跨越数字鸿沟”“双千助力双减”和“千博助千企”数字化平台和市科协“院士专家智力集聚工作数字化平台”的框架建设。“科普e站”“科普婺城”微信公众号和“村婺通”数字乡村幸福智治平台等科普信息化宣传平台发布科普信息百余条,浏览量达10000人次。开展“银龄跨越数字鸿沟”科普专项行动20余场,培训人数10000余人次。推进科普融媒体阵地建设,新增“科普e站”8个。夯实科普基础,对全区的科协组织架构做初步的整合及完善,明确乡镇(街道)科协及工作人员,对纲要成员单位分管领导和联络员进行调整,重新梳理原有的科普基地和农村科普示范基地。　　（何　凡）

金华市婺城区归国华侨联合会

【概况】 2022年,金华市婺城区归国华侨联合会(以下简称区侨联)以“奋进新征程 共富侨担当”为主题,围绕为侨服务和为经济社会发展大局服务主线,着力加强海外联谊,优化为侨服务,加强自身建设,区侨联工作取得新突破。7月5日,省侨联党组书记、主席庄莉萍在婺城区调研并宣讲省第十五次党代会精神。7月21日,区侨联承办的“活力侨商·开放金华”活动启动仪式暨金融助侨合作协议签约仪式在“侨助共富示范基地”——熊猫猪猪·两头乌国际牧场举行。区侨联被评为“2021年度全省侨联系统侨务工作成绩突出集体”。区联心侨暖心工作

室被认定为2021年度浙江省“四星级侨胞之家”。熊猫猪猪·两头乌国际牧场被确认为第四批“浙江省华侨国际文化交流基地”。区侨助共富“三聚”工作法被《浙江信息(每日简报)》、省《侨情专报(工作交流)》采纳刊登,获省委常委、省委统战部部长邱启文和市委常委、市委统战部部长王志强批示肯定。

【服务侨企】 2022年,区侨联深化“三服务”理念,继续推行“1+1+1”“侨小二”服务侨企婺城模式,通过一线走访、政企恳谈等形式,及时了解掌握侨企在经营发展中存在的真困难、真问题。2022年,区侨联走访侨资企业35家,开展各类活动23次,收集问题20个,解决问题18个。助力侨企在疫情后安全有序复工复产,组织华侨代表人士为婺城区抗疫工作捐款捐物22.5万元。实施“侨共富”专项行动,形成侨界共富项目清单6个,总投资额292.5万元。举办“婺城优选·品牌出海”跨境电商培训、直播推广专题沙龙活动。联合浙江师范大学围绕“同心共富 公益助农”开展校地合作,成立“留学生公益助农基地”,邀请外国留学生、侨胞开展现场直播助农活动。

【联络联谊】 2022年,区侨联依托海外侨团和广大侨界人士,讲好“共同富裕”故事。组织开展在外侨胞“云”上话祝福、当地侨企走访送温暖活动。强化党建引领,联合浙江八达电子仪表(时通)有限公司党支部、爱心侨企开展“春联到家”活动,走入“残疾人之家”活动,华侨“六一”慰问、少儿绘画比赛、文艺会演等活动7场次。举办“情系侨童 同心聚力助成长”系列活动暨“侨童成长学堂”开班仪式,积极打造“侨盟同心 侨童健康成长”爱心品牌。

【维护侨益】 2022年,区侨联做好困难侨界群众、侨界重点人士家属和回国探亲的海外高层次人才走访慰问工作,热情接待回乡探亲的海外人士。发挥“联心侨暖心工作室”品牌效应,积极推行“123456”工作法,用优质服务践行以侨为本,累计受理并调解58起矛盾纠纷,开展涉侨法律政策宣传800余人次,走访慰问侨胞侨属150余人。

【组织建设】 2022年,区侨联完成全区侨情调查和11个基层侨联换届工作,换届率和赋码率均达100%。成立中山路社区侨联1家,新建印尼金华商会1个。全区出台“侨胞之家”创建活动奖补政策,设置评定标准、工作要求及三年建设任务清单,为全区基层侨联组织规范化、标准化、科学化建设提供了指导性意见。2022年内完成“侨胞之家”示范点创建2家,下拨奖补经费4万元。 (申晓卫)

婺城区文学艺术界联合会

【概况】 2022年,婺城区文学艺术界联合会(以下简称区文联)有团体会员13个,会员1000余人。2022年,区文联召开文联系统读书会,及时传达中央、省、市、区委会议精神,并将会议精神创造性落实到具体的工作和文艺创作中去。号召文艺工作者发挥自身特长,以群众喜闻乐见的形式开展中共二十大精神宣讲,营造浓厚的氛围。发挥好“婺城文艺”公众号及各协会公众号的宣传平台作用,讲好婺城文艺故事,全年共推送各类文艺展赛、活动信息150余篇。配合区委宣传部完成2021年度文化精品、文化人才的申报和奖励发放工作,完成6家“文艺名家工作室”和2家婺城“文艺之家”考核工作,激发优秀文艺家潜心创作、传艺育人的热情。持续开展“文艺暖心大走访”活动,关心关爱基层一线文艺工作者,先后走访慰问老艺术家、文艺创客30余人。持续引导文艺创客入驻乡村开展“艺术乡建”,今年新增10家工作室入驻乡村,在大岭建成“文艺创客之家”并引进5家协会入驻。全区各类艺术乡建的点位、基地、组织共计120余家。发挥乡镇文联在艺术乡建过程中的独特作用,鼓励更多有潜力、有创作力、热爱文艺事业的文艺人才加入文联组织。蒋堂镇文联成立了作家协会、戏曲协会、舞蹈协会、程明芝文艺工作室,雅畈镇文联成立诗词楹联学会和曲艺协会,不断延伸文艺触角,扩大文联工作覆盖面。注重扶持完善政策,在《婺城区文化产业发展专项资金管理办法》《关于做好文创人才创业创新金融服务的指导意见》政策基础上,会同区委宣传部研究制定婺城区关于“文化乡创”助力共同富裕的实施方案,为下一步艺术乡建工作提供具体行动指南。整合资源,制定艺术乡建艺术特色村培育计划，谋划打造一批艺术特色示范村，用文艺方式激活乡村资源，赋能乡村振兴。

【文艺活动】 2022 年，区文联围绕“喜迎二十大”主题，举办“艺心迎盛会 翰墨写春秋”婺城书法美术作品展、心写婺城之“迎接二十大 讴歌新时代”婺城区中青年优秀书法家精品展等主题书画展；区书法协会开展“喜迎二十大 省运伴我行”大岭书法笔会活动、区民间文艺家协会组织文艺小分队参加“喜迎二十大 省运伴我行”2022 婺城区“文雅婺风”乡村文艺轻骑兵巡演活动、区诗词楹联学会推出“喜迎二十大”主题诗词楹联作品小集微信公众号专刊、雅畈镇文联举办“庆祝二十大 建功新时代”家门口的微党课活动，用文艺的形式让党的创新理论飞入婺城寻常百姓家；编印《文艺婺军》《婺艺风采》《光影婺城——婺城优秀摄影作品集》等一系列宣传册，集中展示婺城文艺界取得的成果与优秀文艺家的风采，向中共二十大胜利召开献礼。举办“奋楫新时代·文化进万家”系列活动，组织文艺志愿者走进新时代文明实践中心（所、站）、企业、机关等地，开展书法笔会进企业、公益培训、文艺演出等内容丰富、形式多样的文艺惠民活动 20 余场，惠及群众达万名。发动广大文艺工作者发挥特长，以“艺”战疫，“战疫有我”主题作品征集大赛共征集各类作品 2000 余件。编印《婺江文艺》抗疫专刊，刻画战疫风采，讴歌抗疫英雄，记录战疫温暖瞬间。

11 月 18 日，婺城区文联系统学习贯彻党的二十大精神读书会（区文联供稿）

5 月 23 日，婺城区文艺志愿小分队走进新时代文明实践中心（所、站）进行“文艺进万家 健康你我他”文艺志愿服务活动（区文联供稿）

【文艺培训】 2022 年，区文联组织各协会主席、秘书长参加全国文联系统学习贯彻中共十九届六中全会精神和习近平总书记在中国文学艺术界联合会第十一次全国代表大会、中国作家协会第十次全国代表大会开幕式上的重要讲话精神网络专题培训班，强化文艺的意识形态属性和对文艺界的思想政治引领。与区委宣传部共同举办文化产业发展专题培训班，组织文艺骨干到宁波开展专题培训，提高理论水平和文艺能力；主办“心写婺城”婺城区中青年优秀书法作品展研讨会，不断提升书法工作者的专业素养。区舞蹈家协会组织开展一系列群众舞蹈培训及送师下乡活动，受益者千余人。

【创作成果】 2022 年，作家李英创作的长篇报告文学《群山回响》入选中国作家协会年度重点作品扶持项目；周玥的长篇小说《蝴蝶刀》入选浙江省文艺出版基金项目；李英的报告文学《青山之恋》、汪胜的报告文学《我们村里的年轻人》入选 2022 年度浙江省作协定点生活项目；汪胜《光荣荆棘路上的跋涉者》入选浙版好书；戴建东出版散文集《星星落进了小河》；桑洛出版个人散文丛书《半堤雨》（5 本），由鲁迅文学奖得主陆春祥写序，作家张抗抗、裘山山联名推荐。全年有 50 余人在国家级、省级展赛中获奖，其中，朱长虹作品入选李阳冰全国书法大展并获“潘天寿”杯浙江首届青年书法篆刻展优秀作品奖；章国新作品提名第二届“王羲之”杯书法艺术大展；赵恩作品获国家级展赛入展入选 4 次；张雄华、章国新、胡志飞、俞晓涛等 7 人作品入展省书协 2022 年年度百家；李锦满作品入选“陆俨少奖”全国中国画展;池清、张慧作品获重返介子园——“宋韵钱塘·文雅兰溪”浙江省中国画展学术提名奖;叶子后作品获首届旅游业“微改造、精提升”诗画浙江摄影大赛二等奖;徐丽卿获评“全省先进老干部工作者”称号。5 人新加入国家级协会,23 人新加入省级协会。 (邵玉婷)

【区作家协会】 2022 年,区作家协会完成全年《婺江文艺》编印工作,配合区文联做好文代会筹备,编印完成《文艺婺军》《婺艺风采》两本书。周玥的小小说在《小小说选刊》《山海经》刊发,朱德康的诗歌在《光明日报》《诗刊》等刊发,李俏红的作品在《光明日报》等权威报刊发表,朱劲涛的散文在《人民日报》刊发,汪胜的报告文学、系列短篇人物传记在《中华读书报》刊发。2022 年,协会组织作家深入罗店大岭村、竹马下张家村、白龙桥新昌桥村等地开展和美乡村集中采风,创作散文、诗歌、报告文学等文艺作品;在罗店小学成立“北山文学社”,定期走进婺城区罗店小学,为孩子们提供展示才华的平台,帮助更多的孩子实现文学梦。蛮玉、陈美云、程明芝、吴杰、苏洪生、柏兰、戴建东、潘丽仙等会员作品在省、市文学刊物发表。 (汪　胜)

【区美术家协会】 2022 年,区美术家协会配合市美术家协会举办八婺耀彩——金华市美协会员精品展(婺城篇);承办婺城区书法美术作品展,展出美术作品 40 余件。组织会员开展“澄怀墨韵颂党恩,丹青妙笔写家山”采风写生活动,带领会员参观双龙水电站纪念馆,并在大岭村“文艺创客之家”写生创作作品 30 余幅;组织会员走进“望山隐庐”,开展书画交流活动;组织协会会员参加文艺惠民活动,在蒋堂派出所、塔石银岭村、安地岩头村、双宏化工企业等地开展笔会,为基层送去文化大餐。 (池　清)

9 月 9 日,“艺心迎盛会 翰墨写春秋”婺城区书法美术作品展开展 (区文联供稿)

【区书法家协会】 2022 年,区书法家协会在 2 月 16 日至 20 日的微信公众号上分 5 期展示“心写婺城”第二届全婺城书法篆刻展作品;4 月,举办抗疫创作书法作品线上展,展出会员抗疫作品 50 余件。在 4 月 21 日至 5 月 2 日期间分 5 期,在本协会公众号作协会宣传展示;5 月 18 日,纪念毛泽东《在延安文艺座谈会上的讲话》发表 80 周年文艺座谈会暨第九个中国文艺志愿者服务日公益纪念笔会在岩头村举办,张雄华、朱长虹、范启良、张艺枫参加活动。吴文胜、赵恩、胡志飞、朱长虹、章国新、张雄华、俞晓涛作品入展省书协 2022 年“年度百家”;胡青苗、周俊红作品入选“玉海雅集”浙江省第七届女书法家作品展暨第六届女篆刻家作品展;赵恩、韩瑞作品入展卫夫人全国书法篆刻大展;葛荣伟与章国新作品入展“潘天寿杯”浙江首届青年书法篆刻展;黄颖岚、徐柚、张妍、谌莉、叶青作品获满庭芳——金华市女性书法作品大展优秀奖,范嘉婧、方扶摇、赖晨晨、林晶、罗美君、邵政红、孙傲雪、王小花、康佳佩、方丽、董菊、李鸿作品入展满庭芳——金华市女性书法作品大展;韩瑞作品获“双星争华 情系双拥”金华市庆祝中国人民解放军建军 95 周年书画摄影作品展一等奖,潘胜伟、吕松霖、金玉丹作品获优胜奖;范启良、谌莉作品获婺城区“战‘疫’有我”主题作品征集大赛优秀奖,李贵林、杨兴旺、杨福平、陈爱姿、罗美君、单晓忠、胡志飞、徐柚、黄颖岚、韩瑞作品入围大赛获奖名单;胡晓军作品入展“吴昌硕奖”浙江第六届篆刻大展;朱长虹作品入展浙江省首届临帖展。 (章国新)

【区戏曲家协会】 2022 年,区戏曲家协会程明芝创作抗疫新故事《免费午餐》、小戏《枇杷黄了》、清廉微小说《理由》;胡健的微电影、道情剧,洪增贵的婺剧小戏、赵海琴的金华道情等推上“学习强国”学习平台。程明芝、胡健、赵海琴、邵有娟等在省、市、区各级文艺演出和比赛中获奖,李逢亭获评婺城区

2022年第二季度“闪光婺星”;2名会员新加入浙江省曲艺家协会。全年开展送戏下乡及戏曲活动近500场次;组织骨干会员在安地镇召开作品讨论会;组织部分理事会成员在罗店镇大岭村召开创作座谈会;举办手机视频拍摄、短视频制作培训会,受益人次百余人。

(李逢亭)

【区舞蹈家协会】 2022年,区舞蹈家协会在婺城区各乡镇(街道)开展文艺汇演活动,其中协会骨干、会员和金华市区各文艺团体联合组织演出近150场次,辐射群众上万名。通过舞蹈“送师下乡”等文化品牌活动,为18个乡镇(街道)舞蹈教师开展教学。协会推动会员开展精品创作舞蹈培训,以双拥为题材的《妈妈一切都好》、古典舞《婺春绣》等优秀舞蹈作品深受群众喜爱。区舞蹈家协会举办多项舞蹈赛事、组织参与国家、省、市级赛事近百项,获得金、银、铜奖300余项。完成婺城舞蹈家协会宣传片拍摄,以舞蹈的文艺形式助推婺城文化影响力的提高。

(柳　毅)

【区音乐家协会】 2022年2月14日,区音乐家协会承办“放歌新时代,唱响新婺城”新春元宵云上演唱会;5月,承办婺城区第三届小百灵少儿声乐大赛;11月12日,承办“爱在大岭”乡村音乐会,在推动中共二十大精神走向基层深入群众的同时也促进艺术乡建工作。1月3日,邀请声乐教育家水洁在婺城区文艺创客之家和音协会员一起开展音乐交流活动,现场教学歌曲演唱技巧,提高会员的专业水平;组织协会骨干参加2022年婺城区文化产业高质量发展专题培训,提高理论水平和文艺能力。2022年,婺城区音乐家协会获区宣传思想工作先进集体;关钰堃作曲的《饭吃过没》获浙江省第二届流行歌曲金奖,《父母爱情》获浙江省第二十一届群众音乐大赛铜奖;张岚、王建江、徐准捷新加入浙江省音乐家协会。

(李瑷芬)

【区摄影家协会】 2022年,婺城区摄影家协会组织会员参加由区老干局在琅琊镇泉口村组织的婺城区老干部“翰墨光影颂发展,同心聚力助共富”志愿者服务活动;组织摄影骨干助力安地镇开展的桂花糕制作技能比赛活动;组织会员协助“爱在大岭”乡村音乐会的拍摄及宣传工作;参与金华银行开展的25周年“摄影开放日”活动,拍摄婺城支行和开发区支行银行网点10个。1月26日,举办“云享尖峰爱在大岭”文化进万家温暖全家福摄影惠民活动,受到村民的广泛好评;3月9日,组织25名会员参加茶花节摄影采风活动;完成“光影婺城”——婺城优秀摄影作品集锦画册制作,为中国文学艺术界联合会第十一次全国代表大会献礼;7月10日,举办“迎省运盛会 展金华形象”婺城区摄影家协会大岭村摄影采风交流活动,营造浓厚的文艺氛围;与婺城区新闻传媒中心合作,为“婺城新闻”专栏“婺城日历”供稿,已提供照片1200余张。协会会员张新英的《一路风光一路景》入选《中国摄影报》、《露营桃溪水库》入展“奋进武义·共同富裕”全国摄影大展;叶旭文的《集市》获全国乡村摄影大赛优胜奖;王志金的组照《英雄王亮载誉归来》在中央政法委主办的2021年度全国政法优秀作品评选中获三等奖。

(陈兆刚)

【区诗词楹联学会】 2022年,区诗词楹联学会吸收多名年轻的新成员,平均年龄下降,会员老龄化情况得到改善。举办重阳节聚会,会员共话诗词书画创作心得,学习贯彻中共二十大精神;参加永康诗词学会举办的“喜庆中共二十大,激情再赋青山诗”采风活动,创作佳作被省、市、区各级刊物刊发。编撰2022年《婺城诗联》,共收集会员当年新创诗、词、联、赋等作品200多首;段华富出版诗词集《丹枫吟》。

(阮　华)

【区民间文艺家协会】 2022年,婺城民间文艺家协会举办民协展演活动,展示会员艺术作品、非遗产品,展演文艺节目,丰富基层群众精神文化;开展琅琊和银坑红色采风活动;组织文艺志愿小分队走进泽口村新时代文明实践站,开展文艺交流服务,全年开展惠民活动20余场;举办“艺术乡建”工作座谈会,推动协会下一步工作;组织会员参加“匠心婺韵”婺城区首届优秀民间工艺美术家邀请双年展活动,提高技能水平。程明芝出版民间故事集《传说金华》、小说选集《非常措施》;朱明升出版婺城文化基因解码成果集《婺韵》、婺文化课题成果《白沙溪三十六堰》;胡阿荣撰写的地方民俗散文多次在《中国乡村》杂志上刊登并获奖;编印《婺城民间文艺集萃》,展示全区民间文艺家的艺术成果与风采。5 名会员新加入国家级民协,4 名会员新加入省民协,9 名会员新加入市民协。 (朱明升)

【区文艺创客联合会】 2022 年,区文艺创客联合会全年开展“婺城名家”的公益文化讲座(沙龙或读书会等),“婺风宋韵” 沉浸式文化体验活动,“婺城工匠”传统手工艺培训,“善德少年”亲子文化研学活动 31 场。建立岩头总部及大岭、上干口两个创作基地。岩头村引进多个非遗传承项目和艺术项目,会聚一批非遗代表性传承人、工艺美术师、民间艺人等创客人才,探索出一条独树一帜的文化产业化发展的“岩头模式”,真正做到用艺术为乡建助力。大岭和上干口两个创作基地成功落成,为文艺骨干们提供优质的创作环境。 (周文跃)

【雅畈镇文联】 2022 年,雅畈镇文学艺术界联合会新成立雅畈诗词楹联协会、雅畈曲艺协会,标志着婺城区第一个乡镇诗词楹联协会和乡镇曲艺协会的成立。2022 年, 完成雅畈书画协会换届工作。2 月,配合雅畈镇文化中心拍摄外乡人留婺过大年的“云上春晚”,拉进基层艺术人员与外乡人的距离。4 月,举办“宋韵雅畈”座谈会,专家学者及婺城区政协、文旅体局、雅畈镇政府有关工作主要负责人欢聚一堂,围绕宋韵文化,各抒己见,共谋乡村振兴。4 月,与雅畈镇政府联合举办“云赏杜鹃 花开共富”之“我心中最美的雅畈”短视频大赛。5 月 19 日,携手非遗婺绣、小星球公益团队在雅畈老街开展丰富多彩的“迎端午”传统文化活动。7 月,配合永康文联在雅畈进行实地文化采风及走亲。8 月,与婺州窑博物馆、金华市小星球公益协会联合举办婺风遗韵“窑”望未来困境儿童文化体验公益活动。9 月,雅畈镇举行首届诗词朗诵会,推动、普及诗词传统文化,让诗歌融入千千万万平凡人的生活中。9 月 23 日,雅畈文联与金华市小星球公益协会签署战略合作协议,开启文化与公益的结合之路。10 月,贯彻执行中共二十大精神,由雅畈文联秘书处牵头雅畈书画协会、雅畈诗词楹联协会、雅畈曲艺协会全力配合,联合金华市小星球公益协会开办 “家门口的微党课”,截至 12 月底,共开展 4 期。10 月底,雅畈诗词楹联协会面向协会全体会员开展“喜庆中共二十大胜利召开”诗词楹联作品征集活动。由雅畈文联挖掘、章一平老师撰写的大型广播剧《接谷会》剧本完稿, 是唯一一个以雅畈始祖为故事线索的剧本项目, 对雅畈地方的人文历史有一个清晰的表述。2022 年,雅畈镇文联助推《曹济威:匠心为引在竹香中编织岁月》《天气渐寒,熟悉的年糕香回来了》《褚小尧:匠心酿桂酒,岁月暗生香》等非文化主体推文登上“学习强国”学习平台;配合中央电视台导演拍摄《第三只眼看婺城——婺风宋韵在雅畈》。

(潘丽娜)

【蒋堂镇文联】 2022 年,蒋堂镇文学艺术界联合会立足地方文化,发挥其在凝聚人心、引导民心、淳化民风中的作用, 使之成为推动乡村振兴的精神引领。1 月,成立镇作家协会;9 月,成立镇戏曲协会和镇舞蹈协会,全镇有各类文艺人才 200 人。在开化村成立“程明芝文艺工作室”,开展二次创作交流活动,运行良好。12 月,组织下属协会骨干到雅畈镇与雅畈文联进行首届乡镇文联工作交流活动。2022 年,镇文联创作小说、诗歌、散文、故事、戏曲、报告文学以及书画等文艺作品 100 余件。其中,汪柏寿的书法作品入选澳门纪念邮票。程明芝创作的《高速路边的致敬》获浙江年度好故事,《一封不陌生男人的来信》拍成微电影,小说《理由》、小戏《枇杷黄了》分别在八婺清风、《婺江文艺》发表。 (程明芝)

婺城区残疾人联合会

【概况】 婺城区残疾人联合会,下设“金华市婺城区残疾人就业服务中心”。2022 年,区残联辖 18 个乡镇(街道)残联,全区持证残疾人 10216 人,其中,视力残疾 892 人,听力残疾 1379 人,言语残疾 145 人,肢体残疾 4259 人,智力残疾 1051 人,精神残疾 1959 人,多重残疾 531 人。

【重要会议】 2022 年 12 月 9 日, 婺城区残疾人联合会第六次代表大会召开,选举产生区残联第六届主席团委员和出席市残联第八次代表大会代表,区残联第六届主席团主席、副主席,区残联第六届执行理事会理事长、副理事长。李可春当选区残联第六届主席团主席，钱红伟当选区残联第六届执行理事会理事长。

11月9日，金华市婺城区残疾人联合会第六次代表大会召开　（区残疾联合会供稿）

【特色亮点】 2022年，现代社区助残暖心行动被列入省级试点；“婺城浙里助残”在“浙里办”App上线使用，数字化改革列入市级试点。实现万人以上镇（街）残疾人之家全覆盖，2家残疾人之家通过省残联五星级评定，5家残疾人之家由三星级提升至四星级。

【组织建设】 2022年9月，完成乡镇（街道）残联换届，11月，完成区残联换届，选举产生新一届残联主席团和执行理事会，各专门协会配齐配强，残联组织建设得到加强。

【民生实事】 2022年，两项工作列入省民生事实：10个公共场所无障碍改造（婺州公园、区行政服务中心、婺城小学、客运西站、凤凰山公园、烈士陵园、人民广场、中轴景观公园、铁路文化公园、兰溪门菜场）和3家（城西残疾人之家、罗店残疾人之家、新狮残疾人之家）残疾人之家星级提升，通过省督查组验收。

【助残帮扶】 2022年，完成残疾人职业技能培训154人，新增就业129人，为171人免费提供辅具服务，儿童康复训练98人，发放训练补助240万元，为313名残疾学生和贫困残疾人就读子女发放助学补助41.8万元。

【宣传文体】 2022年，在各级媒体报道信息50篇，其中数字化改革和现代社区2篇信息在《浙江日报》刊登，3月3日爱耳日举办迎冬奥会长跑活动，全国助残日期间开展“疫情纾困解难，助力复工复学”系列活动。

【托养中心建设】 2022年，总投资2800万元的婺城区残疾人托养中心开工建设，弥补全区公建残疾人托养机构的空白，形成区级有寄宿托养，乡镇有日间庇护，家庭有居家照料的残疾人安养服务网络。

（王晶琳）

婺城区红十字会

【概况】 2022年，婺城区红十字会围绕区委“1483”发展战略，大力弘扬“人道、博爱、奉献”的红十字精神，依法履行“三救三献”等工作职责，发挥党和政府在人道领域的助手作用，稳步推进各项人道救助工作，获评金华市红十字会系统2022年度红十字工作单项考评优秀单位。

【应急救护培训】 2022年，应急救护培训工作列入市级民生实事。全年应急救护培训普及5.47万人，占任务数的347%；完成应急救护持证培训4738人，占任务数的121.5%，完成建设区级、乡镇（街道）标准化应急救护培训基地各1家，全区AED配置38台，成为金华市红十字会系统首家8月底完成市级民生实事任务单位。

【人道救助】 2022年，发挥红十字会业务优势，汇聚人道力量助力共同富裕。开展“博爱送万家”“情暖夕阳·关爱老人”“困难学子助学”等人道救助和慰问活动，慰问困难群众800余人，发放慰问款物20余万元；与道孚县红十字会签订协议，帮扶困难群众及学生，捐赠资金16.5万元；利用红十字公益平台，广泛汇集爱心资源，拓宽人道救助渠道，参与第三次分配，助推共同富裕建设。全年筹集款物133.15万元，其中“5·8”和“9·9”公益日线上筹款2.13万元。在长山乡卢家村、安地镇南七新村、罗店镇北山社区、塔石乡井上村建立4个博爱家园。北山社区博爱家园争取到省红十字会建设资金3万元，市红十字会建设资金10万元，总投资40余万元，打造以北山社区为中心，带动全区博爱家园高质量发展的新局面，确保红十字会在参与社会治理中发挥应有作用。

【应急救援】 与应急管理、公安等部门对接,主动融入“大安全、大应急、大减灾”建设体系,提升救援队伍统一指挥效能。通过实施“救在身边·救援先锋”专项行动,37名核心救援队员全部取得救护员证,有效提升救援技能。2022年,组织开展各类救援任务259次,出动应急救援人员1476人次,完成辖区水域落水人员搜救打捞、寻找走失人员和区政府组织的应急演练、赛事保障等任务,红十字救援队成为全区应急救援力量的有效补充。

【“两捐”工作】 深入医院、乡镇(街道)、村(社区)等开展“两捐”工作宣传,完成造血干细胞采集82例,达年度任务的119%。依托“小桔灯”爱心助学项目,对21家器官(遗体)捐献者家属进行慰问,做实对捐献者家属关心关爱工作。

【数字化改革】 奋力推动红十字数字变革。建设“救在身边·博爱家园”应用平台,联合政法委、统战部、民政局、残联等10个部门和18个乡镇(街道),贯通民政管理系统、残疾人管理系统、金华市退役军人信息系统等6个数据源,形成困难人员信息库,实现爱心资源整合统筹,有效提升救助服务效能。制定《婺城区红十字会人道救助管理办法》,形成困难人员共帮机制,2022年,联合认领困难人员191人,发放资金2.16万元。“救在身边·博爱家园”应用被列入红十字会系统省级试点项目、省级数字化改革重大应用“一本账S2”。 (朱　前)

法治 军事

政法委及综治

【概况】 2022年,区政法平安战线围绕护航区委“一带七心”战略布局,打造平安示范区,构建共建共治共享的社会治理共同体,全区社会大局持续平稳,平安区实现“十八连冠”,勇夺全省首批“二星平安金鼎”;平安建设考核排名全市第1;平安指数11次进入全省前10;除险保安工作评价指数位居全省前列。

【安保工作】 2022年,婺城区政法委紧扣“平安护航中共二十大”工作主线,围绕“六严防、六确保、六个零发生”目标,开展除险保安工作晾晒、除险保安百日攻坚等行动,完成中共二十大、第十七届省运会等一系列重大安保工作,社会大局持续平安稳定。多轮次推进风险隐患排查化解行动,化解重大风险119项,其中4个问题楼盘、河南村镇银行、申华水泥原土地征用工等突出问题均得到有效化解。依法查处涉房地产领域扰乱单位秩序案件7起,行政拘留12人,提醒教育135人。开展除险保安攻坚行动督导检查,对省市督导发现的问题全面复盘、跟踪问效,实行“日研判、日复盘、日通报”机制,对未销号问题进行“红、黄”赋色督促,倒逼问题整改。下发通报92期,下发提醒单、交办单、督办单共计58份,以问题导向推动工作提质增效。除险保安工作晾晒考核持续保持全市前列。

【平安建设】 2022年,婺城区紧扣中央、省、市平安工作重点和要点,开展“大平安百日攻坚”行动、平安建设“十大专项行动”和平安建设整体提升“五大行动”,平安建设基础不断夯实,平安专项工作开展取得实效。推进平安指数三级指标摸排、平安隐患风险自查、平安暗访督导检查、重点地区(领域)挂牌整治、建立暗访问题整改回访机制“五大行动”,形成任务、责任、时间“三张清单”,不断查漏补缺、压茬推进。对白龙桥镇、新狮街道的电诈问题,蒋堂镇、城中街道的消防问题进行区级挂牌整治。开展2022年度平安村、平安社区创建验收,全区创建成功率达99.64%。开展平安建设十大专项行动,排查安全生产隐患1.2万余处,各类安全生产事故数、亡人数较前三年平均值分别下降41.6%和40%;市级挂牌的8处隐患和区级挂牌的160处隐患全部完成整改。累计查处交通违法行为21万余起,交通事故起数同上年相比下降13.8%;火警数同上年相比下降58.9%,火灾零亡人;刑事警情同上年相比下降12%,打处数上升28.7%;电诈案件发案量同上年相比下降20.11%。平安指数每月均进入全省前10。1—6月,平安建设工作连续六个月排名全市第1。1—11月,省平安考核模拟排名全市第2,1—11月,省专项考核排名全市第1。

【社会治理】 2022年,婺城区以推进基层治理体系和治理能力现代化为目标,深化“县乡一体、条抓块统”改革,推进网格治理理念、模式、机制、手段变革创新,全面构建基层治理新体系。精准优化设置网格780个、微网格4631个,选优配强专职网格员325名,增幅达144%。同时完善待遇补贴、装备标识、星级评定等相关保障措施。新建区级社会治理中心,“标准化”整合机构力量,“个性化”进驻 20 多家职能部门以及社会组织力量。推进基层智治系统运行,部门闭环流转处置得到充分发挥。迭代“基层智治综合应用”,推动全部网格落图可视,获评市优秀案例。贯彻落实市委关于做好全国市域社会治理现代化试点迎检工作的部署,系统集成涉及社会治理工作领域取得的制度成果、理论成果、宣传成果等台账资料,全面系统展示社会治理创新成果;培育打磨城西“宋园春”矛盾调解工作室、城中西市街商圈“善创”场景、新狮柳湖未来社区等特色点位 12 个。

【数字法治建设】 2022 年,婺城区政法委聚焦实战实效,一体推进平安建设、法治建设的格局不断完善,半年考核、历次双月考核排名全市前 3,全省前 30,1 项应用获评省级数字法治好应用。聚焦重大需求,做实“调研、谋划、沟通”三招,三季度浙里移民、数字办案智能量罚、大综合一体化执法监管、住房公积金执行一件事、医保基金诈骗专项治理、未成年人检察综合司法保护 6 个应用列入全省数字法治“一本账 S3”。“大综合一体化”行政执法协同指挥应用获评省“数字法治好应用”、市“数字化改革双月最佳应用”,获副省长高兴夫肯定,并在全省“大综合一体化”行政执法改革推进大会上作经验交流;“童学好”未成年人安全监测治理应用被评为市“数字法治好应用”,其中未成年人“一站式”保护救助场景在全省试点推广。形成制度成果 3 项,在《法治日报》、《长安》杂志等媒体刊登。开展“检执联动”信息共享,共享信息 247 万余条,做法在《浙江政法》刊发。

(周玉南)

公安

·金华市公安局婺城分局·

【概况】 金华市公安局婺城分局(以下简称“婺城分局”),以“打造五精警务、打赢五场战役”为牵引,除险保安、护航发展。2022 年,婺城分局接报有效警情 35073 起,比上年上升 2%,传统侵财警情 1733 起、矛盾纠纷警情 14986 起,比上年分别下降 22%、0.3%。刑事立案 1808 起,比上年上升 6.76%,破案 439 起,破案率 24.28%;命案发 1 起、破 1 起;刑事处罚 1122 人,移送起诉 972 人,行政处罚 4031 人。

2022 年,婺城分局被评为全市公安机关综合实绩考评优秀单位、全区机关部门岗位目标责任制考核优秀单位,全省平安浙江建设先进集体,全市社会综合治理成绩突出集体,实现全省公安机关执法质量考评优秀单位“十九连优”,省运安保工作成绩突出获区政府嘉奖。城中派出所获评全国公安机关执法示范单位,法制大队获评全省优秀公安基层单位,全年立集体二等功 2 个、集体三等功 1 个、个人二等功 1 个、个人三等功 23 个,64 人受到嘉奖。

【推进扫黑除恶专项斗争】 2022 年,婺城分局排摸涉黑恶线索 7 条,核查办结上级交办线索 5 条,打掉恶势力团伙 1 个,抓获涉案人员 18 名;刑事打处涉网裸聊敲诈嫌疑人 31 名,破获省内外裸聊敲诈案件 30 余起。

【电信网络诈骗打防】 2022 年,全区电信网络诈骗发案 835 起,比上年下降 24%;破案 345 起,比上年上升 337%;采取刑事强制措施 333 人,比上年上升 2%。

【推进经济犯罪打击】 2022 年,婺城分局受理经济案件 72 起,立案 50 起,不予立案 21 起,破案 27 起,打处犯罪嫌疑人 124 名,移送起诉 61 名。

【推进传统盗抢骗犯罪打击】 2022 年,全区传统侵财类案件发案 1585 起,比上年下降 20%;破案率 50%,比上年上升 4%;打处传统侵财犯罪人员 268 名,比上年上升 20%。

【推进治安防控体系建设】 2022 年,婺城分局研发“管服 E 眼”系统,完成 90 个智安小区、24 个智安单位建设。深推“全民反诈走心工程”,电诈发案下降 24%、案损下降 7%,打击治理电诈成效全市第 1。

【推进“预警中心”建设】 2022 年,婺城分局构建预警灵敏、部门联动的“市际、城际、核心”圈层防控体系,入选省数改 S1 跑道,推送预警 1.1 万人次,风险清单 9 类 37 项,支撑党委政府化解风险 562 件、1536 人次。

【推进服务改革发展】 2022 年,婺城分局推进“一窗通办”“一网通办”公安政务服务改革,开发“E 快查”系统,进入全省数字社会“关键小事”智办速办跑道。出台《关于服务保障稳住经济大盘二十项措施》，建立“五员五到”精准助企机制，《人民公安报》《金华三服务》等媒体推介经验做法。稳妥处置欠薪维权等事件，依法整治房地产领域扰乱单位秩序等违法行为，行政拘留12人，提醒教育135人。

【警务保障工作】 2022年，婺城分局落实从优待警各项措施，完成办案中心提档升级、网安规范化建设，启用蒋堂镇、雅畈镇、安地镇派出所新业务用房，推进城西街道、乾西乡派出所选址立项工作；有序更新警用车辆、警员装备，完成智能化警用装备室、分局健康管理中心建设。

【公安队伍建设】 2022年，婺城分局开展三类突出问题等专项整治，出台饮酒十条禁令、会风会纪“五不准六严禁”、辅警“严管双十条”等系列局规，开展全警廉政家访，省公安厅三轮综合督察“零失分”。分局领导班子成员和中层干部以上率下，老民警干劲不减，新民警刻苦钻研，形成“抓两头、促中坚”良好态势。城中街道派出所社区民警吕昭华、情指中心主任蒋建军、白龙桥镇派出所所长叶柯分别被公安部、省委、省政府授予“全国公安机关爱民模范”“全省模范人民警察”“全省优秀人民警察”荣誉称号。

【打造“五精警务”】 2022年，婺城分局对标新时代公安工作总要求总方针，围绕上级公安机关及区委、区政府决策部署，以“精度指挥、精确防控、精准打击、精心服务、精细管理”为目标，着力构建现代警务新机制，加快推进婺城公安工作现代化进程，指挥、防范、打击、服务、管理五大领域工作显著提升，社会大局持续平安稳定，在“防风险、战疫情、保安全、护稳定、促发展”的大战大考中交出党委认可、群众满意、走在前列的高分答卷。

【打赢系列安保硬仗】 2022年，婺城分局统筹推进“安保大年”各项工作，圆满完成中共二十大、省运会等79场次大型安保任务。在全市率先开展风险隐患“动态清零”专项整治行动，机关警力下沉包干126家旅馆、寄递站点，开展“拉网式”排查，守牢“五个严防、三个确保”底线，实现“七个坚决不发生”目标。

【执法质量连创省优】 2022年，婺城分局出台《中层领导办案十条规定》《取保候审保证金管理办法》《分局柔性调解工作规定》等新规，完成执法办案中心提档升级改造，“伤害案件办理”动态清零，在全市年终执法质量考评中排名第1，被市局申报为2022年度省级执法质量优秀单位，法制大队获评“全省优秀公安基层单位”，城中街道派出所获评“全国执法示范基层所队”。

【警务实战效能提升】 2022年，婺城分局将“公安大脑”建设与重大活动安保实战紧密结合，迭代“智控矩阵”，打造“预警中心”，全力构建“敏锐感知、精确预警、科学防控、有效化解”四位一体防控体系。“预警中心”上线运行以来，累计纳控风险对象6.64万人次，推送预警指令2.25万人次，拦截风险415人次，系统应用入选全省数字化改革一本账S3目录。

【数字化改革和“公安大脑”建设】 2022年，婺城分局深入推进公安数字化改革，“技术、机制、体制”三轮驱动，以“一号工程”力度开展“公安大脑”建设。“浙里移民服务集成改革”被省厅列为第一批“揭榜挂帅”中榜项目，启用新丝路联勤警务站，“六方协作”纳入全市社会治理示范引领场景；联合区行政服务中心研发“授信e快办”应用，实现“浙里办”上线运行，入选全省数字社会案例集；联合金华监狱，打造警监协作专题防控，进入“数字法治”跑道申报程序；研发刑事强制措施精准评估系统，纳入数字法治一本账S3目录。

【落实派出所办理刑事案件“负面清单”】 2022年，婺城分局细化执法责任、健全权责清单、优化管辖分工，建立“一个方案、两张清单、三项机制、四大保障”工作体系，推动派出所回归服务群众、基层治理主责主业，年内警种办案率达73.16%，居全市第1，在全省公安机关法治工作会议上介绍经验。

【高素质过硬铁军锻造】 2022年，婺城分局深入开展“三能”主题教育实践活动，建设“三能”阵地8个，举办主题阳光沙龙14期，成立“匠心筑城·婺安有我”党建联盟，内聚合力、外借巧力，扩大平安建设“朋友圈”。坚持严管队伍，开展三类突出问题等专项整治，出台饮酒十条禁令、会风会纪“五不准六严禁”、民警调配规定、辅警管理“十严禁十关爱”等新规，省厅三轮综合督查“零失分”。组织全警廉政家访，安稳“后院”、管住“八小时外”，守牢队伍“不出事”底线。

【护航“三大战役”】 2022年,婺城分局聚焦区委、区政府招大引强、城市有机更新、低效工业用地整治“三大战役”,全面摸排经济金融、房地产、教育民生等领域风险,稳妥处置欠薪维权等事件,依法整治房地产领域扰乱单位秩序违法行为,行政拘留12人、提醒教育135人,得到市委、市政府、区委、区政府领导高度肯定。依次推进“大排查大扫除大清零”行动、“双百行动”,全面推开“打防管治”四条战线,年内传统侵财、黄赌警情同上年相比分别下降22%、24%,提前化解上级交办的48件疑难信访积案。开展“三服务”活动,出台《关于服务保障稳住经济大盘二十项措施》,提高惠企利企服务质效,打造良好营商环境。

【推动水上运动中心应急联勤指挥中心建设】 2022年,婺城分局依托党建联盟,会同区应急管理局、城投公司在辖区水上运动中心建设以“安全、平安”为主题的平安联盟项目应急联勤指挥中心。中心以“平时强能力、战时展担当”为总要求,以五大实训基地为依托,集应急处突、教育培训、物业管理等职能于一体,创推“145”公共安全和社会治理有机融合的源头管理模式,积极构建区域安全体系,进一步强化“源头建设、源头管理、源头共治”。

【创新“113”模式打造“古城卫士”2.0升级版】 2022年,婺城分局联合街道社区、辖区各执法单位、文旅公司及古城协会联盟,打造1个联席办牵头,1支队伍开展工作,矛盾纠纷多元化解、风险隐患部门联控、专群结合精密防控3类成效的“113”古城治理模式。依托该模式,成立“古城反诈联盟”,通过挖掘剪纸、道情、婺剧等各类古城非遗文化,吸收非遗传承人、党员、志愿者参加多形式反诈宣传,省、市级10余家媒体作了报道。创推“开门一件事”服务,对出租房、消防安全、食品安全、文明创建等实行积分制统一管理,提升效能。

【打造电信网络违法犯罪研判打击“最小作战单元”】 2022年,婺城分局推进电信网络违法犯罪打击治理,创推所队“一盘棋”模式,以集中地区群体为目标,聚合警种派出所力量,形成最小作战单元,提高打击效率。年内成功侦办“1·12”缅北回流、“8·30”吸粉专案,抓获犯罪嫌疑人117名,进一步提升打击成效。

【研发“授信e快办”应用优化公安政务服务】 2022年,婺城分局联合区行政服务中心研发“授信e快办”系统应用,成功上线浙里办运行,重塑“申请—审批—办理—反馈—评价—封存”全闭环服务管理流程,为企业等第三方机构提供能开放、可赋能的数据、应用和模块,推进完善政务服务信息获取授权机制。应用上线以来,已注册律所46家、律师502名,受理申请100多人次,获评全省数字社会领域第十批最佳案例集,被《人民日报》、《浙江日报》、浙江卫视等多家媒体宣传报道,为高质量政务服务“婺城样本”作出公安贡献。

【出台《民警八小时外管理“三强化、五提倡、十严禁”》】 2022年,婺城分局制定出台《民警八小时外管理“三强化、五提倡、十严禁”》,完善监督管理体系,筑牢民警公正执法、廉洁从警防线。强化警示教育,拍摄的廉政微电影《坎》获“第六届平安中国‘三微’比赛”微电影组三等奖。

【创推“一定三清”技战法】 2022年,婺城分局总结提炼非法狩猎类犯罪打击“一定三清”技战法,即定作案工具、清组织网络、清财物流向、清人员轨迹,实现非法狩猎“全环节、全要素、全链条”打击,破获部督案件2起、省督案件3起,抓获犯罪嫌疑人140余人,收缴枪支及狩猎工作若干,工作在市局综合考评列全市第1。

【建成移民事务服务中心高村站点】 2022年,婺城分局以“公安大脑”建设为契机,深化“六方协作”机制建成移民事务服务中心高村站点,打造政策匹配、数据融合、功能归集、联动协同的“管服并重”移民服务领域应用场景,获评省公安厅第一批“揭榜挂帅”中榜子项目。中心配置政务受理、创业创新、生活便利、学习交流、休闲互动五大功能区块,汇集证件办理、社会保障、生活便利、个性化服务4大类63个事项。6月29日开站后,累计提供服务300余人次,涵盖来自89个国家1000余名境外人员。

【“双龙卫士”志愿服务队助力基层社会治理】 2022年,婺城分局联合罗店镇镇政府,牵头组建一支“党建引领、公安主导、社会参与”的志愿服务队,由罗店镇党员、预备党员、入党积极分子等74人组成,助力党委政府开展各项志愿活动，积极参与社会治理，定期开展节假日景区保卫、反诈宣传、辖区巡逻、交通劝导、矛盾纠纷排查等活动。2020年，开展志愿活动50余次，服务群众2万余人，排查矛盾纠纷200余起，形成"党建+社会治理"的良好局面。

【执法强基为民服务】 2022年，婺城分局践行"执法为民"宗旨，打造"阳光执法评估体系"，归纳总结"教科书式执法"5类、32项，组建"啄木鸟执法监督员"队伍，常态开展阳光之星、执法之星、精品案件等评比，建立执法管理、执法能力、执法效率全面评估模式，获评"全国执法示范基层所队"。秉持"三联四防"理念，社区民警吕昭华总结"个十百千万"宣调方法，成立"口口宣调工作室"，四支队伍多管齐下，推动辖区长治久安。吕昭华被评为全国公安机关爱民模范。（李　迪）

·金华市公安局交警支队直属一大队·

【概况】 2022年，金华市公安局交警支队直属一大队（同金华市公安局交通管理分局开发区大队，以下简称开发区大队）共有在职民警48人，职工3人。开发区大队全年接报各类交通事故40394起，立案10210起，其中简易程序处理10103起。处理上报交通事故107起，上报交通事故造成死亡25人，受伤113人，直接经济损失171722元；与上年同期相比上报事故少发1起，死亡事故下降4起，受伤人数减少7人，直接经济损失减少59151元。

全年查处各类交通违法行为共计105605起，其中，酒驾醉驾521起，电动车未戴头盔、闯红灯、违法载人等违法行为75136起，货车超载704起，面包车超员150起，非法改装、炸街265起，违法停车查处28829起，查处涉嫌飙车等危险驾驶罪5人，吊销驾驶证86本，拘留79人。

【道路交通安全大会战】 2022年，开发区大队全面贯彻落实《金华市2022年度"珍爱生命、远离车祸"道路交通安全大会战实施方案》，推进道路交通安全综合治理，乡镇（街道）交通安全主体责任进一步压实，货物源头、运输企业安全管理不断规范，公安、交通、建设、市场管理等部门执法力度不断加大，道路交通领域安全管理成效明显。全年以道专委、道专办名义下发文件、交办单、提醒函等55件。陆续投入27563万元用于事故隐患治理工作和道路治理工作，开发区管委会保障资金落实50人负责交通管理工作，每个乡镇的农村网格员担任农村交通工作劝导员，25起死亡事故中相关乡镇领导全部到场。

【事故防控】 2022年，开发区大队通过滚动式隐患排查、量化督考举措、社会化治理责任，健全政府、企业、社会三位一体的治理架构，推进交通事故综合治理新格局。大队每周公布辖区十大事故多发点段，主动对接辖区政府，实施每周工作例会通报、每月道安办文件通报、每季实地督查通报的"三通报"跟踪推进工作机制，用活平安考核指挥棒作用，督促各地各部门及时落实主体责任。同时，细化各乡镇（街道）交通事故死亡人数指标，大力推动路长制，切实履行"管、查、建"三位一体职责，并通过相关问责制度有力推动基层政府和职能部门有效落实道路安全隐患治理等各项工作。根据道路实际情况，开发区大队增设中央、机非隔离护栏3452米，减速带1678米，标线72412平方米，完善标志牌178块，完成青阳洪公路1.5千米亮灯项目。全年共排查各类隐患点、隐患路段699处，完善道路开口封闭9处，完成隐患治理699处，完成省、市级隐患点治理10处。

【交通安全宣传】 2022年，开发区大队积极向各级各类媒体报送相关新闻素材，报送素材被央级媒体采用10次、被省、市级媒体采用刊发323次。7月，标题为"撞断6根肋骨也要跑到树荫下再躺"的交通素材获当日微博热搜第一名、快手社会榜第一名及抖音同城榜第一名，被公安部交通管理局、中国警察网、中国交通广播网、《人民公安报》、《环球时报》、今日头条等多家媒体采用或转发。开发区大队开展入村、入社区、入学校的"七进"走访宣传活动。2022年，开发区大队共走访辖区驾校36次、学校162次、农村133次、企业165次、社区56次。全年共开展百警进千企活动37次，美丽乡村行132次，各类其他宣传、宣讲活动20余次。大队组织农村"两站两员"、网格员送安全进村入户，开展"一盔一带"安全知识普及活动，提升"一老一小"的安全防护意识。定期通过宣教室对“两客一危一货”企业进行交通安全培训,积极推动辖区农村设置一村一宣传栏一标语牌,全年完成100余处安全宣传栏的设置。为全面压实辖区乡镇(社区)、学校、企业道路交通安全主体责任,深入推进道路交通安全综合治理工作,根据交通安全百日行动工作方案要求,开发区大队组织人员开展电动车头盔佩戴率的抽测工作,并根据抽测结果,有针对性地对相关企业、乡镇(社区)、学校进行交通安全宣传教育,强调骑电动车佩戴安全头盔的重要性。佩戴抽测工作有效地规范电动车通行秩序,预防和减少涉及电动车的交通事故发生。2022年,开发区大队共组织抽测乡镇(社区)12个、企业6家、学校6所。

【枫桥创建】 2022年,为认真贯彻落实习近平总书记关于坚持和发展新时代“枫桥经验”重要指示精神,坚定不移把“枫桥经验”坚持好、发展好、落实好,全面夯实公安交管工作基层基础,不断提升人民群众的安全感、获得感和幸福感,开发区大队以“红色”为底色,将品牌党支部作为“枫桥式交警中队”创建政治基础,积极开展“红色示范所队”“廉洁所队”等争创活动。全面落实“党建+”模式,用心用情用力走好新时代党的群众路线。开发区大队通过借鉴发扬“发动和依靠群众,坚持矛盾不上交,就地解决,实现捕人少、治安好”的新时代“枫桥经验”精神,切实推动创新交通治理现代化、交管服务便利化、交警队伍正规化。大队以警区划分,警区民警与辅警责任到人,对所有封闭式小区进行走访排摸;依托街道社区与小区共创微信“桥梁”,搭建以“街道社区+中队辅警+小区物业+业主代表”为主体的平安共建小团体,随时随地听取群众诉求,第一时间反馈处置各类交管信息,及时为群众解决实际困难,让“预防走在排查前、排查走在调解前、调解走在激化前”。2022年,秋滨中队在成功打造市级“枫桥式交警中队”的基础上,围绕创建标准,严格对照各个项目查漏补缺,积极争创省级“枫桥式交警中队”。

【专项整治】 2022年,开发区大队根据“除风险、降事故”主旨,以“铁拳”“排雷”“清雷”“压降警情”“雷霆”“除雷”六大行动为抓手,以“一大一小”为重点,通过事故深度调查、隐患治理、勤务调整等举措持续开展“大平安百日攻坚”行动。大队针对辖区涉及电动车、大货车事故频发的情况,重点部署开展“一大一小”整治工作。在针对“一大”的整治中,全年共查处各类大货车交通违法行为2269起,检查危化品运输企业21家,开展大货车盲区交通宣传6次。大队通过车辆流动精密智控系统,向长期在金华使用和高频进出、过境外省籍货车及长期夜间通行的货车车主、驾驶人发送提醒警示短信8787条。在针对“一小”的整治中,持续推动电动车上牌登记,进行电动车销售点、电动车驾驶人“面对面”教育,以曝光为抓手,开展学校、工地、企事业单位电动车守法率测评,并进行曝光。开展电动车违法整治,特别是在电动车闯红灯、不戴安全头盔违法行为专项整治行动期间,大队查处电动车闯红灯行为684起,查处电动车不戴安全头盔行为4236起。为持续有力打击酒后驾驶机动车等严重交通违法行为,坚决遏制因酒后驾驶机动车而引发的交通事故,开发区大队一方面认真研判现阶段安全形势,深入分析年内涉酒交通违法行为规律,突出进行酒驾醉驾敏感易发人群、违法高发区域大数据研判,科学划定辖区内的涉酒违法高危路段、多发时段,动态部署酒驾查处警力。另一方面,信息智导,加大科技应用力度。依托大数据平台,对照驾驶员个人信息登记、车辆信息登记以及“六合一”平台案件信息库,对酒驾违法特点进行分析研判,将数字化思维引入到酒驾预防和查处工作中。

【隐患排查整治】 2022年,开发区大队精心组织、周密部署、狠抓落实,以治堵保畅、事故预防为主线,提前部署、分析研判、强化整治、广泛宣传,持续深化道路交通安全隐患排查整治和路面交通秩序维护,先后完成元旦、春节、清明、五一、端午等假期道路交通安全保卫工作。大队共参与135起交通安保任务,圆满完成中共二十大、省运会、市两会、市党代会等重要大型安保任务。为盘活现有警力,深化勤务机制改革,大队以“一图一指数”为载体,以大数据为依托,通过秋滨中队试点先行、以点带面,破解勤务与警情不对等、宣传与事故脱节等突出问题,全力推进勤务机制改革“三大转变”,

打造形成接处警更高效、风险防范更精细、事故防控更科学、民生服务更贴心的勤务机制改革样板。2022年,开发区大队共接处警36652起,同上年相比上升0.68%,重复报警984起,同上年相比下降50.23%。大队成立失驾人员整治工作打击专班,依托精密智控系统,积极开展失驾人员查处工作。全年大队开展视频倒查,实现违法追处551起,记分509起949分,罚款50230元;建立4个外省籍驾驶员管理群,共980人进群,发送安全警示信息98轮次。

(何勇俊)

·金华市公安局交警支队直属三大队·

【概况】 2022年,金华市公安局交警支队直属三大队(同金华市公安局交通管理分局婺城大队,以下简称婺城大队)共接报各类交通警情37732起,立案处理交通事故9438起。其中,简易程序处理9331起;上报事故107起,比上年下降13.01%;死亡28人,比上年上升3.7%;受伤127人,比上年下降22.56%;直接经济损失201780元,比上年下降1.22%。

【事故防控】 2022年,婺城大队依靠婺城区委、区政府,推动、联合各职能部门,形成政府主导、部门协作、群众参与、齐抓共管的局面。健全"一路一警"工作机制。大队按照"中队—警区—网格路—段岗—点"五级事故防控层级责任制,7个路面中队划分为24个责任区,中队领导、民警承包主干道、事故多发道路,辅警承包支路,"一路一警"分工基本落实到位。建立常态化的督导检查和科学的绩效考评机制,明确"一路一警"工作目标,科学有序完成任务。2022年,大队抓路面整治,筑牢路面惩治墙。利用合成作战专班和打击队,以智能勤务室为主,利用监控倒查、铁骑线索上报、群众举报等各种途径,开展视频倒查工作,抓拍重点企业大货车126辆,其中溯源处罚31辆次;固定重点企业大货车交通违法行为证据256起,追处违法214起,共记321分,罚款21365元;抓拍电动自行车、三轮车闯红灯、违法载人等违法行为247起。抓协同、建阵线,筑牢社会共治墙。婺城大队结合"警灯闪烁"专项行动,在每周周三、周四、周五集中统一行动,严厉整治酒驾醉驾、"三超一疲劳"、"炸街"扰民等交通违法行为,有效震慑违法行为驾驶人,使整治效果达到最优化。2022年,大队共查处酒驾361起、醉驾193起、不按规定使用安全带16121起。排查涉嫌"炸街"摩托车500余辆,查处非法改装21起、21人,在对其进行处罚的同时,责令其立即整改恢复原状。

【队伍建设】 2022年,婺城大队坚持在红枫双创中扛旗争先。深化红枫双创工作,促进一队一品全面升级。安地、乾西中队新营房于年初启用,罗店中队营房于11月开工,基层中队工作生活条件进一步提升,开启大队推进队伍正规化建设、提升执法形象、增强基层战斗力的新征程。同时,大队坚持培育一队一品,开展交通安全群防群治,依托人民调解机制成功调解交通事故181起,金额约358.14万元,红枫双创工作持续走深走实;在180个建制村建立村居巡逻队;在大展物流等7家运输企业建设宣教室,开展重点驾驶人群体宣教工作,覆盖177人次;新增电动车上牌、驾驶证审验服务,方便群众就近办事,做到矛盾不上交、平安不出事、服务不缺位。

【交通安全大会战】 2022年,婺城大队持续推进交通安全大会战。投入资金3.73亿元,高标准推进第四轮道路交通安全大会战。将道路交通安全纳入乡镇(街道)综合实绩和平安综治考核,开展大排查大整治和除险保安专项行动。推动区政府下发《乡镇(街道)道路交通安全分级赋色管理办法》,全面压实乡镇村(社区)属地责任,7月挂牌整治重点乡镇竹马乡。实行区领导月点评制,召开道专委专题会7次,事故分析会14次,事故深度分析2次,严格落实路长制、领导到场制和事故责任倒查制。联合检查重点企业9次,联合媒体曝光14次,全面压实属地和企业交通安全主体责任。

【基层协同共治】 2022年,组建"江北人家""尖峰义警"等8个义警志愿服务队,组建微信塔群204个,覆盖9.6万余人次,广泛开展警保、警企、警校家合作,组织开展交通疏堵、违法举报、事故引导、景区执勤、安全宣讲等志愿服务,不断延伸交通管理社会化职责,营造"交通安全人人参与、交通违法人人监督、交通文明人人共享"的良好氛围。在农村地区持续深化“两站两员”工作机制,区政府拨付保障经费 305 万元,辖区 208 个交管站和劝导站常态化运行。开展“百警进千企、进万家”活动 588 次,建设一村一栏一标语 284 个,打通农村交通安全管理“最后一公里”。

【源头管控预防】 2022 年,婺城大队深化重点运输企业星级管理制度,聚焦两客一危一货一校“四项责任”落实到位,开展综合监管。开展走访检查 120 次,重点帮扶和监管市级挂牌企业 1 家,县(区)级 18 家,进行企业负责人约谈,合计罚款 1.5 万元。配合货车“清雷”、电动车“排雷”和面包车“除雷”行动全面走访辖区电动车生产、销售和维修门店 78 家,逐一签订禁售超标电动车承诺书,查处违规生产、销售电动车企业 3 家;走访工业园区和用工企业 142 家,签订责任书和承诺书 3000 余份,提高违法震慑力和群众知晓率。

【交通隐患动态清零】 2022 年,婺城大队在科学分析事故规律、常态开展巡逻排查的基础上,争取区政府隐患治理和设施提升专项经费 500 万元,积极会同交通、建设、应急等部门对事故多发点段和临水临崖高落差路段情况进行全面排查。完成金兰北线向家源村路段等 8 处市级挂牌隐患点段、170 处县(区)级挂牌隐患点段和 174 处道路隐患治理工作,新增减速带 40 处,推广电子劝导员和发光斑马线各 7 套,增设道路照明灯 569 盏,完善交通标志 97 处、标线 851.54 平方米,有效提升道路通行安全。

【交通安保】 2022 年,婺城大队先后面对亚运会、省运会、中共二十大等重要安保任务,大队充分发挥党支部战斗堡垒作用和党员先锋模范作用,以“安保无小事,事事连政治”的站位高度,完成各类交通安保和保障任务 145 次,其中二级、三级警卫 5 次,大型活动安保 7 次。在夏季百日攻坚和中共二十大安保任务中,大队坚持全警上路,每周一开展集中行动,严查各类交通违法行为,确保安保期间辖区道路交通环境稳定。

【深化数字化改革】 2022 年,婺城大队抽调两名中层业务骨干,形成“3+18”警力配置,规范配置指挥调度、信息研判、视频巡查、勤务监督和远程执法岗,横向形成业务聚力。纵向承接分局秩序指挥中心和中队数字勤务室,完善指挥调度和警情分流机制,一体联动路面中队、打击队、铁骑队、义警联动队,并会同路面中队和业务线,完善交通拥堵、交通事故、突发事件、恶劣天气等警情应急处置预案和流程,确保信息灵敏、快速反应、合成作战、集约勤务。根据重点时段、重点路段开展视频巡查,及时发现交通拥堵警情和交通违法线索,消除路面警力管理盲区和死角,电子警察抓拍违法行为3.7 万起,有效净化通行环境。针对非法改装摩托车炸街、失驾仍驾、野蛮驾驶等群众反响强烈的交通违法行为,大队采取“零容忍”态度,通过数据分析、时空对比、轨迹追踪等手段,采取“视频追踪+路面查缉+远程执法”地空协作合成作战模式进行精准打击,查缉布控 3166 起,落地追处严重违法行为为175 起,打击失驾人员 186 人次。

2022 年,婺城大队以精密智控系统和雪亮视频监控系统等平台为依托,整合车辆、驾驶人、交通违法、事故等管理数据,实时采集、分类研判、扁平推送,提供数据支撑,不断提升警情与警力的动态匹配度。大队自建警情管理系统,结合一图一指数平台,开展分析研判,指导开展针对性勤务,2022 年,大队警情数比上年下降 9.04%,降幅为全市第 2 名。采取电话回访加短信告知的方式,及时向报警人告知派警情况,畅通沟通渠道、提醒安全防护,累计发送短信 2800 余条,重复报警率在全市处于低位。

【交通安全宣传进企业】 2022 年,为使交通安全观念深入人心,婺城大队定期深入辖区客货运企业及单位,迅速开展全方位、多层次的道路交通安全宣传教育工作。加强重点人员宣传。10 月 12 日,大队组织民警到金道运输服务有限公司督导检查交通安全,并针对该单位存在的交通安全方面的失控漏管问题,对负责人进行约谈。10 月 25 日,大队联合市交通运输局相关人员组织辖区高风险运输企业负责人召开约谈会,加强重点车辆安全监管,清除重点车辆源头安全隐患,辖区 9 家运输企业负责人参加会议。开展以案说法警示。10 月 28 日晚,大队组织政力运输车队驾驶员到大队宣教室开展交通安全教育课,通过警示教育片、通报事故案例等方式,以案说法,用真实的案例、惨痛的事实,提醒广大驾驶员注意交通安全,组织全体驾驶人宣誓并签订《交通安全承诺书》,切实增强驾驶员的忧患意识和工作责任感、紧迫感,全力预防和减少重大道路交通事故发生。

【交通安全宣传进校园】 2022 年,为有效预防和减少中小学生道路交通事故的发生,切实增强广大中小学生的交通安全意识和自我保护能力,婺城大队积极组织交警进校园。大队走进婺城中学、金华市五中、金师附小、虹路小学等中小学校开展交通安全宣传“第一课”。通过开展交通安全知识讲座、发放宣传资料等形式,向广大学生阐述交通安全的重要性,教育学生在行走、过马路、骑自行车、候车乘车时如何确保安全,避免交通事故,学会自我防范,养成遵守交通法律法规的良好习惯。依托“护学岗”,组织民警在上、下学期间,通过向学生发放交通安全宣传资料、口头宣传等形式,宣传交通安全法律法规,讲解交通安全知识,全力预防中小学生道路交通事故。结合新学期开学的实际,大力整治学校周边秩序,对学校门前路段摆摊设点等妨碍交通安全的隐患及时进行清理整顿,增设安全警示标志、完善施划交通标线,加强对接送学生的车辆的管理,形成一个人人关注中小学生交通安全,齐抓共管的良好局面。

【路面交通安全宣传】 2022 年,婺城大队突出路面宣传重点,在日常执勤执法过程中,依托各执勤点进行交通安全宣传教育活动,坚持惩教并举和先教后罚的原则,在查纠每一起交通违法行为时,针对具体违法行为,对违法驾驶人做好现场警示教育,使驾驶人深刻认识到违法行为的危害,对乘客进行必要的安全提示,引导广大群众自觉树立良好的文明交通安全意识,最大限度减少道路交通事故的发生。在辖区主干道及人流、车流较为密集的路口安排“两员两站”人员,开展文明交通劝导活动,引导群众养成文明出行的良好习惯。向群众发放交通安全宣传资料,讲解交通安全知识,劝导遵守交通法规,积极参与创造良好的道路交通安全环境。

【媒体宣传】 2022 年,为进一步增强秋季交通安全宣传的影响力度,大队运用“双微一抖”等平台,通过媒体、网络力量进行道路交通安全宣传工作,积极搭建媒体宣传平台。以“减量控大”“一盔一带”等专项行动为契机,宣传行动战果,曝光典型案例,增强整治的威慑力量,提高全社会交通参与者的文明交通安全意识,形成强有力的社会舆论宣传氛围。大队通过微博曝光典型违法案例 63 条。通过微信、微博、手机短信等方式及时发布辖区道路通行信息、恶劣天气信息,加强驾驶人预警提示,引导驾驶人合理选择出行方式、时间和路线,向客运驾驶人发送交通安全宣传提示短消息,提醒驾驶人时刻遵守交通法规,做文明驾驶人。　　(夏宇真)

检察

【概况】 2022 年,婺城区检察院共批捕 427 人,起诉 2040 人,办理民事检察案件 85 件、行政检察 20 件,公益诉讼检察 63 件。6 件案例被最高检、省检察院评为精品典型案例,1 项工作获省委政法委书记批示肯定,6 项工作获省检察院检察长批示肯定,3 项工作经验被全省推广。2 个数字检察子场景列入省委重大改革“一本账”S3,1 件案件被中央政法委长安剑微信公众号报道。

3 月 19 日,全国检察机关学习贯彻全国两会精神电视电话会议召开　　(区检察院供稿)

【刑事检察】 2022 年,第一检察部、第二检察部共受理各类报捕案件315件、441人,审结316件、442人,审查后批准逮捕280件、385人,不批准逮捕33件、52人,不捕率11.8%。其中,因事实不清、证据不足不捕12人,无逮捕必要不捕40人,移送单位撤回3件、6人。全年共受理审查起诉案件1483件、2214人,审结1586件、2451人,提起公诉1199件、1908人,不起诉387人。出庭支持公诉1054件,其中普通程序311件,简易程序670件,速裁程序68件。共收到法院生效判决1030件、1641人。对公安机关应当立案而不立案监督后立案的有11件、41人,对公安机关不应当立案而立案监督后撤案的有10件、10人,立案监督生效判决一共31人;书面纠正违法2件。2022年,提请抗诉1件、1人,二审直接改判1件、1人(改变罪名,且改变量刑档次)。组织干警积极撰写案例21篇(参评全国精品案例14篇,参评全省精品案例7篇),其中,获得全国典型案例1篇(内刊刊发),全省十大补充侦查典型案例1篇。少捕慎诉经验、医保诈骗数字监督做法被《检察日报》报道;医保诈骗数字监督做法被《浙江法制报》报道。数字专项:3个专项实现成案、融合、机制。案例和荣誉:荣获法律监督成绩突出集体和典型案例诉源治理1个。

【法律监督】 2022年,根据日常检察和专项检察,发现社区矫正对象在社区矫正期间违反规定或者严重违法情形,向司法行政机关提出建议收监执行的检察意见书8份,法院裁(决)定收监执行罪犯6名。在社区矫正活动中以纠正违法的方式督促公安机关积极履职,全年提出相关纠正违法通知书3件均被采纳。有效地防止监外执行罪犯脱管、漏管,保障监外执行罪犯的刑罚执行工作依法规范开展。做好司法工作人员相关职务犯罪侦查工作,全年向市院移送犯罪线索7件,核查线索6件,提供线索成案1件,经市院交办立案侦查1件、1人,协助市院办理侦查案件2件、2人。严谨办理罪犯又犯罪公诉案件,全年办结3件,由法院作出有罪判决2件。加强对法院暂予监外执行决定的监督,全年办理暂予监外执行提请审查案件10件,暂予监外执行决定审查案件9件。强化指定居所监视居住执行的检察监督,全年对5名被指定居所监视居住的犯罪嫌疑人进行巡回检察。提升财产刑监督实效,在工作中以数字检察为抓手,建立危险驾驶罪财产刑执行监督平台,监督发现489名罚金刑未履行。

【民事检察】 2022年,第四检察部共办结生效裁判监督案件32件,其中,提出再审检察建议8件,提请金华市人民检察院抗诉17件。婺城区人民法院审结检察院提出再审检察建议或提请抗诉的生效裁判监督案件10件,均已改判,挽回损失2210万元。民事审判程序监督案件立案10件,审结发出检察建议11份,收到回函11份,均已被婺城区人民法院采纳。民事执行监督案件共计立案43件,向金华市公安局江南分局移送线索2件,5名犯罪嫌疑人已被移送审结起诉;向刑执部门移送法院执行人员违法线索1件,1个犯罪嫌疑人已被市院立案侦查并移送审查起诉;审结发出检察建议41份,收到回函40份,回函全部采纳区检察院检察建议。支持起诉案件共计立案2件,在吕某支持起诉案中向婺城区民政局发出社会治理检察建议书1份,获得民政部门采纳;支持军属起诉案已当庭调解,法院作出调解书采纳区检察院支持意见;支持见义勇为人员家属起诉索赔案现仍在庭前调解中。两篇案例分析分别在最高检、浙江省民事检察工作情况作为典型案例发布;3件案件获评浙江省民事检察优质案件。

【行政公益检察】 2022年,第五检察部办理行政检察监督案件20件。其中,非诉执行监督案件12件,行政违法监督4件,行政争议实质性化解案件2件,审判程序违法监督案件2件。办理公益诉讼检察监督案件63件,其中行政公益诉讼36件、民事公益诉讼27件,重特大案件30件。办理生态环境和自然资源、食品药品安全等领域刑事案件88件。其中,审查逮捕案件4件、7人,审查起诉案件84件、187人。

【未成年人检察】 2022年,第六检察部共受理未成年人刑事案件69件、104人,其中审查逮捕案件11件、14人,审结11件、14人,批准逮捕9件、12人,不批准逮捕2件、2人;审查起诉案件58件、90人,审结58件、90人,提起公诉25件、38人,不起诉17件、24人(其中绝对不起诉1件、1人),附条件不起诉16件、28人,附条件不起诉率为31.11%。共受理侵害未成年人案件65件、84人，其中审查逮捕案件24件、26人，批准逮捕24件、25人，不批准逮捕1件、1人；审查起诉案件41件、58人，审结31件、36人，提起公诉27件、32人，不起诉4件、4人。开展羁押必要性审查并变更强制措施2人。开展立案监督（包括监督立案、监督撤案）11件、14人。发出行政检察建议2件，行政公益诉讼检察建议3件，民事检察建议2件，提起民事支持起诉4件。全力推进“未成年人安全监测治理”应用场景研发和“未成年人轻微盗窃非罪化类案监督”模型构建两个数字化项目。

6月1日，携“两法”进校园，聚合力护未来，区检察长走进校园上法治课　（区检察院供稿）

【白龙桥检察室】　2022年，白龙桥检察室继续以轮办刑事案件审查逮捕、审查起诉为基础，受理审查起诉案件14件，审查逮捕案件1件，批捕1件、2人，起诉10件、15人，不诉1件、1人，因地制宜，贯彻落实枫桥经验、下沉矛调中心，重点做好三项工作，帮助讨薪 防控疫情 助力复工复产，护航二十大召开，检察室多措并举助企纾困的工作经验被省院《检察队伍建设》2022年第三期采用刊登。

【开发区检察室】　2022年，办理开发区辖区内各类刑事案件60件、69人。其中，受理各类报捕案件14件、16人，审结14件、16人，审查后批准逮捕12件、14人。受理审查起诉案件44件、51人，其中41件、45人已审结，审结率达88%。提起公诉39件、43人，不起诉6件、7人，均为相对不起诉，公安机关撤回6件、7人，立案监督2件、2人，追捕追诉各一人，认罪认罚适用率、精准量刑提出率、精准量刑采纳率均超省院考核要求。　（卢　迪）

法院

【概况】　2022年，区法院新收各类案件21060件，比上年下降26.8%；法官人均结案364件，居全市第2。

【党建统领促管理提级】　2022年，区法院贯通区委“五度四步”积分考核与市中院“三零五零”品牌创建，建立“1+7”党建统领指数管理体系。支部与个人分别以“部门综合考评”“干部政治画像”为基础指数，同步设立七项特征指数，深度应用于审执办案、服务大局、改革谋划、干部人事等多跨场景，以党建促队建抓业务的管理机制渐趋实战实效。2022年，审判执行质效指标综合排名位列全省第10，4项指标位列全省第1，22项指标达到满意值，诉源治理工作位列全市第1，获“全国法院办案标兵”“社会综合治理成绩突出集体”等荣誉称号12项。

【落实提领促制度执行】　2022年，区法院建立“四段”递进“四单”一体量化闭环抓落实机制，科学划分来源、决策、实施和评价四个阶段，各以“四张清单”通过办公办案平台线上运行，跟踪督办事项333项。建立政治部、综合办、审管办等综合部门每周碰头汇总、院长办公会跟踪研判机制，将理论学习中心组、信访研析、质效评析共同纳入院务会每月复盘，按季召开“意识形态、选人用人、机关党建、党风廉政、财经纪律”五大专题党组会，以“四责协同”实质运行确保全院工作高能高效。全年共谋划落地改革项目16个，出台规范性文件35个。

【除险保安工作】　2022年，区法院发挥刑事审判职能，审结非法吸收公众存款、集资诈骗等涉众侵财犯罪54件、180人，判处五年以上重刑45人，包括“财富通”等虚假投资平台跨国诈骗系列案和金华市爱瑞克非法集资案等。院长开庭审理并当庭宣判全市首例非法倾倒、处置危险废物污染环境刑事附带民事公益诉讼案。保持惩治腐败犯罪的高压态势，妥善审理重大职务犯罪5件、7人。多措并举推进“打财断血”执行工作，执行到位财产刑8800万元,实现罚没收入 9530 万元。

【营商环境建设】 2022 年,区法院推进破产案件繁简分流,简易案件原则上 3 个月内审结,复杂案件一案一策,一批重大破产案件取得突破性进展。九峰文化水上乐园项目 63 户职工债权全额受偿,五合置业“枫丹丽舍”项目 450 余户业主喜迎新居。为“人类非物质文化遗产代表作名录” 婺州举岩绿茶制作技艺保护单位浙江采云间茶叶有限公司提供债务清理、资产盘活等纾困服务 10 余次。成功破冰个人债务集中清理,帮助“诚实而不幸”的毛某一家重获新生案例在《浙江法治报》头版头条刊登,该案件工作机制入选全市优化营商环境优秀案例。全年共审结破产案件 83 件, 包括三年以上未结案件 5 件,化解不良债务 177 亿元,盘活土地 115 公顷。审结涉企案件 11238 件、知识产权案件 350 件,2 个案例入选全市知识产权十大典型案例,营商环境指数排名全市第 2。

【“行走的法官”】 2022 年, 区法院确保月有主题、季有评价、常有迭代,打造进网格、企业、项目、校园、媒体“五进”工作平台,落实“一对一”村(社区)通勤员、助企服务员,在长湖湾指挥部设立“城市更新司法服务工作站”,全区 49 所中小学实现“法治副校长”全覆盖,进电台宣讲法治节目获 500 余万人次收听。强力推进“一根网线、一块屏”的共享法庭建设,建成乡镇(街道)、村(社区)、行业等共享法庭 323 家,白龙桥镇、沙畈村和宁波银行共享法庭获评星级共享法庭,嵌入三路口社区网格联勤警务服务站获副省长、公安厅厅长王成国视察肯定,16 节精品课程上平台全网宣传,化解纠纷 3561 件。

【优化服务】 2022 年,区法院邀请专业人员为全院干警作服务礼仪培训,由院领导、中层干部及员额法官 60 余人每日在立案大厅轮值导诉, 审判楼逐层设立执勤法警联系牌,群众立案体验感得到切实提升。提供“云上司法”便民服务,网上立案 3807 件,无纸化立案率 100%,移动微法院引入率 99.8%。对高频胜诉类案件免预交诉讼费,8 万元以下小额案件实行免担保保全,全年为当事人缓、减、免诉讼费和发放救助金共计 22 万元。初信初访统一归口交办,院领导召集信访联席会议复盘研判,各业务条线主动接访吸附,平均办理时间降至 3 天,同上年相比缩短 12 天。

【体系能力建设】 2022 年,区法院打造案件质量全流程管理体系, 自控体系重在承办法官的全程沟通、庭前完备,把案件真正当做当事人的“人生”;集控体系重在枢纽环节的归集统筹、过滤分流,把案件真正当作手艺人的“匠心”;监控体系重在监管主体的实质归位、质量把控,把案件真正当作法院人的“脸面”。其中,突出“最多跑一次”的全局立案体系,突出鉴定合理性审查和审限管理的程序管控体系,突出“四类案件”监管的主动审查体系。生效案件改判发回瑕疵率、超 12 个月长期未结案实现清零,全市唯一做到案件 100%在正常审限内结案。

【辅助事务改革】 作为全市两家试点单位之一,区法院设立司法辅助集约保障中心, 统一管理 35 名辅助人员,引入公证辅助力量 7 人,集约排期送达、诉讼互动、案款发放等 10 大项目和 19 个岗位,前移材料接收、民呼我为、电子阅卷等 6 个群众服务窗口,实现财产保全、调查取证、上诉、鉴定“一件事全周期” 服务, 庭审语音识别转换平均正确率达 90%,无书记员庭审记录覆盖率达 80%,直接送达率达 98%,年均节约邮寄费用 60 余万元,诉讼费退费平均用时降至 3 天。其中,吸纳承办法官、人民调解员、司法警察、公证辅助人员组成督促团队,案件生效后第一时间敦促及时履行;向金华经济技术开发区党工委争取专项经费补助网格参与诉源治理事务,并与办案环节全链打通,同法院力量全程互动。

(王　茜)

司法行政

【概况】 2022 年,婺城区司法局深入学习贯彻习近平法治思想,以数字化改革为牵引,以“法助共富、法护平安”为主线,全面落实司法行政和法治建设各项工作任务。开展“法助共富 法护平安”等系列活动 1400 余场,“法治婺城”11 次进入“省司法行政系统微信影响力榜单”前 10。民主法治示范村创建成果丰硕,建成国家级 1 个、省级 14 个、市级全覆盖。

白龙桥司法所被命名为省级“枫桥式司法所”、金桂调解工作室被命名为省级“金牌调解室”。受理法律援助案件1536件、法律帮助1541件，为弱势群体挽回经济损失730余万元。获评全省司法行政系统法治建设工作成绩突出集体，省级“监地协作观察点”“监地法治联合建设试点”工作获省厅党委副书记、副厅长劳泓批示肯定。

【法治建设】　2022年，出台《关于深学笃行习近平法治思想推动法治婺城建设体现一流水平的意见》，明确法治建设重点任务和创建责任清单，纳入目标责任制考核。落实部门、乡镇(街道)主要负责人述法常态化，组织130余名领导干部参加法治建设培训班，精准提升法治思维和素养。培育7个项目申报法治政府建设“最佳实践”项目，3个项目推荐参评省级法治政府建设“最佳实践”项目。创新出台《婺城区行政执法监督五维体系建设方案》，开展行政执法专项监督、案卷评查等监督检查10余次，制发《行政执法监督通知书》30份。加强规范性文件管理，全年审查区级规范性文件18件，提出建议300余条，备案审查部门规范性文件10件。开展行政规范性文件全面和专项清理，废止文件32件，修改6件。成功创建国家级民主法治示范村1个、省级民主法治村(社区)14个，市级民主法治村(社区)7个，“后陈式”法治村(社区)81个，实现市级民主法治村(社区)全覆盖，法治乡村建设基础更扎实。

【普法宣传教育】　2022年，婺城区司法局围绕宪法、民法典、地方性法规等主题，开展“法助共富　法护平安”“乡村振兴　法治同行”“护航二十大　普法在行动”等系列普法活动共计1400余场。发布“民法典空中课堂”等普法短视频29个，《金华老娘舅》播出婺城普法案例62个，线上点击量超180万，栏目收视率排在金华自办栏目前三；开设线上“云学法”直播专场4场次，邀请专业律师通在线解读民法典，2.1万人次在线观看。开展“12·4”国家宪法日、“12·8”统计法宣传日线上有奖答题活动，吸引5000余人参与。“民法典宣传月”期间，局原创出品短视频《与我们同行》获市普法微视频大赛三等奖。“法治婺城”公众号全年11次跻身省司法行政系统微信影响力排行榜前10名，原创普法文章4次被“中国普法”转载，5次被“浙江普法”全文转载。打造省、市级公民法治素养观测点4个，开展法治素养测评4场，覆盖各类群体1400余人。新增打造全市青少年法治宣传教育基地1个，全区法治文创基地1个，全区“e法观网”青少年网络普法基地1个，法助共富基地1个。

2月24日，区司法局在竹马乡竹马馆村开展乡村振兴　法治同行“送法进农村”普法宣传活动

（区司法局供稿）

3月18日，区司法局联合区妇联开展法治新征程　平安进万家——沙畈乡“法助共富”普法活动

（区司法局供稿）

【人民调解】　2022年，成功创建白龙桥司法所为省级枫桥式司法所，金桂调解为省级“金牌人民调解工作室”，扩大人民调解社会影响力和公信力。制定《婺城区专职人民调解员管理办法》，规范提升村级

调解组织36个,全年调处矛盾纠纷3650件,疑难纠纷185件,涉案金额2.4亿元。在辖地三家监狱、省十里坪监狱设置派驻调解室,并与辖地三家监狱共同设立省级矛盾调解观察点,完成2起涉罪犯死亡积案,相关工作得到省司法厅党委副书记、副厅长劳泓批示肯定。在金华电视台播出调解专题片78期,央视社会与法频道播出调解纪录片3期。开展司法所负责人"比拼赛"活动,促进司法所工作交流,全面提升业务能力。

【安置帮教与社区矫正】 2022年,推进"法护平安"专项行动,完成除险保安各项任务。坚决守住安全红线,做到摸底排查到位、调处化解到位。严格落实社区矫正、安置帮教等人员的走访、排查、监管要求,全年累计走访排查11000余人次,维护政治安全、社会安定、人民安宁。9月,举办全省社区矫正"突发快响"应急演练活动,有效提升社区矫正工作应急处突能力,相关做法获司法部录用推广。突出执法规范,落实每季度执法检查,突出对暂予监外执行、请假、跨区域活动、禁止令执行等特殊类型人员监管,针对特殊时期重点时节开展4轮隐患排查。对未成年矫正对象、老年群体、残障矫正对象展开针对性教育和心理矫治工作,对集中隔离矫正对象开展专场心理疏导,组织矫正对象开展学雷锋纪念日、清明祭扫烈士纪念馆、慈善互助等活动,组织外地籍矫正对象在传统节日开展"写家书、话亲情"、走进敬老院等活动,提升矫正对象的社会参与感。开展线上技能培训,联合人才市场对有就业需求的51名矫正对象精准推荐就业岗位。春节前对12名困难矫正对象开展走访慰问。

【法律服务】 2022年,婺城区司法局组织律师与全区101个重点帮扶村、经济薄弱村结对;推进"百团联百村""市场主体法律顾问网格化全覆盖"等工作,邀请律师参与法治宣传、法律咨询等各类活动;成立"法助共富、法护平安"法律服务团,出具"法治体检"报告496份,调处矛盾515件,累计服务企业2390家次。法律服务助推城市有机更新,为全区5个1平方千米以上片区开发项目提供法治保障,参与完成1004户家庭回迁安置,分配安置房3260套。深化"法援惠民生+X"系列活动,受理法律援助案件1536件、法律帮助1541件,解答法律咨询15000余人次,为农民工等弱势群体挽回经济损失730万元、申请国家司法救助金10万余元。

【行政复议】 闭环落实案件"3+X"联合化解机制,行政争议化解质效持续向好。2022年,行政诉讼案件收案114件,审结126件,发案量比上年减少18.57%;调撤47件,调撤率从上半年的7.27%提高至37.3%,排名跃居全市第四,调撤率显著提升;败诉案件16件,败诉率12.7%,较上半年下降12.8%。收到市级交办诉中行政争议化解案件28件,数量占全市交办总量的24.8%;化解19件,化解率67.9%,高于全市平均水平。行政机关负责人出庭应诉率100%。全区办结行政复议申请72件,调撤37件,调撤率51.39%,调解率在全市排名第3,行政复议公信力进一步提升。在全区开展行政争议"以案治本"专项行动和"复议为民促和谐"专项行动,排查梳理市场监管、土地房屋征补、行政履职答复等领域问题50余条;专项行动开展以来,无行政诉讼、复议纠错案件新增。发出行政复议意见书5份,其中纠错风险告知暨督促化解意见书3份。针对行政诉讼败诉率居高不下问题,婺城区府院联合出台《城市更新工作风险防范和争议化解工作导引》及《关于进一步健全行政争议实质化解工作机制的实施意见》,召开2022年度婺城区府院联席会议,对文件进行解读。根据败诉(纠错)风险程度分高、中、低三级,特别重大的交区常委会、区政府常务会议专题审议。

【专项机制】 2022年,婺城区司法局深化"扬帆行动",落实政法领域"八个多跨"制度(指浙江省政法系统统筹推进八个跨部门、跨领域制度专项行动的实施方案)专项工作,建立律师与法官互评机制,促进律师与法官之间正常接触交往。开展律师与公、检、法不正常接触交往情况排摸,收集违规违纪线索,促进行业向好向上。

(倪书宇)

人民武装

【概况】 2022年,婺城区人民武装部(以下简称区人武部)以迎接中共二十大召开、学习贯彻中共二十大精神为主线,把牢“忠诚维护核心、矢志奋斗强军”这个聚焦点、紧扣“向心凝聚、向战发力、向难攻坚”,把贯彻落实习近平新时代中国特色社会主义思想和习近平强军思想贯穿始终,主动担当抢险救灾、防控疫情、重大工程建设等任务,获党管武装考核全市第1名。推动全区国防后备力量建设全面发展,强化练兵备战,为有效履行应急应战任务提供强大精神动力,被金华军分区评为全面建设先进人武部,被评为全省征兵工作先进单位。

【区委常委议军会议】 1月11日,婺城区召开区委常委议军会议,研究出台《关于组建成立婺城区专项应急分队的方案》,提高区域应急救援能力,提升民兵常态化战备建设水平。

【武装工作会议】 1月11日下午,婺城区组织召开全区武装工作暨国防动员工作会议,深入学习军委国防动员部民兵建设“十四五”规划任务部署会议精神,总结部署武装工作,乡镇(街道)党(工)委书记代表进行党管武装述职,既表彰先进典范、弘扬担当作为,又直面问题、补短板找差距,有力推动武装工作始终走在前列。

【征兵工作】 2022年,区人武部按照提前展开、适时推进,广泛动员、严格把关,公开透明、廉洁征兵的总体思路,围绕“征好兵、征兵好”目标,创新举措开展“一信两函一平台”活动,筑牢廉洁征兵防线,完成全年新兵征集任务,区本级“五率”量化考评获全市第1名。

【国防动员演练】 2022年,区人武部坚持实战实训、联战联训、科技强训、依法治训,高标准完成“金华·动员——2022”国防动员演练任务,论证完善战略决胜国防动员方案和战法攻关成果,磨合国防动员体制,深化改革后国防动员指挥体系构建运行,探索新体制下全流程组织国防动员筹划、指挥、行动的方法步骤,持续推进国防动员援战能力生成,牵引国防动员备战打仗走深走实。

【战场勘察任务】 2022年,区人武部围绕战时担负的具体任务,坚持“按照作战方案涉及重要目标设计勘察点位,按照战时担负重要目标防卫任务设计演练内容”的勘察原则,突出重点区域、重大行动、重要目标,加强基于任务的指挥训练,锤炼提高机关人员的指挥素养和全局思维能力,获得省军区司令员夏俊友的肯定。

【区域应急力量建设】 3月4日,婺城区举行民兵区域应急力量成立大会,通过整合军地资源,以“建设标准高、反应速度快、装备配备精、遂行任务能力强”为目标,根据区域特点划分东南西北中五支民兵应急突击队,承担多样化的应急任务。

【国防教育】 2022年,区人武部把先进典型作为国防教育的生动教材,邀请雷锋文化馆馆长曹荣安为新兵授课,教育引导新兵端正入伍动机;邀请婺城籍女飞行员徐枫灿在辖区中小学开展国防教育进校园活动,播种爱国种子,激发适龄青年参军热情,在全区掀起“学榜样、做榜样”的热潮。

【少年军校建设】 5月31日,区人武部遴选辖区10所中小学成立少年军校,探索形成把国防教育融入教学框架、把正规管理融入行为养成、把军营文化融入校园文化的“三个融入”方法路径,实现“少年军校”建设与学校教育深度融合、科学整合、有效结合,走出一条寓教于训、寓学于行的学校国防教育路子。

【民兵组织整顿】 2022年,区人武部完成基干民兵编组任务,新质队伍占比逐年提升,基层武装阵地全面提质升级,初步建成南北两线样板,打造了10个村社示范点,实现“局部有标杆、整体无后进”的预期,基层规范化建设百日攻坚全市第1。

【民兵教练员队伍建设】 2022年,区人武部紧盯军事训练转型,从编建、培养、使用、储备、保障、激励等方面,探索符合实际、具备生命力持久力的建设路子,形成一份试点经验材料、一个军地专家人才数据库、一份教练员队伍建设细则、一个系统规范的教学资源库、一批配套完善的教学训练场地、一次现场备课示教展示“六个一”经验成果,并在省参谋集训上作汇报。

【练兵比武】 7月6日,区人武部机关和基干民兵在蒋堂民兵训练基地参加军分区第五届民兵岗位练兵大比武,蝉联团体冠军,并在首长机关、应急连个人项目及单项科目上获得出色成绩。

【信息服务】 2022年,区人武部从政治高位强化认识,加强信息服务工作交流,营造全员参与、上下同心的氛围,有效提升信息服务工作质效,信息服务“明白人”队伍不断壮大。要讯编报居分区第1,其中1篇要讯得到国防部领导批示肯定。民兵报情数量在分区排名第1,有3人获评民兵报情工作先进个人,区人武部获评民兵报情工作先进单位。

【双拥共建】 2022年,区人武部推动某旅与城北街道成立全省首个实体性的双拥社区黄泥岭双拥社区,打通部队与地方政府沟通联系的“最后一千米”,拓宽军地共建渠道。组建“婺城拥军联盟”,重点打造“万固拥军商城”,深化“百企千店助国防”工程,进一步凝聚军地合力,共建双拥模范城。

(丰懿超)

发展与改革

【概况】 2022年，婺城区实现区属地区生产总值353.73亿元，增速与上年持平；区级一般公共预算收入15.04亿元，比上年增长19.1%；货物贸易进出口总额(不含市场采购)63.79亿元；完成固定资产投资138.1亿元，比上年增长14.3%，其中交通运输投资实现10.8亿元，比上年增长26.9%，生态环境和公共设施投资实现11.36亿元，比上年增长52%，高新技术产业投资实现14亿元，比上年增长47.5%，民间项目投资比上年增长4.9%，制造业投资实现17.53亿元，比上年增长38.4%；城镇居民人均可支配收入64921元，比上年增长1.1%；农村居民人均可支配收入30054元，比上年增长1.8%；单位生产总值能耗下降和主要污染物总量减排均能全面完成上级下达的目标任务。

【经济体制】 2022年，婺城区共出让“标准地”25宗，总面积69.48公顷；全区继续保持新增工业用地100%以“标准地”形式出让，并统一将数据发布到金华市“标准地”推介数字地图和浙江省“标准地”数字地图，让企业能够及时了解新出让的“标准地”。持续推进“标准地+承诺制+代办制”改革和一般企业投资项目审批“最多80天”改革，全面推行低风险小型项目“最多15天”改革，通过绘制投资项目全流程事项树状图，推行备案前一次性告知制度，(即从备案到申领施工证所有事项清单及所需材料，实现企业“最多跑一次”，一次性准备完成所需材料后即可一次性提交完成审批)，同时优化企业投资项目开工前审批流程，建立项目联审联批机制，实行“一家牵头、并联审批、限时办结”，实现项目审批时长压缩20%以上。纵深推进信用监管体系建设需要，深入实施“双随机、一公开”和信用风险分类监管，建立健全务实的信用服务，完善“约束+激励”的社会信用总体方向。约束层面，配合相关行业主管部门重点整治各类严重失信行为，采取限制从事特定行业或项目、限制融资信贷等惩戒措施，让严重失信者寸步难行；在激励层面，对守信主体给予优惠便利，并适当增加交易机会，以此降低守信主体的市场交易成本，让诚信成为市场经济的“黄金法则”。

【能源管理】 2022年，婺城区以节能为主线、以技术突破为入口，加强管理制度创新、强化目标责任制考核、加大节能政策扶持力度。严格执行新上项目“四个一律”，对八大高耗能行业项目严格管控，全区完成固定资产投资节能审查项目68个；对罗店镇、白龙桥镇、长山乡、城北街道、新狮街道等地开展多次虚拟货币“挖矿”打击行动，查处12处分散式虚拟货币“挖矿”现场，删除软件家数12家，查封设备1台，对有关责任人批评、教育，并签订承诺书，形成整治虚拟货币“挖矿”的高压态势；电动汽车充电桩建设方面成立“2022年婺城区新能源公共充电桩项目”工作专班，完善任务分解、考核推进等工作规则及管理制度，强化组织领导，统筹推进全区充电桩建设，完成新建任务101个，完成率101%。

用能预算化管理方面完成全区 140 家 1000 吨标准煤以上重点用能企业用能核查,准确核定企业基准能耗,完成企业月度用能分解计划,并在节能降碳 e 本账系统录入监管。

【发展规划编制】 根据《婺城区“十四五”规划编制目录》,全区确定发展规划 1 个,专项规划 35 个,其中重点专项规划 17 个,一般专项规划 17 个,备案制专项规划 1 个。区发改局根据工作要求,积极与各责任部门沟通衔接,统筹推进编制进度。2022 年,35 个专项规划中 25 个顺利完成发布工作。

【重大项目建设】 2022 年,累计申报各类上级资金 24279 万元,下达 11022 万元,在领域突破和额度争取上均在全市前列;婺城区 2022 年老旧小区配套基础设施工程(城中、城东区块)争取中央预算内投资资金 6304 万元, 单个项目中资金争取量位于全省第 1;审核下达专项债项目 16 个,其中续发项目 5 个,新发项目 11 个,2022 年下达债券总额度 11 亿元;4 个项目通过国家发展改革委审核, 获得贴息贷款额度 1.46 亿元;乾西作业区项目列入省重点并报省自然资源和规划厅争取项目单独选址, 取得用地指标批复,项目总用地 24.67 公顷,新增建设用地 17 公顷。

【服务业工作】 2022 年,4 家企业成功申报市区总部企业,熊猫猪猪两头乌有限公司特色 IP 打造实践被评为省级服务业新技术新业态新模式典型案例。婺城区现代服务业创新发展区将 180 万元资金分配至丁丁、双丰、浩源科创园项目,支持新兴平台建设。2021 年度省服务业发展综合评价(含金华经济技术开发区)位于全省一类地区第 17 位。睿丰康国际健康生命谷项目成功申报 2022 年度省服务业重大项目。

2 月 7 日,区发改局召开全局干部职工大会

(区发改局供稿)

对口工作

【概况】 2022 年,婺城区坚决贯彻习近平总书记关于东西部协作和对口支援工作的重要论述精神,对标落实中央和省委部署要求,强化思想自觉、政治自觉、行动自觉,围绕共同巩固拓展脱贫攻坚成果、推进乡村振兴、推动共同富裕的三大任务,举全区之力,凝全区之志,聚全区之智,奋力推进婺城对口工作再上新台阶。

【对口支援】 2022 年, 婺城区完成对口支援 28 项具体指标任务:完成医院结对 2 家,学校结对 5 家,村企结对 8 家,社会组织结对 2 家,乡镇结对 3 个。完成消费帮扶 2540 万元, 引导企业到川投资 5.4 亿元。引导四川籍 330 名农村劳动力到婺城区就业。开展劳务技能培训 13 期、489 人次,帮助四川籍 286 名农村劳动力实现就近就业,145 名农村劳动力到其他地区就业。累计捐赠资金和物资 441.4 万元。选派 17 名专业技术人才到道孚县挂职交流, 接收道孚县 2 名医生、5 名教师来婺城区跟岗学习, 开展道孚县党政干部培训及乡村振兴人才培训 7 期、323 人次。

1 月 12 日,婺城助力道孚共同富裕,组织向道孚县采购的第一批工会福利礼包送达婺城区

(区发改局供稿)

【山海协作】 2022年，婺城区完成助力山区县产业合作项目3个，项目到位资金11577万元；消费帮扶307万元；在科技、文化、教育、医疗领域达成合作项目4个；选派1名教师到武义县壶山小学挂职；打造结对协作示范项目1个；宣传信息在省级以上媒体刊发1篇。

【计划发展管理】 2022年，继续做好“十四五”规划发布工作。针对“十四五”专项规划编制目录，陆续做好规划发布工作，为全区发展提供指导。完成《金华市婺城区2022年国民经济和社会发展计划执行情况与2023年国民经济和社会发展计划》。完成编制2023年主要经济指标发展目标。发展综合协调职能，做好经济形势的月度分析和监测预测，注重对全区经济运行特点的研究，及时提出解决问题的对策和建议。

物价管理

【概况】 2022年，婺城区价格工作认真贯彻落实上级有关指示要求，突出保民生、稳价格这一中心，助力重要民生商品保供稳价，完成涉民生各项工作，确保全区价格工作平稳有序开展。

【价格监管】 做好价格监测和农产品成本调查，开展粮食、“菜篮子”价格监测，发布价格信息70次，按市发改委部署，认真做好重要民生商品的价格监测工作，密切关注市场价格波动情况，维护市场价格稳定和正常市场秩序。开展油菜籽成本调查，并对成本进行分析，撰写分析报告。

【价格管理】 根据省价格主管部门授予金华市辖区定价权限，积极开展定调价工作。审批婺城区15个生态安葬点建设项目骨灰堂格位和公墓墓穴使用费、3家非营利民办学校收费标准；按照上级部署完成2个环卫服务机构2021年度成本调查监审。

【价格认证】 物价局价格认证中心做好价格认定工作，规范全区价格认定市场调查行为，宣传相关法律法规的对外引导，确保全区价格认定市场调查机制平稳、高效、有序的运行。对全区价格认定市场调查点进行考核，并对调查点处的工作人员开展法治宣讲，要求工作人员必须熟知相关的法律知识，建立合规合法的相关业务台账，准确记录各个采价点的采价次数及报价准确度。使采价工作管理科学化、标准化、规范化。2022年，完成各类价格认定案件145件，涉案金额326.21万元。

【安全管理】 2022年，区发改局在油气长输管道、重点项目、物流园区、民爆仓库、电力设施的安全生产工作中，出动检查人员105人次，检查生产经营单位53家次，整改隐患35项，安全生产年终考核排名机关部门前列。 （曹文渊）

市场监督管理

【概况】 2022年，区市场监督管理局登记在册市场主体总量56687户，比上年增长9.21%，注册资本(金)1079.24亿元。其中，企业总量17918户，比上年增长4.86%，注册资本总额1018.39亿元；个体工商户总量38281户，比上年增长11.87%；全区新设市场主体10744户，比上年增长9.74%，其中，新设企业2180户，比上年下降14.74%；新设个体工商户8548户，比上年增长18.54%。全区各类市场主体尤其是个体户数量保持稳定上升态势。2022年，区市场监督管理局获区数字化改革突出贡献集体、区统筹安全与发展工作突出贡献集体、区“奋楫赶超争先 奋进共同富裕”先进集体。

【市场改造提升】 建立“一场五方”工作机制实行农贸市场长效管理，金华市白龙桥蔬菜市场成功创建“五化”市场，金华市婺城区湖头综合市场、金华市婺城区雅畈综合市场、金华市白龙桥蔬菜市场成功创建省放心市场、三星级文明规范市场。

【“守合同 重信用”企业认定】 2022年，区市场监督管理局加大企业认定宣传力度，推进企业信用建设，通过发布申报指南、实地走访指导、数据审查等方式，创成17家“AAA级守合同 重信用企业”的推荐公示工作，完成16家“AA级守合同 重信用企业”的推荐申报工作。

【商标品牌建设】 2022年，全区加快推进区域地理标志富农集成改革工作，7家企业获批“金华酥饼”

地理标志红标使用权,10 家企业获批“金华火腿”红标使用权,惠及农户 748 户;挖掘婺城地理标志资源,推进“婺州窑”地理标志注册申请。推进重点商标保护,“万里扬”商标列入《第一批长三角 G60 科创走廊重点商标保护名录》;鼓励区域公共品牌商标运用,授权 10 家主体使用“三十六堰”商标,销售产值超 6000 万元,“三十六堰品牌指导服务站”获评浙江省品牌指导服务站。

【食品监管】 深化农产品质量安全追溯管理,以“浙农码”“浙农优品”等数字化应用为依托,推进“肥药两制”改革,培育试点主体 194 家。婺城区入选全省首批“全球二维码迁移计划”试点县(区),以金华火腿特色产业发展为切口,全面推广“浙食链”在食品生产流通环节的应用,全区 16 家火腿生产企业全面接入“GM2D 在线”,8 家 100%实体转码,3 家商超、13 家便利店及 8 家火腿专营店完成二维码结算改造;接入“阳光工厂 2.0”应用主体 140 家,激活“浙食链”食品流通单位 3798 家、食品生产企业 107 家,实现在产企业全覆盖、19 类重点食品全赋码。建设网络餐饮“阳光厨房”接入主体数量 1619 家,线上发现并督促整改问题单位 768 家,处置 AI 抓拍问题 149 次,实现问题闭环处置率 100%。

【执法办案】 聚焦“铁拳行动”和“亮剑 2022”保障民生安全综合执法行动,开展声称减肥壮阳等食品非法添加检查、医疗美容领域虚假宣传、面向未成年人开展“无底线营销”、神医神药违法广告等专项检查等行动。查处案件 380 起(含简案快办案件 178 起),不予处罚案件 10 起,涉案金额 443.69 万元,罚没款 425.7 万元。其中,查处大要案 43 起,罚没款 96.5 万元;药械化类案件 24 起,罚没款 66.04 万元;50 万元以上罚没款案件 1 起;移送公安案件 5 起。

【餐饮服务监管】 组织开展学校养老机构食堂、地产食品、肉制品及乳制品、节令食品等专项整治;结合日常检查及双随机任务,对小餐饮、中型以上、养老机构及学校食堂开展日常检查,实施农产品快检工作,强化餐饮食品安全保障。全程可追溯“浙食链”增加 1321 家,完成农村家宴阳光厨房建设 33 家,完成校园食堂阳光厨房建设 178 家,指导 5 家农村居家养老照料中心完成申报建设,完成“浙江外卖在线”创建 1261 家,推出餐饮单位检查红黑榜 24 期,曝光单位各 123 家,在辖区监狱推行全智能化“阳光厨房”建设,加强食品安全应急防控能力。

【企业年报监督】 加强年报公示业务的指导和督查,设置专人咨询岗,通过集中宣讲、电话提醒、上门指导等形式逐户提醒并指导年报工作,强化媒体宣传,督促中介机构和市场主体尽早完成年报,依法加强长期不经营市场主体的清理,推进年报主体瘦身,维护市场经营秩序。

【食品检测】 加强食品抽检规范化建设,推进抽检分离改革,全区组织食品监督抽检 1860 批次,高于省定 3.5 份/千人标准;不合格 45 批次,不合格率 2.72%,达到省定不低于 2%的要求,不合格处置率 100%。强化地产食品源头管控,推进“链上点检”工作实施,完成 93 家上链企业抽检。严格落实疫情保供食品、省运会等重大活动食品安全驻点保障工作,开展监督抽检 247 批次,快速检测 2825 批次。以辖区内 5 家食品安全便民快检站为载体,开展食品安全定性(快速)检测 37035 批次,不合格 42 批次。

【药品、医疗器械、化妆品监管】 2022 年,有序开展日常监督检查,严格按照标准做好许可验收、飞行检查工作,结合“药剑”行动、医用防疫物资、疫苗单位、中药饮片代煎、药品网络销售、医疗美容机构、麻醉药品和精神药品单位等专项检查,检查药品经营企业 184 家,器械经营企业 126 家,药械使用单位 76 家,化妆品生产企业 18 家;持续推进省政府民生实事,建设 4 家民生药师服务站,完成 6 个“送药上山进岛”便民服务点的回头看工作。

【消费维权】 组织 10 余家部门、200 余家经营户组成“3·15”宣传矩阵,多措并举扎实做好消费者权益保护工作;培育放心消费单位 1742 家、无理由退货承诺单位 588 家、放心工厂 312 家、放心消费商圈 2 个;2022 年,处理投诉举报咨询 8743 起,挽回经济损失 600 余万元。

【特种设备安全监察】 持续开展除险保安专项整治工作,强化重大节假日期间特种设备监管,检查特种设备使用单位 707 家,出动 1498 人次,检查 1133 台设备,排查隐患 163 处,已全部完成整改,立案查处 10 家,罚没款 35.875 万元;开展特种设备赋码工作，完成特种设备赋码 5938 台；开展叉车智慧化监管，完成 505 台叉车智慧化监管设备加装。

【产品质量安全监管】 强化日常定期监督抽查，完成生产和流通领域 72 批次；开展不合格产品后处理工作，后处理已完结 45 批次；开展汽摩配产业齿轮产品质量风险排查和各类产品专项整治行动；牵头开展成品油市场专项整治，处理投诉举报 22 条，举报线索全部办结；开展联合执法 29 次，扣押非法加油车 5 辆；开展辖区加油站油品质量抽检，共抽柴油汽油共 4 个批次。

【工业产品区域监管】 做好工业产品生产许可证获证企业证后监管工作，落实“双随机、一公开”制度，根据 40%的比例，完成 13 家获证企业双随机检查，发现存在问题 10 家，消除安全隐患 32 条。

【知识产权】 2022 年，推动校企知识产权战略合作，落地全国首单高校专利申请费用补偿保险。完成专利质押融资 9.94 亿元，质押融资额增幅全市第 1；中国专利奖和国家知识产权示范企业实现双零突破，获评国家知识产权优势企业、省知识产权示范企业、市专利示范企业共 9 家；全区现有高价值发明专利 336 件，每万人高价值发明专利拥有量排名全市第 2。 （张 莹）

审计

【概况】 2022 年，婺城区审计局实施审计项目 14 个，查出违规金额 5.63 亿元，促进统筹盘活存量资金 1.4 亿元、增收节支 422 万元；审计专报等汇报材料获主要领导批示 57 件（次），移送案件线索 20 起，处理 11 名相关责任人；提出审计建议被采纳 45 条，推动区政府和有关部门出台完善制度 24 项。1 个审计项目、2 篇大数据审计案例获评全市优秀案例，4 个方法入选全省大数据审计方法库，1 篇内审案例获评全省优秀案例，重大审计问题清单年度管控力指数位列全市第 1。区审计局获评全区岗位目标责任制考核优秀，连续四年获评全市优秀审计机关，连续两年获评全省优秀审计机关。

【区委审计委员会办公室】 3 月，召开区委审计委员会第 1 次会议，区委审计委员会办公室完善请示报告、综合协调、督查督办等日常运行机制，向区委审计委员会、市委审计委员会及其办公室请示、报告和报备事项 58 件，推动 28 个区委审计委员会议定事项和审计工作重大事项落到实处。

【财政预算执行审计】 在核心审基础上，开展国有资产管理、公车管理使用等 6 个专题审，统筹盘活农村生活污水等专项资金 1.23 亿元，促进原铁道办 2 处房产划转至区城投集团管理，收回历年租金 2.95 万元，推动建立公车管理办法等 3 项制度。抽查复审 43 个 500 万元以下政府投资项目，核减工程量不实、结算单价虚高等投资 158.37 万元，对项目投资决策、工程质量管理、项目投资绩效等提出科学建议。

【领导干部任期经济责任审计】 对 7 个单位 11 名领导干部开展经济责任审计，揭示部分经济事项决策机制运行不规范等 3 方面、51 个问题，移送相关人员履职不到位等案件线索 11 件，10 人受到党内严重警告等党纪政务处分，发挥审计在党风廉政和反腐败斗争中的重要作用；指导新调整的 4 个乡镇（街道）、13 个部门、31 名领导干部开展离任经济事项交接，确保经济工作有序衔接，有效防范和规避经济责任风险；全面落实“三个区分开来”要求，对 2 名干部运用“容错免责”机制，支持和保护敢于担当作为的干部。

【政策跟踪审计】 聚焦经济稳进提质，开展“5+4”稳进提质政策专项审计调查，核查 9.61 亿元专项债资金、专项转移支付资金、直达资金等，重点关注资

7 月 11—12 日，各科室开展审计执法质量交叉检查 （区审计局供稿）

金使用的合规性和效益性,促进婺城区妇幼保健院等 3 个专项债项目加快形成实物工作量,提高资金使用效益;聚焦科技成果转化,发现科技特派员三年行动计划落实不到位、"科创飞地"运营监管不到位、小微园区发展绩效不佳等问题,促进修订科技计划项目评审办法等多个制度,使科技创新政策落实,科技资金投入和科技计划项目管理更具精准性、可持续性和有效性。

【民生审计】 开展公共卫生服务体系建设情况审计,督促核酸检测费用按服务环节精确结算、11 家发热哨点诊室正常运营、核准 570 条家庭医生签约信息。实施十大民生实事项目推进情况审计,督促 1 个街道残疾人之家建设到位、2 家山区乡居家养老服务中心正常运营、2 处文化场所按规定时间开放。审计"四好农村路"建设情况,督促护坡植被按设计要求补植施工到位,安装物流服务点 App 系统 257 家,规范农村物流服务网点建设和运营管理。

【数字化改革】 创新应用审计整改智能管理系统,根据涉及项目、问题类型对全量问题进行分类,形成"问题发现—挂号—整改—销号"的闭环管理模式,确保问题发现一个、录入一个,整改一个、销号一个。2022 年,完成 178 个审计发现问题的挂销号,到期问题整改率 100%;推进"重大审计问题清单"建设,从促进改革、完善治理的角度抓实重大审计问题整改,共完成 4 个省级、6 个市级、22 个区级重大审计问题的整改销号,推动开展资金体外循环治理,促进制定 10 余项制度,成功打造"老年食堂食品经营许可证办理"等 2 个省、市级整改示范案例。

【成果运用】 编制《审计共性问题清单》,向全区各党政机关事业单位、区属国有企业、各乡镇(街道)分发 500 余份,提供风险防范预警;揭示全区在经济社会发展中存在的突出问题,及时报送《审计专报》,促进国有资产规范管理、村级资金优化存放等,推动出台加快农业保险高质量发展实施意见等 24 项制度,切实发挥审计"参谋助手"作用。

【审计整改工作】 9 月,召开推进会专题部署问题整改工作,对整改推进缓慢的 4 家单位发送审计整改督办函,督促 13 个专报反映的问题限期反馈整改情况。

【内部审计工作】 派出内审指导员 5 人次,对 4 个乡镇(街道)和 1 个单位的内审工作开展情况等进行指导,助力完善内控体系,夯实管理基础。

【干部队伍建设】 深化"红心立审"党建品牌创建、党组书记领办党建项目等工作,总结"五个 1+1"的党支部工作法。邀请专家、科长在"婺审讲坛"授课10 次,组织新审计法、浙江省内部审计工作规定等业务知识专题学习 10 余次;以实务导师制、轮岗交流等方式全面提升干部综合素质;借助"五度四步"建立完善干部考评机制,营造务实努力、干事创业的良好氛围。支持、帮助结对村集体经济发展,为琅琊镇三潭村争取 500 万元"消薄"项目资金。 (严 纯)

统计

【概况】 2022 年,婺城区统计局在区委、区政府和上级统计部门的精心指导下,踔厉奋发、笃行不怠,在深化统计服务、预警监测、创新推动等能力上"下功夫",抓好基层基础建设、推进数字化改革、优化统计服务,守牢质量底线,各项工作有新成效、新亮点、新突破。

【抓好"网格智治"提升"基层自治"】 2022 年,区统计局根据区内统计调查对象的数量、行业、区域分布等因素,对经济网格进行搭建,建立区、乡镇(街道)、经济社区、调查单位四级基层经济网格架构,形成"合理布局、协同发力、动态调整"的基层经济网格智治组织体系。按照"2+N"的模式配备经济网格队伍,每 30 个左右"四上"(即规模以上工业、限额以上贸易业、限额以上服务业、资质以上房地产和建筑业)企业和投资项目划分一个网格,山区乡镇合并设立,婺城经济开发区设立为虚拟独立乡级调查区,共计 32 个网格。择优选择统计力量扎实的乡镇(街道)成立统计之家,完成白龙桥镇和乾西乡统计之家的设立。发挥乡镇(街道)原有力量,将区统计局原有 18 名派遣统计员整体划转兼任网格员,已配置网格员 30 名。凝聚统计网格化管理工作合力,形成一级抓一级、层层抓落实的责任体系,在局内统一培训后加快推进人员力量下沉、专业业务下放和个性指导下行。抓好经济网格员日常管理，发挥“考核鞭策”作用，每月根据网格管理覆盖面、活跃度情况及分析材料等评选出“月度之星”，激励大家争先创优、比学赶超。

【推进“数字改革”赋能“智慧统计”】 通过推广企业电子统计台账，帮助企业夯实基础、查漏补缺，提高源头数据质量，推动统计数据向基层延伸，实现“一次审批、一键报表、一端共享”。推进统计 e 家的推广使用，各专业人员开展走访服务时，及时记录走访情况，提交反馈信息，帮助企业解决难题。利用网格智治平台在线教育功能，上架培训文件、惠企政策等资源。累计走访调研企业 187 家、发布活动管理 49 次，上传惠企政策 16 次，上传学习资源 27 份,开展网络直播 2 次。截至 11 月底，企业激活率、企业月活率、机构人员激活率、机构人员月活率均达 100%。针对“统计大脑+应用”中共同富裕统计监测、统计单位全生命周期管理等十个应用场景，制定具体的工作目标和推进方案。利用一体化监督体系，对数据波动异常单位进行现场核查，提升执法监督的精准性与实效性；通过“民调在线”开展婺城区垃圾分类满意度、共同富裕示范区四感调查、“五水共治”满意度调查，收回有效问卷 4000 多份。

【优化“统计服务”促进“服务水平”】 2022 年，各专业统计人员和驻企服务员沉入企业和基层 500 余次。一方面面向企业宣传惠企政策，了解企业生产经营情况，另一方面提供精准靠前的统计服务，就统计工作中存在的问题和困难进行答疑解惑，提出指导意见。加强对基层统计人员、企业及政府相关部门的统计业务和知识培训，各专业及时对新入库企业进行培训 25 场，累计组织培训 70 多场次。做好监测情况和趋势研判通报，提供可靠的统计预警服务。数据反馈后，各专业人员从新观点、多角度、深层次分析经济运作中的趋势性、苗头性问题，撰写分析材料，由综合处根据材料质量择优进行发布，并作为局内“分析比武”活动的评分依据。发布《婺城统计信息》26 期，得到区领导批示 8 期。结合统计开放日，线下摆放宣传展板、发放《一图看懂——关于更加有效发挥统计监督职能作用的意见》《二十六个不得》宣传折页等宣传统计法律法规，线上制作《统计数据 为国为民》宣传短片，利用婺城发布等新媒体平台进行投放，并在微信朋友圈、华数电视对社会公众进行推广，点击观看量达 10 万人次以上，第一时间传播统计声音、普及统计知识。根据市统计局和区统计局相关文件要求，通过单位自评申报、各乡镇(街道)审核推荐、区统计局复核认定等环节，共评出五星级单位 28 家，四星级单位 71 家。

【守牢“质量底线”发挥“核查监督”】 强化法治思维，在区委常委会、区政府常务会上对统计法、《统计造假不收手不收敛问题专项纠治实施方案》、浙江省统计局《关于贯彻落实国家统计督察反馈问题整改方案》、省“双随机”执法检查有关情况进行全面系统的学习。召开统计工作暨统计督察问题整改、专项纠治推进会，对统计监督、数据核查工作作出部署。局主要领导在区管领导干部进修班、中青年干部培训班上开展统计相关知识培训，帮助大家牢固树立依法治统依法统计理念。由法规科按照全年统计执法计划，细化专业执法任务，运用“掌上执法”数字平台，高效开展统计执法。对 52 家企业进行统计执法检查，涉及工业、固定资产投资、房地产、服务业、贸易 5 个专业，对 4 家企业进行立案处罚并要求整改到位。用好数字化改革成果，以“一体化统计监督”平台为抓手，跟踪每月企业报表数据，重点关注一级预警企业，优化检查手段，运用“掌上核查”应用，及时开展数据核查，从源头管控数据质量，确保数据真实反映全区经济发展的趋势走向。

投资促进

【概况】 2022 年 3 月，金华市婺城区招商投资服务中心更名为金华市婺城投资促进中心(以下简称区投促中心)，设立中共金华市婺城区投资促进中心党组，有在职在编工作人员 9 人。全年中心围绕“2+3”产业布局，聚焦招大引强这一主题主线，重点瞄准制造业项目，聚焦国内独角兽企业、国家“小巨人”企业、“专精特新”企业和上市公司，坚持把对本地经济有重要影响、有未来前景的“大好高”项目引进来。获2022年度金华市招大引强和有效投资“赛马”激励奖、2022年度区先进集体。

【招商成效】 2022年,婺城区签约3亿元以上产业项目21个(落地15个项目中:10亿元以上制造业8个,50亿元以上制造业1个),协议总投资244.57亿元,同上年相比分别增长233%和300%。无论是数量和质量,还是单体投资规模都创下历史新高,各项指标较往年同期均实现大幅增长,实现“项目质量大提升、项目落地大提速”的两大目标。

【招商宣传】 2022年,区投促中心通过开发在线招商地图,开发上线婺城招商地图云端系统,系统包括走进婺城、产业婺城、投资婺城、效率婺城四大集成板块共15个子模块,全方位、多角度推荐婺城区招商环境和发展优势;制作系列招商宣传资料和招商PPT,印制宣传手册5000册,分发到各驻外分部、乡镇街道和区相关部门,展示婺城产业空间和发展潜力;拍摄婺城区招商宣传片,到上海、杭州等地采访婺城籍影星曹曦文、陈越、俞孔坚、陆胜勇、范渊等乡贤以及国内知名经济学专家、规划,形成11分钟、8分钟和5分钟长短梯度系列宣传片,对外大力宣传婺城区发展战略。

【驻外招商管理】 2022年,区投促中心针对驻外招商现状,研究制定驻外工作管理制度,开展驻外人员轮岗调整,加强驻外分部的项目考核。结合婺城区驻外工作实际,制定《婺城区驻外招商引才工作暂行管理办法》,加大项目考核和管理力度,在各分部开展比学赶超大晒拼活动,实行分部项目周统计、周排名、周通报。推出轮岗培训工作,全年有2批、20人回中心接受锻炼。

【招商考核机制】 2022年,区投促中心按照“一把手抓招商、一体化抓招商、一线抓招商、一票否决抓招商”的“四个一”工作要求,及时制定招商引资工作考核细则,完善考核体系,重点考核各单位“一把手”外出招商,以及单位提供有效信息的情况,有效指导和推动乡镇(街道)、机关部门开展招商引资工作。实行督查通报制度,对列入考核的各乡镇(街道)、机关部门的招商工作情况进行定期通报,督促各地各单位重视招商工作,落实责任,形成上下联动抓招商、部门协力抓项目的良好氛围。

【项目前期工作】 2022年,区投促中心在项目信息收集过程中积极挖掘招商资源,重点做好项目推介工作,不断创新招商方式如基金招商、云招商等。区主要领导到全国各地考察洽谈项目70批次、区分管领导带领中心对接洽谈200多个项目,协调各项难题,并取得丰硕成果;发挥4个驻外分部收集信息的主力军作用,督促各乡镇(街道)、机关部门的信息报送,获取一批项目信息,共1000多条;开展招商存量资源的调查摸底工作,对现有符合规划的待招商存量建设用地、待招商存量厂房、待招商存量楼宇进行系统的排查,形成存量资源清单化、常态化管理。

【项目跟踪服务】 2022年,区投促中心编制招商项目流程图,构建招大引强“全生命周期管理、全流程闭环服务”体系,挂图作战,倒排计划推进时间表,建立每个项目的推进微信工作群,统筹协调项目主体和各职能部门密切沟通,有效推进项目落地开工。按照“四个一”的推进责任要求,建立区领导联系项目制度,统筹协调推进项目建设,提供“一站式”跟踪服务,区领导时刻关注重点项目进展情况,深入项目现场实地走访调研、现场办公,着力解决重点项目推进过程中遇到的困难和问题,加速项目落地、开工、入库、入统。 (施爱萍)

综述

【基本情况】 2022年，婺城区先后取得多项国家级荣誉，成功申报全国奶业生产能力提升整县推进项目试点县、成功申报全国农产品产地冷藏保鲜整县推进项目等。此外，蒋堂镇绿色农田建设项目列入首批省级绿色农田建设试点、“茶花争艳”美丽乡村风景线项目列入第二批省级共同富裕新时代美丽乡村示范带、熊猫猪猪未来牧场列入省级首批“未来农场”“婺农优牛”通过省数字化改革畜牧先行先试试点项目，成功举办农创客发展联合会成立大会等一系列婺城农业农村省市级亮点纷纷呈现。

【标准地改革】 推进婺城模式农业“标准地”改革工作，2022年新增（含存量）“农业标准地”600公顷，完成率114%；全区完成新增农业标准地（含存量转化）项目50个，面积685.13公顷，投资金额1.54亿元。

【双强规划】 2022年，完成《金华市婺城区农业“双强”行动布局规划》编制，谋划29个农业“双强”项目，计划投资12.9亿元。

【农业主体培育】 2022年，新认定市级农业龙头企业6家，全区有各类龙头企业36家，其中省级农业龙头企业2家，市级农业龙头企业15家。

（戴美艳）

【产业项目】 成功申报全国农产品冷藏保鲜试点县项目。浙江省共有8个县市入选试点，婺城区是本次金华市唯一一个申报成功的地区。项目规划建设以蔬菜水果类为主的农产品产地冷藏保鲜设施20多座近30000立方米，新增水果蔬菜食用菌等农产品储藏能力2万吨，大幅提升农产品“互联网+”出村进城能力。

【对口支援】 高标准、严要求推进道孚县农特产品加工园区建设，集聚要素、创新政策、强化服务，尽心尽力帮助道孚县农特产品加工园区集聚发展和优化升级，全面提升发展水平和综合实力。道孚县农特产品加工园区已完成一期建设项目，总投资9795万元，建有标准厂房5000平方米、电商中心1000平方米、管理用房2000平方米、园区道路2.4千米，以及污水处理、垃圾中转、配电供水等配套基础设施；7家农产品加工企业及县电电商中心已入驻园区并正式投产；已创新出台扶持政策16条，优化园区营商环境；根据当地产业发展定位，打造“龙头企业+生产大户”“龙头企业+农村合作社”等多种利益联结模式，共同壮大道孚油菜花、黑青稞、黑木耳、牦牛肉等特色农牧产业发展。

（徐雅萍）

种植业

【概况】 2022年，中央省市“非粮化”工作部署以来，婺城区全区上下高度重视，将其作为重要政治任务来抓，始终把粮食安全这个“国之大者”放在心上、扛在肩上、落在手上。以详细的调查形成整治任务“一张图”，以明确的方案做到整治方式“一把尺”,以专班的搭建形成整治力量“一股绳”,打出坚决遏制耕地“非农化”、防止“非粮化”组合拳,推动“藏粮于地、藏粮于技”战略,不断夯实粮食安全基础。婺城区粮食生产功能区总面积6553.33公顷,“非粮化”面积4886.67公顷。2022年,完成粮食生产功能区“非粮化”整治优化面积2813.33公顷,全面完成粮食生产功能区“非粮化”整治任务。

【粮食生产】 2022年,全区粮食播种面积4364.26公顷,比上年增长15.5%;总产量24482.9吨,比上年增长17.79%。全区水稻播种面积3320.45公顷,比上年增长15.69%;总产量20539.7吨,比上年增长16.32%;单产6185.82千克/公顷,比上年增长0.5%。其中,早稻播种面积1463.26公顷,比上年增长24.1%;总产量8735.7吨,比上年增长33.49%;单产5970千克/公顷,比上年增长7.6%。单季稻播种面积685.52公顷,比上年增长6.5%;总产量4969.9吨,比上年增长2.9%;受气候因素影响,单季稻单产7249.8千克/公顷,比上年下降9.7%。连作晚稻播种面积1171.7公顷,比上年增长11.9%;总产量6834.1吨,比上年增长8.8%;受气候因素影响,连作晚稻单产5832.64千克/公顷,比上年下降2.8%。

【油料生产】 2022年,全区油菜播种面积1292.27公顷,比上年增长16.1%;总产量2323吨,比上年增长19.13%;单产1797.61千克/公顷,比上年增长4.6%。

(郑顺方)

【蔬菜生产】 2022年,全区蔬菜播种面积2654.87公顷,比上年增长0.74%;产量44803.72吨,比上年下降14.25%。果用瓜播种面积353.91公顷,比上年下降11.82%;产量7831.60吨,比上年下降17.33%。

【水果生产】 2022年,全区水果栽培面积253.47公顷,比上年下降31.30%;产量3466.71吨,比上年下降54.19%。

【茶叶生产】 2022年,全区茶园总面积1212公顷,比上年下降6.90%;茶叶总产量729.10吨,比上年下降16.50%。

【长山良种场】 金华市婺城区第一良种场位于长山乡境内,土地面积102公顷,可耕种面积86.67公顷,其中农田66.67公顷:水稻54.67公顷、蔬果12公顷;山地20公顷:茶叶13.33公顷、竹园6.67公顷。现有干部职工159人,其中,退休144人、在职15人。农场以培育水稻、小麦良种为主,属国家南方小麦区域试验,水稻省、市区域试验定点场。主要职能是稻麦棉油良种生产、农业试验和技术推广。2022年,完成省种管站下达的58个品种农业试验任务,其中早稻区域试验26个品种,生产试验6个品种;晚稻区域试验26个品种。

(陈　鹏)

畜牧业

【概况】 2022年,全区奶牛养殖场(小区)10家,存栏奶牛7408头,占金华市奶牛存栏量的47.56%,占全省奶牛存栏量的20%,为浙江省最大的奶牛养殖区,全年牛奶产量30608.46吨,生鲜乳收购站4家。生猪养殖场30家,生猪年末存栏11.58万头,其中能繁母猪存栏1.07万头,年出栏生猪13.81万头,全年饲养量为25.39万头。家禽存栏22.39万羽,出栏26.91万羽,全年家禽饲养量49.30万羽。2022年,全区肉类总产量14384.51吨,比上年下降11.76%,其中猪肉产量13461.78吨,比上年下降11.59%;牛肉475.50吨,比上年下降2.62%,羊肉产量6.08吨,比上年下降8.54%,禽蛋产量2380.32吨,比上年下降0.08%。

(张树全)

【动物疫情防控】 制定2022年重大动物疫病防控实施方案、免疫计划和监测方案,2022年,免疫高致病性禽流感61.70万羽、牲畜口蹄疫40.98万头、猪瘟37.82万头、高致病性猪蓝耳病15.67万头、小反刍兽疫0.06万头、犬只狂犬病0.14万头,做到应免动物全部免疫。为科学评估重大动物疫病强制免疫效果,开展动物疫病抗体监测2421份,其中高致病性禽流感抗体监测822份、牲畜口蹄疫抗体监测670份、猪瘟抗体监测439份、猪蓝耳病抗体监测245份、新城疫抗体205份、小反刍兽疫抗体40份,免疫抗体合格率均达到省、市有关要求。检测非洲猪瘟病毒7771份、高致病性禽流感病毒113份、口蹄疫病毒60份、高致病性猪蓝耳病40份、小反刍兽疫病毒40份。按时完成定点监测和集中监测采样工作。共采集定点监测样品1640份,其中血清

420 份、猪口鼻拭子 420 份、猪抗凝血 240 份、猪颌下淋巴结 120 份、猪组织脏器 40 组(200 份)、牛血清 120 份、牛鼻拭子 120 份。共采集集中监测样品 450 份,其中牛血清 280 份、猪颌下淋巴 60 份、犬血清 100 份、马血清 5 份、马抗凝血 5 份。

【动物检疫】 2022 年，实施生猪产地检疫 180438 头，实施屠宰检疫生猪 528127 头，检出病害生猪 206 头,已全部进行无害化处理。生猪产地检疫、屠宰检疫环节“瘦肉精”抽检 94419 头份，合格率 100%;牲畜交易市场交易肉牛检疫 29481 头,监督抽检“瘦肉精”9423 头份,布鲁氏菌病监督抽检 1558 头份,合格率 100%。

【死亡动物无害化处理监管】 2022 年,金华市莱逸园环保科技开发有限公司统一收集、集中无害化焚烧处理病死猪 47612 头(其中死胎 30 头),计 804.63 吨;无害化处理犬 850 只,无害化处理禽 12289 羽,无害化处理牛 1 头。

【职业技能竞赛成绩】 2022 年,在金华市动物疫病防控技能竞赛上,冯振灿获得动物检疫检验项目一等奖,金耀增获得动物疫病防治项目二等奖,章远瞩、郦胜威分别获得动物检疫检验项目、动物疫病防治项目三等奖,合计 4 个奖项。鉴于对竞赛活动高度重视、区农业农村局荣获优秀组织奖。9 月,在浙江省农业行业职业技能竞赛上,冯振灿荣获浙江农业行业职业技能竞赛动物检疫检验项目二等奖,授予“浙江省技术能手”“浙江金蓝领”称号。12 月,在金华市动物疫病检测技能竞赛中,俞苏杭获禽流感血凝-血凝抑制试验项目一等奖，刘芳艳获非洲猪瘟荧光 PCR 检测项目二等奖，区动物防疫检疫中心获优秀组织奖。

【无非洲猪瘟小区通过省级现场评估】 9 月 5 日至 6 日,省级无非洲猪瘟小区评估专家组按照《无规定动物疫病现场评审表》评估标准,对金华市宏业畜牧养殖有限公司无非洲猪瘟小区创建工作采用召开会议、听取汇报、座谈交流、查阅文件、进场核查、视频查看、实时连线等方式进行逐项核查,金华市宏业畜牧养殖有限公司无非洲猪瘟小区顺利通过省级现场评估。

【特色畜牧业】 2022 年，全区共有原种场 1 家、一级种猪场 2 家、二级种猪场 1 家,供种能力和质量均都位于全市前列。浙江美保龙种猪育种有限公司被认定为 2022 年度国家级生猪产能调控基地;熊猫猪猪共创共富联盟获评金华市高质量发展推进共同富裕先行示范最佳实践案例;婺城鸭蛋被评定为全国名特优新农产品;全省蛋鸭规模养殖兽用抗菌药使用减量化技术推广现场会在金华金婺农业发展有限公司召开。

【按时兑现 44 家规模养殖场防疫消杀补助经费】 根据《金华市人民政府办公室关于战疫情抢发展的若干政策举措》文件精神,对受疫情影响较大的规模养殖场给予一次性 5000 元防疫消杀补助。经业主申报,属地乡镇初审和区级审核,全区符合防疫消杀补助条件的养殖场 44 家，每家补助 5000 元，合计 22 万元,在 5 月 20 日前全部完成兑现。 (钟雯菲)

渔业生产

【概况】 2022 年,婺城区水产品总产量 10611 吨,比上年增长 0.606%。水产养殖面积 850 公顷,与去年持平。水产养殖品种以青鱼、草鱼、鲢鱼、鳙鱼、鲫鱼、加州鲈为主。金华市加宝丽生态渔业有限公司成功创建省级水产健康养殖示范场,婺城区成功创建省级渔业健康养殖示范县。

【渔业生产管理】 全区 56 座小(2)型以上水库持续实施洁水渔业。开展水产养殖用投入品监管专项整治行动;开展水产养殖技术培训 1 期,培训人员达 46 人次;加强水产品质量安全监管,现场抽查营业执照、“三项记录本”、饲料及渔业用药,发放《水产养殖用药明白纸》《三项记录本》等资料,推动水产养殖科学用药、精准用药、减量用药,保障养殖水产品质量安全。完善水产养殖病害监测预报体系,加强水产养殖病害预警和风险评估,提高重大病害防控和应急处置能力;建立 2 公顷以上规模化水产养殖主体信息库,纳入浙江乡村大脑、浙江省农产品质量安全监管平台、渔业产业大脑等数字化监管平台,助力渔业数字化管理。

【产业结构调整】 推进养殖尾水零直排整治工作,

2022年,规模化水产养殖场完成尾水处理率100%。开展渔业资源增殖放流活动,放流鲢鱼、鳙鱼、草鱼、青鱼等夏花鱼苗共1907.08万尾,为全区“五水共治”工作输送大批生物“护水军”,有利于水生生物资源恢复,促进人与自然和谐发展。 (仇俊聪)

农产品质量安全

【概况】 2022年,抓好农产品质量安全监管工作,强化责任落实,与13个涉农乡镇签订农产品质量安全监管责任书。加强农产品质量安全监测,开展定量监测数量421批次,合格率98.9%。提升农产品品牌影响力,“婺城老鸭”入选全国名特优新农产品名录。推进农业标准化生产,全区新申报绿色食品认证产品8个。

【“三品”认证】 2022年,新申报绿色食品认证产品8个,新增绿色食品基地面积1200亩,完成19个无公害农产品的复查换证,10个绿色食品的续展。全区有绿色食品35个、有机农产品38个、国家地理标志农产品1个、全国名特优新农产品3个。全区绿色优质农产品比率59.35%。 (厉尹翔)

【农产品质量安全监管】 2022年,全区农产品定量检测 421批次,其中蔬菜103批次,水果120批次,稻谷117批次,茶叶4批次,猪肉、猪肝16批次,禽肉、禽蛋16批次,水产品45批次,送中国水稻所和浙江省农科院检测,合格率98.9%;完成定性(快速)检测9088批次;配合部、省、市农业农村部门抽检204批次。 (李玮峰)

【农业执法】 出动执法人员935人次,检查企业(个体户)984家次,检查市场3个。完成农业投入品监督抽检任务25个,对检测不合格的1个农药产品移交区综合行政执法局处理。在金华江、白沙溪等流域收缴各种违规捕鱼网具、钓具140多副。受理8890投诉举报73起,其他途径投诉2起,第一时间联系投诉人,并到现场调查调解处理,挽回群众损失3万余元。

植物保护

【农业植物检验】 开展梨火疫病(亚洲)的调查工作,调查面积60.87公顷。组织开展加拿大一枝黄花春季和秋季防控,累计防控面积56.2公顷次。红火蚁调查面积1823.6公顷,防控面积20.87公顷,在金华花木之窗建立的2个检疫除害试点,通过省红火蚁检疫监管调研组认可。 (李世杰)

【种子管理】 2022年,制繁种面积为233.6公顷,生产种子96.78万千克。2022—2023年度救灾储备种子6.055万千克。 (徐名煜)

【植物保护】 2022年,水稻发生病虫草害面积2万公顷次,防治面积2.6万公顷次,其中植保无人机作业面积达到6085公顷次,挽回粮食损失2900吨。全年农作物病虫害发生程度中等发生。推广科学施肥技术和农药定额施用,减少不合理化肥农药使用,增施商品有机肥,提升耕地质量,推广绿色防控技术。

【植保测报】 农作物病虫害测报工作,定期到田间调查农作物病虫害的发生动态,根据病虫发生情况,制定相应的防治策略,2022年,发布病虫情报9期、3420份,指导科学用药,推广高效、低毒、低残留农药。建立绿色防控示范区8个,绿色防控示范面积733公顷,其中省级绿色防控示范区2个,推广农作物病虫害绿色防控技术,实施生物防治、生态控制、物理防治等绿色防控措施,推广绿色防控面积5667公顷次。推广病虫害统防统治5133公顷,其中水稻病虫害统防统治面积达3839公顷,农药减量167吨,认定县级示范性统防统治服务组织2家,省级示范性统防统治服务组织1家。 (丁 懿)

农机工作

【概况】 2022年,婺城区农机总动力140900千瓦,拥有各类机具16159台套;购置补贴机具505台套,各级财政补贴321.814万元,惠及农户370户。2022年,婺城区被评为省级特色产业农业“机器换人”高质量发展先行县(畜牧),金华吉康农机化服务中心(植保)和金华市莱逸园环保科技开发有限公司(农业废弃物处理)被评为省级重点环节农机服务中心,金华市下杨牧业有限公司(畜牧)、浙江万里神农农业科技有限公司(粮油)和金华金婺农业发展有限公司(畜牧)被评为省级全程机械化应用基地,金华金婺农业发展有限公司(畜牧)被评为省级农机创新试验基地。2022年水稻耕种收综合机械化率达到87.53%。 (应 红)

【农业机械】 婺城区免费实地检验农田机具306台,其中,77台农田作业大中型拖拉机、97台烘干机、31台收割机和101台插秧机。 (朱剑锋)

农村

【概况】 2022年,婺城区认真贯彻中共二十大报告中关于“全面推进乡村振兴,坚持农业农村优先发展”重要决策部署,奋进“两个先行”,打造“一带七心”,以深化“千万工程”、推进共同富裕先行示范为牵引,先后获评全国村庄清洁行动先进县、浙江省美丽乡村示范县,连续三年获评全省深化“千万工程”建设新时代美丽乡村(农村人居环境提升)工作优胜县,连续四年获评全省农村生活垃圾分类处理工作优胜县,在高质量推动浙中板块共同富裕先行示范建设中作出应有贡献。 (卢恒星)

【农村集体经济】 2022年,全区213个建制村村集体收入31833.49万元,增幅为31.49%;经营性收入13819.83万元,增幅为24.01%,农村集体拥有资产38.30亿元,比上年增长8.28%。农村集体资产拥有量增势平稳。农村集体拥有资产总额38.30亿元,比上年增加2.93亿元,比上年增长8.28%;2022年,村均拥有资产1531.88万元,比上年增加82.29万元,比上年增长5.68%,村均资产拥有量得到较大提升。资产拥有量主要集中在少数经济较发达的乡镇(街道)。婺城区213个建制村,其中总收入在1万元以下的村(社区)0个;年总收入在1万~10万元的村(社区)0个;年总收入在11万~50万元的村(社区)有33个,占总村(社区)数15.49%;年总收入在51万~500万元的村(社区)170个,占总村(社区)数的79.81%;年总收入在500万元以上的村(社区)10个,占总村(社区)数的4.69%。

【薄弱村经济扶持】 2022年,全区213个建制村村集体总收入31833.49万元,增幅为31.49%;经营性收入13819.83万元,增幅为24.01%,村均经营性收入达到64.88万元;总收入达到30万元以上且经营性收入15万元以上的建制村已实现100%全覆盖,经营性收入50万元以上的建制村110个,占全区建制村数的51.64%,同上年相比增长64.18%。 (贾玉珍)

【家庭农场】 2022年,婺城区经工商部门注册的家庭农场有1189家,与2021年同期增加328家。其中,种植业874家,畜牧业48家,渔业30家,种养结合58家,其他行业59家。家庭农场经营土地面积19202公顷。通过培训、项目申报、建立观测点等多种形式,引导家庭农场向规范化方向发展。婺城区有27家家庭农场被评为市级示范性家庭农场,64家家庭农场被认定为规范化家庭农场。年销售农产品总值43152万元,其中10万元以下552家,10万~30万元368家,30万~50万元97家,50万元以上172家。拥有注册商标的家庭农场有44家,通过农产品质量认证的有64家。规范全区家庭农场,使全区规范化家庭农场朝着经营规模化、成员知识化、产品安全化、农业设施化、产业生态化、销售品牌化的“六化”方向发展。

【农民负担监管】 农民负担监督管理长效机制初步形成,惠农补贴政策落实及时到位,无重大农民负担案件发生。“一事一议”奖补政策加强规范化运作,落实有序。全区“一事一议”奖补项目涉及人口14706人,承担筹资人口250人,承担筹劳14456人。2022年,全区农业生产性收费3.7181万元、行政事业性收费571.39万元、农村义务教育收费554.57万元。确定全区2022年度村民“一事一议”筹资筹劳以资代劳工价标准每工100元。 (李思锋)

【衔接推进乡村振兴】 2022年,安排雨露计划资金13.2万元,补助低收入农户家庭学生44人。安排资金44.83万元,为全区在册的3065名低收入农户购买医疗补充政策性保险。安排资金1300万元,实施小水电助力低收入农户共同富裕项目1个。其中婺城区创建全国绿色小水电低收入农户增收项目分2次为1303名低收入农户分红162.05万元。安排资金4.77万元，为参加来料加工的4个经纪人和67名低收入农户从业者进行补助。（徐　斌）

【农村人居环境整治】 2022年,婺城区以农村人居环境“十佳村、十差村”评选为抓手,运用农村人居环境数字化监管平台,持续推进农村人居环境整治提升。完成省市重点建设任务,创建省级高标准分类示范村4个，新建农村标准化分类中心1个,农村再生资源回收网点3个,提升农村生活垃圾资源化站点技改提升1个。持续开展农村人居环境“十佳村、十差村”评选,全年开展评选11批次,评选十佳村110个村次,十差村73个村次,完成检查及整改问题12.88万个,拨付奖励资金338万元。全面提升农村生活垃圾处理终端的运维管理,完成农村阳光堆肥房技改提升30座,数字化提升15座。做好迎亚运农村环境整治工作,累计清理废弃垃圾6.33万吨,完成公共区域问题整改1245处。（吴冬根）

【美丽乡村建设】 2022年,创建省级“茶花争妍”美丽乡村共同富裕示范带1条,完成新时代美丽乡村达标村创建31个村。其中,精品村20个村,省美丽乡村特色精品村4个，建成美丽乡村示范乡镇1个,建成未来乡村4个。（钱彩霞）

【下山安居创富】 2022年,实施“下山安居创富”工程。完成建筑面积14.3万平方米、共864套安置房的蒋堂移民新村二期建设;新开工建设建筑面积34万平方米、共1872套安置房的白龙桥安置小区。开展蒋堂移民新村二期分房安置，采用安置房安置、货币化安置、廉租房安置、安置面积回购等多元化安置方式,搬迁安置琅琊镇、沙畈乡、塔石乡、莘畈乡、箬阳乡等南部山区群众1300人。（徐　刚）

林业

·林业生态建设·

【概况】 2022年,婺城林业在上级部门的正确领导下,坚持以习近平生态文明思想为指导,牢固树立和践行“绿水青山就是金山银山”生态发展理念,认真学习贯彻落实二十大精神和省、市林长制工作决策部署,围绕“管绿、增绿、稳绿、活绿、富绿、保绿、护绿”七大任务,推深做实林长制改革,持之以恒加强森林资源保护,全面提升林业治理体系和治理能力现代化水平，奋力走好新时代林业赶考之路。全区高度重视林长制工作，定期召开专题会议,结合实际,在全市率先制定出台《金华市婺城区全面推行林长制实施方案》和《金华市婺城区林长制配套制度》，在全区上下构建起以党政领导责任制为核心的三级林长制组织体系，设立林长制办公室，明确责任分工,梳理责任清单,充分发挥各成员单位作用,形成一级抓一级、层层抓落实的工作格局,切实以“林长制”推动实现“林长治”。

【森林资源年度监测】 2022年，全区土地总面积139124公顷，林地面积83634.15公顷，森林面积80792.13公顷,林木蓄积量5284120立方米,森林覆盖率58.07%。（蒋晓芳）

【种苗管理】 完成林木种苗经营许可证办理56份,严格实行现地核查,严格把关准入条件。完成2022年林木种苗经营许可双随机抽查工作,已完成40家。完成珍贵彩色树种容器苗赠苗1.22万株。2022年,省赠送珍贵树苗1.6万株调拨到位,对部分种植地块造林质量进行检查。完成2015—2022年省赠送苗造林成效检查工作。

【国土绿化】 继续开展新增百万亩国土绿化行动和新增森林管护工作。编制完成《婺城区2022年新增百万亩国土绿化行动实施方案》，全区完成新增百万亩国土绿化“落地上图”通过省市验收129公顷,完成率114%;完成新增森林管护面积92公顷,完成率102%。编制完成《婺城区千万亩森林质量精准提升工程五年实施方案》,完成五年实施方案“落地上图”工作,共上图7736.2公顷,完成率125%。完成2022年千万亩森林质量提升工程“落地上图”273.3公顷,完成率273%。全区组织义务植树15场,参加植树2500人,植树48000株。在元旦后上班第一天全区50名林业班干部到东方红林场义务植树,种植鸡爪槭300株,开启春季绿化造林序幕。3月9日,市、区两级党政领导干部200余人在东方红林场义务植树，种植红花油茶、垂丝海棠、红枫等530株，掀起春季绿化造林高潮。开展造林绿化空间调查评估工作。与市资规局婺城分局对接，收集包括现状耕地、耕地后备资源、规划建设用地、最新影像图等资料，截至6月25日，已完成全区12790个图斑，10233.7公顷造林适宜性评估工作，全区适宜造林绿化空间18.7公顷。

【生态公益林管理】 完成"国土三调"数据与公益林数据优化后全区公益林补偿面积统计，总面积534488.3公顷。完成上年度4个建设项目征占用林地涉及公益林30个小班共5.5公顷的公益林变更调整工作。完善年度公益林资金发放清册，11月份已将全部公益林补偿资金发放到位。认真接待每位来访群众，提供查询、解释等服务工作，及时处理群众来信来访件。完成处理信访事件1起，公益林权属矛盾2起。接待林农来访20人次。（何梦琳）

·林业产业建设·

【概况】 严格执行林地定额管理，依法依规办理林地占用审批手续，2022年，审核审批50个项目(其中3个为省重点项目、林业生产服务设施项目9个)，占用林地定额99.01公顷，收取森林植被恢复费2000余万元。严格落实林地占补平衡管理机制，全区范围139个地块共计109.8公顷林地已补充入库。

（蒋晓芳）

【林业产业发展】 2022年，继续大力发展木本油料产业，新造油茶8公顷，油茶质量提升项目18公顷。发展林下经济完成安地镇文明村陈俐生3.3公顷林业经济种植。做好浙江百善农业发展有限公司40公顷林下经济种植。组织11家林业企业参展第15届义乌森博会。展品获金奖3项、优质产品奖3项。

（何梦琳）

·森林资源保护·

【森林督查】 2022年，婺城区森林督查共下发两批次图斑。第一批次下发图斑577个，其中，建设项目使用林地120个、林木采伐151个、开垦林地3个、其他变化303个。发现违法违规破坏森林资源案件15起，共17个图斑存在违法违规破坏森林资源问题情况，面积9.3925公顷。第二批次下发图斑120个，其中建设项目使用林地104个、林木采伐15个、开垦林地1个。发现违法违规破坏森林资源案件10起，共11个图斑存在违法违规破坏森林资源问题情况，面积12.9794公顷。

【林地案件查处】 2022年，受理违法使用林地案件30起，因婺城区大综合执法一体化改革，全年受理的林业行政违法案件经婺城区林业局前期调查后将违法线索交由婺城区综合行政执法局查处。林业行政案件共有30起，其中移交婺城区综合行政执法局案件23起；移交罗店镇行政执法中队1起；移交安地镇行政执法中队2起；移交白龙桥镇行政执法中队2起；行政执法局主动发现2起。目前查处完毕的案件有25起，共收取罚款62.23万元。其中，涉及违法使用林地29390平方米，滥伐林木40立方米。（程晨升）

【林业有害生物】 2022年，完成林业有害生物监测面积63.9万公顷，监测覆盖率为100%，无公害防治率为98.8%，种苗产地检疫率为100%。科学实施松材线虫病防控，完成打孔注药45000瓶，重点罗店镇尖峰山综合示范区16公顷松林、安地镇、琅琊镇、东方红林场等乡镇的古松或风景松共计3万余株。挂放松褐天牛诱捕器5只，完成松材线虫病秋季疫情调查工作，松材线虫病秋季发生乡镇8个，疫情发生面积1988.4公顷，发生范围内共有枯死松木16692株。做好松材线虫病疫木利用定点企业的监管工作。

对全区现有林开展美国白蛾全面监测，选择代表性地段悬挂诱捕器20只，并落实好人员定时检查监测，在4月至9月份每星期进行监测检查。

（鲁建斌）

【自然保护地建设】 12月29日，浙江省林业局批复同意设立金华市婺城区梨树源省级森林公园。公园位于金华市婺城区塔石乡，面积1190.56公顷，其中林地面积1184.27公顷。（叶　锋）

【防控野猪危害国家级综合试点通过国家级评估】 婺城区被列入防控野猪危害国家级综合试点县市区之一，11月8日，通过防控野猪危害综合试点国家级评估。组建婺城区防控野猪危害服务队，队员

15 人,购入猎枪 8 支、麻醉枪 2 支、猎弹 3000 发、麻醉注射弹 100 发、麻醉注射针管 50 支,枪猎捕获野猪 24 头。

【野猪种群本底调查】 婺城区开展野猪种群本底调查。采用样线样带法、红外相机调查法对全区境内野猪的种群数量进行计算,婺城区野猪种群平均密度为 1.73 只/平方千米,其中,山区地区最高,不低于 2.02 只/平方千米;平原、河谷地区密度最低,不低于 1.44 只/平方千米。婺城区内有野猪 1205~1597 只。 (潘　建)

【古道资源普查】 在全区范围内组织开展古道资源普查,全面查清古道数量、权属、地理信息及相关矢量数据、历史沿革、保存现状、沿途生态环境和景观资源、附属设施、非物质历史文化遗存以及开发利用状况等底数,建立统一的古道资源数据库,确定全区共有古道 13 条,总长度 113.11 千米,主要分布在安地镇、沙畈乡、罗店镇、箬阳乡等地,古道沿线风景资源组合良好,景观类型较丰富。 (钱海燕)

【野生动植物保护】 经区政府同意,建立以区农业农村局为牵头部门,由区委宣传部、区法院、区检察院、区教育局、区公安分局、区住建局、区交通局、区农业农村局(婺城南山管理中心)、区文旅体局、区卫健局、区市场监管局、区执法局、区生态环境分局、婺城消防救援大队 15 个部门为成员单位的婺城区野生动植物保护工作联席会议制度,推进野生动植物保护工作。 (叶　锋)

【《多彩婺城——婺城区陆生野生动物和古树名木》出版】 《多彩婺城——婺城区陆生野生动物和古树名木》一书由中国摄影出版社出版发行,数量 1000 册。 (郑卫军)

【古树文化公园创建】 婺城区林业局投入 25 万元,创建婺城区银岭村南方红豆杉古树文化公园,面积 3000 平方米,共保护古树 63 株。 (任　丽)

·现代林业发展·

【林业技术推广和食用林产品监测】 2022 年,做好安地镇文明村陈俐生和浙江百善农业发展有限公司林下经济种植指导工作。举办竹林下食用菌栽培技术培训和杜鹃花新品种及种植技术培训,参加培训人员 132 人次。完成 2022 年省市两级对婺城区食用林产品进行抽检 47 批次,其中,春笋 10 个批次,春笋及对应土壤 10 批次,香榧检测 18 批次,林下中药 4 批次,薄壳山核桃 5 批次。完成 2022 年食用林产品生产单位双随机抽查工作。

【森林系列创建】 2022 年,开展"我为亚运种棵树"活动,落实金华市宾虹中学、东方红林场、莘畈乡外东坑村、琅琊镇山后金村 4 个预约打卡点。组织申报"亚运林"。审报 2 个省级"一村万树"示范村、1 个省级森林人家、1 个森林氧吧。开展 2018—2022 年"一亩山万元钱"示范基地"落地上图"工作,把五年来婺城区创建的"一亩山万元钱"示范基地体现在森林资源一张图上。 (何梦琳)

河道建设

【概况】 2022 年，婺城区实施水利建设项目 18 个，其中续建项目 8 个，新建项目 10 个。计划完成水利投资 3.93 亿元。

【河湖建设】 2022 年，强化河湖水域空间管控，不断提升河湖治理体系和治理能力现代化水平。开展美丽河湖建设，投资 500 万元对金华江(环城西路桥至兰溪交界)长度 11 千米的水岸开展清淤疏浚、生态修复和设施管护等措施；坚持民生导向，投资 200 万元创建“水美乡镇”1 个(罗店镇)。不断加强水域动态监管，持续深化河湖长制度，开展河湖“清四乱”工作，全年开展县级“四乱”自查 9 起，均落实整改；完成整改并销号省级下达的“四乱”1 起。加强河道水域保洁，对全区总长 327.92 千米的河道开展常态化保洁工作，为 2022 年浙江省第十七届省运会水上运动项目提供有力的水质保障。

水资源建设

【概况】 2022 年，婺城区总用水量 2.5602 亿立方米，人均综合用水量 263.77 立方米，万元国内生产总值用水量 35.58 立方米，水资源利用率为 15.4%。全婺城区农田灌溉水有效利用系数提升至 0.569。市级以上交接断面水质达标率 100%。

【水利基础设施建设】 2022 年，优化水利基础设施布局，加快构建“系统完备、安全可靠、集约高效、循环畅通”的婺城水网。补齐水利基础设施短板，深入推动千塘百库除险清零行动，全年完成区级民生实事五升殿垅、里坞垅、朱里 3 座病险水库的除险加固任务；督促各有关乡镇完成东方红、寺后塘等 16 座(其中列入省民生实事 10 座)病险山塘的综合整治任务。加强水库安全运行管理，完成长岭、章坑 2 座水库竣工验收以及东山塘、西垅 2 座水库的安全鉴定工作。建立智慧高效的水库治理系统，完成水角垅、新塘、庙湾 3 座水库系统治理工程。持续推进农业水价综合改革，提升农业灌溉用水效率，完成机埠堰坝提升改造共 21 座，其中列入省民生实事 10 座。推动灌区配套与节水改造。乌溪江引水工程灌区(金华片)“十四五”续建配套与现代化改造工程全面加快施工进度，Ⅰ、Ⅱ标基本完工，Ⅳ标上瀛头旧渡槽及桥墩成功拆除，新渡槽浇筑完成 12 节槽身和 5 拱桁架，截至年底，已完成年度 4500 万元投资目标。高标准构建农村供水网络。投资 7000 余万元对 9 个乡镇的 16 个建制村开展村内管网以及竹马乡、蒋堂镇、雅畈镇白杜村 3 条总管的改造。全年农村饮用水城乡一体化改造一期项目全部建设完成，二期计 17 个子项目整体完成进度 80%。落实水行政主管部门行业监管责任，加强全区 118 个单村供水站等农村供水工程的维修养护，强化管护人员培训，不断提升管护队伍应急处置能力。

【水政水资源管理】 2022 年，坚持节水优先，统筹做好水生态环境保护修复，推进人与自然和谐共生。深入开展节水行动。依法依规完成取水许可证办理、水资源费收缴减征工作，累计征收水资源费162余万元，依规减征50余万元。全年开展国家级县域节水型社会创建，开展创建节水标杆小区2个和节水标杆校园1个。开展水土流失防治，完成沙畈乡辽头小流域水土流失治理项目和莘畈溪井下村饮用水源地生态修复工程项目2.7平方千米，超额完成上级水利部门下达的1.6平方千米任务。加强水土保持监督管理，全年完成水土保持方案审批112件，对在建60个生产建设项目开展督查100余次，完成水土保持遥感图斑复核96处，均已落实整改。积极推进全域小水电绿色生态转型，累计完成15座电站智慧化改造并接入集中运行与信息化管理平台，初步实现水电站“智慧化、标准化、集约化、信息化”管理。将小水电利润以定向分红的模式作为“削薄”和低收入农民增收的突破口，2022年绿色小水电2321个在册低保边缘户直补发放补助资金3次，计196.32万元，为78个入股绿色小水电项目的集体经济薄弱村发放分红569.68万元。

【水利建设】 2022年，续建项目中政府投资项目4个：金华市婺城区乌溪江引水工程灌区（金华片）“十四五”续建配套与现代化改造工程，总投资1.27亿元，2022年投资4500万元；金华江右岸婺城大桥至兰溪交界段治理工程，总投资6300万元，2022年投资2848万元；武义江石楠塘段治理工程，总投资3800万元，2022年投资1750万元；农村水系连通工程，总投资600万元，2022年投资300万元。国有公司城投集团投资项目4个：梓溪排涝泵闸及河道整治工程，总投资4859万元，2022年投资2600万元；桐溪雅绕段及石门溪整治工程，总投资3000万元，2022年投资2400万元；桐溪入江口整治工程，总投资3000万元，2022年投资2000万元；盘溪罗店段治理工程，总投资5000万元，2022年投资3000万元。新建项目中政府投资项目8个：朱里、五升殿垅和里坞垅等3座水库的除险加固，总投资4000万元，2022年投资2400万元；小青垅等16座山塘整治工程，总投资2000万元，2022年投资1200万元；上干溪综合整治工程，总投资4800万元，2022年投资2000万元；雅店溪小下店至寿溪出口段治理工程，总投资1000万元，2022年投资500万元；郭塘溪G60高速上游段治理工程，总投资4000万元，2022年投资1500万元；通园溪整治二期工程，总投资8000万元，2022年投资2400万元；农村饮用水城乡一体化改造工程，总投资6444万元，2022年投资6444万元；长湖出口段河道生态治理及排涝泵闸工程，总投资16562万元，2022年投资3000万元。国有公司城投集团投资项目2个：长湖湾引水暗渠，总投资3000万元，2022年投资100万元；北山水系乾溪综合治理工程，总投资5000万元，2022年投资400万元。

【水利标准化管理】 2022年，完成规模养殖场节水改造1个，水肥一体化保有面积533.33公顷，新增高效节水灌溉面积33.33公顷，新建农田氮磷生态拦截沟渠系统4条，建设省级美丽牧场1个，提升改造农业灌溉泵站机埠、堰坝水闸22个，更新改造农村供水管网146.741千米。实施企业清洁生产审核，完成创建市级节水型企业5家。2022年，完成县域节水型社会达标建设工作各项任务，不断加强公共供水管网内非居民用水户计划用水管理。配合市开展节水型城市创建复核及供水管网改造工作，新建供水管网5.7千米，改造供水管网6.5千米。2022年，城市公共供水管网漏损率7.89%。2022年，婺城区不断落实取用水总量管控、取水许可审批及监管、取水计量检定、水资源费征缴各项工作，对2022年水资源管理和节约用水监督检查发现的问题及时整改落实。不定期开展对取用水行为、饮用水水源地、节约用水等方面的联合执法检查，共计出动16人次，抽查单位8家。开展取水许可电子证照数据治理工作，全年全区完成全部取水许可电子证照数据治理工作，治理率达100%。

【防汛抗旱】 2022年，婺城区坚持“预”字当先、关口前移，牢牢守住水旱灾害风险防控底线。全力以赴抗旱保供水，立足“抗大旱、抗长旱”的原则，修编完善抗旱保供水“一地一策”“一库一策”“一厂一策”等各类预案。加大乌溪江向衢州引水力度，累计引水2154万立方米；谋划抗旱应急工程，因地制宜通过启用备用水源、新建水源、临时提水、人工送水等多措并举，最大限度保障群众生活用水需求。加强监测预报预警，密切关注雨情、水情和旱情，加大与应急、气象等部门沟通，及时掌握监测情况。动态研判汛情旱情形势，及时发布各类预警信息。2022年汛期，启动或调整水旱灾害防御应急响应9次，下达调度令8道，与区气象局联合发布山洪灾害预报预警10次。加强对小流域山洪防御工作，对全区46个山洪灾害高风险村落安装山洪灾害声光电预警设备，全年通过山洪灾害监测预警平台向各类防御责任人发出预警信息89532条。

【山塘水库建设】 2022年，完成东方红山塘、群坑山塘、西坑山塘、稻塘、寺后塘、半垅山塘、山枫塘、杨柳坞、红坔山塘、上塘山塘、后塘下山塘、莲塘山塘、西坞山塘、三八山塘、塘坞山塘、里湾塘16座山塘的整治，完成朱里、五升殿垅和里坞垅3座水库的除险加固工作，完成投资3600万元。

（王丛云）

综述

【基本情况】 2022年，婺城区实现规模以上工业企业总产值236.6亿元，比上年下降9.2%。汽摩配等七大支柱产业保持稳定，实现规模以上产值180.3亿元，占规模以上工业总产值的76.2%。

【政策支持】 2022年，出台《婺城区企业帮扶十三条》《关于进一步推动企业稳进提质十条政策的意见》《金华市婺城区稳进提质攻坚行动领导小组关于印发〈金华市婺城区强信心激活力全力助企“开门红”政策〉的通知》等政策。

【企业服务优化】 2022年，婺城区加快“企业码”及“婺城区企业大数据管理平台”建设。通过企业码“入园申请、事项申报、信息填报、亩均直报、驻企家服务、服务大厅”六大模块，不断完善“企业码”服务功能，创新场景应用，满足企业诉求，提升企业获得感，有效打造政府服务企业数字化“金名片”。实施“企业家关爱工程”。对年度税收超千万民营企业、规模以上企业以及国家高新技术企业负责人每年安排一次体检，建立健康档案；严格落实《婺城区企业人才子女入学暂行办法》，解决企业人才子女入学问题。开展区领导“十个一”活动，落实区领导联系企业制度，发挥“关键少数”的示范引领作用，带头抓落实、强服务。对区内规模以上工业企业安排“一对一”驻企服务专员，建立“一企一档”，制定实施及时高效、精准优质的常态化服务机制，帮助企业解决困难问题，助推企业持续健康发展。

【小微园建设】 2022年，婺城区有省级认定小微园区14个，包括金华合丰服务外包产业园、金华电子商务创业园、浙中贝乐产业园、华禹都市经济创业园、A18文体创意园、县府里全球科创中心、智汇橙电商科技园、兴华众创园、安云小镇智慧产业园9个生产性服务业园区，金华巨龙五金科技产业园、金华雅帅科技园、金华豪庭家居产业园、浙江红牌智能家电产业园、金华超艺创业园5个生产性制造业园区，其中浙江婺城经济开发区共8个。

14个园区总占地面积为60.57公顷，总建筑面积为75.67万平方米，总投资额为13.4亿元，已入驻企业465家。

在建拟建园区6个，规划占地面积46.03公顷，规划建筑面积97.83万平方米，计划投资总额37亿元。在建拟建园区中，5个园区为工业制造类园区，且为工业地产模式，浙江今飞汽摩配智造园、浙江智能交通科技产业园、金华立春智能仪表科创园已建成投产，龙蟠材料智造产业园、金华婺城科技创新谷在建设中。

【散装水泥发展】 2022年，婺城区散装水泥使用量60.17万吨，完成散装73.2%，比上年增长7.37%；预拌混凝土供应量233.7万立方米，比上年增长5.36%。全区墙体材料生产总量4亿块标砖。2022年，新增预拌混凝土企业2家，年产120万立方米。

根据双随机抽查事项清单，全年在“互联网+监管”平台制定抽查任务，对在库的企业实施双随机抽查。开展散装水泥相关监督检查，进行禁现区域内建设工程现场搅拌混凝土、砂浆事先报告情况监管,企业违法使用袋装水泥或袋装普通干混砂浆行为检查和企业使用未经培训的散装水泥、预拌混凝土、预拌砂浆专用车辆驾驶员驾驶专用车辆监管,实现事项覆盖率100%,掌上执法率100%。

【"两化"融合】 2022年,开展"两化"融合工程,实施"软""硬"企业对接。加快推进汽车零部件、五金工量具等制造产业数字化变革,推进智慧园区、智慧工厂建设,积极培育打造智能制造示范标杆企业,加快推进"两化融合"工作,推进制造业数字化、网络化、智能化转型升级,实现高质量发展。2022年,浙江润华机电有限公司、浙江万里扬智能制造有限公司、浙江永暉瓦楞辊有限公司、浙江赤诚工贸有限公司、浙江天晟合纤科技股份有限公司、浙江锦凯智塑科技有限公司及金华市海丰实业有限公司共7家企业列入市级"两化融合"重点项目。

【低效工业企业整治】 2022年,全区完成供而未用专项整治39.73公顷,完成年度任务的113%;完成低效工业企业整治 193家、215.93公顷,完成年度目标任务的129.6%;完成临时改变房屋用途整治12.3万平方米,完成年度目标任务的101%;完成仓储物流用地整治21.73公顷,完成年度任务的196%;完成集中连片整治拆除面积137.53公顷、形成13.33公顷以上单宗地块4宗,完成年度目标任务的121%;年度综合考评位列全市第4。

【汽摩配行业】 2022年,全区汽摩配行业有规模以上企业30家,汽摩配产值61.9亿元,同上年相比下降11.5%。

【五金工量具产业】 2022年,全区五金工量具行业有规模以上企业43家,五金工量具产值41.9亿元,同上年相比下降15.3%。

【医药化工产业】 2022年,全区医药化工行业有规模以上企业12家,医药化工产值14.2亿元,同上年相比下降9.0%。

【纺织服装产业】 2022年,全区纺织服装行业有规模以上企业12家,纺织服装产值8.5亿元,同上年相比下降8.2%。

【新型建材产业】 2022年,全区新型建材行业有规模以上企业38家,新型建材产值41.1亿元,同上年相比下降9.0%。

【食品加工产业】 2022年,全区食品加工行业有规模以上企业6家,食品加工产值1.9亿元,同上年相比下降0.6%。

【包装彩印产业】 2022年,全区包装彩印行业有规模以上企业20家,包装彩印产值10.9亿元,同上年相比下降11.2%。

【绿色装备产业】 发展绿色装备,申报绿色工厂、节水型企业、首台(套)装备、清洁生产企业。2022年,婺城区获认定省级绿色工厂6家,省级节水型企业1家,省级首台(套)装备3家、省级清洁生产企业7家。完成2021年省节水标杆企业奖励资金兑付8万元,完成2021年首台套保险配套奖励资金兑付4.175万元。

建筑业

【概况】 2022年,全区有建筑业施工企业237家,具有总承包资质企业167家,其中,具有特级总承包资质企业1家、一级总承包资质企业8家、二级总承包资质企业16家、三级总承包资质企业142家,分别占总量的0.6%、4.8%、9.6%和85%;专业承包资质企业70家。咨询、监理、造价、检测等服务机构11家。2022年,全区建筑业总产值61.3亿元,同上年相比增速3.2%;省内产值46.6亿元,同上年相比增速8.2%;总税收4.9亿元,区内企业2.35亿元。

【产业人才培养】 扶持指导企业做好企业工程技术人员的职称评审材料,配合企业做好工程技术人才的储备工作。2022年,全区建筑业企业通过初级职称评审51人,通过中级职称评审52人,通过高级职称评审17人,通过正高级职称评审3人。

【新型建筑】 2022年,推进新型建筑工业化工作,落实装配式建筑任务,完成装配式项目20个,装配式建筑面积85.01万平方米,完成率106.26%;住宅和公共建筑(不含场馆)装配式项目4个,建筑面积56.31万平方米,完成率175.97%。完成全装修项目1个,建筑面积1.34万平方米。

【绿色建筑节能】 2022年,婺城区全面开展绿色建筑及节能推广应用工作。全年审查民用建筑节能项目25个,建筑面积35.6万平方米;完成既有建筑节能改造5.3万平方米,完成可再生能源建筑应用173.39万平方米,新申报高星级绿色建筑示范工程和超低能耗建筑示范工程1项;金华四中教育集团高铁新城校区项目开工。(张小双)

电力

【概况】 2022年,婺城供电分公司(以下简称公司)全年完成电网投资1.16亿元;投产10千伏线路86条,长度65.451千米;投产配变54台,容量32650千伏安;全社会用电量54.49亿千瓦时,比上年增长5.04%;售电量41.39亿千瓦时,比上年增长0.8%。职工书屋"耕心书吧"获评全国工会职工书屋示范点;企业文化中心阵地入选首批浙江省企业文化中心建设培育名单;10名员工分获"金华好人""八婺金匠""金华市最美志愿工作者"荣誉称号。

【党建引领】 2022年,公司以送课进基层等形式走进电力驿站、一线班组开展宣讲20余次;婺城区"4·15"疫情第一时间组建临时党支部,齐心打赢疫情防控歼灭战。严格执行党建联系点制度,落实"对外党建工作巡回指导自评+对内规定动作专项督导"双轨制检查并督导整改闭环;组建成立监审中心,实施月度监督主题56个,构建数字化监审分析模型23个。"巡"护小候鸟——智慧关爱乡村留守儿童志愿服务项目获评2022年中国企业品牌创新成果、金华志愿服务项目大赛金奖、金华市最佳志愿服务项目;《千山溪古秀 艺"述"老浙西》党课,获省公司微型党课三等奖;5个微视频及征文获英大传媒2022年度优秀电视作品微视频类一等奖,浙江省品牌故事大赛二、三等奖;志愿项目、助农抗旱等宣传上稿新闻联播、央视晚间新闻、浙江卫视等主流媒体,"新型智能充电桩"主题远播海外,在多国主流媒体上高频刊登。

【安全生产】 2022年,公司深化应用安全职责清单,做好防汛抗台、防人身触电、消防、电力设施保护等各类专项隐患排查整治。编制"云稽查""四个管住"工作规范,不断推进数字化安全管控措施落实落细,开展条款解读及现场应用培训,推进中台安全域系统应用,上下联动开展反违章自查自纠。做好安全生产三年行动攻坚,推进各类安全大检查和省、市两级安全巡查自查整改,深挖问题根源,层层压实责任,完成172项问题闭环督查并及时上报,配合区政府完成3条区级重大隐患、12条一般隐患排查,协助供电所开展3项市政府挂牌督办隐患整治。

2月22日,婺城区与国网金华供电公司召开电力工作联席会议并参观供电公司 (区电力局供稿)

【电网建设】 2022年,公司克服婺城区"4·15"突发疫情影响,迅速组织复工复产,实现30项工程按期完工;严守验收标准,全力保障勤俭变、亚体变10千伏配套顺利投运;履行主网属地化职责,助力8项主网建设工程有序实施。完成年度国网类大修项目预算2490万元,完成率99.85%;实现城网项目累计转资11494万元,转资率94.59%。完成292台全市更换体量最大的技改高能耗配变更换项目;同步推进全省高耗能公变管控清单销号,销号545台超额完成219台年度销号任务。试点土建装配化施工现场应用,落实施工转型升级问题整改和重点内容提升。

【配网运维】 2022年,公司编制高故障线路"一线一案",通过精细化带电检测发现并处理严重及以上缺陷115处;累计供电可靠率达99.99%,时户数同上年相比下降65.38%。依托4G+量子加密技术,实现金华地区首条架空线路馈线自动化投入应用;

研发具有边缘计算功能的 DTU 设备，完成金华首台量子加密柱上开关安装、调试，率先实现柱上开关三遥功能；依托配电自动化高阶运用，首次实现分钟级变电所负荷一键转供。肩负保供重任，参与省内首次微电网重大保电任务，建设数字孪生开闭所、RFID 电力街区智慧巡检系统、无人机激光雷达自主巡视等落地实用场景，圆满完成省运会、中共二十大等 37 项保供电重任。

【营销服务】 2022 年，成立婺城区负荷管理中心，梳理修编《婺城点滴负荷资源表》，推进光伏顶峰保供，建立客户响应“绿色通道”，新增光伏并网容量同比增长 185.45%，有效缓解迎峰度夏电力保供压力。对接属地区政府，推进电力接入工程费用分担机制落地，节省用户外线投资约 1400 万元；建立行政、企业、社区三级客户服务体系，拓宽乡镇电力服务渠道，采取自助设备、“驿电通”云服务终端入驻等方式，提升办电便利水平。承担电费业务数智转型试点，开展数字化牵引电费全流程提速，将“全面推广智能交费服务模式”纳入政府战略合作框架协议，基本实现智能交费业务低压全覆盖。

【经营管理】 2022 年，公司资产总额 14.99 亿元，比上年增长 62.97%；签订合同 262 项，合同金额 1.35 亿元，比上年增长 0.93 亿元，创历史新高；投资光伏项目 33 项，投运并网容量 18836.975 峰千瓦。成立客户受电工程领域合规管理提升工作小组，明确职责，常态化开展自查工作，杜绝“三指定”等违规行为，保障用户合法权益。组建工程业务监督小组，严控施工安全质量及废旧物资退库流程，推进标准化现场实施规范落地，规范 25 类配网施工现场安全措施，各类投诉相较往年大幅减少。 （施艳慧）

婺城区工业十强企业

【浙江八达电子仪表有限公司】 浙江八达电子仪表有限公司成立于 1997 年，是国网金华供电公司下属集体企业，金华八达集团有限公司的全资控股子公司。公司注册资本 1 亿元，占地面积 1 公顷，公司本部有在职员工 318 人。2018 年 9 月，与浙江时通电气有限公司吸收合并后，成立时通电气分公司和铁塔分公司。公司主要从事电能表、用电信息采集设备（集中器、采集器、专变终端、配变终端）等产品的研发、生产、销售，提供电能表分拣、返修、采集运维、采集管控、抄表收费、计量管控、表计配送等营销服务，业务主要来源于国网公司、相关网省公司以及各地区、金华公司的统一招标，在行业中排名保持中上等水平，产品及服务累计覆盖全国 21 个省市地区。

2022 年，公司工业总产值 10.62 亿元，比上年增长 26.81%；获得“婺城区 2022 年度区级财政贡献十强企业”“婺城区 2022 年度工业企业纳税大户”等荣誉称号。

【浙江万里扬智能制造有限公司】 浙江万里扬智能制造有限公司前身为浙江吉孚汽车传动系统有限公司，创立于 2016 年，注册资本 5 亿元，为国内变速器龙头企业、行业内首家 A 股上市公司——浙江万里扬股份有限公司的全资控股子公司。公司主营业务为新能源汽车传动系统、汽车变速器及其零部件的研发、制造和销售，主要为浙江万里扬股份有限公司和山东蒙沃变速器有限公司等变速器公司的相关机型提供配套服务。公司先后通过浙江省科技型中小企业、国家高新技术企业、浙江省“专精特新”中小企业认定，并建立浙江省万里扬汽车零部件智能制造高新技术企业研究开发中心及金华市工业企业技术中心。

2022 年，公司工业总产值 9.83 亿元，同上年相比下降 21.26%；营业收入 10.77 亿元，营业收入连续三年超 10 亿元；研发投入超 4069 万元，纳税 4012 万元；获得“婺城区 2022 年度区级财政贡献十强企业”“婺城区 2022 年度工业企业纳税大户” 等荣誉称号。

【金华中燃城市燃气发展有限公司】 金华中燃城市燃气发展有限公司成立于 2007 年，是由金华市液化气有限公司和中国燃气控股有限公司共同出资的中外合资企业（台港澳合资），注册资本 1 亿元，公司总资产 7.84 亿元。公司有员工 187 人。公司经营的业务范围主要为管道燃气（液化石油气、天然气）；公司经营区域涵盖金华市婺城区、金东区行政区域,共计1891.4平方千米,占整个金华市区总面积的92.5%。公司经营区域内的各类居民、工业、商业用户逾16万户。

2022年,公司工业总产值7.13亿元,同上年相比增长26.85%;获得“婺城区2022年度区级财政贡献十强企业”“婺城区2022年度工业企业纳税大户”等荣誉称号。

【浙江金华南方尖峰水泥有限公司】 浙江金华南方尖峰水泥有限公司是一家区域性大型水泥生产企业,于2007年9月注册成立,初始注册资本4亿元。南方水泥作为公司母体,由国家重点扶持大型建材企业集团中国建材集团发起联合组建,主要经营区域定在东南经济区(包括上海、浙江、福建、江西和湖南),为全国水泥行业领军企业。公司旗下主要品牌“尖峰”牌为中国驰名商标,“尖峰”牌PO52.5、PO42.5、PC32.5系列水泥,以质量稳定、早期强度高、适应性强、施工性能好、耐久性高、混凝土构筑物维修费用低、服务优良著称,为国家首批免检产品、全国用户满意产品,畅销金华、温州、台州、丽水等地区,部分远销海外。

2022年,公司工业总产值4.51亿元同上年相比下降17.44%;获得“婺城区2022年度区级财政贡献十强企业”“婺城区2022年度工业企业纳税大户”等荣誉称号。

【浙江开创电气股份有限公司】 浙江开创电气股份有限公司注册资本6000万元,有各类员工700多人。公司致力于国外家用手持式电动工具的研发、生产、销售及相关技术服务,产品出口北美、欧洲市场。公司产品包括锂电、交流两大动力,五大系列(往复锯、迷你锯、角磨、电圆锯、多用途工具),100多个品种,公司拥有各类专利90多项,其中发明专利5项。公司与世界知名电动工具制造商BOSCH、Black&Decker、MAKITA、DEWALT均建立了长期稳定的业务合作关系。

2022年,公司工业总产值3.12亿元,同上年相比下降46.93%;获得浙江省博士后工作站、浙江省知识产权示范企业、浙江省企业技术中心、金华市专家工作站、全市“美丽工厂”标杆企业、浙江省内外贸一体化“领跑者”企业、“婺城区2022年度工业企业纳税大户”“婺城区2022年度自营出口超千万美元企业”“婺城区2022年度人才开发先进企业”等荣誉称号。

【浙江耐司康药业有限公司】 浙江耐司康药业有限公司成立于2002年12月,占地面积25.2公顷,公司注册资金约3.7亿元,拥有先进的医药生产设备,是一家主要集科研与开发、生产和销售原料药的现代化企业。公司主要生产原料药和医药中间体,生产范围包括:原料药(阿奇霉素、克拉霉素、罗红霉素、盐酸苄丝肼、非诺贝特、格列美脲、环丙贝特)。公司有员工248人,具有药学及相关专业的技术人员44人。其中,经过资格认定的药学技术人员6人、工程技术人员20人。良好的人才结构为企业快速发展奠定了基础。

2022年,公司工业总产值4.17亿元,同上年相比增长20.03%;获得“婺城区2022年度工业企业纳税大户”“婺城区2022年度自营出口超千万美元企业”等荣誉称号。

【浙江星筑科技有限公司】 浙江星筑科技有限公司成立于2020年,公司占地面积14.83公顷,是一家集研发、设计、制造、营销的公司。公司主导产品为集成门窗、集成卫浴、集成橱柜、装配式建筑等系列,已形成年产超百万套的生产与销售规模。先后与绿地集团、碧桂园集团、世贸集团、建业集团、大华集团等大型地产集团结成战略合作伙伴关系。公司成立创新研究院和西安建筑科技大学等高校、研究院建立校企、院企合作,进行钢结构装配式建筑及装配式建筑部品的研发、试制。成立企业技术研发中心,加大门类新产品研发力度,持续导入新工艺,不断进行产品升级换代,提升生产高品质产品能力,满足、创造市场新的需求,提高品牌竞争力。

2022年,公司工业总产值3.35亿元,同上年相比增长71.23%;获得“国家高新技术企业”“金华市劳动关系和谐企业”“金华市企业技术中心”“婺城区2022年度工业企业纳税大户”“婺城区2022年度重点骨干工业企业”“婺城区2022年度人才开发先进企业”等荣誉称号。

【浙江今飞智造摩轮有限公司】 浙江今飞智造摩轮有限公司是浙江今飞凯达轮毂股份有限公司的

下属子公司，成立于 2019 年 6 月，注册资金 1 亿元，占地面积 9.38 公顷。公司建成了装备数字化、运营数字化、工艺数字化的数字化工厂，与传统生产线相比，该项目产品生产全程自动化、流水线方式，产品不落地，生产效率及产品质量受人为影响降到最低。使用工数比传统生产线减少 50%以上。公司引进及应用国内外先进设备 896 台套，其中，工业机器人 116 台套，自动检测设备 82 台套。应用工业物联网信息化管理，从销售订单到发货物流全程实现大数据管控，所有产品可溯可查，在质量管理体系上达到欧美高端摩托车主机厂标准。

2022 年，公司工业总产值 6.61 亿元，同上年相比增长 32.30%；获得“婺城区 2022 年度工业企业纳税大户”荣誉称号。

【浙江天丰生物科学有限公司】 浙江天丰生物科学有限公司是一家国家高新技术企业，成立于 1995 年，注册资本 1.2 亿元。公司占地面积 12 公顷，建筑面积 11 万多平方米。2022 年期末，公司总资产为 30554 万元，营业收入 36228 万元。现有员工 201 名，其中，专业技术人员 112 名，高级职称及研究生学历以上人员 23 名。公司为水稻、小麦、玉米等大宗作物以及水果、蔬菜、花卉、苗木等经济作物提供种衣剂、除草剂、杀菌剂、植物生长调节剂等作物解决方案。公司还生产灭蟑、驱蚊、杀蚁、杀蝇等卫生用药产品，为人们提供更加舒适的生活环境。公司建有省级企业研究院，拥有较强的研发团队和创新研发能力。公司共有 216 个产品登记证、10 项发明专利；有 8 大制剂加工车间和 2 个卫生用药生产车间，共有 24 种剂型加工许可证，年生产能力达 30000 吨，拥有悬浮剂、悬乳剂、可分散油悬浮剂、水剂、颗粒剂等多种环保新剂型加工包装流水线。

2022 年，公司工业总产值 3.70 亿元，同上年相比增长 2.98%；获得“婺城区 2022 年度工业企业纳税大户”荣誉称号。

【浙江远大铝业有限公司】 浙江远大铝业有限公司占地面积 2 万多平方米，注册资金 3000 万元，前身为永康市远大铝业有限公司，主要生产各种国标、美标、德标及国内各企业标准的铝硅系列铸造铝合金锭。公司有国内先进的蓄热式(40T)熔炼炉 6 台；自动连续铸造机 4 座；精炼除气设备 4 套；年产能力 8 万余吨，年产值为 10 亿元。

2022 年，公司工业总产值 8.71 亿元，同上年相比下降 16.90%；获得“婺城区 2022 年度工业企业纳税大户”荣誉称号。

金华经济技术开发区

【概况】 2022年,金华经济技术开发区(以下简称开发区)行政管辖面积292.76平方千米,建成区面积50平方千米,托管1个乡3个镇4个街道,下辖158个村(社区),集聚人口50万人。全年实现地区生产总值392.3亿元,增速4.1%,规模以上工业产值740.3亿元,增速22.9%,社会消费品零售总额增长6.4%,财政总收入达85.9亿元,其中,一般公共预算收入27.5亿元;城乡居民人均可支配收入分别增长4%、4.1%。

【经济运行稳健向好】 锚定“先进制造业崛起”主赛道,狠抓结构优化、技术升级、产能增长,实现经济总量和质量双提升。经济实力稳步增强。聚焦省市经济“稳进提质”相关要求,出台落地“企业帮扶十二条”等惠企政策,全年规上工业增加值总量达130.5亿元,增速15.5%;地区GDP、民间投资、高新技术产业增加值等多项指标增速全年持续稳居全市前3。平台能级持续提升。两大制造业平台全面加快空间拓展、配套提档,环宇、万里扬、宏昌、百诚、尖峰、花园、康恩贝等行业龙头企业进一步集聚,全年工业用地出让实现大幅同比增长;新能源及高端装备制造产业园产值268.4亿元,比上年增长123.7%;健康生物产业园产值38.3亿元,比上年增长4.1%,实现空间效益双提升。制造水平不断攀高。推进零跑汽车等一批重大制造业项目,高端装备制造业、高新技术产业、战略性新兴产业增速均列全市前3,多家企业入选省未来工厂、智能工厂等试点名单,两大制造业上榜省开发区产业链“链长制”试点单位,零跑汽车成为市本级第一个百亿级企业,企业全产业链产值破200亿元,今飞入选2022中国制造业企业500强。

【“三大战役”蹄疾步稳】 持续加大招大引强、低效整治、城市更新工作力度。项目攻坚精准发力。围绕三大主导产业,依托沪杭深产业飞地,激发乡贤活力,全力筑巢引凤,实现10亿元以上制造业项目签约10个,总投资163.5亿元,已落地7个;入选省重点研发项目3项、市科技计划项目33项,其中工业重大项目13项;在科学谋划实施总投资700亿元的200多个项目同时,集中火力开展两轮“项目双月攻坚”行动,解决了三瑞堂、新塘垅等5个多年遗留问题,打通德胜街等9条断头路,保障项目用地106.67公顷,完成晴天科技、高端智造生产基地等15个项目开工,带动东莱小学等27个项目进展取得实质性突破,拉动年度投资额超30亿元;省“4+1”重大项目投资完成率、市县长项目落地率均居全市前列;市人大监督项目100%完成;寰领、零跑两大项目成功列入省重大产业项目,获用地指标奖励超百亩。低效整治扎实推进。融入全市“4+1”整治体系,制定专项实施方案,全面加快“腾笼换鸟、凤凰涅槃”和“新四破”行动,完成373.33公顷永久基本农田规划调整,低效用地再开发142.47公顷,完成率178%,盘活存量用地108.13公顷,完成率135%,城市更新全面突破。完善规划编制和加快配套政策迭代升级，有效导入央企及社会资本，强力推进中央创新城(南区)等重点区块片区综合开发，征收土地133.33公顷，实施安置房项目10个，完成分配4240套，重启停摆多年的西关村征迁，签约率从42.2%攀升至94.6%，基本完成腾空拆除；全面推进4个未来社区和2个城乡风貌样板区建设，完成城市更新年度投资108.3亿元，任务完成率155%，社会资本占比土地出让金达7成。

【企业培育提速提质】 强化政策、人才等要素保障，加快中央创新城建设，区域创新能级迈上新台阶。打造更强中央创新城。完成企业腾挪43家，协议收回工业用地24家99.33公顷，落地浙大研究院、浙工大创新联合研究院等一批科技创新服务平台，串联乐乐小镇、金华之心、北大科技园等，构建起贯通南北的沿玉泉溪绿色科创轴，全年实现产值(营收)约340亿元，互联网乐乐小镇列入省级特色小镇创建名单。打造科创人才强磁场。充分释放“博士后工作站”“揭榜挂帅·全球引才”等平台的人才融合活力，全年新引进省级以上领军人才11名，新增博士后工作站4家，引进博士后13名，引进数全市第2；连续2年新引进大学生人才破万人，入选国家级引才计划实现历史性突破；浙大研究院药学中心、浙工大研究院实验室先后建成并完成人才团队入驻，全社会R&D投入超12亿元，研发投入强度达3.25%，跃升至全市首位。打造科创强企优典范。加速优质中小企业上规升级，不断深耕国家级大中小企业融通型特色载体建设，入选国家级知识产权强国建设试点园区。认定国家高新技术企业49家，新增国家科技型中小企业337家、省科技型中小企业102家、市级研发中心40家；新增国家级重点“小巨人”2家、国家级“小巨人”9家和省“专精特新”中小企业3家，数量均居全市第1。

【内生动力增强】 以数字化改革引领发展，基层智治不断提升，政企服务高效便捷。数字化改革持续深化。健全网络及数据安全防护措施，等级保护定级备案100%。睦家园反家暴“一件事”应用、派出所综合指挥室应用平台、“未成年人校外安全综合治理应用”等一批特色成果获省市两级肯定。政企服务提质增效。深化“放管服”改革，完成112个基层便民服务中心政务服务2.0信息化设备提升，政务服务“一网通办”办件率、达标率、跑零次实现率全市领先，推进“验收即发证”改革，行政许可事项工作居全市前列。国企改革走向纵深。落实中央、省、市关于国企改革三年行动要求，形成布局规划方案和管理权利及责任清单，将国企资产交易行为全部纳入“浙交汇”全省国有资产交易平台，实现国有资产交易规范化、企业运营高效化；新设产业基金12支，总规模95亿元；区国有企业资产总额同比增长21%。基层智治更趋完善。围绕7大重点任务，深入推进基层社会治理体系迭代升级，成立社会治理中心，8个乡镇(街道)由原先6办3中心变更为“综合信息指挥室+4个平台”，基层智治系统大脑受理处置事件超10万件，三江街道创建社区治理和服务创新实验区入选省级试点。

【城乡共富协同推进】 打好“民生实事”“共同富裕”“生态环境”三大攻坚战，用心用情解难题、惠民生、安民心。全面完成重点民生实事。承办第十七届省运会，金婺大桥建成通车，新增1700余个城区停车位和一批新能源公用充电桩，新增绿道6千米以上；新增公办幼儿学位540个、义务教育公办学位2000个；新改扩建规范化村卫生室、社区卫生服务站4个；新建智慧公办养老院1家。涉及交通、教育、医疗、养老等领域的82项各级民生实事全部完成。加快促进全域共同富裕。打出共富“扩中提低”组合拳，出台粮油生产扶持、百团联百村等5项政策，组建“稻花乡里”党建联建共富试点，推进强村富民。帮扶6700余人实现再就业，新增技能人才7900余名，新增高技能人才3356人；开工建设、改建、转化保障性租赁住房近7000套(间)；完成“非粮化”整治1766.67公顷，粮食播种面积7933.33公顷，较2021年新增1933.33公顷；所有建制村全部完成“20+10”收入目标，总收入和经营性收入两项增速均列全市第1，经营性收入50万元以上村占54.4%；派溪童村成功创建全省第二批未来乡村，未来社区全域集群全面提速，城乡居民收入比稳居全市第一梯队。大力推进生态文明建设。统筹抓好蓝天保卫、碧水提升、净土清废、督察整改等多项工作，湖海塘湿地生态修复工程成功争取专项中央资金 4000 万元,湖海塘耕地整改经验全省推广,在全国年度耕地保护例行督察中无负面通报,全市唯一;培育全国首单“碳配额保险”、中国冷饮行业首个“零碳工厂”;2 个省控断面、21 个乡镇交接断面Ⅲ类水质达标率均为 100%,空气质量连续三年达到国家二级标准。

【治理能力显著提升】 高质量完成中共二十大、省市党代会、各级两会、省运会等维稳安保任务,持续推进社会治理常治长效。常抓不懈。除险保安有力有效。推进除险保安专项整治行动,优化矛盾风险防范化解和重大决策社会风险评估机制。排查整改八个重点领域风险安全隐患 1.03 万处,火警同比下降 15.4%。平安体系不断完善。开展“公安大脑”建设和派出所“五全”目标规整,警情处置平均到达时间由 8 分钟降至 6 分半;对四级网格体系进行扁平化重塑,划定 562 个网格,4889 个微网格,组建“1+10”微网格应急小分队,完善“七张清单”跟踪督办和主要领导包案机制,扎实推进“平安示范村居”创建和数字法治建设,筑牢平安稳定基层防线。

【服务效能不断加强】 始终坚持以习近平新时代中国特色社会主义思想武装头脑,强化队伍建设,奋力擦亮“忠诚可靠、实干争先”的干部底色。持之以恒推进作风建设。结合“抗疫、征迁、整治”三大战场淬火炼钢、选树表彰,激励干部担当作为;持续推进“五整治五提升”专项行动和机关干部“双建争先”,排摸问题任务清单完成率 100%;加强村(社区)监察工作联络站规范化建设,深化清廉微课堂、清廉文化主题馆等有效载体,南苑小学获省第三届清廉单元建设十大创新经验“创新提名奖”,为全省唯一获奖的中小学校;违法违纪的党员和村干部数量实现双下降。用心用力推进规范建设。依法接受人大监督,自觉接受政协民主监督,主动接受社会和舆论监督,人大代表建议、政协委员提案办理质量进一步提升;全面落实合法性审查,线上审查合法性文件 197 件、重大行政决策 5 项;完善一体化政务协同平台,健全问题解决闭环机制,省委巡视整改问题实现全部销号。多措并举强化队伍建设。锁定“改革、调优”两个焦点,深耕基层治理体系改革,重塑乡镇(街道)四大模块体系,建立差异化管理体制,推进专业干部分类管理,实现人岗精密适配,调整优化党支部 229 个,党小组 294 个,完成 2 轮村社书记干事创业大比拼,党员干部学历、年龄结构持续优化,释放基层活力。 (徐 超)

浙江婺城经济开发区

【概况】 2022 年,婺城新城区完成规模以上工业总产值 173.63 亿元,比上年下降 2.24%;浙江婺城经济开发区(以下简称婺开区)完成规模以上工业总产值 128.62 亿元,比上年增长 2.83%,占全区的 54.36%;完成工业投入 13.28 亿元,比上年增长 8.06%,占全区的 68.53%;规模以上新产品产值 61.4 亿元,比上年增长 3.25%,占全区的 66.76%;规模以上工业企业研发投入 5.58 亿元,比上年增长 3.77%,规模以上工业企业营业收入 134.7 亿元,比上年增长 5.62%,规模以上工业企业研发投入占营业收入比重达 4.14%。

【数字化改革】 2022 年,婺开区谋划“婺里亲商”招商项目全生命周期一件事应用。聚焦三张清单,绘制工业项目全生命周期管理;深度谋划 5 个子场景,37 个子项建设。5 月 13 日,区数字化改革会后由区投资促进中心继续推进。下半年认真谋划“婺城经济开发区数治系统”新应用场景。共 4 个子应用场景,10 个小切口,聚焦招商资源、工业用地整治、园区智能管理中存在的痛点难点,用数字化手段提升园区智慧化管理水平。

【调查摸底】 婺开区根据市、区工作目标任务,按照 2020 年亩均税收情况,对临江园区宗地企业进行排摸,做好分类建档、清单管理、整治销号,梳理 41 宗土地 58 家整治企业,整治面积 174.33 公顷,其中集中连片划定栅川、龙乾南街以北(马徐为主)两个片区,连片面积 457.93 公顷,以整治两高企业为主。

1月5日，区政府办公室副主任、婺城经济开发区主任戴增贵（右二）带领管委会人员调研先创能源有限公司　　（婺城经济开发区供稿）

【攻坚克难】 全区动员部署后，婺开区克服人手少、任务重的压力，集中力量、有序推进收回企业的协商洽谈、评估确认、腾空搬迁、拆除招标、土地出让等，每一宗地收回都经过区政府常务会议审议同意。婺开区收回80公顷，包括临江园区、栅川区块和二泥地块16.13公顷；集中连片拆除收回地块73.33公顷；招引落地江苏金如达、广东云达、牛墨科技、普洛斯物流、成喜科技等项目。

【项目建设】 2022年，加大基础设施投入力度。新建、续建在建基础设施续建项目21个，总投资16.9亿元，完成投资额3.7亿元。其中中心综合区紫金南街北延、金江南街北延、东堰街、文津路、荣光北侧规划路建成通车，完成临江路改造和临江东路两侧绿化景观，紫金南街南延工程正在建设，四纵四横框架全面拉成。飞扬平台拉开横四路和纵四路十字主轴，横六路建成通车，横三路、横七路、桐溪和石门溪整治工程正在施工。万里扬、旺达、宝琳地块三通一平全面完成。栅川区块45省道连接线完成路基工程，计划春节前通车。在建工业项目39个，总投资158亿元，其中10亿元以上项目为锦凯智塑、镇联燃气、星筑科技、云达智能、立春科创园、精锐重型6个。正威电器、阳帆节能、强森防火、致顺粉末、海螺万家、智母哥、品味厨具、惠盛电子等15个项目已结顶，正在进行厂房内部装修；锦凯智塑、星筑科技等24个项目正在加快推进。2022年，出让工业用地71.8公顷，比上年增长254%，出让26宗，其中21宗已开工建设。其中锦凯智塑、普鹏供应链、今飞鸿博产业园三个项目供地6.67公顷以上。

【企业帮扶】 2022年，稳进提质现场办公涉及婺开区问题13个，其中安盛机械、通合机械、成喜科技、双源工贸、欧仑科技、镇联燃气、锦凯智塑、八达电子、恒宇包装等12个问题已经完成，万婺置业提出白沙溪公园建设12月完成项目前期。如在牵头解决临江园区大货车违停、员工停车难问题中，成立专项整治工作小组全面负责临江园区大货车违停排查清理工作；加大宣传力度，组织开展宣传活动，引导大货车司机文明行车、规范行车，同时在12个路口放置警示标牌，并加强宣传；开展专项整治，牵头交警、交通、行政执法开展专项整治，累计投入78人次，累计执法拖车51辆，12个路口设置警示牌，完成停车位施划600余个，完成硬隔离3000多米。夯实治理大货车违停效果。

【维稳解困】 2022年，全力以赴做好除险保安，确保中共十二大胜利召开。全年牵头罗店、竹马、乾西3个乡镇，妥善解决遗留十多年的二泥地块问题；婺州城市广场重组项目万泰奥特莱斯项目顺利开业，稳定700多户购铺业主；200多户购房业主办证有序解决；紫金南街南延征迁问题得到突破，5家企业顺利征迁；豪庭家具预重整有序推进，采云间重整正在谋划。婺州城市广场（万泰购物大道）已重整成功；白沙春晓、九龙玉府、聚贤庭、中奥邑墅已竣工交付；莱恩动力、莱恩农庄已引进新产业项目并投产；新宇宏腾生活广场正续建即将竣工验收。另外妥善解决瑞唐国际、申华水泥厂收回地块、雷迪森酒店司法处置等重大问题，保障新城区开发建设顺利进行。

婺城交通投资集团有限公司

【概况】 金华市婺城交通投资集团有限公司(以下简称区交投集团)党委始终把落实全面从严治党主体责任作为首责,根据区委落实全面从严治党主体责任"四度三省两提升"履责践诺行动,结合"两学一做"常态化制度化、巡察整改等重点工作,为完成全集团各项工作提供坚强有力的政治保证。

【共富工作】 根据区委、区政府全面系统部署,区交投集团坚决扛起国企担当,展现国企作为,围绕共同富裕开展重点工作。区交投集团负责实施的绿色小水电项目成功入选金华市高质量发展推进共同富裕先行示范最佳典型案例。绿色小水电项目作为全区"消薄"工作重点,通过以 11 家村集体入股的创新发展模式(国企占股 51%、村集体占股 49%),其创建收益为婺城区低收入农户提供补贴资金,2022 年,完成对 360 个扶贫户直补资金 58.32 万元,为 2321 个在册低保边缘户直补发放补助资金 3 次、196.32 万元,完成分红 569.68 万元。同时集团不断推进由燕语湖国际垂钓中心及环湖 2 个镇、7 个村党组织组成的燕语湖片区"共富党建联盟",通过以共富示范带串联、未来乡村片区化试点、七村入股乡村经营公司、产业链闭环、数字化管理系统等为建设内容,形成"党建引领、一心辐射,七星闪耀、组团未来"的党建联盟共同体,打造农村共同富裕的新模式。

【重点项目建设】 根据区委、区政府的要求和公司自身发展的需要,2022 年,集团续建类、新建类、前期类、谋划类、应急类等项目共 39 个,总投资 239.82 亿元,计划投资 38.93 亿元,已完成 32.2 亿元,同上年相比增长 151%。其中,金华港婺城港区罗洋作业区 1~8 号泊位工程基本完成,正在进行开港前的准备工作;婺城港区乾西作业区已办理规划条件书和建设用地规划许可证及土地证,完成工程项目部建设;浙中文化创意中心完成临时设施、751 根围护桩及冠梁混凝土浇筑;上华琅琊公路完成总体形象进度 85%;金华市十二杉房民宿开发项目完成整体进度 42%;绿色小水电创建项目完成小水电厂房改造,正在开展机器设备技改;婺城区全域土地综合整治项目(蒋堂镇许里村、安地镇岩头村)完成竣工验收等。

(郭亚勤)

婺城区城乡建设投资集团有限公司

【概况】 2022 年,婺城区城乡建设投资集团有限公司(以下简称区城投集团)下辖 33 家子公司,参股 18 家公司,业务涵盖城市建设、资产运营、物业管理、文旅发展、教育投资、建材经营、房产开发、信息科技、安保服务等多个领域,资产规模超 309.2 亿元,净资产超 74.17 亿元,主体信用等级 AA 级,AA+等级评定中。

【拓宽融资渠道】 2022 年,区城投集团继续以强化融资功能、壮大融资平台、做大现金流、整合经营性业务，发挥融资职能。截至12月9日，共筹集经济社会发展资金超93.82亿元，比上年增加40.06亿元，增长74.51%。通过流动资金贷款方式融资26.54亿元；通过项目贷款方式融资37.38亿元；通过融资租赁贷款方式融资6亿元；通过发行公司债券方式融资21.90亿元；通过信托方式融资2亿元，融资资金全部到位。

【项目建设】 2022年，区城投集团实施项目103个，总投资额251.58亿元，比上年增长128.4%；计划投资28.07亿元，完成投资29.89亿元，比上年增长306.6%，投资完成率106.5%。其中，外部代建项目涉及8个区属部门23个，总投资12.19亿元，年度计划投资额4亿元，2022年完成投资额4.7亿元，投资完成率117.5%。推进迎亚运省运风貌提升。桐溪街项目7月15日完成沥青浇筑实现通车，9月底完成整体道路建设；金华铁路文化公园项目7月15日完成第一粮库段建设并实现开园；在接力塘公园迎宾大道周边种植向日葵花海并完成草坪铺设，迎接省运、亚运盛会举办。高标准规划推进民心工程建设。推进鲍杨安置房项目25栋住宅楼以及幼儿园、物业用房、社区用房、沿街商铺、文化礼堂等配套用房建设，总投资12.72亿元，建成后可实现1700户移民安置；以及推进五星田里安置房项目建设，总投资约4.93亿元，建成后可实现678户移民安置。2022年，先后完成金华铁路文化公园第一粮库段开园，万固广场配套路竣工并移交至新狮街道，浙江师大光电研究学院一期，四眼井18号巷迁建工程，桐溪街新建工程，高铁新城横二路(进贤路)工程，金盾实业雅宅一期、二期项目，人民西路501号装修修缮工程，明月楼社区居家养老中心建设工程，友谊生活垃圾转运站项目，婺城区全民健康安全管理中心项目(乾西)，婺城区健康驿站建设(琅琊)，西郊一期安置房项目，鲍杨安置房项目，五星田里安置房项目等共计27个项目建设。

【盘活国有资产】 2022年，做优做大国有资产，努力实现保值增值。重点完成三联安置、白龙桥下山创富安置南北地块等共计8个地块的竞拍及1处房产的购入，总面积49.74万平方米，总投入9.93亿元；完成24宗资产划转接收工作，建筑面积1.74万平方米；推动闲置资产盘活运营，收回租金2880万元；完成3批次小微企业和个体工商户租金减免，涉及合同80份，资金722万元；参与对外投资6项，投资1.5亿元；完成6批次涉及52家婺城区行政事业单位的废旧物资处置工作，合计处置资产1.4万余件。

【亚运省运提升工程】 2022年，婺城水建公司共承接项目80个，合同额7.52亿元，比上年增长287%，完成产值3.96亿元，比上年增长208%，先后完成婺城区迎亚运、省运风貌提升工程1标、全区首个未来社区建设；婺城新区核心区块停车场结构进度完成90%，总进度完成60%，12月中旬完成正负零施工；婺城新区农贸冷链物流中心年底完成正负零施工。参与防汛应急项目及迎省运城市风貌提升应急攻坚，防汛应急项目完成28个小区133个地下停车场出入口的沙袋和挡水板的安装，迎省运城市风貌提升应急攻坚完成3000平方米绿化补种，约24000米灯带亮化。

【打造“红色物业”品牌】 2022年，区城投集团下属城乡物业公司新承接物业项目11个，合计19个，管理物业面积200万平方米，涵盖住宅社区、商务办公、产业园、城市公建、停车场、厨余资源再生中心等多种类型，实现营收3000万元，同上年相比增长200%。公司管理的金华水上运动中心先后承接省运会轮滑、小轮车和皮划艇等赛事，物业公司高标准高质量完成赛事服务保障工作。3月，城乡物业公司会同市建设局物管科、区住建局、城西街道、城西执法大队在城西街道婺畔雅居小区召开2022年度婺畔雅居“红色物业”计划推进会，就如何树立红色典型，优化物业服务，实现基层党建与社区治理的同频共振，制定《婺畔雅居红色物业年度工作计划》，重点围绕解决小区治理中的重点、难点、堵点、盲点问题，突出街道社区党组织领导把关作用及物业沟通协调的桥梁作用，严格规范操作，确保程序合规合法，构建“党建引领、行业主管、基层主抓、上下联动”的工作体系，推动党建与物业服务相融合，撬动小区治理跃迁升级。城乡物业公司以婺畔雅居项目为载体打造“红色物业”省级示范点，全面提升物业工作的专业化和规范化，打造又“红”又“专”的物业队伍。

【优化收入】 2022年,区城投集团下属泰越建材公司依托建材产业优化集团收入结构。全年完成工业产值超6000万元,超计划产值33.33%,签订砂石骨料销售合同额超1.5亿元,7月完成工业规模以上企业年度入库;完成贸易产值4亿元,超计划产值122.22%,签订贸易合同额近5亿元,3月完成贸易规模以上企业月度入库。稳步推进集建筑垃圾处置、砂石骨料生产线、混凝土搅拌站、预拌砂浆、水稳拌和站、沥青搅拌站、海绵城市新型建材、新型再生建筑材料衍生产品等生产线,汇聚研发和生产于一体的新型资源再生静脉产业基地,建成达产后年产值约15亿元;着手推进金华市婺城区高新技术静脉产业基地项目(二期)建设。

【文旅康养业务】 2022年,文旅公司实现产值2000万元,金华铁路文化馆开馆,接待参观者5.4万余人次,社会口碑和影响力良好;金华铁路文化公园开园,先后引进观光小火车、人力轨道车、儿童乐园、桥下篮球场等多个体验项目,迅速成为金华市民休闲娱乐的网红打卡地,客流量超50万人次,营业额超100万元,同时陆续引进回乘小酒馆、慕求西餐厅、喜上喜宴会酒店等多家网红餐饮,带动公园整体内容和服务提升;金华市小脚丫寻根研学营地(莘畈)围绕"学在婺城"战略目标,为全区广大学子提供"以玩代学,以学为本"的优质研学平台,试运营后接待2.5万人次;策划设计20余条疗休养线路,10条党建线路,30余条研学线路,丰富旅游产品;全年完成广告类业务82项,合同营业额1970万元;金华嘉怡康养公司运营管理7个点位,包括养老机构2家、乡镇(街道)居家养老中心5家,服务超过2万人次。

【实体化运行】 2022年,区城投集团下属金婺实业公司实体化运行步步为营。实体运营完成产值465万元,比上年增长1620%,渣土消纳、园林产业遍地开花,栅川一号消纳场实现产值99.8万元,花木基地与白龙桥镇郑岗山村达成合作,帮助村民提供工作岗位,带动村民闲置劳动力,响应"共同富裕"。

【金盾业务】 2022年,金盾实业公司实现产值9亿元,各项业务板块平稳发展的同时,对接省运会大型赛事安保业务,7—11月省运会期间,投入安保力量2000余人,参与15项(场)市、区赛事及开幕式、闭幕式和浦江、婺城段火炬传递安保任务,同时承接浙江卫视《奔跑吧兄弟》、爱奇艺自制综艺节目《萌探探探案2》等大型活动安保任务10余项,承接风险评估项目74项,完成备案项目61项。2022年,人力资源公司获浙江省人力资源服务业高质量发展工作成绩突出集体,获2022年度浙江省信用管理示范企业荣誉称号,是金华地区唯一一家获得此项荣誉的企业,在2022年浙江省人力资源服务企业信用等级评定50强名单中排名第5。实业公司成为浙江省社会风险评估促进会A类会员,安保公司获金华市金东区疫情防控工作指挥部授予的疫情防控第三方先进集体荣誉称号。

【雏英教育经营模式】 2022年,雏英科技公司调整经营模式,在"双减"的压力下,将原有自营模式向招商运营模式逐步转变,引入美术、书法、科学、编程、跆拳道、乒乓球、舞蹈、轮滑等诸多课程,有效解决课程、师资及营收问题,成功创办婺城区老年大学,实现招生1100人次以上,打造婺城区青少年活动中心,开展各类公益活动,"情暖同心 纯真年代"公益课推出后吸引5000多人次学员的报名,录取2200人次。

【党员志愿服务】 2022年,区城投集团持续推进井下村、郑岗山村"志愿服务"先锋行动、"小康移民社区共建"疫情防控志愿活动,为困难群众、困难党员送温暖。

【"清廉国企"建设】 多形式开展廉洁过节警示教育如"清风常伴"剪纸、"清亲廉联"中秋座谈会、集中观看"零容忍"反腐专题片等活动10余次,多层次职工全覆盖签署廉洁自律承诺书230余份;制定《婺城区城投集团"清廉工地"全域建设的实施意见》,全力推进集团"清廉工地"建设全覆盖,探索新方法、新途径、新模式,建立健全高效、廉洁的项目管理运行机制;以金华铁路文化公园清廉文化场景建设为主抓手,将廉政文化、铁路场景、自然景观有机融合,充分打造陶冶廉洁情操、宣讲清风文化的实践阵地。

【党建联盟】 采取"横向联动、纵向延伸"的"5+1+

N”组织架构设置，通过创新联盟组建方式和作用发挥机制，确保党建联盟高效运作，实现党组织间的组织共建、人才共育、资源共享、发展共谋、治理共抓“五共”职能；创建“红色物业”“安防建设”“民生服务”“商圈党建”等N个专题品牌，形成美丽城乡联建、基层治理联抓、社会组织联促、应急处置联动、信息应用联通的联盟矩阵。

【特色党建品牌】 按时保质完成“三会一课”、“主题党日”等规定动作的同时，组建“城投窗口”“红色物业”“攻坚先锋”“金盾服务”“清廉双成”“建材标杆 泰越担当”的一支部一特色党建品牌矩阵，形成一批更具城投标志性、辨识度的党建金名片，逐步将党建的“软实力”转化为推动集团高质量发展的“硬支撑”。 （邓铭瑶）

城乡规划

【概况】 2022年，金华市自然资源和规划局婺城分局做好国土空间规划的市区联动，配合金华市自然资源和规划局完成“三区三线”划定和国土空间规划编制，提升规划编制质量，加强规划引导和精品城市建设管理，推进婺城新城区城市设计与控规编制。

【规划工作】 2022年，婺城分局配合市局完成市国土空间总体规划工作，完成国土空间规划婺城“三区三线”划定方案，并上报自然资源部，于9月30日批准启用；完成婺城区工业红线划定的初步方案。

【控规编制工作】 2022年，婺城区加强规划引导和精品城市建设管理，开展片区城市设计研究范围约90平方千米，邀请深圳市城市规划设计研究院和中国城市规划设计研究院等国内一流设计院参与，提升规划编制质量，重要区块基本实现城市设计全覆盖。完成婺城新城区城市设计评审稿；完成婺城区方井头及周边区域更新规划初步方案。完成龙蟠单元、雅畈竹园工业区块等12个控规单元的批复，控规批复面积约18平方千米。完成竹马—栅川单元、西郊单元、婺城新城区02街区等控规修改必要性论证报告3个。开展西郊单元控规修改、乾西单元、白龙桥单元控规等7个单元的控规编制。完成婺城区工业红线划定的初步方案。

【镇、村规划】 完成婺城区村庄规划评估，开展村庄规划编制管理规定和技术样本方案编制。在“三区三线”成果的基础上，进行新一轮的调研，推进3镇、4乡的国土空间总体规划方案，安地镇、蒋堂镇、琅琊镇、塔石乡、沙畈乡、莘畈乡、箬阳乡已完成初步方案的深化。2022年获批复村庄规划涉及8个乡镇的27个村。

（胡　敏）

城乡建设

【概况】 2022年，婺城区住房和城乡建设局在区委、区政府的领导下，以习近平新时代中国特色社会主义思想为指导，深入学习贯彻中共二十大精神，围绕年度各项目标任务，以区委“1483”战略为指引，全面推进住建领域各项工作，为婺城建设高能级现代化都市核心区努力奋斗。5月27日，浙江省共同富裕现代化基本单元建设推进会公布全省首批验收命名的城乡风貌样板区、未来社区和未来乡村，婺城“水韵古婺·燕舞三江”传统风貌区获正式命名。

【城市更新】 2022年，婺城区启动长湖湾、城北(新狮)等5个1平方千米以上片区开发项目，开启婺城史上最大规模城市更新，实施总面积12.2平方千米。改造车头、勤俭、上天师等6个城中村，成功破解第二面粉厂征收、勤俭安置房分配等历史遗留难题，拆除房屋71.15万平方米，核定拆除量52.91万平方米，完成市定考核任务的176.37%。2022年，完成城市更新总投资127.19亿元，完成市定考核任务的181.70%。第一、二季度，婺城区城市更新工作获全市考核第2名，第三季度婺城区城市更新工作获全市考核第3名。2022年度婺城区城市更新工作获全市考核第2名，获评金华市城市更新工作优秀单位。（黄　金）

【城乡风貌】 2022年，启动3个城乡风貌样板区创建工作，成功申报4个省级未来社区创建项目，完成市定任务的133.33%，成功创建古子城、安地雅畈风貌样板区，建成柳湖未来社区，完成市定考核任务的150%。柳湖未来社区列入浙江省发改委数字社会系统2022年度最暖家园名单。2022年，获省、市美丽城镇办专项补助资金2057.5万元，罗店镇获评美丽城镇省级样板，白龙桥镇、沙畈乡、琅琊镇、乾西乡获评美丽城镇市级样板。全区13个乡镇全部通过考核验收，其中3个乡镇获评省级样板，10个乡镇获评市级样板，样板率100%。（张栋栋）

【老旧小区改造】 2022年，完成城东、城中街道六个社区内的69个老旧小区改造和42个新小区的污水零直排建设，总投资金额2.845亿元，建筑面积40.46万平方米，比10年规划提前3年完成，老旧小区改造整体工作进展在全省名列前茅。

（闻人伟）

交通

【概况】 2022年，婺城区公路总里程1653.957千米。其中，高速公路1条23.877千米，国道2条33.98千米（330国道20.13千米、235国道13.85千米）；省道3条31.806千米（杭金线11.666千米、金兰线8.72千米、兰贺线11.42千米），县道590.399千米，乡道479.427千米，村道494.468千米，实现全区所有乡镇通等级公路、100%的建制村通硬化路和通客车的目标。

【交通建设】 2022年，全年完成综合交通投资26.4亿元，完成年度比例110%，比上年增长62%。在2022年度全市综合交通考核中排名第1，金义都市区综合交通枢纽建设排名第2，全市铁路轨道项目建设名列前茅。G60沪昆高速改扩建工程及金华互通、二环路婺城段风貌提升、“四好农村路”二期、区重点路灯亮化等重点项目顺利完工。金建高铁、建武高速、乾西作业区等重大项目全面启动，金衢快速路、甬金衢上高速等项目加快推进各项前期工作。

【民生实事】 2022年，交通民生实事项目农村道路亮化工程6月进场施工，9月底完工，投资2242万元，共安装路灯804杆，覆盖里程21.52千米。

【“四好农村路”建设】 2022年，“四好农村路”省级示范区成功创建。结合婺城区特色文化全面打造“南山漫道”美丽风景线、金华山通景公路等精品环线路网，因地制宜建设农村路网，投入10.2亿元，建设总里程达576.68千米。以路产结合方式带动乡村振兴，为共同富裕提供交通保障。婺城区获2021年度浙江省“四好农村路”省级示范区称号。

【春运除险保安】 2022年，春运期间交通运输局出动1359人次，机械243台班，消除163处路面隐患，塌方清理623立方米，除雪除冰187.4千米，保障群众安全出行。春运期间交通运输局和交警部门联合设立春运暖心服务点，为过往司乘人员提供口罩、热茶、向导及大红“福”字等暖心服务。“暖心服务‘回乡人’，严密防控‘保平安’”的新闻报道在央视国际频道等多家主流新闻媒体播出。

1月14日，开展婺城大队2022年恶劣天气应急演练（区交通局供稿）

【乡镇交通设施提升】 2022年，新开通（优化）公交线路7条，新建BRT站、公交首末站各2个，农村公交停靠站33处，实施重点道路路灯亮化工程，覆盖里程达19千米，提升百姓出行便捷感和幸福感。罗电线公路被评为2021年度省级绿化美化精品道路及特色精品道路。

10月30日,经交通运输局协调,113路(婺城人民医院—白龙桥镇)公交就医专线开通

(区交通局供稿)

【联合执法】 2022年,全面完成交通安全排查,整治隐患点334处。严格公路路面执法,查处超限、危货运输各类案件549件,其中运政案件96起。开展跨区域联合执法11次,大件运输现场勘察21起。路警联合治超查处涉嫌超限运输车辆1370辆,卸载吨位4.81万吨。其中百吨王50辆,涉嫌运输危险品行刑衔接2例。

【规范化建设】 根据省交通运输厅的安排,拟对行政处理科、执法一中队、执法四中队办公场所进行规范化建设,项目分基础建设、外观形象和执法装备配备三项内容,于6月底完成初步设计,8月中旬完成预算审核,9月16日完成招标工作,10月进场施工并顺利完工,待省交通运输厅统一验收。

【清廉交通建设】 坚持党建引领,推进"清廉机关"建设,开展基层站所"四检视四整治四提升"专项行动,重大节日、重要时间节点,组织干部职工集中观看《零容忍》《在人情和面子掩饰下的双面人生》等警示教育片3场次,组织全系统学习违纪违法案例通报3次。采取监督检查、发送廉政提醒短信、实施分层分类廉政谈话、签订"廉洁自律承诺书"等方式,增强干部职工廉政意识、纪律规矩,推动综合交通发展与清廉交通建设齐头并进。婺城交通以"五个一"工程助推清廉交通建设相关经验做法在人民网和浙江新闻刊发。

(吴晓慧)

房地产管理

【概况】 2022年,全区新建商品房取得预(现)售证25本,涉及18个项目,批准预(销)售的商品房面积为1385289平方米(9221套),其中,商品住宅批准预(销)售面积764810平方米(7814套),商业用房累计批准预(销)售面积23024平方米(171间),其他用房批准预(销)售面积597455平方米(1236间)。2022年,全区商品房累计销售面积为58.19万平方米,同比下降27.67%。累计销售金额93.05亿元。

【物业管理】 2022年,婺城区辖区内有物业服务企业73家,从业人员2235人,业委会自治或者由社区参与管理的小区410个,有正规物业公司进驻管理的小区120个。完成辖区内前期物业备案办理7件。

【房屋安全】 2022年,处理住宅违法违规装修投诉400余起,下达整改通知书47份,督促落实城镇危房整改到位34处。

(占　伟)

市政建设

【概况】 2022年,婺城区完成总投资3.4亿元的迎接亚运会、省运会环境整治和城市风貌提升工作,完成市区省运会火炬路线传递婺城段、省运会开、闭幕式通勤道路和重点节点的风貌提升工作,完成区综合组、市风貌专班布置的其他工作。

【市政设施】 2022年,完成金华监狱至临江污水处理厂污水干管一期工程:管网长度约4.5千米;打通新狮河岭街玉泉东路断头路;修复新城区核心区域、城北工业园区等市政道路路面及人行道面积2万平方米;完成临江东路、临江西路、广兴路合计5.9千米的城市道路起伏不平等病害点段整治;完成临江大桥"桥头跳车"整治;婺城区新增停车位2922个。

【桥梁养护】 婺城区有桥梁19座,地下通道1个,按照城市桥梁养护规范建立桥梁基本信息资料(包括一桥一卡、日常巡逻资料、月检查信息卡、年检查信息卡),同时开展桥梁检测及日常养护。

【排水养护】 2022年,疏通、清淤新城区核心区块、城北工业园区、截污干管、背街小巷等雨污水管网130千米;完成宾虹西路公铁立交桥易涝点改造;完成排水户排水许可证核发66份。 (庄献民)

公用事业

【概况】 2022年,婺城区燃气用户总数183481户。瓶装燃气用户97445户,其中,居民用户93283户,非居民用户4162户;管道燃气用户86036户,其中居民用户85043户,非居民用户993户。从事瓶装和管道液化气经营企业有金华市液化气有限公司、金华宏业液化气有限公司和金华中燃城市燃气发展有限公司3家,有液化气储配站2个,瓶装燃气供应点18个。全区有3座污水处理厂,分别为婺城新城区污水处理厂(一期4万吨/日、二期4万吨/日)、蒋堂镇污水处理厂(0.5万吨/日)、琅琊镇污水处理厂(0.3万吨/日),配套污水收集管网411.16千米。

【污水处理】 2022年,全区3座污水厂平稳运行,处理污水2563.756万吨,减排COD 3343.258吨、氨氮263.094吨,产生干污泥3765.06吨,全部无害化处置。强化管网建设和运维管理,新建截污干管4.5千米,雨污水管网清淤100千米。

【燃气管理】 2022年,创新迭代巡查、上报、管理、整改、宣传"五个一"全流程管控举措得到市长邢志宏及区委书记高峰的批示肯定。完成燃气管道改造4.05千米,完成齿轮大厦、明月苑等9个老旧小区燃气管道改造累计3550户,共投入改造资金1387.156万元,按照3.2千米的改造目标,超额完成26.56%。全年出动检查人员3200余人次,排查燃气安全隐患9039个,整改9039个,整改率100%。燃气安全执法立案182起,结案152起,处罚金额共计20.09万元,移送至公安机关进行行刑衔接的违法犯罪案件1起。 (赖丹辉)

【环境卫生工作】 2022年,婺城区环境卫生服务中心围绕全国文明城市巩固提升、迎接省运会和亚运会、环卫设施提档改造、非正规垃圾堆放点整治与生活垃圾分类检查等重点工作,持续推进"智慧环卫"项目,完善精细化长效管理机制,全面提高环卫管理水平,努力实现城区城乡面貌大改善,城市文明形象大提升。完成19座公厕提档改造任务;勘查7个小区的公厕设施,实地勘查化粪池建设工程41处;友谊水库转运站建成;完成省运会环境卫生保障工作。 (杨德娟)

1月10日,区住建局局长徐彪(正面中)及局领导班子带队走访环卫中心、房产物业科、两金中心,看望和慰问工作人员 (区住建局供稿)

"五改"工作

【概况】 2022年,金华市婺城区"五改"工作指挥部主要承担区委、区政府两项工作任务:完成69个老旧小区改造工作;完成小区内雨污水管网升级改造。

【老旧小区改造】 2022年,完成华丰庭院、小将军公寓、东郊联建房、明月京华等69个老旧小区改造,总建筑面积约114.82万平方米,项目投资28450万元,涉及外立面工程 45万平方米,小区内雨污水管网升级更换98000米,建筑外墙立面雨水、阳台废水PVC排水管分流改造50788米,新增小区内化粪池418座、新增沿街商铺预设隔油池370座,雨水回收系统1套,通过优化绿地和立体绿化的方式新增植草砖停车位411个,小区道路优化20万平方米,停车位增设 5250 平方米,绿化提档改造 4000平方米,弱电管网工程 3200 米,强电管网工程5200 米,及围墙、环卫设施、健身设施的更新、增设等工程。 (徐晓斌)

“五水共治”工作

【概况】 2022年,婺城区五水共治办以“1483”发展战略为指引,坚持边实践边总结、边建设边管理的工作方法,以“水墨婺城”建设为统领,推进治水体系和治水能力现代化,持续擦亮婺城治水“金名片”,助推高质量建设共同富裕示范区,为“一带七心”建设创造良好的水生态环境。3月,全市“污水零直排区”连片建设工作现场会在婺城区召开,全区生活小区“污水零直排区”连片建设做法得到市领导的肯定,在全市“污水零直排区”建设培训会上作经验交流。7月,婺城区获2021年度浙江省“五水共治”工作优秀县(市、区)“大禹鼎”银鼎;区“水墨琅琊、世遗小镇”入选2022年省第一批“水之旅”精品路线;婺城区梅溪水利风景区成功入选第二十批国家水利风景区名单。

【提升水质】 2022年,每月水质监测做到“采样到位、监测频次到位、水质情况反馈到位”三到位,对全区45条河流64个乡镇交接断面水样进行全面采集,全年地表水断面平均水质Ⅰ~Ⅲ类断面63个占98.44%;Ⅳ类断面1个占1.56%。根据水质日常监测,发现不稳定支流断面,制定并下发20处不稳定直流断面水质整改任务。结合城市黑臭水体整治方案对不稳定支流进行不定期巡查并根据目标水质的要求,完成不稳定支流“一点一策”整治方案编制,科学治水改善水质。根据省、市部署要求,全区开展全域水体返黑返臭风险隐患大排查行动。通过对全区范围内的473个水体排查,上报一处返黑返臭风险点,完成整改,并经过验收和公示,上报市里销号备案。

【河长制提档升级】 2022年,全面落实完善河(湖)长制,健全“一河两长”“一河两员”责任体系,压实河长职责,调整完成县级河长16名。集结各职能部门和各乡镇(街道),召开全区第一次河(湖)长制联席会议,全面开启婺城区河(湖)长制工作共治共管新局面。统一开展全域河长巡河活动,区级河长带头对管辖内的重点河湖、重点流域开展问题排查,通过现场办公、下发河长令的方式,及时有效地解决一批涉水堵点。深化加强河长星级管理、一月一提醒、流域共建等相关制度,抓实河长日常管理和量化考核。2022年,全区县级河长巡河率100%;镇级河长巡河率99%,村级河长巡河率99%,其中10—12月全市县级河长履职积分中,全区16位县级河长连续3个月全部达到五星河长等级。科学编制完成全区县级及以上22条河道的“一河(湖)一策”实施方案。更新完成县级河(湖)长公示牌70块,乡村二级河(湖)长公示牌244块。顺利完成雅干溪的河湖健康评价。金华江(婺城段)入选浙江省2022年“美丽河湖”。

【污水零直排建设】 2022年,顺利完成120个城镇生活小区“污水零直排区”任务建设;完成安地镇省级“污水零直排区”标杆镇建设完成,琅琊镇、蒋堂镇、罗店镇市级“污水零直排区”标杆镇建设;完成金华监狱污水干管接入临江污水处理厂一期工程,启动二期工程建设。同时,开展“污水零直排区”建设业务提升与帮扶专项活动,联合相关职能部门、技术人员对各乡镇(街道)已建成零直排建设进行“回头看”检查,查到问题107个,全部整改到位。

【“找寻查挖”行动】 2022年,做好省、市治水办交办督办、新闻媒体曝光问题及来信来访问题的督查督办,开展有关治水工作问题的暗访和督查,做好督办问题的跟踪落实和反馈等工作。全年收到省、市交办件17件,均已整改回复。根据省、市“找寻查挖”专项深化行动的要求,结合区实际,出台婺城区“五水共治”“找寻查挖”专项行动深化方案,每月按组别进行交叉检查。全年通过开展县乡两级自查、市县之间交叉检查等多种形式,发现各类问题(隐患)607个,基本整改到位。根据市里抽签安排,婺城区分别对临海、磐安进行市、县二级交叉互查,磐安共查出问题33个;临海共查出问题42个。

【媒体宣传】 2022年,婺城区在电视、报纸、网络新媒体等各类平台报道治水工作动态,实现宣传全媒全域覆盖。除在完成浙江新闻、金华新闻、婺城融媒、《金华日报》、婺城发布等多平台发稿报道外,还完成省公众号报道12篇,市公众号报道26篇。另有国家级媒体央视《新闻联播》、《人民日报》和省级媒体(《浙江新闻联播》等)报道婺城区《水电“双面绣”织就绿色共富图——婺城奋力走好绿色低碳共富新路子》《金华山区群众缺水 消防及时送水“解渴”》《今夏首次跨区域引水 “乌引”解婺城灌溉之“渴”》等新闻。策划系列活动带动全民参与治水。结合省群众“幸福感”指数调查,发动乡镇各类团体、各类人员和村干部入户宣传,提高群众的治水知晓率、参与率和满意率。充分发挥公众参与治水护水的积极性,“公众护水”平台注册率、活跃度显著提升;鼓励和引导社会各方力量如网格员、河道保洁员、沿岸企事业单位和村(居)民等参与巡河,营造全民巡河的良好氛围。 (吴乾龙)

住房公积金

【概况】 2022 年,金华市住房公积金管理中心婺城管理部紧扣年度工作目标,奋力开拓缴存扩面,坚持规范管理、安全运行、优质服务,被评为金华市公积金系统岗位目标责任制考核优秀单位和婺城区政府年度考核优秀单位。2022 年,全区住房公积金缴存单位 755 个,缴存职工 23154 人,净增住房公积金缴存人数 3303 人,实缴住房公积金人数同上年相比增长 14%。

【住房公积金归集】 2022 年,全区归集住房公积金 5.08 亿元,同上年相比增长 30.93%。累计归集住房公积金 32.97 亿元,归集余额 10.11 亿元。

【住房公积金提取】 2022 年,全区提取住房公积金 10771 人、3.37 亿元,同上年相比增长 8.36%,支取额占当年归集额的 66.34%;住房消费类提取 7921 人、2.71 亿元,退休、终止劳动合同等销户提取 2850 人、0.66 亿元。截至 2022 年年底,全年累计提取住房公积金 22.86 亿元。

【住房公积金贷款】 2022 年,发放个人住房公积金贷款 644 户、2.79 亿元,住房公积金存贷比 98.18%;截至 2022 年年底,发放个人住房公积金贷款 6991 户、19.38 亿元,贷款余额为 9.93 亿元。个人住房公积金贷款连续 11 年保持零逾期。

【住房公积金增值收益】 2022 年,实现住房公积金业务收入 3156.54 万元,业务支出 1590.83 万元,增值收益 1565.71 万元。提取住房公积金风险备用金 939.42 万元,提取城市廉租住房资金 349.25 万元,上缴区财政局廉租住房补充资金 312.69 万元。

【住房公积金缴存政策调整】 2022 年,根据《关于调整婺城区机关事业单位 2022 年度住房公积金缴存工资基数的通知》,1 月开始调整机关事业单位住房公积金缴存基数,缴存基数范围为 2070~24924 元。根据《关于调整 2021 年金华市婺城区企业单位住房公积金缴存工资基数的通知》,7 月开始调整企业单位住房公积金缴存基数,缴存基数范围为 2070~27936 元。根据《关于开展金华市婺城区机关事业单位 2021 年住房公积金缴存工资基数补调工作的通知》,7 月开始补调住房公积金月缴存工资基数,最高限额为 27936 元。

【住房公积金贷款政策调整】 根据《关于调整个人住房公积金贷款政策的通知》,4 月 2 日开始,拥有 1 套住房的缴存职工家庭为改善居住条件再次购买住房申请住房公积金贷款的,最低首付款比例由 60%降低至 40%。根据《关于调整个人住房公积金贷款额度的通知》,5 月 9 日开始,公积金缴存职工购买首套住房申请公积金贷款的,职工单方正常缴存公积金的最高贷款额度为 40 万元,夫妻双方正常缴存公积金的最高贷款额度为 80 万元。根据《关于调整金华市住房公积金贷款政策的通知》,6 月 10 日始,公积金缴存职工购买二套住房申请公积金贷款的,职工单方正常缴存公积金的最高贷款额度为 25 万元,夫妻双方正常缴存公积金的最高贷款额度为 50 万元。按国家政策生育三孩的家庭,购买住房申请公积金贷款时,在规定的可贷比例和个人公积金账户余额倍数以内,贷款额度可上浮 20%。公积金贷款需要轮候时,可优先放款。10 月 1 日开始,首套住房公积金贷款利率 5 年以下(含 5 年)和 5 年以上利率分别调整为 2.6%和 3.1%。

【住房公积金提取政策调整】 6 月 2 日开始,无房职工租房最高提取额从每年 24000 元提高到 30000 元。

【“最多跑一次”改革】 2022 年,推进“互联网+政务服务”,推进住房公积金高频服务事项“跨省通办”“全程网办”服务,运用好政务服务 2.0 系统和网上大厅、“浙里办”App 等平台,全面推行“网上办、掌上办”,公积金业务网办率 100%。持续增强线上线下融合发展,实施全国住房公积金小程序办理异地转移接续,长三角政务服务“一网通办”、异地缴存信息共享互认等“长三角一体化”相关事项,公积金服务“全市通办”。

【规范资金运行】 开展 2021 年度公积金运行情况专项审计工作,财务报告及制度实施情况在《今日婺城》和区政府门户网站上进行公告,接受社会监督;开展 2021 年度管理经费决算专项审计工作,审计报告上报市中心备案;在区政府门户专网公布 2021 年决算及 2022 年预算情况,接受各界监督。根据行政事业单位公款竞争性存放管理要求,对住房公积金资金存放采取竞争性招标方式,全年开展 2 次公开招投标。（方　芬）

综述

【基本情况】 2022年，婺城区(含金华经济技术开发区)网络零售额达183.61亿元，增速19.9%，完成“美好生活浙播季”直播活动1165场；培育电商专业村4个；新增传统商贸流通企业云化改造8家；电商企业入统2家。新增制造业企业开展跨境电商42家，新增推动外贸企业新开展跨境电商业务18家，新增海外仓合作体系2个。1—3月，全区(含金华经济技术开发区)跨境电商出口额10.6亿元，占全省比重1.8%。 (余 悦)

【商贸服务业】 2022年，婺城区多举措刺激消费市场。围绕“浙里来消费 美好新生活”主题，政企联动，开展消费促进月、金秋购物节活动。组织汽车展销、夜间经济展示、老字号展销、美食节等促消费活动300余场，助力拉动内需，推动消费全面升级。助企帮扶落实各项惠企政策。出台“幸福留婺 暖心助企”十大活动和《婺城区加快服务业发展的八条举措》，贯彻落实《关于战疫情抢发展的若干政策举措》等政策，解决企业员工需求，助力企业渡过疫情难关，鼓励企业做大做强。落实《关于支持商贸流通企业稳定发展的实施意见》，提振商贸流通企业发展信心。加快推进西市街智慧商圈提升改造。按照西市街商圈服务大提升行动方案，结合商圈改造提升重点任务清单，引进第三方机构。根据商圈服务“五化”要求，推进六大场景智慧应用创新，实施商圈软件、硬件智慧化改造项目，强化运营与管理的提升工作，以更好的成效通过全省验收考评。开展消费帮扶领域工作。鼓励引导金农好好、正方农业、沃尔玛超市等商贸企业购买销售对口支援地区特色产品，开设消费帮扶产品销售专柜，提升消费帮扶行动成效。组织农产品企业加强与对口支援地区开展产销对接活动，打开当地特色农产品销路。2022年，完成消费帮扶300万元的采购任务。 (胡梦霜)

【电子商务】 2022年，拨付2021年度市区数字经济发展(电子商务类企业)奖补资金。全区涉及27家企业，金额96.8万元；拨付非国有电商产业基地减免企业房租补助，全区金华电子商务创业园、佳钓尼网红垂钓直播基地两个非国有电商产业基地符合补助条件，共拨付资金11.84万元。重点项目推进有序。3月，恒大直播产业园项目入选2022年省数字生活新服务高质量发展项目，获得省级补助资金200万元。

2月24日，省商务厅电商处副处长李新(站立者左三)对佳钓尼垂钓产业园、恒大直播产业园两个项目进行实地调研 (区经济商务局供稿)

【浙中信息产业园区】 园区以“政府引导、企业主体、市场化运作”为原则,探索国资、合资、民营独资等多种所有制形式的园区开发建设和运营管理模式,形成“一区多园”的发展格局。园区成立后,列入国家电子商务示范基地、国家服务业发展引导资金补助项目、浙江省首批现代服务业集聚示范区、浙江省软件和信息服务产业特色基地、浙江省国际服务外包示范园区、浙江省重点建设项目、浙江省服务业重大项目、浙江省科技孵化器等项目。

(张允硕)

对外贸易

【概况】 2022年,婺城区继续贯彻中央、省、市相关决策部署,应对严峻复杂的国际国内经济形势,努力解决企业面临的各项困难和问题,稳妥有针对性地开展工作,提振全区外贸企业家信心,促进全区外贸稳定发展。

【企业服务】 2022年,为鼓励企业积极走出去拓市场增订单,新出台稳进提质“十条意见”,30余家次企业进行备案。多次召开企业座谈会、印发政策宣传册,宣传惠企政策,帮助企业降低成本,提高经营质效。利用金华市金阳光惠农惠企平台,争取企业少跑路、流程易操作。兑付2022年外经贸发展专项资金1260万元,拨付金额比2021年同期增长96%。多措并举,增强服务效能。联合乡镇(街道)开展潜在外贸业务企业排摸,鼓励本地企业开展自营出口,挖掘企业出口潜力。

【外贸进出口】 2022年,全区新增外贸出口实绩企业20家。支持企业参加境内外重点展会,鼓励参展企业开拓新市场。12月,组织10余家企业分别参加印尼、阿联酋、泰国、越南等地的展销会和商务洽谈。助企赋能,提升企业实力。

【跨境电商】 依托浙江国贸数字科技有限公司建立金华市跨境电子商务服务中心,2022年,共计孵化企业276家,开设跨境电商店铺460余个,孵化企业销售超1.04亿美元。共组织跨境电商行业各类线下活动70余场,活动参与5200人次。 (何 清)

快递服务业

【概况】 2022年8月30日,经浙江省邮政管理局党组研究,并报国家邮政局批准,同意成立婺城邮政管理局,2022年10月,婺城邮政管理局正式运行。成立后,全局围绕行业稳定发展大局、服务民生、保障安全,不断提升寄递企业安全生产和服务质量水平,推动行业高质量发展。

婺城邮政管理局属于市邮政管理局派出机构,接受市局和婺城区政府双重管理。主要职责是:负责本辖区行业安全生产监管、合规经营监管、服务质量监管、绿色发展、统计等工作;保障本辖区邮政通信与信息安全;承办上级邮政管理部门和地方人民政府交办的其他事项。管理局有局长、副局长,编外工作人员3人,局内设办公室和监管科两个科室。

【服务业务】 邮政快递业是国家重要的社会公用事业,是服务生产生活、促进消费升级、畅通经济循环的服务性行业。婺城区有包括邮政、顺丰、申通、圆通、中通、韵达、极兔、丰网等主要快递品牌在内的快递法人企业14家,邮政企业一家。分支机构20个,末端网点360个,丰巢柜842个。国际快递法人企业一家(易航 Fedex),分支机构一个(DHL)、末端网点一个(UPS)。从业人员2100余人,快递员1000余人。2022年,婺城区快递业务量2.89亿余件,同上年相比下降12.8%。 (高继如)

粮食工作

【概况】 2022年,婺城区严格按照粮食安全党政同责要求,把粮食物资工作作为一项重要的政治任务抓紧抓实,强化责任担当,贯彻落实《粮食流通管理条例》和《浙江省粮食安全保障条例》,推动全区粮食物资工作再上新台阶。2022年,成功通过浙江省首批“放心粮油示范县”三年期满复评,获全市粮食安全责任制考核优秀,获评全市粮食物资系统绩效考核优秀单位。2022 年度粮食收购数量 4.22 万吨，比上年增长 69.5%；轮换数量 2.49 万吨，比上年增长 90.5%；月均储备数量 2.18 万吨，比上年增长 31.4%。

【粮食安全保障】 坚持"党政一把手总负责、五级书记一起抓"的责任制，首次与所有乡镇(街道)签订粮食安全责任书，将粮食安全主要指标层层分解落实。围绕实现"牢记一本账、唱好四季歌、做好五件事"，制定粮食安全工作"三张清单"，由区领导牵头，各责任单位协同配合，齐力推进落实。全年共有 8 次区委常委会会议和区政府常务会会议上学习有关保障粮食安全工作重要指示精神，专题听取粮食安全、耕地保护、"非粮化"整治等重点工作汇报。区委书记、区长及其他领导班子成员深入田间地头、车间仓库、收储现场调研粮食安全工作基本情况，并召开粮食安全工作例会、问题整改推进会，听取工作报告，研究部署粮食安全工作。配合做好关于涉粮领域的专项巡察、专项审计、专项整治等各项工作。

11 月 25 日，省粮食和物资储备局副局长姚激扬(左二)带队到婺城区调研督导晚稻收购工作

(陈旭丰摄)

【粮食收购价格】 2022 年，早稻收购价格为 128 元/50 千克(国标三等)，相邻等级之间的差价为 2 元/50 千克，其中订单早籼谷每交售 50 千克奖励 30 元。晚籼谷(国标三等)、晚粳谷甬优 538(国标三等)收购价格分别为 133 元/50 千克、135 元/50 千克，相邻等级之间差价确定为 2 元/50 千克。优质订单晚籼谷品种甬优 15 以 6.875 元/50 千克统一加价收购，即 139.875 元/50 千克。此外，对按订单合同交售晚稻的种粮大户，订单晚籼谷奖励 20 元/50 千克，订单晚粳谷奖励 10 元/50 千克。

【粮食收购工作】 2022 年，早稻订单继续实行全覆盖，共与 10 个乡镇、102 个村的 537 户农户签订合同，订单面积 5222.73 公顷，订单数量 31041 吨。早稻收购工作自 7 月 26 日全面开秤，9 月 10 日顺利完成收购，累计收购入库 26102 吨，订单履约率 84.09%。晚稻订单由市本级统筹分配，共与 105 户农户签订合同，订单数量 9021 吨。晚稻收购工作自 11 月 21 日开始，共有 110 户农户投售晚稻，累计收购入库 16055 吨，其中订单内收购 8806 吨，订单履约率为 97.62%。粮食收购期间，全面应用"收购一条龙"场景，严格按照政策规范扦样、准确检验，执行水杂增扣、依质论价、优质优价，落实等级差价，实行"盲检"，收购"净粮"，及时支付售粮款等。同时开展优质服务活动，做到"四上墙、五公开"，通过设农户休息室、组建"为农服务车队"、实行预约收购、为农免费代除杂、主动延长服务时间等方式，为农民营造良好售粮环境。2022 年，婺城区粮食收购过程平稳有序。

【粮食储备管理】 严格执行"一符四无"粮仓检查制度，确保储备粮食数量真实、质量良好、储存安全。有效应用富氮气调粮食、环流熏蒸粮食等绿色储粮技术，粮食出入库全部采用机械化，散装散运比例达 100%。加快推进粮食数字化改革，共投资 70 万元在主要粮食收储库点建设"浙江粮仓"数字化平台。紧扣上级工作要求开展安全生产、防汛防台等工作，进行风险隐患排查整治，组织学习培训，落实安全生产责任，开展消防安全、防汛防台应急演练，提高安全生产水平，防范安全生产事故发生。

【粮食流通监管】 2022 年，严格落实属地监管责任，牢筑粮食安全防线。制定政策性粮油库存检查、粮食收购监督检查、地产粮食关口前移监测和超标粮处置等多个工作方案，运用"双随机、一公开""四不两直"等方式，结合每月定期巡查机制，开展粮食库存、收购等检查 20 余次，出动检查 70 余人次。加大对粮食质量安全的监管，开展粮食质量关口前移，配合做好收购监测样品扦样，收购入库时严格“一车一检”。率先承担金华市“定向销售粮食运输监管”系统试点工作，对超标粮食销售、运输、加工处置等实行全流程闭环监管。深入开展“放心粮油示范县”建设，对27家“放心粮油”示范店、4家示范企业开展一年两次粮油质量抽检，加强业务督导，合力推动经营行为规范化提升。

【粮食应急保障】 辖区内有粮食批发市场1家(浙中粮油交易中心)，供应范围涵盖浙江中西部地区；有粮食应急供应网点49个，覆盖全部乡镇(街道)；有粮食应急加工点11个，应急加工能力720吨/日；有粮食应急监测点10个，粮食价格监测点5个。深化粮食产销合作，本地粮食企业积极与省外粮食主产区开展购销贸易，签订粮食种植、加工、供应等合同，以“互联网+粮食”等多种形式，扩大粮食经营销售规模。推进社会化储粮、节粮减损等宣传工作，引导粮食经营企业落实社会责任储备，鼓励城乡居民平时根据需求储存一定数量的口粮。

【救灾物资管理】 2022年3月，婺城区下发《金华市婺城区区级防汛防台应急物资储备标准(试行)》的通知，物资储备库按照文件明确的应急物资种类和数量，完成防汛防台应急物资储备任务。储备应急生活包、棉被、帐篷、喊话器等17种、4127件物资，价值58万元。执行“一符二专三落实”规定，做好账实相符，实行专人保管、专账记载，落实物资品种、数量、质量，定期开展巡查和盘库。建立应急值守制度，汛期及重大突发事件启动应急响应后，落实24小时值班制度。 (陈旭丰)

供销合作

【概况】 2022年，婺城区供销合作社联合社不断推动供销综合改革与“三位一体”农合联为农服务体系建设，开创供销合作事业新局面。

【社有资产】 截至2022年年底，婺城区农合联新增2个乡镇，新增会员270人，比上届增长50.6%。另外，财政支持政策倾斜，区政府支持现代农业发展农合联“一站式”服务每年安排100万元，农合联专项资金64万元；农合联农民合作基金成立由区政府注入初始财政资金100万元。

6月28日，金华市婺城区农民合作经济组织联合会第二次会员代表大会召开 (区供销社供稿)

【农合联建设】 2022年，区供销社开展生产、供销、信用服务，形成覆盖全区茶叶、粮食、辣椒、花卉苗木四大产业相互衔接的农合联服务体系，先后组建茶叶专业合作社联合社1家，产业农合联5家，建立农事服务中心4家，新型基层社10家，村级综合服务社13家。

【农资经营】 农民合作基金和资产经营公司进入实体化运作。其中，农民合作基金争取区财政资金100万元，作为原始资本金，并与区城投合作，分别投资“花木基地”30万元、“小脚丫寻根研学营地(农耕体验基地)”30万元、千玺供销合作有限公司20万元3个项目；区农合联资产经营有限公司于2020年投资运营金农好好旗舰店，截至2022年年底，授权农业经营主体44家，实现农产品展示到销售“一条龙”。

【金融服务】 创新政策性农业信贷担保模式，引入省级农担雄厚资本，通过政府风险池、合作银行、省级农担、区级农担多方分担风险的方式，实现信用可“变现”，农业主体无需抵押即能贷款；开展省基层政策性农业信贷担保服务创新试点——婺城办事处，撬动更多金融资本进乡村、下基层。创新开发“粮农贷”“新农贷”“财农贷”等系列新型农业担保产品，为农业发展提供强有力的资金支持，解决抗风险能力弱的难题；创新数字农担，形成“互通共

11 月 25 日，婺城区农合联执委会与泰隆银行婺城支行签订为农服务合作协议 （区供销社供稿）

享”新做法。建立一户一档会员信用数据库，实现“一键申请、线上审批”。完成“政银担”贷款 55 笔，担保贷款 8000 万元。

【品牌建设】 建立品牌培育体系，全区共有 44 家农业主体加入“金农好好”品牌。2022 年，有 12 家企业通过品牌授权，涵盖全区粮食、茶叶、蔬菜水果等主要农业产业，其中金婺农业“无抗鸭（蛋）”获评“全国名特优新农产品”、婺禾富硒米入选全国特优新产品名录、“箬阳龙珍”获国家地理标志认证。

（王　欢）

数字经济

【概况】 2022年，婺城区推进“数字名城”建设，贯彻执行国家、省、市有关数字经济的政策和法律、法规，协助拟定并参与实施全区数字经济相关政策。承担推进全区数字经济发展的相关配套服务工作，协助监测分析全区数字经济运行态势，研究建立数字经济产业统计和评估体系，推动电子商务和社会经济各领域的信息化应用。宣传推介数字经济发展环境，承担数字经济重大项目招商、引进和跟踪服务工作。负责搭建企业间交流合作平台，推进数字经济产业集聚发展。协助数字经济发展人才的培育和引进。

【智能制造服务】 2022年，婺城区积极搭建专业公共服务平台。引进省级信息工程服务公司、金华市信息化促进会、浙江师范大学智能制造专家组，推动数字化转型相关公共服务平台的建设。组建智能制造专家队伍。建立由大型工业企业CIO、高校院所、专业服务机构组成的智能制造队伍，邀请智能化改造服务公司，深入企业一线现场坐诊、精准把脉，积极为企业智能化改造提供技术支撑和解决方案。扶持专业第三方服务机构。发挥第三方专业机构的专业优势，为全区企业提供智能化领域的专业服务。培育如专注于管理软件开发和实施的智领科技、邀请专注于工业机器人自动化系统集成研发制造的硕和机器人为辖区内企业提供专业的智能化服务。组织开展培训交流活动。为增强企业智能制造发展意识和水平，组织地方企业参加以“智能制造、互联网+、企业上云”等主题活动。在婺城和杭州两地召开10余次智能制造对接会，覆盖企业1200家，培训、对接各类人员2500人次。

【产业数字化】 2022年，婺城区实施全域轻量级数字化改造。推进汽摩配行业企业轻量级数字化改造试点工作，确定订单管理等7大共性痛点，仓储物流等16项个性化需求，统一搭建细分模块，降低应用成本，推动改造全覆盖。链式推进产业项目招引。编制产业链招引目录，发挥省级“万亩千亿”平台作用，实施链式招商，2021年招引首个50亿元以上项目，签约3亿元以上项目21个，创历年新高。

【数字经济培训】 婺城区成功开展2022年度数字经济主体班次培训工作。经询价，委托上海财经大学浙江学院组织承办婺城区2022年数字经济与产业融合创新发展专题培训，培训人数50人，对象为区涉经部门、乡镇(街道)分管领导，数字经济园区负责人，部分数字制造企业负责人。

通信

·电信公司·

【概况】 2022年，婺城区电信局主营收入28888万元，移动用户30万户(其中5G用户16.7万户)，宽带用户17.4万户，千兆用户2.8万户。

【5G发展】 婺城电信5G网络建设共建设站点

685 个，覆盖大部分的主城区、乡镇和住宅小区。全区建设 5G 宏站 408 个，覆盖 1525 个小区；建设 5G 室分 277 个，覆盖 406 个小区。婺城 5G 日均流量为 74427.73GB。

【网络建设】 2022 年，完成转改直 140 个站点，完成进度 165%，老旧设备退网 CDMA 设备 280 套，OLT9 套，FTTX 设备 230 套，BBU 堆叠 11 个，开通交警信号灯、安防设施等链路 80 余条，婺城智安小区二期安防设备 348 个，江南智安小区三期安防设备 580 个。全年完成提前建设需求单 3294 张，XGPON 新增板卡 80 块，完成第一批 60 个网格的割接工作并完成 2000 户高速宽带的 XGPON 光猫的更换；完成 OLT 传输双路由改造 12 套，有效降低脱网风险；完成亚运会光网建设专项工作，通过亚组会验收。

【区重大项目建设与支撑】 金华电信作为金华地区数字化项目建设的主力军，把讲政治、讲党悟、讲效率摆在重要的位置，在金华地区特别是在金华婺城区承接多个数字化项目，信息化项目支撑团队第一时间响应婺城区各类信息化项目支撑需求，为婺城区各党政机关、企事业单位提供优质的数字化服务。2022 年，在市公司和区局领导下，组织区局产数团队通过学习省内外优秀项目经验，打造未成年人校外安全综合治理应用项目、婺城八达集团电力私有云项目、金华城市大脑幸福婺城平台第三方调取信息协同办理数字应用系统项目等多个标杆优秀项目，其中未成年人校外安全综合治理应用项目获得 2022 年浙江数据开放创新应用大赛省、市、区级名次，入选金华市 2022 年度数字法制好应用项目。2022 年，婺城区电信局承接金华方舱医院建设项目（属于金华市内首家方舱医院，为市内外样板项目）、金华市婺城区健康驿站（琅琊镇）弱电智能化项目、乾西健康驿站（完美酒店）、秋滨健康驿站（完美酒店）、清企扫铺信息化建设项目。

【乡村振兴结对村帮扶】 婺城电信局党总支坚持以中共二十大精神为指引，巩固拓展脱贫攻坚成果，全面推进乡村振兴，落实政府“百团联百村”强村富民行动。公司领导一直高度重视，电信积极发挥信息化优势，结合“未来乡村”发展规划不断拓宽帮扶领域，真出力、干实事，在网络、就业等方面实施帮扶，形成深厚的结对友谊，推动塔石乡山坑村在乡村振兴道路上行稳致远。同时与村两委多次深入交流，其间走访、慰问困难老党员。将“幸福学堂”带进塔石乡山坑村，让老年人足不出户就能学习反诈知识。

【网络通信应急保障】 2022 年，有应急通信队员 16 名，区人武部有线保障排民兵 20 名。完成 2022 年市两会直播、冬奥、冬残奥、中共二十大、省运会开闭幕式、赛事、嬛领医药开工仪式、区防汛演练、区应急局防灾等重保任务的网络保障。安装居家隔离安防设备 3000 余个，仙华基地康养中心、乾西方舱医院、琅琊方舱医院、仙华南街方舱医院 2300 余间隔离房间网络建设，出动人力 2000 多次，保障市民出行及辖区外来人员来金华的安全，为复工复产奠定坚实的信息基础。

（鲍　晨）

·移动公司·

【概况】 2022 年，中国移动婺城分公司坚决积极践行“以服务建立信任，以信任带动业务”的服务理念，做 5G+发展的领跑者、数字金华的主力军和高质量发展的排头兵，推进以 5G 为代表的新基建，为婺城区社会经济发展贡献移动力量。实现通话用户 90.1 万户，全年收入超 10 亿元。搭建 5G+工业互联网平台，助力全区产业大脑建设。已开通 5G 基站 1800 余个，实现 5G 网络村村通。2022 年，公司获得国有企业基层党组织党建工作扛旗争先大晒拼“红旗单位”、全国总工会最美工会户外劳动者服务站点，金华市“企业文化中心”、年度“市级青年文明号”等荣誉称号。

【企业担当】 2022 年，云聚金华山，赋能新未来项目获省级第五届“绽放杯”5G 应用征集大赛云 XR 专题赛优秀奖，“东晶电子浙江金华 5G 全连接工厂”入选 2022 年度 5G 全连接工厂十大标杆案例，并获通信产业金紫竹奖。推进“发现美丽·传递美好”暖心活动，倡导“五多五少”相处方式，关心关爱员工，挖掘美好点、闪光点，面对美丽，积极给予鼓励、赞赏和肯定，营造团结和谐团队氛围。高效开展“坚守红色通信初心”系列服务活动，在推广红色驿站基础上,与市总工会合建营业厅“移动之家”户外劳动者服务站,解放东路营业厅获评“中华全国总工会”最美工会户外劳动者服务站点。主动对接开展乡村共富直播,带动农民增收。

【党建展厅建立】 建立现代化党建展厅及廉洁阵地,将党建宣传和信息化业务讲解融为一厅,既建设良好的党建宣传阵地,又展示过硬的信息化能力。8月党建展厅建成后,接待38批次,248人次参观,获得市委组织部、市“企业文化中心”调研组、浙江师范大学、街道等高度好评及认可,并得到婺城区政协高度肯定,成为婺城党建宣传示范点。同时打造含总要求、廉洁规范、廉洁小故事、廉洁书画展几大模块的廉洁阵地,营造良好的廉政文化氛围,筑牢廉洁底线。建设获得市委组织部、企业文化中心调研组、省市公司的好评,相关信息报道在钱塘廉风。

(张　乐)

·联通公司·

【概况】 2022年,金华联通婺城分公司深入贯彻落实习近平新时代中国特色社会主义思想和中共二十大精神,聚焦集团总部“1+9+3”及省公司“1572”战略规划,聚焦高质量发展,积极探索“增效、协同”课题,转变营销思维、强化协同、提升专业运营能力以及一线员工营销能力,推进各项营销措施。主营收入14000多万元,通服13000多万元,云大物收入900万元,ICT项目收入760万元。

【党建工作】 联通婺城分公司党支部带领全体党员、团员和部门骨干认真学习二十大精神,习近平总书记在全国国有企业党的建设工作会议上的重要讲话以及总书记的各种重要讲话精神和指示,加强对支部党员的政治思想教育,使党员树牢“四个意识”、坚定“四个自信”、贯彻“两个维护”。使全体党员始终做到用最新理论成果武装自己,指导实践,在工作起先锋模范作用。全面落实“两个责任”,党建工作融入生产经营场景,推进党风廉政建设和反腐败工作。开展分公司廉洁风险防控,建立监督机制形成闭环。

【网络建设】 完成4G基站开通172个、室分11个;5G宏站点规划开通53个、5G室分站点规划开通219个。实现婺城区域电联已全量共享,其中联通共享给电信593站,电信共享给联通662站。

【项目建设】 项目签约37个,累计近3500万元,储备有效商机8000万元,形成新能源高端装备制造园区、开发区道路巡检、开发区智安小区及校园、两区考试院、应急婺城区行政执法局指挥平台等ICT项目。局办数改拓展婺城区数据安全、网络安全、应急救援物资、发改门户、区级物联网平台等8个具有领域标杆的信息化案例。

【安全生产】 每季度总结当季安全生产情况;每月开展安全生产会议(培训)、驾驶员安全学习、安全隐患清查及安全生产现场检查,并做好各项记录及报表;每日进行办公车辆日常检查、办公大楼和电梯消杀、办公大楼日常巡查、食堂和电动自行车安全检查,并随时进行安全时间分析并记录。

(储　隽)

·铁塔公司·

【概况】 2022年,中国铁塔婺城分公司在习近平新时代中国特色社会主义思想引领下,在“构建‘五化’运营体系,打造‘五型’企业”新目标新定位的指引下,勇扛历史使命,勇闯时代新路,沿着高质量发展新征程,攻坚拼争,扛旗争先,全面谱写了“共享协同”新篇章,公司经营再上新台阶。分公司全年实现营业收入7235.06万元,同上年相比增长1.1%。

【履行国企责任】 2022年,分公司共计承接5G需求486个,完成交付464个,需求满足率达95.47%。其中,91%的需求通过共享存量资源满足建设,经济高效助力5G网络覆盖由广向深迈进。数字底座持续夯实,全面接轨数字中国建设。全年共计建设“数字塔”368个,高位监控站址覆盖率达23%,广泛服务于国土、林草、环保、应急等重点行业,为基层治理提供广分布、高等级、易部署的“数字底座”。结对帮扶不断深化,有效衔接乡村振兴战略。积极参与八婺同心、共建共富行动,牵头由企业代表、法律顾问、技术顾问等组成的“助村帮帮团”,前往贫困村开展“六送六助”活动,全年共计慰问困难群众20户,采买帮扶物资2.8万元。

【服务水平提升】 坚持客户为根、服务为要,持续打造以客户为中心的运营服务体系,在为客户创造价值过程中实现自我价值。在需求交付方面,坚持“一切围绕需求干”,对各批次需求进行清单化推进,以日调度、周通报、月考核,实现需求如期交付,积极塑造“守诺践约、立信于行”的铁军形象。全年起租交付塔类订单610个,在全区排名第2。在降本增效方面,推动四部门联合下发《关于开展5G网络转供电违规加价行为专项整治的通知》,协同各界力量集中攻坚转供电的“老大难”站址,以实际成效回应客户关切。公司全年完成转供电改造85个,电价压降22个,转改直数量全市排名第2,预计可为电信企业节约年化电费115万元。在维护服务方面,大力实施服务质量提升工程,围绕每月移动客户满意度评分中的明显短板,制定服务整改提升方案,并通过开展“回头看”,跟踪举措执行情况,抓实服务闭环管理。移动客户满意度从年初“基本满意”水平已提升至“满意”水平。

【抓实安全工作】 坚持“万无一失、一失万无”的工作标准,不断增强安全维稳工作的预见性、主动性,扎实开展好各项工作。切实抓好安全生产。扎实开展安全隐患“大起底、大排查、大整治”“平安护航二十大”等专项行动,全年排查整治安全隐患200余个。联合运营商开展“防汛抗台”应急通信保障演练6次,现场检验铁塔公司、电信企业以及代维队伍之间的协同配合保障机制。组织开展安全员、驾驶员、消防逃生等培训6次,进一步强化安全意识和应急保障能力。严格落实节假日三级值班带班制度,认真履行“检查”“值守”“应急”职责,确保公司节假日期间安全稳定。有效回应群众诉求。牢固树立以人民为中心的发展理念,通过8890、管局转办等途径,全力畅通群众投诉途径,全年受理反映问题72件,有效推动群众反映问题件件有着落,事事有回应。借助“行风热线”平台以及现场辐射监测等活动,积极开展辐射科普宣传,引导群众科学认识辐射,消除恐慌心理。

(杨俊杰)

财政

【概况】 2022 年，婺城区实现区属生产总值 353.7 亿元，与上年基本持平。其中，第一产业增加值 13.2 亿元，同上年相比下降 1.1%；第二产业增加值 83.2 亿元，同上年相比下降 3.4%；第三产业增加值 257.3 亿元，同上年相比增长 1.1%。三次产业结构比为 3.7:23.5:72.8。人均生产总值（常住人口）72933 元，比上年下降 0.5%。城镇居民人均可支配收入 64921 元，同上年相比增长 1.1%；农村居民人均可支配收入 30054 元，同上年相比增长 1.8%。全区财政总收入 58.45 亿元，同上年相比增长 1.9%，地方一般公共预算收入 27.82 亿元，同上年相比增长 13.1%，其中，区级一般公共预算收入 15.04 亿元，同上年相比增长 19.1%。一般公共预算支出 44.67 亿元，同上年相比增长 18.3%，其中区级一般公共预算支出 25.86 亿元，同上年相比下降 6.9%。当年财政收支平衡。

【财政收入】 2022 年，全区一般公共预算收入占地区生产总值的 7.9%，比上年提升 0.9 个百分点。一般公共预算收入占财政总收入的 47.6%，比上年提升 4.7 个百分点。税收收入 23.59 亿元，占地方一般公共预算收入的 84.8%。区级税收收入 11.79 亿元，占区级一般公共预算收入的 78.4%。全区实现非税收入 35.7 亿元，下降 39.0%，其中纳入一般公共预算管理的非税收入 3.25 亿元，增长 154.0%。2022 年，婺城区依法依规组织收入。区财政局加强收入预测分析和研判，及时与乡镇（街道）、税务部门联系，建立健全税收联动机制，科学分析税源变化趋势，凝聚收入征管合力。加强国有资产处置、出租管理，规范资产配置和使用，充分运用好公物仓，有序资产流动。推进国有土地和矿山出让进度，筹措财政收入。积极向上争取资金。政策窗口期，聚焦各项重大决策部署，协调各部门向上争取资金支持，组织项目谋划申报，争取专项债券、乡村振兴等资金，2022 年新增债券资金 14.38 亿元，增长 64.0%。盘活财政存量资金。全年共清理存量资金 2.74 亿元，主要用于城市基础设施建设和重点项目建设。

【民生支出】 2022 年，婺城区民生支出 33.51 亿元，占一般公共预算支出的 75.0%，同上年相比增长 8.8%。保障教育投入，教育支出 8.56 亿元，同口径比上年增长 7%。通过投入 7.65 亿元支持普及十五年基础教育，支持学前教育公共服务体系建设。2022 年，婺城区获省政府“实施学前教育提升行动计划成效明显的县（市、区）”的督查激励。保障卫生健康投入，卫生健康支出 5.14 亿元，同口径比上年增长 11.6%。保障疫苗接种，健全公共卫生应急管理机制，保障群众基本公共卫生服务供给。保障社会福利投入，社会保障支出 6.32 亿元，同口径比上年下降 2.9%，补助基本养老保险基金，支持残疾人、红十字、养老服务等事业发展。保障文旅投入，文化旅游体育与传媒支出 8209 万元，同口径比上年增加 2384 万元，增长 40.9%。支持公共文化服务标准化均等化，扎实推进第十七届省运会筹办工作。保障乡村共富建设，全面落实强农惠农政策，梳理整合财政专项资金，统筹整合涉农资金 7.22 亿元，推进共同富裕。

【经济发展】 2022 年，兑现各类惠企政策资金 4.76 亿元；发放三轮消费券 5100 万元，拉动市场消费 10.65 亿元。落实房屋租金减免工作。国有企业房屋减免 211 户，减免租金 1088 万元，其中，小微企业 61 户，减免金额 780 万元，个体工商户 150 户，减免金额 308 万元。行政事业单位共有 16 家涉及 97 户承租方减免，减免金额 163 万元。加大科技研发投入，全年科技支出 6693 万元，同口径比上年增长 24.7%。主要支持氢能与燃料电池联合研发中心、今创智能制造研究院、新能源汽车技术和智能制造创新中心、师大创新城等重点科创平台建设，投入 3500 万元引导企业加强技术创新研发，推动培育企业创新主体。

【财政监管】 2022 年，将全区 14 个乡镇街道财政主体全部纳入绩效评价范围，实现乡镇街道整体绩效评价全覆盖。开展部门整体支出评价单位 2 个，重点评价项目 14 个，涉及金额 5.75 亿元。推进绩效目标实现程度和预算执行进度实行“双监控”，纳入绩效运行监控的项目 19 个、涉及资金 1.56 亿元。加强政府采购管理，全年政府采购预算金额 4.15 亿元，实际采购金额 3.77 亿元，节约率 9.2%。充分发挥“政采云”平台效能，进一步规范政府采购流程，提高了采购效率与质量。加大投资评审力度，完成 238 个项目预算审核，项目送审预算造价 39.43 亿元，发出控制价 35.77 亿元，核减率 9.3%；完成工程结算审核项目 67 个，送审金额 29.82 亿元，审定金额 26.40 亿元，核减率 11.5%。

【财政改革】 2022 年，婺城区推进财政数字化建设。深化预算管理一体化改革，区属共 198 家单位预算执行全数迁移至预算管理一体化系统。开展“浙企一表通”应用试点，完成 6 家首批试点单位数据导入分析。推进“浙里报”业务系统应用，实现从业务事项申请到资金支付闭环电子化运行。上线“公物仓”管理平台，强化国有资产统筹管理，实现国有资产有序流动。深化国资国企改革，加强资产整合力度，推进闲置国有资产注入国企集团整合盘活，区城投、区交投两大国企资产总额增至 480 亿元。优化国有资本布局，实现区交投集团 AA 信用评级；组建完成金华市金婺资源开发集团有限公司并成功实现实体化运营；完成区属企业及重要子公司董事会建设，制定《董事会授权管理办法》等多项制度。转变国资监管职能。对国有企业开展综合考核评价，将考核结果作为确定企业负责人薪酬的重要依据。

（邵帆翀）

税务

【概况】 2022 年，婺城区税务局全年入库税费合计（含社保基金）101.44 亿元，其中，税收收入（含契税）61.08 亿元，非税收入 5.52 亿元，社保费收入（含职业年金）34.83 亿元。税收收入（不含契税）入库 59.99 亿元，比上年增长 0.09%。办理出口退税（不含免抵调）5.84 亿元。比上年下降 2.99%。区税务局在婺城区工作目标责任制综合考评中获评优秀单位。

【减税降费】 2022 年，区税务局成立减税退税政策落实工作领导小组，推动各项税收优惠政策落地生根。2022 年，办理增值税留抵退税 7.67 亿元，涉及 1934 户次；完成六税两费追溯退税 3383 户次、12045 笔，涉及金额 628.8 万元。办理延期缴纳 1700 余户次，税费合计 12.94 亿元。

【税收管理】 2022 年，区税务局完成土地增值税清算项目 20 个；扎实推进个税综合所得年度汇算，“一手抓进度，一手强服务”，汇算申报率超 95%，其中退税办结率和补税率达“双一百”。

【依法治税】 2022 年，区税务局依托全面依法行政领导小组，组建联络员团队，强化行政执法公示、执法全过程记录、重大执法决定法制审核“三项制度”工作统筹协调。加大与法院、检察院的合作力度，强化强制执行效能。

【税收服务】 2022 年，区税务局探索“线上咨询+办理”新办税模式，大力推进“掌上办、网上办”，网办率进一步提升。电子税务局部分复杂业务平均受理时限缩短至 1 分钟以内。持续深化“税银互动”，为企业引流资金“活水”。开展优化营商环境走访，覆盖辖区内所有正常状态企业。

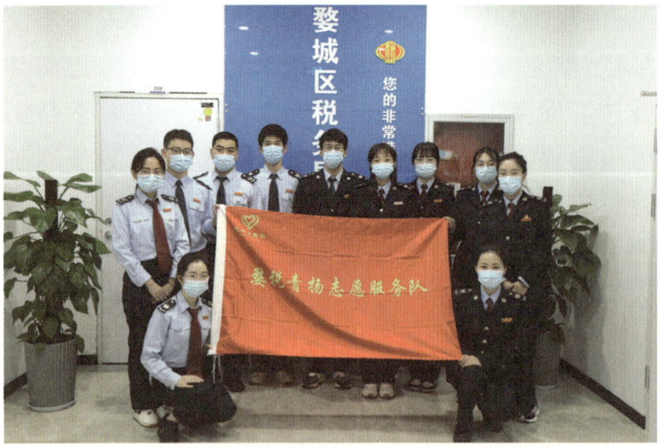

3月16日，区税务局组建婺税青杨志愿服务队，在留抵退税、文明城市创建等活动中贡献青年力量　(区税务局供稿)

【税收宣传】 区税务局通过征纳沟通平台推送新出台的优惠政策，各业务股室轮流在线直播为纳税人讲解税收政策，全年共举办 11 场直播，培训纳税人 14106 人次。开展“三服务”“春雨润苗”“便民办税春风行动”和中小企业服务月等活动，通过政企恳谈会、一把手走流程、税务体验师实地体验等方式，多渠道收集社会各界对税费服务的意见及需求。成立税收宣传视频拍摄团队打造“婺税小青团”纳税服务宣传品牌，以动画、真人出镜等形式多角度宣传税收政策以及纳税人申报客户端的操作讲解，展现青年干部的良好风貌和形象。

5月6日，区税务局组织业务骨干深入企业开展税收宣传　(区税务局供稿)

【党建引领】 2022 年，区税务局围绕政治机关建设，全面完善“党旗红　税务蓝”文化场景建设，在局所在 13 楼打造出集党建、法制、廉政和文体中心于一体的党建文化阵地。同时，与区财政、法院、检察院等 6 家单位成立“红动婺税+”党建联盟，不断在“纵合横通强党建”方面扩大税务“朋友圈”。

【荣誉创建工作】 2022 年，区税务局积极开展荣誉争创，区局 1 名在职干部获“浙江金蓝领”称号，1 名退休干部获“金华市最美老支书”称号，局集体成功争创“省级青年文明号”荣誉称号，展现婺城税务人实干担当的精气神。

【青年工作】 2022 年，区税务局组织局内青年干部开展“喜迎二十大　青春逐税梦”主题演讲比赛、“中共二十大　青年说”交流研讨，深化青年联学成效。组织新入职干部开展“‘廉’声入心　警钟长鸣”警示教育活动，参观廉政教育基地、观看警示教育片，开展重温入党誓词活动。

【学习中共二十大精神】 中共二十大召开后，区税务局第一时间整理、汇总中共二十大专题学习资料，以领导干部“带头学”、全局“集体学”、支部小组“花样学”的形式，对照中共二十大精神进行交流发言，谈心得、查问题、找差距，牢筑干部信念根基，切实把学习贯彻中共二十大精神当作头等大事和重大政治任务，确保思想和行动与党中央决策部署同频共振。　(黄璐萍)

10月16日，区税务局组织青年党员干部收看中国共产党第二十次全国代表大会开幕会　(区税务局供稿)

银行

【中国工商银行股份有限公司婺城支行】 中国工商银行股份有限公司婺城支行（以下简称婺城支行）下辖5家营业机构，包括营业部、多湖支行、新农贸支行、金西支行和白龙桥支行。2022年，婺城支行各项存款合计86.36亿元，较年初增加5.73亿元，其中，公司存款余额25.63亿元，较年初增加1.84亿元，储蓄存款余额42.68亿元，较年初增加3.8亿元。支行各项贷款125.86亿元，较年初新增20.32亿元，公司贷款余额58.37亿元，较年初增加15.73亿元，其中，普惠贷款余额11.83亿元，较年初新增2.81亿元；制造业贷款余额17.7亿元，较年初新增1.13亿元，绿色信贷新增12.68亿元，民营企业贷款新增2.6亿元；个人贷款57.78亿元，较年初增加4.07亿元，其中按揭贷款增2.1亿元，经营性贷款增1.49亿元。

2022年，婺城支行实现个人客户数43.55万户、较年初新增1.2万户；日均资产5万元以上客户17933户、新增1006户；私银客户30户、较年初新增2户。对公客户4708户、较年初新增222户；日均资产5万元以上公司客户数1060户、较年初新增125户；机构客户238户、较年初新增27户。利用厅堂、外拓等线下渠道和手机银行、网上银行的线上渠道，加快获客拓客。

2022年，婺城支行结合金华市规划确定的重大项目、重点工程、重点产业、重大政策，积极服务优质项目和优质客户。婺城区高铁新城区块(一期)更新改造项目中，支行提供项目贷款25亿元；婺城区安居工程城改项目(黄金苑)中，支行提供项目贷款14亿元。响应政府工作，发挥支行为拆迁区块内唯一一家一级支行的便利条件，协同向拆迁户宣传拆迁政策，提供金融服务，为政府拆迁工作的顺利实施加油助力。

在服务企业单位方面，加强银企交流合作，对浙江恒信业智能科技有限公司年产12亿平方米特种包装未来工厂新建项目提供7000余万元资金支持，为企业融资、经营转型，小微企业成长发展提供帮助。对信用良好的优质大客户，建立省、市、支行三级联动的服务模式，提高服务效率，通过产品的创新，满足优质大户的融资需求。（滕　鸿）

【中国农业银行股份有限公司金华婺城支行】 2022年，中国农业银行股份有限公司金华婺城支行(以下简称婺城农行)各项存款余额146.04亿元，比年初增加19.85亿元。各项贷款余额206.69亿元，比年初增加43.92亿元。全年不良贷款余额0.42亿元，不良率0.20%，信贷投向更加合理、贷款投放更加有力。全年实现营业收入5.86亿元、净利润3.15亿元、中收业务收入6325万元。

2022年，婺城农行围绕“城市更新、低效用地、招大引强”婺城区政府三大战役重点突破，全方位提供“融资先行”金融服务，支持黄金苑区块城中村改造、浙能加油站、酒园区块城中村改造、低效工业用地、静脉产业园、乾西乡工贸区块、长湖湾城市更新、浙江师范大学未来教育实验实训基地8个重点项目授信金额合计88.6亿元，已投放33.96亿元。全力支持区域内制造业企业。制定三百行动方案，加强前后台协作，联动营销，集中攻坚，实行名单制走访服务，聚焦婺城区政府“招大引强”，加大对新入婺优质重点企业金融服务，对今飞、锦凯、开创电气、赤诚工贸等企业授信。2022年，制造业贷款余额39.02亿元，比年初增加9.95亿元。婺城农行加大金融普惠力度，与区域内多个乡镇签署金融助力全面推进乡村振兴合作协议，积极跟进雅畈镇筹建农民公寓项目、长湖湾乾西乡工贸区块城中村拆迁项目、白龙桥镇龙蟠村、让长村等五村联建项目、莘畈乡兰源村、祝村等共富贷。落实制定服务乡村振兴工作方案，2022年普惠贷款余额55.22亿元，新增12.79亿元，惠及3796户。

2022年，婺城农行积极参与区政府互动，作为唯一一家金融机构与婺城区政府党政代表团考察道孚县；3年时间与婺城区政府两度签约，7月签约“未来5年提供不少于500亿元的专项融资额度”，并依此将签约扩展至7局3镇，为婺城区建设高能级现代化都市核心区持续注入金融活水。3月，与浙江师范大学签署智慧校园战略合作协议，全面打造银校战略合作新模式。 （潘丹宁）

【中国银行股份有限公司金华市婺城支行】 2022年，中国银行股份有限公司金华市婺城支行(以下简称中行婺城支行)有员工66人，其中共产党员30人，占比45.45%。下设营业部、业务发展部及汇金支行、宾虹支行、锦都支行三家经营性支行。截至2022年年末，支行本外币存款余额72.4亿元，较年初上升12.91亿元；人民币贷款时点余额104.32亿元，较年初上升10.21亿元；实现营业净收入28539万元，实现税后利润13081万元。

2022年3月，中行婺城支行作为婺城区年内首个城市有机更新项目银团牵头行，通过全力配合区政府、新狮街道项目改造时间进度，仅用10个工作日即成功落地城北区块有机更新一期18亿元贷款批复，为提升金华城北区域整体形象、人民生活质量以及城市竞争力，提供充足的金融保障。9月，成功落地临江工业园区低效用地连片整治项目贷款，获批金额11.5亿元，年内已投放2.5亿元，为婺城区工业有机更新项目的推进和区域建设贡献金融力量。

2022年，新批复招商引资企业、民营企业、制造业项目6个，批复金额14.87亿元，累计支持制造业企业户数超60家。中行婺城支行积极配合政府招商引资企业金融支持，做到100%对接每个招商项目，成功为镇联燃气发电(金华)有限公司、金华普鹏供应链管理有限责任公司等项目提供资金支持，资金合计超10亿元。

2022年，中行婺城支行普惠贷款新增3.24亿元，新增普惠贷款户数53户。银行企E贷信用贷、银税贷、抵押贷、烟商贷等金融产品，让小微企业享受多渠道的获贷机会，在还款方式上推出无还本续贷、随借随还模式，减少企业转贷成本，提高资金使用便利性。加大与金华市国控融资担保有限公司的合作力度，积极探索“双保”应急融资支持机制，为保就业、保市场主体承担金融担当，已批复8000万元担保额度专项用于支持婺城区普惠金融客户，重点支持小微企业。

2022年，中行婺城支行以消费者权益保护、反诈宣传、征信保护等主题宣传活动贯穿全年，以发放宣传折页、面对面答疑解惑等形式，进社区、进学校、进工地，向广大受众详细介绍商品交易中存在的消费陷阱、欺诈行为、电信诈骗、征信骗局等现象，力争将宣传服务范围和金融知识宣导惠及至更多群众，为营造良好、安全的消费环境打下坚实基础。 （丁之凡）

【中国建设银行股份有限公司婺城支行】 中国建设银行股份有限公司金华婺城支行围绕“疫情要防住、经济要稳住、发展要安全”总要求，全面提升服务质量。2022年，一般性存款时点余额为26.83亿元；各项贷款余额为35.46亿元。

2022年，支行加强反腐倡廉及党风、行风建设，深入推进风险及案件防控，采用多种形式学习各项规章制度和案例，提高员工防腐拒变的能力，培养员工爱岗敬业讲奉献的职业精神，端正行风。做到“全年无案件及重大违规问题”的工作目标。

加强网点管理，营造温馨怡人的服务环境，强化技能培训,提升服务效率;实施多措并举,狠抓网点服务;优化劳动组合,缩短客户等候时间,提升客户满意度。践行“以客户为中心”的服务理念,设立“劳动者港湾”,承担推动构建新金融生态的社会责任,共行大爱之美。为客户提供安全放心、优质便捷的金融服务,不断提高服务品质,增强员工消保服务水平,做好做细消费者权益保护工作,助力营造更加健康和谐的金融环境。 (方翠荷)

【金华银行股份有限公司婺城支行】 2022 年,金华银行婺城支行经营利润创利规模保持超亿元,全年实现经营利润 11255 万元,比上年增加 630 万元,增幅为 5.93%,完成年度目标 93.02%。

2022 年年末,支行各项存款余额 661616 万元,比年初增长 82090 万元,增幅 14.17%,比基数增长 51616 万元, 完成年度目标 75.91%; 日均存款 653725 万元,比年初增长 90456 万元,增幅 16.06%,比基数增长 43725 万元, 完成年度目标 107.17%。2022 年年末,支行各项贷款余额 338145 万元,比年初增长 36023 万元, 增幅 11.92%, 完成年度目标 80.65%。贷款指标完成总行最终核定的确保数,贷款增量全行第 4、市区行第 1,增幅高于全行机构平均增幅 6.58 个百分点。

2022 年年末, 支行五级不良贷款余额 8058 万元,除已预见的历史遗留贷款风险暴露外,新增五级不良贷款 24.32 万元;历史核销(含 20 年处置)贷款清收 28 万元,完成年度目标 560%;表外利息清收 159 万元,完成年度目标 100%。2022 年年末,活期存款 282256 万元, 定期存款 379360 万元; 对公存款 204877 万元,储蓄存款 456739 万元。支行定期存款占比 57.34%,储蓄存款占比 69.03%。储蓄基础存款占比不断提升列全行第 1,定期、储蓄两项占比反映支行存款稳定性强,前十大户存款占比 14.76%存款集中度全行最低,负债业务大户依赖性小。公司、小微、零售三个条线贷款实现齐头并进发展,分别增长 14742 万元、11020 万元和 10453 万元, 其中小微、零售类贷款增量占比 59.61%,业务转型渐进。支行加强各项内部管理工作, 确保安全经营无事故、无重大差错、无各类经济案件发生。

2022 年,支行以超常规举措和力度促规模增长、增经营效益、优业务结构。存款稳实增长,年末存款余额比年初增长 82090 万元,增幅 14.17%。其中储蓄增长 92709 万元。六个月以上定期存款余额 369430 万元增长 53609 万元,贷款余额比年初增长 36023 万元,增幅 11.92%,全年实现经营利润 10976 万元,成本收入同比保持下降。年末普惠小微贷款增长 10892 万元、零售贷款增长 10463 万元,因弥补各类缺口因素影响, 支行实际新增贷款总量不高,但支行坚定业务转型发展定力始终保持不变。贷款业务大小两头齐抓共管实现三个条线业务均衡发展。

2022 年,支行抓财政性存款账户扩面,全年累计新增行政事业单位各类账户 74 户, 引存 2 亿余元;参与市(区)两级总工会、财政、公积金管理中心、专项债等存款项目(账户)招标 16 个(剔除非意向标 1 个)中标 12 个,其中囊括婺城区上半年已发行的 7 个专项债项目中的 4 个专债账户;发放全行首笔银团贷款,年末投放余额 16309 万元,成功介入婺城区重点项目车头村城市有机更新,以有效应对 43 号文对地方国企平台增加授信带来的影响;车头村、勤俭村征迁项目在信贷杠杆作用下,通过主动地与街道对接,征迁款代发成功突破分内额度超 4000 余万元, 上下联动审时度势稳存揽存 400 户、2 亿余元;全年成功争取到竹马乡青梅里村土地全域化整治、建武高速婺城段等征迁款代发业务,代发 152 户、7842 万元; 全年新开各类企业类对公账户 289 户,新拓展金银钱包拓户 310 户;新增财政涉农资金发放 47434 户,新增企事业单位代发工资 4184 户,全年各类代发户新增 27024 户; 全年新拓展中小企业贷款 21 户、46797 万元, 普惠小微客户(含个人经营性)159 户、11327 万元, 零售消费类贷款 214 户、14889 万元, 星福贷款拓户 4391 户授信金额达 40023 万元。为支行实现高质量可持续发展奠定坚实基础。 (许美丹)

【浙江金华成泰农村商业银行股份有限公司】 2022 年,浙江金华成泰农村商业银行股份有限公司(以下简称成泰农商银行) 各项存款余额 415.73 亿元,各项贷款余额 345.21 亿元,其中,婺城区各项存款余额 264.33 亿元,各项贷款余额 193.31 亿元。2022

年,成泰农商银行上缴税收 218.71 万元,获评浙江农商银行系统年度“业务成长十佳银行”,获得全省农信系统劳动竞赛三等奖,连续五年获评金融机构支持区域经济发展优秀单位,获人民银行人行金融机构综合评价 A 级。

成泰农商银行作为婺城区乡村振兴主办银行,加大涉农贷款投放力度,涉农贷款余额为 125.19 亿元,服务婺城区农户占比 80%。推进农户“足额授信”与“有感反馈”,个贷用信余额提升 7.09 亿元,农户小额普惠用信户数达 8.1 万户。与婺城区长山乡政府、义乌市后宅街道结对共建,量身定制“乡村振兴·共建共富贷”贷款产品,共同打造“物业联盟”项目。深度融合农合联“三位一体”改革,联合婺城区供销社下发《婺城区农合联开展会员信用服务实施方案》,做到会员 100%走访到位、建档到位,全方位满足新型农业经营主体多元化的融资需求。加大贫困户支持力度,开展低收入农户大走访,对 670 户低收入农户进行授信。全面对接婺城区 4 个未来乡村,签订战略合作协议,通过丰收驿站入驻参与服务场景建设,积极赋能未来乡村建设。

2022 年,成泰农商银行与各乡镇、建制村签订党建联盟协议,实现所有乡镇(街道)和建制村(社区)联盟全覆盖,2022 年内新拓展机关事业、国企、园区企业、区域大党委等党建联建单位 30 家。大力实施“融资畅通”工程,加大对小微企业首贷户、普惠型小微企业、制造业、外贸企业等服务力度,支持小微企业贷款 39.45 亿元、1015 家,服务婺城区民营小微企业占比 25%。开展金融支持百万市场主体、“强基础、提效益、促发展”专项行动,重点聚焦企业和个体工商户,确保市场主体走访全覆盖。强化政银合作,升级“财税银”党建联盟,召开税银共助宣讲活动 24 场,深化“金税 e 站”建设,大力推广“金税 e 贷”“帮帮 e 贷”,办理“金税 e 贷”864 户、发放金额 6.09 亿元,办理“帮帮 e 贷”1756 户、发放金额 6.03 亿元。

持续推进“机器换人”,在婺城区营业网点布放智柜机覆盖率达 100%, 客户开户由 13 分钟缩短至 4 分钟,客户体验度进一步提升。利用“浙里贷”微信小程序引流功能,依托数字贷款利息优惠券,持续推进数字贷款业务,2022 年年末数字贷款占比 90.73%,比年初上升 14.31%。实现 328 项政务服务事项丰收互联手机银行“掌上办”;实现 191 项政务服务事项自助机上“自助办”;以客户经理移动 PAD 为服务渠道,实现 65 项政务服务事项“上门办”;实现 66 项“政银合作”事项 58 个营业网点可“就近办”,政务服务政银联动新场景“四办”全面构成,助力乡村振兴和共同富裕示范区建设。 (吴　慧)

保险

【概况】 中国人民财产保险股份有限公司金华市婺城支公司(以下简称公司)始终不忘“人民保险服务人民”的初心和使命,以扛旗争先的精神与拼搏奋进的姿态, 勇当保险业高质量发展的排头兵,不断提升服务能力, 全方位护航地方社会经济发展,守护人民美好生活。

公司以客户为中心,不断拓宽服务范围,下设汤溪营业部、白龙桥营业部、雅畈营销服务部、罗店营销服务部 4 个五级机构网点,提供涵盖机动车辆险、农业保险、家庭财产险、企业财产险、船舶货运险、责任信用险、意外伤害险等近百个险种,2022 年,公司实现保费收入 1.8 亿元,发挥全方位风险管理优势,承担 3668 亿元的风险保障,支付各类赔款 1.1 亿元,发挥保险经济“助推器”和社会“稳定器”作用。

【服务乡村振兴】 护航农业发展。坚实履行金华市政策性农业保险主承保单位职责, 加快推动中央政策性农险和地方特色农业保险业务发展,促进农业保险提标、扩面、增品,不断满足农业生产经营主体对农业保险的多样化需求,更好地服务现代化农业农村建设。全年共为 1920 余户农户提供 12 亿元风险保障,支付赔款 2576 万元、涉及农户 1370 余人次。

保障粮食有效供给。2022 年,水稻承保面积达到 10333 公顷,保险覆盖率 90%,地方特色“金粮安”(水稻种植保险附加损失补充保险) 和全省新开办的水稻完全成本保额补充保险,承保覆盖面均达到 99%,助力全区粮食安全保障,促进农户稳产增收。

助力农村住房安心。公司承办政策性农村住房及农村家庭财产保险，构筑农户财产保护屏障，2022年，公司共承保政策性农村住房10.86万户，参保率超99%，提供风险保障超24亿元；承保农村家庭财产保险10.9万户，提供超5亿元风险保障，发挥保险惠农扶贫的保障作用。

【服务交通安全】 携手交警在道路交通安全治理、交通安全宣传教育、“车驾管”便民服务、“两站两员”建设、“一盔一带”电动自行车责任保险推广等方面深化协同，全年开展交通安全宣传进乡镇、进学校、进企业等宣讲共115次，发放宣传资料、警示反光条等超万份，覆盖群众近万人次，提高地区道路交通参与者的自我保护意识和道路交通安全意识，为营造安全、畅通、文明的道路交通环境贡献力量。

【护航企业发展】 助力企业安全生产。通过播放宣传片、发放宣传折页、组织工贸企业和危化企业培训等措施，助推企业增强风险意识，加快安全生产责任险普及进度。2022年，公司承保安全生产责任险相关企业62家，提供风险保障3.2亿元，其中危化行业企业16家，建筑领域企业40家。同时强化风险管理服务，切实发挥保险机构参与风险评估管控和事故预防功能，推进安全生产，全年为125家在保企业提供事故预防服务。

助力企业减负纾困。2022年，公司提供延长保险期限、减免保险保费等暖心政策。创新推出市区服务型市场主体复工复产保险“金服·疫路保”，覆盖婺城区五大服务型企业12131家。针对小型餐饮行业、沿街个体经营户等抗风险能力较小的商户提供相应的保险产品，消除其生产经营的后顾之忧。

【服务民生保障】 致力解决摩托车交强险投保难的问题，公司开放5个营业网点全面受理摩托车交强险投保，2022年共承保摩托车近3.5万辆，充分满足人民群众保险需求。此外，为推进地方快递专用三轮车的规范化管理，公司为全市280余辆上牌的快递专用三轮车驾驶员和第三者撑起保险“防护伞”，进一步提高快递企业抗风险能力，同时助力快递行业安全平稳发展。

为满足农村保险需求，公司推进“和谐乡村”家庭组合保险进乡镇，为6000多户家庭提供家庭财产、家庭人员意外伤害、家庭人员责任等风险保障，为抗风险能力较弱的农村家庭给予强有力的支持，对于稳定农村地区经济发展和完善农村保障体系起到积极作用。

守护校园安全。2022年，公司共承保婺城区学校(含幼儿园)152所，学生约6.9万人，教师5千余人，提供风险保障达555亿元。打造以校责险为基础，包含监护人责任险、教职工校方责任险等险种的一揽子校园风险解决方案，并定期为学校提供风险排查、校园安全知识培训、心理辅导等活动，减少校园安全事故发生。 (卢珊珊)

综述

【基本情况】 2022年,婺城区教育事业保持良好的发展态势,全区形成大抓教育、大兴教育、大办教育的浓厚氛围,婺城区教育金名片不断擦亮。全省教育现代化发展水平监测,婺城区从2018年的90位升到了2021年的21位。2022年,婺城区成为全国青少年校园足球试点区、浙江省小学生综合评价改革试点区,婺城校园足球普及工程获评2022年全国民生示范工程,婺城区教育局获金华市校园安全工作优秀单位、金华市教育系统2022年度疫情防控突出集体、金华市教育信息宣传工作先进集体、金华市教育系统2022年度教育工作综合考核先进单位等荣誉称号,并连续八年在婺城区岗位目标责任制考核中获评优秀单位。 (方 潇)

【教育投入】 2022年,婺城区国家财政性教育经费总收入114691万元,其中,一般公共预算安排的教育经费103507万元(包含教育事业费85479万元、教育费附加145万元、其他一般公共预算安排的教育经费17883万元)、政府性基金预算安排的教育经费11184万元。2022年,民办捐资助学173万元;民办学校举办者投入587万元;事业收入34598万元;其他教育经费5731万元。

【捐资助学】 2022年,完成幼儿园学前保育费补助认定工作 470 人次,补助资金118.0905万元;完成全区中小学困难家庭学生营养餐全额补助认定1422人次,补助资金126.7296万元;完成全区中小学困难家庭寄宿生生活补助认定61人次,补助资金3.8125万元;完成全区中小学困难家庭非寄宿生生活补助认定1379人次,补助资金36.6184万元;完成中职困难家庭学生认定107人次,补助资金10.7万元。 (周志宏)

【特殊教育】 2022年,婺城区学前段有残疾儿童54人,入学率94.4%;高中段有残疾学生78人,入学67人,入学率85.9%;义务教育段有残疾儿童215人,入学率100%。其中,上门帮教13人,随班就读97人,特教学校就读55人,福利机构19人,学前康复3人,其他28人。青春小学、东市街小学、站前小学、金华市第四中学凤山校区、婺城小学、虹路小学、雅畈小学通过第三批合格资源教室评审,金华市仙源湖实验学校通过示范性资源教室复查。金华市仙源湖实验学校选送的案例《会画"话"的女孩》在融合教育优秀教育教学案例评比中获市第二名,在省"之江汇"教育平台展示。 (徐校彬)

【民办教育】 2022年,全区有各级各类民办教育机构60个,其中,民办中小学5所,民办幼儿园55所。民办学校在校学生人数10462人,其中民办幼儿园在园幼儿8015人,占全区在园幼儿的44.4%;民办义务教育阶段在校学生2447人,占全区义务教育阶段在校学生的4.84%。 (彭 璐)

【教育教学研究】 2022年,婺城区3项课题成果获浙江省优秀科研成果奖;3项课题成果获浙江省教研课题成果奖;8项课题获得金华市优秀科研成果一等奖;2项课题获金华市教研课题成果一等奖;8

项课题立项为浙江省2023年教科育学规划课题，立项数列全市第1。（夏胜华）

【教育改革创新】 2022年，婺城区深入实施教育评价改革，入选全国青少年校园足球试点区、浙江省小学生综合评价改革试点区，在全省小学生综合评价改革会上作典型发言。金华市环城小学教育集团第二小学成为国家中小学智慧教育平台试点学校。（方　潇）

【“双减”工作】 2022年，区“双减”工作聚焦提质减负，强化作业管理，优化教研模式，建立作业分层年级统一机制，全区45所中小学均已完成“双减”作业顶层设计方案，全区作业绿码率均在99.2%以上。全面提升课后服务，2022年，分两批向社会发布进校园非学科类培训机构“白名单”87家，有效破解学校课后服务师资短缺、形式单一等难题。聚焦精准监管，“二次压减”全面实现清零，区“双减”专班定期开展区域巡查和联合执法，持续净化校外培训生态，所有学科类培训机构预收费纳入“金信培”平台全流程监管。2022年，省“双减”工作宣传信息积分排名位居各县（市、区）前列。婺城区9月联合执法行动入选教育部《“双减”改革每日快报》。（徐奖金）

6月1日，金华市人大教科文卫工委主任方鹰（左二）一行调研婺城区教育“双减”工作

（区教育局供稿）

【文明校园创建】 2022年，婺城区巩固文明创建成果，持续推进文明校园建设，全年12所学校获评金华市文明城市创建优秀巩固示范学校，教育系统文明创建实地点位综合考评全年总分位列三区（婺城区、金东区、金华经济技术开发区）第1，市级精品示范校园占比连续三年位列全市第1。金华实验中学美术教研组获评浙江省巾帼文明岗。（方　潇）

教育基础设施建设

【概况】 2022年，基建项目11项，2022年计划投资2.565亿元，实际完成投资2.585亿元；暑期维修项目实施26所学校，总投资2500万元，至2022年8月底全面完成。

【基建项目】 2022年，在建基础建设项目包括北苑小学附属幼儿园新建工程、乾西乡中心幼儿园新建工程、金华实验中学学前教育专业实训基地（附属幼儿园）新建工程、安地中小学校扩建工程、雅畈小学综合体艺楼新建工程、红湖路幼儿园装修工程、金华市第四中学教育集团高铁新城校区新建工程、婺城区学前教育提质工程、青春小学改建工程、青春中学提档改造工程、金华市第九中学提档改造工程，总建筑面积118347平方米，总投资73050万元，其中2022年投资25650万元，新开工面积70899平方米。北苑小学附属幼儿园新建工程、乾西乡中心幼儿园新建工程、金华实验中学学前教育专业实训基地（附属幼儿园）新建工程、安地中小学校扩建工程、红湖路幼儿园装修工程、婺城区学前教育提质工程、青春中学提档改造工程、金华市第九中学提档改造工程年内完工并投入使用，竣工面积47448平方米。

【新学校建设】 2022年，新建学校及幼儿园项目4个，分别为北苑小学附属幼儿园新建工程、乾西乡中心幼儿园新建工程、金华实验中学学前教育专业实训基地（附属幼儿园）新建工程、金华市第四中学教育集团高铁新城校区新建工程，总建筑面积91849平方米，总投资56000万元，其中2022年投资15600万元，北苑小学附属幼儿园新建工程、乾西乡中心幼儿园新建工程、金华实验中学学前教育专业实训基地（附属幼儿园）新建工程年内建成并

投入使用,金华市第四中学教育集团高铁新城校区新建工程主体施工中。（朱剑俊）

教育人事管理

【概况】 2022年,婺城区教育系统有教职员工3249人,其中,中职238人,初中1168人,小学1713人,幼儿园81人,直属单位49人。教师队伍中有在职特级教师12人,正高级教师13人,具有副高及以上职称人员550多人。

【教师队伍建设】 2022年,全区面向2022届优秀毕业生招录新教师39人,其中硕士研究生4人;从区外引进优秀教师17人,其中10人具有县教坛新秀及以上荣誉。发布《婺城区中小学合同制教师管理办法》,探索开展中小学合同制教师招聘,面向社会公开招聘合同制教师88人。2022年,新增省“春蚕奖”获得者3人,浙派名师名校长培养人选4人,金华市名师名校长4人、名师名校长培养人选18人,金华市优秀班主任14人。在区拔尖人才选拔中,有7名教师确认为婺城区拔尖人才、2名教师确认为青年拔尖人才。教师专业素养再上新台阶。

【教师职称评聘】 推进职称评审改革,依托人社部门评审平台全面铺开在线评审,推进金华实验中学、婺城中学自主评聘力度,全年共有400多人申报晋升高一级专业技术职务,新晋升正高级教师3人,高级教师73人,一级教师157人,高级人才比例得到进一步提升。（薛顺生）

校园安全

【概况】 婺城区教育系统始终围绕“以人为本,安全第一;预防为主,综合治理;区域统筹,学校牵头;警校互动,家校联勤”的工作方针,完善校园三防人员设备,强化安全管理,加强安全督查,落实安全责任,保障校园安全稳定,营造良好的育人环境。区教育局被评为2022年金华市校园安全工作优秀单位。

【创新机制】 2022年,统一的管理平台和五大基本系统及个性化设施同步建设,并与公安机关共享数据和视频,实现新型“互联网+”智慧平安校园管理体系的数字化改革场景应用。校园安全防范由“被动应付”向“主动防控”转变,由“传统人防”向“智能三防”转变,校园安全防控逐步从纸质化向数字化迈进。深化校园安全工作机制,就校园安全标准化100项内容,根据不同阶段列出排查重点,把排查工作贯穿全年。学校自查自改与分片交叉检查相结合,专项检查与综合考核相结合,按照“一天一片,两周一圈”的巡查部署,走遍所有学校,排查贯穿全年。隐患问题实行清单化管理,推行安全排查专项交办督办制度,达到“一校整改,全区警示”的实效。对疑难问题部门联动,深化隐患排查整治实效。做到学校自查常态化,公安、消防、市场监管、卫健专项检查制度化,学校交叉互查、督学督查、联系干部对表检查定期化。

【平安校园建设】 2022年,区教育局会同区公安分局、区消防救援大队、区市场监管局等部门联合开展平安校园考核评定,评出婺城区中小学校“AAAAA平安校园”33个,“AAAA平安校园”11个。

【交通出行】 婺城区严格校车使用许可审批与监管,校车运行平稳有序,有21辆国标专用校车,每天运行80趟次,负责10个学校,150个接送点,3200多名学生的上下学接送任务。开通后总运行里程160多万安全千米。按照“一校一策、分批错时”制定上、下学治堵方案,开展“儿童安全头盔守护行动”,局机关干部联合交警,对上、下学高峰期学生乘坐电瓶车佩戴头盔情况进行暗访并通报,有效减少学生乘坐电瓶车不规范佩戴头盔的情况。

【“三防”工程】 2022年,全区中小学、幼儿园共配备校园专职安保人员219名;更新换代一键报警系统;全面建成智安校园系统;依托“警校家”制度实现护学岗全覆盖;全区学校专职保安配备、校园封闭化管理、一键报警、护学岗设置率达4个100%。

【校园食品安全】 2022年,婺城区坚持“预防为主、突出重点、安全第一”的原则,深化校园食品安全工作责任制,强化责任监管,确保学校师生舌尖上的安全。全区各中小学校(幼儿园)均办有食堂。学校(幼儿园)食堂以开展智慧食堂工作为契机,在全区学校全面实行食堂“4D”管理,建立“4D 厨房”。同时运用“阳光采购平台”及智能阳光食堂设备加强对学校食堂食品的购前、购中和购后的全过程监管,实现 6 个百分百的目标,即学校食堂“餐饮等级”B级及以上达 100%、全区学校(幼儿园)食堂大宗食品实行统一配送或者定点采购达 100%、校园实现品牌超市进校园达 100%、学校(幼儿园)智能阳光厨房建成达 100%、中小学食堂局联系干部学校领导陪餐覆盖面达 100%、学校食堂超市食品安全责任险投保率达 100%。

【安全教育】 围绕校园安全十大专项行动,通过开展安全教育课、国旗下讲话、班队课、漫画征文评比等活动,落实心理健康安全管理,打造防范学生溺水防护网络,加强防诈骗宣传教育,开展交通安全专项治理和校园食品安全守护行动等各类专题宣传教育。不断提升学生安全意识。开展包括校车突发情况逃生演练、“5·12”防震演练、反恐演练、消防演练等各类应急演练,强化师生逃生和自救能力。

(洪　丹)

10 月 20 日,金华市政协副主席杨坚明(正前右二)到金华市站前小学督查“除险保安　百日攻坚”落实情况　　(区教育局供稿)

学前教育

【概况】 2022 年,全区有各级各类幼儿园 91 所,在园幼儿 17375 人,学前三年幼儿入园率为 100%。其中,公办幼儿园 34 所,乡镇公办中心幼儿园全覆盖,公办幼儿园招生覆盖面为 55.10%。全区等级幼儿园有 90 所,等级幼儿园占比为 97.83%,等级幼儿园招生覆盖面为 96.25%;优质园(一、二级幼儿园)47 所,招生覆盖面为 76.19%,比上年提升 13.65%。普惠性幼儿园 88 所,普惠性幼儿园招生覆盖面为 96.91%。有力促进学前教育优质均衡发展。

全区有专任教师 1422 人,教师持证率达 100%,大专以上毕业专任教师比例 99.79%。

【补短提升行动】 2022 年,新建公办幼儿园 7 所,其中金华实验中学附属幼儿园、环城保利天汇园区、紫金幼儿园及站前、红湖路、乾西、北苑幼儿园新园区建成并投入使用;在建小区配套幼儿园 4 所;撤并薄弱幼儿园 3 所;创建二级及以上等级幼儿园 12 所,其中雅畈镇中心幼儿园成功晋升省一级幼儿园。

【学前师资培育】 2022 年,区教育局与金华职业技术学院人文师范学院合作开展幼儿教师全员培训,培训人数 1148 名;与区妇幼保健院合作开展保健员、保育员上岗培训和复训,并组织保育技能竞赛活动,培训人数 624 人。

【幼儿园课程建设】 2022 年,婺城区入选浙江省优秀课程案例 4 篇,入选金华市精品课程 3 个,获得浙江省课题三等奖 1 项、立项 3 项,获得金华市课题一等奖 2 项、二等奖 1 项、立项 8 项。在课程建设与研究中,全区有 3 所幼儿园被评为金华市先进教研组。

(彭　璐)

义务教育

【概况】 2022 年,婺城区义务教育阶段学生 50512 人,其中,小学 34494 人、初中 16018 人,班级 1247 个,其中,小学 879 个、初中 368 个。学龄人口入学率 100%,巩固率 100%。

【五育并举】 2022 年,婺城区中小学的德育工作以提升“道德与法制”学科质量为抓手,以团队活动为载体,依托节日文化,不断拓宽德育渠道。小学道德与法治学科,以过程式的“研、学、教、议”开展团队卷入活动“一课一队”,以全程育人、全方位育人为目标,以全员培训为方向,以用好统编教材为路径,树立思政教研的新范式。婺城小学教师傅佳琦的“没有共产党就没有新中国”获金华市“基础教育精品课”,婺城小学教师陈增艳的“战争带来的伤害”获浙江省道德与法治优质课一等奖;金华师范附属小学学生唐语歆、环城二小学生蒋昕蓉获第七届金华市学生“学宪法讲宪法”活动个人演讲一等奖。区少工委围绕“学习中共二十大”开展“建团百年迎光辉 婺城少年学传承”“红领巾喜迎二十大 强国有我向未来” 主题队日活动、“喜迎二十大 我与国旗合个影”等活动,成立站前小学、金华市第四中学等7所少年军校,其中站前小学被评为全国国防教育示范学校。各级辅导员录制红领巾思政微课57节,组织“童心礼赞二十大 强国有我向未来”思政宣讲评比活动,评选出一等奖27名、二等奖27名、三等奖35名。

婺城区教育局组织第二次体育艺术、信息素养监测,对各个学校的监测情况进行全区排名,促进学校不断做好体艺与信息学科的教学工作,促进学生全面发展。婺城区农耕文化园被评为浙江省劳动基地。组建区劳动实践教育公众号,完成各校劳动教育清单化建设方案。

【家校共育】 2022年,婺城教育全力落实“两书一信”家校协同育人工作,通过制定标准抓规范:协同多个部门出台《婺城区加快推进家庭教育工作的实施意见》,编制《婺城区青春健康教育课程标准》,制定《家庭教育讲师团管理办法》《发展性评价考核办法》等一系列文件,从组织架构,课程建设,讲师晋升通道,评价体系等方面,明确各部门在家教领域的工作规范,分工明确、保障有力;组建队伍抓落实:对五年以上教龄的优秀教师进行专业培训、磨课、试教、选拔聘用。上半年新增省级家庭教育师资3人,下半年新聘区级青春健康师资52人,新增国家级师资1人。新组建婺城区家庭教育名师工作室13个,新聘婺城区家庭教育“金”老师10人。初步建成国家级、省级、市级、区级四级联动的家庭教育师资队伍一支,其中,国家级1人、省级8人、市级42人、聘任区级讲师137人,区级家庭教育“金”老师30人;编制课程做菜单,建立“两书一信”空中课堂,完善心理健康教育宣讲平台,构建完成全区中小学生心理健康监测系统,编制心理健康课程一本、青春期教育、重点未成年人教育等系列课程,出版《“两书一信”家校共育》读本上、下册,开发家校共育课程90个,实现家庭教育课程菜单化,青春健康教育点单式服务;提升平台强服务,构建线下“家长成长学院—特色家长学校—亲子共育课堂”三级活动平台。上半年开展9个城乡社区幸福家学堂,开课90节。下半年联合妇联、卫健、电视台在周一至周五晚开办幸福家线上直播课堂66场,在10个城乡社区和3个专业机构挂牌家庭教育名师工作室13个。区妇女儿童联合会聘任家风家教指导师40名,并与村社结对,开展系列线上线下家庭教育、家风家教等送课进家庭活动100余场;完善评价体系,在原先建立“四层三级”家长评价和发展性评价基础上,制定幸福家学堂优秀家长考核标准,名师工作室和“金”老师考评办法,构建学校有支持,老师有动力,晋升有通道的评价体系;部门协同齐参与,充分协同婺城区关工委、婺城区妇联、婺城区人民检察院、婺城区司法局、婺城区卫健局、婺城区应急管理局,婺城区计生协等相关部门,建立教育引导、妇卫关爱、民政帮扶、应急护卫、司法帮教的家庭教育联动工作机制,此做法在11月获教育学家、新中国比较教育学科奠基人、原中国教育学会会长顾明远的高度肯定:“两书一信,家校共育;卓有成效,值得推广。”

12月7日,浙江省家庭教育工作推进会在杭州召开,婺城区教育局在会上做“两书一信”典型经验介绍

(区教育局供稿)

2022年，婺城教育克服疫情复杂，反复多变的困难，在保证师生安全的前提下，坚持送课上门，到班级，到社区。截至12月底，线下送课共756场次，线下受众38575人次，线上受众超千万。大面积走进学校、社区的普及型送课，成为婺城家庭教育的常态，实践证明，线下互动体验式课堂，孩子喜欢，家长满意，社会认可，实效显著，婺城经验在12月全省家庭教育工作推进会上作典型经验介绍。

【城乡义务教育共同体建设】 据浙江省教育厅办公室《关于落实好"新增城乡教育共同体结对学校(校区)1500家"省政府民生实事任务的通知》精神，2021年4月，婺城区教育局下发《金华市婺城区教育局关于强化新时代新增融合型、共建型城乡教育共同体建设的实施方案》，随文下发《金华市婺城区2021年拟新增融合型、共建型教育共同体学校名单》《婺城区城乡教育共同体考核评估指标》《融合型、共建型两种模式城乡教育共同体建设基本要求》。2022年4月，下发《金华市婺城区教育局关于进一步推进城乡教育共同体建设全覆盖工作的实施方案》，实现全区各中小学城乡教育共同体全覆盖。同时下发《金华市婺城区教育局关于落实新时代城乡教育共同体学校教师交流工作的通知》，从制度层面与人员层面保障教育共同体工作的顺利实施。全区基本形成城乡学校管理共进、教学共研、资源共享、信息互通、师生互动、差异互补的义务教育优质均衡新生态。截至11月30日，共完成网络同步课堂及送教下乡160余节，开展线上线下教研活动150余次。

【青少年近视防控】 实施"明眸摘镜"护眼工程，建立学生屈光发育档案7.65万份。2022年，全区学生近视率52.62%，较上年下降1.57%。创有省级近视防控示范校2所(环城小学、站前小学)，创有市级近视防控示范校1所(北苑小学)。

【区中小学班主任基本功大赛】 探索新形势下班主任队伍建设的新机制、新途径、新方法，组织开展"区中小学班主任基本功大赛"，推进班主任队伍专业化发展，促进全区班主任队伍建设。通过广泛发动，各校选拔推荐，全区有57名班主任参加比赛，其中，初中组17名，小学组40名。评选出初中组一等奖4名，二等奖7名，三等奖6名；小学组一等奖8名，二等奖16名，三等奖16名。赛后，推荐小学组2名、初中组2名班主任老师参加市级比赛。小学组：环城小学程嘉璐获市二等奖，金华师范附属小学章琪获市三等奖；初中组：金华市第五中学郑启慧获、金华九中潘筱宁获市二等奖。

【区中小学"百年潮涌 红星闪闪放光彩"主题演讲】 11月23日，在金华市东市街小学举行区中小学生"我的家乡在浙里"主题演讲比赛。41名选手参赛，其中初中组13名，小学组28名。共评出小学组一等奖6名，二等奖11名，三等奖11名；初中组一等奖3名，二等奖5名，三等奖5名。推荐参加省、市级比赛的选手中，初中组金华市第五中学张缤予获市一等奖，金华师范附属小学胡宸希获省、市一等奖。

【区中小学"温暖的旅程"亲子读书活动】 区中小学"温暖的旅程"亲子读书活动中，各中小学生、家长广泛参与并报送作品。在学校推荐筛选的基础上，共评出征文比赛一等奖62名、二等奖112名、三等奖346名；优秀组织奖18名。环城小学、红湖路小学、金华师范附属小学、金华市第四中学、青春中学获市优秀组织奖。

【区"最美学生"评比】 在全区中小学生中广泛开展"最美学生"评选活动，通过各学校选拔推荐、区教育局联评，决定授予林敏敏等58名学生为婺城区2022年"最美学生"。推荐孙子雯等9名学生参加金华市第九批"最美学生"评选，分别是：金华师范附属小学孙子雯、环城小学郑子歆、红湖路小学张雯雯、站前小学黄金诺、白龙桥小学方瑞、荣光学校陈炫霖、金华市第四中学徐铭君、金华市第五中学张展瑞、婺城中学郑钰。

【区体育竞赛活动】 组织完成婺城区第十二届中小学生校园足球联赛、第十四届中小学生乒乓球联赛、第十六届小学生篮球比赛、第十七届初中学生篮球比赛，极大地促进阳光体育运动持久地开展和学生身体素质、艺术素养的提高。开展各类体育类特色学校创建工作，申报国家级校园足球特色学校中小学10所、幼儿园4所、省级校园足球特色学校中小学8所、幼儿园4所，国家级校园篮球特色学校3所。

【学校“健康婺城”活动】 创有省级心理辅导示范学校7所,开展健康促进学校创建工作,创有健康促进金牌学校6所,健康银牌学校11所,健康铜牌学校26所。通过创建申报工作,提升办学理念、管理机制、课程建设、办学条件、师资队伍、活动成效等六方面建设。组建婺城区心理辅导志愿团队为学生提供心理援助服务,学校心理健康教育整体水平有较大提高。

【区艺术教育活动】 婺城区有省级艺术特色学校4所、市级艺术特色学校19所。5月,开展婺城区中小学生美术作品评比、婺城区中小学生合唱、合奏选拔赛。9月,举行婺城区中小学生音乐个人才艺评比,评选出一等奖63名,二等奖87名,三等奖146名。11月,推荐27名学生参加市中小学生音乐个人才艺展示,6人获独唱一等奖,2人获独奏一等奖,2人获独舞一等奖,另有12人获二等奖,5人获三等奖。

5月,婺城区组队参加市经典诵读大赛,中学组、小学组、教师组均获得优异成绩,婺城区教育局获优秀组织奖。其中,荣光学校的作品《不朽》获省一等奖、全国二等奖,金华市第五中学、金华市第九中学选送作品分获省三等奖。7月8—9日,婺城区组队参加市中小学生艺术节现场表演:环城小学、金华师范附属小学、金华市第五中学、金华市第九中学获合唱类一等奖,新世纪学校、金华市第四中学获器乐类一等奖,美术作品获市一等奖18件,其中环城小学傅文瀚的篆刻、金华师范附属小学吕佑嘉、新世纪学校应徐米润的平面设计和荣光学校张瑞晞的立体造型获省艺术节一等奖。7月,金华市举行“笔墨中国”汉字书写大赛,婺城区4人获中学组一等奖,2人获教师组一等奖,4人获小学组一等奖,另有11人获二等奖,23人获三等奖。(徐校彬)

中等职业教育

【概况】 2022年,婺城区有中等职业学校1所——金华实验中学(婺城区职业中等专业学校),是国家级重点职校,首批“浙江省中职教育改革发展示范学校”,浙江省现代化学校。学校开设14个专业,其中,学前教育专业为浙江省高水平建设专业、省级示范性专业与市级重点专业,电子专业为省级示范性专业与市级重点专业,药剂专业为浙江省高水平建设专业;有中央财政支持的数控实训基地1个,省级电子实训基地1个,省级产教融合学前教育实习实训基地1个,金华市重点支持的学前教育公共实训基地1个,金华市中职教育发展专项资金支持的电子技术应用公共实训基地1个。

3月3日,市委宣传部常务副部长曹一勤(前右二)到金华实验中学指导“00后”宣讲团工作

(区教育局供稿)

【项目建设】 在浙江省中职高水平学校和专业建设中期绩效评价中,金华实验中学学前教育和药剂两个专业分别为优秀和良好。2022年,学前教育专业实训基地项目——金华实验中学附属幼儿园建成并启用。

【技能升学】 2022年,金华实验中学师生技能比武获国家级一等奖1项;省级一等奖3项,省级二等奖1项,省级三等奖9项;市级一等奖28项,市级二等奖43项,市级三等奖40项;区级一等奖12项,区级二等奖14项,区级三等奖30项。其中,思政团队在全国中职学校教学能力大赛中获一等奖,实现国赛一等奖零的突破。教学成果《中职学校双循环集体备课模式的构建与实施》获省职成教评比一等奖,《“四位一体”现代学徒制体系构建策略研究——以酒店服务与管理专业为例》获省职成教评比三等奖。学校被评为金华市中职学校职业教育发展考核优秀单位,同时获得金华市职业教育技能教学突出贡献奖。2022 年，高职上线 339 人，上线率 100%，其中本科上线 45 人。

【特色活动】 2022 年，学校组织 38 场、2616 人次的公益性应急救护知识普及讲座和红十字救护员考证培训，红十字应急救护培训的区域影响力不断增强。学校被评为 2022 年度红十字工作先进集体，校党总支书记、校长俞秀玲获浙江省红十字人道促进奖先进个人荣誉称号。

成人教育

【概况】 2022 年，婺城区建有社区学院 1 所，乡镇成人文化技术学校 13 所，街道社区学校 5 所。全年完成成人双证制教育培训 809 人，完成率达 124.46%，完成老年人智能技术日常应用普及 7459 人，完成率达 125.69%。学分银行录入 132261 人次，占婺城区上半年常住人口数的 27.61%。

【项目建设】 2022 年，婺城区完成乡镇（街道）老年大学（学堂）全覆盖。婺城区各乡镇（街道）老年大学（学堂）覆盖面达到 100%。琅琊镇成人文化技术学校选送的《老年人智能手机日常应用》、雅畈镇成人文化技术学校选送的《智能手机微课程》、白龙桥镇成人文化技术学校选送的《电子表格操作基础》入围教育部社区教育“能者为师”系列特色课程首批推介名单。

【社区教育】 2022 年，婺城区实现社区、建制村新时代文明实践所、站（文化礼堂、社区文化家园）全覆盖。2022 年，婺城区在建设省级社区文化家园精品项目试点区的同时积极打造省级社区文化家园精品建设示范区。全年开展红十字应急救护普及性培训和应急救护员考证培训 20 场，培训人次 1265 人次；电子商务师、保育师和中式烹调师培训计 1128 人次。

【老年教育】 9 月 22 日，婺城区老年大学正式启用。婺城区老年大学位于婺城区丹光西路 108 号，学校占地面积 0.48 公顷，有 32 间教室，8 月开始招生，学校共开设 9 大类、40 个专业的课程。（彭　璐）

招生考试

【概况】 2022 年，婺城区严格规范管理，严肃考风考纪，妥善处置偶发事件，顺利、平稳、圆满完成中考各项考务工作。先后召开招生报名工作会议、政策性加分及综合素质评价会议、考务工作会议等，并下发《关于做好 2022 年高中段学校招生报名工作的实施细则》《关于做好 2022 年高中段学校招生考试考点组织工作的通知》《关于公布高中段学校招生考点考务组等组成人员和职责的通知》等文件。针对与往年相比有较大调整的部分，如：所有初中毕业生都应参加学业水平考试，报考条件必须具有金华市户籍或金华市初中学籍，总分从 630 分调整到660 分（历史与社会·道德与法治满分由原来的 80 分调整为 100 分，时长为 90 分钟，较上年增加 10 分钟，体育满分由原来的 30 分调整为 40 分），公办、民办普通高中原则上实行“属地招生”，金华市高中段学校全面实现“公民同招、普职同招”，优质普通高中定向分配招生名额比例提高至 70%，体育特长生部分项目安排市级统测，中考志愿填报期间发布中考成绩，全市推进统一招生平台建设确保录取唯一性，所有考点进行标准化考点改造，防疫工作等。按照各阶段的时间节点，做好重点培训。精心做好高中段招生考试组织工作：认真核对 5398 名考生信息、数码摄像、文具征订，保证后续录取工作顺利进行；做好综合素质测评和政策性加分的培训工作，按要求准确上报各项材料。

【义务教育段招生】 2022 年，婺城区义务段招生推迟至 7 月 8—26 日进行，继续实行公民同招、网上报名，网上录取。2022 年，义务教育段公办小学毕业 4127 人，录取 5125 人，与 2021 年的 5145 人基本持平。2022 年，公办初中（包括浙江师范大学婺州外国语学校）毕业 4712 人，录取 4816 人（2021 年公办初中录取 4555 人，不包括浙江师范大学婺州外国语学校的 571 人）。公办中小学在校生较上一学年增加 1098 人。

2022 年，浙江师范大学婺州外国语学校实行

“公参民”转公,招生计划 450 人,其中定向录取 72 人,面向社会 528 派位号摇号录取 378 人,整个过程由公证处及两代表、一委员共同参与。 (徐校彬)

教育督导

【概况】 2022 年,婺城区教育督导室以习近平新时代中国特色社会主义思想为指导,根据中共中央办公厅、国务院办公厅印发的《全面深化新时代教育督导体制机制改革的意见》,紧紧围绕打造“优学婺城·幸福城”,高水平建设教育现代化强区为目标,认真履行教育督导的督政、督学、监测评估等职能,充分履行发挥“监督、检查、评估、指导”作用,促进区基础教育优质、均衡、可持续发展。2022 年,完成婺城区人民政府第七届政府督学换届工作。

【省市督导迎检工作】 2022 年,省教育现代化研究与评价中心对婺城区 2021 年度教育现代化发展水平监测为“A”等;金华市第九中学、站前小学、金华师范附属小学(凤山校区)、北苑小学等通过省专家组督导评估,被评为 2022 年浙江省现代化学校。上半年, 婺城区 12 所民办幼儿园开展省规范幼儿园办园行为专项督导,进一步提升民办幼儿园办园条件和办园行为;下半年,雅畈中心幼儿园通过浙江省一级园评估, 婺城区实验幼儿园等 12 所幼儿园通过浙江省二级园评估。

【各项督导监测工作】 组织责任督学对辖区内的学校(幼儿园)实施 2022 年春、秋季开学工作实地督查;2 月,对婺城区教育系统 2022 年“双减”“五项管理”工作开展专项督导;6 月,对各中小学校 2021 学年学校发展性评价实施情况开展实地督导评估;9 月,组织实施婺城区教育系统校园安全专项督导。12 月,对 2022 年金华市(县、区)政府领导教育发展目标责任制考核和省教育现代化发展水平监测工作,全面做好数据采集、分析研判、统计填报工作;下半年,对 10 位离任校长进行离任经济审计工作。

【督学队伍建设】 2022 年,顺利完成七届政府督学换届工作,聘请政府办公室、财政局、人社局、教育系统等 19 个部门教育督学 112 名, 其中专职督学 31 名,兼职督学 81 人。聘任责任督学 58 名,按区域重新优化调整四个中小学校挂牌督导责任区和四个幼儿园挂牌督导责任区。上半年,分别组织幼儿园责任督学专题培训和暑期区级责任督学培训班学习培训;下半年,组织区级督导员开展为期一周专题培训活动。 (盛祖兴)

学校

【金华实验中学】 学校占地 11.67 公顷,2022 年,学校有 18 个专业、98 个班级、学生 3527 人、教师 278 人,其中,高级讲师 74 人,讲师 105 人,省级教坛新秀 1 人,具有研究生学历的教师 21 人,区级及以上名师大师 5 人,双师型教师 110 人。学校以“金华领先、省内一流、全国知名、世界水准”为办学愿景,坚持“德技融通·情智并重”的育人理念,践行“美好”教育,致力于把学生培养成“品德优良、技能精湛、人文扎实、身心健康”的新时代良工。

2022 年,学校毕业生 1259 人,其中,中本一体化升学 40 人,高职考升学 351 人,中高职五年制升学 312 人,2+3 升学 480 人,直接就业 76 人;学校师生技能比武成绩斐然,思政团队获全国职业院校教学能力大赛一等奖, 另有获得省级一等奖 3 项,省级二等奖 1 项, 省级三等奖 9 项, 市级一等奖 28 项,市级二等奖 43 项;“双高”项目建设在省级中期绩效评价中,学前专业获优秀等级,药剂专业获良好等级;教学成果《中职学校双循环集体备课模式的构建与实施》获得省职成教评比一等奖,另有一项获省三等奖;良工 360 生态德育获金华市五星级德育品牌;特色活动“双创”教育成果获市级奖项 8 个、省级奖项 2 个,学校组织的红十字公益性应急救护培训受益人数达 2616 人次;专业教学设施上,建成药剂专业中药标本馆及炮制室、学前专业报告厅、智慧学习教室等。

【浙江师范大学婺州外国语学校】 学校 2020 年开始由浙江师范大学全权管理,2022 年由民办学校转制为公办事业单位。占地 6 公顷,2022 年,学校有 38 个教学班,近 1500 位在校生,专任教师 110 人。有特级教师2人，省教坛新秀3人，市教坛新秀5人，区教坛新秀18人，全国优质课一等奖3人，省优质课一等3人，省二等奖3人，市优质课一等奖12人。区级及以上荣誉获得者70多人。是一所设施完整、设备先进、环境优美的绿色花园式学校。

学校开展“30+10模式”高效课堂研究；“二备二研三例”模式集体备课活动；利用浙江师范大学教授资源，引领教师专业成长。坚持三子策略（树旗子、筑场子、扬鞭子），打造优师摇篮，培养并汇聚一支甘于奉献、勇于拼搏、精于业务的教师队伍。学校有心德育、双减工作为《中国教育报》《德育报》《浙江日报》《金华日报》等媒体广泛报道。

【金华市青春中学】 学校占地面积4.33公顷，建筑面积18155平方米。2022年，有班级30个，学生1359人，教职工112人。其中，金华市名师1人，市名师名校长培养人选4人，高级教师35人，市、区级教坛新秀27人。学校环境优美，教学设施完备，教学成果优异，升学率逐年攀升，是金华市智慧校园、金华市文明单位。

2022年，语文教研组被评为浙江省优秀教研组；教师在浙江省青年教师教学技能大赛获一等奖1人；获评2022年金华市优秀班主任1人、金华市名师培养对象1人，区级以上先进个人8人；市级教学评审活动获奖2人，区级各类教育教学评审活动获奖8人；在教学研究方面，获省级精品微课1节，入选金华市基础教育精品课2节，初中地理、历史、法治项目化课程入选金华市第五批义务教育精品课程（红色传承），《做浙江省运动会推广员》获全市项目化作业评审一等奖。

学校全面落实“双减”政策，以创优质精品学校、办人民满意教育为发展目标，坚持“以青春之我，创理想青春”的发展理念，旨在将学生培养为“谦谦君子，芊芊淑女”；学校开设“亲雁学堂”，以家校共育为抓手，为学生的发展创造最优环境；坚持五育并举，开设“博雅美术培训中心”“通惠合唱团”，组织“天天阅读”，开展各类社会实践活动，发挥课程在人才培养中的核心作用，“我为学校书校名”，不仅发掘学生才能，还能给家长提供展示机会，乘冠定向运动俱乐部、拔毅女足培训基地为学生提供更多运动机会。一年一度“活力青春”体艺节、国防教育等活动让青春学子积极进取、阳光、自信。不断促进学校内涵发展，提升学校核心竞争力，努力推进“轻负担高质量”目标的实现，创设和谐的理想青春。

【金华市婺城区东市街小学】 2022年，学校有32个教学班级，学生总数1282人，在编教职工89人，高级职称11人，中级职称58人。全国优秀教师1人，市名师培养人选5人，省优秀辅导员2人，市（直）教坛新秀1人，市师德先进个人2人，市优秀班主任、优秀辅导员10人，区级名师3人，名师培养人选1人；区级教坛新秀18人，区教学能手5人；区级及以上优秀教师28人；区最美教师、师德标兵10人；区优秀班主任、优秀辅导员29人。2022年，东市街小学教科研成果共82项，其中，国家级12项，省级2项，市级5项，区级63项。2022年，学生获奖共139人，其中，国家级1人，省级42人，市级13人，区级83人。2022年，学校宣传报道共207篇，其中，国家级媒体28篇，省级媒体27篇，市级媒体117篇，区级媒体35篇。教师们师德高尚、敬业爱岗，多才多艺，各具特长，敢于探索，乐于钻研，为学校的发展提供有力的人力资源保障。

学校秉承“生活即教育”的办学理念，以“五芳”课程为课程架构，以传统文化教育为核心内容，立足特色创品牌。学校以婺剧艺术、剪纸艺术和足球为载体，对学生进行传统文化的教育。婺剧特色10上中央电视台，创设“人生有戏”五星德育品牌和“清廉校园”品牌，足球100%普及。结合学校实际，制定“531”双减工作实施方案，启动双减通上的作业填报工作，接受家长的监督，启动课后托管“T+1+X”课程。

学校获“全国书香校园”“全国红旗大队”“全国青少年校园足球特色学校”“全国青少年文明礼仪教育示范基地”“第三批全国中小学中华优秀传统文化传承学校（婺剧）”“浙江省现代化学校”“浙江省一校一品示范学校”“浙江省非物质文化遗产传承基地”“浙江省先进家长学校”“2022年浙江省健康促进学校（金牌）”“浙江省首批清廉建设示范校”等七十多项区级以上荣誉。

【金华市白龙桥镇中心小学】 学校占地2.47公顷，2022年，学校有中心校一所(白龙桥实验小学)，完小2所(古方小学、天姆山小学)。共有50个教学班，1834名学生，124名专任教师，是农村规模较大、设施一流的城镇示范小学。

学校立足龙文化，传承龙精神，以“承龙志 泽善行”为办学理念，坚持以生为本，德育为先，“五育”并举，鼓励师生们与人为善，进无止境，成为最好的自己。学校现拥有完善的校园教育网、多媒体教学网、交互式一体机、录播教室等现代化教学设施，已建成金华市智慧校园，金华市“智安校园”，被评为浙江省文明校园、生态基地；2022年两次金华市文明校园测评排名全区第一。2022年，学校有高级教师10名，市名师名校长培养对象 4 人；金华市教改之星 4 名；市区级教坛新秀18人；市区优秀班主任11人，区级名师、教学能手11人。

2022年，学校教育教学成果喜人。教师获区级以上优质课、各类技能比武一等奖有38人次；在省、市、区各级各类比赛获奖共计344人次；2项市级，7项区级课题的研究工作均顺利提交结题材料；各级论文、课例获奖或发表等118篇；学生各级各类获奖共计253人次。

2022年，学校严把教学质量，严格控制作业时间和总量，利用作业公示单、双减通做好减负工作。把大课间活动、课后托管服务作为提质增效、整体减负的重要阵地，传统游戏特色托管服务、阳光晨跑、跳长绳、抖空竹、每月一次的跳绳比赛等一系列丰富的活动，为学生搭建了激发潜能、推动个性成长的舞台。

作为全国足球特色学校，学校在2022年继续开展丰富的足球特色教育，做到班班都有足球课，每班都上足球课，举办第五届班级足球联赛，重视学生足球素养发展，取得了婺城区中小学足球联赛混丙冠军。学校以“彩泥浮雕”作为特色项目，创建艺术特色学校，将彩泥特色理念渗透到日常教学中。以传统文化为支点，将彩泥课程与中国节日、二十四节气等传统文化结合，开发彩泥课程。

【金华市红湖路小学】 学校占地0.878公顷，建有塑胶田径场、创客教室、录播教室等多功能专用教室。2022年，有25个班，1116名学生，71名教职工。其中，中学高级教师1人，金华市名师培养人选2名，婺城区名师1人，婺城区教学能手4人，婺城区教坛新秀21人；浙江省优质课获奖者2人，金华市优质课一等奖3人。学校秉着“鸿鹄大志 从小做起”的校训精神，践行“大处着眼，小处着手”的办学理念，努力打造一所小而精、小而美、小而强的校园，培养志向高、品行善、基础牢、行动强、审美雅的“鸿鹄少年”。

学校重视师资队伍建设。2022年，教师获得国家级荣誉2人次；获得省级荣誉5人次；获得市级荣誉28人次；获得区级荣誉22人次；获评中学高级教师职称1人。

学校坚持以课题促进教研，以论文撰写提升教师的教学能力和教研水平。2022年，获省级教研课题三等奖1个，市家庭教育研究一等奖1个；市“家庭教育概括表达”一等奖6人次，二等奖4人次；各级各类论文评比10人次。

学校全面完善的课后托管服务体系，积极探索晚托课程。除了第一时段基础服务，学校还在第二时段开设拓展延时服务，为课后托管的学生“量身定制”13门课程，逐层完善课后托管服务体系。其中案例《构建课后服务标准体系 促课后服务质量提升》入选浙江省双减优秀案例。

为推进教育的公平均衡化，学校坚持推行阳光分班和盲选教师两项活动。程序在家长及社会的监督之下，完全公开透明。学校继续坚持推行盲选教师的举措，用“摸球”的形式，将分班的“选择权”还给孩子。

2022年，学校获得金华市文明示范学校、“金华市智慧校园”“区级节水型单位”等荣誉称号。学校85联盟获评市级巾帼文明岗，英语组获评区级巾帼文明岗。

【金华市婺城区雅畈镇中心小学】 2022年，学校有29个教学班，1203名学生，66名教师，其中专任教师65人，教师学历合格率100%，其中本科学历63人，占96.92%。现有高级教师6人，一级教师39人。市级名校长、名师培养人选各1人。区级名校长1人、区级名师1人，区教学能手2人，区教坛新秀6

人,区教坛新苗2人。

学校坚持把立德树人作为促进学生全面发展的核心,遵循“善雅教育,幸福人生”的育人方向,从小给孩子种下幸福的种子。推进五育并举,发展素质教育。农耕劳动教育、婺州窑传承教育、书法教育、少年军校等彰显学校的特色。

学校构建立体全方位的“五雅少年精准评价”体系,通过五育积分精准评价实现五育积分评价系统、精准评价操作模式、学生成长画像三个方面全方位、多维度探索学生成长趋势。五育积分精准评价从德、智、体、美、劳五个方面系统设计综合素养评价体系,分为雅·德、雅·学、雅·行、雅·艺、雅·勤五个维度。关注学生成长过程中的动态发展,提升品德修养带动知识学养、身体素养、艺术修为、劳动实践的全面发展。

作为省级劳动实践基地学校,在“小小劳动者技能大比拼”全省中小学生劳动实践线上活动中有18名同学获奖。学校“美好种子”劳动教育经验作为典型经验向全区推广。

2022年,学校承担2项金华市规划课题、6项婺城区规划课题研究任务,获得2022年度金华市一等奖课题1项,金华市三等奖课题1项。全年教师、学生获奖共计242人次。其中,教师在全国、省、市、区级教育系统竞赛中共获奖84人次;学生在各级各类比赛中获奖158人次。

【金华市婺城区蒋堂镇中心小学】 学校占地1.3435公顷,建筑面积5449平方米。2022年,学校有18个教学班,755名学生,51名专任教师。1人获评高级教师,2人获评一级教师,教师获奖共140项,其中获市、区级荣誉8人,获市、区级各项比赛一等奖20人次。2022年,学校获得8项市、区级荣誉,先后被评为金华市中小学劳动实践教育示范学校、金华市文明示范学校、金华市智慧校园等。

学校倡导践行“美好+”教育,秉承“向美而行”的核心办学理念,结合深受喜爱的蒋娃堂宝的“葫芦娃”形象,打造善良、智慧、勇敢、团结的“美好少年”形象品牌,构建“五维七美”评价模式,落实立德树人根本任务。积极落实“双减”政策,依托“互联网+”教育共同体,开展双线研讨,倡导沉浸式、卷入式、首席制主题式教研,积极打造高效“美好+”课堂。借助“春天里”校际阅读联盟深化天天阅读的常态化,举办读书节、开创有声书房、打造书香长廊,让阅读点亮成长。学校还以“硒”望农场、家长课堂为载体,开展了“农事与节气、葫芦特色校本”为系列的项目化学习,把新时代劳动教育与农耕文化融入德育活动中。围绕学生多元化成长需求,利用“乡村少年宫”因材施教,将常规作业班与特色课程充分结合,开设了创意美术、木艺工坊、创客、手工DIY、硬笔书法、软笔书法、葫芦雕刻等社团活动。

【金华市荣光学校】 学校创办于2012年,拥有标准教室90个、各类专用教室99个,是一所从幼儿教育到高中教育全覆盖的一体化民办高端学校,被金华市教育局誉为“金华民办学校的标杆”。2022年,学校小学部54个班,1490名学生,专任教师142名;初中部18个班,678名学生,专任教师52名。

学校以“家国情怀与国际视野融合培育,智力与非智力因素协调发展”为办学理念,把学生的身心发展放在首位,积极推进素质教育,努力打造智慧校园。

学校以切实减轻学生作业负担为突破口,精致化管理为抓手,课堂教学改为主阵地,强化德育、提升自主学习能力为重点,深入探索增效的策略方法和途径。学校制定了“双减作业规范”,严格控制各科作业量。

2022年,学校有2人获评高级教师、14人获评一级教师;获评金华市优秀班主任1人、金华市校园安全工作先进个人1人;获学科竞赛市、区级一等奖10人。

2022年,学校举办金华市教育系统防溺水专项教育活动、“劳动铸造美,匠心向未来”开学第一课、婺城区素质教育推进大会暨徐锦生从教50年教育理念研讨会、建校十周年素质教育成果展示等活动。

学校初中部2022年被评为婺城区教学质量优胜单位,中考普考率达到92%;小学部在2022年婺城区学科素养检测中取得优异成绩。

科学技术

综述

【基本情况】 2022年,科技局全面贯彻落实全省科技创新大会、市委人才科技工作会议精神,围绕区委“1483”发展战略,锚定“一带七心”之未来科创中心建设,以科技创新助推高能级现代化都市核心区建设,为争当高水平建设内陆开放枢纽中心城市中坚力量提供科技支撑,获全省县(市、区)党政领导科技进步目标责任制考核优秀单位,全年科技成果转移转化成果明显,全区实现技术交易总额11.41亿元,发明专利产业化备案37项。

【科技计划项目】 2022年,婺城区新列省级项目3项、市级项目30项、区级项目33项。项目包括先进装备制造业、电子信息、新能源、新材料、新能源汽车、生物医药、节能环保七大新兴产业以及农业、食品加工等传统产业。通过项目的组织实施,加快科技成果的转化和产业化,以项目带动企业自主创新能力的提高。

2022年省级立项科学技术研究计划项目一览表

表6

项目名称	计划类别	承担单位
早强型32.5等级砌筑水泥(型号:M32.5R)	省级新产品试制计划	浙江虎鹰水泥有限公司
42.5等级缓凝水泥(型号:42.5型)	省级新产品试制计划	浙江虎鹰水泥有限公司
全自动清洗高清洁度糕点烘烤设备	省级新产品试制计划	金华楼师傅餐饮投资管理有限公司
轻量化经济型高可靠启停单向器	省级新产品试制计划	浙江康灵汽车零部件有限公司
人力电力双驱动全电动托盘搬运车	省级新产品试制计划	浙江海蜜机械有限公司
三片式隐藏式可翻转伸缩桌	省级新产品试制计划	金华市希能折叠桌制造有限公司
面向智能制造云服务大数据平台	省级新产品试制计划	金华智领科技有限公司
锂电切割机	省级新产品试制计划	金华远能电器有限公司
超低氮冷凝蒸汽锅炉	省级新产品试制计划	浙江先创能源科技股份有限公司
HDPE医疗器械包装高温周转抗菌膜	省级新产品试制计划	金华市恒宇包装有限公司

续表 6

项目名称	计划类别	承担单位
合金刀片金属切割机	省级新产品试制计划	浙江精深实业有限公司
防暴型全预混燃天然气锅炉	省级新产品试制计划	浙江先创能源科技股份有限公司
汽车活塞镶圈自动取放浇铸系统	省级新产品试制计划	金华市宝琳科技股份有限公司
活塞冒口自动高效切割装备	省级新产品试制计划	金华市宝琳科技股份有限公司
环保无溶剂复合六层方便面沥水盖	省级新产品试制计划	金华市恒宇包装有限公司
高性能低烟无卤阻燃电线电缆	省级新产品试制计划	浙江六环电缆科技股份有限公司
高端变速器 WLY10G160	省级新产品试制计划	浙江万里扬股份有限公司
高端变速器 WLY8GS46	省级新产品试制计划	浙江万里扬股份有限公司
基于智能家居的节水抗菌旋转拖把	省级新产品试制计划	金华市海丰实业有限公司
吸湿快干抑菌咖啡涤天丝双面弹力面料	省级新产品试制计划	浙江八达运动服饰有限公司
MarkⅢ型 LNG 船激光跟踪自动等离子焊接机器人	省级新产品试制计划	浙江金华巨能电子科技有限公司
高弹力锦氨裸肤面料	省级新产品试制计划	浙江八达运动服饰有限公司
可降解纤维环保面料	省级新产品试制计划	浙江八达运动服饰有限公司
阿莫西林可溶性粉(颗粒)	省级新产品试制计划	浙江耐司康药业有限公司
快速除霜的变频超低温空气能热泵机组	省级新产品试制计划	浙江阳帆节能开发有限公司
超柔仿尼龙裸肤弹力面料	省级新产品试制计划	浙江八达运动服饰有限公司
抗静电复合弹性面料	省级新产品试制计划	浙江八达运动服饰有限公司
基于无缝设备的针织有缝提花布技术	省级新产品试制计划	浙江八达运动服饰有限公司
多用途软件工程设备工具箱	省级新产品试制计划	金华市精工工具制造有限公司
可自动灭火的柜式全抽屉保险箱	省级新产品试制计划	金华市精工工具制造有限公司
智能型柜式抽屉保险箱	省级新产品试制计划	金华市精工工具制造有限公司
带有多点解锁功能的新型智能工具车	省级新产品试制计划	金华市精工工具制造有限公司
定向结构刨花板	省级新产品试制计划	金华市捷特包装有限公司
基于随流孕育全自动浇注的高可靠刹车盘	省级新产品试制计划	金华浩翔汽配有限公司
NO.96 型 LNG 船多功能自动焊接机器人	省级新产品试制计划	浙江金华巨能电子科技有限公司
抗菌 PE 给水管	省级新产品试制计划	浙江高峰控股集团有限公司

续表 6

项目名称	计划类别	承担单位
低能耗智能消防压力监测表	省级新产品试制计划	浙江金开物联网科技有限公司
高安全性的哈啰 C 端车蓄电池 SOC 系统	省级新产品试制计划	浙江金开物联网科技有限公司
电动助力车小型功率控制器	省级新产品试制计划	浙江金开物联网科技有限公司
太阳能 GSM 快递智能投递箱	省级新产品试制计划	金华市精工工具制造有限公司
可升降多用途工具服务车	省级新产品试制计划	金华市精工工具制造有限公司
汽车维修工具箱智能化控制系统	省级新产品试制计划	金华市精工工具制造有限公司
多段高效颚式破碎机	省级新产品试制计划	浙江林川机械制造有限公司
多功能离心冲击式破碎机	省级新产品试制计划	浙江林川机械制造有限公司
高端变速器 WLY6GS46	省级新产品试制计划	浙江吉孚汽车传动系统有限公司
工业企业能耗在线监测终端	省级新产品试制计划	浙江八达电子仪表有限公司
高性能低碳烷烃燃烧催化剂　PHT-A 型	省级新产品试制计划	金华铂锐催化科技有限公司
柔性机器人去毛刺工作站	省级新产品试制计划	浙江今飞凯达轮毂股份有限公司

2022 年市级立项科学技术研究计划项目一览表

表 7

项目名称	项目类别	承担单位
新冠抗原自测提取管多层复合封口膜黏接性能调控及高效热封工艺研发	工业类重大项目	金华市恒宇包装有限公司
跨媒体复制技术色彩管理系统关键技术研究	工业类重大项目	金华市远大印刷有限公司
可持续抗菌的无辐射负氧离子复合纳米功能高分子材料的研发	工业类重大项目	氧倍加新材料科技(金华)有限公司
基于 CIM 的城市内涝智管系统	工业类重大项目	浙江华创设计有限公司
基于再生铝的高强轻质复杂结构件关键成型及加工技术研发	工业类重大项目	浙江今飞智造摩轮有限公司
基于物联网的智能地埋式垃圾回收站的研发	工业类重大项目	浙江泰利环卫科技有限公司
基于 AMT 商用车 P2 系列混合动力驱动总成研发	工业类重大项目	浙江万里扬股份有限公司
用于哮喘检查评估的实时在线的新型 FeNO 监测设备研制	工业类重大项目	浙江金华广福肿瘤医院
高强度自密实耐久混凝土制备与性能研究	工业类重大项目	金华市城建混凝土有限公司

续表 7

项目名称	项目类别	承担单位
吸顶式可移动智能充电桩	工业类重大项目	浙江八达电子仪表有限公司时通电气分公司
异步自启动高防护等级永磁同步磁阻扁线电机的研发	工业类重大项目	浙江创天电机科技有限公司
移动式电动脚手架平台安全平稳性的关键技术研究	工业类重大项目	浙江庚源工贸有限公司
质子交换膜氢燃料电池冷却液的研发	工业类重大项目	浙江嘉富力环保科技有限公司
NO.96 型 LNG 船多功能自动焊接机器人研发	工业类重大项目	浙江金华巨能电子科技有限公司
直驱式开关磁阻电机及锂电池电圆锯的研究	工业类重大项目	浙江开创电气股份有限公司
80%阿莫西林可溶性颗粒的制备及药效研究	工业类重大项目	浙江耐司康药业有限公司
准双曲线齿轮直角输出减速电机技术开发	工业类重大项目	浙江诺顿电机有限公司
RYZH-12 型紧凑环保交流金属封闭开关设备的研发及产业化	工业类重大项目	浙江仁耀电气科技有限公司
药用蛇种质资源收集与选育关键技术研究	农业类重点项目	金华市大宸农业发展有限公司
金花茶北移耐寒种质筛选及品种创制与应用	农业类重点项目	金华市莫闲园艺工程有限公司
马银花亚属杜鹃花杂交选育新品种研究	农业类重点项目	金华市永根杜鹃花培育有限公司
以金华猪为育种素材筛选猪新品种组合模式	农业类重点项目	浙江金华雄猫猪猪两头乌产业发展有限公司
高辣度辣椒“金椒 2 号”高质高效栽培技术示范与推广	成果转化	金华市婺城区椒椒农业有限公司
产丁酸盐菌属靶向调节特定代谢途径抑制非小细胞肺癌远处转移	社发类重大项目	浙江金华广福肿瘤医院
典型工业企业周边 Cd-Cu 复合污染农田源阻控技术与高效修复材料研发及应用	社发类重大项目	浙江省浙中地质工程勘察院有限公司
CD8+ T 细胞在 anti-PD-1 治疗肺癌引起的心肌炎中作用及其分子机制	社发类重大项目	浙江金华广福肿瘤医院
基于创面菌群调控的马勃孢子粉治疗糖尿病足溃疡的临床疗效及作用机制研究	社发类重大项目	浙江金华广福肿瘤医院
Akkermansia muciniphila 通过调节胃癌免疫微环境辅助 PD-1 免疫治疗的作用机制研究	社发类重大项目	浙江金华广福肿瘤医院
儿童青少年眼轴增长与全身发育的相关性及干预探索	社发类重大项目	金华眼科医院
可全程监控—保障新型冠状病毒核酸检测准确性的DNA-RNA 联合质控品的研发	社发类重大项目	金华康创婺江生物科技有限公司

科技创新

【创新主体培育】 2022年,婺城区国家高新技术企业新认定公示46家,省科技型中小企业新增107家,完成全年目标的133%。高新技术产业投资完成11.7亿元,比上年增长49%,增速全市前列。

【建设创新载体】 2022年,婺城区新增市级孵化器2家;市级众创空间4家;市级研发中心47家、省级研发中心10家、省级企业研究院1家;新落地10亿元以上项目企业研发机构实现全覆盖,规模以上企业研发机构设置率较上年度有较大提升。

【技术创新引导】 2022年,全区规模以上工业企业投入研发费用8.11亿元,比上年增长2.7%,占主营收入比重3.52%。有研发费用的规模以上工业企业占比达到86%。做实基础工作,通过梳理攻坚清单、联动摸清家底、下沉对点辅导"三步走",引导规模以上工业企业加大研发投入。

科技创新建设

【师大创新城建设】 2022年,区科技局扛起浙江师范大学创新城在浙中科创走廊建设中的定位担当,制定婺城区浙江师范大学联席会议制度,强化项目建设要素保障。精心梳理浙江师范大学创新城整体体系,明确目标、政策、人才、评价等八大体系,落实差异化考核。浙江师范大学金华科创园、数理医学院等10个项目,2022年,计划投资11.3亿元,实际完成投资14.8亿元,完成率130.7%。创新城呈现基础不断夯实、创新资源加快集聚、赶超态势逐步显现的局面。相关工作受到市廊道办肯定,建设体系被副市长李斌峰在全市六条廊道中推为模本。

【大力招引院所】 2022年,区科技局争取金华产业应用大科学装置项目运营核心载体浙江光电子研究院落户婺城区。经与浙江师范大学、区城投等多方联动,研究院装修改造一期项目已交付,二期已完工。进一步完善以企业为主体、市场为导向、产学研深度融合的技术创新体系,与万里扬股份有限公司中央研究院签订建设协议,今创智能制造研究院、婺城氢能与燃料电池联合研发中心完成第一年建设任务。

【综合体科技园谋划建设】 2022年,婺城区考虑区域产业特点和发展需求,布局产业创新服务平台。推进汽摩配产业创新服务综合体建设,集聚服务机构22家,综合体年度绩效考评工作良好。围绕提升两头乌产业发展,推荐婺城区绿色畜牧农业科技园申报为省级农业科技园区。

科技合作

【科技活动】 2022年,区科技局常态化开展创新活动,承办合肥光源2022年用户学术年会暨先进光源国际研讨会(线下);金华市千榜进百校"2+4+X"重点产业云揭榜首个专场活动;浙江光电子研究院第二次线上研讨会。

【科技成果转化】 2022年,婺城区实行"揭榜挂帅"引才机制,发放榜单116项、榜额1.3亿元,全年兑现榜单440万元。5月,举办金华市千榜进百校"2+4+X"重点产业云揭榜首个专场活动。指导全区企业达成技术交易额11.41亿元,比上年增长43.5%,发明专利产业化备案37项;重新修订《婺城区科技计划项目评审办法》,区级科技计划项目立项33项目,市级入围立项30项。申报省"尖兵、领雁"科技计划3项、省新产品试制计划88项(首批已立项56项);出台《婺城区工业特派员实施意见》,下派第二批工业特派员20人。

【科技人才】 2022年,婺城区申报国家火炬计划2项、省领军型创新团队1个,海外工程师1人,申报省海外青年人才16人;新一轮百博入企下派35人,市级科技婺商入围核查3人。

科技帮扶企业

【数字化改革】 2022年,婺城区数字化改革"科企融”应用列入市科技局建设应用试点，通过五部门联审。“七张问题清单”主动发现问题20个，上蓄水池4个，同步落实整改。

【科技金融】 2022年，婺城区兑付5个批次科技创新专项资金5087.51万元，惠企资金兑付率超100%；发放两批科技创新券500万元，发放企业科技贷款3340万元；向上争取省级科技专项资金182万元。

【业务培训】 2022年，婺城区深入贯彻落实省、市有关科技工作会议精神，牢固树立“科技就是新引擎”理念，进一步以“创新赋能”引领婺城高质量发展。2月，婺城区举办科技婺商表彰暨区规模以上企业科技业务培训会，乡镇（街道）分管科技负责人及280家规模以上工业、服务业、建筑业企业相关负责人参加会议。会议表彰奖励了获第五届“科技婺商”的3位企业家，统计、科技部门及科技辅导机构的专家围绕企业R&D科技统计报表填报、企业研发投入项目立项、研发费用加计扣除政策享受等相关实务开展培训。 （鲍晓芸）

2月23日，婺城区规上企业科技业务工作培训会召开 （区科技局供稿）

文化

【概况】 2022年,婺城区文化工作围绕高质量发展建设共同富裕示范区这一主题,推进公共文化服务体系标准化、均等化、社会化、效能化、品牌化、数智化、一体化、法治化建设,较好地完成各项公共文化建设任务。婺城区文化馆馆舍建筑面积3541平方米。内设综合教室、多功能厅、婺星剧场、舞蹈排练厅、书画创作室、美术指导室、曲艺指导室、音乐教室、创作研讨室、综合教室10个功能馆舍。经全国第5次评估定级评比,婺城区文化馆被评为国家一级馆。2022年,顺利通过幸福文化馆评比。

【文化设施建设】 确保民生实事项目落地。2022年,建设完成61个"15分钟品质文化生活圈"、1个城市书房、1个文化驿站、4家浙江省乡村博物馆。新建及提升图书分馆12家,其中,乡镇(街道)图书分馆10家、图书流通站5个。完成e家书房进社区、文化礼堂140家,乡镇(街道)图书分馆通借通还工作实现全覆盖。

【文化服务】 2022年,婺城区文化馆全年举办展览461场,其中送展览下乡424场;过年送展29场,讲座8场;免费艺术培训432班次,其中文雅婺风艺术普及第十五期、十六期共两期免费开放25个项目共计324场次、古筝训练营10场,全民艺术普及月活动培训90场,美育课堂乡村青少年培训5场、文化馆(站)干部业务培训2场、"艺起来普及"线上培训94场次,近200课时;送文化下乡演出活动120场;承办各项文化活动及赛事15项;文化走亲20场;志愿服务演出321场;线上群众文化活动122场次;数字文化馆点击量300多万人次,全年参与活动889万人次。

【文化惠民】 2022年,以"艺术普及"为平台,面向全区18个乡镇(街道)推出肚皮舞普及、国画花鸟创作、笛子表演、婺剧花旦唱腔、模特表演、金华道情、摄影提升等二期25个培训项目,计324场次惠民培训课程,直接培训学员9720人次,并通过视频教学,抖音直播,视频号宣传等新媒体方式,全方位推动"艺"起来普及教学活动,参与学习人数2万多人次,延伸公共文化服务"最后一千米"。打造网络文化新形式。举办钉钉网络课堂送培训进企业活动、春节期间推出丰富的文雅慕课线上课程、线上书画展览、元宵节云上闹元宵活动。推出"乡愁婺城 我们的风采" 系列线上展览及网络直播,累计300万人次参与,缓解文化馆场地不足、培训供不应求的现状。文艺轻骑兵全区总动员,发挥基层文艺团队力量,完成文化下乡工作。

【数字文化建设】 推进数字文化馆建设,数字化办公应用。健全各项工作制度,推进文化馆内部业务流程整合优化,配合推进数字一码通应用建设。推动数字化服务建设。对接省文化馆,构建全省互联互通的文化馆数字服务网络。省级文化馆搭建全省文化馆数字服务总平台"浙江群文云",区级平台一码通一机游平台,开通"艺"起来普及之"艺"起来跳舞、"艺"起来唱歌、"艺"起来画画、"艺"起来学婺剧、“艺”起来学摄影五个网络培训课程，通过公众号预告推送，抖音直播和视频号小视频推送来提升艺术普及的效果。活动2万多人次的点击和参与。

【文化交流】 加强县域文化交流，呈现婺城特色文化。“共同富裕 精神富有”浙江省五市、县(区)群文美术写生创作展览走亲活动4场文化走亲，水墨婺城·两地文化走亲走进东阳、兰溪、金东、磐安、常山5地，5场具有婺城特色的文艺演出和8场摄影作品展文化走亲，与其他县市人文交流演出17场。

【志愿服务】 2022年，各门类文艺活动大放异彩，各分队举办义演300多场(次)，每个场次皆有志愿者台账记录，其中涵盖时间、地点、活动内容、活动照片等信息。由各个不同的志愿服务团队(声乐、舞蹈、戏曲小品等)组成的文艺队伍致力于贡献个人，服务大家的志愿活动事业中。上报团队义演场次总数345 场(次)。

【群众文化】 以“水墨婺城”建设为统领，策划举办一系列文化活动及赛事，以文化活动为桥梁塑造婺城大地新风尚，打造新时代文明实践先行区，促进婺城区文化艺术水平的全面提升，突出“人文婺城幸福城”。

举办“童心耀婺”第三届少儿器乐大赛、2022年婺城区第五届“缤纷舞星”少儿舞蹈大赛、首届“艺术视界”少儿美术大赛。通过网络线上平台惠及上万人次。加强与各部门合作，扩大服务供给，承办道孚县人民政府和婺城区人民政府主办的“喜迎二十大 省运伴我行”“婺道一家亲 文艺千里行” 浙江省·四川省甘孜州互送文化交流演出，承办区委宣传部2022年度第二季“金华好人”发布暨“德耀八婺·关爱好人”基金成立仪式，承办中共婺城区委宣传部、婺城区文化和旅游体育局主办的婺城区2022年“百家礼堂迎省运”暨第二届群众舞蹈大赛，承办浙江省文化馆主办的浙江省五市、县(区)群文美术写生创作活动。

【节庆文体活动】 1月20日，举办“文化暖冬 送福到家”书法家春联作品大“快递”活动；1月28日，“红红火火中国节 热热闹闹文化年”文化大过年云启动仪式暨网络春晚在婺城融媒体、区文化馆网站、爱奇艺视频等网络平台同步播出。2月10—15日，举办“虎贺迎新春 留婺过大年”乡村云上小村晚；2月15日，举办“放歌新时代 唱响新婺城”新春元宵云上演唱会；三八妇女节举办“情暖三月 花漾生活”的花艺培训讲座；9月29日，浙江省第十七届运动会火炬传递活动进行最后一站金华市区站的传递，圣火点燃幸福城，千年古城迎盛会。10月29日，以“桂花香里谋共富 秉烛畅享仙源梦”为主题的第十四届金华仙源湖桂花节开幕式暨夜游喻斯启动仪式在安地镇喻斯村成功举行。

图书事业

【概况】 2022年，区图书馆免费开放成人报刊室、少儿借阅室、电子阅览室、地方文献、自习室、培训室等场所，总馆坚持每周固定开放时间不少于60小时，图书分馆平均每周免费开放不少于 48 小时，其中悦读吧新华街分馆每周免费开放时间不少于84小时、万泰青少年主题分馆每周免费开放不少于72小时。2022年，读者到馆共计29.8万人次，服务读者50万人次，文献外借 33万册，新办读者证3378人(包括新开通市民卡借阅功能)；有馆藏文献29万册，2022年新增馆藏44557册。“wcqtsg”微信公众号全年推出微片389篇，新增关注2156人，总粉丝数10985人，累计阅读量10.5万人次。宣传信息在各主流媒体上刊登报道25篇，其中“学习强国”1篇。

【图书流通】 2022年，实现12个乡镇(街道)文化站图书室的建设与提升，全部图书室实现通借通还。协助局文化科进行148家“e家书房”进社区及文化礼堂的挂牌、使用指导及检查验收工作。

按标准完善图书分馆建设，新建及提升图书分馆12家，其中，乡镇(街道)图书分馆10家，包括竹马乡图书分馆、雅畈镇图书分馆、箬阳乡图书分馆、莘畈乡图书分馆、塔石乡图书分馆、长山乡图书分馆、罗店镇图书分馆、乾西乡图书分馆、琅琊镇图书分馆和沙畈乡图书分馆，另新建金奥社区图书分馆、万固广场图书分馆和树人学校分馆。新分馆按要求做好和婺城区图书馆总馆资源统一的网络架构,实现通借通还服务,增加公共阅读的产品供给和服务供给。

新建图书流通站5家,分别为金华旅游集散中心图书流通站、诗路文化驿站、婺城区纪委图书流通站、婺城区水灵雅集图书流通站、人大代表联络站流通站。撤销图书流通站2家,分别是捷特包装图书流通站、元素酒店图书流通站。完成分馆、图书流通站和书香驿站图书流通流转计75773册。

【阅读推广】 2022年,开展读者活动842场,服务19.2万人次。其中,阅读推广活动315场、讲座59场、展览362场、培训106场。

【服务工作】 2022年,参加第七次全国公共图书馆评估定级工作,对照评估标准及评估细则,明确职责,任务分解,层层落实。本着实事求是的态度,认真自评,积极整改。以评促建,以评促改,改进业务工作的不足,全面提升区图书馆服务水平。做好地方文献的征集与收藏工作。全年征集收藏地方文献资料139种356册。做好读者咨询服务,为前来寻找文献资源的读者提供查询指导,发挥自身优势,有重点地做好地方文献服务保障工作。做好志愿者服务站建设。加入婺城区图书馆志愿者服务队组织人数306人,信用时数5850.6小时,荣誉时数2772小时,开展文化志愿者服务活动2场。为提升读者服务,1—9月,婺城区图书馆开展“你选书,我买单”活动,其间,从金华市新华书店借出图书3549册,服务人次782人,共用经费97380.9元。

1月19日,婺城区图书馆开展“读红色经典,传红色基因”红色经典书籍展　(区文旅体局供稿)

【成绩与荣誉】 图书馆工作人员李玫娟获金华市文化广电旅游局颁发的2022年金华市第八届全民阅读节“优秀阅读推广人”荣誉称号;区图书馆阅读推广品牌项目“浙里说婺”获金华市文化广电旅游局颁发的2022年金华市第八届全民阅读节“优秀阅读品牌”荣誉称号。

文化市场管理

【概况】 2022年,文化市场综合行政执法队婺城区大队,按照中央、省、市深化文旅市场综合行政执法改革的部署,加强和规范改革后的文化市场综合行政监管和执法工作,厘清权责边界,完善工作制度;有序开展“文明城市创建”除险保安等重大专项活动,较好地履行执法监管与服务的工作职责,实现安全隐患有效整改、执法改革攻坚有序推进。

【文旅市场执法】 2022年,监管巡查检查各类文旅场所1359家次,出动检查2708人次,办理一般程序案件1起,罚款1000元,受理举报(投诉)24件;常态化开展节日专项检查与跨部门联合检查专项行动计15次,发现各类安全隐患92处,已整改91处;开展文物安全专项检查共计86家次,发现违规行为6处,立即整改完成4处,限期整改2处,受理文物举报线索4起,核实4起,完成整改4起;开展宾

1月26日,婺城区文旅体局对全区范围内的文物建筑开展消防安全检查专项行动

(区文旅体局供稿)

馆主动提供一次性用品专项整治工作。全年开展专项整治3次，对全区的185家宾馆、饭店、民宿进行现场检查，开出整改通知书13份，立案处罚1家，约谈教育1家。协同区综合行政执法局办理案件2件。

【安全监管】 2022年，大队继续加强文旅市场常态安全检查。依托各类工作专班有序推进“攻坚行动”工作；依托除险保安专班常态开展对标检查工作。加强旅游重点领域安全管理。聚焦A级景区易发生事故领域、时机加强针对性检查；开展新业态安全摸排，牵头开展文教卫专委会工作，梳理成员单位履职和专委会工作职责，开展旅游新业态摸排；开展各类专项检查工作，持续开展“遏较大”“三年综合整治”“食品安全”“除险保安”“防恐维稳”“燃气专项整治”等工作。开展人员密集场所隐患排查和景区隐患专项检查。以网吧、歌舞娱乐场所、游艺娱乐场所等为重点，加强安全生产监督检查，重点检查疏散通道、安全出口是否畅通，自动消防设施、灭火器维护、保养、检测记录。

【综合行政执法】 开展文旅行业专项执法行动。开展假期文旅市场专项执法整治工作，网络文化单位执法检查工作，校园周边环境专项行动，护航两会开展文化旅游市场执法检查工作文保单位（点）执法检查工作，组织护航中共二十大召开专项执法检查，维护文旅市场健康稳定。

非物质文化遗产

【概况】 2022年，是婺城文旅融合发展“十四五”规划第二年，在群体传承人和工作人员努力下，顺利完成年度各项工作。通过贯彻中央办公厅、国务院办公厅《关于进一步加强非物质文化遗产保护工作的意见》和浙江省委文化工作会议精神，组织实施《浙江省非物质文化遗产保护发展“十四五”规划》，推动非遗强区建设，努力打造新时代非遗保护高地，加强非遗保护体系建设，促进非遗与旅游的融合发展，发挥非遗在婺城旅游和乡村振兴中的重要作用。

【非遗宣传和保护】 婺学、婺剧、金华山、古子城、万佛塔、金华火腿、金华酥饼、白沙溪三十六堰8个项目成为省优秀解码项目，优秀项目数量全省排名第2、全市排名第1；自然和文化遗产日主题活动在安地镇启动；首届民间工艺作品双年展在金华市书画院举办；开展婺州窑传承人培训工作并在婺城区10个文化场所开展婺州窑千杯万盏走进千家万户宣传体验活动。

【非遗传承阵地建设】 婺州窑陶瓷、金华火腿两个项目列入省级非遗工坊创建名单；婺城区长山二村被列入金华市第六批非遗景区名单。

【非遗科研】 省调研课题《宋代古窑址铁店窑的保护和利用》顺利结题。

【非遗名录】 11月24日，省文旅厅公示，婺城区金华核雕、龚氏中医外科疗法、汤溪饮食文化推荐省第六批非遗代表性名录；11月29日，“中国传统绿茶制作技艺及其相关习俗”（婺州举岩）成功申报为联合国人类非遗项目，这是婺城区第一个联合国人类非遗项目，是婺城传统文化保护的重要成果，有助于推动婺城茶产业的发展；12月2日，徐利民、陈顺财、顾童3人被评为金华市级优秀非遗传承人。

文物保护工作

【概况】 2022年，婺城区文物保护工作者以习近平新时代中国特色社会主义思想为指导，坚持新发展理念，加强体系建设，促进文物的活化利用与保护，婺城区文物工作持续向好。

【文物维修保护】 婺城区不可移动文物分布较广，具有悠久的历史和地域特色。2022年，严格遵循文物修缮工程规范实施，全年完成4处文物修缮工程验收，2处修缮工程设计方案评审；联合区白蚁防治站对辖区文保单位进行白蚁危害调查及治理。7月，根据《省文物局关于开展第八批省级文物保护单位申报遴选工作的通知》，经多轮多方专家认证、评选，婺城区推荐双龙电站为第八批省级文物保护单位；协助金华开发区完成下伊青阳山遗址的相关申报工作。5月，完成下山安居工程地块考古勘探及抢救性挖掘，出土了包括铜钱等在内的多件文物；6月，完成金华山金品C地块考古挖掘工作,地块遗址于2021年5月发现,出土了一批具有较高历史研究价值的南宋文物,其中JJCM6墓室的整个开墓过程登上了2022年6月29日央视《探索·发现》栏目。

【文物安全监管】 2022年,根据《国家文物局办公室 应急管理部消防救援局关于开展文物建筑消防安全专项检查的通知》及省文物局关于全面开展文物安全大整治工作的有关要求,联合区应急管理局、区消防救援大队开展文物安全工作大检查,全面排查文物建筑消防安全隐患,并对存在安全隐患的单位督促落实整改。2022年,出动文物巡查229人次,发现文物安全隐患80多处,多数隐患整改到位。为加强基层干部群众的文物安全保护意识,在辖区各乡镇组织开展消防安全应急演练及文物安全知识培训。参加对象主要有辖区各乡镇文化干部、文保员、消防志愿者、宗教人士等相关人员。联合区消防救援大队,对婺城区文物消防志愿队伍进行训练,参加2022年度金华市志愿消防队技能比武,取得优胜奖。

【专项工作】 5月,开展婺城区宋代文物资源专项调查,同时在全省文物博物馆管理系统,完成“三普”宋代不可移动文物数据的复核。根据浙江省文物局关于乡村博物馆建设的相关要求,新建一批具有地方特色的博物馆,形成生态博物馆、村史村情馆、民俗民艺馆以及传统的名人故居、历史遗迹纪念馆等的多元形态。从中推选四家,经过改造提升,8月顺利通过省乡村博物馆专家组验收。10月,根据省文物局关于《浙江省红色标语类革命文物专项调查工作实施方案》的通知,在婺城区开展红色标语类革命文物专项调查,12月底完成调查。

金华市婺城区婺剧促进会

【概况】 2022年,金华市婺城区婺剧促进会有会员175人,理事会成员44人,婺剧促进会下辖分会6个。在区婺剧促进会的指导下,广大会员开展一系列的活动,效果明显。呈现组织健全有网络、活动丰富有平台、载体丰富有影响、宣传广泛有声势等亮点。婺剧传统文化得到不断创新,促进婺城区乡村振兴和城市发展战略实施,提升居民素质和幸福指数。

【换届工作】 因疫情等原因,婺剧促进会理事会换届工作有所延迟。通过成立换届筹备小组,多次召开筹备会,妥善安排第三次婺剧促进会会员代表分布,推荐理事会班子候选人,于2022年11月27日在荣光国际学校,召开婺城区婺剧促进会第三次会员代表大会,选举产生新一届理事会,王国平当选为会长。

【自编节目弘扬婺剧文化】 婺城区婺剧促进会的多元婺剧团,在团长朱永奇带领下,常年活跃在乡村,送戏下乡,特别是与婺城区政府“五水共治”有机结合,通过婺剧喜闻乐见的节目,宣传“治污水、防洪水、排涝水、保供水、抓节水”活动,让广大村民懂得热爱水、珍惜水、节约水。婺剧促进会理事、民间文艺作家洪增贵,经常自编婺剧短剧,利用泽口村婺剧文化园进行演出,并通过本村婺剧爱好者送戏到蒋堂镇中小学。特别是在中共二十大会议召开前后,他走遍当年粟裕大将曾经战斗过的沙畈乡银坑村等地,完成大型婺剧剧本《涧道雄关》,通过“扎根婺南、鱼水情深、智勇退敌、抗租风云、木偶除奸、夜探棺山、涧道雄关、舞龙出征”八场戏,栩栩如生地再现粟裕当年的光辉形象。经婺剧促进会牵头多次论证研讨,听取各方意见,精心修改,受到浙江婺剧研究院专家和金华市作家协会好评,为宣传粟裕革命前辈精神,传承红色文化,作出应有的贡献,也深受广大婺迷欢迎,为后人留下非常宝贵的婺剧财富。

【婺剧进校园活动】 在区婺剧促进会的引导下,婺城区东市街小学继续深入开展“婺剧进校园”活动,取得丰硕的成果,并多次在中央电视台等媒体播出,婺剧《火烧子都 班师回朝》获浙江省戏剧家协会优秀集体项目小金桂称号。琅琊镇中心小学、蒲公英、湖头幼儿园、蒋堂镇初中等学校,在指导老师的带领下,把婺剧传承作为孩子们重要学习内容,经常开展唱腔、身段、台步等的婺剧常规训练,把婺剧操融入学校的体育活动中,以创新有趣的方式吸引小孩学习婺剧,让婺剧传承后继有人。

【民间婺剧兴起】 普及婺剧，从基层抓起，鼓励众多民间婺剧文艺骨干学唱婺剧，真正“把服务广大人民群众，传承婺剧事业，打造精品，提升品位”作为婺剧促进会工作重点，婺剧促进会的婺之声乐队活动正常，引领婺剧爱好者参与各项文化活动。重点培育民间业余坐唱班，经常组织聚会练习交流，让婺剧扎根在基层，并在婺城大地上得到蓬勃兴起。各乡镇(街道)的婺剧坐唱班亦有较大的发展与普及，活动遍及城乡各个地方，婺剧声影不仅仅出现在婺剧院戏台，更多展现的是广场公园、廊桥庭院，是饭后茶余的一种享受。婺剧高雅的群众文化生活，寓教于乐的方式正是国家社会所需所求，大大减少打麻将、赌博等不良习俗，也为宣传社会主义核心价值观作出贡献，婺剧真正展现出永久魅力和时代风采。

【婺剧交流培训】 经常开展婺剧培训交流，组织各婺剧爱好者参加，与会人员就婺城区婺剧促进会如何活动进行交流学习。2022 年 7 月 19 日在百海岛茶楼，举办婺剧工作研讨交流会，有 50 多位婺剧爱好者参加，布置促进会理事会工作，并进行学习交流展示。2022 年下半年婺城区有乾西、蒋堂、竹马三镇乡的坐唱班，经常进行婺剧交流，文化走亲活动。通过交流提高婺剧艺术水平，对普及、宣传、挖掘、传承好婺剧文化意义重大。婺剧促进会力求推出更多自主创作、自编自演，能够体现全面性、经典性，更具实用性的节目，把群众喜欢听、愿意听、热爱听的经典唱段汇总归类，增加群众喜闻乐见婺剧节目。 (张建红)

旅游

【概况】 2022 年，狠抓文旅经济复苏，推进“百千万”工程创建工作，以“花满婺城·幸福生活”休闲文化旅游年系列活动为载体，举办丰富多彩的文旅活动，着力打造“仙山好水 江南福地”全域旅游特色品牌，推动省级全域旅游示范区建设。落实文化和旅游领域稳经济工作，落实文旅系统“助企纾困服务季”活动，兑付市区旅游业困难补助资金 69.5 万元，受益企业 14 家。落实“金华人游金华”、大型团队“过夜游”活动，组织 404 个旅行团、2.51 万人次游玩。

2022 年，婺城区成功创建为省级全域旅游示范区。蒋堂镇、长山乡被认定为 2022 年度浙江省 AAA 级景区镇，蒋堂镇沙畈村和竹马乡下张家村被认定为 2022 年浙江省 AAA 级景区村庄。仰望星空民宿被评为省银宿级民宿。

【国内旅游】 2022 年，接待国内游 342.4 万人次；实现旅游收入 46.7 亿元。

【假日旅游】 2022 年，元旦重点旅游景区(AAAA 级及以上)接待游客 3.8 万人次，门票收入 6.97 万元，春节 A 级旅游景区接待游客人数 3.98 万人次，门票收入 28.79 万元。“五一”节假日重点旅游景区(AAAA 级及以上)接待游客 3 万人次，门票收入 4.97 万元。“十一”黄金周 A 级旅游景区共接待游客人数 12.8 万人次，门票收入 153 万元。

【旅游规划】 2022 年，《婺城区全域旅游发展规划》完成公示。《婺城区文化旅游业发展“十四五”规划》完成补充调研和再征求意见，召开评审会。

【景区创建】 2022 年，熊猫猪猪·两头乌国际牧场被评为国家 AAA 级旅游景区，AAAA 级景区景观质量通过省级评定。

【旅游资源】 2022 年，婺城区万佛塔公园周边铺装及东市街(将军路—飘萍路)景观提档等 21 个项目被认定为省级旅游业“微改造、精提升”示范点。86 个“微改造、精提升”项目完成投资 2.43 亿元，完成率 91.18%。全年全区 23 个文旅项目完成投资 12.86 亿元，完成年度计划 104.81%。助推“诗画浙江·百县千碗”数字化平台建设，完成“百县千碗”十热菜、十冷盘、十小吃和 4 家体验店信息录入，婺城宋韵婺州府被评为 2022 省级“百县千碗”美食体验店。瑞禧庄园被评为“诗画浙江·百县千碗”省级美食体验(示范)店。禾居乡村文旅运营团队入围省级首批“乡村文旅运营团队”培育名单。婺州古城入围第二批浙江省示范级文化和旅游 IP 名单。婺州中医文化馆被评为 2022 年浙江省中医药文化养生旅游示范基地。婺城区上榜“第二批长三角高铁旅游小城”。金华市银坑工农红军挺进师活动旧址被省文旅厅命名为第六批浙江省级红色旅游教育基地。

【乡村旅游】 开展万户农家旅游致富,267户农家旅游致富计划帮扶结对率111.25%。婺城乡村旅游(含金华经济技术开发区)经市文广旅局测算,全年接待游客44.5万人次,比上年增长242.18 %,实现旅游经营总收入4.05亿元,比上年下降2.3%。

【旅游精准营销】 2022年,"婺城文旅"公众号推文113篇,"婺城全域旅游" 视频号发布短视频30个,通过宣传婺城"百县千碗"菜品、非遗、景区等文旅特色,输出更具内涵深度的婺城全域旅游。在"未来乡村 共富花乡"金华市第十三届茶花节,策划婺城区最佳赏花点打卡活动,设计竹马乡、罗店镇、乾西乡、新狮街道等特色花卉苗圃基地赏花打卡旅游线路,让广大金华市本级游客闻着花香、感受幸福婺城的味道。开展以"感悟中华文化 享受美好旅程"为主题的"5·19"中国旅游日系列活动:动员旅游企业制定"中国旅游日"惠民措施。组织金华婺州古城景区等3家景区参加2022浙江(四川)旅游交易会开幕式暨浙江文化和旅游推介会,展示全区代表性的非遗和文创产品。

【媒体宣传】 配合省文旅厅组织央媒团到熊猫猪猪·两头乌国际牧场、婺州古城景区开展"诗画浙江 文旅共富"采风活动。配合全域旅游创建做好宣传。配合金华电视台做好茶花节十大赏花打卡活动;在《金华日报》专版推出"花满婺城 幸福生活"五一旅游攻略,推出一日游、康养游、红色旅游等经典线路。

【网络营销】 在"婺城文旅"公众号推文113篇,"婺城全域旅游"视频号发布短视频30个,"婺城旅游"微信公众号推出茶花节打卡赏花、"5·19"中国旅游日、"感悟中华文化 享受美好旅程" 系列、"五一""十一"等游玩特辑宣传活动,全面助推婺城全域旅游发展。

【打造乡村旅游节庆品牌】 婺城区委、区政府依托丰富的茶花、桂花等花卉资源,举办"花满婺城 幸福生活"休闲文化旅游年系列活动。3月,第十三届中国茶花博览会在竹马乡举办;10月, 第十四届仙源湖桂花节暨夜游喻斯启动仪式在安地镇喻斯村举办,活动带动举办地观光休闲农业和旅游产业的融合发展。

【旅游饭店和安全管理】 做好星级饭店、旅行社、A级景区的安全监管工作, 严格落实民宿防疫工作, 督促民宿工作人员落实常态化核酸检测 "一扫三查"等疫情防控措施。

体育

【概况】 2022年,全区完成民生实事体育建设工程15个,其中,百姓健身房8个、社区多功能运动场5个、笼式足球场1个、村级全民健身广场1个。人均体育场地面积2.87平方米, 公共体育场地设施100%纳入省全民健身公共服务系统。完成国民体质监测人数1500人,国民体质监测合格率94.5%。培训社会体育指导员119人。举办23场体育赛事活动,其中省级赛事活动10场。完成省运会轮滑、皮划艇(激流回旋)、皮划艇(静水)、乒乓球、女子篮球(甲组)、男子足球(甲组)、小轮车7个项目的承办,获得赛前加计金牌31枚,现场金牌48.5枚,位列金华市第1。

【竞技体育】 组队参加2022浙江省青少年男子足球锦标赛, 丙组获冠军、甲组获亚军、乙组获第4名; 组队参加宁波市2021年浙江省青少年男子足球(甲组)冠军赛,获季军;参加浙江省少儿田径冠军赛总分108分,获5金4银2铜,位列甲级组金牌总数第2,团体总分第六名;参加第41届"迎春杯"浙江省青少年(儿童)游泳比赛,全区15个运动员参赛共获得4个第1。

【群众体育】 2022年, 婺城区共举办23场体育赛事活动,围绕休闲体育产业发展,依托独特的地域文化和山水资源优势,因地制宜,打造品牌赛事,有效地推动群体活动的开展。

11月26日,"金华银行杯" 罗店镇第二届农民运动会, 在婺城区罗店镇中心小学举行, 乡镇、村(社区)、银行等5支代表队200名运动员参赛。运动会在从严从紧各项疫情防控措施的同时,发挥村民在乡村振兴舞台中的主体作用,丰富村民业余生活,提升身体素质,营造积极向上、全民运动的浓厚氛围。

12月18日,2022年第七届金华山之巅·百公里越野挑战赛在金华双龙风景旅游区游客中心鸣枪开赛，来自各地600余名越野爱好者参赛。赛事分60千米全程组、40千米挑战组、20千米毅行组和5千米体验组4个组别。设全程组64千米，挑战组43千米，毅行组21千米，体验组5千米。选手从双龙游客中心出发，途经智者寺、双龙溪峡谷、双龙洞、鹿女湖、小西湖露营基地、大盘尖等金华山标志性景点，最终回到双龙游客中心。金华山之巅系列为金华市品牌赛事，是金华山“体育+旅游”的金名片。

【老年体育】 婺城区老年体协有效开展培训活动，举办老年人书法(毛笔)、智能技术、广场舞骨干、24式太极拳骨干、手机摄影知识、健身秧歌骨干等培训班，强化老年人健身队伍建设。搭建活动平台，广泛开展老年人喜闻乐见的各种体育活动，承办全市门球交流活动、兄弟单位友谊赛，先后选派嗒嗒球、兜球、柔力球、28式太极拳、门球、婺韵广播操、气排球、棋类、桥牌、乒乓球、健身秧歌、健身球操和木球13个项目、130名运动员参加市老年体协组织的交流活动，参加全市百场文体活动千人精品项目展演，推动全区老年体育事业蓬勃发展，为建设健康婺城和应对人口老龄化作出积极贡献。（陈天翔）

南山省级自然保护区

【概况】 2022年，保护区开展野生动物网格化监测，布设96个野生动物网格化监测网格，重点区域内放置120台红外相机；根据鸟类生活习性、迁徙路线等设置3千米鸟类监测样线4条。新建2公顷的珍稀濒危物种园基地；建立1公顷大样地2个，特别是永瓣藤等关键植物，针对性建立种群监测样方3个，划分50米×10米的植物群落长期监测样带3条。

【社区共建】 2022年，出台《婺城南山省级自然保护区新增公益林和集体林租赁实施方案》，完成6958.2公顷集体林租赁，各村的补偿标准从570元/公顷增加到798元/公顷；争取水源保护资金3148.19万元用于各乡镇河道保洁、农村生活污水处理等水源生态补助相关工作。

【科研宣教】 2022年，新建科普宣教馆与4个野外宣教点的建设，并根据自然保护区交通和居民分布，设立14处社区宣教牌；组织召开浙江省植物学会第十六期“植物分类与生物多样性保护高级研讨班”，在保护区内新发现两个国家二级野生保护植物鹅掌楸与四川石杉。

宣发以“猕猴全家出游”“坚持人与自然和谐共生，走乡村绿色发展之路”“南山生态保护中的婺城实践”“国宝级珍禽首次现身南山自然保护区”等多个主题的宣传报道，分别在央视频道、“学习强国”、省级媒体平台、金华广电融媒体、中国新闻网、浙江卫视等多个平台报道宣传。

【森林病虫害防治】 2022年，保护区将森林病虫害防治列为重点工作，定期开展森林病虫害全面排查工作，为4000余株松树打孔注药，完成13.33公顷的柳杉毛虫虫害除治。（张　卓）

金华仙源湖旅游度假区

【概况】 金华仙源湖旅游度假区位于中国桂花之乡——金华市婺城区安地镇境内，2002年1月经浙江省人民政府批准设立，是浙江省第十二个省级旅游度假区、省内唯一的城郊湖山型旅游度假区，也是金华市区唯一的省级旅游度假区，是首批浙江省职工疗休养基地，距市区10千米，规划面积40.57平方千米。

【全域旅游】 2022年，推动仙源湖辖区内各村融入全域旅游布局。下大力气打造精品村、网红村，雅傅、南郭、上干口新村等村庄面貌显著提升。创建A级以上景区村庄4个，A级景区村覆盖率达87%，乡村旅游风景线初步成型，“垅垅有特色、处处有风景，景区全域化、全域景区化”初显成效。成功举办第十四届桂花节，提升成熟景区品质，助力浙江巨龙温泉旅游度假村、喻斯生态旅游景区成功获评国家级AAA景区，帮助原有文旅产业资源提质增效。

【项目建设】 2022年，加大政府性投资，完成总投资1.2亿元的仙源湖度假区提升改造项目，完成总投10.2亿元的AAAA级景区镇全域提升项目建设。启动燕语湖、十二杉房等重点旅游项目建设,出资4亿元收购巨龙温泉旅游度假村,实施整体改造,打造四星级酒店,定于2023年5月对外营业。燕语湖国际垂钓中心一期总投资2亿元,一期累计完成投资1.1亿元,二期计划投资9.5亿元,累计完成投资3.7亿元;培育十二杉房景区总投资2.5亿元,已完成投资8000万元;四季花谷项目总投资5亿元,已开工建设,计划两年内建成投运。由于大项目的牵引作用,吸引众多投资运营主体前来洽谈合作事项,“水韵梅溪,魅力仙源”的旅游品牌更加鲜活生动。

【旅游服务】 围绕旅游服务更贴心,推进全域化、系统化的旅游设施配套建设。优化公共道路交通布局,实现公交线路及其站点全覆盖;完成旅游公厕、游客接待中心等旅游配套建设,规范旅游导览标识系统,建成智慧旅游、智慧交通等公共服务数字化平台,畅通游客信息获取渠道,仙源湖的旅游服务更趋标准化、系统化、人性化。(黄寅明)

综述

【基本情况】 2022年，总投资21.8亿元打造区中医院等10个医疗强基项目，实现全区优质医疗资源供给提档升级。继续加大国家卫生乡镇创建和巩固工作力度，创建琅琊等5个国家卫生乡镇，白龙桥等8个乡镇通过国家卫生乡镇省级评估，118个建制村被评为省级健康村。10月28日，婺城区顺利通过省级慢性病综合防控示范区现场复审。

2022年，完成全区结直肠癌筛查16358人，完成率102%；"医聚婺城""婺家优医" 全面推进，115支家庭医生团队成员全力以赴开展签约服务，有效签约从2021年的17万余人，增加至18万余人，重点人群家庭医生签约覆盖率80%以上。依托市人民医院技术团队支持，区妇幼保健院新开展妇科手术10例，实现妇科宫腹腔镜手术零的突破；白龙桥镇卫生院等6家基层卫生院具备住院、二类以下手术服务能力，13家基层卫生院的医疗服务能力达到国家能力提升基本标准。加强以家庭为主导、社区为依托、机构为补充的"3211"婴幼儿照护服务，全区建成11个中心、7个驿站，拥有托位1794个，乡镇覆盖率实现83.33%；创新"卫教协同共育"新模式，建成浙江师范大学等8个青春健康教育基地(其中有2个省级、3个市级)，组织国家、省、市、区四级优秀青春健康教育师资174人，研究编写"本土化"的青春健康教案集，在全区中小学校深入开展青春健康"女孩男孩"公益课项目，2022年，累计公益授课349场次，受益人数超26万人次；区卫生监督所成功创建省级行政执法规范化建设单位，在全国优秀典型案例评选中，中医药执法案卷评选获全省第六，列入全省十大优秀典型案例。

【医疗机构建设】 婺城区中医院项目完成整体工程的95%，2022年度完成形象进度投资1.6亿元，完成项目总投资额3.6亿元。婺城区妇幼保健院整体迁建项目完成项目一期主体和二期地下室基础分部及主体分部验收，2022年度完成形象进度投资1.7674亿元，累计完成项目总投资额3.63亿元。婺城区康复医院改扩建工程已完成整体工程的96%，2022年度完成形象进度投资1.05亿元，完成项目总投资额2.48亿元。婺城区人民医院改扩建工程总投资约2.8亿元，2022年10月开工，年内完成两个建筑单体。婺城区卫生应急物资储备中心及疾控中心改扩建项目进入装修改造阶段，2022年度完成形象进度投资2600万元，完成项目总投资额5630万元。

【医联体建设】 2022年，婺城区围绕基层卫生院在科室布局、床位设置、诊疗设备等硬件方面存在的短板，投入1.15亿元，全面完成主城区5家街道社区卫生服务中心改扩建和白龙桥镇卫生院等4家乡镇卫生院的精细改造工程。推动实现基层卫生院基础能力的提质扩面，投入3亿元对安地镇、乾西乡、雅畈镇3家平原片卫生院进行整体迁建，通过全面升级用房条件和就医环境为分级诊疗后续发展提供坚实基础。除此之外，投入720万元对罗店镇卫生院等8家基层卫生院开展院前急救站点建设,于2022年10月底全面完成,投入运营后将进一步降低急救站点服务半径,缩短平均急救反应时间,切实提高急救服务效率和服务水平,增强医疗应急救援能力。提升基层医疗机构医疗质量管理,提升医疗服务的规范化、标准化,与金华市人民医院合作,每年安排医疗、院感、护理、药事、检验等专家开展定期下沉检查指导,固化医疗标准、提升管理水平,实现医疗质量同质化管理。与此同时,以基层服务能力评价指南为标准,聚焦落实功能任务、完善资源配置、提升服务水平三个着力点,全面开展"优质服务基层行"活动,推动业务管理精细化。全面加强基层中医药服务网络建设,推进"基层中医化、中医基层化",全区18家基层卫生院全部建成中医馆(国医馆),均拥有针灸推拿、膏方等6项以上中医药适宜技术,中医诊疗收入年均增幅达到35%。同时,积极与市医联体医院中医科、康复科开展紧密合作,以康复联合病房、外聘中医专家门诊的方式大大增强服务可及性。坚持做实全科、做强专科的思路,鼓励基层医疗机构不断发展社区康复、慢病、老年病等差异化特色服务项目,如城西街道社区卫生服务中心依托"周雪娟名医工作室"专家团队的优势形成小儿脑瘫康复优势专科,罗店镇卫生院以"小针刀"特色治疗带动肢体康复理疗专科深度发展。

【智慧医疗建设】 2022年,全区公立医疗机构卫生大数据平台架构基本建立,市直医院、区属公立医院、卫生院(社区卫生服务中心)诊疗数据初步实现互联;数字化卫生监管平台建设稳步推进,90家口腔医疗机构完成数字卫监系统安装,安装率为98.9%,160家民营医疗机构安装"全诊通"监管系统,覆盖率为50%,全区数字化智慧卫生监管水平得到提升;公立医疗机构诊间结算全覆盖,自助服务设施配备得到改善,检查检验结果互认共享覆盖率100%,群众就医体验大为改善。

【专业技术人才培养与队伍建设】 2022年,分批次、分时间进行5次共100名相关卫生专技人员岗位的招聘,有效补充理论、技能双过硬的高素质卫技人才。完成定向培养新录用4名,委托温州医科大学、温州医科大学仁济学院、杭州医学院、浙江中医药大学培养中医专业、儿科专业紧缺人才6名。选派40名素质技术良好的基层卫技人员参加市本级医院的进修,并举办17批次的专业技能培训班,逐步提高医技人员的整体素质。全面推进"婺城名医"梯队培育工程,全区卫生系统有卫生高级职称110人,其中,正高级10人、副高100人,朱晓芳等5人获评2022年度区拔尖人才。深化"百名医学健康专家进婺城"活动内涵,加强省、市级医院专家与全区18家基层卫生院的医疗合作,通过发挥专家的"传帮带"作用,提升自身造血功能。

公共卫生

【概况】 2022年,全区完成家庭医生预签约179943人,签约率达37.79%,其中有效签约170518人,有效签约率94.76%,签约工作知晓率和履约质量得到大幅提升。各签约服务机构在家庭医生签约服务覆盖面保持稳定的前提下,在"10+1"人群的"签约服务包"基础上,结合实际制定"增值服务包",提供"套餐式"服务,对不同人群实行分类管理、精准服务。同时,全面组织开展签约服务质量"大质控"工作,每季度开展家庭医生签约服务工作督导,及时反馈发现的问题,提出整改意见和建议,在第三方对4326名服务对象的调查中签约满意度达到96.83%,推动家庭医生签约服务取得实效。推进居民健康档案开放,专人负责督促各基层单位按时限要求落实整改,以切实提升健康档案综合质量,健康档案开放率达到69.22%;逐步建立起医防融合、连续服务和分级诊疗协同机制,加强高血压糖尿病全周期健康管理,建立白龙桥镇等三家"慢病一体化"门诊,全区高血压规范管理率达到62.38%、糖尿病规范管理率达到62.04%,慢病随访率达43.23%,完善项目督查管理机制,健全季度考核通报制度,除年中、年终实行全方位全覆盖考核外,日常采取抽查、专项考核、交叉考核等方式开展督查,及时发现和通报项目开展中存在的问题,提高工作成效。

【卫生监督】 2022年,"互联网+监管"掌上执法率100%、抽查事项覆盖率100%、应用信用规则率

100%、跨部门监管率21.27%、事件处置率100%。检查监督对象3086家次，查处各类案件308起（首违不罚案件10件），其中，大案要案15起、一般案件228起、简易案件40起，共罚款金额100.19万元。通过“医美监督在线”收集美团、大众点评、新氧等App或网页店铺营业项目、顾客评论等信息，获取是否涉嫌未取得“医疗机构诊疗许可证”开展医美的违法线索。依据平台推送的风险线索，立案查处3起，对2家机构未取得《医疗机构执业许可证》擅自执业的行为及1名非医师行医的行为予以行政处罚，罚没款总计17.17万元，取缔非法行医场所2个。立案查处非法行医8户，其中非医师行医案3件，未取得《医疗机构执业许可证》擅自执业案5件。做出行政处罚决定6起，没收违法所得3户次，没收金额1.43万元，罚款金额29.3万元，没收物品仪器4台、中药约462千克。加强能力建设。以比学赶超、争先进位的奋楫姿态实现能力迭代式提升跨越，2022年，执法效能全市排名从最后1名进位到第1名，特别是全省排名从81名跃升到第1名，在法制能力、履职能力、覆盖能力、创新能力、处置能力各方面均获满分，实现效能总分大满贯。

【妇幼保健】 按照省、市统一部署，根据《婺城区促进3岁以下婴幼儿照护服务发展实施意见》，坚持以家庭养育、早期发展为切入点，深入打造“3211”婴幼儿照护服务模式，有效破解托育难问题。已建设“医、防、护”（儿科医疗、预防保健、婴幼儿照护）婴幼儿照护服务指导中心11家、设置7个婴幼儿照护服务驿站，共有幼儿园托育部、托育机构共40家、托位数1951个，每千人托位数达4.02个（高于全市平均水平3.3个），位居全市第3，乡镇（街道）托育机构覆盖率83.33%。培训指导师22人、服务师90人、志愿者162人、托幼机构保育员1260人次，开展科普服务活动143场、基层养育照护小组活动78期，婴幼儿健康管理率、科学育儿知识普及率均达到95%以上，参加活动达922余人次。对儿科疾病防治、家长课堂、婴幼儿早期发展等进行系统管理，累计开展对3岁以下婴幼儿健康管理6985人次，覆盖率97.8%，对5252名3岁以下婴幼儿进行发育筛查，干预3人次。

【健康环境建设】 2022年，全区成功创建健康家庭268家、健康社区（村）118家、健康医院21家、健康学校43家、健康食堂12家、健康机关单位34个、健康餐厅酒店10个、健康小屋3个、健康主题公园3个、健康步道3个、健康超市5个，辖区内无烟党政机关、无烟医疗卫生健康机构、无烟学校建设达到100%，19个健康自助检测点，设置健康检测点的医疗机构覆盖率达100%。

【人口监测与家庭发展】 2022年，全面落实国家孕前优生健康检查，2022年度完成优生检查2355人，同比增长24.14%。严格落实产前筛查工作，全年完成产筛3135人。优化婚检体检流程，完成婚检2332人次。全区婚前医学检查率64.00%，孕产妇系统管理率达96.05%，婴幼儿健康管理率达97.2%，≥28周出生缺陷发生率降至4.35‰。加快推进汽车客运站、火车站、大型超市、公园、医院、旅游景区等公共场所标准化母婴室设施建设工作，方便群众就近享受服务。维护女性和广大哺乳期群众的特殊利益，营造出全社会关爱备孕期、怀孕期和哺乳期女性的良好氛围。全区现有规范化母婴室43家，其中商场（超市）7家、景区2家、公共设施4家，其他企事业单位30家。

（张煜凯）

社会事务

综述

【基本情况】 2021 年，婺城区最低生活保障标准提高至 1050 元/月，增幅 17%。机构养育孤儿、社会散居孤儿基本生活费标准提高至 2209 元/月、1767 元/月。截至 2022 年年底，全区在册低保对象 2296 人，低保边缘对象 289 人，共发放低保资金 2274.51 万元；特困对象 588 人，发放特困供养资金 1165.87 万元；重度残疾人 5576 人，困难残疾人 1281 人，共发放残疾人两项补贴 2073.79 万元；孤儿和困境儿童 82 人，发放孤儿和困境儿童基本生活补助 148.14 万元。2022 年，建成区级社会救助联合体试点，未成年人救助保护中心实体化运行，实现乡镇(街道)示范型儿童之家、未成年人保护工作站全覆盖。

【养老服务】 2022 年，高质量完成省、市、区民生实事，新增认知障碍照护专区床位 50 张，新建公办智慧养老院 1 家，为 18 家乡镇(街道)居家养老服务中心配备智能服务终端，新增持证养老护理员 269 人；新改扩建城市社区居家养老服务照料中心 5 家；提升改造乡镇(街道)居家养老服务中心 2 家、村(社区)居家养老服务照料中心 17 家。全年为 159 家有就餐功能的居家养老服务(照料)中心发放补贴资金 466.5 万元。引入国资区城投集团入驻运营白龙桥敬老院、区福利中心以及城西、城北、雅畈等乡镇(街道)居家养老服务中心提升养老项目品质。

【慈善事业】 广泛动员慈善力量，及时响应社会需求，开展慈善救助活动。2022 年，募集善款物资 1460 万元，慈善帮扶支出 1470 万元。建成乡镇(街道)慈善分会 18 家、村(社区)慈善工作站 274 家，实现慈善三级网络全覆盖。慈善一日捐参与人数首次突破 1 万人。区慈善文化基地连续三次获评“浙江省示范性慈善基地”。健全完善慈善激励褒奖机制，设立首届“婺城慈善奖”。设立具有婺城辨识度的共富基金，新设立金华五中振华百万级教育基金，联合区工商联、区检察院成立司法救助专项社会帮扶基金。

【基层社会治理】 开展社区服务设施提升和评估示范创建，新建 3 个“居民会客厅”。2022 年，集中开展两批大规模专职社区工作者招聘，每万城镇常住人口拥有社区工作者达 18 人。完成婺城区和武义县行政区域界线联合检查。加强社会组织规范管理，全年登记注册社会组织 15 家，完成 86 家社会组织“双随机、一公开”抽查检查。积极培育品牌社会组织和社会组织领军人物，新增 AAAA 级社会组织 2 家，选树 2022 年全省社会组织领军人物 2 名、市社会组织领军人物 1 名。乡镇(街道)社会工作站实现全覆盖建设并投入运营。全年新增持证社工 242 人，每万人拥有持证社工人数 23 人。选树省级社会工作领军人才 1 名。

【专项社会事务】 推进婚姻登记便民利民服务，出台《婺城区婚俗改革试点工作实施方案》，开展集中补领补办婚姻登记证乡镇巡回服务。2022 年，办理结婚登记 6160 对、离婚登记 716 对，补发结婚证 15122 本，补发离婚证 118 本。健全基本殡葬公共服务体系,印发《婺城区乡镇公益性节地生态公墓(骨灰堂)管理办法》,推进迎亚运“两路两侧’青山白化’专项整治”和“活人墓”等突出问题整治规范工作。承担省基层治理一件事、安葬(放)设施年检年审“双试点”任务,建设婺城区安葬(放)设施管理服务系统。发放大中型水库移民年度直补资金817.31万元,受益移民1.3万余人。实施基础设施配套、村庄环境整治等美丽家园类移民项目建设,新增雅畈镇梅江村等新时代美丽移民村2个。(谢文霞)

2022年婺城区百岁老人名单一览表

表8

序号	名称	居住地	出生日期	性别	年龄
1	王秀英	新狮街道	1915年6月30日	女	107
2	俞作铭	城中街道	1916年9月4日	男	106
3	王松凤	塔石乡	1918年4月28日	女	104
4	徐荣庭	城东街道	1919年6月22日	男	103
5	栾　诚	城东街道	1920年3月22日	女	102
6	周宝蕉	城东街道	1920年8月11日	女	102
7	谢金仙	城北街道	1920年9月14日	女	102
8	吴招弟	西关街道	1920年12月3日	女	102
9	金筠林	城北街道	1921年1月25日	男	101
10	徐兰英	白龙桥镇	1921年2月24日	女	101
11	詹星光	城北街道	1921年3月1日	女	101
12	王卓凡	城东街道	1921年5月15日	男	101
13	刘贤英	乾西乡	1921年7月20日	女	101
14	叶大奶	雅畈镇	1921年7月30日	女	101
15	陈宝悌	江南街道	1921年10月14日	女	101
16	虞根枝	沙畈乡	1921年12月10日	女	101
17	朱彩球	罗埠镇	1922年1月4日	女	100
18	胡来兰	罗埠镇	1922年1月19日	女	100
19	邵中坚	城北街道	1922年2月12日	男	100
20	蒋根姣	乾西乡	1922年6月30日	女	100
21	施云娇	白龙桥镇	1922年8月21日	女	100
22	陈景勇	罗埠镇	1922年9月3日	男	100
23	丰顺悌	塔石乡	1922年9月21日	女	100

续表 8

序号	名称	居住地	出生日期	性别	年龄
24	吴林森	城东街道	1922 年 9 月 22 日	男	100
25	汤竹竹	白龙桥镇	1922 年 9 月 28 日	女	100
26	陆佩征	三江街道	1922 年 11 月 23 日	男	100
27	黄榕柱	城中街道	1922 年 12 月 1 日	男	100
28	张美苏	三江街道	1922 年 12 月 9 日	女	100

就业和社会保障

【概况】 2022 年,婺城区人力资源和社会保障局组织完成及参与人事考试、职称考试等笔面试计 28 场,服务考生 2 万余人次。其中,教育系统公开招考录用 118 人,卫生系统招考录用 25 人,统招录用 103 人,面向书记招考录用 1 人。编外人员签约录用 49 人。在职称考试上,顺利完成全国计算机软件考试、二级建造师考试、社会工作者考试等职称考试。全年办理事业人员调动 251 人,人员转隶 262 人,人员借用 7 人,人员辞职 39 人。完成退役军士和随军随调家属工作安排。完成档案审核共计 937 本,对 133 本未装订档案进行装订。完成事业单位岗位设置实施认定 310 件,涉及 985 人,完成首批次管理职员等级晋升工作,晋升 73 人。组织完成晋升八级以上职员等级人员考察工作,审核推荐晋升八级以上人员 122 人。全年新增(不含考试取得证书人数)正高级专业技术人员 4 人,高级专业技术人员 100 人,中级 214 人,初级 349 人。

【就业与再就业】 坚持就业优先目标,多措并举稳住就业基本盘。落实“重点群体就业帮扶”和“浙里就业创业” 数字化应用,开展重点群体协同认定 11562 人,帮扶服务 12882 人,实现就业 10942 人;出台《“幸福留婺 暖心助企”十条政策》和《婺城区助企帮扶十三条》等稳岗留工政策,惠企政策兑现率 100%;打造“共富招聘长廊”“乡镇招聘集市”“网络招聘专场”“重点群体专场”等招聘活动超 300 场次,达成面试意向超 2 万人次;印发《关于公布婺城区首批区级高质量就业社区(村)的通知》,建成区级高质量就业社区(村)45 家,评定首批区级星级高质量就业社区 12 家;全年新增就业岗位 10213 人,城镇调查失业率控制在 5%以内。

【人才建设】 推进人才扩面行动,2022 年新增青年大学生 9791 人,青年博士 29 人。新建 3 家省级博士后工作站,招收博士后 5 名。组织举办 5 场高校毕业生线下招聘会,12 场重点企业宣讲会、春秋两季各一个月的企业与高校线上双选会、毕业生网络直播招聘、汽车及零部件产业专场线上引才活动。2022 年,全区开展技能培训 1.79 万人次,培养技能人才 7790 人,新增高技能人才 3263 人,选拔新时代“浙江工匠”培育工程技能人才 18 人、“百工之乡八婺金匠”33 人,创建“技能乡村示范村”5 个。

【社会保障体系建设及社会保险】 开展企业职工养老保险提标扩面专项行动,通过政策宣传、深挖扩面潜力、强化“政策找人”靶向聚焦企业、个体工商户和灵活就业人员等重点目标,精准施策、聚力攻坚,全区基本养老保险参保率达 99.77%。全面落实助企纾困单位部分养老、工伤、失业缓缴政策,实施全市统一城乡居民基础养老金标准,从每人每月 260 元,调整为每人每月 290 元。落实被征地农民参保 426 人,开展“走基层、送服务”社保政策宣传和防养老诈骗活动 30 余场,开展企业退休人员住院、死亡、春节慰问和日常帮困 5000 余人次,接收、转移国有企业退休人员档案 108 份。多渠道开展工伤保险主题宣传、工伤预防培训,培训机关、企事业单位和在建项目工伤负责人 400 余人。开展新就业形态劳动者社会保障集成改革工作，对接区社建委出台新业态社会保障集成改革方案，联合行业主管部门分行业、分领域开展新就业形态劳动者社保参保扩面，鼓励经营者为劳动者单险种参加工伤保险，全区新业态劳动者社保参保4100余人。

【劳动关系管理及劳动保障监察】 以持续推进婺城根治欠薪工作为抓手，深化和谐劳动关系的构建。开展迎省考、“开学无忧”、“安心过年”等专项行动，狠抓“六项制度”落实，协同行政执法局建立监管处罚全流程闭环机制。2022年，受理国、省、市平台线索件1212件，“六项制度”落实率81.88%，移送处罚案件8件。高质高效办理劳动争议案件，大力推进“党建+调解”工作，乡镇（街道）“红社调解室”覆盖率达94%，立案受理劳动争议案件532件，办结531件，其中，调解结案494件，裁决结案37件，结案率、调解成功率分别为99.8%、93.9%。

【数字化改革】 全力推进两项省级试点项目，“新就业形态劳动保障在线”应用数字化改革试点推广取得实效。推动省级试点项目劳动争议数智治理指尖仲裁开发建设，强化与省、市人社系统和大数据局等部门的对接，加快指尖仲裁项目招投标工作进度。梳理三张清单，完善项目总体框架和多跨协调模式，对劳动争议处理工作业务流程、制度体系、体制机制进行系统性重塑，按照“金华试点”+“全省推广”模式加速推进、敏捷开发、快速迭代，确保指尖仲裁项目尽快落地并发挥实效，精准便捷群众开展线上仲裁。

【信息工作】 2022年，区人力资源和社会保障局不断提升信息宣传工作质量。信息《金华婺城区实习带岗“三步阶梯”助力大学生就业》被浙江政务服务网采用，《中小企业对岁末年初用工形势有“三忧”》被省委采用，《金华市婺城区开展三大行动 大力推进职业技能培训》《金华市婺城区用工保障“兜底”，企业复工“有底”》《金华市婺城区“四精准”帮助失业人员尽快实现就近就业》《金华市婺城区“三大礼包”为新业态劳动者保驾护航》被省厅门户网站采用。外宣信息被《中国劳动保障报》采用6篇，浙江卫视播出6次，《浙江日报》刊出3篇，浙江人社公众号采用3篇，《浙江人社》期刊刊出1篇，《金华日报》刊出12篇。

（李罗欣）

退役军人事务

【概况】 2022年，婺城区退役军人事务局围绕高质量打造“一带七心”新使命新任务，实现服务保障工作持续夯实，优抚褒扬能力持续提升，就业创业利好持续释放，拥军崇军氛围日益浓厚，社会化拥军工作成效显著的工作目标。在全市拥军会上安排典型发言，组织功臣模范退役军人组成“老兵宣讲团”，开展中共二十大精神宣讲百余场，掀起学习宣传贯彻中共二十大精神热潮。获评2022年度退役军人事务部宣传工作先进单位。

【移交安置与培训帮扶】 2022年，区退役军人事务局组织协调妥善安置转业军官和符合政府安排工作条件退役士兵（退出消防员），其中转业军官100%安置公务员（参公以上）。完善军人退役“一件事”办理，接收自主就业退役军人。加强退役军人就业帮扶，发放自主就业一次性经济补助，组织退役军人职业技能培训4期。落实军休干部、无军籍职工相应待遇。承担金华市退役军人就业创业数字化改革任务，基本实现退役军人就业帮扶“精准智供”。

【双拥共建】 2022年春节、“八一”建军节期间，区领导牵头慰问驻婺部队，送去慰问物资；发挥双拥

6月20日，市退役军人事务局到区退役军人事务局调研并在“八一”礼堂召开座谈会

（区退役军人事务局供稿）

办组织协调作用,按照成员单位职责,分解任务,全年为驻地部队解决军人子女入学、双拥社区成立、协调部队核酸检测等10余项问题。整组拥军支前队伍并组织队员进军营开展针对性训练。开展“情系边海防官兵”活动,组织慰问边海防官兵家庭,帮扶解困。解决随军家属就业问题,分两批先后拿出社区工作者岗位,面向驻军随军未就业家属招聘。高质量解决军人子女转学、入学问题。举办庆祝中国人民解放军建军95周年书画摄影评选活动,选送摄影作品获市一等奖。

【优抚褒扬】 2022年,区退役军人事务局完成重点优抚对象定期补助款、农村籍退役士兵兵龄补贴、义务兵优待金、新兵入伍大学生一次性奖励金发放,做好优抚对象医疗救助保障工作。开展清明祭英烈、“9·30”公祭等褒扬烈士活动,通过乡镇(街道)退役军人服务站代祭扫190人次,集中迁移3座烈士墓。完成农村现役义务兵父母和享受定期抚恤补助的烈属免费健康体检,完成退役军人残疾等级评定和残疾等级提高、带病回乡退役军人认定及优待证申领工作。 (赵　钰)

城东街道

【概况】 城东街道位于婺城区东北部,东邻金东区东孝街道、多湖街道,南与江南街道接壤,西与城中街道、城北街道相连,北与新狮街道相毗邻。2022年,城东街道辖区面积3平方千米,下辖青春路、八咏楼、旌孝街、桃园、通园路5个社区和东郊、上浮桥2个经济合作社,户籍人口9238户、21426人,常住人口2.7万人。有基层党支部52个(其中"两新"党支部12个),党员1295人。街道工作人员53人,其中班子成员12人。

【工业经济】 城东街道2022年规模以上工业总产值完成79339万元,比上年增长26.9%;规模以上工业增加值完成18462万元,比上年增长1.1%;外贸自营进出口完成5049.57万元,比上年增长25.41%;限额以上批零住餐业完成73380万元,比上年增长28.91%;固定资产投资完成8731万元,比上年增长148.7%。区级财政税收完成4683.8万元,比上年增长32.6%。

【项目建设】 2022年,上浮桥区块剩余未拆迁户清零攻坚,涉及7个主体17个户,其中国有2处、集体5处。7个主体完成3个。与市、区两级部门对接国有土地上房屋的依法强制征收工作及集体土地房屋的责令交地程序相关流程,已启动责令交地程序。

【宣传工作】 2022年,健全和完善理论学习中心组学习制度,加强"学习强国"学习月度考核。全年开展理论学习中心组学习11次,撰写25篇心得体会。成立党史学习教育领导小组和青年宣讲团,组建宣讲团队5支,确定群众宣讲员30余人,全年开展宣讲活动11场次,受众2800余人次。全年在各级媒体平台刊发宣传报道232篇,其中在省级媒体刊发16篇,在"学习强国"学习平台上发表信息4篇,用城东好故事引领城东正能量。

【社会保障】 2022年,完成城镇居民医保征缴工作任务,医保参保人数3591人,到账人数3570人,完成率99.42%。申请审核2022年第二季度"4050"社保补贴284人,申请金额51.59万元;金华中燃城市燃气有限公司、德仁假肢等3家企业办理"稳岗补贴"申请,补助金额8300元;完成公益性岗位开发工作,为4人申报公益性岗位补贴4657元;完成3200多位农民工基础信息采集工作;完成区级高质量就业社区创建工作全覆盖,被评为婺城区五星级高质量就业社区1个、三星级高质量就业社区2个;春节期间走访慰问特困企业退休人员50人,走访重病住院企业退休人员219人,慰问死亡企业退休人员家属101人,慰问金额21.81万元;在辖区登记的6973多名企业退休人员和376名城乡居民四项待遇领取人员进行领取养老金资格认证;受理劳动矛盾纠纷案件7件,涉及人数10人,涉案金额46254元。

【城市管理】 2022年,街道处理督办智慧城管案卷7554件,结案率100%。做好燃气安全检查工作,对辖区内企业、餐饮业、独居老人等层面,开展日常及重点时段燃气安全检查工作,排除隐患2800余处。排查消除危房隐患,针对检查中发现的问题,采取有效措施,逐一进行整改,该维修的维修、该封控的封控。全街道有自建房C级危房24户,已修缮20户、封控4户;D级危房15户,修缮5处、封控10处,彻底消除隐患。开展除“四害”活动。统一投放鼠药4000包,灭蟑螂药物12000包,发放灭“四害”药品16000包,把餐饮业、集贸市场及招待所等场所作为整治重点,采取环境治理和专业药杀相结合的方法,使蟑螂阳性房间严格控制在标准以内。开展健康教育工作。下辖5个社区开展健康知识专题宣传60期,举办健康教育知识讲座30次,义诊活动8次,向居民发放健康知识宣传册9000份,张贴禁烟标识500余处。通过调查问卷,居民的健康知识知晓率达到98%,健康生活方式与行为形成率98%,基本技能掌握率96%。2022年,街道评选出健康家庭80户。

【垃圾分类】 2022年,街道建有垃圾分类投放点94个,其中春晖路文明示范一条街改造,由市、区两级创建办共同出资将2个垃圾分类投放点从2.0版升级为3.0,4个投放点由区创建办出资从2.0版升级改造为3.0,经过改造升级合并,投放点由原先的97个减少到94个,精简3个分拣员的运行成本,使用有限的专项经费把垃圾分类做得更好。街道实现辖区内所有小区垃圾分类全覆盖。2022年,1个小区荣获省级高标准示范小区称号,4次获得区级垃圾分类月考核红牌。全年开展宣传活动24次,发放垃圾分类宣传资料6500余份,报道宣传信息省级2篇,市级10篇,区级婺城融媒36篇,美篇50篇。

【基层党建】 聚焦党建引领,共绘“共富梦”,发挥街道“大工委”的作用,深化“八婺e心”党建联建机制,牵头成立婺州古城“红管家”,实现“一支队伍”进古城。开展“百镇共建强基”行动,街道和安地镇结对共富联盟,从党建共抓共赢、产业共兴共建、文旅共创共融等方面深化对接,助力双方优势互补,构建共建共享的城市基层党建新格局。聚焦强街优社共圆“智治梦”。以“城市提能、强街优社”为契机,聚焦“金华有爱·幸福婺里”,聚力构建“五心”幸福共同体,依托党群服务中心的提升改造,推进5个现代社区建设,建强“1+3+N”网格治理体系,创新基层社会治理“十二分制”,激活基层党建联建机制。完成全市现代社区建设“争先大晒拼”暨基层党建工作例会的实地考察任务,城东街道代表婺城区参赛,获2022年金华市现代社区建设党建路演活动第1名。围绕“双零”目标,全面深化“党员整治立规创优”行动。运用“一挂钩三到位五个一律”等机制载体,建立党员“三色”管理体系和“九个一”教育帮扶措施,推动整治立规行动走深走实走细。通过街道各级党组织和全体党员的共同努力,全年街道违法违纪党员数较上年下降70%,呈现断崖式下降的良好势头。

7月29日,城东街道党工委书记张紫阳(右六)参加金华市社工学院挂牌仪式暨全市现代社区建设党建路演活动获全市第1名　　(城东街道供稿)

【民政工作】 街道民政工作坚持“以民为本,为民解困,为民服务”的宗旨,履行“维护民利,解决民生,落实民权”的工作职责,落实各项惠民政策,发挥民政工作的服务功能和管理职能。重视民生,做好居民生活保障工作。街道有享受低保63户、76人,2022年取消低保5户、5人。1—12月发放低保金704964元;申报低保5户、5人,通过2户、2人。春节期间,慈善慰问辖区困难群体63户,慰问金18900元;大病救助2人,慰问金6000元;困难户救助8人,慰问金16000元,年货慰问9人。办理临时救助1人,救助金额2192元。9月5日,第七个“中华慈善日”,街道开展慈善一日捐活动,捐款11600元。组织开展慈善助学活动,为4个贫困家庭申请助学金14000元。响应浙江省政府“努力让浙江老年人都能享受到有保障有质量有活力的福寿康宁美好生活”号召，全面掌握困难老年人的生活自理能力情况，街道依据上级相关文件规定，根据上级部署，组织开展初步筛查、专业评估，不间断不定时接收数据，反复核对、汇总反馈，完成548位老年人自理能力评估。根据省、市疫情防控工作会议精神，为进一步加强老年人疫情防控措施，满足老年人用药需求，保障老年人身体健康和生命安全，为街道辖区内60周岁以上老年人发放防疫包6515份。

【残联工作】 2022年，街道残联走访慰问残疾人160人，向其中100人送去慰问金6万元，发放慰问实物60份(大米2袋和食用油2瓶)；为4名残疾人机动轮椅车主申请年度燃油补贴1040元；对就读九年义务教育、高中和大学的残疾人子女和残疾学生进行全面摸底，向9名残疾学生发放助学助困补助金额达1.4万元，向3名享受婺城区低保低边的残疾人子女发放就学补助3000元；为35位残疾人申请养老保险补助，享受补贴金额14.36万元。抓实残疾人“两项补贴”的申报和发放，街道2022年为辖区的24名残疾人申请“两项补贴”，向300名重度残疾人发放居家安养护理补贴78.94万元；向58名重度残疾人发放机构护理补贴61.11万元；向49名低保残疾人发放生活补贴16.7万元。继续开展家庭康复上门服务。做好残疾人信息调查工作。按照市、区残联的要求，开展残疾人基本服务状况和需求信息数据动态更新。完成一年一度《残疾人基本服务状况和需求信息数据》调查584人，入户调查率95%。

【来料加工】 街道有来料加工经纪人5人，从事来料加工人数86人，2022年已累计发放加工费345.7万元，其中有企业营业执照2家，发放加工费313万元。为保障来料加工安全生产环境，街道妇联协同经发办不定期走访各来料加工点，每季开展安全生产教育培训活动，同时要求各社区同辖区的来料加工经纪人签订《2022年度安全生产责任书》，严格落实安全生产主体责任。

【“三改一拆”】 2022年，街道的创建工作始终坚持贯彻、落实全省“三改一拆”行动的总体部署，建立健全违法建筑防控和治理的长效机制，严格按照“无违建”标准实施相关工作，以“有违必拆”的决心强势推进“三改一拆”行动，从而改善街道发展环境，提升街道区域内生活、生产和投资品质，同时也取得“无违建”创建工作初步成效。街道全年对各社区和企业的违法建筑进行排摸并组织拆除，拆除违法建筑1097平方米，销号率达100%，拆后利用面积为335平方米，拆后利用率达100%，发放各类限期责令整改通知书100余份，接谈通知书150余份。

【人口与家庭发展】 2022年，街道出生80人，其中，男孩49人，女孩31人。做好全员平台信息核对录入及生育登记审核确认、信息建档和上报工作，全年通过平台共办理生育登记83件。在辖区内以悬挂宣传横幅、标语、画报等方式做好三孩生育政策宣传，营造良好的生育宣传氛围。

【安全生产】 2022年，街道增强服务意识，对企业遇到的各类问题提供“一企一策”“一题一策”精准滴灌服务，统筹打好稳进提质、除险保安、塑造变革“三场攻坚战”，确保经济社会保持平稳健康发展态势。以隐患排查治理为主线，认真落实安全生产责任制。街道与辖区内各类企业共签订2022年责任书200份；开展消防安全各项专项整治行动工作，对625家沿街店面均整治到位；开展燃气专项整治工作，共排查3987处，其中，餐饮单位563家、住户3424户，发现并整改问题56个；开展自建房专项整治工作，累计排查自建房992户。以宣传教育为突破点，提高全民安全生产意识。发放宣传材料3000多份，悬挂宣传画80张和宣传条幅16幅，张贴标语100余张等。以安全生产应急分队建设和演练为抓手，提高应急防范水平。街道联合文旅公司组织商户开展应急演练，共组织8次消防和突发事件演练，参演单位共8家，参加演练人员290人次。

【“五水共治”】 2022年，街道全面开展污水零直排工程。与社区签订责任书5份，成立治水队伍3支，全面开展治水工作。各社区采用各种宣传手段，发放宣传资料10000多份，电子屏滚动播放宣传标语4000条次，发动群众参加群众幸福感调查。调整、更新河长公示牌5块，重新更新排水口标识牌6块。通园溪现有保洁员1名，东阳江巡查员1名，做好每日的巡查保洁工作。全年清理打捞垃圾15吨余，投入经费14万元。2022年东上小区、通园小区青春路社区、八咏楼社区等5个生活小区的污水零直排建设工作完成验收，旌孝街社区和桃园楼社区的5个小区仍在施工中。水旱灾害防御中出动检查220人次，检查88处，发现隐患4处，完成整改4处，洪水期间，出动160人次，转移群众25人。

【文明城市巩固提升】 2022年，街道坚持以人为本、创建为民的理念，围绕群众需求搞创建，在大家的共同努力下，在市、区两级文明度测评中取得街道红榜1次、八咏楼社区红榜5次、旌孝街社区红榜2次、通园路社区红榜1次，用优异的成绩完成全年的巩固文明创建任务。

结合老旧小区改造每月进行大规模环境整治，对辖区40余个老旧小区进行内外立面改造、雨污水分流，并新增(补种)绿化面积13000平方米；修补更换破损窨井盖板860余只；拆除“飞线”335余处，天然气、自来水表箱更换125处；疏通化粪池160余处，更换管道240余处，安装更换楼道灯570余盏，新增机动车车位80余个，新增(更换)公益广告800余处、街景小品1处，提升改造市级文明示范街巷(春晖巷)1条。针对创建“老大难”的东上小区，全体街道人员下定决心，下足功夫，把问题分解逐步攻破，集中力量进行全方位的整治，整个东上小区面貌得到翻天覆地的变化，得到辖区居民群众的高度认可与大力支持。发放金华市民文明手册近3000册，填写问卷调查2000余份，做到宣传全方位、无死角。

【文体活动】 2022年，做好文化站的免费开放工作。开设声乐、书法、舞蹈、篮球、诗词、钢琴、健康讲座等免费培训活动。“百姓大家唱课堂”学员增长到150人。全年统计有0.8万余人次来街道文化站参与培训。组织参加区文化大过年活动获得特等奖，组织“百姓才艺大赛”活动。组织文艺轻骑兵下乡演出活动。6月23日，举办“邻居节”暨反诈宣传文艺演出。8月8日，组织“喜迎省运会暨全民健身日”文体展示活动，抓好三团三社队伍建设。聘请文体指导；培育扶持文体队伍，城东5个团队获得区文体局表彰：青春俱乐部、鱼悦舞蹈队、欢乐腰鼓队、婺之春舞蹈队、心禾舞团。参与上级各类活动获得佳绩：各文体团队在省、市各级各类比赛中获得省级特等奖3个、一等奖4个、二等奖2个；市优胜奖2个、一等奖1个、二等奖2个。

【文化礼堂活动】 街道以新时代文明实践所、综合文化站为主体阵地，带领40余支文体队伍，活跃在辖区的各个角落，用群众喜闻乐见的文化形式，开展活动64场，吸引众多居民参与。全年各文体团队参加省、市、区各级各类比赛获得14次奖项。尤其是每年2期的文化惠民公益培训课堂，内容涉及医疗保健、体育卫生、文化艺术各个门类，深受街道广大群众的喜爱，参与人数近万人，得到辖区群众的一致好评，发挥小阵地的大作用。 (陈　婷)

城中街道

【概况】 城中街道辖区面积6.2平方千米，下辖杨思岭、明月楼、西市街3个社区居委会，户籍人口9174户、24978人，外来流动人口1.3万人。辖区内各类经营商户5000余家，是金华市商贸、金融、文化集聚地。

【工业经济】 2022年，城中街道经济稳中有进。全年限额以上批零住餐业销售额149.2亿元，第三产业投资4.9亿元，外贸进出口总额5.96亿元，实现区级税收收入2.15亿元。浩源科技产业协同创新中心项目完成投资5750万元，成功招引2个项目企业落地注册，金华市中心医院科教综合大楼建设项目累计完成投资7000万元，佳程国际商务中心改造项目累计完成投资4070万元，年度计划投资完成率均超过90%。

【基层党建】 2022年，街道开展理论学习中心组学习12次，集中研讨交流6次，宣讲中共二十大精神20场次，宣讲省第十五次党代会精神18场次，宣讲范围覆盖人群2000人次。组建“法商直联”，开展“五融五共”党建联建活动，推进“同心共富”工程，探索人才培育、创业就业、基层治理新途径，优化商圈营商环境。流动党员及时纳管。建立多层次协同动态排查机制,定期开展信息排查,及时对接纳管,实行专人结对,掌握党员流向,确保流动不流失、学习不断档、外出不忘党,开展流动党员集中排查4次,核查纳管流动党员200余人次。街道加强党员日常管理,全面排查违法苗头隐患人员,建立酒驾醉驾、赌博等红色高风险党员名单,实施“三色”预警管理,重点人员“一对一”包联,全年街道发生党员违法违纪行为2起,比上年下降33.3%。

【文明城市巩固提升】 2022年,街道协调落实明月楼居家养老照料服务中心800平方米场地,顺利推进项目实施,满足社区老人在“家门口”用餐、买药、医疗保健等需求。新建“残疾人之家”,关爱帮扶弱势群体。建立明月“石榴红”工作室、民族驿站,培育创建“浙里石榴红”民族团结金品牌。

【民生事业】 2022年,街道开展企业退休人员主题活动12场,企业退休人员认证4146人;申报“4050”灵活就业社保补贴177人;调解劳动纠纷案件12件;完成基本医疗缴费2516人;走访慰问残疾人68人,发放慰问金4万元,新办残疾证54本,到期换证40本。2022年,街道共有享受居家护理补贴人员212人、困难残疾人补贴30人、机构护理补贴38人,补贴金额共计107.13万元;采集残疾人及监护人基本信息405人次;做好13名残疾学生及困难子女教育补助工作;做好36名灵活就业残疾人基本养老保险个人自负50%补贴工作。

【平安建设】 2022年,街道围绕风险隐患处置、信访积案化解、安全生产监督等方面持续发力,化解矛盾纠纷176件。全年开展禁毒、反诈等平安宣传70余场次,发放宣传折页1万余份。2022年,累计开展安全隐患排查1022次,排查自建房238户、四类重点房屋115户,排查餐饮行业燃气588家次,发现安全隐患375个,立案查处21件,问题整改率98.3%。

【重点工程】 2022年,环城城中村改造一期征迁项目实现“清零”,助推城市老旧疮疤区块更新建设。街道牵头实施人民广场—西市街商圈不文明行为整治行动,新时代文明实践工作有序开展,文明创建工作在年度考评中获得优秀等级。全年推动实施13个老旧小区改造,投资总额1285万元;推进22个零直排小区建设,投资总额4794万元,基本实现污水零直排改造及城区干道两侧外立面改造全域覆盖;通园路北侧荒废区块通过实施口袋公园建设,成功焕发活力生机,区域基础设施水平及市容市貌得到提升改善。

【安全生产】 2022年,开展各行业领域安全隐患排查,排查道路交通领域企业144家次、建筑施工领域企业142家次、城市运行领域企业246家次、消防安全领域企业3457家次、其他企业38家次,发现问题隐患348项,已整改330项,整改率达94.82%。其中,排查“两房一店”1249家,发现问题56处,发现违规住人12处,电动车违规停放和充电44处;消防车通道行为立案处罚6起,已结案3起。排查集体土地自建房203户,四类重点房屋110户,发现疑似危房3户;排查国有土地自建房35户,四类重点房屋5户,发现疑似危房2户;排查液化气配送站点2家、餐饮320家、住户5388户,发现安全隐患39处,完成隐患整改39处,整改率100%;立案查处燃气类案件7起,处罚金2600元;安装互联式火灾探测报警器30台,电动自行车充电桩1800个,电梯阻燃系统24套。上述查处的问题均整改到位,抓好除险保安百日攻坚行动。 (季晓健)

城西街道

【概况】 2022年,城西街道辖区面积1.67平方千米,下辖中山路、二七花园、双龙、河盘桥4个社区和西郊经济合作社,户籍人口5210户、12305人。

【招商引资】 2022年,街道坚持“稳进提质”总基调,聚焦商贸和服务业发展,全力服务楼宇企业,成功引进商贸企业2家,年销售额实现23亿元,完成引进内资2.51亿元,外贸进出口总额增速列全区第1。加快铁路文化公园商业街建设,招引推荐二七区块11.33公顷商业办公康体用地,成功签约3家企业。

【项目推进】 建立班子联系项目制度,保障辖区项目无障碍施工,2022年,辖区在建项目12个,其中交通项目6个、公园2个、安置房建设3个、学校1所,西郊二期、三期安置房项目顺利封顶。夯实长湖湾活力新城项目建设基础，完成75家企业房屋征收签约,处置到位公租房126户。完成安置房分配工作,二七区块、河盘桥城防工程等211套安置房及高铁新城一期32户安置房顺利分配，得到群众肯定。

【城市更新】 街道组建8个工作组,全面推进长湖湾片区城市有机更新。完成爱斯曼厂区及宿舍楼腾退工作,推进西郊城中村改造清零,拆除10处剩余房屋,保障项目顺利施工。推进房屋无障碍拆除,完成拆除总建筑面积达34.6万平方米。西郊区块集体土地完成征地15公顷,其中8.67公顷已完成交地。城市管理精细科学。

【文明城市巩固提升】 街道持之以恒推进全国文明城市建设常态长效工作,在6次市、区月测评中,排名前二4次,获红榜表扬3次,“党建引领、全面参与、形成合力”创建浓厚氛围逐渐形成。推进垃圾综合治理,打造垃圾分类“城西”样板,垃圾分类区月考核排名前二8次，占全年排行比80%,街道入选2022年度浙江省高标准生活垃圾分类示范片区。

【“大综合执法一体化”改革】 推进法治化城市管理,建成综合行政执法中心,厘清机制,协同办理案件38个。结合城西在建工地多的实际,创新“一支执法队伍进工地”做法,加强对工地管理。“一支队伍管执法”成效初现。

【平安建设】 街道推进除险保安百日攻坚大会战,开展安全生产、“两房一店”等检查560余次。联合多部门制定专门方案，消除历时16年之久的数码公寓重大消防安全隐患,成功入选区“七张问题清单”区级示范案例。完成中共二十大、省运会等重点时段安保任务,诉求类走访总量同上年相比下降28.5%。

【基层治理】 2022年,街道做优城西民情民访代办宋大姐团队特色品牌,全年代办事项542件,解决率100%,在国家、省、市级报刊等媒体宣传报道64次。优化调整社区网格38个,新增网格员18名,流转市级事件30件,化解率100%,推动形成“小事不出网格、大事不出社区”的工作格局。“七张问题清单”争先进位。街道协同整改市级问题1个,已纳入问题库102个、区级清单库6个。

【文化事业】 深化文明实践“一所四站”文化阵地体系,高质量创建2个“15分钟品质文化生活圈”,建成全区首个文化驿站—金华诗路驿站,开展文艺会演、讲座、公开课等70余次,获群众纷纷点赞。

【社会保障】 城西街道居家养老服务中心投入使用并成功创建省级示范中心,二七花园社区党群服务中心投入使用，双龙社区党群服务中心动工建设。组建工作专班,“一楼一策”推进河盘桥社区肉二小区老旧小区改造顺利完成,城西老旧小区旧改实现100%清零、100%覆盖。人文关怀保障到位。金华市第四中学长湖湾校区、环城小学长湖湾校区工程建设步伐加快,促成环城幼儿园顺利开园,构建高质量发展教育体系。打造全区唯一的“工疗型残疾人之家”,实现54名残疾人就业,促进低收入人群走向共同富裕。

(丁小璐)

城北街道

【概况】 城北街道位于金华城区西北部,地处老城区,辖区东起八一北街,南至解放西路,西到长山路、婺州街、金竹路,北抵环城北路、北山路、二环北路。辖区面积4.43平方千米,下辖红湖路、祝丰亭、郑岗山、凤凰山、站前、军民、北苑、常青、鸿苑9个纯社区和五星村改居社区。户籍人口15566户、38499人。

【经济工作】 2022年,区级税收1.25亿元,比上年增长53.4%，限额以上批零住餐业销售额195.5亿元，比上年增长15.3%，规模以上服务业营业收入32.8亿元,比上年增长9.2%。

【重点建设】 2022年,完成田里小区136户、550套房屋分配工作,在符合政策条件下化解历史遗留问题。推进长湖湾片区化肥厂区块征迁工作,完成腾空并拆除化肥厂租住企业20家，中宇物流有限公司19户租户全部签约,160余万元腾退费支付到位。对接一环快速路(二期)改造项目,明确地块权属，完成集体土地征收、人行天桥选址以及同广福医院借地等工作。

【老旧小区改造】 2022年，完成双龙印铁制罐厂、劳动路、新建巷、洪源小区等地块的拆除工作，完成1.1万平方米的违章拆除任务。继续推进“污水零直排区”建设，完成36处雨污混接问题排查整治，成功通过市级“污水零直排改造”建设区验收、省级污水零直排督查。

【垃圾分类】 2022年，街道新增1个2.0版垃圾分类点位，完成4个垃圾分类点位扩建。优诗美地小区、田里小区被评为省级垃圾分类高标准小区。

【平安建设】 2022年，受理各类信访案件514件，其中来信来访8件，网上信访506件，按期结案率100%。“民呼我为”平台接收2454条投诉件，回复率100%。数字城管处理件9136件。基层治理综合信息平台办理各级事件15191条，办结率100%。建立矛盾纠纷多元化解机制，强化源头化解，街道调解委员会化解矛盾纠纷289起，累计金额881万元。

【社会救助】 2022年，完成11300余名企业退休人员待遇资格认证。慰问企业退休特困人员56人次及重症住院人员217人次，发放慰问补助31万元。协助484名“4050”失业人员补办灵活就业社保补贴共计99.19万元；做好就业困难人员动态管理，对1137名失业人员提供1692次帮扶援助服务，帮助1077名失业人员实现再就业。

1月25日，区委书记高峰（中）带队慰问北苑小区环保老人曹荣安　　（城北街道供稿）

【民政工作】 2022年，发放低保金、低保物价补贴、临时救助、各类生活补助共计125.3万元。发放退役军人优抚金230.2万元。发放重度残疾人护理补贴及困难残疾人生活补贴350.4万元。

【残联工作】 街道走访慰问残疾人240人，其中发放慰问金165人、7万元，发放慰问实物75人；为4名残疾人机动轮椅车主申请年度燃油补贴1040元；对就读九年义务教育、高中和大学的残疾人子女和残疾学生进行全面摸底，为40名残疾学生发放助学助困补助金额5.5万元，为6名享受婺城区低保的残疾人子女发放就学补助5500元；为54名残疾人申请养老保险补助，享受补贴金额24.84万元。抓实残疾人“两项补贴”的申报和发放，街道全年为辖区的471名重度残疾人发放护理补贴181.92万元；为52名低保残疾人发放生活补贴17.92万元。

【公共文化】 完善宣传阵地建设，创建3星级新时代文明实践站3个、2星级3个，打造规范示范点4个。街道新时代文明实践所入选市级示范所。2022年，街道有文体活动队伍20支，派队参与金华市秧歌大赛、婺城区群众舞蹈大赛均获得一等奖。文化队伍主动参与街道第七届百姓才艺大赛，开展文艺轻骑兵下社区、送戏到小区等系列文体活动20余场，丰富居民文化生活。　（傅婷娜）

2月9日，金华电视台到城北街道凤凰山社区开展“我为党代会献一策”活动　　（城北街道供稿）

新狮街道

【概况】 新狮街道辖区面积23.75平方千米，户籍人口14681户、34721人。下辖18个村（社区），其中，5个纯社区，9个村改居社区，4个建制村。2022年，完成规模以上工业总产值5.8亿元，比上年下降18%；完成全社会固定资产投资13804万元，其中工业投资13524万元；财政总收入6061万元，一般公共预算收入2858万元。

【重点项目】 2022年，新狮街道推进市、区两级6个重点项目政策处理，完成率100%。其中，市级重点项目龙山公墓扩建工程，涉及5个村（社区）共0.92公顷的土地征收，通源溪阻洪点整治工程清障10天，打通长达5年的遗留堵点，完成政策处理；加速省运亚运风貌提升工程，配合完成二环北路、东市北街道路及沿线建筑的提升改造以及7个口袋公园建设政策处理。接力塘公园地块平稳推进库域权属纠纷，完成土地征收，确保无障碍施工；聚焦产业提升，引进总投资50亿元的正向增材项目，完成厂房装修和设备调试，投产后将实现利税1000万元以上；加快低效用地自主革新，总投资5500万元的丁丁科创园从开工到结顶仅用10个月，新增建筑面积5.5万平方米，引进小米、华为等5家优质企业入驻；溢价92.57%成功出让通园溪以东商业地块，为工业用地腾笼换鸟做出一次有益探索；双管齐下、多措并举推进欧兰格2.4公顷低效用地收回，完成协议草签和部分租户腾空。

【城市更新】 2022年，统筹谋划2.3平方千米城北区块城市更新。车头城改克服新区老区重大利益调整、历史遗留问题多等难点，创新“一次签约、三阶段确认”的征迁模式，284户签约腾空率完成98%。勤俭二期快速攻坚，11天完成274户100%签约，10天完成所有征迁户领款，城市更新跑出“新狮速度”。

【未来社区】 2022年，总投资0.86亿元的柳湖花园未来社区项目已全面完成并通过验收。以盘活公建配套为抓手，服务居民的公建配套从10%提升到50%，达到1.5万平方米。以群众需求为导向，聚焦“一老一小”，创新政企合作模式，康养中心和托育中心引入第三方运维公司，实现有序运营。新增“小区智慧安防系统”、新能源汽车充电站等智慧服务平台，实现“线上+线下”的社区治理“数字全景图”，居民体验感、幸福感、获得感大幅提升。

【平安建设】 2022年，受理各类信访案件1430件，包括来信14件，来访16件，网上信访1400件，领导信箱6件，人民网8件，按期结案率达到100%。开展反诈宣传活动10余次，发放宣传资料2000余份，微信推送反诈文章100余篇，街道发案率同上年相比下降16%。

【安全生产】 开展燃气安全隐患大排查专项行动，逐门逐户深入居民家和沿街店铺进行燃气安全宣传和燃气管道配件更换工作，全年下沉排查100余次，组织大小消防演练2次，利用微型消防宣传车进行全辖区宣传10余趟，进行消防通道违建拆除行动300余次，解决消防遗留难题800余处。

【“五水共治”】 推进“污水零直排”项目，康村社区污水零直排改造项目总投资500万元，已竣工。截至12月底，街道共完成“污水零直排区”建设的生活小区80个，总投入1.95亿元，其中涉及通源溪流域的41个。在推进过程中协调解决数百起因施工引起的停车难、调整绿化等矛盾纠纷，年度任务完成100%。 （金　盾）

江南街道

【概况】 江南街道辖区面积3.04平方千米。下辖下官桥、高畈、南苑、兴学、金龙湾、中村、金钱寺7个社区(含6个城中村)。辖区内有常住人口36271人，其中户籍人口11103户、29758人。2022年，规模以上工业总产值135.55亿元，比上年增长18.8%，超额完成全年任务指标；限额以上社会消费品零售总额3.33亿元，比上年上升9.6%。开展街道“稳进提质”现场集中办公活动；辖区内2家企业纳税超亿元，6家企业纳税超千万元，核工业金华勘测设计院有限公司被评为开发区商贸服务业十强企业。

【组织建设】 2022年，开展党工委“第一议题”和理论中心组学习，坚持书记上党课，组建宣讲团队8支，培育省级基层理论宣讲点2个，开展主题宣讲49场。意识形态工作连续3个季度在开发区各乡镇（街道）排名第1，持续走在前列；打造瑞城名座楼宇党建“125”工作模式，建成标准型“共富工坊”2个。建立南苑西小区、兴学平安小区、金龙湾金龙广场小区3个小区党建示范点；兴学社区成功创建成全国示范性老年友好型社区；街道被评为开发区党风廉政建设先进单位。兴学社区被评为2022年度开发区“示范型”清廉村居，南苑社区和下官桥社区被评为“标准型”清廉村居；开展“五整治五提升”专项行动，创新五强社区争创活动，完成街道整治提升年度任务，调动干部的积极性，营造“比拼争先”的良好氛围。

【城市管理】 2022年，街道获全市文明城市创建综合考评第一名1次、第二名2次、红榜表扬8次；在全市环境卫生考核中获第一名4次、第二名5次，为创建省测复评提供有力保障。街道被省生活垃圾分类领导小组办公室评为2022年度全省高标准生活垃圾分类示范片区，是金华经济技术开发区唯一一个入选街道。

【安全生产】 2022年，街道推进除险保安专项整治行动，强化常态机制，广泛宣传发动，组织线下讲座20场次，累计培训1718户。推送用电用火安全提示内容23期，开展网上宣教482人次，全面筑牢居民安全意识。开展消防安全大排查大整治活动，集中对重点场所进行消防安全综合治理，共计督查整治基层单位23个，各类生产经营单位9033家，高层建筑21幢，发现整改问题隐患795项。

【双溪西路片区有机更新】 根据指挥部统一部署，摸清原拟更新区块内的总体情况，完成高畈、五里牌楼、金钱寺3个城中村入户征求意见的表决和公证，完成124户市属单位进场评估、结果送达等前期工作，为下一步正式启动征迁打下坚实基础。

【劳动保障】 2022年，街道完成城乡居保新参保12人，征缴率目标达72%；城乡居保一次性到龄补缴人员8人；城乡居保暂停领取待遇人员专项清理人员42人；做好企业退休人员社会化管理，登记辖区企业退休人员6447人，登记率达到99%，住院慰问73人，慰问经费36000元；临终关怀73人，慰问经费36738.6元；日常帮困慰问88人，慰问经费43000元。组织开展多样企业退休人员活动，活动经费531318.05元；“4050”社保申报补贴515人，补贴金额226.68万元；排查走访企业790家次，排查并整改劳动纠纷隐患3个；为居民提供法律咨询、法律援助共42例，其中受理辖区内劳动纠纷案件28件，成功调解10件，涉及人数28人，涉及金额达66578.11元，移送区级调解及仲裁案件6件，案件发生率比上年下降32%，成功调解率增加42%。

【民政残联】 2022年，街道完成高畈综合市场6楼示范型居家养老服务照料中心建设。发放残疾人“两项补贴”131.8万元；发放社会救助金75.4万元。慰问困难群众65户，发放慰问金53600元；慰问困难残疾人29户，发放慰问金16500元、慰问品27份。

【人武工作】 2022年，为部队输送优质兵员；定期发放优抚金，发放60岁以上农村籍退役军人优抚金，发放退役军人节日慰问金。 （郑 旸）

三江街道

【概况】 2022年，三江街道地域面积7.73平方千米，下辖15个社区居民委员会，现有户籍人口27624户、70843人。人口自然增长率为1.9‰，流动人口5.8万人，全年实现一般公共预算总收入7.92亿元。规模以上工业总产值2.53亿元，全社会固定资产投资3.86亿元，限额以上社会消费品零售总额27.8亿元，限额以上批发零售业销售额91亿元，规模以上服务业收入17.6亿元，住宿餐饮业营业额2.4亿元。

【征迁工作】 2022年，完成28533平方米陈宅安置住宅用房分配，在开发区范围内率先实施货币化与营业用房安置。完成洪坞1.63公顷东里安置地块出让，以及洪坞东苑小学梅园校区土地征用的签约与土地清表工作，东里最后2户、4幢拔钉清障全部完成。

【社会治理】 完成137个网格、1037个微网格划分，按照“1+3+N”标准配备网格治理团队 895 人、微网格长 1037 人、微网格治理团队 5275 人，专职网格员配备率 91.24%。开发区网格建设考核，获得 5 次第1、3 次第 2、1 次第 3。省级实验区项目顺利完成终期验收，社区社会工作室做法在开发区得到推广普及，吸引上级调研指导 50 次，迎接各地参访 30 余次，被各级媒体宣传报道 600 余次，其中获《中国社会工作》等国家级媒体报道 20 次。以全市基层智治试点为契机，纵深推进“141”体系迭代升级，创新打造“一社区一特色一品牌”的基层网格智治模式，以三路口社区警务室为管理支点，协调社区、行政执法、市场监管和律师入驻办公，参与联合执法、联动解纷，三路口治安案件逐月下降。建成雅苑、阳光、寺前皇 3 个市级“金华有爱 幸福婺里”现代社区示范点，社区善养、善育、善享、善创、善治水平不断提高。

【平安建设】 推进除险保安专项行动，完成 37 个无物业小区消防安全排查整治，4 家重大火灾挂牌整治单位和 71 家上级督查组交办单位的问题整改。常态化开展禁毒、扫黑除恶专项斗争和反诈宣传工作，7 月“识骗防骗”答题活动、10 月“平安建设”点赞活动，街道发动参与人数均排名开发区第 1。成功化解省交办信访积案 11 件、市级交办重大信访问题 1 件、开发区重点领域信访问题 13 件。除险保安排名两次进入全市前 10，一次排名第 2，平均成绩位列开发区第 1。

【城市建设】 对标最新测评标准，开展文明创建联合整治行动 348 次，整治提升公益广告 7 处，整改交办问题近万件。全面完成 3 个省高标准生活垃圾分类示范小区创建工作，完成 6 个“3.0 版”智能化垃圾分类投放点位的改造升级并投入使用，智能垃圾分类工作得到市政协副主席陶叶萍的肯定。评定五星级投放点位 9 个、四星级投放点位 12 个、三星级投放点位 12 个，开发区垃圾分类工作月度考评街道取得 7 次第 1、4 次第 2。完成 48 个小区、3 个城中村的污水零直排建设和 4 个老旧小区改造，常态化开展违规搭建巡查整治，组织拆违行动 39 次，拆除面积 8337 平方米，提前完成年度任务，新增违章现象得到有效遏制。

【民生服务】 聚焦群众关切推动民生实事办理，年初议政会票决产生的 6 项民生实事全部兑现。完成 16 个点位的便民服务大厅 2.0 信息化改造，“就近办”“指尖办”改革工作取得成效，代办员办理事件 1386 件，一证通办平台业务受理 72 件，街道还被评为开发区首个“省五星级食安办”。为 41 名低保对象发放低保金 32 万元，发放重残“两项补贴”512 人、175 万元，生活补贴 36 人、11.6 万元。完成洪坞社区居家养老服务照料中心和 23 个居家养老中心食堂配送点建设，全年配送 52000 余餐。完成金发豪园、假日城市花园多功能运动场提升改造工程和何宅社区百姓健身房建设，依托街道综合文化站 12 支文艺团队开展各类文体活动，不断丰富辖区群众精神文化需求。

【自身建设】 推进中共二十大精神学习宣讲、“百镇共建强基”行动和党员整治立规专项行动，推动网格基层党组织全覆盖，完成市级 3 个、区级 8 个小区党建示范点建设，建成寺前皇社区、三路口社区红色驿站。全面接受市委巡察组回访检查，逐项明确形成 25 条回访检查整改措施，整改完成率达 90.9%。顺利完成街道第三届议政会成员的换届工作，年度 6 项民生实事主动接受社会和舆论监督，畅通“四进三通双反馈”民情民意渠道，打造“三江民声 e 线”品牌，推动全过程人民民主基层单元规范建设走深走实。大力弘扬法治精神，推动各级干部尊法学法守法用法，街道 5 名工作人员取得执法资格证。落实重大行政决策程序规定，严格执行“三重一大”制度，拓宽政务公开渠道，让行政权力始终在法治轨道上运行。

（邵 敏）

西关街道

【概况】 西关街道辖区面积 4.57 平方千米，下辖西关、五里亭、婺星、寺后皇、董宅、山嘴头、金艺 7 个社区和西关、五里亭、山嘴头、董宅 4 个经济合作社。2022 年，街道户籍人口 10516 户、25789 人。户籍人口中男性 12675 人，女性 13114 人；外来流动人口 29283 人。出生人口 135 人，人口自然增长率1.32‰。

2022年,实现规模以上工业总产值3.04亿元,比上年增长2.9%,完成全年计划108.57%。限额以上批发零售额120.05亿元,比上年增长3.7%,完成全年计划98%;限额以上住宿餐饮业营业额0.79亿元,比上年增长11.19%;限额以上社会零售业总额24.91亿元,比上年增长6.52%,完成全年计划103.92%。限额以上服务业营业收入49.6亿元,营业收入总额连续7年位居开发区乡镇(街道)第1。固定资产投资额19.39亿元,比上年增长22.1%。一般公共预算收入1.99亿元。2022年,成功招引阿里、银泰入驻金华之心、京沪时代投资改造现代城,提高商业格局与城市发展的匹配度,推进新消费、释放消费潜力,推动服务消费全面提质。成为继世贸城市广场后,城市经济的新"增长点"。

【基层党建】 2022年,西关街道抓好党建创新,提升党建水平。严格落实全面从严治党各项要求,组织开展主题教育授课2次、党的精神宣讲127次,覆盖6101人次,引导党员干部自觉提升党性修养。召开党员整治立规专题会议6次、谈话提醒13人次,党员违法违纪案件比上年下降70%。落实"一联三帮"助企机制,组建园区企业临时党支部3个,座谈交流5次,红色帮办服务6次,协调解决"急难愁"问题20余个。强化党建统领网格智治,健全完善网格运行、"平战转换" 机制,设置网格支部54个、组建红色志愿小分队51支、开展志愿活动180余次、解民困2238个,发挥网格治理效能,以实际行动聚民心暖人心。坚持党建引领助推城市更新,参与完成3条未来社区配套道路政策处理、市中医院0.52公顷国有土地更新、西关城中村征收攻坚行动。完成小区党建示范点8个、市级"红色驿站"便民服务站1个,显著提升基层党建服务水平;推进寺后皇现代社区品牌建设,构建共建共治共享基层治理格局。

【征迁工作】 2022年,7天完成浦江街延伸段政策处理1.15公顷,拆除建筑1.2万立方米;完成丹溪路西延道路政策处理1.13公顷;完成尖峰地块2.00公顷、金职院地块1.09公顷土地收回。完成金义东市域轨道交通建设(开发区段)房屋征收地块原寺后皇村9户征迁户安置房分房工作。完成市中医院0.52公顷国有土地上55户房屋100%签约、腾空、拆除。重启西关区块城中村改造征收攻坚,完成签约796户,签约率94.65%;腾空782户,腾空率93%。拆除房屋444幢(573户),占地面积39236.99平方米,建筑面积193619.9平方米。深入推进违法建筑专项整治活动,拆除各类违法建筑43167平方米,完成率287.78%。

【人口与家庭发展】 2022年,全年出生135人,其中一孩65人、二孩66人、三孩4人;男孩68人、女孩67人,出生婴儿性别比为102。女性初婚人数20人,已婚育龄妇女4215人,采取各种避孕措施3054人,参加妇女生殖健康检查人数852人,参加妇女"两癌"筛查人数156人,办理生育服务登记152例,其中一孩生育登记85例、二孩生育登记63例、三孩生育登记4例。流动人口生育登记12例。

【平安建设】 2022年,通过网格主动发现问题解决率98%以上;处理信访件3351件,均已办结,其中来电2620件、网信707件、来信来访24件;线索爆料2750件,办结率100%;基层智治综合应用事件处理23344件,办结率100%。"12345(8890)民情热线"交办件3599件,结案率100%。擦亮"亲青老娘舅"调解品牌,调解矛盾纠纷案件92件,调处率100%,成功率98.6%。2022年,西关街道以建设网格驿站为抓手,推进现代社区建设,全力培育网格调解员,择优选择微网格长,3处网格驿站发挥前端预警"哨兵"作用,全年成功调处社会矛盾20起,做到"难事不出街道,大事不出社区,小事不出网格",受到群众一致好评。

【安全生产】 2022年,深入推进除险保安专项行动,街道按照"全覆盖、零容忍、严执法、重实效"的要求,全域开展安全生产大检查大整治工作,开展"两房一店"消防安全、餐饮单位燃气安全、沿街店面违规住人夜查行动、重点领域安全生产消防安全等专项行动,确保安全生产消防安全形势持续平稳。开展联合执法175次,累计督查经营单位4989家次,发现问题隐患335处,督促完成整改335处,查封12家违规住人房间,清理违规住人55家、105人。

【文体活动】 2022年,西关街道以新时代文明实践站、所为龙头,按照"月月有主题、周周有活动"的工作要求，组织开展理论宣讲、读书分享会、广场舞运动会、科普宣传等系列活动，参与居民超 7000 人次；组织策划“我们的节日”主题活动，挖掘节日文化内涵，举办“传承礼貌喜迎新春”“张灯结彩闹元宵”“端午粽动员粽叶裹温情”“千里鹊桥情意重幸福欢乐常相随”“情满九月九爱在夕阳红”等群众性节日文化活动 49 场次，参与居民超 2000 人次；围绕社会、学校、家庭“三位一体”的阵地建设，依托社区学校和未成年人教育课堂，组织开展道德讲座、读书交流、创意志愿服务等各式活动 20 余次，受益群众超 1000 人次，教育和引导未成年人树立正确三观，营造崇德遵礼的社会风尚。

【社会保障】 2022 年，街道新增企业退休人员 294 人，共接收企业退休人员 5871 人，慰问企业退休人员 131 人；申报大学生一次性创业补贴 4 人次，申报就业困难人员灵活就业补贴 341 人次；收到辖区内劳动纠纷投诉咨询 256 人次，化解辖区内劳动纠纷 212 人次。2022 年，辖区有低保户 17 户、18 人，发放金额 189946 元；百岁老人 1 人，发放金额 3600 元；困境儿童 1 户、1 人，发放金额 21585 元；临时救助因病生活困难人员 3 户、4 人，补助金额 9467 元；开展慈善送温暖行动，享受人员 14 人，慰问金额 11000 元；春节慰问困难 28 人，累计送上慰问金 16400 元；送达困难幸福清单21 户、98 次，探访关爱 22 户、83 次；针对困境儿童，组建志愿者队伍，提供精准帮扶，探访关爱 2 人，累计 24 次。年内争创并建成第一批示范慈善工作站和示范社区。

【居家养老服务中心】 2022 年，依托街道居家养老服务中心，以“社区+社工+社会组织+社区志愿者+社会慈善资源”五社联动机制，面向辖区低保户、低保边缘户、残疾人、老年人等困境人群，开展“社社同行”服务，累计探访关爱 154 人次，新增特色亮点“舒养·社推官”“舒养·拾趣坊”志愿服务板块，提供长者、亲子服务项目活动 6 场次；实行助餐配送全覆盖，共 118 名老人享受服务，全年配送达 7974 人次。

【残联工作】 2022 年，辖区有残疾人 375 人，享受困难残疾人生活补贴 24 人，新增 1 人，取消 4 人，发放金额 83160 元；享受重度残疾人护理补贴 240 人，其中居家安养 215 人、集中托养 23 人，年内新增 25 人、取消 29 人，发放金额 791270 元。开展康复进家庭工作，通过上门调查摸底，开展无障碍设施进家庭服务，为 5 户残疾人家庭提供服务，为 8 名白内障患者提供复明手术补贴，为辖区 101 名精神残疾人提供免费用药，完成残疾学生、残疾人子女助学申请 46 人。残疾人之家提升赋能提档改造，通过市三星级验收。（黄咏激）

秋滨街道

【概况】 秋滨街道辖区面积 29.59 平方千米，下辖 20 个社区、2 个建制村，户籍人口 8001 户、18812 人。街道工业用地面积 849.58 公顷，其中规模以上工业占地面积 551.52 公顷；工业企业数 1300 多家，其中产值亿元企业 57 家、规模以上工业企业 210 家。2022 年，完成规模以上工业总产值 454.81 亿元，比上年增长 34.1%；完成全社会固定资产投资 49.98 亿元，比上年增长 29.6%，其中工业投资 29.7 亿元，比上年增长 53.3%，实现服务业投资 20.28 亿元，比上年增长 5.7%，限额以上服务业营业收入 21 亿元；实现限额以上批发零售业销售额 294.31 亿元，比上年增长 11.9%，实现限额以上社会消费品零售总额 23.84 亿元，比上年增长 24.4%，限额以上住宿餐饮业 921.7 万元，比上年增长 3% 。

【重点工程建设】 2022 年，征收项目交办任务共 39 项，工作量 2730 分，完成 21 项，工作量完成 1913 分，完成率 70%。完成一期项目攻坚涉及张坞垅、新塘垅，历时数十年的 7 户房屋拆迁，以及其他 10 个项目的要素保障。支撑做好二期涉及 5 个项目攻坚，完成企业收储 16 家，完成南二环西路以东、八达路以北项目土地征收政策处理。开工项目 14 个，开工小微园 4 个，已投产小微园 2 个。征地拆迁稳步开展。后宋自然村房屋征收拔钉清零，实现地块净地报批条件；完成鹏孚隆项目地块政策处理及清表；完成威邦地块苗木签约，实现完成率 100%。拔钉清障初显成效，完成张坞垅、新塘垅地块遗留问题处置，完成马鞍山第三批公寓式安置房分配。

【社会保障】 2022年，街道提高为企服务能力，抓好安全生产工作。利用工业在线系统数字赋能，实时掌握辖区企业风险动态，及时补齐阶段性影响安全稳定和平安建设的重大风险、问题隐患、事故苗头的短板弱项。同时通过安全办、体检站、社区安全员构建梯级安全监管体系，重点推进各领域除险保安工作，落实问题隐患清零整治。以企业自查，体检站、社区安全员巡查，街道安全办督查的模式有效推动各项安全生产工作，有效落实对辖区1200余家工矿企业至少每月一次的自查、巡查，开展各类大规模排查整治9次。全年累计循环发现并完成动态整治各类问题隐患2.75万余项，排查辖区沿街店面、餐饮行2.3万余家次，发现并动态闭环整治隐患9000余项。

【社会管理】 2022年，街道围绕“党建统领，网格智治”总要求，组建800人“1+3+N”网格治理团队，全街道共划分网格101个，设置微网格1128个。发挥好网格员作用，高效运作网格队伍，制定网格员考核细则，进行“点单式”业务培训，按需育才，着力培养出一支“一专多能”的网格员队伍。2022年，秋滨街道因地制宜，突出党建引领，全力护航中共二十大。开展矛盾纠纷大排查大化解活动。2022年，上级交办信访积案化解率100%。加大下载“国家反诈中心”App安装力度。开展宣传111次，发放宣传资料15000余份，专题活动1次，线上直播2次，线上推文1万+阅读量两篇、5万+阅读量两篇，通过微信媒体宣传50余次，实现线上线下相结合，让防范意识入心入脑。开展文明城市创建工作，整改各类通报曝光问题2870个，督促整改率达99.99%以上；开展多轮自查自纠环境卫生整治行动，整改各种市容环境问题14001处，开展联合执法102次，清除各种乱堆放垃圾1300余车。加强拆违工作开展，拆除违章建筑47处、建筑面积51090.29平方米。

【组织建设】 2022年，街道党工委始终坚持以全面从严管党治党为主线，以党员干部整治立规为抓手，惩治与教育并用，规范党员管理，以最硬措施从严规范做好党员管理。2022年秋滨街道处理违纪违法党员15人次，比2021年同期降低25%。惩字当头，学字为先，在强化党员规范管理中抓实党员的学习教育工作，利用主题党日、“学习强国”学习平台强化党员法纪和规矩学习教育，教育引导党员干部树标杆、立榜样、补短板，补足“精神之钙”。规范流动党员管理，通过开展组织关系排查，探索流动党员向流出地报告、到流入地报到、认领党组织发布任务的“双报一领”办法，持续增强流动党员管理的针对性、实效性。打造增强基层承载力，建设现代社区陆村社区示范点，完成常青墅小区党建示范点建设和2个两新党建示范点建设。聚焦“五大场景”，实现“行动迅速、服务专业、群众满意”目标，提升居民幸福感。

【开发建设】 2022年，秋滨街道完成征收项目交办任务21项，工作量1913分，完成率70%，被开发区评为“征收工作先进集体”。2022年开工项目14个，开工小微园4个，已投产小微园2个。征地拆迁稳步开展。其中，后宋自然村房屋征收拔钉清零，实现地块净地报批条件；完成鹏孚隆项目地块政策处理及清表；完成威邦地块苗木签约，实现完成率100%。拔钉清障初显成效，完成张坞垅、新塘垅地块遗留问题处置，完成马鞍山第三批公寓式安置房分配。

（郑紫钰）

雅畈镇

【概况】 雅畈镇位于婺城区东部，东北与金东区江东镇、多湖街道隔江相望，东南与武义县履坦镇、壶山街道接壤，西南与安地镇毗连，西北与苏孟乡相邻。2022年，雅畈镇辖区总面积74.41平方千米，建制村22个，户籍人口9496户、23553人。辖区内有全国重点文物保护单位七家厅、徐氏宗祠，省级文物保护单位将军殿、汉灶古婺州窑遗址等，省级非物质文化遗产“铜山斗牛”“金华毛坦”，以及独具雅畈地域特色的叠馒头、迎蜡烛、道情等传统民俗与技艺。

【工业经济】 2022年，全镇实现规模以上工业总产值6.2亿元，区级税收 1442万元。完成高新技术产业投资1.24亿元,外贸进出口总额1.76亿元。第三产业投资 1.42亿元,比上年增长282.4%。完成固定资产投资2.2亿元,其中工业投资7957万元。招引落地企业(项目)5个,其中亿元以上1个(金华市第二生活垃圾焚烧发电厂炉渣资源综合利用项目)。新增国家专精特新"小巨人"企业1家、国家高新技术企业1家、市级以上企业技术中心2家、省科技型中小企业6家,培育限额以上贸易企业1家。深化实施新一轮制造业"腾笼换鸟 凤凰涅槃"攻坚行动,"一企一策"整治低效企业6家,覆盖面积3.08公顷。实施工业投资项目10个、高投项目2个和亿元以上项目2个。其中,总投资1亿元的金华市医疗和危险固废处置中心、70吨/天生产线工程项目、总投资1.25亿元雅畈镇中心卫生院迁建工程项目均已进场施工;浙江金匠、华南塑业等5个项目已完工并投入使用。

【村镇建设】 2022年,雅畈镇美丽城镇蝶变升级,开展环境整治,以全国文明城市创建巩固提升和农村人居环境"十佳村"创建为抓手,常态化开展农村垃圾分类和村庄环境卫生整治。全年全镇8个村次获评区级"十佳村",第三方检查问题整改率达99.5%,雅畈二村获评省级高标准农村生活垃圾分类示范村。推进"五水共治",细化"管、治、护"治水职责, 持续提升全域水环境质量。全面开展蓝天、碧水、清废、净土等专项行动,强化重点领域、重点行业污染监督防治工作, 完成VOCs源头替代1家,筑牢秸秆焚烧"防控网",打造绿色生态雅畈镇。

基础设施全面加强。区专项债项目梓溪排涝泵闸及河道整治工程完成工程量70%,其中,后溪河道整治完成,排涝泵闸工程进场施工。武义江石楠塘段治理工程,山塘维修养护工程,梅江村和华南村机埠改造,南干村水闸工程和中塘、小青垅、大坞垄、樟坞塘4个山塘除险加固工程等一大批民生实事工程全部完工。农村饮用水改造提升,完成汀杨线、桥岭线自来水提升工程和南干、梅江、华南3个农业水价改革项目。完成污水干管建设工程,彻底解决集镇干管漫管爆管问题。

城乡风貌显著提升。"魅力仙源·非遗古镇"县域风貌样板区获评"浙江省县域风貌样板区",雅畈历史文化街区被列入国家级历史文化名城保护规划(2021—2035)编制。雅畈二村入选全国第六批中国传统古村落名单,芳田村获评省级美丽宜居示范村。婺城区安居工程城中村改造项目(后陈村)完成招拍挂。镇、村交通优化提升,完成道路白改黑6千米, 雅叶至铁堰道路完成政策处理及路基建设,甬金衢上高速公路项目先行工程已进场施工。

【社会保障】 2022年,雅畈镇城乡居民医疗保险和农村养老保险参保率均在98%以上。全年发放社会救助、优抚资金共计465万元,救助对象"三个率"达100%,帮助2名有劳动能力的残疾人在福利企业就业。成立全区首个乡镇慈善分会,承办婺城区慈善工作"三级网格"规范化建设现场会,当日募集款物210余万元。2022年,申请"慈善温暖行动"救助金11万元,救助46户困难家庭,为23户困难家庭发放年货。

【社会管理】 2022年, 建成镇综合信息指挥室,织密"1+3+N"基层治理"一张网",整合各方资源和力量,构建多元共治新格局。

全面推进"一支队伍管执法"改革。创设"一支队伍管执法"村级联络站工作模式。成立22个村级联络站,建立统一指挥、多跨协同、联合联动的执法体系,完成从"分散执法""多头执法"向"集中执法""综合查一次"的转变,实现执法监管一体化的基层治理新模式。2022年在职能划转各个领域立案查处14起,简易处罚180余起,覆盖率达90%,处罚金额共计155040元。

"两优化"建强网格员队伍。建立健全基层网格化治理体系,科学优化网格,规范网格职责和网格运行机制,通过联动共治发挥网格员作用,有效促进基层社会治理体系和治理能力现代化。调整后,专职网格员平均年龄下降9岁, 专科学历提升500%。按照县域社会治理"一张网"要求,开展各类检查3200余人次,检查各类场所2100余个;慰问走访困难群众等重点人员近300名; 组织反诈宣传、困难帮扶、平安建设等各类活动10余次。

【农业产业稳固】 2022年,雅畈镇农业产业持续稳固。做好粮食保供增产,实现规模土地流转13.33公顷,粮食播种面积147.33公顷,总产量达860吨;建成高标准农田443.13公顷,发展高效节水灌溉面积100公顷。全面开展“非粮化”专项整治,完成任务数401.07公顷的90%。实施雅畈二村、加全塘村粮食烘干中心项目,推动各村种植早稻13.33公顷、晚稻120公顷。

【消除集体经济薄弱村】 2022年,雅畈镇消除集体经济薄弱村指标全部完成,22个村总收入达到30万元且经营性收入达到15万元,完成率为100%。其中,11个村经营性收入50万元以上;5个村经营性收入100万元以上。消除薄弱村项目宜山村综合楼建设基本完成,消除薄弱村项目雅叶村服务中心建设项目完成招标工作。

【组织建设】 2022年,雅畈镇深入学习贯彻习近平新时代中国特色社会主义思想和中共二十大精神,高质量开展各项理论学习,以线下学习为主、线上学习为辅,开展党委理论学习中心组集中学习13次。开展中共二十大精神学习宣传贯彻活动,通过党委理论中心组集体研讨、班子成员专题党课组织党员干部开展学习15次。充实“婺雅青锋”青年宣讲团和文艺宣讲团,开展“庆祝二十大 建功新时代”家门口的微党课、“共学二十大 奋进新征程”宣讲学习会等系列活动,编录《江山就是人民》《乘风破浪向前进》等方言快板节目走进文化礼堂、走进企业、走近群众,使党的创新理论、中共二十大精神走进千家万户、深入人心。以“七张问题清单”为抓手,党建智治成效明显。2022年,录入环保、征地、企业服务等方面问题库问题111个,纳入区级蓄水池9个、完成9个,区级清单库问题16个、整改完成12个,党建统领整体智治体系不断完善。全面深化党员干部整治立规创优行动,完善党员三色管理及优化流动党员日常监管,常态化开展酒驾、赌博等不文明行为巡查劝导,违法违纪党员人数同比下降25%。党员发展工作流程规范,新发展党员结构逐步优化,完成“三年以上未发展党员村”销号7个。坚持党建统领、片区联建,打造“燕语情思”环湖和“一望二三里”古街两大党建联建品牌,召集联建座谈11场,落地共同发展项目3个,联办党群活动30余场,受众1200余人,增加村集体收入42万元。搭建万丰缝制、残疾人之家等4个共富工坊,带动就业150余人,实现产业共兴、区域共富。高度重视意识形态工作,坚持党管意识形态,全面落实意识形态工作责任制。全年召开专题研究意识形态工作会议4次、意识形态和社会舆情分析会4次、意识形态和社会舆情综合分析会1次和基层党组织落实意识形态工作责任制专题述职会,科学准确预判和处置意识形态领域的潜在风险。制定《雅畈镇基层党组织落实意识形态工作责任制指数清单》明确工作重点,并按照指数清单对各村落实意识形态责任制情况进行督查,真正做到意识形态工作“党委领导、齐抓共管、合力并进”的良好局面,筑牢意识形态“主阵地”。

【基础设施建设】 2022年,雅畈镇民生设施提档升级。全镇22个村均完成避灾安置点规范化建设。雅畈镇居家养老服务中心配套工程项目完成并投入使用。殡葬改革稳步推进,完成小青龙生态安放园政策处理。雅畈小学综合体艺楼新建工程完成主体工程建设。雅畈镇中心小学被评为金华市首批教育领域数字化改革创新应用试点。完成市级示范新时代文明实践所和区级示范型汪家村新时代文明实践站提升建设,培育6个“15分钟品质文化生活圈”,建成梅江村全民健身房,夯实文明实践软、硬件基础,打造群众触手可及的“暖雅”服务圈。举办“文艺轻骑兵”下乡等活动10余场,群众文化生活日益丰富。

【平安建设】 2022年,雅畈镇开展安全生产隐患排查,实现C、D级危旧房管控全覆盖,完成山塘水库全面除险加固工程,有效应对汛期强降雨和极端高温干旱天气。开展生产经营单位安全生产主体责任工作试点,建立生产全覆盖责任体系,全面“体检”91家企业,发现并闭环整改问题126个,全面提升企业本质安全水平。以雅畈镇燃气排查整治工作机制为样板经验,向全区推广“上班一件事”模式,得到市长邢志宏批示、副市长赵秋立调研肯定。做好信访工作,15天实现3件信访积案全部清零,率先完成信访积案动态清零任务目标。每月和重要节点在全镇范围内开展矛盾纠纷大排查、大摸底活动,把矛盾纠纷化解在萌芽状态。开展除险保安百日攻坚行动,完成护航中共二十大、省运会等保障任务。

（陶　丽）

安地镇

【概况】 安地镇辖区面积136.4平方千米,下辖22个建制村、1个社区,户籍人口7542户、17168人。是国家级生态乡镇、省级森林城镇、省级卫生乡镇、省小城镇环境综合整治样板镇、浙江省非遗主题小镇、省AAAA级景区镇、美丽城镇建设省级样板、浙江省园林城镇。安地地貌以山地丘陵为主,平均海拔150米，境内山林面积12400公顷，耕地面积573.33公顷,经济作物以花卉苗木、毛竹、食用笋、水果为主，全镇花卉苗木种植面积达500公顷,有品种200多个,其中桂花面积占80%以上,有“中国桂花之乡”的美誉。境内设有全省第十二个省级旅游度假区——“仙源湖旅游度假区”,是省内唯一一个城郊湖山型旅游度假休闲区。辖区内建有金华动物园、10里桂花长廊游步道等多个游乐设施；开发建设了“仙源欧境”“双溪源”“香溪玫瑰园”等几个高档住宅区。

【经济发展】 2022年,全镇完成固定资产投资净增1194万元,比上年增长134.6%;实现税收收入1898万元,其中区级税收收入890.9万元。

【重点工程项目建设】 2022年，酒园拆迁安置地块、首期区块完成招拍挂;十二杉房精品民宿主体完工;派出所新大楼、仙源湖学校改扩建工程投入使用,卫生院迁建工程年度投资完成率超100%;L-2地块道路配套工程快速推进,“四季花谷”落地启动,“雅傅片区”未来乡村及城乡风貌示范区建设顺利验收,岩头全域土地综合整治基本完成,高标准农田建设项目全面完成。

【基础设施建设】 2022年，安地镇推进L2地块道路配套工程、安地卫生院迁建工程、香溪西路延伸工程等项目建设、山塘水库整治完成年度投资计划。启动文明村至上干口新村道路提升改造工程;完成里柴塘、里坞塘、里上塘3座山塘综合整治,蒋里畈机埠改造提升，新能源汽车充电桩的增设,杨梅园生态公墓、福位山公墓等一系列公共基础配套设施项目建设。

【村镇建设】 2022年,“魅力仙源·非遗古镇”县域风貌样板区获评“浙江省县域风貌样板区”,仙源湖旅游度假区通过省专家组现场考核,美丽城镇省级样板镇和省级职工疗休养基地通过复评。全年接待游客88.24万人次,实现旅游收入1.057亿元。成功举办十四届“桂花节”,发掘本地特色文化。安地民俗馆、非遗展览馆及桂花产品体验馆等文化主题项目完成设计,新增民宿、文化体验园等市场主体12家。

【社会保障】 2022年，安地镇防疫服务持续加强，关注老年群体和有相关基础疾病人群的疫苗接种和健康监测情况。组建“暖心小分队”44支、235人，发放药品4441份，上门问诊52次。疫苗接种实现“应接尽接”。新审批低保对象16户、19人,核销6户,渐退2户。发放低保金和物价补贴240余万元。提供低收入农户就业岗位21人。走访慰问退役军人、残疾军人、军属等,发放慰问金;办理残疾人养老保险补贴44人,助学补贴19人,残疾人文创基地贷款贴息2万元,年终发放慰问金4.5万元。

【组织建设】 2022年,有效指导各村党支部开展党日活动开好民主生活会，推动理论学习教育常态化、制度化。规范党员发展程序,严把入口关,推动党员发展标准化、程序化。吸收预备党员8人,发展正式党员14人。加强党风廉政建设,强化监督执纪问责的职能。运用“四种形态”56人次,查办自办案件4件；处理党员干部酒驾、赌博等违法案件11件,处理违反疫情防控规定党员干部11人,党纪立案2人,诫勉1人,批评教育8人。

【基层治理】 2022年,“一支队伍管执法”成效显著。累计立案查处各类案件69件,罚没款项59056元。国土巡查和农房监管得到极大增强,累计下发《责令停止违法行为通知书》16份,制止非法采石3起,扣押运输车8辆,立案查处3起。基层智治凝聚平安合力。“掌上基层”App上报四级有效信息10件,获评市级优秀案例1件。开展矛盾纠纷排查13次,排查化解矛盾纠纷30起,调解案件总数97件。全年收到并办结信访件92件,“8890”便民服务平台收到投诉件404件,办结率100%。隐患积案得到化解。枫丹丽舍完成交房,小区管理步入正轨。安地菜场问题取得实质性化解。妥善处置欠薪投诉6起,涉及农民工1097人,金额1962.2万元。

【山水保护】 2022年,完成松材线虫枯死松树清理86.67公顷,1461.4吨。开展森林防火演练6次,护林员例会12次,制止焚烧秸秆200余起、违规野外用火128起。涵养区保护更加到位。新增警示宣传标牌56块,横幅40条,更新老旧破损的宣传牌36处。设立52个高功率喇叭,实现远程喊话驱离管护功能,提高管护效率。开展夏季护水巡查联合执法12次,查处案件17起,累计罚金3850元,没收渔具100余副。

【环境卫生】 2022年,安地镇茶山下村、岩头村3次被评为五星村,西周村2次被评为四星村。开展全镇环境卫生大整治大提升3次,开展垃圾分类专题培训1次。新增美丽公厕3座,再生资源回收站点1处,资源化处理站点覆盖17个建制村。

【文体事业】 2022年,安地镇完成喻斯村、岩头村、安地村、项村、郑宅5个村的"15分钟品质文化生活圈"创建工作。安地镇入选省革命老区乡镇名单。岩头村获评省级引领型社区,村文化礼堂成功列入省公共文化场馆服务功能拓展先行先试单位。仙源湖实验学校体育馆和新教学楼投入使用。教育教学质量再上新台阶,被评为婺城区教育教学质量优胜单位。 (黄寅明)

白龙桥镇

【概况】 2022年,白龙桥镇辖区面积92.84平方千米,耕地面积234.85公顷,下辖28个建制村,7个撤村建居村,6个社区,现有户籍人口30465户、69899人,常住人口12.8万人。

【财政税收】 2022年,全镇税收总收入119053万元,比上年下降2.31%。本级财政收入37667.6万元,比上年下降4.25%。

【工业经济】 2022年,白龙桥镇拥有临江装备制造、飞扬智能制造两大工业平台,洞溪、镇北两个老工业区块,以及立春科创园等6家小微园区。镇域内共有工业企业734家,其中规模以上企业134家,上市企业2家。2022年,实现工业总产值191.08亿元,其中规模以上工业产值144.06亿元,比上年增长2.8%,新产品产值67.63亿元,比上年增长5%;新增固定资产投资17.73亿元,比上年增长47.1%,其中工业投资12.37亿元,比上年增长43.04%,工业经济指标全区第1。2022年,加大企业技改和"小升规"帮扶力度,新增规模以上企业10家。启动临江、洞溪园区低效工业用地集中连片整治52.87公顷,拆除面积20万平方米。成功招引10亿元以上制造业项目8个,落地6个、开工4个。新增国家高新技术企业26家、省科技型中小企业40家、市级以上企业研发机构24家、专精特新中小企业6家,新增数字化车间4个、智能工厂3家,今飞集团获评省级"未来工厂",万里扬股份有限公司获评国家知识产权示范企业。2022年,完成高新技术产业投资额5.41亿元,规模以上工业企业研发投入6.16亿元,占营业收入比重达4.13 %。

【农业经济】 2022年,开展"非农化""非粮化"整治,整治面积1240公顷,完成粮食种植面积1246.67公顷,实现粮食产量7665吨,完成率125%,超额完成区下达指标任务。持续推进高标准农田建设,建成高标准农田700公顷,创成省级水稻绿色优质高产百亩示范方1个,区级示范方19个,完成百千万方永久基本农田集中连片整治工程2个,美保龙种猪育种有限公司上榜国家级生态农场,熊猫猪猪·两头乌国际牧场入选省级农村产业融合发展示范园。28个建制村村集体收入全部达标,其中,经营性收入50万元以上建制村22个,占比78.6%;100万元以上10个,占比35.7%。婺城首家"五村联建"农民公寓项目建成拟招商,"飞地"抱团走出共富新路子。熊猫猪猪共富联盟带动共创共富增收。

【重点工程】 2022年,全面完成39个政策处理项目,整治低效用地134.13公顷。建武高速、甬金衢上高速等项目按期推进,金江南街北延、华龙南街南延、紫金南街北延、东堰街北延、文津路、桐溪街等项目竣工通车,临江和洞溪园区市政道路提升改造工程完工,飞扬小镇平台"三横三纵"路网框架初步形成，“四好农村路”大中修7.39千米。水上运动中心、紫金幼儿园、婺城区社会治理中心等项目建成使用，区妇幼保健院新建、区人民医院改扩建、浙中文化创意中心等项目稳步推进，万泰奥特莱斯开业，“15分钟便民生活圈”初步形成。

【文化宣传】 开展乡村文明建设，30家文化礼堂、38个新时代文明实践站（所）常态化运行，组织200余场文化活动惠及群众20余万人次。2022年，白龙桥镇叶店社区、筱溪村、双牌村、滨江村、下窑村、龙蟠村、新昌桥村、临江村、郑岗山村、金奥社区10个村（社）完成“15分钟品质文化圈”创建，实现目标任务100%达标。白龙桥镇双牌村、择住邻村建成百姓健身房并通过验收；推进“星耀婺城”文艺星火赋美工程示范建设。

【社会保障】 2022年，民政、工青团妇、退役军人等工作协同发展，城乡居民基本医保参保率超99%，发放各类救助福利资金1000余万元。镇级社会工作站和未成年人保护工作站建成使用，社会工作专业服务水平不断提升。白龙桥镇残疾人之家获评省级“五星级残疾人之家”，郑岗山村、叶店社区、桃源村创成“省枫桥式退役军人服务站”，全镇获评“浙江好人”1人、“金华好人”3人。

【党建工作】 宣传贯彻中共二十大精神，党委班子上专题党课45次，“8090”青年干部入村宣讲80次，上门给老党员宣讲60次。深化党建统领基层智治，依托“七张问题清单”发现解决问题350个，处置重大问题32个，将“问题清单”转化为“成效清单”。成功打造熊猫猪猪等6个共富工坊，文旅、农旅同步发展撬动乡村“美丽经济”，为周边的三镇九村提供就业岗位150余个，熊猫猪猪党建联建获评省委组织部优秀实践案例。百镇共建强基行动与塔石乡结对，培育林下经济等共建项目3个，搭建“白塔富农”平台1个，通过“清凉一夏暑品节”、商会助农等方式帮助农户增收30余万元。多管齐下推进党员整治立规行动，违法违纪党员数量同上年相比下降26%。着力优化党员队伍结构素质，新发展党员32名，35周岁以下及大专以上学历分别达到65.8%、68.7%。推进“两新”组织建设，新建远大铝业、索尔物流等“两新”支部5个，实现50人以上企业党组织全覆盖。深入推进“五整治五提升”行动，政治生态持续优化，全年运用“四种形态”112人次，通报批评23起、47人次，整转不合格党员19人，取消预备党员资格2人，党员除名1人，村干部停职2人。

【人才干部】 规范程序开展干部选任工作，提拔中层干部13人，新增30周岁以下年轻干部5名。优化党员队伍结构，从高学历的年轻对象中培养发展党员32名。成立镇人才工作站，引进专业服务机构，多维度搭建高端人才招引服务平台。优化人才培育环境，鼓励乡贤和海归人才带回项目、引进资金、发展产业。排摸海外高层次人才4人，完成国家级和省级招才任务12个，申报双龙人才计划2人。

【美丽乡村建设】 持续深化“千万工程”建设，建设新时代和美乡村，虹路村、古方村争创市级现代化和美乡村，万固西江月获评省级高标准垃圾分类示范小区。黄金苑安置房结顶，下山安居创富工程有序施工，双溪西路西延拆迁户完成分配安置房202套。

1月4日，市领导带队调研婺城区“下山安居创富”工程开展情况　　　　（白龙桥人民政府供稿）

【环境综合整治】 2022年，投资1499.03万元实施美丽城镇项目建设，优化提档城乡基础配套设施，镇政府周边及白门线整体面貌焕然一新。投资3000万元实施桐溪入江口整治工程，点亮桐溪河畔，为建设滨河新城注入美丽底色。持续打好文明城市创建成果巩固战，整治乱停车、乱摆摊设点、乱堆乱放现状，环境秩序明显改善。建成并使用紫金玉澜、文景苑等4个垃圾分类投放点，实现集镇范围内全覆盖。推进“三改一拆”行动，拆违36处，拆除建筑面积17.33万平方米，取缔砂场9家。

【平安建设】 开展除险保安百日攻坚行动，完成护航中共二十大、省运会等安保任务。深入开展危旧房排查整治，安全排查自建房2.87万宗，实现C、D级危旧房管控全覆盖。排查整治安全生产隐患5655处。出动人员排查“两房一店”1320余人次，整治沿街店铺违规住人、防火分隔不到位情况110家。2022年，镇、村两级调处民间纠纷252件，成功率100%，调处赔偿金额1586万元，基本实现“小事不出村，大事不出镇”的工作局面。开展反诈工作，开展防骗宣讲255场次，成功劝返境外涉诈重点人员。区级“大综合一体化”行政执法改革试点工作深入推进，承接执法事项489项，办理案件88件，处罚金额14.5万元。提升社区治理能力，增配专职社工50名、专职网格员83名，40个村(社区)全部获评市级民主法治村，马海地、楼家村、龙蟠村获评省级民主法治村，白龙桥镇司法所获评省级“枫桥式司法所”。

【“五水共治”】 2022年，金华监狱污水干管接入临江污水处理厂一期工程全面完工；投资1.08亿元实施洞溪工业园区基础设施工程，推进道路雨、污管网设施完善，并对现有管网进行清淤疏通。走访企业，了解企业纳管情况，对企业雨污分流落实情况进行核查，完成“一企一策”、管网现状图上墙、雨污分流、标识标牌等工作。聘请婺州排水公司对白龙桥镇集镇范围进行常规巡查，对原有雨、污管网进行定期清淤检测，并排查错接错排、井盖错盖等问题。推进河长制工作落实，落实4名镇级河长每月不少于2次，24名村级河长每月不少于3次的App巡河任务；全面整治河流河道保洁、乱堆乱采乱建等问题，部署开展“找寻查挖”专项自查自纠行动，4个网格工作片上报发现并解决问题45个；收到区治水办督办件15件问题34个、水务局督办问题5个、镇综治办相关信访件6件、网络媒体曝光问题2个，均落实整改。

(程燕春)

琅琊镇

【概况】 琅琊镇辖区面积93.21平方千米，户籍人口7675户、19249人，下辖18个建制村。2022年，工业总产值6.05亿元，销售产值6.23亿元；固定资产投资3325万元，比上年增长6.64%；制造业投资1947万元。培育“小升规”企业3家，规模以上企业7家，创近年新高。开展招大引强“一号工程”，“一把手”外出招商7次，成功落地后金华山地块农旅项目。

【农业经济】 2022年，全镇农业总产值2.83亿元，比上年增长1.07%。完成粮食功能区“非粮化”整治任务577.6公顷，总量在全区排名第3。全年新增农业“标准地”80公顷，完成率122%。全年完成粮食生产任务913.33公顷，完成率121%。白沙溪三十六堰品牌指导服务站获评“浙江省品牌指导服务站”。

【第三产业】 2022年，琅琊镇依托白沙溪三十六堰品牌指导服务站组建“第一书记+专家”主播服务队伍，20余种特色农产品实现线上售卖，助农增收。大力发展“夏日经济”，举办西瓜认购节、龙虾啤酒节等系列活动，吸引游客2万余人次。婺州铁店窑陶瓷文化研学基地被列为2022年度婺城区文化产业专项扶持项目，带动乡村旅游热。

【组织工作】 2022年，琅琊镇发展党员7名，吸收入党积极分子21人。以“党建统领网格智治”为抓手，每个网格设置“1+3+N”治理团队，整合220名镇村干部、党员志愿者、网格员骨干力量，组建24支“暖心服务小分队”，摸排重点人员80人，组织开展暖心服务、走访服务4771次，解决困难诉求10343个。与“百镇共建”单位上溪镇4000余名党员共同开展主题党日活动，交流互学先进事迹；推出“琅锋精英”大讲堂，年轻干部专题授课26次。

【重点项目】 2022年，完成省、市重大项目政策处理33.13公顷。其中，九峰水厂项目土地政策处理11公顷；建武高速、健康驿站政策处理5.2公顷；2个月完成集镇上马地区块202户、9.6公顷土地征收和房屋拆除；甬金衢上高速征迁3天集中攻坚完成30户房屋征收签约。实施政府性投资项目2个，总投资3000余万元。推进美丽城镇建设,完成星光绿道改造提升、口袋公园建设。琅峰山风貌提升工程稳步推进，上马地配套道路通南路项目开工建设。白沙文化创意交流中心完成立项报批,全面达成年度投资目标。

【共同富裕】 2022年,与义乌上溪开展共建活动37次,落实共建资金50万元,达成共建项目6个。其中物业联建项目，为6个建制村增加收益分红100余万元。“共富灶”结对产业项目18天即建成投用,相关做法在《人民日报》等各主流媒体报道共18篇。全年实现集体经济收入2782.8万元,经营性收入突破1125万元。“琅琊镇‘三圈三带’共创共富联盟”入选全市共同富裕试点典型案例;民生议事堂被评为市级初心堂,“助奶农增收 促共同富裕”活动入选省级典型案例。

【平安建设】 2022年,琅琊镇开展除险保安百日攻坚行动,完成70户沿街商铺消防隐患整改,经验做法入选全市十大成功案例。开展地质灾害隐患排查,搬迁安置妙康里村29户、91人。成功处理各类举报、信访问题276件。民情民访代办工作深入推进,镇矛调中心全年接待群众205人次,化解矛盾纠纷156件,解决率达100%。杨塘下村成功创建省级民主法治村。“大综合一体化”行政执法改革持续深化,打造“1+4+X”联动模式,提升治理能力,打响“白沙先锋”综合行政执法特色品牌。全年立案一般程序案件25件、简易程序案件7件,处罚金额共计5000余元。“七张问题清单”整改率达100%。

【美丽乡村】 2022年,琅琊镇巩固文明城镇创建成果,推动集镇环境稳步提升,组织志愿活动96次,整改卫生死角3200余处，顺利通过省级文明镇复评。投资731万元完成白门线路灯亮化、道路白改黑7.4千米。深化“五水共治”工作,常态化巡河400余次，问题解决率100%，开展水环境联合执法92次,立案处罚78起。创建美丽庭院示范户215户,以奖代补拨付农村环境提升奖励资金202万元,全年获评“十佳村”11村次。整治危房32幢,完成“三改一拆”面积1.5万平方米,农村建房审批42户,实现两年零的突破。泉口村实施乡创中心等未来乡村项目4个,成功创建省级未来乡村,打造婺城和美乡村样板。

【民生事业】 2022年,国家健康乡镇创建通过省级预验收。投资1000万元实施杨塘文旅研学、农村饮用水提升等村级项目14个。启用琅琊镇社工站、新建村级慈善工作站18个、儿童之家4个、提升居家养老照料服务中心7个,建设浩仁村青年民兵活动之家、枫桥式退役军人服务站2家,办理发放退役军人优待证822人,市本级首个院前120急救站点落户琅琊,打造群众健康“绿色通道”。党员干部走访低收入群体2280人次。

1月29—31日,琅琊镇党委班子走访慰问困难群众 （琅琊镇人民政府供稿）

【宣传文化】 2022年,实施文化礼堂提升改造项目4个,组织开展书画培训、陶艺体验课、文化走亲等公益性活动45次,创作道情等原创文艺作品5个。完成新时代文明实践站提升改造4家,琅琊小学被评为第五批金华市示范性非物质文化遗产传承教学基地,白沙溪三十六堰展陈馆成功申报省级乡村博物馆,滕勤男事迹展陈馆成功创建市级清廉文化

阵地示范点，白沙滕氏家风传承基地获评市级廉洁文化示范基地。 （戴信珍）

蒋堂镇

【概况】 2022 年，蒋堂镇辖区面积 54.22 平方千米，耕地面积 3208.35 公顷，全镇有 17 个建制村，户籍人口 7662 户、18625 人，外来流动人口 3734 人，实现财政总收入 838.4 万元，完成税收 3091 万元。2022 年，蒋堂镇奋楫赶超、立足资源禀赋，获全国天然富硒土地认证；获评省级慈孝之乡、市级铁路外业整治先进、金华市示范乡镇妇联。

【工业经济】 2022 年，实现工业总产值 22.3 亿元，其中规模以上工业总产值 10.2 亿元。新增固定资产投入 2.2 亿元，税收总收入 3091 万元，本级财政收入 838.4 万元。新增捷特包装年产 5 万套军民融合智能化集装器具和保障装备项目、浙江智能交通科技产业园附属工程 2 个工业项目，总投资 1.52 亿元。坚持科技创新、实现逆势破局，企业研发投入 3438 万元，高新技术产业投资 2800 万元，完成申报国家级高新技术企业 3 家、研发机构 1 家、省科技型中小企业 7 家。

【农业经济】 2022 年，立足富硒资源，大力发展现代农业，成功获评全国天然富硒土地认证。完成非粮化整治 200.73 公顷，粮食生产面积 1466.67 公顷，实现粮食产量 7264.3 吨。以数字化改革为牵引，建成智能化农业基地 3 处，新增全程机械化综合服务中心 2 处，“好乐耕”农事服务中心入选首批省农业“双强”名单。以七彩天宏、阿莫田舍等特色农业园区为先导，培育农旅融合新载体，创建省级示范性家庭农场 9 家，培育农业龙头企业 6 家。推进农事体验、生态观光、农产品展销等 9 个项目建设，因地制宜打造一批田园休闲体。

【重点工程项目建设】 2022 年，一体推进低效用地整治、全域土地综合整治，完成消化批而未供土地 26.67 公顷，盘活存量建设用地 8 公顷，整治低效工业企业 10 家、10.47 公顷。完成许里村 80 公顷土地流转，安置地块 72 户；全面保障“公安四所”迁建，向上争取土地指标 22 公顷，5 天完成杨新村 0.96 公顷土地征收，有力保障项目建设；发挥开化小微园智能产业集群优势，引进卓玥智能科技、起点车业、万洋车业等 3 家企业，推动产业链协同发展；推进“双十大”百亿项目——蒋堂移民新村二期建设，实现移民下山安居创富 554 户、1368 人。稳步落实移民后期扶持项目 5 个，投入资金 1901.76 万元，受益群众 3348 人。

【村镇建设】 2022 年，成功创建 AAA 级景区镇，新增 1 家 AAA 级景区村、4 家 A 级景区村，A 级景区村覆盖率达 82.4%，全年接待游客 22 万人次，休闲农业产值超 5000 万元。持续推进农村基础设施建设，新增村级阳光堆肥房提升改造 4 处、两定四方点位 4 处，创建星级农村公厕 3 处。完成洪村、下汪机埠建设，杨新三八山塘、里坞垅水库、清水塘五升殿垄除险加固，开化、兴利、前源高标准农田提升，直里村、洪村、前源村绿色农田项目，洪村自来水改造等建设提升。

【文教卫生】 坚持民生优先，聚焦“一老一小”，不断满足群众对美好生活的向往。关注文化精神生活，新增“15 分钟品质文化生活圈”3 处，直里村、下尹村多功能运动场 2 处。注重教育优质发展，投资超 20 万元建设蒋堂初中、蒋堂小学阅读长廊，投资 10 万元建设蒋堂小学“硒”望农场，成立红领巾亲子劳动教育实践基地。

【社会保障】 2022 年，做好民生兜底保障，加强低保、低保边缘、特困对象动态管理，发放保障金 254.6 万元、残疾人“两项补贴”109.62 万元。列入婺城区绿源集团“关爱儿童成长基金”儿童 4 名，发放救助金 10900 元；开展完成全镇 430 名 60 周岁以上老年人能力评估专业评估；做好疫情期间民生保障工作，及时提供送医送药、代购代办、照料关爱、宣传引导等服务。

【平安建设】 聚合多元共治力量，全镇规范设置 31 个网格、97 个微网格，整合“1+3+N”网格治理团队 555 人，抓好矛盾纠纷、安全生产、消防、食品药品等领域风险隐患排查化解整治。沙畈村成功创建国家级民主法治村，郑金桂调解工作室获评省级金牌人民调解工作室，许里土地全域综合整治工作成效入选全市“七张问题清单”示范案例,基层智治“141”体系迭代升级为全区提供基层样板。全年共调处矛盾纠纷 161 起,涉及金额 240 万元,调解成功率为 100%。

【组织建设】 探索“三色清单”闭环管理机制,开展党员干部“九个一”创优行动,开展党员提醒谈话 130 余次,严肃查处违反中央八项规定精神问题 1 个,党内警告 1 人。2022 年,党员违法数量 2 人,比上年下降 71.43%。亭堂共建硕果累累,双镇共建“金米粒”八婺共富市集平台、缸窑村“金米粒”共富展销馆,共同举办首届“嗨 FUN 缸窑”·泡沫之夏泼水音乐露营节、兴村治社名师巡回指导、专家送医等活动。深入实施村级集体经济“消薄攻坚”行动,压实各村工作责任,加强政策引导,因村施策,拧紧“消薄”项目链条,推进沙畈村水库移民共同富裕示范 3 号楼等共富项目实施落地,加速村级亿元项目浙江智能交通科技产业园施工建设,全镇“消薄”任务完成率达 100%,其中经营性收入 100 万元以上 5 个,经营性收入 50 万元以上 12 个。

【基础设施建设】 持续优化基础设施建设,新增完成开下线、蒋农线、胡家村、开化—董村部分路段白改黑路面 15 千米,完成两路两侧整治 80 余处,安装路灯 280 盏,建成交安设施 10 处。完成西入镇口及镇区景观项目、小镇客厅等基础服务设施项目。

【文化节活动】 2022 年,举办了首届蒋堂柑橘节暨婺城区第四届农民网络文化节活动、蒋堂镇首届移民文化节活动。 (张 信)

罗店镇

【概况】 罗店镇镇域面积 66.58 平方千米,辖 25 个建制村、1 个社区。户数 8066 户,人口 19231 人,流动人口 5318 人。

【工业经济】 2022 年,工业总产值 7.9 亿元,其中规模以上工业总产值 2.1 亿元。固定资产投资完成 4.9 亿元,其中制造业投资完成 6915 万元。全年招引签约项目 15 个,达成投资意向 105.7 亿元。培育“小升规”企业 1 家。

【财政税收】 2022 年,财政税收总收入 1.4 亿元,比上年增长 70.8%;区级税收 3153 万元,比上年增长 37.7%。

【环境整治】 以争创全国卫生乡镇为目标,以文明城市巩固提升为抓手,常态化开展全域环境卫生整治行动,累计获评“十佳村”12 村次,其中洞前村、西吴联村、大岭村、唐村获评“五星村”。依法整治非法生产和“散乱污”企业 8 家。九龙矿山生态修复项目顺利通过市级验收。强势推进违章建筑存量问题销号,累计拆除违章建筑 61429.34 平方米,完成全年任务的 102.4%。

【基层党建】 开展“喜迎二十大”“共同富裕”以及“聚焦二十大·奋进正当时” 等主题宣讲活动 30 多场,举办“奋进新征程·永远跟党走”的学习贯彻中共二十大精神系列文化活动,全面落实第一议题制度,围绕学深悟透中共二十大精神以及省委、市委、区委全会精神,以专题党课、主题党日、流动党员补课等形式,镇、村两级累计开展学习教育活动 48 次,参训党员干部 1280 余人。推进“清廉村居”建设,营造浓厚清廉文化氛围,鹿田村、迎峰村等 10 个村获评婺城区“标准型”清廉村居,大岭村获评婺城区“示范型”清廉村居。

【乡村旅游】 推进美丽城镇创建,实施集镇基础设施提升项目 19 个,美丽城镇获评省级样板。推进旅游公路提升,罗电线获评省级绿化美化精品道路、省级特色精品道路。立足“一村一品”,大岭村完成省级未来乡村创建,山下曹村宜居示范村一期工程、盘前村休闲乡村项目通过验收,乡村旅游呈现多点开花的新局面。成立“金华山居”民宿联盟,培育省级金宿 1 家、银宿 1 家,推动“一日游”向“过夜游”发展。完成芙蓉市集建设,全面提档尖峰山入口风貌。婺州举岩茶入选联合国人类非遗名录、婺城茶花培育系统入选浙江省第一批重要农业文化遗产资源,农旅、文旅融合发展跨入新阶段。举办“云赏金华山·嗨‘枇’芙蓉湖”2022 金华山罗店第五届云上枇杷节,其间累计助农销售 200 万元,协助承办第二届金华山康养文化旅游节等文旅、农旅活动 20 余场次,累计吸引游客 28.8 万人次,带动旅游消费580 万元。

【平安建设】 开展"信访积案攻坚清零工作",对重点对象定制化解方案,联合各方力量力求做到"问题清仓,积案见底",化解各类疑难纠纷 65 起,化解金华市第二水泥厂土地征用工遗留问题化解、九龙矿山车队运费问题,省级交办的 13 件信访件全部化解。深入推进依法行政,北山社区成功创成市级"后陈式法治社区"。

【征迁工作】 完成尖峰山游步道(三期)、霞客古道(三期)、鹿田村景观平台、"四好农村路"、盘溪罗店段政策处理。三库三溪整治工程政策处理工作稳步推进。

【共创共富】 推进特色党建品牌建设,开展"花海梯田"及"花卉之窗"共建共富行动,打造各类工坊 5 个,立足花卉产业基础,成立罗店镇花卉苗木协会,吸纳会员 60 余家,助推集体经济抱团发展,吸纳就业人数 200 余人,人均增收 4 万元,2022 年经营性收入 50 万元以上村 12 个,100 万元以上村 5 个。搭建完善农业产业发展平台,四季茶花谷、世界园林博览园项目签约落地,带动周边农户提档升级。"爱在大岭"共富工坊相关做法在《共产党员》杂志刊登。

【社会保障】 坚持将"两不愁三保障"落到实处。保障群众食品药品安全,持续提升食品安全协管能力水平,罗店镇食安办获评"省四星级乡镇食安办"。完成溪滕村、盘前村居家养老照料中心建设,完成大岭居家养老照料中心提升改造,居家养老服务中心基本实现全覆盖。罗店卫生院医养综合楼顺利结顶,医疗救治水平进一步提升。进一步加大社会保险扩面力度,养老、基本医疗参保率分别达到 99.66%、99.99%。有效推动景区公交延伸、北山路双向通车等重点民生问题解决。加强医疗卫生改善,完成罗店卫生院医养综合楼结顶,推进家庭医生签约服务。

(王光辉)

7 月 22 日,婺城区委副书记、区长胡余仙(左二)到罗店镇检查指导罗店镇卫生院工作

(罗店镇人民政府供稿)

汤溪镇

【概况】 2022 年,汤溪镇辖区面积 137.54 平方千米,现下辖 39 个建制村和 1 个社区。户籍人口 20635 户、49046 人。是国家级金华经济技术开发区金西区块核心区域,是省级中心镇和金华市级首批 5 个中心镇之一。

【工业经济】 2022 年,全年实现规模以上工业总产值 84.8 亿元;规模以上工业新产品产值 39.9 亿元,比上年增长 28.3%;限额以上住宿餐饮业营业额 3120 万元,比上年增长 17.11%。销号亩均税收 8 万元以下企业 16 家,完成工业企业税收 2.67 亿元。随着寰领医药、高端制造园等一批重大项目开工建设,固定资产投资、工业投资等指标下降趋缓。

【企业服务】 2022 年,以"稳进提质"现场集中办公等活动为抓手,持续加强政策宣传,协调解决企业员工子女入学等问题,落实补助 59 项次,补助金额共计 104.21 万元。

【培育竞争优势】 2022 年,汤溪镇加强人才引进,提供有效高层次人才线索 2 条,新引进大学生 826 人,为企业转型升级提供智力支持。加强规模以上企业培育,做强镇域经济体,新增"小升规"企业 6 家。

【开发建设】 2022 年,汤溪镇做好安置房分配,平稳有序完成白沙驿花园、东门苑、临湖阁等安置房分配工作,共安置 1516 户,分配房屋 2728 套。加快推进安置户房源结算及 11.5 亿元货币化回购资金支付。完成开发区史上首批 26 户安置户购房券使用结算,涉及资金支付 0.42 亿元。解决遗留 2 年多的厚大茶山羊场征收难题,全面完成金西小城镇 EPC 项目两溪整治政策处理。拆除方圆加油站、洪樟文户、百老汇等地块,拆除面积 7815.04 平方米,实现岭垅湖公园区域房屋拆除全面清零。完成 2.4

公顷进场道路和17.07公顷污水干管涉及的土地政策处理,发放108.6公顷青苗补偿费到户,确保加华种猪场总部建设无障碍施工。仓里村全域土地整治克服极端酷暑天气及坟墓搬迁不在时节等因素,完成43.73公顷清表及仓里、陈村部分坟墓搬迁。陈村可容纳130余穴公墓建设完工。以联合执法为抓手,开展卫片整改专项行动,完成28宗图斑6公顷土地整改。实施西水东调工程4次,引水2150万立方米,有效缓解金西旱情。

【美丽城镇建设】 2022年,实施6个总投资4340万元的美丽城镇项目,城隍庙周边景观风貌显著提升。实施金西西区块31家工业企业及集镇总投资3250万元、8个标段的污水零直排项目,有效解决峙垅湖入水口、老镇区雨污合流问题。盘活老电影院、婺城区福利院等闲置地块,改造临时停车场,新增停车位100余个,缓解停车难题。成立汤溪镇千年古城建设领导小组,深化与金开国有资本投资有限公司、浙江工业大学工程设计总院、上海同济工程咨询有限公司的合作,不断完善《千年古城复兴建设项目可行性研究报告》,初步谋划总投资20亿元的10余个"千年古城复兴"项目。《千年古城复兴综合规划》进入规划方案评审阶段。

【民生事业】 2022年,汤溪镇持续提高低保覆盖率,新增低保、特困、残疾等4大群体2067人,全年发放补助资金664.1万元。开展"情暖万家"等暖心慰问,发放慰问金33.1万元、慰问品450份,共682人次受惠。办理适老化改造项目家庭9户,全面完成2022年老人自理能力筛查工作,提升老年人关心度。完成总投资165万元的5个移民项目,规范4个村避灾安置点建设。汤溪镇本级和节义村"枫桥式"退役军人服务站通过验收,退役军人及定补优抚对象均慰问走访到位。

【农业经济】 2022年,清退非粮化土地面积1701.7公顷,强化后续管护,建立"田长制",联合监委会主任、行政执法等多方力量开展日常巡查,及时处置10余起新增非粮化行为,维护整治成果。抓紧抓实粮食生产,加大政策支持力度,落实粮食生产扶持、耕地地力保护等补助资金2287.5万元,提升种粮积极性,种粮大户增至66户,水稻规模种植面积3833.33公顷,较上年增加973.33公顷。加快农业设施建设,总投资4000万元的西门畈、上境畈及寺平畈533.33公顷高标准农田提升项目申请立项,粮食功能区提标改造二期项目正式施工,新建4个大型烘干中心,粮食烘干能力提升1000吨。全镇生猪、牛羊等各类家禽家畜存栏21.58万头,实现稳步提升。推进标准化养殖场的建设,创建"百场示范、千场提升"标准示范养殖场1家。

【农文旅融合】 2022年,通过"中国蓝""天目新闻""无限金华"等App,现场直播"上山文化·下伊保稻节"活动,推介金西文旅资源,促进乡村振兴。融合全镇高品质旅游景点,推出19.9元"金西霸王卡",通过越溪白鹤、九峰牧场等联盟景点"一票制",实现旅游资源一体化,旅游收入同上年相比增长超50%。成立"消薄"公司,打造"汤吃汤玩"品牌,创建以万亩茶园、九峰温泉、寺平古村、城隍庙为元素的四款礼盒。借助百镇共建契机,参加3次面向全市的展销会,对外推广汤溪农特产品。

【"消薄"攻坚】 2022年,"消薄"工作从"输血式"向"造血式"转变,成立4家"消薄"公司,半年营业额超150万元。科学谋划4个"消薄"项目,整合资源、盘活资产,全镇39个建制村全面完成"消薄"任务。分析各村资源禀赋和产业发展需求,申报12个总投资3225万元乡村振兴类项目,把产业发展与人居环境整治、乡风文明提升、乡村治理强化、村级集体经济组织壮大有机结合起来。聚焦村企结对帮扶,开展"千团联千村""助村帮帮团"行动,结对企业共走访各村39次,实施6个经营项目,筹集帮扶资金60万元,帮助村民就业22人,实现村企互利共赢。

【网格建设】 2022年,汤溪镇优化网格管理组织架构,重新调整66个网格辖区范围,全面配齐"1+3+N"人员。完善相关制度,以村(社区)网格职责为核心,建立健全月度例会制度和年度考核制度,采取查阅、抽检、数据统计等方式,加强工作监督指导,确保网格化服务管理工作发挥应有的作用。

【平安建设】 建成反诈宣传阵地44处,结合主题党日活动,协同派出所开展反诈专项培训134次,发放宣传资料3万余份。镇矛盾调解中心书面调处各类矛盾纠纷109件，涉及金额445.81万元。创成10个“后陈式”法治村，市级民主法治村实现全覆盖。对全镇的220个山塘水库进行全面巡查，重新设置警示牌25块。全方位落实流动人口和出租房整治，组织民警、专职网格员开展培训、巡查467次，建档立卡337户出租房人员信息。

【安全生产】 2022年，排查企业428家，发现安全隐患1106条，全部完成整改；开展联合执法319次，检查沿街店面2351家、出租房1048家；排查整治道路交通隐患点121处，更新更换道路标志线1500平方米，发动5000余人次进行文明劝导、宣传，实现40个村(社区)100%覆盖；组建提升森林消防队伍，开展消防技能训练和演练10余次，悬挂宣传横幅600条，平均每天发送宣传短信1000条，发放宣传手册1000余份，通过浓厚宣传氛围、严格执法力度，加强消防安全意识，构筑安全社会环境。

罗埠镇

【概况】 2022年，罗埠镇辖区面积44.22平方千米，集镇面积为0.78平方千米，耕地总面积为2390.1公顷。建制村规模调整后，辖32个建制村，334个村民小组，62个自然村，15063户、34482人，外来人口3000余人。2022年，完成税收6099万元。全年规模以上工业企业产值29.80亿元，比上年下降5.54%；完成限额以上批发业销售额2676万元，比上年下降22.66%；完成限额以上零售业销售额1680万元，比上年增长176%；完成限额以上餐饮业零售额1181万元，比上年增长52.71%；完成限额以上社会消费品零售额4152万元，比上年增长61.4%；完成全社会固定资产投资2.87亿元，比上年增长47%；完成工业投资1.34亿元，比上年增长192%。

【低效用地整治】 锁定闲置低效项目地块，适时引入优质项目，将“低效存量”转为“发展增量”。集中人员、集中精力、集中时间，保质保量完成低效工业企业用地专项整治，2022年，完成整治面积29.01公顷、完成率96.69%，完成企业整治19家、完成率126.67%。

【党的建设】 2022年，全镇将改善优化村级组织阵地建设作为提升服务群众的“第一工程”，投入155万元对张家湖村、山下陈村、罗埠一村、渔田庄村等7个党群服务中心进行提档改造。为科学细分网格力量、集聚党建资源，采用“1+3+N”人员配备模式，划分55个大网格，425个微网格，涵盖55个党支部，1895名党员，以“党建+网格”做深做实基层治理文章。成立“‘苞’罗万象”“红旅下周”等党建品牌，以山下陈村、下周村为主导，辐射带动周边建制村共同发展乡村旅游产业。打造“渔田姜山”“罗小甜”“启航后张”等8个共富工坊，现已确定工坊选址和工坊定位，致力于共富工坊的建设以带动村民增收致富。

【乡村振兴】 2022年，拓宽产品销售渠道，全镇重新梳理“罗埠味道”品牌经营范围，新增核准经营商品豆制品、茶、腌制食品等品类，通过罗盛农业旅游发展有限公司，建立起罗埠农产品“1+X”品牌与市场的桥梁，线上线下多个平台同步销售，全年总销售额达300万元以上。打造特色农体旅线路，全镇建设塘头郑村清正廉洁文化、元里村垂钓基地鱼文化和后张村运动休闲等一村一特色村庄，勾画塘头郑村至下周村农旅发展游线，为游客提供罗埠农特产品采摘、采购，体验罗埠老街印记等吃、喝、玩、住“一条龙”服务。6月16日，在山下陈村水果玉米基地召开2022年乡村振兴产业发展大会暨第二届爆浆牛奶水果玉米推介会，抱团发展、乡贤集聚、技术支撑，三架强力引擎正推动着罗埠镇乡村连片振兴。全镇分别与4家银行及4家企业签订乡村振兴战略合作协议。32个建制村与帮扶企业签订“百团联百村”共同富裕帮扶协议。11月20日，在越溪村举办第七届甘蔗文化旅游节，通过开展特色农产品展销、“甘蔗王”评选竞拍、乡村生活体验、传统民俗等活动，打造富有影响力和独特文化内涵的甘蔗文化节。2022年罗埠镇32个建制村村集体总收入5191.87万元。经营性收入达到50万元以上村21个，完成任务数100%。经营性收入达到100万元以上村13个，完成任务数100%。10个省定相对薄弱村均达到总收入20万元，经营性收入10万元以上，完成率100%。

【重点任务】 2022 年,明确下达的征收任务 13 项,完成老汤齿东侧 1.53 公顷土地征收、福斯特木工、惠丰汽车配件、梦娜纺织收回等 9 项征收任务,老汤齿东侧 4 户房屋征收任务已完成 2 户。坚持拆改、拆建相结合,保持新增违建管控高压态势,加强源头治理,坚决全面遏制新增违建,落实长效机制。拆除 87 宗违法建筑,拆除面积 30443.54 平方米,完成率 117.09%。开展美丽城镇创建,始终坚持更高标准、更高水平、更高质量打造文旅特色型乡镇,被评为 2022 年度美丽城镇建设省级样板镇。先后投入 3600 余万元对集镇设施提标改造,新建商贸码头文化路廊桥、青少年运动研学营地等项目。跳出传统旅游资源的观念束缚,贯彻"一切资源皆可发展旅游"的理念,发挥自然优势,打造"红(红色革命教育主题路线)、绿("'苞'罗万象"绿色党建联盟)、蓝(罗埠码头+后张村+沙溪村的运动研学游线)"三条特色研学游路线,开展生动的行走体验式学习,打造文旅康养型美丽城镇。抽派 16 名镇、村干部到西关村参与征迁工作,发扬加压奋进、全力征迁的攻坚精神,完成西关村搬迁 70 户房屋的征迁任务。抓好文明城市巩固提升工作,在 11 月的省级测评中,被抽中的沙溪村以"零问题"的成绩通过测评。

【平安建设】 2022 年,全镇完成市级除险保安组交办问题 14 个,完成率 100%。始终坚持把平安建设作为助推经济发展、惠及民生的根本前提,不断完善制度、创新举措、压实责任,推动信访矛盾彻底化解,维护辖区社会和谐稳定的良好局面。全年受理信访事项 1400 件,其中来信来访件 23 件,"12345(8890)民情热线"来电 1233 件,网上投诉 144 件,回复率 100%。基层治理综合信息平台受理事件 16139 件,服务平台代办事项 259 件,办结率均为 100%。做好重点人员稳控工作。坚持"安全第一、预防为主、综合治理"的方针,联合交警、公安深入学校、村(社区)、企业开展定期宣传。对辖区247 家沿街商铺、9 家中小学幼儿园进行安全隐患排摸、9 处宗教场所进行消防专项整治,发现隐患已全部完成整改;开展工矿危化领域专项整治,完成排查企业 98 家,发现隐患 150 处,整改率 100%。加强避灾安置点建设,2022 年全镇完成 5 个村级避灾安置点正规化建设,共建有 1 个乡级、12 个村级避灾安置点。全年通过腾、拆、修、控等方式,完成 2987 户危旧房整治。联合交警、路政等部门对辖区内的穿镇公路、桥梁、公路长下坡等安全隐患进行全面排查,发现的隐患全部完成整改。深入学校、企业、建制村上门宣传交通安全法规 24 次,组织集中宣传活动 9 次,举办交通安全讲座 10 场,制作展出图板 32 块,发放交通安全大会战倡议书 10000 余份。

【市委巡察】 2022 年,市委巡察组向罗埠镇党委反馈巡察意见后,镇党委先后组织召开 8 次巡察整改专题会议、1 次巡察整改专题民主生活会、1 次巡察整改专题研究会,对巡察整改工作进行集体研究、集中推进。针对巡察组反馈的 28 个问题,完成整改27 个;针对巡察组交办的 14 件信访件,100%办结;框定细化 121 条整改措施,制定及修改完善 30 项制度;及时分类处置相关问题线索,12 人在巡察整改专题民主生活会批评帮助,12 人提交书面剖析材料,给予党内警告处分 1 人,批评教育 40 人,提醒谈话 1 人。

【民生实事】 全镇坚持"廉洁、高效、规范、便民"的原则,不断延伸服务网络,努力构建政务服务工作长效机制。全面做好 2023 年城乡居民医疗保险征缴工作,实现全镇医疗保险参保率 100%;镇辖区内失业登记人员 502 人,帮扶 498 人、帮扶率 99.21%,再就业 471 人、帮扶再就业率 94.42%,帮扶率与再就业率均在开发区排名第 1。发放残疾人"两项补贴"资金 180.8465 万元,做好 527 名困难残疾家庭慰问;全年办理生育登记 136 对,独生子女证 227 份,双女户132 户。做好退役军人及人民武装相关工作。采集退役军人信息,输送适龄青年参军服役,每月发放定补人员和 60 周岁退伍军人补助,定期发放现役义务兵优待金和 2021 年入伍大学生奖励。对"最多跑一次""全程网办"事项进行梳理,全年全镇高频事项 90 余项,便民中心窗口办件 5000 余件,村级代办员代办3000 余件,均完成办理。推进政务服务 2.0 建设向建制村延伸。完成 32 个村级便民服务中心政务服务 2.0 信息化设备提升工作,大力提高各项业务网办率。

(徐雍骏)

洋埠镇

【概况】 2022年,洋埠镇辖区面积18.07平方千米,下辖15个建制村,全镇现有户数6206户,人口15108人,耕地面积750.6公顷,粮食生产功能区面积326.67公顷。2022年,规模以上企业20家,完成规模以上工业产值24.69亿元,全社会固定资产投资2.58亿元,比上年增长42.1%,完成任务的258%,其中工业投资2.48亿元,比上年增长154.2%,完成任务的108%。完成限额以上消费品零售总额1467万元,比上年增长15.25%;完成4家企业"小升规",完成任务的100%。全镇15个建制村美丽乡村项目和文化礼堂建设实现全覆盖。洋埠镇以企业闲置地块建造和技改为抓手,全面提升低效用地整治率,全年完成低效用地整治企业15家、面积74.8公顷,分别完成年度任务的100%、187%。

【服务企业】 2022年,洋埠镇开展稳进提质大走访,走访企业15批次,收集问题18个,现场解决12个,协调上级部门后期跟踪解决6个。服务推动汤溪工具、威鹰圣实业、瑞升钢结构等项目加快投资、建设并完成项目入库。聚力项目招引不放松,全年上门走访乡贤20余人次,报送相关招商项目信息10条。

【美丽乡村】 2022年,洋埠镇完成东十村精品村建设,并通过市、区两级验收;完成五都钱村传统村落项目一期钱彰武故居、世锦堂和二期钱世红民居的修缮工程。五都钱村、湖前村、青阳洪3个村入选第六批中国传统村落名录。

【征地拆迁】 2022年,完成加华种猪场污水干管项目涉及5个村全线8.27公顷、汤溪工具厂涉及2个村1.19公顷的土地租用、政策处理和清表工作。完成金西高速路出口改造工程项目涉及下潘村土地租用0.51公顷、杭金衢(开发区段)高速拓宽改造工程项目涉及洋埠村0.19公顷土地的征收政策处理工作,4天时间完成罗洋港建设项目涉及下潘村10幢集体土地房屋征收签约工作并全部拆除。2022年开发区交办的5项重点征收任务全部顺利完成。开展治违除患促安全违法建筑专项整治行动,拆除危旧房及房前屋后违法搭建97宗、16270平方米。坚持新增违建即查即拆,发现并拆除三个村涉及3宗、110平方米新增违建。

【"非粮化"整治】 2022年,完成"非粮化"整治任务77公顷,整治优化完成率100%。完成全市首个立项涉及大坟头、五都钱等7个村的万亩方永久基本农田集中连片整治项目,具备验收条件。

【村镇建设】 持续优化基础设施建设。完成青章公路亮化工程,出让集镇0.73公顷开发项目地块,完成老街艺术粮仓停车场改造工程,洋埠集镇配套基础设施不断完善。完成洋埠村自来水管网改造项目,下萧村居家养老照料中心建设以及下潘村、西上陈村、让宅村和一乐堂村的公墓改造提升。

【平安建设】 2022年,洋埠镇通过"四个平台"系统排查办理事件5248件,其中上报处理142件,新增事件办理率99.9%,新增事件满意率100%。"12345(8890)民情热线"办理上级交办来电和网上投诉349件,按期受理率、按时答复率均为100%。全镇排查矛盾纠纷112起,成功调处112起,实现化解率100%。常态化开展法治相关宣传活动30余场次,发放各类宣传册1.2万余份,面对面反诈等宣传覆盖率95%以上。市级民主法治村、后陈式民主法治村创建实现镇域全覆盖。5个村(下潘村、寺前杨村、后彰陈村、一乐堂村、让宅村)完成省级民主法治村创建。2022年,洋埠镇获市级法治建设示范乡镇荣誉称号。开展"遏较大、补短板"安全生产大检查,发现安全隐患306处,成功排解306处。完成三级应急抢险网络组建,各建制村全部建立防汛应急工作组和抢险应急队,避灾安置点设置全覆盖,防汛物资配备充足,能随时满足辖区重点区域各类防汛物资的应急调配使用。

【基层党建】 经常性开展党员学习教育,通过线上线下等多种形式,学习中共二十大精神和省、市党代会、全会精神,落实党员整治立规,优化村干部绩效考核办法,建立重点党员库,开设村级党建讲堂,从快从严处置违纪违法党员,实行一对一责任制教育管理,2022年党纪处分22人。

【"消薄"工作】 2022年,探索村村联合抱团共富模式,一乐堂村、五都钱村和东十村3个村"消薄"

项目顺利完成并通过验收,全年“消薄”工作取得阶段性成果,其中,下潘村、让宅村和五都钱村3个村实现经营性收入100万元以上,洋埠村、青阳洪村、湖前村、一乐堂村、东十村5个村实现经营性收入50万元以上,其他7个村实现经营性收入10万元以上,2022年全镇村集体总收入3168.21万元,经营性收入826.82万元,比上年分别增长76.89%和48.97%。（余　哲）

乾西乡

【概况】 2022年,乾西乡辖区面积24.3平方千米,下辖16个村(社区),分别为2个纯社区、9个村改居、5个建制村。户籍人口10484户、24494人,现有常住人口4万人。

【工业经济】 2022年,全乡工业总产值42.87亿元,规模以上工业总产值29.58亿元,均列全区第2。境内汇集各类工业企业158家,其中规模以上企业21家,八达电子仪表、金成铝业、金祥板业等8家企业年产值超亿元。企业创新能力显著。全乡有国家级高新技术企业12家,省级科技型中小企业43家,建有全市首家海外院士工作站。从分布上看,乾西境内东有工贸区规模以上企业10家、西有栅川工业园区规模以上企业11家。

【企业发展】 2022年,乾西乡以长湖湾片区城中村改造为发展契机,围绕未来活力中心、未来物流中心、未来智造中心的发展布局,以壮士断腕的力度推进辖区内“退二进三”工作实现重大突破,以“三年大变样,再造新天地”的理念清退工贸区内低散乱、高耗能企业,第三产业投资净增1112万元。已规划启动“长湖湾公园”项目,传承工业发展记忆,再造婺城新地标。栅川工业园区近年来筑巢引凤成果丰硕,先后引进工业企业20余家,2022年,吸引投资超过3亿元,引进工业项目4个。

【交通物流】 毗邻金华高铁客运站、汽车西站,地理位置优越,作为新城老城衔接的重要战场,来承接高铁新城建设、杭金衢高速公路拓宽、45省道、金建高铁、华龙南街北延等一批城市功能、交通建设重点项目,“三纵四横”交通格局已逐步清晰。乾西的交通能级进一步加强。乾西乡是东西互济、江陆联动的重要节点乡镇,快递业务量居全区前列。2022年,乾西在金华港婺城港区乾西作业区、华龙南街北延、铁路枢纽扩容改造等项目上破题发力,续写金华城西交通枢纽、战略要冲、流量之王故事。

【文化体育】 乾西民俗文化因水而兴,庙会文化传承至今。挺立在溪边的市级文物保护点白沙庙,连续举办5届的区民俗文化艺术节,互为表里成为展示婺城民俗文化生命力的重要窗口。栅川于氏宗祠经过修缮,爱国清廉文化阵地初具雏形。体育强乡战略持续推进,建有全区唯一一家足球公园,承办省级足球赛事2场,坛里郑连载“亚洲飞人”故事,先后涌现“亚洲飞人”——郑晨,“金华小鹿”——郑小倩。乡中心幼儿园获评“全国足球特色幼儿园”,湖头社区、后畈田社区新建多功能体育场。

【农业产业化发展】 2022年,全乡有23家家庭农场,32家农民专业合作社。拥有全省单体规模最大的蛋鸭养殖基地金婺农业集团,年产值超4000万元,所产的婺城鸭蛋获评“全国名特优新农产品”,为全区第2个全国名特优新农产品,并承办“浙江省蛋鸭养殖兽用抗菌药使用减量化技术推广”现场会,每年为村集体经济增收30余万元。金泉畈完成186.47公顷农田统一流转,建成千亩水稻种植基地。浙江海螺万家已实现投产,普洛斯物流园项目正稳步建设中,栅川区域配合周边生鲜配送、农机生产、农旅研学的产业基础和浙江海螺万家、普洛斯等农业配套产业链,农业综合体初具雏形。

【城镇基础设施建设】 完成鲍杨城中村改造294户、1166套,金建铁路86户、272套安置房分房工作,高效完成长湖湾片区乾西工贸区块城中村改造征收工作,创下30天内签约完成377户,签约率和腾空率99.21%的乾西速度。通过美丽城镇市级验收,宣传片在浙江电视台播出。乡中心幼儿园、站前幼儿园投入使用,快速补齐学前教育短板。婺城中医院、新建乡卫生院办公楼等重点民生项目有序施工,推动优质医疗资源下沉扩容。（廖栋国）

竹马乡

【概况】 竹马乡辖区面积19.61平方千米，耕地面积662.27公顷，下辖8个建制村，户籍人口4939户、12043人。2022年，全乡实现税收总收入1.83亿元，财政收入3809.8万元，工业总产值28.43亿元，其中规模以上企业产值24.21亿元。固定资产投资项目入库17个，全年完成固定资产投资1.49亿元，比上年增长380%。引进井冈山六环机电有限公司等优质企业3家，总投资2.65亿元。虎鹰水泥获区政府质量管理创新奖，南方尖峰水泥入选全区工业十强企业，南方尖峰水泥、金圆水泥、虎鹰水泥、城建混凝土、高峰控股、高峰建材、六环电缆7家企业获评区工业企业纳税大户，其中南方尖峰水泥、虎鹰水泥、金圆水泥入选全区19家纳税千万元以上工业企业。

【经济发展】 2022年，深化完善现代农业特色产业体系，高标准承办“未来乡村·共富花乡”金华市第十三届茶花节，开展云上直播推介等系列活动，累计吸引游客1.2万人次，超20万人次在线参与，获《人民日报》、新华网、浙江卫视等各级主流媒体关注报道60余篇，持续擦亮“中国茶花之乡”金名片。开展茶花文化发掘与保护工作，加强茶花种质资源保护与选育，推动茶花产业可持续发展，助力婺城茶花培育系统入选浙江省第一批重要农业文化遗产资源名单。进一步畅通“两山”转化通道，以健全林长制工作运行机制为抓手，推动林业产业高质量发展，竹马乡被评为全省林业科技工作成绩突出集体，下张家村获评全省“一村万树”示范村。

3月11日，“未来乡村 共富花乡”金华市第十三届茶花节·第30届茶花花朵展正式启动

（竹马乡人民政府供稿）

【重点工程】 2022年，竹马乡正式启动搁置多年的青梅里全域土地综合整治房屋搬迁项目，全体干部想明白、看清楚、坚决干，各村乡贤顾问团强力支援，共聚合力，各工作组对标竞进、比学赶超，奋战100天，完成项目一期263户、7万平方米房屋的签约、腾空、拆除工作，战胜村情复杂的困难，体现幸福竹马跑出扛旗争先速度。以低效工业用地整治和经济稳进提质攻坚行动为抓手，不断优化调整产业结构，全力打通“两鸟”转换通道，以最快速度推进政策处理集中清障行动，保障重点项目建设。顺利收回金马水泥厂22.2公顷土地，第一时间完成配套道路政策处理，成功推动总投资10亿元的高新技术静脉产业基地项目落地竹马，项目建成达产后，年产值约5亿元，税收8000多万元，实现经济效益、生态效益和社会效益的有机统一。深度融入“一带七心”未来科创中心建设布局，用3天时间高效完成二泥地块政策处理工作，为浙江师大创新城项目落地打下坚实基础。青梅里一期安置区块3.55公顷建设用地全面清表，并正式挂牌出让，古塘里百姓的安居梦逐步走向现实。省、市重点民生项目中，农村自来水管网、四好农村公路、鹿田变电站110千伏线路项目，共涉及9.72公顷征地、借地，全线清表交地，为下一步发展奠定坚实基础。

【村镇建设】 2022年，竹马乡实施“五水共治”碧水行动、清新空气行动、净土行动“三大行动”，纵深推进和美乡村“千村整治·万村示范工程”，紧扣下张家“未来乡村”建设主题，重点打造“一园一馆一平台、五场五景五中心”，承办金华市深化“千万工程”建设新时代和美乡村现场会，展示“茶花争艳·幸福下张家”的未来乡村新样板，下张家村被评为浙江省第二批未来乡村，“数字下张家” 获评2022年度浙江省数字社会系统“最暖家园”。开展美丽庭院等“全域美十大行动”，坚持“创建、整治、提升”三并重，持续推动村庄环境提档升级，下张家村、方下店村分别获评浙江省 AAA 级、AA 级景区村，竹马乡获评 2022 年全省乡村振兴示范乡镇、全市实施乡村振兴战略成绩突出集体。

【文教卫生】 2022 年，推动文明实践阵地建设，竹马乡新时代文明实践所和三贤村新时代文明实践站获评市级示范所、站。2022 年，全乡各项特色亮点工作登上省级以上媒体 21 次，市级媒体 26 次，区级媒体 120 余次，竹马乡知名度、美誉度不断提升。中共二十大胜利闭幕后，全乡上下第一时间兴起学习贯彻热潮，省、市、区、乡各级领导、宣讲团走进竹马各村各企宣讲中共二十大精神。乡宣传干事在全区新时代“润婺有声”理论宣讲志愿者联盟“共同富裕·青年说”比赛中获得一等奖，两新党组织年轻党员宣讲视频在区级比赛中获得三等奖。大力培育和践行社会主义核心价值观，积极开展“金茶花·道德模范”评先，坚持以榜样的力量引领精神风尚，下张家村文化礼堂管理员吕艳青入选浙江省“最美文化礼堂人”，乡干部姜羽翔获评区级“闪光婺星”，青梅里村社工代表梅兰溪获评全区“草根奖”。

【社会保障】 2022 年，竹马乡加大民生服务保障力度，办好民生实事，提升群众的获得感、幸福感。创新基层治理模式，首创田间“一件事”改革，将综合执法力量融入耕地保护中，实现快速处置、限期整改、督查督办闭环管理。全年完成山枫塘、半垅 2 座山塘综合整治、联民畈—青梅里畈 100.8 公顷高标准农田提升、竹马馆村居家养老中心建设等民生实事 13 项。认真做好全乡困难群众摸底排查，为 61 名低保残疾人发放困难补贴 20 余万元，为 6 户残疾人家庭实施无障碍项目改造。下张家村妇女儿童驿站获评省三星妇女儿童驿站。

【平安建设】 2022 年，按照党建统领网格智治要求，推动支部在网格覆盖、力量在网格集结，全面开展“三服务”和“大宣讲、大排查、大解难”活动，走访党员群众 9000 余人次，收集并解决问题 66 个，调解矛盾纠纷 111 起，排查整改涉企安全隐患 441 个。完成“七张问题清单”问题库 161 个，蓄水池 36 个，区级问题清单 16 个。发挥党的组织资源优势，强化社会综合治理阵地建设，夯实基层治理基础。建成乡应急和消防管理中心，“基层党建+安全生产标准化”体系基本建设完成。完成乡退役军人服务站建设，服务质效全面提升。高标准完成新时代文明实践阵地建设，乡新时代文明实践所、三贤村新时代文明实践站获评市级示范所、站。

【组织建设】 2022 年，竹马乡坚持党建引领共同富裕，优化提升“茶花争艳”“青梅竹马”共富示范带，实现“一村一品”联盟组团式发展。全方位开展竹马–沙畈“百镇共建强基”行动，落实共建资金 30 万元，开展企业招聘、暖心义诊、农产品集市等活动 20 余场，竹马乡在全市八婺同心·共建共富 “十百千万”结对行动启动仪式上作表态发言。高质量建设茶花争艳、红石榴 2 类 4 个“共富工坊”，吸纳就业近百人，深入推进村级集体经济巩固提升行动，方下店村民宿装修和向李村综合楼新建 2 个区级“消薄”项目顺利通过竣工验收，进一步拓宽村集体多元增收渠道。2022 年，全乡实现村集体总收入 30 万元且经营性收入 15 万元以上建制村全覆盖。坚持选贤任能，完成公务员职级晋升 2 批次 5 人次、事业编制干部岗位职级晋升 1 批次 1 人次。高质量开展中层竞聘，择优提拔中层干部 9 人，其中“90 后”干部 5 人，全乡中层干部中 35 周岁以下干部占比 47.4%。深化党员发展教育管理，稳妥审慎完成农村违规发展党员整顿和农村多年未发展党员问题整改，做好 3 年以上未发展党员滚动排查和整改销号，落实 6 名党员发展年度目标。

【基础设施建设】 2022 年，高标准实施基础设施建设，完成水角垅水库系统治理工程和排灌渠道修复等基建工程，提升农田灌溉设施管护水平。李经堂村小流域山洪声光电预警系统安装到位，有效提高小流域山洪预警效能。

(杨毅航)

长山乡

【概况】 长山乡辖区面积 60.41 平方千米，下辖 11 个建制村，户籍人口 5750 户、13463 人。2022 年度，获评婺城区工作目标责任制考核优秀单位。

【工业经济】 2022 年，全乡实现工业总产值 3.92 亿元，其中规模以上企业产值 3.013 亿元，固定资产投资完成 724.67 万元,房地产开发投资 1.32 亿元。税收 1564 万元,财政收入 311.6 万元。

【农业建设】 2022 年,完成“非粮化”整治图斑 255 个、面积 837.19 公顷,推进土地流转,整治后区块连片流转土地约 93.33 公顷, 石道畈项目区块流转城投 213.13 公顷,引入社会业态,谋划油菜、玉米、水稻种植,让“良田”回归“粮田”。设立婺城区绿色畜牧农业科技园管委会,深化省级绿色畜牧农业科技园区创建,通过科创资源培育高新技术企业、引入专业团队和尖端技术人才,数字化推动农业创新平台建设。

【重点工程】 2022 年, 完成熊猫猪猪·两头乌国际牧场二期区块酒店建设用地 1.07 公顷、望山隐庐区块配套停车场、配电房建设用地 0.2 公顷农转用报批。大宸农业药用蛇基地等 3 个设施农用地项目续批到位,向存量空间要发展增量,实现项目高质量推进。望山隐庐项目完成投资 2.64 亿元,荷花芯水库综合体完成主体结构建设,内部园区道路及外部配套道路建设有序施工,项目电力及景观配套工程有序推进。甬金衢上高速公路建设项目推进有力,按进度要求完成前期红线范围内分户面积测量、评估等工作。

【美丽乡村建设】 2022 年,长山乡组织“全域美”环境卫生全覆盖检查,指导各村完成第三方检查问题整改 3816 处,全年获区级“十佳村”共计 14 次,其中长山三村、卢家村、杨宋桥村获评“五星村”,长山二村通过市级“和美乡村示范村”验收。新修订实施《长山乡全域美农村环境长效管理考核办法》,巩固美丽乡村建设成果。获评 2022 年度市级文明城市创建巩固提升工作考核优秀乡镇。

【社会保障】 2022 年,长山乡各村均实现集体收入 30 万元且经营性收入 15 万元, 完成区级消除薄弱村目标,村集体经济巩固提升。推进“一户一策一干部”结对帮扶工作,持续做好特殊群体救助,发放各类社会救助金 245.23 万元。做好养老服务工作,全年完成 205 名老年人自理能力评估,全乡 314 名老人通过村居家养老照料中心助餐,解决老年人就餐问题。

【平安建设】 2022 年,汛期组织 376 人次对村内危旧房进行排查,检查重点房屋和场所 125 处,转移 35 人,排查发现疑似危房425 户。完成 6 个村级避灾安置点建设,实现村级避灾安置场所全覆盖。完成黄岭脚村不稳定滑坡治理。6 月中旬,代表婺城参与全省防汛平台数字化演练。全年完成各类案件 18 个。妥善处理及各类信访件 142 件,完成迎接中共二十大、保卫省运会等安保任务。

【基础设施建设】 2022 年,南山漫道美丽风景线提升改造工程(二期)桐溪—思村段道路、“四好农村路”二期工程马泉线完成道路改造提升,古长线(含环乡路)实施路灯亮化工程,逐步优化长山路网。完成里湾塘、塘坞山塘综合整治、青塘水库进水闸提升、桐溪水毁修复等工程,提高山塘水库及河道的防洪能力。完成石道畈村规划编制,启动集镇村庄规划编制。完成“三改一拆”点位整治 55 处,面积 8420 平方米,推进桐思岭村、长山二村农房安置新区建设。顺利完成农房审批改革试点工作,为加快改革推进打下坚实基础。长山二村、长山四村农村饮用水及燃气改造提升工程进入收尾阶段,村民生活质量得到显著提升。

【年度工作】 2022 年,推进“百镇共建强基”,与义乌后宅共创共富研学基地、共创共富手作中心揭牌运营,探索“物业联盟”激活共富动能。举办首届共建共富产业项目擂台赛,投入 60 万元扶持“荷美卢家”农旅创意园等 3 个项目,鼓励各村积极谋划共富项目。完成固定资产投资项目 3 个,其中长山四村居家就业综合楼完工,长山三村集贸市场主体建筑结顶。

(高　哲)

沙畈乡

【概况】 沙畈乡辖区面积 184.86 平方千米,是金华市行政区域最大的纯山区乡。全乡有 17 个建制村,人口 5658 户、12884 人。有基层党支部 20 个,其中农村党支部 17 个,有党员 625 人。耕地面积 428.13 公顷, 山林面积 15510.33 公顷, 其中毛竹面积约 2000 公顷、茶园面积约 666.66 公顷,气候温和湿润,无霜期在 210 天以上。2022 年,全乡 17 个建制村全部达到总收入 30 万元且经营性收入 15 万元的“消薄”目标;4 个建制村达到经营性收入 50 万元以上。全乡财政总收入 749 万元，其中乡财政收入 157.6 万元。

【基层党建】 2022 年，沙畈乡以红色文化为引擎，始终以习近平新时代中国特色社会主义思想为引领,以银坑村党支部与省政府办公厅六处、九处共建结对为契机，以银坑村红色美丽村庄建设为抓手,推进银坑、白沙源共建的“涧道雄关”党建联建机制。深入实施“红色根脉强基工程”,加强党的建设,有效发挥基层党组织战斗堡垒作用和党员先锋模范作用,银坑村成功创评省第六批红色旅游教育基地。沙畈乡以共创共建为抓手,推进“百镇共建强基”行动,秉持“党建统领、社会参与,精准聚焦、协同发力,优势互补、合作共赢”的原则,建好用好共建互促、帮扶提升的平台。与竹马乡常态共商共谋,组团送医疗、送岗位、送爱心,推动乡村振兴和共同富裕。以劣优转化为导向，通过党建引领将“两区”限制劣势转化为生态共富优势。做好人才和项目双招双引工作，全年共组织 4 次外出招商，以村级创业致富人才“加盟”助推项目落地,银坑高山旱粮蔬果基地完成主体入驻，豪杰生态农业有限公司“稻蛙共生”项目落地投建,与千年舟集团进行项目洽谈。

【“五水共治”】 2022 年,沙畈乡持续保护饮用水水源洁净。国庆期间联合公安、交警、路政、市场监管等部门开展专项执法行动,对白门线、金兰水库、沿街店面进行检查,共查处钓鱼、网鱼、烧烤等违法行为 4 起。安装电子显示屏 5 块,完成白沙溪智慧河道建设，实现对白沙溪沙畈流域监管全覆盖。“人防+技防”双管齐下,确保沙畈流域水质常年保持在Ⅰ类。

【美丽乡村】 2022 年，沙畈乡开展美丽庭院建设、“全域美”环境卫生综合整治,将美丽城镇建设纳入 2022 年十大政府民生实事项目,结合“五个美”“十个一”要求,投资 600 余万元开展美丽城镇创建工作，截至 2022 年年底，工程完成验收进入扫尾阶段。持续推进人居环境整治提升工作,聚焦农村人居环境房前屋后整治、家禽散养、垃圾乱扔、垃圾未按标准分类等问题,开展各类专项整治活动。完善环境卫生运作、监管和考核机制,群众垃圾分类意识和准确率明显提高,白沙源、银坑、辽头等村相继被评为区垃圾分类“十佳村”,人居环境不断优化。

10 月 14 日,区长胡余仙(正面左二)到沙贩乡银坑村指导工作　　(沙贩乡人民政府供稿)

【社会事业】 2022 年夏天,受持续高温和干旱少雨天气影响,山区群众缺水严重,乡党委、政府积极向上争取资金,区、乡两级共投入资金 40 余万元,采取送水车送水 20 余次,新打深水井 6 口,指导群众开展找水、抽水等抗旱工作,帮助群众抗旱救灾,解决在重度干旱时节群众的用水难题。大力宣传用水、节水理念和知识,倡导用好、用足每一滴水,努力减轻干旱天气带来的影响。2023 年度城乡居民医疗保险参保人数 7152 人,参保到账率99.66%。紧盯“两不愁三保障”总体目标,认真做好全乡 172 户、215 名低收入农户的基本生活保障工作，全年发放保障金 2182229 元。

【平安建设】 2022 年，打造沙畈乡综合信息指挥室,革新“141”基层治理组织体系和运行模式,依据最新的工作岗位指导目录,将全乡各条线、岗位统一归集到四个平台,将百余个岗位细化到人,并在浙政钉通讯录上同步完成职务及岗位名称更新。平安法治凝聚平安合力。2022 年,全乡共办理信访事件 154 件,其中来信来访 1 件,网信 14 件,来电 139 件,按期办结率达到 100%。以各村书记、村主任、调解主任、网格员等人员队伍为抓手,按照矛盾排查工作“排查得早，发现得早，控制得住，解决得好”的要求，深入农村基层解决民情民访热、难点问题384件，有效维护群众的合法权益。守土尽责落实除险保安。为应对持续干旱天气下的森林防火严峻形势，沙畈乡全面检修设备器械，补充往复式灭火水枪、头灯、军用水壶等消防物资50余件，20名志愿消防队员24小时待命。组织一次森林灭火实战演练，乡、村两级干部和志愿消防队队员共50余人参与演练，测试现有装备高山供水能力。在2022年度全市除险保安百日攻坚行动中，沙畈乡一次位列全市所有乡镇(街道)考核第1，五次排名前5。在区平安考核中平安指数始终居全区乡镇(街道)前列。

【人民武装】 2022年，加强基层武装部正规化建设，银坑村、停久村及乡级三个退役军人服务站获评枫桥式退役军人服务站。老兵码注册、退役军人之家注册工作全区排名第1。走访慰问重点优抚对象和一般优抚对象并发放慰问金。输送沙畈乡优秀青年到部队，完成征兵工作。

【农林经济】 2022年，沙畈乡聚力盘活土地资源，持续推进“非粮化”整治工作。2022年，全乡累计完成“非粮化”整治129.54公顷，完成高儒村、和美村、周村村和银坑村的连片土地流转工作，壮大村集体经济，增加村民收入。高儒村种粮大户种植早稻30.73公顷、晚稻10.67公顷，银坑村种粮大户种植晚稻4.13公顷。聚力推动共同富裕，项目招引成果丰硕。全年组织4次外出招商，分别就箬叶资源、土地资源、毛竹资源等到湖州、衢州、杭州等地开展招商工作，其中银坑村建成20公顷高山旱粮蔬果种植基地，聚力村集体增收，拓宽收入渠道。通过出租村级固定资产、资源入股、要素分红、盘活资源等形式，带动各村创富增收。沙畈乡高儒村通过将“非粮化”整治后的20公顷土地流转给种粮大户，并先后种植水稻、小萝卜、辣椒等有机农产品，全年收益100余万元，早稻产量约180吨，有力带动全乡农林产业的发展，帮助农村劳动力在家门口“就业”。沙畈乡凤凰型基地产出的彩色土豆、辽头笋干基地的鲜笋、干笋与鞭笋、潭背村包根玉金线莲基地的仿野生金线莲以及供不应求的沙畈特有优质箬叶等，都被有力挖掘，成为林下经济发展的活力源泉。

【党风廉政】 2022年，沙畈乡严格监督执纪“四种形态”，开展“四风”问题、乡村两级干部值班、汛期安全排查、拆除违建领域等督查检查102次。不断提高法治意识，开展普法宣传10余次，发放宣传资料2000余份，接受宣传人数6000人次以上。自觉接受人大法律监督、社会舆论监督和群众监督，认真办理人大代表、政协委员意见、建议。通过政府信息公开网、微信发布、美篇等新媒体平台，加大政务信息公开力度，及时回复村民所关注的热点，政府执行力和公信力显著增强。规范行政合同管理，健全完善议事规则和决策程序，严格落实“三重一大”集体决策和社会稳定风险评估制度，科学化、民主化、规范化决策水平进一步提高。多次组织乡村干部开展下山安居创富、党员发展、防汛防台、森林消防、基层公权力平台操作等专题培训，有效提升乡村干部业务能力，提升工作效能。 (陈美含)

莘畈乡

【概况】 莘畈乡地处金华南山山麓，属于九峰山规划景区之一的仙舟湖景区，是全国环境优美乡、国家级生态乡、省级重要湿地、省AAA级景区乡。莘畈乡辖区面积73.04平方千米，辖7个建制村，户籍人口2515户、5803人。

【经济指标】 2022年，全乡经济总体发展平稳，完成财政收入932万元，其中区级税收收入204.8万元，分别比上年增长33.5%和24%。排名全区第5。完成招商引资3.95亿元；游客接待量12万人次，实现旅游收入500万元。

【农业经济】 2022年，莘畈乡以“非粮化”整治为抓手，统筹土地流转，发展“农业标准地”，通过与省市农科院及市场对接，引进和培育各类农业经营主体及直播带货网红，建立产业联合体，推行“基地+大户+农户”订单农业模式，免费为农户发放玉米种和优质番薯种苗，带动农户跟种500余户，年产130余吨，打造有机农产品生产供应地。举办“莘e家”党建联盟“村企协作·助农共富”启动仪式，分别与金华好乐多食品有限公司、金华金凌食品有限公司签订合作协议，由两家企业保障加工和销售渠道畅通，为村集体和农户搭建直通市场“快车”，推动莘畈生态农业转型升级。

【乡村旅游】 编制生态体旅产业发展规划。盘活山水资源，谋划“两鱼一钓”产业布局，引进浙江龙和渔业养殖公司等知名企业，打造名特优清水鱼养殖基地。助推中国林业集团和万象花卉有限公司完成并购重组，打造投资6500万元的休闲垂钓基地；利用龙潭背、杨柳坞等多座山塘水面，建设高端养生禅钓基地。成功举办姑蔑溪野钓大赛、“清凉一夏”姑蔑野钓大赛，加快推进休闲渔业基地成型。依托“小脚丫”寻根研学基地，融合本地红色旅游、农耕文化资源，开发南泥湾主题+“莘”火燎原主题研学项目，全年对接中小学校，接待中小学生50批次、4000余人，引领婺城研学旅游新风尚。

【生态环境】 深入践行“绿水青山就是金山银山”的理念，坚持生态保护与经济发展和谐统一，驰而不息和美乡村。全面推行河长制，高效利用护水App，常态化开展集中水面漂浮物清理专项行动，巩固治水成效，提升流域水质全年清理河道10.5千米、水域面积14300平方米。提升森林蓄积量，顺利通过森林质量精准提升工程项目验收，抚育幼林33.33公顷，木本油料油茶7.67公顷。严格落实“林长制”，加强日常巡查，按时完成清理枯死松木任务，已清理除治性采伐面积533.33公顷，枯死松木9000余株。

【消除集体经济薄弱村工作】 坚持以产业带动就业，以就业促进产业发展，通过整合闲散资源，增强项目“造血”功能，全乡7个村完成村集体收入30万元且经营性收入15万元，2个村完成经营性收入50万元，指标完成率100%，率先完成“消薄”任务，带动百姓人均增收400元以上。

【平安建设】 常态化开展安全生产、液化气罐、食品药品等安全检查，做好各类风险防范化解，条块结合开展各类安全隐患排查整改工作，发现隐患40余处，立即整改到位。全面推进地质灾害避让搬迁工作，完成签约54户。开展自建房隐患排查，管控C、D级危旧房42处，实现动态清零。统筹做好森林防火、防溺水、防汛等工作，举办防汛、防火等应急演练4场，常态化巡察山塘水库、地质灾害风险防范区60余次，汛期累计转移人员54人次，处理道路塌方15处，治理地质灾害隐患点2处，全乡安全生产形势持续稳定向好。全力建设“亲情微网格”，开展民情走访，全年化解乡、村两级矛盾纠纷案件47件，涉及协议金额51.41万元，处理信访件91件次，做到小事不出村、大事不出乡。深入推进平安法治建设，开展入户宣传打击养老诈骗活动，织牢社会稳定的网底。

【民生保障】 始终坚持“以人为本、规范管理”的工作理念，定期召开低保联审会，根据实际摸排情况，动态调整享受低保人员，做到应保尽保、应退尽退。2022年，新增特困人员3人，特困转低保3人，新增低保8户、11人，取消低保和低保边缘户8户、18人。全面完成“两癌”筛查、优生健康检查等民生实事任务。发放特困供养金74万余元，低保金68万余元，临时救助金1.55万元，完成7户困难残疾人家庭生活设施无障碍改造。做好稳岗就业工作，开展高质量就业社区创建，增设公益性岗位1个，完成9名高校毕业生就业帮扶对接。引进浙江新畈蔬菜有限公司，打造集蔬粮种植、成品深加工、畜牧养殖为一体的数字农场，预计新增就业岗位200余个。

【文化活动】 广泛发动乡土人才、科技特派员、律师、返乡创业人员等人群，为村民送去科技、法律、创业等技能。主动对接区级资源，协助开展送电影下乡、送文化下乡等多个文化展演活动。2022年，乡新时代文明实践所、站举办活动200余场，丽元文体中心承接活动近30场。成功发动井下村在外乡贤筹款60万元，抢救性地修复明代古建张氏宗祠，成功举办井下村首届大型文化活动，得到乡贤和百姓的称赞。推进农村体育设施建设，打造“十五分钟生活圈”，丰富老百姓的精神文化生活。

【基层党建】 始终把政治建设放在基层党建的首位，引导党员自觉用习近平新时代中国特色社会主义思想武装头脑，增强“四个意识”、坚定“四个自信”，通过“三会一课”、主题党日活动、“学习强国”等线上线下平台，加强党员干部的党性修养，提升思想政治素质和能力素质，增强为民服务意识。深入推进党员联系群众制度，开展全乡党员“联邻帮户，守望相助”活动，全年走访农户1200户次，使群众及时了解党的政策，感受党的关怀。坚持党员发展标准，严把党员入口关，确保发展党员工作的规范性，全年吸收入党积极分子10名，预备党员转正7名，发展党员4名。

【百镇共建】 莘畈乡与新狮街道架起区域结对共建“连心桥”，选派5名中层以上干部支援结对单位参加勤俭二期征迁任务，100%完成签约腾空工作，依托新狮街道核心商圈优势，举办“惠农直通车”农特产品展销活动10余场，开设“暑品共享节”“欢乐民宿节”“就业直聘会”等板块，成功推介莘畈得天独厚的山水资源，推动莘畈乡村旅游产业复苏，有效激活乡村振兴“红色引擎”。（邢俊辉）

箬阳乡

【概况】 2022年，箬阳乡辖区面积60.69平方千米，全乡（除横坑区块）有山林面积4720.83公顷，耕地面积133.32公顷，辖8个建制村，1810户、4159人。箬阳乡发挥乡贤、结对单位等资源力量，破解山区项目招引难题，主动“走出去、引进来”，到宁波、湖州等地开展招商引资7次，和交投、城投的国资公司对接6次，引进3家企业在箬阳注册。坚持项目引领，锚定箬阳群众生产生活需要，主动协调区相关部门，积极寻求资金支持，完成罗坪村地质灾害治理工程、湖大线黄阳桥应急抢修工程、应急饮水提升改造项目、南坑口路段路灯亮化工程、箬阳村边坡应急治理项目等民生工程11个，有力保障箬阳群众生活生产、出行安全，为推动共同富裕打下坚实基础。

【乡村振兴】 2022年，箬阳乡聚焦做优精品茶产业，育强高山茶产业“全链条”体系，率先推动传统茶产业实现“四个转变”，打造共富“金叶子”。2022年，箬阳茶农人均收入增幅超10%，带动村集体、村民增收超2000万元。升级工艺助力优化增效。邀请高级农艺师、浙江工匠等规范“箬阳龙珍”产品标准，明确标准化“八步制茶”工艺，并组织重点茶企茶农开展标准化制茶培训，强化茶农茶企“标准化”意识。着力创新宣传方法方式。通过“箬阳龙珍走进轻轨”、公交站台，持续放大“箬阳龙珍”品牌效应。举办茶文化节、“箬阳龙珍” 产品标准发布会等活动，以茶为媒，以节会友，有效增强箬阳高山茶市场竞争力。第四届茶文化节系列活动被“学习强国”、《农民日报》、浙江新闻等中央、省、市主流媒体报道10余次。探索“飞地”模式，对接百镇共建结对单位乾西乡，打造市区箬阳农产品“展示窗口”，促成茶产业销售额10余万元。

【环境治理】 2022年，箬阳乡持续开展环境卫生大排查、大整治、大提升行动，重点对死角盲区、垃圾分类、乱堆乱放等问题进行集中整治，全面营造整洁有序的村容村貌。箬阳村、茶园村、周坞村、大应村多次被评为农村人居环境“十佳村”；箬阳村被评为省级高标准农村生活垃圾分类示范村；琴坛村被评为省级避暑胜地、省级“森林人家”、浙江省“一村万树”示范村。借力大综合行政执法改革有利契机，以一支队伍管执法管理机制，迭代升级功能区专职巡查队伍，不断壮大功能区巡查力量，全天候全覆盖巡查乡域内河道河岸。深化提升水源涵养生态功能区“监管一件事”，常态化开展禁渔、禁燃宣传和巡查，劝阻非法捕鱼、电鱼40余次，立案行政处罚1次，实现生态环保领域违法行为高效查处。

【民生事业】 2022年，箬阳乡“下山安居”稳步推进。围绕年度工作任务，多次召开乡村两级干部会议，集中动员部署下山安居创富工作。组织11批、300余人实地考察蒋堂镇移民小区二期，从地域交通、就业就学、环境风貌等各方面让山区百姓切身感受移民生活。积极与区安居创富办、蒋堂镇等部门做好沟通衔接，做好现场保障，2022年，完成移民签约139户、288人。创建“枫桥式”退役军人服务站1个。宣传推动医疗保险，全乡医保参保率持续多年位于全区前列。建立定期下村巡诊机制，联合金华市中心医院、金华中医院等单位开展专家义诊活动9次，服务群众200余人。关心关爱山区老年群体，完善社工组织建设，打造箬阳乡社工站，开展各类活动35场，保障在乡300余名老年人日常生活。

【平安建设】 筑牢防汛抗旱“堡垒”。面对全年多轮极端天气，坚持人民至上，避让转移人员258人，治理地质灾害6处,保障群众生命财产安全。夏、秋季旱情期间,坚持内外联动,组织9支党员志愿服务队进山寻水,沟通协调区应急局、区消防救援大队等进山送水14次、130余吨,并申请应急资金36万元,修建应急引水设施3处,有效解决群众“用水难”问题。（张　婕）

苏孟乡

【概况】 苏孟乡辖区面积37.9平方千米,其中耕地面积1213.4公顷（包括市石门农场耕地235.6公顷),山林800余公顷。全乡地理位置优越、交通便利,近城临山、水系丰富、环境优美,是省级生态乡、省级卫生乡。下辖15个村民委员会和5个社区居民委员会,户籍人口11376户、27848人,流动人口23240人,常住人口51271人。

【经济指标】 2022年,全年完成工业总产值1.36亿元,限额以上批零住餐销售额9.53亿元,限额以上社会消费品零售额1.22亿元,限额以上服务业完成额5.95亿元。乡级投资建设项目12个,总投资2900余万元；有力保障开发区公共卫生应急保障中心、合山头清江塘片排涝工程等重点项目建设;全年实现固定资产投资50.2亿元,比上年增长49%,项目成为经济增长的强劲动力。

【社会事业】 2022年，全面完成全乡15个建制村“消薄”任务，城乡居民人均可支配收入分别增长4%、4.1%。全速推进开发区公共卫生中心、梅溪小学等项目土地清表。高质量完成山下村省级美丽宜居示范村建设、后尘村水系连通等一批民生实事项目。

【征迁工作】 2022年,推进江家村整村拆迁,全力攻坚湖海塘区块、新能源汽车产业园、集镇三大区块征迁扫尾清零,为大平台建设、大项目落地扫除障碍、开辟新局。全年征收土地36.33公顷,政策处理25.13公顷,房屋征收319户,房屋拆除13.9万平方米,安置房分配570套。

【平安建设】 2022年,办理化解“12345(8890)民情热线”诉求1793件,网信诉求322件,按期受理率、按时答复率100%,保障全国、省、市两会,省十五次党代会,以及中共二十大等重要会议的维稳安保工作,下半年重点开展除险保安百日攻坚行动。2022年,乡基层调解站共调解案件298件,调解成功298件,其中口头调解119件、书面调解179件,群众满意率100%。

【生态环境】 2022年，开展自然资源动态巡查,完成图斑整治40宗,面积14公顷。定期开展耕地保护、地质灾害点和切坡建房点位巡查;完成后尘山下18公顷旱改水项目及灌溉系统修复，后岗旱改水项目,玉泉修心小村、四顾屏提档改造等项目;落实辖区内到期制砂场关停复垦。开展农房确权工作,全年完成农房审批43宗,并发放规划许可证。

【党建引领】 党建统领建设网格智治现代社区,全乡划分为71个网格,644个微网格,并按照“1+3+N”要求配齐网格力量,在每个网格上组建党支部或党小组。通过市第一批“金华有爱·幸福婺里”现代社区试点验收,相关活动及经验做法在新华社刊发1篇,市、区级媒体刊发3篇;和悦社区入选省级融合型现代社区创建试点。开展庆祝中国共产党成立101周年系列活动,组织召开“庆祝中国共产党成立101周年系列活动——党员集中大党课”活动,全乡各党支部1200余名党员参加。印发《关于全面推行党员整治立规创优“十条举措”的通知》,通过车载党员警示语摆件和电瓶车车贴等创新形式,时刻提醒党员干部遵规守纪、当好示范。(鲍文佩　张海蛟)

塔石乡

【概况】 2022年，塔石乡辖区面积128.96平方千米，山林面积11586.67公顷，其中，竹林2000公顷,耕地面积809.65公顷,共辖22个建制村,户籍人口6224户、13877人,常住人口3332人。实现税收285万元,本级财政收入66.1万元。经营性收入15万元以上且总收入30万元以上的村22个,占总村数100%；经营性收入50万元以上的村5个。全乡22个建制村全年完成经营收入559万元,比上年增长55.3%。

【农业发展】 2022年,百善村百草园项目完成所有基础设施建设，包括数字化育苗中心、研学基地、展销馆总投资2800万元，年度累计投入资金800万元，完成133.33公顷山林流转，已种植53.33公顷黄精、粉防己等中药材。现代特色农业覆盖面积不断扩大，"一村一品"发展逐步成型，通过合作社的形式，发动村集体入股、抱团联种、以点带面，扩大中草药种植规模，群乐二村、百善村、后坞村3个村流转山林6.67公顷，种植粉防己、黄精等中草药。"非粮化"整治项目涉及7个村，完成整治45.44公顷。高山冷水稻谷种植面积达到180公顷。实施水稻机插、无人机施肥除害作业、机械化收割33.33公顷。成立婺城区首家林下中药材专业合作社，通过土地流转、物业租赁、入股分红、带动就业等方式，带动1000余户农户增收。

【重点项目】 2022年，塔石乡上阳村将军形公墓完成建设；实施高标准农田建设233.33公顷，全年新增规模流转土地95.13公顷，新增农业标准地27.67公顷，美丽城镇综合整治项目全部完成。

【"三改一拆"】 2022年，塔石乡推进"三改一拆"活动，全乡拆除违法面积1305平方米，拆后土地利用率100%。11月1日，塔石乡集镇西畈新区建设项目举行奠基仪式。

【主题活动】 3月8日，塔石乡各村开展"团结一心巾帼力，扛旗争先促发展"庆祝'三八'国际妇女节系列活动。3月11日，塔石乡组织党员骨干、团员和后备干部等参加植树活动，全面推进林长制工作水平，在争做婺西南山区绿色发展共同富裕模范生的赛道上奋力奔跑。3月18日，塔石乡妇联与区妇联、区司法局等单位联合开展"法治新征程 平安进万家"——婺城区"法助共富"普法活动。7月5日，塔石乡开展 "共建共富谋发展 凝心聚力创新功"主题活动。7月20日，塔石乡妇联在乡新时代文明实践所举办"妈妈的味道"美食技能培训班。9月28日，举办"礼赞新时代 奋进新征程"公益电影放映暨婺城区第三届"高山上的电影节"活动。10月15日，在塔石村文化礼堂和蒋堂镇莲塘村文化礼堂，圆一个"微心愿"公益主题活动相继举行。10月31日，婺城区"百团联百村"送文化下乡活动走进塔石乡井上村，文艺骨干们汇聚一堂，为群众送上丰富的精神文化大餐。12月15日，塔石乡社工站常青志愿者队、红心志愿者队成立。9月25日，塔石乡农民丰收节暨高山梯田丰收开镰活动在岭边村举行，并在中央电视台、人民网等主流媒体上广泛宣传报道。

【社会保障】 2022年，乡社会工作站建成使用，社会工作专业服务水平不断提升，城乡居民基本医保参保率超99%，全年发放各类救助福利资金900万元。扎实开展地质灾害风险防范区内人员避让安置工作，搬迁转移88户、206人。提升防汛抗旱能力，先后实施2个村饮用水提升及7个村水毁修复项目。周密部署推进下山安居创富，完成322户、730人蒋堂移民新村二期搬迁安置。

【平安建设】 2022年，塔石乡实施"河长制"三级联管，水断面每月水质监测达成I类水标准。全年完成1.3万余棵枯死松树清理，银岭梨树源森林公园通过省级命名评审。社会治理中心接受各村村民来访及诉求79件、200人，成功调处78件，调处成功率99%，其中疑难纠纷调处6起。民情民访70余次、210余人，法律咨询50余次、150余人。共挽回经济损失350余万元。

【组织建设】 2022年，新吸收预备党员8名，其中35周岁以下4名，大专及以上学历6名。解决苏坑村、大茗村3年未发展党员问题，破解石塘村、上南坑村10年未发展党员难题。借力"百镇共建"契机，与白龙桥镇组成白塔共富联盟，助推塔石乡全面发展。

【基础设施建设】 进行厚大溪沿线（东店—大坑）绿道建设；新建村级全民健身广场1处（百善村）；开展塔石村、文岩村饮用水提升工程；进行九峰游景环塔石段综合提升工程。

（徐宇津）

人物简介

·2022 年“浙江好人”·

【郑小纯】 男,1974 年 12 月出生,中共党员,籍贯浙江金华,金华市婺城区帅达工具厂负责人。2020 年春节,郑小纯召集工人加班加点投入防疫物资生产中。他定下原则:国外正常售卖,国内只捐不卖,有多少捐多少。第一时间将物资捐向武汉医院和金华本地医院,以解燃眉之急。2021 年,郑小纯又先后向西安、绍兴、兰溪等地捐赠 15000 余副护目镜、12000 个医用防护面罩。2022 年,郑小纯又第一时间捐赠了 5000 个防护面罩支援婺城抗疫工作,尽己所能守护婺城“疫”线。郑小纯说,只要国家需要,不分地域,能力所及,义不容辞。2022 年 5 月,郑小纯入选“浙江好人·疫线面孔”。

【张茂秀】 男,1964 年 7 月出生,中共党员,籍贯浙江金华,金华市婺城区乾西乡卫生院院长。从业 40 多年,张茂秀始终坚持在医疗一线服务群众。2013 年,担任乾西乡卫生院院长,他殚精竭虑,为改善百姓就医环境、提升医疗服务质量不辞辛劳。在他的带领下,卫生院连续 8 年在区卫健系统综合目标管理考核中均名列前茅,先后获得全国群众满意卫生院、省级“三优”指导中心、市级基层医疗卫生机构“特色科室”、区级五星基层党组织、社会治安综合治理突出贡献集体、家庭医生签约示范点等多项荣誉。张茂秀还是一位履职尽责的区人大代表,参与民情民访代办工作,有效架起政府与群众沟通的桥梁,让更多群众了解代办、接受代办获得实惠,形成“有困难找代办员”的良好氛围。他深入基层、走近群众、倾听民声,用实际行动为婺城区医疗卫生事业发展贡献智慧和力量,以担当、赶超、实干的工作作风,脚踏实地,做好基层医疗卫生服务的实践者,当好新时代群众健康的守门人。张茂秀曾获浙江省“抗击新冠疫情先进个人”、浙江省“优秀乡镇卫生院院长”、金华市“劳动模范”、“金华好人”等多项荣誉称号。2022 年 5 月,入选“浙江好人·疫线面孔”。

【陈雪英】 女,1967 年 9 月出生,婺城区琅琊镇桐山村村民。陈雪英原本有一个幸福美满的家庭,忠厚质朴的丈夫叶国平对她宠爱有加。2008 年,一场车祸打破了平静的生活。为帮助邻居抓贼,叶国平奋不顾身冲上前,不幸被撞伤,造成脑蛛网膜严重出血。经过抢救,叶国平的命保住了,却成了一个反应迟钝、智力低弱的“孩子”。顶梁柱倒下了,全家生活陷入窘境,陈雪英毅然用柔弱的肩膀撑起整个家,扛起了照顾丈夫的重担,每天从早起为丈夫准备早餐开始,陈雪英一刻不停地忙碌,将丈夫的生活起居打理妥帖,晚上丈夫沉沉睡去,她也不敢放松,生怕有什么突发状况。2014 年,面对像一个永远长不大的孩子般的丈夫,陈雪英毫无怨言。操持家务的同时,她还要四处找工作补贴家用。为随时能照看好丈夫,陈雪英走到哪里都要带着叶国平,买菜、干活、散步……出入成双,形影不离。她说:“丈夫是好人,是做好事受伤的,我要一辈子守着他。”陈雪英入选 2022 年度第二季度孝老爱亲类“浙江好人榜”。

【傅丽娜】 金华经济技术开发区罗埠镇乡贤会秘书长。婺城区“4·15”疫情发生后，在当地政府部门的支持下，傅丽娜招募15名志愿者，当起“送药人”。从4月16日起，她带领志愿者每天往返于金华市区和金西3镇之间，15天时间为600多名患者解决买药问题。平时，傅丽娜非常关心家境困难人员。4月，她为罹患慢性髓系白血病的小龚送去1万元，并当场对接乡贤，资助其生活费及学费至大学毕业。6月26日，她为9个孩子组织了一场关爱困境儿童活动，寻找爱心人士帮助他们。罗埠镇乡贤会成立3年多，傅丽娜共动员乡贤捐款约85万元。她“将公益当成一种生活方式”，入选2022年度第二季度助人为乐类“浙江好人榜”。

荣誉

2022年度婺城区获各级表彰表扬的先进集体

表9

序号	获表彰单位	荣誉称号	授予单位/表彰文号	授予时间
		一、国家级		
1	婺城区	全国村庄清洁行动先进县	农社发〔2022〕1号	2022年1月
2	婺城区	2021年度全国青少年校园足球试点县(区)	中华人民共和国教育部	2022年2月
3	金华市站前小学 金华市第四中学 金华市湖海塘中学	2021年度全国青少年校园足球特色学校	中华人民共和国教育部	2022年2月
4	婺城区白龙桥镇中心幼儿园 婺城区乾西乡中心幼儿园	2021年度全国足球特色幼儿园	中华人民共和国教育部	2022年2月
5	区人民检察院	2022年度全国检察宣传先进单位	最高人民检察院 检察日报社	2022年3月
6	江南街道兴学社区	第二批全国示范性老年友好型社区	国家卫生健康委 全国老龄办	2022年10月
7	婺城供电分公司	2022年全国工会职工书屋示范点	全国工会职工书屋建设领导小组办公室、全国总工会宣传教育部	2022年12月
		二、省级		
1	婺城区	2021年度浙江省征兵工作成绩突出集体	浙江省人民政府	2022年1月
2	婺城区	2021年度农村生活污水治理工作专项考核优秀县(市、区)	浙江省建设厅	2022年1月
3	婺城区(“大综合一体化”行政执法改革的县域实践)	2021年度有辨识度有影响力法治建设成果	中共浙江省委全面依法治省委员会办公室	2022年1月
4	区民政局	2021年度民政工作评估先进单位	浙江省民政厅	2022年1月
5	区司法局	2016—2020年全省普法工作先进集体	浙江省委办公室 浙江省人民政府办公室	2022年1月
6	区工商联	全省工商联服务“两个健康”工作成绩突出集体	浙联发〔2022〕1号	2022年1月
7	区供销合作社联合社	2021年度综合业绩考评优秀	浙江省供销合作社联合社〔2022〕4号	2022年1月
8	区人武部	全面建设先进人武部	浙江省军区浙政〔2022〕2号	2022年1月
9	区民兵应急连	先进民兵分队	浙江省军区浙政〔2022〕2号	2022年1月

续表 9

序号	获表彰单位	荣誉称号	授予单位/表彰文号	授予时间
10	区临江东路消防救援站	集体三等功	浙消令〔2022〕4 号	2022 年 1 月
11	婺城区	2021 年度高质量森林浙江建设目标责任制考核优秀县(市、区)	浙江省林业局	2022 年 2 月
12	区政府办公室	2021 年度浙江省政务信息工作优秀单位二等奖	浙江省人民政府办公厅	2022 年 2 月
13	区侨联	全省侨联系统侨务工作成绩突出集体	浙江省侨联浙侨省〔2022〕3 号	2022 年 2 月
14	区农业农村局	2021 年度高标准农田建设和农村宅基地工作成绩突出集体	浙江省人民政府办公厅	2022 年 2 月
15	金华实验中学 金华市第四中学 金华市金师附小教育集团婺城小学 浙江师范大学附属小学 金华市婺城区罗店镇成人文化技术学校	2021 年浙江省现代化学校	浙江省教育厅	2022 年 2 月
16	罗店镇	2021 年度全省“五水共治”工作考核优秀乡镇(街道)	浙治水办发〔2022〕1 号	2022 年 2 月
17	长山乡	浙江省农村宅基地工作成绩突出集体	浙江省人民政府办公厅	2022 年 2 月
18	婺城区	2021 年度法治浙江(法治政府)建设优秀县(市、区)	中共浙江省委全面依法治省委员会〔2022〕1 号	2022 年 3 月
19	婺城区	2020—2021 年度“平安牌”县(市、区)	浙江省委 浙江省人民政府	2022 年 3 月
20	区委、区政府信访局	平安护航建党 100 周年成绩突出集体	浙江省委 浙江省人民政府	2022 年 3 月
21	区公安局	2020—2021 年度平安浙江建设新进集体	浙江省委 浙江省人民政府	2022 年 3 月
22	区消防救援大队	2021 年度浙江省消防救援安全工作先进大队、执勤训练先进大队	浙江省委 浙江省人民政府	2022 年 3 月
23	婺城区综合行政执法局(“大综合一体化”行政执法改革)	2021 年度县乡法治政府建设“最佳实践”项目	浙江省人民政府办公厅	2022 年 3 月
24	区教育局	2021 年度浙江省教育工作业绩考核先进单位	浙江省教育厅	2022 年 4 月
25	区人力资源和社会保障局	2021 年浙江省劳动人事争议案件处理工作成绩突出集体	浙江省人力资源和社会保障厅	2022 年 4 月
26	罗店镇大岭村 罗店镇玲珑岩村 罗店镇鹿村 罗店镇唐村村 蒋堂镇下尹村 蒋堂镇洪村村 蒋堂镇莲塘村 蒋堂镇前源村 蒋堂镇兴利村 蒋堂镇阳山村 安地镇西周村 安地镇喻斯村	2021 年度浙江省善治村	浙乡振组办〔2022〕1 号	2022 年 4 月

续表 9

序号	获表彰单位	荣誉称号	授予单位/表彰文号	授予时间
	长山乡邵村 长山乡桐思岭村 长山乡杨里村 长山乡长山一村 雅畈乡芳田村 沙畈乡乌云村 洋埠镇湖前村 汤溪镇下洲村 汤溪镇厚大村 汤溪镇义丰桥村 苏孟乡下田村	2021 年度浙江省善治村	浙乡振组办〔2022〕1 号	2022 年 4 月
27	婺城区	浙江省第一批“放心粮油示范县”	浙江省粮食和物资储备局	2022 年 5 月
28	区委宣传部	2021 年度浙江省宣传信息先进单位	浙江省委宣传部	2022 年 5 月
29	婺城区综合行政执法局(“大综合一体化” 行政执法协同指挥应用)	2022 年第三批“数字司法好应用”	浙江省司法厅	2022 年 5 月
30	苏孟乡湖海塘社区	浙江省园林示范小区——滨江金色蓝庭	浙江省住房和城乡建设厅	2022 年 5 月
31	苏孟乡和悦社区	浙江省三星妇女儿童驿站	浙江省妇女联合会	2022 年 5 月
32	婺城区	2021 年度市县党政领导科技进步目标责任制考核优秀单位	浙江省委 浙江省人民政府	2022 年 6 月
33	婺城区	浙江省实施学前教育提升行动计划成效明显县(市、区)	浙江省人民政府办公厅	2022 年 6 月
34	婺城区	2021 年度浙江省“四好农村路”省级示范县(市、区)	浙江省人民政府办公厅	2022 年 6 月
35	婺城区(“大综合一体化行政执法”协同指挥应用)	2022 年第三批数字法治好应用名单	数字法治系统浙江省工作专班	2022 年 6 月
36	区交通运输局	2021 年度浙江省普速铁路沿线外部环境安全隐患综合治理工作成绩突出单位	浙江省铁环境综治办公室	2022 年 6 月
37	婺城区	“大禹鼎”银鼎优秀县(市、区)	浙江省委 浙江省人民政府	2022 年 7 月
38	婺城区	2021 年度健康浙江建设考核优秀单位	健康浙江办公室	2022 年 7 月
39	区工商联	浙江省工商联系统先进集体	浙江省工商联	2022 年 8 月
40	罗店镇(罗电线)	2021 年省级绿化美化精品道路、2021 年省级特色精品道路	浙整改拆办〔2022〕7 号	2022 年 9 月
41	婺城区	浙江省 2021 年度存量违建处置示范典型	浙江省改拆办公室	2022 年 10 月
42	汤溪镇	浙江省 2021 年度治违控违示范乡镇街道	浙江省改拆办公室	2022 年 10 月
43	罗埠镇人民政府	2018—2021 年度浙江省群众体育工作成绩突出集体	浙江省体育局	2022 年 10 月
44	婺城区	第二批浙江省数字生活新服务样板县	浙江省数字生活办公室	2022 年 11 月
45	婺城区	2018—2021 年浙江省竞技体育突出贡献奖县(市、区)	浙江省运办公室	2022 年 11 月

续表 9

序号	获表彰单位	荣誉称号	授予单位/表彰文号	授予时间
46	区退役军人事务局	2022 年度《中国退役军人》宣传工作先进单位	浙江省退役军人事务部办公厅	2022 年 11 月
47	城北街道红湖路社区 苏孟乡湖海塘社区	2022 年浙江省无障碍社区	浙江省政府残工委办公室	2022 年 11 月
48	竹马乡人民政府	浙江省林业科技工作成绩突出集体	浙林科〔2022〕69 号	2022 年 11 月
49	婺城区	2022 年度浙江省农村生活垃圾分类工作优胜县	浙江省“千村示范、万村整治”工作协调小组办公室	2022 年 12 月
50	婺城区	2022 年度浙江省深化“千万工程”建设新时代美丽乡村工作优胜县	浙江省“千村示范、万村整治”工作协调小组办公室	2022 年 12 月
51	婺城区	2022 年度浙江省农村生活垃圾分类工作优胜县	浙江省村整建办公室	2022 年 12 月
52	婺城区	2022 年度浙江省深化“千万工程”建设新时代美丽乡村工作优胜县	浙江省村整建办公室	2022 年 12 月
53	婺城区	2022 年度自然资源主管部门无信访积案县(市、区)	浙江省自然资源厅	2022 年 12 月
54	婺城区	特色产业农业机器人换人高质量发展先行县	浙江省农业厅	2022 年 12 月
55	区司法局	浙江省司法行政系统法治建设工作成绩突出集体	浙江省司法厅	2022 年 12 月
56	安地镇食安办 三江街道食安办	2022 年“浙江省五星级乡镇(街道)食安办”	浙食药安办〔2022〕20 号	2022 年 12 月
57	罗店镇食安办 乾西乡食安办 汤溪镇食安办	2022 年“浙江省四星级乡镇(街道)食安办”	浙食药安办〔2022〕20 号	2022 年 12 月
58	中山路社区退役军人服务站	2022 年浙江省 “新时代枫桥式退役军人服务中心(站)”	浙委退役军人办[2022]8 号	2022 年 12 月
59	新狮街道柳湖社区 罗店镇大岭村	数字社会系统 2022 年度最暖家园(未来乡村)	浙江省发展和改革委员会	2022 年 12 月
60	区慈善总会安地镇岩头工作站 开发区慈善总会秋滨街道吕献塘工作站	第三批省级示范慈善工作站	浙慈文〔2022〕12 号	2022 年 12 月
61	罗店镇、罗埠镇	2022 年度美丽城镇建设省级样板镇	浙城乡环治〔2022〕1 号	2022 年 12 月
62	罗店镇大岭村 箬阳乡箬阳村 雅畈镇雅畈二村 新狮街道沙溪村 苏孟乡山下村 汤溪镇陈村村 罗埠镇元里村 洋埠镇五都钱村	2022 年度浙江省级高标准农村生活垃圾分类示范村	浙江省“千村示范、万村整治”工作协调小组办公室	2022 年 12 月

续表 9

序号	获表彰单位	荣誉称号	授予单位/表彰文号	授予时间
63	城西街道 江南街道	2022 年度浙江省生活垃圾分类示范片区	浙江省生活垃圾分类工作领导小组办公室	2022 年 12 月
64	婺城区： 优诗美地 环球春江花园三期 田里小区 万固西江月 万固广场 上城锦苑 峰境花园 常青花园 鲍杨裕和园 开发区： 丹溪花园东区小区 华创未来城 陈宅佳苑 万科臻和院 望江花园 华龙小区 茂新熙悦府 紫丁花园 新纪元香郡小区	浙江省高标准生活垃圾分类示范小区	浙江省生活垃圾分类工作领导小组办公室	2022 年 12 月
65	天彩名苑小区 婺商公寓小区 金色海塘 当代华府 宝集湖海塘庄园	浙江省 2022 年度节水标杆单位	浙江省水利厅等 7 个部门	2022 年 12 月
		三、金华市级		
1	市住房公积金管理中心婺城管理部	金华市公积金管理机构 2021 年度工作目标责任制考核优秀单位	金市金〔2022〕1 号	2022 年 1 月
2	竹马乡、罗埠镇、洋埠镇	金华市新时代美丽城镇样板镇	金美镇办〔2022〕1 号	2022 年 1 月
3	城东街道旌孝街社区新时代文明实践站	金华市示范新时代文明实践站	金市文明办〔2022〕2 号	2022 年 1 月
4	罗埠镇	金华市思想政治工作先进单位	金华市思想政治工作研究会	2022 年 1 月
5	区红十字会	2021 年度基层组织建设先进单位	金华市红十字会	2022 年 1 月
6	区人民法院	诉(执)源治理工作先进集体	金中法〔2022〕5 号	2022 年 1 月
7	区人民法院	目标责任制考核先进法院第一名	金中法〔2022〕6 号	2022 年 1 月
8	区人民法院 区人民法院汤溪人民法庭	集体三等功	金中法〔2022〕6 号	2022 年 1 月
9	区供销合作社联合社	2021 年度综合业绩考评优秀	金华市供销合作社联合社〔2022〕1 号	2022 年 1 月
10	长山乡人武部	先进基层武装部	金华军分区金政〔2022〕2 号	2022 年 1 月

续表9

序号	获表彰单位	荣誉称号	授予单位/表彰文号	授予时间
11	城东街道办事处八咏楼社区	健康教育先进集体	金华市疾病预防控制中心	2022年2月
12	区市场监督管理局城东市场监管所	2021年度金华市"消保委组织先进集体"	金消保委〔2022〕2号	2022年2月
13	婺城区野生动植物保护管理站	市野生动植物和湿地保护工作考核先进集体	金林护〔2022〕1号	2022年2月
14	区委组织部	金华市"检车清廉机关、创建模范单位"工作先进集体	金直委发〔2022〕4号	2022年2月
15	区人武部	金华军分区正规化建设先进单位	金华军分区金战〔2022〕4号	2022年2月
16	区人武部	金华军分区信息服务先进单位	金华军分区金战〔2022〕4号	2022年2月
17	婺城区	2021年度水土保持目标责任制考核优秀单位	金华市人民政府办公室	2022年5月
18	区委办公室 区委组织部 区政府办公室 区农业农村局 竹马乡人民政府	2021年度金华市实施乡村振兴战略成绩突出集体	金华市委 金华市人民政府	2022年5月
19	区委政法委 区委、区政府信访局 市公安局婺城分局 区司法局 区司法局白龙桥司法所 区司法局城北司法所 区应急管理局 区行政执法局 区法院 区消防救援大队临江东路站 罗店镇人民政府 琅琊镇人民政府 新狮街道办事处 区人民调解委员会 浙江利珉环境科技有限公司 区蓝天救援队 金华开发区政法办公室 市公安局江南分局 秋滨街道办事处 江南街道办事处 罗埠镇人民政府 西关街道人民调解委员会 汤溪镇人民调解委员会 金华永和氟化工有限公司 江南街道办事处 浙江尖峰药业有限公司	2021年度金华市社会综合治理成绩突出集体	金委发〔2022〕281号	2022年5月

续表 9

序号	获表彰单位	荣誉称号	授予单位/表彰文号	授予时间
20	区后丰路消防救援站	2021 年度先进消防救援站	金消令〔2022〕11 号	2022 年 5 月
21	区消防救援大队党委	2021 年度好班子	金消令〔2022〕11 号	2022 年 5 月
22	区综合行政执法局（“大综合一体化行政执法”监管系统）	全市数字法治进步奖	金华市数字法治系统工作专班	2022 年 5 月
23	区综合行政执法局 白龙桥镇人民政府 区市场监管局 雅畈镇人民政府	金华市无偿献血促进奖单位	金华市献血领导小组办公室	2022 年 5 月
24	婺城区白龙桥镇叶店社区 城北街道站前社区 城东街道八咏楼社区 蒋堂镇沙畈村 沙畈乡银坑村 新狮街道骆家塘社区 开发区江南街道南苑社区 三江街道天龙南国社区 苏孟乡和悦社区 西关街道金艺社区 洋埠镇西十村	金华市平安家庭示范村（社区）	金华市妇女联合会	2022 年 5 月
25	新狮街道新丝路暖心“和姐”工作室 雅畈镇“和姐”工作室 苏孟乡湖海塘社区“和姐”工作室 江南街道金龙湾社区“和姐”工作室（站）	金华市品牌“家事和姐工作站”	金华市妇女联合会	2022 年 5 月
26	婺城区（“大综合一体化行政执法”协同指挥应用）	2022 年金华市数字化改革第三批双月“最佳应用”	金华市数字化改革领导小组办公室	2022 年 7 月
27	苏孟乡湖海塘社区	金华市首批星级党群服务中心	金华市委组织部	2022 年 7 月
28	苏孟乡和悦社区社会组织服务中心	2022 年度市级品牌社会组织	金华市民政局	2022 年 9 月
29	苏孟乡和悦社区	金华市示范社区品牌	金华市现代社区建设领导小组办公室	2022 年 9 月
30	苏孟乡和悦社区	金华市示范新时代文明实践站	金华市委宣传部	2022 年 11 月
31	区经济商务局 区交通运输局 罗埠镇	2022 年疫情防控工作表现突出嘉奖集体	金政发〔2022〕30 号	2022 年 12 月
32	苏孟乡湖海塘社区 苏孟乡和悦社区	第一批市级示范慈善工作站	金华市慈善总会	2022 年 12 月
33	金华经济技术开发区管委会	金华市“亩均论英雄”改革工作先进单位	金转升领〔2022〕3 号	2022 年 12 月
34	金华经济技术开发区管委会	金华市中小企业培育工作先进单位	金转升领〔2022〕3 号	2022 年 12 月
35	苏孟乡湖海塘社区	金华市青年文明号	共青团市委	2022 年 12 月
36	金华经济技术开发区管委会	金华市小微园建设工作先进单位	金转升领〔2022〕3 号	2022 年 12 月

2022年度婺城区获各级表彰表扬的先进个人

表10

序号	姓名	工作单位	荣誉称号	表彰单位/表彰文号	授予时间
一、省级					
1	李　刚	区教育局	浙江省人民政府教学成果二等奖	浙教函〔2022〕10号	2022年1月
2 3	严剑平 李　卓	区住房和城乡建设局 洋埠镇人民政府	全省新时代美丽城镇建设2021年度成绩突出个人	浙美镇办〔2021〕4号	2022年1月
4	刘兴平	区市场监督管理局	2021年度浙江省市场监管安全保障工作成绩突出个人（特种设备安全监察）	浙市监餐〔2022〕2号	2022年1月
5	郑燕一	区市场监督管理局	2021年度浙江省市场监管安全保障工作成绩突出个人（重大活动食品安全保障）	浙市监餐〔2022〕2号	2022年1月
6	傅丁帅 朱金波	区农业农村局科教信息服务站 开发区农业农村和旅游发展局	2021年度浙江省数字乡村建设工作突出贡献个人	浙委网办〔2022〕2号	2022年1月
7	贾恒飞	区人武部	人武部建设优秀个人	浙江省军区浙政〔2022〕2号	2022年1月
8	徐　俊	区消防救援大队	个人三等功	浙消令〔2022〕4号	2022年1月
9	倪嘉悦	区临江东路消防救援站	个人三等功	浙消令〔2022〕2号	2022年1月
10	殳晓丽	区供销合作社联合社	2021年度全省供销社清产核资工作优秀个人	浙江省供销合作社联合社	2022年1月
11	范丽莉 谢翠萍 徐丽卿	金华市第五中学 金华市环城小学 金华师范学校附属小学	浙江省教改之星金奖	浙江省教育学会实验学校研究会	2022年1月
12	俞秀玲 倪军健	金华实验中学 浙江师范大学附属小学	浙江省人民政府教学成果二等奖	浙教函〔2022〕10号	2022年1月
13	周文仙	区农业农村局	浙江省高标准农田建设工作成绩突出个人	浙江省人民政府办公厅	2022年2月
14	胡文华	开发区农业农村旅游发展局	浙江省农村宅基地工作成绩突出个人	浙江省人民政府办公厅	2022年2月
15	应　岚	区人民法院	个人二等功	浙高法〔2022〕13号	2022年2月
16	申晓卫	区委统战部(婺城区侨联)	2021年全省侨联系统侨务工作成绩突出个人	浙侨省〔2022〕3号	2022年2月
17	朱明升	区文旅体局文化遗产保护中心	2021年度省民协工作先进个人	浙江省民间文艺家协会	2022年3月
18	吴心晨 徐　波	区应急管理局 开发区应急管理局	浙江省2021年防汛防台先进个人	浙江省人民政府防汛防台抗旱指挥部办公室	2022年3月
19	姚晓芳	金华市环城小学教育集团第二小学	正高级教师	浙江省教育厅 浙江省人力资源和社会保障厅〔2022〕63号	2022年3月

续表 10

序号	姓　名	工作单位	荣誉称号	表彰单位/表彰文号	授予时间
20	江美华	金华市北苑小学	正高级教师	浙江省教育厅 浙江省人力资源和社会保障厅〔2022〕63 号	2022 年 3 月
21	傅静飞	秋滨街道办事处	浙江省第十七届运动会火炬手	浙江省第十七届运动会组委员 第 261 号	2022 年 9 月
22	王　佳	区综合行政执法局	浙江省司法行政系统 2022 年度“最美司法行政人”	浙江省司法厅	2022 年 11 月
23	李梦依	苏孟乡人民政府	2022 年浙江省基层理论宣讲成绩突出个人	浙江省委宣传部	2022 年 12 月
二、市级					
1	庾寒蕊 卢庆兰 蒋阳平	区人民法院 区人民法院 区人民法院	个人三等功	金中法〔2022〕6 号	2022 年 1 月
2	许广平	区人民法院	诉(执)源治理工作先进个人	金中法〔2022〕5 号	2022 年 1 月
3	王爽米 方建林	区市场监督管理局 区市场监督管理局	2021 年度全市优秀年报人物	金市监便签〔2022〕2 号	2022 年 1 月
4	钟沧海	区人武部	嘉奖	金华军分区金政〔2022〕1 号	2022 年 1 月
5	钟沧海	区人武部	人武部建设优秀个人	金华军分区金政〔2022〕2号	2022 年 1 月
6	祝江浩	区人武部	优秀职工	金华军分区金政〔2022〕2号	2022 年 1 月
7	陈明亮	沙畈乡人武部	优秀专武干部	金华军分区金政〔2022〕2号	2022 年 1 月
8	傅崇明	塔石乡大茗村	优秀民兵连(分队)长	金华军分区金政〔2022〕2号	2022 年 1 月
9	黄　剑	罗埠镇人民政府	全市新时代美丽城镇建设工作 2021 年度成绩突出个人	金美镇办〔2022〕1 号	2022 年 1 月
10	周　晨	区市场监督管理局	2021 年度金华市“消保委组织先进集体”等三项先进(先进个人)	金消保委〔2022〕2 号	2022 年 2 月
11	吴巍峰	区综合行政执法局	最美综合行政执法人	金华市综合行政执法局	2022 年 2 月
12	施　瑶	区综合行政执法局	执法办案能手	金华市综合行政执法局	2022 年 2 月
13	刘芳艳	区动物防疫检疫中心	市技术标兵	金劳竞委〔2022〕1 号	2022 年 2 月
14	金耀增	区动物防疫检疫中心	市技术能手	金劳竞委〔2022〕1 号	2022 年 2 月
15	郑　浩	区人武部军事科参谋	军分区正规化建设先进个人	金华军分区金战〔2022〕4号	2022 年 2 月
16	蒋　通 叶海兰 季若帆 汪新晨 钟沧海	区人武部白龙桥镇 区人武部应急连 区人武部 区人武部军事科 区人武部政工科	军分区情报工作先进个人	金华军分区金战〔2022〕4号	2022 年 2 月
17	黄峰云	区临江东路消防救援站	个人三等功	金消令〔2022〕5 号	2022 年 2 月

续表 10

序号	姓　名	工作单位	荣誉称号	表彰单位/表彰文号	授予时间
18	申屠浩	江南街道办事处	金华市 2021 年度企业退休人员社会化管理服务工作成效显著个人	金华市社会保险事业管理中心	2022 年 3 月
19	陈冬婵	城东街道八咏楼社区	市区企业退休人员社会化管理服务工作成效显著个人	金华市人力资源和社会保障局	2022 年 3 月
20	胡卫敏	市文化市场综合行政执法队婺城大队	扫黄打非先进个人	金扫黄打非组〔2022〕1 号	2022 年 3 月
21	李梦依	苏孟乡人民政府	“喜迎二十大 奋进新时代”金华市第十一届微型党课大赛 三等奖	金华市委宣传部	2022 年 5 月
22	张英宏 刘丽莉	婺城区“和姐”工作室 苏孟乡和悦社区	金华市“十佳”金牌“和姐”	金华市妇女联合会	2022 年 5 月
23	郑　升 刘欢欢 洪玉茹 倪书宇 胡振原 金　章 汤　雪 季美珍 葛永江 王宇健 张爱兵 丰文韬 童新丰 张鸿鹏 王建女 刘金良 吴向华 金伟雄 苏玉婵 叶志忠 倪敏秀 吕白洁 张　利 杨雪文 应汉进	区信访局 区矛调中心 区司法局 区司法局城北司法所 区司法局乾西司法所 区司法局新狮司法所 区司法局白龙桥司法所 区水务局 区应急管理局 区应急管理局 区应急管理局 区应急管理局 区市场监管局 区检察院 罗店镇政府 长山乡政府 城中街道办事处 区红十字救援队 竹马乡人民调解委员会 开发区管委会 开发区政法办 开发区政法办 市公安局江南分局三江派出所 开发区农业农村服务中心 开发区应急管理局	2021 年金华市社会综合治理成绩突出个人	金委发〔2022〕281 号	2022 年 5 月

续表 10

序号	姓 名	工作单位	荣誉称号	表彰单位/表彰文号	授予时间
24	顾晓波	开发区应急管理局	2021 年金华市社会综合治理成绩突出个人	金委发〔2022〕281 号	2022 年 5 月
	陈　超	开发区消防救援大队			
	金旭礼	三江街道办事处			
	张　献	三江街道办事处			
	郑旭航	罗埠镇政府			
	何　帅	秋滨街道办事处			
	陈安庆	秋滨街道人民调解委员会			
25	潘益民	苏孟乡人民政府	金华市慈善领军人才	金华市民政局	2022 年 11 月
26	王　莉	罗埠镇人民政府	2022 年疫情防控先进个人	金政发〔2022〕30 号	2022 年 12 月

统计公报

2022年金华市婺城区国民经济和社会发展统计公报

2022年是中共二十大胜利召开之年,是迈上全面建设社会主义现代化国家新征程、向第二个百年奋斗目标进军的重要一年。一年来,全区上下深入贯彻落实省、市、区党委政府各项决策部署,始终以习近平新时代中国特色社会主义思想为指导,以数字化改革为引领,大力实施"1483"发展战略。实现了经济社会发展稳中有进,民生福祉保障有力,各项社会事业繁荣发展,群众获得感、幸福感、安全感不断提升,高能级现代化都市核心区建设实现良好开局。

一、综合

全区主要经济指标(含金华经济技术开发区)全区实现生产总值(地区GDP)746.04亿元,比上年增长2.1%。其中,第一产业增加值19.19亿元,与上年持平;第二产业增加值251.15亿元,增长4.1%;第三产业增加值475.70亿元,增长1.3%。在第三产业中,交通运输、仓储和邮政业下降4.6%,批发零售业增长0.5%,住宿餐饮业下降2.0%,金融业增长9.6%,房地产业下降2.1%,其他营利性服务业下降2.0%,非营利性服务业增长1.3%。人均生产总值(常住人口)76793元,比上年增长1.4%。第一、二、三产业增加值占地区生产总值的比重由上年的2.5:33.1:64.4调整为2.6:33.6:63.8。

区属主要经济指标(不含金华经济技术开发区)实现区属生产总值(GDP)353.73亿元,与上年持平。其中:第一产业增加值13.19亿元,比上年下降1.1%;第二产业增加值83.23亿元,比上年下降3.4%;第三产业增加值257.30亿元,比上年增长1.1%。在第三产业中,交通运输、仓储和邮政业下降6.1%,批发零售业增长0.2%,住宿餐饮业下降0.3%,金融业增长9.6%,房地产业下降6.7%,其他营利性服务业下降0.8%,非营利性服务业增长1.0%。人均生产总值(常住人口)72933元,比上年下降0.5%。第一、二、三产业增加值占地区生产总值的比重由上年的3.7:24:72.3调整为3.7:23.5:72.8。

二、农业

综合农业。全年完成农林牧渔业总产值21.89亿元,比上年下降0.56%,完成农林牧渔业增加值14.11亿元,比上年上升2.4%。根据粮食监测统计,全年粮食作物播种面积4366.67公顷,比上年增长15.53%;粮食总产量2.45万吨,比上年增长17.78%。年底花卉苗木种植面积2793.33公顷,比上年下降18.31%。全区油菜籽产量2323.53吨,比上年上升19.16%;蔬菜及食用菌产量4.48万吨,比上年下降0.7%;瓜果类总产量0.78万吨,比上年下降17.33%。

畜牧业。全年生猪出栏12.21万头,比上年下降4.2%,年末生猪存栏12.31万头,比上年上升17.32%;家禽出栏29.51万只,比上年上升6.31%;牛存栏数9583头,比上年上升30.29%,牛奶产量24840.8吨,比上年下降2.33%;淡水产品产量10547吨,比上年增长0.61%。

林业。全年完成造林面积126公顷,森林抚育面积267公顷。

三、工业和建筑业

工业。全区完成工业增加值60.9亿元,比上年下降7.0%,工业增加值占GDP的比重17.2%。其中规模以上工业企业完成总产值236.6亿元，比上年下降9.2%；完成销售产值234.8亿元，比上年下降8.55%,工业品产销率为99.2%。规模以上工业企业完成出口交货值33亿元,比上年下降12.7%,占销售产值比重为14.1%。全年规模以上工业企业实现营业收入253.4亿元,比上年下降7.9%;实现利税总额14.8亿元,比上年下降28.1%;其中利润总额9.2亿元,比上年下降38.8%。

建筑业。全年完成建筑业总产值61.3亿元。全区建筑施工企业全年房屋建筑施工面积261.1万平方米。

四、固定资产投资

全年完成限额以上固定资产投资138.1亿元,比上年增长14.3%。其中项目投资65.8亿元,比上年增长32.1%;房地产开发投资72.3亿元,比上年增长1.8%。项目投资中工业投资19.4亿元,比上年增长11.7%。限额以上固定资产投资按产业分:第一产业完成投资0.02亿元,比上年下降96.7%,第二产业完成投资19.4亿元,比上年增长11.6%;第三产业完成投资118.7亿元,比上年增长15.4%。

五、国内贸易和对外经济

国内贸易。2022年全年完成社会消费品零售总额339.5亿元,比上年增长0.8%。批发业销售额同比增长1.1%；零售业销售额比上年增长11.8%；住宿业营业额比上年下降7.1%；餐饮业营业额比上年增长3.2%。

对外经济。全年实现外贸进出口总额63.79亿元,比上年下降1.11%,其中外贸出口额60.79亿元,比上年下降3.55%。实际利用外资2127万美元,比上年增长417.52%。

六、财政

全区财政总收入58.45亿元，比上年增长1.9%;区级一般公共预算收入15.04亿元,比上年增长19.1%;全区一般预算支出44.67亿元,比上年增长18.3%。

七、科学技术

科技。全年各类科技立项106项,其中省级新产品试制计划项目43项，市级科技计划项目30项、区级科技计划项目33项。国家高新技术企业新认定数41家，重新认定国家高新技术企业25家；全区新增省科技型中小企业107家。

专利。全区专利申请量1288件,其中发明专利申请量427件,发明专利申请占比33.15%;全区专利授权量1761件，其中发明专利授权量342件,发明专利授权占比19.42%。

八、教育、文化和体育

教育。坚持教育优先发展战略,深入贯彻落实立德树人根本任务,高质量推进“五育并举”,落实“双减”政策,深化教育改革,优化教育资源,促进教育均衡,获评“浙江省小学生综合评价改革整体试点县”、“全国青少年校园足球试点区”,校园足球普及工程获全国“2022民生示范工程”,学前教育工作荣获省政府督查正向激励,“两书一信”家校协同育人机制在全省家庭教育工作推进会上做推广。全区小学入学率、小学毕业升初中比例均为100%。年末全区有职业高中1所,专任教师269人,在校学生3544人;初中20所,专任教师1259人,在校学生16025人;小学25所,专任教师2082人,在校学生34526人;幼儿园90所,专任教师1422人,在园儿童17375人。

文化。公共文化空间不断优化。建设完成61个“15分钟品质文化生活圈”、1个城市书房、1个文化驿站、4家浙江省乡村博物馆。新建图书分馆13个、图书流通站6个。完成e家书房进社区、文化礼堂140家,乡镇街道图书分馆通借通还工作实现全覆盖。

公共文化活动不断丰富。一是开展形式多样的阅读推广活动。共开展读者活动700余场,服务群众15万多人次。二是开展群众喜闻乐见的文化活动。以“水墨婺城”建设为统领,“喜迎二十大 省运伴我行”为主题,开展送文化下乡演出活动120场、送展览下乡438场,讲座培训425场,文化走亲20场,文化志愿服务演出321场。三是开展丰富多彩的艺术普及培训。推出国画花鸟创作、婺剧花旦唱腔、金华道情等二期25个培训项目,共计324场次惠民培训课程,直接培训学员9720人次,并通过视频教学,抖音直播,视频号宣传等新媒体方式,参与学习人数2万多人次,进一步延伸公共文化服务“最后一公里”。

体育。区文旅体局加强全区体育场地设施建设,积极打造城市社区“10分钟健身圈”,共有百姓健身房25个、社区多功能运动场13个、笼式足球场6个、村级全民健身广场4个,1个体育公园(乾西长湖),1个婺城区老年人体育活动中心,人均体育场地面积2.8平方米;编制和印发《金华市婺城区全民健身实施计划(2021—2025年)》,开展国民体质监测工作,国民体质健康合格率达94.1%;完成省运会轮滑、皮划艇(激流回旋)、赛艇和皮划艇(静水)、乒乓球、女子篮球(甲组)、男子足球(甲组)、小轮车7个项目的承办、赛后总结和档案的收集整理工作,共获得赛前加计金牌31枚、现场金牌48.5枚,位列全市第1,并荣获浙江省竞技体育突出贡献奖。

九、卫生事业

全区共有医疗卫生机构379家,其中政府举办医疗卫生计生单位25家,包括综合性公立医院2家(区人民医院、区康复医院)、监狱医院2家(金华监狱医院、省第二女子监狱医院)、基层医疗机构18家(13家乡镇卫生院、5家街道社区卫生服务中心)、公共卫生计生机构3家(卫生监督所、疾病预防控制中心、妇幼保健计划生育服务中心);另有延伸(一体化管理)的社区卫生服务站3家。民营医疗机构40家,其中医院13家、门诊部27家。核定医疗床位1118张,其中政府举办的597张、社会力量举办的521张。

十、人口、人民生活和社会保障

人口。据公安人口年报统计,年末全区户籍管理人口为38.64万人,其中男性19.18万人、女性19.46万人;全年出生人口2279人、出生率为5.90‰,死亡人口2913人、死亡率为7.54‰,人口自然增长率下降1.64‰。

人民生活。据抽样调查,2022年城镇居民人均可支配收入64921元,比上年增长1.1%;人均消费性支出39823元,比上年上升5.2%;其中食品烟酒消费支出11209元,比上年增长7.0%。农村居民人均可支配收入30054元,比上年增长1.8%;人均生活消费支出20630元,比上年增长6.5%;其中食品烟酒消费支出6936元,比上年增长7.9%。

社会保障。2022年新增认知障碍照护专区床位50张,完成省级民生实事任务111%;全区18个乡镇(街道)居家养老服务中心完成智能服务终端配备,智慧养老终端实现互联互通;全年共发放低保金2274.51万元,特困供养经费及照料护理补贴1165.87万元,困难残疾人生活补贴和重度残疾人护理补贴2105.69万元;按政策落实全区符合条件的孤儿(或困境儿童)基本生活费的发放,共发放孤儿及困境儿童生活补助122.50万元。开展慈善温暖行动、助学、东西部协作等慈善活动,金额达1332.91万元;广泛开展募捐活动,共收到捐赠款物价值1340.24万元,其中定向捐赠1043.04万元。

2022年,全年共新增就业岗位10213人,失业人员实现再就业8608人,其中就业困难人员再就业1308人。

说明:1)本公报所列各项数据为年度快报数据。

2)本公报中生产总值和各产业增加值绝对数按现价计算,增长速度按可比价计算。

3)本公报中除标注(含金华经济技术开发区)段落外,其余内容均不含金华经济技术开发区

2022 年婺城区行政区划及土地总面积情况表

表 11

乡镇名称	村民委员会(个)	社区居委会(个)	土地总面积(平方千米)
全区合计	317	117	1391.24
城东街道	0	5	3.00
城中街道	0	3	6.20
城西街道	0	4	1.67
城北街道	0	10	4.43
新狮街道	4	14	23.75
罗店镇	25	1	66.58
雅畈镇	22	0	74.41
安地镇	22	1	136.40
琅琊镇	18	0	93.21
蒋堂镇	17	0	54.22
竹马乡	8	0	19.61
长山乡	11	0	60.41
箬阳乡	8	0	60.69
沙畈乡	17	0	184.86
塔石乡	22	0	128.96
莘畈乡	7	0	73.04
婺城新城区小计	33	24	117.14
白龙桥镇	28	13	92.84
乾西乡	5	11	24.30
金西开发区小计	86	1	199.83
汤溪镇	39	1	137.54
罗埠镇	32	0	44.22
洋埠镇	15	0	18.07
金华市开发区小计	17	54	82.83
江南街道	0	7	3.04
三江街道	0	15	7.73
西关街道	0	7	4.57
秋滨街道	2	20	29.59
苏孟乡	15	5	37.90

2022 年主要社会经济指标一览表

表 12

指标名称	单位	全区	与 2021 年同比(%)	区属	与 2021 年同比(%)
人口、土地面积					
人口	万人	65.81	0.08	38.64	−0.10
年平均人口	万人	65.79	0.14	38.66	−0.34
人口自然增长率	‰	1.06		−1.64	
土地总面积	平方公里	1391.24		1108.55	
地区生产总值(当年价)	亿元	746.04	2.10	353.73	
第一产业	亿元	19.19	0.00	13.19	−1.10
第二产业	亿元	251.15	4.10	83.23	−3.40
工业	亿元	202.30	13.50	60.90	−7.00
建筑业	亿元	48.85	6.00	22.33	7.60
第三产业	亿元	475.71	1.30	257.30	1.10
人均国内生产总值(按常住人口计算)	元	76793	1.40	72933	−0.50
工农业总产值(当年价)					
规上工业总产值	亿元	976.87	12.60	236.60	−9.20
农业总产值	亿元	33.90	0.92	21.89	−0.56
固定资产投资					
固定资产投资额	亿元			138.10	14.30
其中:房地产开发投资	亿元			72.30	1.80
批零贸易和外贸业					
社会消费品零售总额	亿元	524.78	2.7	339.50	0.80

2022 年婺城区国民经济产业结构情况表

表 13

项目	绝对值(亿元)		构成(%)	
	全区	区属	全区	区属
地区生产总值	746.04	353.73	100.00	100.00
第一产业	19.19	13.19	2.57	3.73
第二产业	251.15	83.23	33.67	23.53
第三产业	475.70	257.30	63.76	72.74

2022 年婺城区户籍人口情况表

表 14

地 区	总户数(户)	总人口(人)	其中:男(人)	其中:女(人)
全区合计	272679	658063	325278	332785
城东街道	9238	21426	10448	10978
城中街道	9174	24978	12312	12666
城西街道	5210	12305	6261	6044
城北街道	15566	38499	18819	19680
新狮街道	14681	34721	16890	17831
罗 店 镇	8066	19231	9518	9713
雅 畈 镇	9496	23553	11811	11742
安 地 镇	7542	17168	8694	8474
琅 琊 镇	7675	19249	9730	9519
蒋 堂 镇	7662	18625	9431	9194
竹 马 乡	4939	12043	6046	5997
长 山 乡	5750	13463	6704	6759
箬 阳 乡	1810	4159	2119	2040
沙 畈 乡	5658	12884	6532	6352
塔 石 乡	6224	13877	7200	6677
莘 畈 乡	2515	5803	3033	2770
婺城新城区小计	40949	94393	46255	48138
白龙桥镇	30465	69899	34231	35668
乾 西 乡	10484	24494	12024	12470
金华市开发区小计	110524	271686	133475	138211
江南街道	11103	29758	14619	15139
三江街道	27624	70843	34518	36325
西关街道	10516	25789	12675	13114
秋滨街道	8001	18812	8922	9890
汤 溪 镇	20635	49046	24593	24453
罗 埠 镇	15063	34482	17295	17187
洋 埠 镇	6206	15108	7621	7487
苏 孟 乡	11376	27848	13232	14616

2022年区级组织机构及负责人名录

中国共产党婺城区第八届委员会

书　记:

高　峰(2021年11月任职)

副书记:

胡余仙(女)(2021年11月任职)

胡小荣(2019年12月任职)

常　委:

陈旭辉(2016年12月任职)

贾恒飞(2018年4月任职)

赵燕华(女)(任职至2022年12月)

何军杰(2021年1月任职)

王兴国(任职至2022年5月)

吕良勇(2021年11月任职)

张遵强(2021年12月任职)

魏　然(2021年11月任职)

徐镜跃(2022年5月任职)

吴进州(2022年12月任职)

婺城区第十届人民代表大会常务委员会

主　任:

朱利群(女)(2017年2月任职)

副主任:

诸晓东(民革)(任职至2022年1月)

盛奇兵(2015年3月任职)

钟春宏(任职至2022年1月)

章旭升(2019年2月任职)

傅得樟(任职至2022年1月)

张遵强(任职至2022年1月)

范锋鑫(2022年1月任职)

胡霞亮(2022年1月任职)

徐建陆(2022年1月任职)

吴旭涌(2022年1月任职)

婺城区第十届人民政府

区　长:

胡余仙(女)(2022年1月任职)

副区长:

范锋鑫(任职至2022年1月)

王兴国(任职至2022年5月)

严卫星(2021年12月任职)

江少华(2020年6月任职)

徐镜跃(2021年1月任职)

胡广辉(2021年12月任职)

洪一政(2021年12月任职)

李可春(2021年12月任职)

吕良勇(2022年1月任职)

吴小兵(2022年12月任职)

副书记:

吕良勇(2021年12月任职)

党组成员:

张遵强(2022年2月任职)

中国人民政治协商会议第五届婺城区委员会

主　席:

张茹先(女)(任职至2022年1月)

杜建明(2022年1月任职)

副主席:

楼存根(任职至2022年1月)

吴月华(女,无党派)(任职至2022年1月)

张琳鑫(民进)(任职至2022年1月)

应跃成(无党派)(2017年2月任职)

舒理成(2017年2月任职)

陈丽萍(女,民革)(2019年2月任职)

龚卸平(2022年1月任职)

郑艳球(女)(2022年1月任职)

滕惠芳(女)(2022年1月任职)

秘书长:

王会星(2021年12月任职)

中国共产党婺城区第八届纪律检查委员会

书　记:

魏　然(2021年11月任职)

副书记：

龚卫东(2021 年 12 月任职)

徐君振(2021 年 12 月任职)

常委：

郑云汐(2020 年 7 月任职)

厉　凌(女)(2021 年 12 月任职)

冯　斌(2019 年 12 月任职)

华国庆(2021 年 12 月任职)

中国共产党婺城区监察委员会

主　任：

魏　然(2022 年 1 月任职)

副主任：

金跃园(女)(任职至 2022 年 3 月)

龚卫东(2022 年 3 月任职)

徐君振(2022 年 3 月任职)

委　员：

徐君振(任职至 2022 年 3 月)

郑云汐(2017 年 10 月任职)

华国庆(2020 年 11 月任职)

陈　滇(女)(2020 年 11 月任职)

高　亮(2022 年 3 月任职)

婺城区人民法院

院　长：

丁　胜(2021 年 11 月任职)

婺城区人民检察院

检察长：

李良才(2020 年 4 月任职)

婺城区 2022 年度十强企业

婺城区 2022 年度工业十强企业

浙江八达电子仪表有限公司

浙江万里扬智能制造有限公司

金华中燃城市燃气发展有限公司

浙江金华南方尖峰水泥有限公司

浙江开创电气股份有限公司

浙江耐司康药业有限公司

浙江星筑科技有限公司

浙江今飞智造摩轮有限公司

浙江天丰生物科学有限公司

浙江远大铝业有限公司

婺城区 2022 年度区级工业财政贡献十强企业

浙江金华南方尖峰水泥有限公司

金华中燃城市燃气发展有限公司

浙江金圆水泥有限公司

浙江万里扬智能制造有限公司

浙江虎鹰水泥有限公司

浙江浙能金华燃机发电有限责任公司

浙江八达电子仪表有限公司

浙江今飞亚达轮毂有限公司

浙江八达电子仪表有限公司时通电气分公司

浙江万里扬股份有限公司

婺城区 2022 年度工业企业纳税大户

金华中燃城市燃气发展有限公司

浙江金华南方尖峰水泥有限公司

浙江金圆水泥有限公司

浙江万里扬智能制造有限公司

浙江虎鹰水泥有限公司

浙江浙能金华燃机发电有限责任公司

浙江八达电子仪表有限公司

浙江今飞亚达轮毂有限公司

浙江八达电子仪表有限公司时通电气分公司

浙江天丰生物科学有限公司

浙江万里扬股份有限公司

浙江开创电气股份有限公司

金华市精工工具制造有限公司

金华双宏化工有限公司

金华力拓钢柜有限公司

金华华东环保设备有限公司

浙江今飞智造摩轮有限公司

金华市永强车业有限公司
金华市龙正商品混凝土有限公司
金华市今飞轻合金材料有限公司
金华市巨龙商品混凝土有限公司
浙江维力塑胶有限公司
金华市婺城区泰越建筑材料有限公司
金华市星球机械铸钢有限公司
金华市城建混凝土有限公司
浙江高峰控股集团有限公司
浙江新辰食品股份有限公司
浙江耐司康药业有限公司
浙江润华机电有限公司
浙江星筑科技有限公司
金华金星纸业有限公司
浙江精深实业有限公司
金华万汇通能源科技有限公司
金华正方机械设备有限公司
金华市佳怡包装有限公司
浙江八达运动服饰有限公司
浙江远大铝业有限公司
浙江基恒康门业有限公司
浙江今飞机械有限公司
金华市捷特包装有限公司
金华浩翔汽配有限公司
金华市力扬五金制造有限公司
浙江金华高峰建材实业有限公司
浙江先创能源科技股份有限公司
浙江六环电缆科技股份有限公司
浙江赤诚工贸有限公司
浙江万里扬精密制造有限公司

婺城区2022年度重点企业

婺城区2022年度重点骨干工业企业

浙江金圆水泥有限公司
浙江今飞机械有限公司
金华正方机械设备有限公司
浙江虎鹰水泥有限公司
浙江万里扬股份有限公司
金华市精工工具制造有限公司
浙江润华机电有限公司
浙江精深实业有限公司
金华双宏化工有限公司
金华市佳怡包装有限公司
金华华东环保设备有限公司
金华力拓钢柜有限公司
浙江八达运动服饰有限公司
金华市城建混凝土有限公司
浙江今飞新材料有限公司
金华市龙正商品混凝土有限公司
金华市捷特包装有限公司
浙江六环电缆科技股份有限公司
浙江高峰控股集团有限公司
浙江万里扬精密制造有限公司
金华浩翔汽配有限公司
金华乐嘉厨具有限公司
金华市永强车业有限公司
金华市海丰实业有限公司
金华市力扬五金制造有限公司
浙江赤诚工贸有限公司
浙江金成铝业制造有限公司
浙江先创能源科技股份有限公司
浙江聚新科技发展有限公司
浙江铂大工贸有限公司

婺城区2022年度自营出口超千万美元企业

浙江开创电气股份有限公司
金华市捷顺贸易有限公司
浙江耐司康药业有限公司
金华市精工工具制造有限公司
金华市力扬五金制造有限公司
金华市双宏园林工具有限公司
金华威廉姆贸易有限公司
浙江拓帆进出口有限公司
浙江润华机电有限公司
浙江金华蓝森装饰材料有限公司
浙江嘉格进出口贸易有限公司

浙江孚泰科技有限公司
金华星河科技有限公司
浙江精深实业有限公司
金华奥洋国际经贸有限公司
浙江庚源工贸有限公司
浙江八达运动服饰有限公司
浙江铂大工贸有限公司
金华市永强车辆厂
浙江高荣化妆品有限公司
浙江泰特力斯动力科技有限公司
金华乐嘉厨具有限公司
浙江樱玫莉雅化妆品有限公司
浙江金祥板业有限公司
浙江鸿冠国际贸易有限公司
浙江基恒康门业有限公司
金华瑞迪车业有限公司

婺城区 2022 年度建筑业企业综合贡献奖获奖企业

浙江金华兴达建设有限公司
浙江盛合建设工程有限公司
浙江正方交通建设有限公司
浙江婺丰建设有限公司
浙江致远工程管理有限公司
金华市婺城区水利水电建筑安装工程有限公司
浙江省浙中地质工程勘察院有限公司
浙江华贸建设有限公司

婺城区 2022 年度人才开发先进企业

浙江万里扬股份有限公司
浙江云澎科技股份有限公司
浙江开创电气股份有限公司
浙江尖峰集团股份有限公司
归聚人才服务(浙江)有限公司
浙江先创能源科技股份有限公司
浙江天帆科技创新园有限公司
金华市捷特包装有限公司
金华市锦程人才服务有限公司婺城分公司
浙江润华机电有限公司

婺城区 2022 年度优秀企业科技人才

周笃波(金华市捷特包装有限公司)
陆晓平(浙江万里扬股份有限公司)
刘志洋(金华氢途科技有限公司)
李永胜(浙江正方集团股份有限公司)
黄武林(浙江今飞机械有限公司)
郑　璐(金华欧仑催化科技有限公司)
叶徐英(浙江尖峰健康科技有限公司)
陈立平(浙江美保龙种猪育种有限公司)
柯　岩(浙江八达电子仪表有限公司)
祁月月(浙江天丰生物科学有限公司)

名词解释

“一带七心”　“一带”,即:打造生态共富产业带,带动共同富裕大跃升。“七心”,即:打造未来智造中心,带动智造硬实力大跃升;打造未来产业中心,带动生命健康产业大跃升;打造未来物流中心,带动内陆开放大跃升;打造未来科创中心,带动创新动能大跃升;打造未来活力中心,带动城市能级大跃升;打造未来宜居中心,带动民生福祉大跃升;打造未来时尚中心,带动商贸消费大跃升。

“八大行动”　助力共同富裕行动、助力地方立法行动、助力经济发展行动、助力乡村振兴行动、助力公共服务行动、助力生态保护行动、助力社会保障行动、助力抒困解忧行动。

双联系四联动　“双联系”指人大常委会组成人员联系人大代表、人大代表联系人民群众制度,“四联动”指基层单元参与立法、协同监督、民主决策、基层治理联动机制。

“一站”　代表联络站。

“两员”　专职管理员和联络员。

“三码”　代表码、联络站码和活动码。

“四场所”　群众接待、督政议事、学习交流、宣传展示的场所。

五大功能吧　“联、商、督、促、智”。“联”是联系群众听民声;“商”是民主会商定政策;“督”是依法监督惠民生;“促”是多方协同促治理;“智”是数智赋能增实效。

六项基本制度　一是代表亮身份联系群众制度。二是参与立法监督制度。三是意见建议处理制度。四是学习交流制度。五是履职激励评价制度。六是领导干部代表和地方国家机关工作人员进站制度。

“三会”　交办会、督办会、通报会。

“三沟通”　办前、办中、办后。

“三结合”　与推动工作相结合、与解决问题相结合、与改进作风相结合。

“七有”　幼有所育、学有所教、劳有所得、病有所医、老有所养、住有所居、弱有所扶。

“一老一小”　养老服务、托幼服务。

五种做派　一是不爱学习、不会思考的“井蛙”做派。二是不争先进、不求优秀的“躺平”做派。三是不善创新、不愿变革的“古董”做派。四是不肯担当、不敢作为的“太极”做派。五是不讲规矩、不守纪律的“两面”做派。

四个机关　政治机关、权力机关、代表机关、工作机关。

区委三个决定　《关于争当高水平建设内陆开放枢纽中心城市中坚力量,高质量打造“一带七心”的决定》《关于变革重塑干部队伍,聚力锻造实干争先婺城铁军的决定》《关于全面学习贯彻党的二十大精神,竞跑国际枢纽城、奋进都市核心区,在中国式现代化金华实践中扛起主城担当的决定》。

“1483”发展战略　区委第八次党代会提出的发展战略。“1”是坚持“奋楫赶超争先,奋进共同富裕,凝心聚力建设高能级现代化都市核心区”的主题。“4”是建设“活力婺城”“品质婺城”“幸福婺城”“水墨婺城”。“8”是奋力提升“八个能级”打造“八个高地”:奋力提升经济能级,打造浙中产业新高地;

奋力提升创新能级，打造数字化改革新高地；奋力提升城市能级，打造人居品质新高地；奋力提升乡村能级，打造共同富裕新高地；奋力提升公共服务能级，打造民生幸福新高地；奋力提升治理能级，打造法治建设新高地；奋力提升文化能级，打造浙中文化新高地；奋力提升生态能级，打造绿色发展新高地。“3”是纵深推进全面从严治党“三大工程”：实施变革重塑提能工程，锻造扛旗争先的过硬队伍；实施红动婺城强基工程，筑牢扛旗争先的战斗堡垒；实施清廉婺城深化工程，厚植扛旗争先的廉政根基。

崇学书院 以“浙江政协·掌上履职”平台为依托，既有固定栏目，又有活跃的委员读书群。

党建“三联系” 政协党组成员联系党员常委、党员常委联系党员委员、党员委员联系党外委员。

“两个全覆盖” 党的组织对党员委员全覆盖、党的工作对政协委员全覆盖。

即提即商即办 要求提案承办部门在和提案委员充分协商的基础上，简单的马上商、立即办，在一周内办结，复杂的立即商、想方设法办，在一个月内办结。形成提案“马上就商、立即就办”的良好办理机制，让委员有获得感、群众有幸福感、部门有效率感。

请你来协商 由市、县（市、区）政协牵头，邀请当地党政领导、部门负责人，与政协委员、群众代表等，就党政工作要事、民生改善实事、社会治理难事开展面对面协商对话，是我省政协发挥专门协商机构作用的特色履职平台和金名片。

微协商 由区政协各委组牵头，邀请部门（单位）、乡镇街道党（工）委政府负责人，与基层委员、企业、干部、群众代表等，就城乡经济社会发展、基层治理和群众生产生活中的微困难、微问题、微诉求，就近就便开展面对面专题协商议政。

政协委员会客厅 由 1 名或数名省、市政协委员牵头，若干市、县（市、区）政协委员参加，是主要面向党外知识分子、非公经济人士、新的社会阶层人士开展团结联谊工作的统一战线平台，通过开展宣传政策、释疑解惑，收集社情、反映民意，恳谈协商、跟踪监督，加强沟通、服务民生等活动，成为新时代政协委员学习交流的新载体、联系群众的新纽带、协商民主的新路径、团结联谊的新平台。

民生议事堂 作为“请你来协商”重要组成部分，组织涉及乡镇（街道）事项的协商活动；以联动、远程等方式参与区政协“请你来协商”重要协商活动；为区政协“请你来协商”重要协商活动开展，在课题调研、听取民意等方面提供必要的支持。

协商驿站 民生议事堂向村（社区）的延伸，进一步丰富了“有事好商量，众人的事情由众人商量”的制度化实践。

“六送六服务” 送科技，服务促生产；送法律，服务解民忧；送政策，服务惠乡村；送医疗，服务保健康；送温暖，服务暖民心；送文化，服务营氛围。

两支队伍 政协委员队伍、政协机关干部队伍。

“五型”机关 学习型、服务型、创新型、智慧型、清廉型政协机关。

两个薄弱 市县政协基础工作薄弱、人员力量薄弱。

文旅融合“五百五千”工程 “百县千碗”“百县千宿”“百县千礼”“百县千艺”“百县千集”，涉及吃住游购娱等多领域，涵盖一、二、三产全链条，与之关联的系列消费是促进国内大循环的有效引擎。

“六大在线” 协商在线、提案在线、同心在线、社情民意在线、学习在线、委员履职在线六大综合应用。

“一委双岗” 区政协各专工委委员既参加专工委相关履职活动，又参加联系乡镇（街道）民生议事堂活动。

浙江制造“品字标” 以“区域品牌、先进标准、市场认证、国际认同”为核心，以“标准+认证”为手段，集质量、技术、服务、信誉为一体，经市场与社会公认，代表浙江制造业先进性的区域品牌形象标识。

农业“标准地” 全区范围内符合土地利用和产业发展总体规划，满足相关控制性指标要求，在土地流转基础上，通过招商引进项目用于发展现代农业的耕地、园地和林地。

“七张问题清单” 基于巡视、审计、督查、群众信访等方面问题，运用数字化改革理念、方式、手段赋能全流程精密智控、全要素综合分析、全方位党建统领的综合应用，是省委抓党建带全局的重要抓手和加强政治建设的具体举措。

千万工程　“千村示范、万村整治”工程,是浙江“绿水青山就是金山银山”理念在基层农村的成功实践。

“3211”婴幼儿照护服务　培育婴幼儿照护指导员、服务员、志愿者三支服务队伍,建立“医防护”儿童健康管理中心和婴幼儿照护服务指导中心两个中心,建设一个服务驿站,打响一个示范品牌,着力推动“金有善育”。

“1+1+5+N”共富体系　落实“1”个共同富裕示范区建设实施方案;围绕“1”套目标指标体系,深入实施“扩中”“提低”行动、“同心共建·幸福婺里”结对行动等“五大方案”,开展“N”项共富专项举措。

“2+3”产业集群　“2”是指两大传统产业,汽车零部件、现代五金产业;“3”是指三个新兴产业,生命健康、数字经济(核心产业)、新材料产业。

地瓜经济　这一比喻来自习近平总书记在“之江新语”中的引用:地瓜的藤蔓向四面八方延伸,为的是汲取更多的阳光、雨露和养分,但它的块茎始终是在根基部,藤蔓的延伸扩张最终为的是块茎能长得更加粗壮硕大。藤蔓的延伸隐喻为“跳出浙江发展浙江”,块茎的坚固则代表“立足浙江发展浙江”。

十大标志性项目　经比选产生的婺城区2023年10个标志性项目:非物质文化遗产(婺州窑)文化产业园及历史文化街区保护项目、桐溪水库工程项目、婺城区文化艺术中心项目、婺城总部经济中心项目、长湖湾公园及中轴景观带项目、浙师大金华科创园项目、浙中综合交通枢纽工程(一期)、婺州之心项目、金茶花产业园项目、凯卓立全国总部及智能尾板产研基地项目。

“四大双百三全”　大走访大调研大服务大解题,百名干部帮百企,服务全天候全过程全方位。

“三库三溪”整治　山下吴水库、山口冯水库、长岭水库扩容改造,通园溪、赤松溪、回溪治理。

“一港二铁三轨三高四干五联”综合交通体系　“一港”指婺州港及航道工程(罗洋作业区、乾西作业区和衢江航道、金华江航道);“二铁”指金建铁路、沪昆铁路外绕;“三轨”指金义东轨道、金武永东轨道、金兰轨道;“三高”指G60杭金衢高速二期拓宽工程、甬金衢上高速、建德至武义高速;“四干”指南山大道(330国道外移)、虹戴公路二期(S315省道)、兰婺遂公路(S215省道)、货运北线(S315省道);“五联”指上华至琅琊公路、华龙南街南延和北延、八达路至长山公路(八达路延伸)、白沙公路至龙乾南街(白沙公路北延)、北山旅游大道。

“N+1+17”联动模式　N个市级业务主管部门,1个协调指挥中心,17支乡镇(街道)综合执法队。

“EOD+片区开发”模式　以生态文明思想为引领,以可持续发展为目标,以生态保护和环境治理为基础,以特色产业运营为支撑,以区域综合开发为载体,采取产业链延伸、联合经营、组合开发等方式,推动公益性较强、收益性差的生态环境治理项目与收益较好的关联产业有效融合,统筹推进,一体化实施,将生态环境治理带来的经济价值内部化的项目组织实施方式。

索 引

说明：

一、本索引采用内容分析法，正文中凡具有独立检索意义的完整资料，包括条目、子目等均可使用索引检索。特载、统计公报、大事记、名录、附录等不作索引。

二、本索引按被索引词首字的汉语拼音首字母顺序排列，首字相同按照第二个字的拼音首字母顺序排列，依次类推。

B

C

D

F

P

Q

R

S

T

W

X

Y

Z